BECK'SCHE SONDERAUSGABEN

JACOB BURCKHARDT

DIE ZEIT CONSTANTINS DES GROSSEN

Mit einem Nachwort von
Karl Christ

VERLAG C. H. BECK MÜNCHEN

›Die Zeit Constantins des Großen‹ erschien erstmals 1853.
Die vorliegende Ausgabe ist text- und seitengleich mit:
Jacob Burckhardt, Gesammelte Werke, Band I. Basel/Stuttgart 1978.
Sie stützt sich auf die zweite Auflage von 1880
(Ausgabe letzter Hand).
Einige wenige Verbesserungen in den ›Gesammelten Werken‹
sind der Ausgabe von F. Staehelin, 1929, entnommen.
Rechtschreibung und Zeichensetzung sind der
heute üblichen weitgehend angeglichen, gewisse Spracheigentümlichkeiten Burckhardts jedoch beibehalten.

CIP-Kurztitelaufnahme der Deutschen Bibliothek

Burckhardt, Jacob:
Die Zeit Constantins des Großen / Jacob
Burckhardt. Mit e. Nachw. von Karl Christ.
– München: Beck, 1982.
    (Beck'sche Sonderausgaben)
    ISBN 3 406 08664 0

ISBN 3 406 08664 0
Lizenzausgabe 1982 mit Genehmigung des Verlags
Schwabe & Co., Basel/Stuttgart
© Schwabe & Co. Verlag, Basel/Stuttgart 1978
Für das Nachwort:
© C. H. Beck'sche Verlagsbuchhandlung (Oscar Beck) München 1982
Druck: C. H. Beck'sche Buckdruckerei Nördlingen
Printed in Germany

INHALT

ERSTER ABSCHNITT
Die Reichsgewalt im dritten Jahrhundert 1

ZWEITER ABSCHNITT
Diocletian. Das System seiner Adoptionen. Seine Regierung . . . 26

DRITTER ABSCHNITT
Einzelne Provinzen und Nachbarlande. Der Westen 53

VIERTER ABSCHNITT
Einzelne Provinzen und Nachbarlande. Der Osten 74

FÜNFTER ABSCHNITT
Das Heidentum und seine Göttermischung 105

SECHSTER ABSCHNITT
Die Unsterblichkeit und ihre Mysterien.
Die Dämonisierung des Heidentums 143

SIEBTER ABSCHNITT
Alterung des antiken Lebens und seiner Kultur 194

ACHTER ABSCHNITT
Die Christenverfolgung. Constantin und das Thronrecht 223

NEUNTER ABSCHNITT
Constantin und die Kirche 271

ZEHNTER ABSCHNITT
Hof, Verwaltung und Heer. Constantinopel, Rom, Athen und Jerusalem 315

ANHANG
Nachwort von Karl Christ 355
Bibliographische Hinweise von Karl Christ 377
Verzeichnis der Sigel und Abkürzungen 401

VORREDE DER ERSTEN AUFLAGE (1853)

Der Zweck des Verfassers vorliegender Schrift war, das merkwürdige halbe Jahrhundert vom Auftreten Diocletians bis zum Tode Constantins in seiner Eigenschaft als Übergangsepoche zu schildern. Es handelte sich nicht um eine Lebens- und Regierungsgeschichte Constantins, ebensowenig um eine Enzyklopädie alles Wissenswürdigen, was sich etwa auf jene Zeit bezieht; wohl aber sollten die bezeichnenden, wesentlich charakteristischen Umrisse der damaligen Welt zu einem anschaulichen Bilde gesammelt werden.

Diese Absicht hat das Buch allerdings nur in beschränktem Sinne erreicht und der Leser wird ihm vielleicht keinen andern Titel zugestehen wollen als den von »Studien über die Zeit Constantins«. Diejenigen Lebensbeziehungen jener Epoche, welche nicht hinlänglich genau zu ermitteln sind und sich also auch nicht lebendig in das Ganze verweben ließen, sind weggeblieben, so zum Beispiel die damaligen Eigentumsverhältnisse, das gewerbliche Leben, die Staatsfinanzen, und sovieles andere. Der Verfasser wollte nicht wissenschaftliche Kontroversen durch Herbeiziehung neuer Einzelheiten um einen Schritt weiterführen helfen, um sie dann doch im wesentlichen ungelöst liegen zu lassen; er hat überhaupt nicht vorzugsweise für Gelehrte geschrieben, sondern für denkende Leser aller Stände, welche einer Darstellung so weit zu folgen pflegen, als sie entschiedene, abgerundete Bilder zu geben imstande ist. Immerhin wird es ihm von größtem Werte sein, wenn die neuen Resultate, die er in den hier behandelten Partien gewonnen zu haben meint, auch bei den Männern vom Fache Billigung finden.

Abgesehen von dieser nicht ganz freien Wahl des Materials läßt allerdings auch das Prinzip der Verarbeitung und Darstellung ohne Zweifel viel zu wünschen übrig, und der Verfasser glaubt auch hierin weder das Beste noch das einzig Richtige getroffen zu haben. Bei universalhistorischen Arbeiten kann man schon über die ersten Grundsätze und Absichten verschiedener Meinung sein, so daß zum Beispiel dieselbe Tatsache dem einen als wesentlich und wichtig, dem andern als völlig uninteressant, als bloßer Schutt erscheint. Deshalb ergibt sich der Verfasser darein, daß seine Behandlungsweise als eine subjektive bestritten werde. Sicherer wäre es wohl zum Beispiel gewesen, aus den vorhandenen Geschichten Constantins mittelst kritischer Prüfung eine neue zusammenzustellen und mit einer gehörigen Anzahl von Quellenzitaten zu versehen; allein ein solches Unternehmen hätte für den Verfasser nicht denjenigen innern Reiz gehabt, welcher einzig imstande ist, alle Anstrengung aufzuwiegen.

Es soll hiemit über die verschiedenen Behandlungsweisen dieses Stoffes durchaus nicht abgeurteilt werden; genug, wenn man nur auch der unsrigen ihr Plätzchen an der Sonne gönnt.

Im Zitieren hat sich der Verfasser ein gewisses Maß vorgeschrieben. Kenner werden leicht bemerken, wie vieles er *Gibbon, Manso, Schlosser, Tzschirner, Clinton* und anderen Vorgängern verdankt, wie sehr er aber zugleich auf durchgängiges eigenes Quellenstudium verwiesen war. Von dem trefflichen Werke Tzschirners glaubte er, beiläufig gesagt, in einer Beziehung vollständig abweichen zu müssen: der Einfluß des Christentums auf das sinkende Heidentum schien ihm nämlich dort viel zu hoch angeschlagen zu sein, und er zog es vor, die betreffenden Phänomene durch eine innere Entwicklung im Heidentum selbst zu erklären, aus Gründen, welche hier nicht weiter entwickelt werden können.

Die diesem Gegenstand gewidmeten Abschnitte (V und VI) unseres Buches ermangeln, wie man sehen wird, fast aller systematischen Einkleidung. Der Verfasser war überzeugt hierin eher zu wenig als zu viel tun zu dürfen. Im Verallgemeinern geistiger Wahrnehmungen, besonders auf dem Gebiete der Religionsgeschichte, will er sich lieber zu zaghaft als zu dreist schelten hören.

VORREDE DER ZWEITEN AUFLAGE

Als vor beinahe drei Jahrzehnten der Stoff dieses Buches gesammelt und die Ausarbeitung begonnen wurde, schwebte dem Verfasser als Ziel nicht sowohl eine vollständige geschichtliche Erzählung als eine kulturhistorische Gesamtschilderung der wichtigen Übergangsepoche vor, welche der Titel nennt. Er hatte das Bewußtsein, daß er dabei auf eine sehr subjektive Auswahl desjenigen geraten möchte, was zum Weltbilde jener Zeiten gehört, allein der Anklang, welchen das Buch in der Folge gefunden hat, läßt ihn glauben, daß er für viele Leser im ganzen das Wünschbare getroffen habe. Seither ist jene Epoche vielfach durchforscht und besonders in ihren politischen und kirchengeschichtlichen Partien neu dargestellt worden, auch wird diese zweite Auflage Zeugnis davon geben, wie vieles Neue und Wichtige Forschern wie *Vogel, Hunziker, v. Görres* und manchen andern, namentlich der vortrefflichen Schrift von *Preuß* über Diocletian, zu verdanken ist. Doch durfte das vorliegende Buch nicht stark vergrößert, der Maßstab und die wesentlich kulturgeschichtliche Tendenz nicht durch Verstärkung des politischen und biographischen Details verändert oder beseitigt werden; die Berichtigung zahlreicher Irrtümer in den Tatsachen und die wesentlichsten Ergänzungen des geschichtlichen Zusammenhanges, wo er seither besser ermittelt worden, mußten genügen. Und so sei die Arbeit auch in ihrem neuen Gewande einem jetzt großenteils neuen Geschlecht von Lesern bestens empfohlen.

Basel, im Juli 1880 *Der Verfasser*

Erster Abschnitt

DIE REICHSGEWALT IM DRITTEN JAHRHUNDERT

In der vorliegenden Darstellung der Zeiten vom Auftreten des Kaisers Diocletian bis zum Ausgang Constantins des Großen könnte jeder Abschnitt seiner eigenen Einleitung bedürfen, weil die Dinge nicht nach der Zeitfolge und der Regierungsgeschichte, sondern nach den vorherrschenden Richtungen des Lebens geschildert werden sollen. Wenn dieses Buch aber gleichwohl einer allgemeinen Einleitung bedarf, so wird dieselbe am ehesten die *Geschichte der höchsten Staatsgewalt* des sinkenden Römerreiches im dritten Jahrhundert nach Christo enthalten müssen. Nicht daß aus ihr sich alle übrigen Zustände entwickeln ließen, aber sie gibt immerhin den Boden für die Beurteilung einer Menge äußerer wie geistiger Ereignisse der Folgezeit. Alle Formen und Grade, welche die Gewaltherrschaft erreichen kann, von den schrecklichsten bis zu den günstigsten, sind hier in einer merkwürdig abwechselnden Reihe durchlebt worden.

Unter den guten Kaisern des zweiten Jahrhunderts, von Nerva bis auf Marcus Aurelius (96–180 n. Chr.), hatte das römische Reich eine Ruhezeit, welche eine Zeit des Glücks sein konnte, wenn die tiefsten Schäden alternder Nationen überhaupt dem Wohlwollen und der Weisheit auch der besten Regenten zugänglich wären. Innere und äußere Größe eines Trajan, Hadrian, Antonin und Marcus Aurelius dürfen uns nicht verblenden über Dinge und Verhältnisse, welche schon damals als offenes Geheimnis vor aller Augen lagen. Die drei großen Mächte: Kaiser, Senat und Heer mußten auf die Länge wieder aneinander irre werden und ihre künstlich geschonte Harmonie verlieren; vollends unheilbar schien in der Folge die Verwirrung, als Angriffe der Barbaren, eigentümliche Regungen der Provinzen und entsetzliche Naturereignisse damit zusammentrafen.

Ein Vorspiel hievon zeigt schon die Regierung Marc Aurels selber. Über seine Persönlichkeit zu reden wäre überflüssig; unter den unvergänglichen Idealgestalten des Altertums ist der stoische Philosoph auf dem Thron der Welt wohl nicht die schönste, jugendlichste, aber gewiß eine der ehrwürdigsten. Und doch war es ihm nicht erspart, die drohenden Vorboten künftigen Unterganges an die Pforten des Reichs pochen zu hören. Zunächst in betreff des Kaisertums offenbarte sich deutlich genug, daß dasselbe – trotz des Systemes von Adoptionen, welches die vier großen Kaiser miteinander verknüpft hatte – durch einen Handstreich usurpiert werden könne. Dies wagte, wenn auch ohne Erfolg, der bedeutendste Feldherr des Reiches, Avidius Cassius, nachdem fast drei Generationen hindurch vortrefflich oder wenigstens wohlwollend regiert worden war. Was sodann das Heer anbelangt, so hat zwar Marc Aurel den Ruhm »den Soldaten nie in Reden geschmeichelt noch irgend etwas aus Furcht vor ihnen getan zu haben«; allein dem hergebrachtem Unheil, dem Riesengeschenke an die Armee beim Regierungsantritt, hatte er sich in solcher Weise gefügt, daß jeder Soldat (wenigstens von der Garde) ein Vermögen besaß und daß die Summe Marc Aurels fortan von den Soldaten als Norm betrachtet wurde. Von äußeren Unglücksfällen kam hinzu der erste gewaltige Einbruch eines germanisch-sarmatischen Völkerbundes in das römische Reich und eine furchtbare Pest. Der gefahrvollste Krieg, die tiefsten Sorgen füllten die letzten Jahre des Kaisers. Aber auch in seinem Zelt an der Donau suchte er sich über den engen, bedrohten Augenblick zu erheben durch den stillen Kultus des allgemeinen Sittlichen, des Göttlichen im Menschenleben.

Für seinen Sohn Commodus (180–192) soll er eine Art von Regentschaft, »die Besten aus dem Senate«, eingesetzt haben, und jedenfalls ließ sich der junge Fürst in den ersten Wochen von den Freunden seines Vaters leiten. Aber ungemein rasch entwickelte sich in ihm jener scheußliche Kaiserwahnsinn, dessen man seit Domitian nicht mehr gewohnt gewesen war. Das Bewußtsein der Herrschaft über die Welt, die Furcht vor allen, die nach dieser Herrschaft streben konnten, der Ausweg: rasch das Vorhandene zu genießen und die unaufhörliche Sorge zu übertäuben – dies alles konnte in einem nicht ganz gut und stark geborenen Menschen sehr bald jenes Gemisch von Blutdurst und Ausschweifung hervortreiben. Den Anlaß mochte ein Attentat geben, dem die eigene Familie nicht fremd war, das man aber auf den Senat schob. Kein Wunder, daß bald darauf der Gardepräfekt die erste Person im Staate, der Bürge des kaiserlichen Daseins war, wie einst unter Tiberius und Claudius, und daß die wenigen Tausende, welche er befehligte, sich mit ihm als die Herren des Reiches fühlten. Den einen, tüchtigern dieser Präfekten, den Perennis, opferte freilich Commodus einer Deputation des unwilligen britannischen Heeres auf, welche 1500 Mann stark ungehindert nach Rom gekommen war; den folgenden Präfekt, Kleander, gab er einem Hungeraufruhr des römischen Pöbels preis, allerdings nicht unverdient, weil Kleander in unbegreiflicher Habsucht nicht nur durch Konfiskationen und Ämterverkauf die höheren Klassen, sondern auch durch ein Getreidemonopol das ärmere Volk gegen sich aufgebracht hatte.

Wenn nun der feige und grausame Fürst im Amphitheater erschien, um sich als Gott verkleidet von dem tödlich bedrohten *Senat* bewundern zu lassen, so konnte man wohl fragen, ob dieser »commodianische Senat« überhaupt noch den alten Namen verdiente, auch wenn er noch eine gewisse Mitregierung in den Provinzen, Ernennungsrechte, eigene Kassen und äußere Ehren besaß? Auch römisch im engeren Sinn durfte er kaum mehr heißen, seitdem die Mehrzahl seiner Mitglieder vielleicht nicht einmal Italier sondern Provinzialen waren, in deren Familien die Würde sogar zeitweise erblich geworden war. Es ist leicht, sich von einem idealen Standpunkt aus über diese entwürdigte Versammlung in den strengsten Urteilen zu ergehen, zumal wenn man von dem Effekt einer dauernden Todesgefahr, die über ganzen Familien und Korporationen schwebt, sich keine klare Vorstellung zu machen vermag. Die Zeitgenossen urteilten billiger; Clodius Albinus, als er die Würde eines Cäsar aus den blutigen Händen eines Commodus nicht annehmen wollte, hielt den Senat noch immer für lebensfähig genug, um öffentlich vor seinen Truppen sich für die Herstellung einer republikanischen Staatsregierung auszusprechen[1]. Ob er aufrichtig redete, ist hier gleichgültig; genug daß der Senat (wie wir sehen werden) noch immer viele von den edelsten Männern jener Zeit enthielt und in schwierigen Augenblicken Kraft und Entschlossenheit zur Staatsregierung zeigte; selbst die Illusionen, in welchen wir ihn befangen finden werden, gereichen ihm nicht durchaus zur Unehre. So ist es denn auch begreiflich, daß er trotz zeitweisem Eindrängen unwürdiger Subjekte noch immer als Repräsentation, wenn nicht des Reiches, doch der römischen Gesellschaft galt und sich als den natürlichen Vorstand der sogenannten Senate oder Kurien der Provinzialstädte betrachtete[2]; ohne ihn konnte man sich noch immer kein Rom denken, auch wenn sein Wirkungskreis durch Gewaltübung anderer oft auf lange Zeit zernichtet schien[3].

Nachdem Commodus noch die Senatoren gebrandschatzt hatte, um durch ungeheure Geschenke das murrende Volk der Hauptstadt zu besänftigen, fiel er durch eine gemeine Palastverschwörung[4].

[1] Hist. Aug. Clod. Alb. 13, 14.
[2] Hist. Aug. Florian. 5.
[3] Sept. Severus mit seiner Rede bei Dio Cass. 75, 8 darf uns hier nicht täuschen. (Vgl. unten S. 5.) *So* konnte der Senat der Antonine nicht aussehen, selbst nach der Zwischenregierung eines Commodus.
[4] Eine gründliche Erörterung namentlich der politischen und dynastischen Fragen in dem halben Jahrhundert von Commodus abwärts s. in dem Art. Gordianus, bei Ersch und Gruber, Encycl. (von Emil Müller).

Das Schreckliche an den römischen Thronveränderungen lag darin, daß niemand wußte, wem die Erhebung eines neuen Kaisers eigentlich zustand. Eine Dynastie konnte sich nicht bilden, weil der Kaiserwahnsinn – das Schicksal aller nicht sehr begabten Menschen auf diesem Throne – zu periodischen Revolutionen mit Notwendigkeit hindrängte. Und selbst ohne diese letzteren hätte die Kinderlosigkeit der ausschweifenden Kaiser und auch einiger der besseren eine regelmäßige Erbfolge unmöglich gemacht; Adoptionen aber, wie sie schon im augusteischen Hause vorkamen, hatten nur dann Aussicht auf Beachtung, wenn der Adoptivvater sowohl als der neue Sohn die Eigenschaften besaßen, um sich zu behaupten.

Offenbar gehörte dem Senat, welcher einst dem göttlichen Augustus einen Titel der Macht nach dem andern dekretiert hatte, das größte historische Recht zur Ernennung eines neuen Kaisers. Allein sobald die Kaiser den Senat haßten und sich einzig auf die Garden verließen, maßten diese letzteren sich die Kaiserwahl an; es dauerte nicht lange, so konkurrierten auch die Heere in den Provinzen mit den Kasernen des prätorianischen Lagers zu Rom. Bald fand man hier seinen Vorteil bei kurzen Regierungen, weil sich das Geschenk an das Lager jedesmal wiederholte. Dazu rechne man die dunkle Tätigkeit entschlossener Intriganten, deren Interesse es hie und da sein mochte, zunächst einen Bewerber zu unterstützen, dessen baldigen Untergang sie voraussahen und wollten.

So wurde von den Mördern des Commodus ein braver Mann, Helvius Pertinax, wie zur Rechtfertigung ihrer Tat vorgeschoben, den zuerst die Soldaten, dann der Senat anerkannten (193). Durch anfängliche Begünstigung eines gewissen Triarius Maternus erpreßten die Garden von Pertinax ein enormes Donativ, zu dessen Bestreitung die Kostbarkeiten des Commodus veräußert wurden; die natürliche Folge war ein baldiger zweiter Versuch zugunsten des Konsuls Falco; das drittemal aber begannen die Garden geradezu mit der Ermordung des Kaisers. Und nun ging im Lager jene unerhörte Gant der Kaiserwürde vor sich; es fand sich ein reicher Tor, Didius Julianus, der um etwa 6000 Franken an jeden einzelnen Soldaten ein paar Wochen Schwelgerei und Todesangst erkaufte. Dies war aber auch die letzte und höchste Spitze prätorianischen Übermutes. Drei Provinzialheere hatten sich gleichzeitig das Vergnügen gemacht, ihre Anführer zu Kaisern auszurufen; darunter war der düstere Afrikaner Septimius Severus. Der ratlose Julian versuchte es zuerst mit Aussendung von Mördern; es gab damals einen Offizier Aquilius, der bei der Ermordung von Großen schon öfter Dienste geleistet hatte[5] und einen Ruf genießen mochte wie zu Neros Zeiten Locusta. Darauf wollte Julian, weil er ja das Reich um sein gutes Geld gekauft, die Sache wie einen

---

[5] Hist. Aug. Pescenn. 2. *Aquilium centurionem notum caedibus ducum.*

Die Reichsfolge. – Septimius Severus

Rechtshandel gegen Sever durchführen; weiterhin erklärte er letztern, als er näher rückte, zum Mitregenten; er war aber verlassen, verhöhnt, und auf Veranstaltung des Senates hingerichtet, als Sever noch mehrere Märsche weit von Rom stand.

In Septimius Severus (193–211) ist die Militärherrschaft zum ersten Male rein repräsentiert. Der Hochmut des Standes und Grades, den er schon als Legat an den Tag legt[6], hat etwas Unrömisches, Modernes. Wie wenig er dagegen die alte Hoheit des Senates begreifen und achten würde, konnte schon die Deputation von 100 Senatoren inne werden, welche ihn bei Terni begrüßte und die er gleich untersuchen ließ, ob sie etwa Dolche bei sich führten. Die reinste Konsequenz eines Kriegsfürstentums aber befolgte er, als er die Prätorianer schimpflich entwaffnete und aus Rom jagte. Eine solche bevorzugte, verdorbene Garde mit politischen Prätentionen paßte nicht in sein System. Seinem eigenen mitgebrachten Heere gab er einstweilen nur ein Fünftel von dem verlangten Donativ. Ebenso folgerichtig benahm sich Sever im Kampfe gegen seine Mitbewerber Pescennius Niger und Clodius Albinus; er rottete ihren ganzen Anhang aus; es war ihm unbegreiflich, wie eine Anzahl Senatoren sich mit jenen in Briefwechsel hatten einlassen können und wie sogar der gesamte Senat sich hatte neutral halten mögen. »Ich bin's ja«, schreibt er an den Senat[7], »der dem römischen Volke Getreide und Öl verschafft, der für euch Kriege führt und jetzt – welch ein Dank? ... Ihr habt euch seit Trajans und Marc Aurels Zeiten sehr verschlechtert«. – Byzanz, wo sich die Anhänger des Pescennius über ein Jahr verteidigten, wurde, trotz seiner Wichtigkeit und Unentbehrlichkeit als Grenzfeste gegen die Barbaren des Pontus, dem Boden eben gemacht und die ganze Besatzung nebst vielen Einwohnern getötet[8]. Die Welt sollte sich ein Beispiel daran nehmen, wie es den Städten und Faktionen ergehen müsse, welche unter mehreren Usurpatoren nicht sogleich denjenigen herausfinden würden, der bleibenden Gehorsam verdiente. Nicht besser ging es den Anhängern des Albinus; Sever hatte ihre Korrespondenz in die Hände bekommen und hätte sie, wie einst der große Cäsar die der Pompejaner, un-

---

[6] Hist. Aug. Sept. Sev. 2.

[7] Hist. Aug. Clod. Alb. 12.

[8] Die lange Gegenwehr der Besatzung erklärt sich nicht sowohl aus einer Anhänglichkeit an den längst umgekommenen Pescennius, als vielmehr daraus, daß die höheren Offiziere den Charakter Severs und demnach auch ihr Schicksal im Fall der Einnahme kennen mochten und auf einen Sieg des Albinus warteten. Auffallender ist die eifrige Teilnahme der Einwohnerschaft, welche zu ahnen scheint, daß ihre Stadt gar nicht hoch genug im Preise stehen könne. Die bereits gegen die Antiochener als Anhänger des Pescennius verhängte Strafe wirkte wohl erst in zweiter Linie mit.

gelesen verbrennen können. Dies wäre sehr edel aber durchaus nicht zeitgemäß gewesen, weil es sich nicht mehr um Prinzipien und deren Amalgamierung durch persönliches Versöhnen und Gewinnen handelte, sondern um eine einfache Unterwerfung. Eine Menge Senatoren und Vornehme in und außerhalb Rom wurden hingerichtet; vor Senat, Volk und Soldaten hielt der Kaiser Lobreden auf Commodus, gewiß nicht aus Überzeugung, sondern aus Hohn gegen den Senat.

In Rom selber brach einmal während dieses Reichskrieges bei den Zirkusspielen ein plötzliches Jammern und Räsonieren los, welches ein Ohrenzeuge[9] sich nur durch göttliche Inspiration zu erklären weiß. »O Rom! Königin! Unsterbliche! (so riefen die vielen Tausende einstimmig) wie lange leiden wir noch solches? wie lange führt man noch Krieg um uns?« – Es war besser, daß sie ihre Zukunft nicht wußten.

Als der Friede im Innern hergestellt war, wurde man inne, daß die Militärherrschaft mit der notwendigen Zutat auswärtiger Kriege sich Selbstzweck geworden war. Ihr Mittelpunkt war Sever mit seiner in die höchsten Ämter verteilten Familie, aus welcher er eine Dynastie machen wollte; nur seinen Bruder, welcher gern Mitregent geworden wäre, hielt er geflissentlich von sich ab. Das nächste Mittel zur Behauptung der Macht war die Bildung einer neuen Garde, welche mehr als viermal so stark wurde als die alte; mit einer solchen stets disponiblen Leibarmee konnte man fortan auch den Provinzialheeren ganz anders gegenüberstehen; mit ihr konnte man, wie später geschah, im Reiche herum reisen und überall morden und plündern. Die frühere Garde hatte aus Italienern, sogar vorzugsweise aus Leuten der Umgegend Roms bestanden; jetzt füllte Severus Rom mit rohen und schrecklichen Barbarengesichtern. War er mit dem Donativ sparsam gewesen, so erhöhte er dafür den Sold mehr als irgend ein anderer Kaiser; aus dem einmaligen Wegwerfen von ein paar Millionen wurde ein regelmäßiges Aussaugen des Reiches zugunsten der Soldaten. Jener väterliche Rat Severs an seine Söhne mag wohl eher von den Zeitgenossen aus seiner Regierungsweise abstrahiert als wirklich von ihm ausgesprochen worden sein, lautet aber bezeichnend genug: »Seid einträchtig, macht die Soldaten reich, und verachtet alle andern«.[10]

Man möchte nun glauben, daß dieser Soldatenstand, so hoch geehrt und in beständigem Atem gehalten durch einen so rastlosen Feldherrn, den größten kriegerischen Erinnerungen Roms Ehre machen mußte. Allein dem war nicht so. Sever selber klagt laut genug über Verfall der Disziplin, und auf seinem großen asiatischen Feldzuge kamen Fälle von

---

[9] Dio Cass. 75, 4.
[10] Dio Cass. 76, 15. Anders bei Zonaras 12, 10.

Insubordination vor, welchen er nur mit Nachsicht und ferneren Geschenken zu begegnen wußte. Konnte er wohl sich verhehlen, daß seine Neuerung nur ihn und seine Regierungszeit sicherte, während sie einem schwachen und schlechten Nachfolger, der nicht mehr gleichsam sein eigener Gardepräfekt war, den unvermeidlichen Untergang zuziehen mußte? Oder war ihm dieses gleichgültig, wenn nur die Soldatenherrherrschaft als solche sich erhielt?

Man darf hier wie in diesen letzten Jahrhunderten des Heidentumes überhaupt nicht übersehen, daß die Mächtigsten oft unfrei handelten, weil sie sich der Astrologie und den Vorbedeutungen fügten. So allein wird man es zum Beispiel bei dem gerechtigkeitsliebenden Sever erklären müssen, wenn er einen unvorsichtigen Frevler wie Plautian so beharrlich in der Gardepräfektur und in der engsten Verbindung mit seinem Hause festhielt. Mannigfache Superstitionen umgaben das Leben Severs von der Jugend bis zum Grabe. Da der römische Kaiserthron das große Los einer Lotterie geworden war, so gab es Eltern der verschiedensten Stände, welche das tägliche Leben ihrer begabteren Kinder sorgfältig beobachteten, ob nicht eine Vorbedeutung künftiger Herrschaft sich zeige; es wird Notiz davon genommen, wenn der Knabe absonderliche Verse im Munde führt, wenn Schildkröten oder junge Adler ins Haus gebracht werden, oder gar ein pupurfarbenes Taubenei, wenn Schlangen sich als Hausgenossen hervortun, Lorbeerbäume hervorsprießen und dergleichen; kommt aber ein Kind schon mit einer Krone von Schwielen um das Haupt zur Welt, braucht man von ungefähr ein Stück Purpurstoff zur Bedeckung des Neugeborenen – dann ist sein künftiges Kaisertum in der Stille entschieden[11]. Ähnliche Befangenheit begleitete manche Kaiser ihre ganze Regierung hindurch und lenkte ihre Handlungen in einer Weise, die wir nicht mehr berechnen können. Es erweckt Mitleid, wenn der greise Severus nach seinen letzten Siegen in Britannien unruhig und zornig wird, weil ihm ein Mohr mit einem Zypressenkranz begegnet, oder weil man ihn zum Opfer in den unrechten Tempel führt und dunkelfarbige Opfertiere herbeibringt, die dem Kaiser dann bis in sein Quartier nachlaufen.

Es bedurfte aber der Omina im Palast zu York nicht mehr; der eigne Sohn, Caracalla, stand ihm beharrlich und fast offen nach dem Leben. Mit bewußter, prinzipieller Erbarmungslosigkeit hatte Sever jeden Gedanken an Usurpation darniedergehalten; nur auf den Hochverrat des Thronfolgers war nicht gerechnet, und auch darauf nicht, daß seine Garden sich so ungescheut mit demselben einlassen würden. Es lautet wie eine schmerzliche Wahrung seines Herrscherprinzips, wenn er dem ent-

---

[11] S. die Hist. Aug., in den meisten Biographien.

menschten Sohn zuflüstert: »Töte mich wenigstens nicht so, daß es alle sehen[12]!« – Ein anderes Wort scheint er öfter wiederholt zu haben: »Alles war ich, und es hilft doch nichts.«

Und nun bestieg das entsetzliche Scheusal, das man Caracalla zu nennen pflegt, den Kaiserthron (211–217). Seit seinem Eintritt in das Jünglingsalter zeigte er einen bösartigen Hochmut; er rühmte sich Alexanders d. Gr. als seines Vorbildes und lobte dabei Tiberius und Sulla. Erst später, vielleicht seit der Ermordung seines Bruders Geta, kommt noch der eigentliche Kaiserwahnsinn hinzu, der Mittel und Macht des ganzen Reiches zu seinem eigenen sicheren Untergang mißbraucht. Seine einzige Vorsichtsmaßregel, die er für genügend hielt, war die Kameradschaft mit den Soldaten, deren Anstrengungen und Lebensart er wenigstens zeitweise teilte; daß er es mit Fechtern und Wagenlenkern ebenso hielt, machte ihn überdies beim römischen Pöbel beliebt; den Bessern und Gebildeten aber brauchte er ja nicht mehr zu gefallen. – Seit dem Brudermorde, wozu die Soldaten anfangs finster blickten, ist Caracalla an diese Schmeichelei nach unten gänzlich verkauft; um der Soldaten willen bedarf er ungeheurer Konfiskationen und tötet 20000 Menschen als Anhänger Getas, – darunter auch einen Sohn des Pertinax, während es sonst einer der bessern Züge des römischen Usurpationswesens ist, daß man die Verwandten gestürzter Kaiser meist am Leben ließ. Um der Soldaten willen macht Caracalla jenen Feldzug im eigenen, völlig ruhigen Reiche, während er die Angriffe der Nachbarn abkauft. Der Massenmord von Alexandrien zeigte, wie sich der Despotismus gegen geistreiche Spöttereien zu verhalten gedenke. Die eigentliche Strafe solcher Missetaten lag (abgesehen von den Gewissensqualen, deren die Schriftsteller erwähnen) in dem wachsenden Mißtrauen des Tyrannen gegen die bevorzugten Soldaten selbst; er verließ sich zuletzt, was seine engere Umgebung betraf, nur noch auf ganz barbarische Leibwachen, die nichts von römischen Dingen beurteilen konnten, auf Kelten und Sarmaten, deren Kostüm er trug, um sie sich geneigt zu halten. Den Gesandten solcher Völker pflegte er[13] zu sagen: wenn er etwa ermordet würde, möchten sie in Italien einfallen; Rom sei leicht zu nehmen. Und doch wurde er, man kann sagen, in der Mitte dieser Wachen niedergemacht, auf Veranstaltung solcher, die ihn aus der Welt schaffen mußten, um nicht selber durch ihn zu fallen.

Die nächsten Kaiserernennungen mußten ganz in den Händen der übermächtigen Armee liegen. Sie erhob zuerst den einen der beiden Gardepräfekten, Macrinus, ohne zu wissen, daß dieser den Mord ihres geliebten Caracalla angestiftet. Er nahm dessen Namen an und ließ ihn

---

[12] Zonaras XII, 10.
[13] Dio Cass. 78, 6.

prächtig begraben, um jeden Verdacht von sich abzulenken; den Senat begrüßte er mit verdeckter Unverschämtheit um seine Bestätigung und erhielt nicht ohne Zögerung die einzelnen Titel der Kaisermacht. Die ersten strengen Schritte zur Zügelung des verwöhnten Heeres brachten ihm jedoch den Untergang. Zwei junge Syrer, Seitenverwandte der Antonine und des Sever, traten auf einmal an die Spitze des Reiches; es waren die ungleichen Vettern Elagabal und Alexander Severus nebst ihren Müttern Soämias und Mammäa und ihrer gemeinsamen Großmutter Julia Mäsa.

Die Regierung Elagabals (218-222) ist bei allem Ekelhaften und Widersinnigen nicht ohne Interesse für die Geschichte römischer Herrschaft; diese unglaubliche Schwelgerei, dieser asiatische Götzenpomp, dieses ganz besinnungslose Leben in den Tag hinein bildet eine förmliche Reaktion gegen das bewußte Soldatenkaisertum des Sept. Severus. Daß Elagabal allen römischen Formen den Krieg erklärte, seine Mutter und Großmutter in den Senat einführte, Tänzern, Wettrennern und Barbieren die höchsten Stellen gab und zahllose Ämter verkaufte, dies alles hätte ihn nicht gestürzt; selbst die nachlässige Verproviantierung der Hauptstadt wäre ihm vielleicht lange nachgesehen worden; sein Verderben war das in den Soldaten erwachte Schamgefühl, welchem eine Verschwörung in der Familie selbst zu gunsten des Alexander entgegenkam. Die Soldaten wissen den letztern bedroht und erzwingen von dem zitternden Elagabal eine Säuberung seines Hofstaates; darauf hält er sich schadlos, indem er den Senat aus der Stadt jagt, was demselben alle Ehre macht und darauf hindeutet, daß die Versammlung durchaus nicht aus lauter »Sklaven in der Toga« bestand, wie Elagabal sonst meinte. Endlich ermorden den letzteren die Garden und erheben den Alexander Severus.

Keiner von den vielen Imperatoren erregt so sehr die Teilnahme der Nachwelt wie dieser im Verhältnis zu seiner Gesamtumgebung unbegreifliche Mensch, ein wahrer Sanct Ludwig des Altertums. Er geht unter an dem Bestreben, von den ausgearteten Mißformen des Militärdespotismus aus wieder in die Bahn der Gerechtigkeit und der Milde einzulenken. Seiner jedenfalls ausgezeichneten Mutter Mammäa mag ihr Ruhm ungeschmälert bleiben; sein Verdienst ist aber doch das größere, weil er mit selbständigem Geiste in der begonnenen Richtung vorwärts ging und unendlich vielen Versuchungen zum Despotismus zu widerstehen vermochte, aus reinem sittlichem Willen. Vor allem finden wir eine Hochachtung des Senates, die seit Marc Aurel unerhört gewesen war, sogar des politisch längst vergessenen Ritterstandes als einer »Pflanzschule für den Senat«. Ein Senatsausschuß und dann noch ein engerer Staatsrat von sechzehn Männern haben teil an der Regierung; endlich läßt man sich keine Mühe verdrießen, gute, gewissenhafte Leute für die Verwaltung zu erziehen und die emsigste Kontrolle zu üben[14]. Ungerechte und bestechliche Beamte waren das einzige, was Alexander aus der Fassung bringen konnte. In betreff der Soldaten machte er wohl kein Hehl daraus, daß das Schicksal des Staates auf ihnen ruhe, er stattete sie prächtig aus und hielt sie gut; allein wie er sich rühmen konnte, die Steuern vermindert zu haben, so wagte er es auch, eine meuterische Legion abzudanken.

Daneben werden freilich Dinge berichtet, welche mit diesen Lichtseiten kaum in Zusammenhang zu bringen sind. In der Armee gibt sich eine dauernde Gärung kund; die Gardepräfekten wechseln unter den gewaltsamsten Umständen; als der bedeutendste derselben, Ulpian, im Verlauf bedenklicher Unruhen ermordet wurde, mußte der Kaiser es ungestraft hingehen lassen; wir erfahren bei diesem Anlaß, daß Volk und Garde sich drei Tage lang in den Straßen von Rom blutig bekämpften und daß die Garde nur durch Brandstiftung die Bürger zum Frieden zwang. Die albernsten Menschen wagten, als Usurpatoren gegen den trefflichen Fürsten aufzutreten; den einen, Ovinius, soll er wirklich mit ironischer Milde zum Mitregenten angenommen, ihm aber durch die Teilnahme an den Strapazen eines Feldzuges den Thron verleidet haben; ein anderer, den die Soldaten erhoben, lief ihnen davon; einen dritten, den Sklaven Uranius, mußte der Kaiser, wie es scheint, bestrafen[15]. Und als sollte Alexander, wie einst sein Vorbild Marc Aurel, von ganz besonderem Unglück heimgesucht sein, so entstand an der Ostgrenze ein neues kriegerisches Perserreich, das der Sassaniden, welche er nur mit zweideutigem Erfolge bekriegte; an der Rheingrenze aber waren die Germanen in drohender Bewegung. Das Gemüt des noch jugendlichen Fürsten soll sich allmählich verdüstert haben; man wollte eine Neigung zum Schätzesammeln an ihm bemerken, was etwa soviel bedeuten mag, daß die nächste Umgebung ihre Gier nach der Kriegskasse nicht mehr länger bemeistern mochte. Auf dem Feldzug am Rhein, unweit Mainz, ermordeten die Soldaten ihn und seine Mutter. Es ist ganz unnütz, auf die Motive dieser Tat, so wie sie angegeben werden, einzugehen; der Nachfolger eines Severus, Caracalla und Elagabal, wenn er alle gewalttätigen Beamten absetzen, den Soldaten Ernst zeigen und dennoch bei den gefährlichsten Anlässen Milde üben wollte, war er von vorn herein einem gewaltsamen Untergang verfallen; die Verschwörung lag in der Zeit[16], wir würden sagen: in der Luft. Alexander strebte vergebens nach Achtung in einem Jahrhundert, welches nur von Furcht wußte.

---

[14] Welche freilich auch ihre kleinliche Seite hatte. Man sehe, Hist. Aug. Al. Sev. 27, das Projekt eines Kleidermandates.
[15] Zosim. I, 12.
[16] Aurel. Victor *Caess.*: *Vitio temporum* ...

Sein vermutlicher Mörder, Maximin, bestieg den Thron, ein thrakischer Hirt, Sohn eines Goten und einer Alanin, somit gänzlicher Barbar der Abstammung und überdies der Bildung nach (235-238). Aber die Armee, welche hier selbst die letzte Rücksicht beiseite ließ, bestand auch aus lauter Barbaren von der Ostgrenze, denen gar nichts daran lag, ob ihr Kandidat von Antoninen abstammte, in hohen Ämtern sich gebildet hatte, Senator gewesen war oder nicht[17]. Dafür war Maximin achthalb Fuß hoch, riesenstark und ein Korporal, wie vielleicht im ganzen römischen Heere kein zweiter.

Seine Herrschaft war, wenn nicht im Erfolg, so doch im Prinzip furchtbarer als die irgend eines Kaisers. Diese alte Welt mit ihren Denkmälern voll Schönheit, ihrem Leben voll Bildung reizt den Barbaren, der sich seines Ursprungs schämt, zu giftiger Wut; mit Milde hätte sich seine Usurpation ohnedies nicht behaupten lassen; Konfiskationen bedurfte er für seine Soldaten, und so geht nun der römische Kaiser auf planmäßige Zernichtung römischen Wesens aus. Er selbst mochte sich in dem verhaßten Rom nicht sehen lassen; seinen Sohn, der zuerst dort residieren sollte, behielt er dann doch bei sich in den Lagern am Rhein und an der Donau, von wo aus er das Reich regierte. Rom wurde mit Schrecken inne, daß eine Grenzarmee von Barbaren das Hauptquartier der Weltherrschaft sein könne, eine Armee, welche man sich dachte, wie die des Spartacus oder Athenion im Sklavenkriege. Der tiefste Grimm Maximins ging gegen alles, was vornehm, reich und gebildet war, namentlich gegen den Senat, von dem er sich verachtet glaubte und vor dessen Kurie er große Abbildungen seiner deutschen Siege aufstellen ließ; aber auch das Volk der Hauptstadt, welches sonst der Hinrichtung des ganzen Senats würde zugesehen haben, mußte durch Schmälerung der Zufuhr und Einziehung der Fonds für die öffentlichen Spiele auf das äußerste erbittert werden. Den Provinzialstädten ging es übrigens nicht besser; ihr städtisches Vermögen, wie das der einzelnen Reichen, wurde geraubt zur Bereicherung des Heeres. So nackt und unvermischt ist die Militärherrschaft im Abendlande nicht wieder aufgetreten.

Es folgte eine Zeit unbeschreiblicher Verwirrung, deren höchstes Interesse in dem kräftigen, entschiedenen Benehmen des vielverkannten Senates[18] liegt. Die Verzweiflung treibt zunächst in Afrika einen Aufstand von Bauern und Soldaten hervor, an dessen Spitze man zwei angesehene Römer, die Gordiane Vater und Sohn, zwangsweise stellt. Auf diese

---

[17] Man vergleiche hiemit Sueton. Vespas. c. 6, wie noch im J. 69 die empörten Legionen in Aquileja ihren Kaiser nur aus der Zahl der *legati consulares* wählen wollen.

[18] Vgl. besonders Hist. Aug. Gord. 13., Pupienus 1-3 u. 10., Maximin. 23 *etc*.

Nachricht hin erklärt sich auch der Senat gegen Maximin; daß unwürdige Mitglieder diesen zuerst insgeheim gefaßten Beschluß dem Tyrannen verraten würden, konnte man voraus wissen; höchst gewagt waren auch die brieflichen Aufforderungen zum Abfall, welche der Senat an die Provinzen erließ; man mußte es darauf ankommen lassen, ob neben den Gordianen noch andere Kaiser von andern Ländern und Provinzialheeren würden erhoben werden. Die Gefahr stieg auf das höchste, als ein Kommandant in Afrika, Capelianus (der im stillen selber nach der Herrschaft strebte), im Namen Maximins den jüngern Gordian besiegte, wobei dieser umkam und sein Vater sich erhängte. Jetzt ernannte der Senat eine Kommission von zwanzig kriegskundigen Mitgliedern und proklamierte dann aus eigenem Rechte zwei Kaiser, Pupienus und Balbinus (238). Der Moment muß überaus drohend und schrecklich gewesen sein; das Volk, welches die beiden Kaiser sogleich hatte ausrufen helfen, schlug sich dann doch wieder zu den Garden, welche im Ärger über die reine Senatswahl die Hinzufügung eines dritten Kaisers oder Kronprinzen verlangten und durchsetzten, des jüngsten Gordians nämlich, eines nahen Verwandten der beiden früheren. Bei der Konfusion aller Nachrichten, welche uns zum Beispiel einen Vernichtungskampf zwischen Garden, Gladiatoren und Rekruten mitten in Rom nur mit einem Wort berichten, läßt sich kein entschiedenes Urteil über diese Krisis fällen; doch scheint der Senat außerordentliche Haltung und Mut bewiesen zu haben, weil er seine beiden Kaiser neben dem dritten, dem Schützling der Garden, behaupten konnte, während zugleich die ganze Verteidigung gegen den heranrückenden Maximin auf seinen Schultern ruhte, und seine Kommissäre überall in den Provinzen die Rüstungen leiten mußten. Allerdings kam diesen Bemühungen entgegen der Ingrimm der Provinzialen gegen den Wüterich, so daß dieser zum Beispiel Kärnten menschenleer und ohne alle Lebensmittel vorfand und bei seinem Einzug in das öde Hämona (Laibach) Hunderte von Wölfen zur Begleitung hatte. Seine Mauretanier und Kelten waren dadurch schon sehr verstimmt, als er vor Aquileja anlangte. Als sich diese Stadt unter Anleitung zweier Senatoren lange und verzweifelt verteidigte, schlug ihn sein darbendes Heer tot, um für sich Frieden mit den neuen Kaisern zu machen.

Ob man klug daran tat, alle oder die meisten dieser Truppen nach Rom zu führen, können wir nicht mehr entscheiden; sie wären in den Provinzen auch gefährlich gewesen. In Rom aber waren schon des Korpsgeistes wegen zwischen dem vorzugsweise germanischen Heere der Senatskaiser und dem des Maximin heftige Reibungen zu erwarten; ohnehin mußte das letztere, nach Art mancher besiegten Heere und geschlagenen Parteien, seinem Mißmut irgendwo Luft machen. Das Opfer hievon wurden die beiden Senatskaiser, nach deren Ermordung Soldaten und Pöbel den noch sehr jungen Gordian (238–244) in wildem Tumulte zum Augustus ausriefen. Der Senat war überwältigt, vergab sich aber, wie es scheint, durchaus nichts; Soldaten, welche in die Senatssitzung (damals auf dem Kapitol) eindrangen, wurden am Altar der Victoria durch Senatoren niedergehauen.

Das nächste war eine Palastregierung von Eunuchen und Intriganten um einen unerfahrenen Jüngling herum. Nach einiger Zeit nähert sich ihm ein großer, ernster Mann, der Redner Misitheus, und weckt die edle Seite seiner Natur. Er wird, man weiß nicht wie, Vormund, Regent, auch Schwiegervater des Gordian, der ihm die beiden Präfekturen der Garde und der Hauptstadt überträgt. Die Stellung des Misitheus erinnert bis auf den Namen, den ihm der Senat gab: »Vater des Fürsten[19]«, an die Atabeks der Seldschukensultane im zwölften Jahrhundert. Ob er sich irgend mit dem Senat ins Einvernehmen setzte, ist unbekannt; jedenfalls dauerte diese treffliche Regierung nicht lange. Auf einem sonst glücklichen Feldzuge wider die Perser erlag zuerst der Vormund dem Gifte des sogenannten Arabers Philipp; darauf machte dieser die Truppen durch eine künstliche Hungersnot schwierig, ließ sich durch gewonnene Offiziere dem haltlosen Gordian als Mitregent aufdrängen und versagte ihm dann stufenweise jede Stellung, zuletzt auch das Leben.

Auf die Todesnachricht hin griff der Senat rasch ein; aber der von ihm ernannte Kaiser Marcus der Philosoph starb bald, ebenso ein gewisser Severus Hostilianus, der sich darauf irgendwie des Thrones bemächtigt hatte[20]. Nun erst erkannte man auch den Philipp (244–249) an, der inzwischen nach Rom gekommen war und die wichtigsten Senatoren durch geschmeidige Reden gewann. Man tut Philipp zu große Ehre an, wenn man ihn für einen arabischen Scheik hält; er war aus dem verrufenen Stamme der südlichen Syrer östlich vom Jordan.

Wenn die Herrschermacht nicht einen ganz verblendenden Reiz hätte, so könnte man diesen Menschen nicht begreifen, der da meinte, mit seinen geringen militärischen Gaben durch Verteilung der Hauptstellen an Verwandte und Vertraute das erschlichene römische Reich bemeistern zu können. Während er in Rom das tausendjährige Säkularfest der Stadt feierte, brachen von mehreren Seiten die Barbaren ins Reich ein, und mindestens zwei Heere stellten neue Kaiser auf. In Syrien erhob sich gegen Philipps Bruder Priscus der Abenteurer Jotapian, der von Alexander dem Großen abstammen wollte, ein Name, welchem man noch immer einen

---

[19] Sein voller Titel Hist. Aug. Gord. 27: *eminenti viro, parenti principum, praetorii praefecto et totius urbis, tutori reipublicae.*
[20] Zonaras XII, 18 wird hier vor der Hist. Aug. Gord. 31 den Vorzug haben müssen. Vgl. auch Zosim. I, 19.

fast abergläubigen Kultus weihte[21]. Gegen Philipps Schwiegersohn Severian in Mösien empörte sich Marinus, als in der Nähe die Goten einmarschierten.

Die bewußte, große Gefahr des Reiches rief nun noch einmal den Genius Roms wach. Die zweite Hälfte des dritten Jahrhunderts ist einer von den Zeiträumen, welche in der Wertschätzung gewinnen müßten, wenn wir die Persönlichkeiten und die Beweggründe ihres Handelns besser kennten, als uns die vorhandenen Quellen gestatten. Sind auch die leitenden Männer meist keine Stadtrömer, sondern Illyrier, das heißt aus den Gegenden zwischen dem Adriatischen und dem Schwarzen Meere, so hat doch römische Bildung und Tradition, namentlich in betreff des Krieges, sie zu nochmaliger Rettung der alten Welt befähigt. Es war jetzt kein Vergnügen mehr, sondern ein verhängnisvolles Amt, römischer Imperator zu sein; ganz Unwürdige nehmen den Purpur meistens gezwungen, und auch die Besseren drängen sich nicht mehr dazu, sondern erkennen darin Pflicht oder Schicksal. Eine gewisse sittliche Erhebung ist nicht zu verkennen.

Mit Philipp war es angesichts jener großen Gefahren bald vorbei. Er wandte sich ganz erschrocken an den Senat und bot seine Abdikation an; alles schwieg, bis der tapfere Decius sich zur Unterwerfung des Marinus erbot. Er führte sie durch, verlangte aber eilig seine Abberufung, weil er sah, daß bei der allgemeinen Verachtung gegen Philipp das Heer ihn bald würde zum Kaiser erheben wollen. Philipp willfahrte ihm nicht, und so geschah das Unvermeidliche[22]. In oder nach einer Schlacht gegen Decius kam Philipp in Verona durch Soldaten um. Daß sein Bruder Priscus nachher noch Statthalter in Macedonien sein konnte, zeigt, daß Decius sich wegen des Geschehenen nicht zu schämen hatte. Priscus lohnte ihm in der Folge mit Verrat.

Decius (249–251) ist überhaupt ein Idealist, mit den Illusionen eines solchen. Seine gewaltige kriegerische Kraft im Dienst einer veredelten Senatsregierung[23] zu üben, altrömische Sitte und Religion und durch dieselbe die Macht des römischen Namens aufzufrischen und auf ewig festzustellen – das mochten seine Pläne sein. Damit hing allerdings zusammen, daß er die Christen verfolgte; sechzig Jahre später würde er vielleicht mit demselben Eifer versucht haben, die christliche Aufopferungsfähigkeit auf die Rettung des Reiches hinzulenken.

[21] Hist. Aug. XXX Tyr. 13. – Septim. Severus hatte das Grab Alexanders schließen lassen, »damit niemand mehr dessen Leichnam sehe«. Dio Cass. LXXV, 13.
[22] Mit der dunklen Darstellung des Joh. Antiochenus (Fragm. 148) sind die bisherigen Annahmen über diese Ereignisse gar nicht zu vereinigen.
[23] Hist. Aug. Valerian. 1 u. 2.

Dies Ziel seines Lebens zu erreichen, war ihm allerdings nicht beschieden; neben dem Einbruch der Barbaren an allen Grenzen wütete eine Hungersnot und eine Pest, welche im ganzen römischen Leben dauernde Veränderungen müssen hervorgebracht haben, weil ein alterndes Volkstum solche Schläge nicht so überdauert wie ein jugendliches. Der Lohn des Decius war ein glorreicher Untergang im Gotenkriege.

Auch jetzt behauptete der Senat sein Recht; neben dem von den Soldaten erhobenen Gallus ernennt er[24] (251) seinen eigenen Kaiser, Hostilian, der indes bald an einer Krankheit starb. Als Gallus die Goten mit Tribut abkaufte, fand sich ein Feldherr bei den Donautruppen, der Mauretanier Aemilian, welcher seinen Soldaten von der »römischen Ehre« sprach[25] und im Fall eines Sieges ihnen selbst den Tribut verhieß, der jetzt den Goten bezahlt würde; sie siegten wirklich und erhoben ihn dann zum Kaiser (253). Aber so weit wirkte schon die Denkweise des Decius, daß Aemilian nur der Feldherr des Senates heißen, diesem dagegen die Reichsregierung überlassen wollte[26].

Eine empfindliche Lücke in der Historia Augusta hindert uns an jeder bündigen Beurteilung der zunächst folgenden Ereignisse. Aemilian rückt nach Italien; Gallus, der gegen ihn ausgezogen, wird nebst seinem Sohne von den eigenen Truppen ermordet; aber einer seiner Generale, Valerian, aus den Alpen heranrückend, gewinnt auf ganz rätselhafte Weise das Heer des siegreichen Aemilian, welches seinen Kaiser tötet, »weil derselbe ein Soldat, aber kein Regent sei, weil Valerian besser zum Kaisertum passe, oder weil man den Römern einen neuen Bürgerkrieg ersparen müsse[27]«. Das Wahre schimmert durch; es sind offenbar nicht mehr meuterische Soldatenhaufen, welche hier handeln; das Entscheidende war ohne Zweifel eine *Transaktion zwischen den höheren Offizieren der drei Heere.* So allein war die Erhebung Valerians (253) möglich, vielleicht desjenigen Römers, der in bürgerlichen Ämtern wie im Kriege vor allen gleichmäßig ausgezeichnet war; die Soldaten allein hätten entweder auf ihrem Aemilian beharrt oder einen schönen großen Mann mit den Talenten eines Unteroffiziers auf den Thron erhoben.

Es nimmt aber die Kaiserwahl fortan überhaupt eine neue Form an. In den fortdauernden Barbarenkriegen seit Alexander Severus muß sich eine ausgezeichnete Generalität gebildet haben, in welcher man sich dem wahren Werte nach kannte und taxierte; Valerian aber erscheint, wenigstens als Kaiser, wie die Seele derselben[28]. Sein militärischer Briefwechsel, der

---

[24] Aur. Vict. *epit.*
[25] Τὸ Ῥωμαίων ἀξίωμα. Zosim. I, 22.
[26] Zonaras XII, 21.
[27] Zosim. I, 29; Zonar. XII, 22.
[28] Einen Teil dieses kaiserlichen Stabes lernt man Hist. Aug. Aurelian. 12

mit Absicht in der Historia Augusta teilweise gerettet ist, beweist seine genaue Kenntnis der Personen und ihrer Talente und gibt uns eine hohe Idee von dem Manne, der einen Posthumus, Claudius Gothicus, Aurelian und Probus erkannte und erhob. Wäre an den Grenzen Friede eingetreten, so hätte der Senat vielleicht im Sinne eines Decius und Aemilian einen regelmäßigen Anteil an der Herrschaft ausgeübt; da aber die Einfälle der Barbaren auf allen Grenzen zugleich das Imperium gänzlich zu überwältigen drohten, da das wahre Rom für längere Zeit nicht mehr auf den sieben Hügeln an der Tiber, sondern in den tapfern Lagern römischer Feldherrn war, so mußte auch die Staatsmacht mehr und mehr an die Generale kommen. Diese bilden fortan einen geharnischten Senat, der in alle Grenzprovinzen zerstreut ist. Eine kurze Zeit über geht freilich das Reich ganz aus den Fugen, und planlose Soldatenwillkür und provinziale Verzweiflung bekleidet bald da bald dort den ersten besten mit dem Purpur; sobald aber der erste Stoß vorüber ist, besetzen die Generale den Thron mit einem aus ihrer Mitte. Wie sich da Berechnung und Überlegung mit Ehrgeiz und Gewaltsamkeit im einzelnen Falle abfinden mochten, was für geheime Schwüre den Verein enger verknüpften, läßt sich nur ahnen. Gegen den Senat zeigt man keine Feindschaft, im ganzen sogar Hochachtung, und es tritt später ein Augenblick ein, da der Senat sich der vollständigen Täuschung hingeben konnte, noch einmal der wahre Herr des Reiches geworden zu sein.

Doch es lohnt die Mühe, diese merkwürdigen Übergänge auch im einzelnen zu verfolgen.

Schon unter Valerian hatte der Abfall einzelner Gegenden begonnen, und als er vollends durch völkerrechtswidrige Treulosigkeit in die Gefangenschaft des Sassanidenkönigs Sapor geriet[29] (260), indes sein Sohn Gallienus mit dem Kriege gegen die Germanen beschäftigt war, trat die totale Verwirrung ein. Während Rom selbst durch einen Einfall sonst unbekannter Horden bedroht wurde, und der Senat eilends eine Bürgergarde aufstellen mußte, fielen allmählich die östlichen Reichslande ab. Zunächst ließ sich der Taugenichts und Vatermörder Cyriades von Sapor als römischer Thronprätendent vorschieben, bis sich als Retter des rö-

u. f. kennen, bei Anlaß des feierlichen Kriegsrates in den Thermen zu Byzanz. Es waren darunter (trotz der Andeutung bei Aurel. Vict. *Caess. sub Valeriano*) mehrere von altrömischem Adel. Bei diesem Anlaß sieht man, wie der Kaiser das Konsulat an einen armen, aber tüchtigen General als eine Pfründe vergibt, ihm zur Bestreitung der Zirkusspiele aus der eigenen Schatulle nachhilft und einen reichen Römer zu seiner Adoption überredet.

[29] Was Zonaras 12, 23 erzählt, sieht ganz nach bösartiger Erfindung eines Zurückgesetzten aus; wie weit vollends dem Dionysius bei Euseb. *Hist. eccl.* VII, 23 über Macrian zu glauben ist, zeigt der Ton seiner Rede sattsam.

Die Zeit der dreißig Tyrannen

mischen Orientes zuerst Macrian (260) mit seinen Söhnen und mit seinem tapfern Präfekten Balista erhob. Sapor mußte fliehen, sein Harem wurde gefangen; die herrliche Verteidigung von Cäsarea in Cappadocien dürfen wir hier nur mit einem Wort erwähnen[30]. Aber die Zersetzung des Reiches war noch im Wachsen; Feldherrn und höhere Beamte mußten sich fortwährend zu Kaisern erheben, nur um gegen andere Usurpatoren ihr Leben zu retten, welches sie dann doch bald einbüßten. So in Griechenland Valens mit dem Beinamen Thessalonicus und der von Macrian gegen ihn entsandte Piso; so nach einiger Zeit (261) Macrian selbst, als er gegen den damals noch gallienischen Feldherrn der Donaulande, Aureolus, zu Felde zog, welcher als Sieger ebenfalls von Gallienus abgefallen sein muß. An Macrians und seines Hauses Stelle trat im Osten (262) Odenathus, ein reicher Provinziale, dergleichen mehrere in dieser Zeit als Kaiser aufkommen, aber keiner mit so viel Talent und Erfolg wie dieser Patrizier von Palmyra, der von hier aus mit seiner heldenmütigen Gemahlin Zenobia ein großes orientalisches Reich zu gründen vermochte[31]. Zenobia, die Enkelin der ägyptischen Ptolemäer, auch der berühmten Kleopatra, mit ihrer bunten Hofhaltung asiatischer Heerführer, herrschte später (267–273) für ihre Söhne bis nach Galatien und nach Ägypten hinein, also in Gegenden, wo früher die Generale des Gallienus geringere Usurpatoren mit Erfolg beseitigt hatten, nämlich im südöstlichen Kleinasien den Seeräuber Trebellian, den die unverbesserlich verwilderten Isaurier zu ihrem Herrn erhoben; in Ägypten aber den früheren Kommandanten von Alexandrien, Aemilianus, welcher, von einem Pöbelauflauf tödlich bedroht, sich zum Kaiser aufgeworfen (262–265), um der Verantwortung bei Gallienus zu entgehen.

In den Donaulanden haben wir Aureolus genannt, welchen Gallienus sogar eine Zeitlang als Herrscher anerkennen mußte. Aber schon lange vorher (258) hatten die Donautruppen, um das Land besser gegen die Einfälle zu schützen, den Statthalter Ingenuus erhoben; Gallienus hatte diesen überwunden und furchtbare Strafe über die ganze Gegend verhängt; die nach Rache dürstenden Provinzialen hatten darauf den heldenmütigen Dacier Regillian (260) zum Kaiser gemacht, der von dem dacischen König Decebalus, dem berühmten Feinde Trajans, abstammen wollte; aus Furcht vor abermaliger Bestrafung durch den zu Zeiten sehr grausamen Gallienus ließen sie ihn wieder fallen. – Von einem Usurpator in Bithynien weiß man nicht einmal den Namen; auch in Sizilien herrsch-

---

[30] Das Nähere bei Zonar. XII, 23.

[31] Eine Zusammenstellung der Nachrichten über Zenobia und das palmyrenische Reich überhaupt bei *G. Hoyns*, Geschichte der sogenannten dreißig Tyrannen, Göttingen 1852. Auch die Jahrzahlen bis auf Aurelian sind hier nach dieser Schrift angegeben.

ten namenlose Räuber (*Latrones*). – Die merkwürdigste Reihe von Usurpatoren bietet jedoch der Westen dar, nämlich Gallien, welchem sich zeitweise auch Spanien und Britannien fügen. Hier erheben sich (seit 259) bei der unbeschreiblichen Landesnot durch die Barbaren schon gegenüber Valerian und dann gegenüber dem Sohn und den Generalen des Gallienus die gewaltigen Verteidiger des Landes, Posthumus, Lollianus (oder Lälianus) und Victorinus; und zwar nicht als bloße Soldatenkaiser, sondern unter eifriger, fast regelmäßiger Teilnahme der Provinzialen[32]. Es bildet sich ein wahres transalpinisches Reich, dessen Notabeln den Senat des meist in Trier wohnenden Imperators ausmachen; weit entfernt, eine schon halb vergessene gallische, britannische oder iberische Nationalität als Panier zu erheben, wollen diese Lande ein okzidentalisches Römerreich sein und römische Bildung und Einrichtungen gegen die hereindringende Barbarei schützen; was sich von dem Reiche Zenobiens nicht in derselben Weise behaupten läßt. Merkwürdigerweise ist es aber auch im Abendlande eine Frau, Victoria, die Mutter Victorins, welche unter diesen Kaisern Adoptionen und Erbfolgen einleitet und als »Mutter der Lager«, ja, wie ein übermenschliches Wesen, über den Heeren waltet. Ihr Sohn und Enkel werden von ergrimmten Soldaten vor ihren Augen niedergemacht, und gleich darauf ist die Reue so groß, daß man ihr die Ernennung eines neuen Kaisers überläßt. Sie ernennt zuerst (267) den Soldaten zuliebe den starken Waffenschmied Marius, nach dessen Ermordung aber – höchst gewagterweise – einen Mann, den die Armee nicht kannte, ihren Verwandten Tetricus, dessen unmilitärische Regierung sich die Soldaten (seit 267) wenigstens bis zum plötzlichen Tode Victoriens[33] gefallen ließen.

An das Ende dieser Reihe von Usurpationen gehört offenbar die des Celsus in Afrika, weil sie die am wenigsten berechtigte und in ihrem Erfolge die geringste war. Ohne den Grund oder Vorwand eines Barbarenangriffes rufen die Afrikaner (wahrscheinlich nur die Karthager) auf Anstiften ihres Prokonsuls und eines Generals den Tribun Celsus zum Kaiser aus; das mangelnde göttliche Recht mußte der Mantel der »himmlischen Göttin« ersetzen, den man aus dem berühmen Orakeltempel zu Karthago holte, um den Anmaßer damit zu bekleiden. Auch hier spielt ein Weib die Hauptrolle; nach sieben Tagen wurde Celsus auf Anstiften einer Base des Gallienus ermordet, und sein Leichnam von Hunden zerrissen, worauf die Einwohner von Sicca aus Loyalität gegen den Kaiser bestanden. Dann kreuzigte man den Celsus noch *in effigie*.

[32] Thierry, *Hist. de la Gaule*, vol. 2., *p.* 350 *et suiv.*
[33] Auf der Münze, welche ihre Apotheose verewigt, heißt sie *IMPerator*, so gut als Maria Theresia in Ungarn »König« hieß.

Gallienus selber scheint sich in diese unerhörte, größtenteils unverschuldete Lage keineswegs so gleichmütig und feige gefügt zu haben, wie die Historia Augusta uns will glauben machen. Einigen jener sogenannten »dreißig Tyrannen« erteilt er wohl Cäsaren- und Augusten-Titel, andere aber bekämpft er auf das äußerste. Die berüchtigte Indolenz muß ihn zeitweise befallen, aber auch plötzlich wieder verlassen haben; ein Zug nach Persien zur Befreiung seines Vaters aber, den man wohl von ihm verlangte, wäre unter jenen Umständen ein ganz undenkbares Unternehmen gewesen. Man kann sein Verhältnis zu den von ihm anerkannten Provinzialkaisern mit dem der Khalifen zu den abgefallenen Dynastien vergleichen, nur daß ihm nicht einmal Ehrengeschenke und Nennung im Kanzelgebet verblieben. Dafür behauptete er wenigstens Italien mit aller Anstrengung für sich allein; außerdem blieben ihm mehrere der bedeutendsten Generale seines Vaters. Den Senat soll er geflissentlich vom Dienst, ja von bloßen Besuchen in seiner Armee abgehalten haben, weil ihn selbst in diesen unparlamentarischen Zeiten die Furcht vor einer militärischen Senatsregierung verfolgte[34].

Als Aureolus ihn auch in Italien angriff, brach er auf, zwang ihn, sich in Mailand zu konzentrieren und belagerte ihn hier. Schon war Aureolus in verzweifelter Lage, als Gallienus ermordet wurde (268). Der Täter war ein Oberst der dalmatinischen Reiter, die nächsten Urheber ein Gardepräfekt und ein General der Donautruppen; die eigentlichen Hauptpersonen aber waren (der spätere Kaiser) Aurelian, der mit Reiterei zum Belagerungsheer gestoßen war, und der Illyrier Claudius, ein Günstling des Senates und zugleich einer der größten Feldherrn seiner Zeit, der kein Geheimnis daraus zu machen pflegte, wenn die Schlaffheit des Gallienus ihm mißfiel, und der wahrscheinlich deshalb abseits in Pavia seine Station hatte. Es soll ein förmlicher Rat dieser Generale über Leben und Tod des Gallienus gehalten worden sein, wobei auch die Reichsfolge des Claudius ihre Entscheidung müßte gefunden haben[35].

Alles wohl erwogen, wird sich in dieser außerordentlichen Zeit ein solches Komplott teilweise entschuldigen lassen; es war ein Gericht von nicht ganz Unberufenen, welches hier seinen Spruch tat. Wenn das Reich wieder seine Einheit finden sollte, so mußte die Persönlichkeit des Gallienus vom Kampfplatz abtreten, was gutwillig nie geschehen wäre, weil derselbe ohne kaiserliche Genüsse nicht leben konnte. Sodann mochte Claudius den bevorstehenden Goteneinfall, den schrecklichsten jenes Jahrhunderts, nahe voraussehen, und dies war eine Not, die kein Gebot

---

[31] Aur. Vict. *Caess.*
[35] Den Wert des Aurelius Victor *(Caesares)* gegenüber den andern Quellen können wir hier nicht erörtern.

kannte. Abgesehen davon standen, während Gallienus vor Mailand lag, bereits die Alemannen in Italien, deren Überwindung die nächste dringendste Tat des Claudius sein mußte, nachdem in der Schlacht bei Pontirolo mit Aureolus rasch aufgeräumt worden war. In der Grabschrift des letztern sagt Claudius, er hätte ihn am Leben gelassen, wenn die Rücksicht auf sein vortreffliches Heer es gestattete[36]. Wir brauchen an der Aufrichtigkeit dieser Worte nicht zu zweifeln.

Claudius (268–270) konnte die Riesenarbeit der Herstellung des Reiches nur beginnen, und seine Partei in Gallien mußte er vorerst im Stiche lassen; aber sein Gotensieg bei Naissus war doch diejenige Tat, welche hauptsächlich der alten Welt das Leben fristete. Seiner sonstigen hohen Regenteneigenschaften konnte das Reich kaum genießen, weil er schon nach einem Jahre starb; es wäre aber ungerecht, sie zu bezweifeln, weil er das Unglück gehabt hat, in die Hände der Lobredner zu fallen. Seine wahre Lobrede liegt in dem Stolz der illyrischen Reiterei auf die Landsmannschaft mit ihm, in der mutigen Zuversicht zur Gegenwehr gegen die Barbaren, die sein Sieg auch einzelnen schwachen Städten und Provinzialbevölkerungen einflößte. Spanien war bereits von Tetricus abgefallen, um sich ihm in die Arme zu werfen.

Er hatte einen trefflichen Bruder, Quintillus, den der Senat aus Hochachtung für den Verstorbenen zum Kaiser ernannte. Aber auf dem Sterbebett hatte Claudius selbst vor den versammelten Generalen[37] den Aurelian zu seinem Nachfolger designiert, und das Heer hatte ihn sofort anerkannt. Daß Quintillus sich nun alsbald die Adern öffnete, war jenen Zeiten nicht mehr als gemäß.

Aurelian, aus der Gegend von Belgrad gebürtig, erscheint uns zwar um einen Grad barbarischer als sein Vorgänger[38]; in den wesentlichen Dingen aber des Throns kaum minder würdig. In einem glänzenden Feldzug (272) unterwarf er Zenobia und den Orient, was den Ruf seiner Unwiderstehlichkeit sogleich wunderbar steigerte. Marcellinus, der Statthalter Mesopotamiens, von einem Teile des Heeres zur Usurpation angeregt, machte selber Anzeige bei ihm; den Antiochus, welchen die sinnlosen Palmyrener erhoben, ließ Aurelian laufen, nachdem er jene bestraft; den reichen Firmus, Prätendenten Ägyptens, dagegen befahl er als einen Räuber ans Kreuz zu schlagen, wahrscheinlich nur, um nach der Möglichkeit die tiefe, traditionelle Verachtung des Römers gegen den ägyp-

---

[36] Laut Joh. Antiochenus, welcher wie diese Grabschrift dem Heer einen besonderen Ingrimm gegen die Usurpation als solche zuschreibt, hieben die Soldaten den Aureolus, der sich bereits übergeben, in der Nähe des Claudius nieder.
[37] Zonaras XII, 26.
[38] Seine Vergnügungen Hist. Aug. Aurel. 50. Seine gemeine Äußerung über Zenobia *ib.* Firmus 5. Nach Malalas B. XII. hätte er auch gemein behandelt.

tischen Volkscharakter an den Tag zu legen. Dem Tetricus endlich, welcher sich von seiner falschen Stellung zu den Soldaten unerträglich gedrückt fühlte und in der Schlacht bei Chalons (272) sein eigenes Heer verriet, gab Aurelian ein einträgliches Amt. Rechnet man zu diesen Kämpfen um Herstellung des Reiches noch fortdauernde siegreiche Barbarenkriege, so läßt sich leicht erraten, welche unvergleichliche Kriegsschule die Regierungszeit Aurelians gewährte; die bedeutendsten seiner Nachfolger auf dem Throne haben sich unter ihm und Probus gebildet.

In weit ungünstigerm Lichte erscheint sein Verhältnis zum Senat, welches uns etwa wie dasjenige des Septimius Severus geschildert wird. Verschwörungen und Unruhen aller Art in der Hauptstadt läßt der Kaiser auch den Senat entgelten, von dessen Mitgliedern mehrere sogar hingerichtet werden[39]. Von welcher Seite man auch die kümmerlichen Aufzeichnungen jener Zeit betrachtet, sie genügen nirgends zu einem sicheren Resultat, und wir können nicht sagen, ab Aurelian die eiserne Disziplin des Lagers auch auf das bürgerliche Leben auszudehnen strebte, oder ob der Senat die Zeiten verkannte und mit dem Wiedereroberer des Reiches bei der Beherrschung desselben konkurrieren wollte. Daß Aurelian nicht persönlich grausam war und das Blutvergießen gerne vermied, beweisen entscheidende Züge aus seinem Leben; auch nannte man ihn nicht den »Mörder«, sondern nur den »Pädagogen des Senates«. Es gehört aber schon eine starke Seele dazu, um in Lagen wie die seinige sich nicht verdüstern zu lassen durch Menschenverachtung und nicht blutgierig zu werden aus eitel Feigheit und Bequemlichkeit. Es scheint schon nichts Leichtes, sich in die Stellung eines jener Imperatoren hineinzudenken; ganz unmöglich aber ist es zu sagen, wie sich auch der gutmütigste Mensch darin auf die Länge benehmen würde. – Von dem Sonnenkultus Aurelians, der vorwiegenden Soldatenreligion dieser letzten heidnischen Zeiten, wird weiterhin die Rede sein müssen.

Auf einem Feldzuge gegen die Perser wurde Aurelian durch Verschworene aus seiner nächsten Umgebung unweit Byzanz ermordet. Man darf annehmen, daß höchstens einer der angeseheneren Generale, Mucapor, bei der Tat beteiligt war; die übrigen waren Leute von der Garde, welchen ein kompromittierter Geheimschreiber, der Bestrafung zu erwarten hatte, durch eine falsche Unterschrift bange zu machen wußte.

Darauf vereinigen sich die Generale zu folgendem Schreiben an den Senat: »Die glücklichen und tapfern Heere an den Senat und das Volk von Rom. Unser Kaiser Aurelian ist durch Arglist Eines Mannes und durch Täuschung Guter und Böser ermordet worden. Ehrwürdige und gebietende Väter! erhebt ihn unter die Götter und sendet uns einen Kai-

---

[39] Die beschränkteste und vielleicht richtigste Angabe s. bei Zosim. I, 49.

ser aus Eurer Mitte, einen, den Ihr für würdig haltet. Denn wir wollen nicht leiden, daß jemand von denjenigen, welche geirrt oder wissentlich Böses getan haben, über uns gebiete«.

Dieser Brief macht allen Beteiligten Ehre, dem so schön gerechtfertigten Aurelian wie dem Senat und den Armeen, in deren Namen hier offenbar wieder die Feldherrn eine Transaktion eingegangen sind[40]. Von einer bloßen schönen Aufwallung ist unter Männern, welche dem Verstorbenen hatten die Welt unterwerfen helfen, nicht die Rede.

Der Senat aber, dessen altgeheiligtes Ansehen hier so über alle Erwartung glänzend anerkannt wurde, wies diese Ehre zurück. Nach Soldatenregierungen, wie die letztvergangenen hatten sein müssen, war die Ernennung eines Kaisers durch den Senat absolut mißlich; außerdem mochte man in Rom berechnen, daß binnen der zwei Monate, welche mit der Überbringung der Anfrage und der Antwort verstreichen konnten, die Stimmung der orientalischen Armee sich von selbst oder durch Intrigen verändert haben dürfte. Allein nun blieb auch das Heer bei seinem Entschlusse; dreimal schrieb man hin und her, bis sich endlich der Senat zur Wahl entschloß. Während dieses halben Jahres blieben alle hohen Beamten an ihren Plätzen; keine Armee wagte der orientalischen zuvorzukommen; auf eine ganz außergewöhnliche Weise hielt Furcht oder Achtung die bestehenden Gewalten gegenseitig in der Schwebe.

Wenn uns nach anderthalb Jahrtausenden, bei so höchst mangelhafter Kenntnis der Akten, ein Urteil gestattet wäre, so müßten wir es zwar billigen, daß der Senat jetzt endlich den Kaiser ernannte, er hätte aber einen der berühmtern, am Morde unbeteiligten Generale, wie zum Beispiel Probus, dazu wählen müssen. Statt dessen erhob man einen alten, ehrwürdigen, auch kriegskundigen Senator, Tacitus, und überließ sich dem vollen Ausbruch der Freude über das konstitutionelle Meisterstück. In alle Provinzen ergingen Jubelbriefe darüber, daß der Senat sein altes Recht der Imperatorenwahl wiederbesitze; daß *er* inskünftige Gesetze geben, die Huldigungen von Barbarenfürsten empfangen, über Krieg und Frieden entscheiden werde; die Senatoren schlachteten weiße Opfertiere, gingen in weißer Toga einher und eröffneten in den Hallen ihrer Paläste die Schränke mit den *imagines* ihrer Vorfahren, – während Tacitus selber sein Leben im stillen verloren gab, sein kolossales Vermögen an den Staat schenkte und zur Armee abging. Der Senat hatte ihm die Ernennung seines Bruders Florian zum Konsul aus einer damals rein reglementarischen Grille keck verweigert, und dies Zeichen eines erneuten konstitutionellen Bewußtseins soll den Kaiser sogar gefreut haben, was wir auf sich beruhen lassen.

---

[40] Die Ansicht der Hist. Aug. Tac. 2, als hätte die Armee selbst, gegen den Willen der Generale, so gehandelt, verdient kaum eine Widerlegung.

Im Orient kämpfte Tacitus mit Glück gegen Goten und Alanen. Aber eine Faktion von Offizieren, verstärkt durch die bedrohten Mörder Aurelians, ermordeten zuerst den strengen Verwandten des Kaisers, Maximin, Kommandanten von Syrien, und dann aus Furcht vor der Strafe auch den Kaiser selbst im Lande Pontus. Sein Bruder Florian beging die Unvorsichtigkeit, sich ohne Zutun weder des Senates noch des Heeres in Tarsus als Reichsnachfolger geltend zu machen, gleich als wäre das Reich erblich, in welchem Falle doch immer die Söhne des Tacitus einen natürlichen Vorrang vor ihm gehabt hätten. Nach wenigen Wochen töteten die Soldaten auch ihn.

Inzwischen war bereits durch reine Soldatenwahl[41] der gewaltige Probus auf den Thron erhoben worden, ein Landsmann Aurelians, und von diesem wenigstens ahnungsweise zum Nachfolger designiert. Der Senat erkannte ihn ohne Widerrede an, und Probus hatte den Takt, die gewiß etwas gedrückte Stimmung der Väter durch Erteilung einiger Ehrenrechte zu versöhnen. Die Mörder des Aurelian und Tacitus ließ er vor sich bringen und unter Bezeigung seiner Verachtung töten. Den Soldaten hatte er gleich bei der Wahl gesagt, sie würden in ihm keinen Schmeichler finden, und nun hielt er sein Wort. Unter harter Disziplin führte er sie zu jenen ungeheuren Siegen, welche Gallien von den Germanen säuberten und 400000 Barbaren das Leben kosteten. Wenn damit doch nicht mehr als die Erhaltung des Statusquo erreicht wurde, wenn die Grundbedingung aller Sicherheit Roms, die Unterwerfung ganz Germaniens, trotz der klaren Einsicht des Probus unerfüllt blieb, so ist dies am allerwenigsten seine Schuld. Vom Rhein und Neckar zieht er dann nach dem Orient, und seine Generale siegen im fernen Südosten. Daß Usurpatoren gegen ihn aufstanden (Saturnin, Proculus, Bonosus), kam nicht von dem Unwillen der gemeinen Soldaten gegen seine Strenge, sondern von dem verzweifelten Mutwillen der Ägypter, der Furcht der Lyoner und ihrer Partei vor einer kaiserlichen Strafe und der Angst eines Trunkenboldes wegen schwerer Nachlässigkeit im Grenzdienste. Die Herrlichkeit war jedesmal von kurzer Dauer.

Der große Fürst aber, den man für einen ausschließlichen Soldatenkaiser halten sollte, hegte ein Ideal ganz anderer Art; er wollte es dahin bringen und machte kein Hehl aus diesem Gedanken, daß nach gänzlicher Besiegung oder Schwächung der barbarischen Völker der römische Staat keiner Soldaten mehr bedürfen, daß ein Zeitalter des Friedens und der

---

[41] Hist. Aug. Prob. 10. Die Wahl geschah auf freiem Felde, unter Zureden der Offiziere, welche bei den einzelnen Kompanien herumgingen. – Die Teilnahme des Probus am Untergang Florians ist weder zu bezweifeln noch klar zu ermitteln. Laut Zosim. I, 64 könnte man glauben, Probus habe bloß dessen Absetzung gewollt.

Erholung heranbrechen sollte. Die sehnsüchtige Ausmalung dieses saturnischen Jahrhunderts mag man in der Historia Augusta[42] nachsehen; genug, daß solche Reden selbst bis zu den Soldaten durchdrangen, welche bereits unwillig darüber waren, daß der Kaiser sie auch außerhalb des Krieges durch Anlegung von Weinbergen, Kanälen und Straßen beschäftigte. In seiner Heimat, beim Kanalbau von Sirmium, töteten sie ihn, wahrscheinlich ohne Prämeditation[43], mit baldiger Reue. Seine Familie, wie die mehrerer gestürzten Kaiser, verließ Rom, um sich in Oberitalien anzusiedeln.

An den Senat dachte die Armee diesmal nicht; daß übrigens auch jetzt die höheren Offiziere allein wählten oder wenigstens die Wahl leiteten, möchte man daraus schließen, daß ein furchtbar strenger Alter, der Illyrier Carus, mit dem Purpur bekleidet wurde. Zur Vollendung des sarmatischen, zur Wiederaufnahme des persischen Krieges brach er sogleich samt seinem jüngern, bessern Sohne Numerianus auf; den Wüstling Carinus machte er zum Mitregenten und gab ihm den Oberbefehl gegen die Germanen; doch soll er dieses bereut und die Einsetzung des ungeratenen Sohnes durch den tüchtigen und edlen Constantius Chlorus (den Vater Constantins) beabsichtigt haben; eine merkwürdige Emanzipation von dynastischen Gedanken, wenn sie nur besser bewiesen wäre[44].

Im Orient starben Carus und bald darauf auch Numerianus (284) unter geheimnisvollen Umständen, der letztere durch Arglist des Gardepräfekten Aper, welcher unter den Generalen der großen Schule[45] nicht mit aufgezählt wird und wahrscheinlich zu einer erfolgreichen Usurpation keine weiteren Mittel als seine Keckheit besaß[46]. Als man den Tod des Cäsars inne wurde, verlor Aper, wie es scheint, die Fassung und ließ sich bemeistern und vor ein Kriegsgericht in Gegenwart des ganzen Heeres

---

[42] Prob. 20 und 23.

[43] Vgl. hiegegen Joh. Antiochenus, Fragm. 160, wonach Carus mit einer Empörung begonnen hätte.

[44] Auf die Missetaten des Carinus in Rom bezieht sich wahrscheinlich die Klage in der V (I) Ekloge des Calpurnius Siculus, V. 60 ff., über Gefangenschaft und Hinrichtung vieler Senatoren und gänzliche Entwertung des Konsulates. Auch hier sehen wir in einen Abgrund hinein, ohne ihn erhellen zu können. In der letzten Ekloge wird Carin wieder vergöttert. Von einer großen Hungersnot und von einer Brandstiftung durch die öffentlichen Arbeiter, welche die Gegend zwischen Palatin und Kapitol verheerte, wird nur mit einem Worte berichtet. Vgl. Mommsens Ausg. des Chronographen vom J. 354 in den Abh. d. k. sächs. Gesellsch. d. Wissensch. Bd. I. S. 648.

[45] Hist. Aug. Prob. 22 wird dieselbe namentlich aufgezählt.

[46] Ein Rätsel bleibt es immerhin, wie Aper den Cäsar zu seinem Schwiegersohn machen und dann gleichwohl aufopfern mochte.

stellen. Nachdem hier »durch Wahl der Generale und Offiziere« einer der bedeutendsten Feldherrn, Diocletian, zum Kaiser proklamiert worden war, stürzte dieser auf den noch unverhört am Fuße des Tribunals harrenden Aper los und durchbohrte ihn. Man würde wohl mit Unrecht dem Diocletian deshalb Mitwissenschaft an Apers Verbrechen beilegen; die einfache Erklärung der auffallenden Tat liegt darin, daß einst eine Druidin in Gallien dem Diocletian das Kaisertum geweissagt hatte, wenn er einen Eber *(aper)* erlegen würde. Auf allen Jagden hatte er seitdem Ebern nachgestellt; jetzt riß ihn die Ungeduld hin, weil er den rechten vor sich sah.

Es blieb noch übrig, mit Carinus um die Weltherrschaft zu streiten. Derselbe war keineswegs ohne kriegerische Begabung; einen Usurpator Julianus scheint er unterwegs in Oberitalien (285) mit Leichtigkeit überwunden zu haben; der Krieg mit Diocletian zog sich ein halbes Jahr hin, und selbst in der Schlacht bei Margus (unweit Semendria), welche gewöhnlich als die entscheidende gilt, siegte vielleicht Carinus. Aber persönliche Feindschaft, die er sich durch seine Ausschweifungen zugezogen, kostete ihm das Leben. Daß Diocletian nun sofort von beiden Heeren anerkannt wurde, niemanden absetzte noch des Vermögens beraubte und selbst den Gardepräfekten Aristobul in seinem Amte ließ, könnte man auf vorhergegangene Einverständnisse im Heere Carins beziehen, doch wollen wir es eher mit dem ältern Aurelius Victor der besonderen Milde und der höheren Einsicht des neuen Kaisers und seiner Umgebung zuschreiben. Den Tod Carins selber hatte er laut seiner Beteuerung nicht aus Ehrgeiz gewünscht, sondern aus Mitleid für das gemeine Wesen. Wer sonst mit so unerhörter Schonung verfuhr, dem darf man auch dieses glauben.

Zweiter Abschnitt

DIOCLETIAN. DAS SYSTEM SEINER ADOPTIONEN
SEINE REGIERUNG

Die Vorbedeutungen waren erfüllt und die Orakel hatten recht behalten, als der Sohn dalmatinischer Sklaven, die dem römischen Senator Anulinus gehört hatten, etwa neununddreißigjährig den Thron der Welt bestieg. Von ihrer Heimat, dem kleinen Dioclea unweit Cattaro, hatten Mutter und Sohn ihren Namen erhalten; nur nannte sich jetzt Diokles, »der Zeusberühmte«, den Römern zuliebe mit vollerer Endung *Diocletianus*[1], ohne deshalb die Beziehung auf den höchsten der Götter aufzugeben, an welchen auch sein neuer lateinischer Beiname, Jovius, erinnert.

Von seinen Kriegstaten, seiner Regierung und seinem so sehr bestrittenen Charakter wird weiterhin die Rede sein müssen; uns beschäftigt zunächst die ganz eigentümliche Weise, in welcher er seine Kaisergewalt auffaßt und zu sichern, zu teilen, zu vererben sucht.

Die letzten Kaiser waren zum Teil durch gewaltsamen Tod an jeder Verfügung über die Krone verhindert worden, zum Teil hatten sie wissentlich den Generalen die Entscheidung überlassen; daß endlich Carus ohne weiteres seine Söhne als Reichserben aufgestellt hatte, war vielleicht einer der entscheidenden Gründe ihres Unterganges gewesen. Diocletian, der von seiner Gemahlin Prisca, wie es scheint, nur eine Tochter, Valeria, hatte, mußte natürlich auf einen andern Ausweg denken. Vielleicht hätte er bei ruhigem Zustande des Reiches jede Entscheidung verschoben, allein die heftigsten Stürme drängten von außen heran, und im Innern war seit Carus alles voller Usurpatoren, die eigene Regierung Diocletians im Grunde nicht ausgenommen, wenn sie auch die Anerkennung des Senates erhalten haben mochte. Wie war hier zu helfen?

[1] Der Name bei Orelli, *Insc. lat. sel.* Nr. 1052: Gaius Aurelius Valerius Diocletianus. – Er war schon Statthalter von Mösia gewesen, auch einmal *Consul suffectus*, und hatte den Carus in der hohen Stellung eines *Comes domesticorum* in den Orient begleitet. – Vgl. Theodor Preuß, Kaiser Diokletian und seine Zeit (Leipzig 1869), S. 19 ff. Wir werden uns auf diese treffliche Monographie noch oft beziehen.

Vermeidung der Erblichkeit

Was Diocletian tat, verrät einerseits einen hohen, durchdringenden Geist, andererseits aber erscheint es sonderbar und rätselhaft. Die Erfahrung des letzten Jahrzehntes hatte gezeigt, daß auch die tüchtigsten Regenten, die Retter des Reiches, dem gemeinen verräterischen Mord und dem Soldatenaufruhr unterliegen mußten. Die großen Generale, aus welchen ihre Umgebung bestand, konnten es nicht hindern, und einzelne wollten auch wohl nicht, weil ihr Ehrgeiz, wenn auch mit Schaudern, auf den Thron hinblickte. Auf die Länge wäre unausbleiblich ein Zustand wie zur Zeit des Gallienus und der dreißig Tyrannen wieder eingetreten, wozu es im Jahre 285 schon allen Anschein hatte, und das Reich wäre von neuem in Stücke gegangen, vielleicht auf immer. Diocletian ergriff das wahre Gegenmittel; er umgab sich mit Nachfolgern und Mitregenten. Damit war der Usurpation des Ehrgeizes Ziel und Zweck verrückt, dem Lageraufruhr der Erfolg sehr erschwert. Denn wenn bloß einer der Kaiser oder Cäsaren fiel, wenn es nicht gelang, an Einem Tage die zwei oder vier Herrscher etwa in Nicomedien, Alexandrien, Mailand und Trier zugleich aufzuheben und zu ermorden, so gab es für die vereinzelte Gewalttat unfehlbar einen oder mehrere Rächer; alle Guten wußten sofort, an wen sie sich anzuschließen hatten, und brauchten sich nicht mehr in besinnungslosem Schrecken der ersten besten Soldatenwahl in die Arme zu werfen. Der zweite sehr große Vorzug von Diocletians Maßregel war die Teilung der Reichsarbeit, die nun mit Ruhe und Besinnung, nach festen gemeinsamen Planen unternommen und im Ganzen glorreich durchgeführt werden konnte.

Rätselhaft aber kommt uns das künstliche System dieser Adoptionen vor. Der einfachste Ausweg, obenhin betrachtet, wäre es offenbar gewesen, wenn Diocletian eine begabte Familie von mehreren Brüdern adoptiert und in die Provinzen und Regierungsaufgaben verteilt hätte. Was dem Hause des Carus zum Teil durch Schuld Carins mißlungen war, konnte jetzt viel eher gelingen, nämlich der Übergang aus dem wechselvollen Cäsarismus[2] in eine erbliche Dynastie, auf welche am Ende jede monarchische Herrschaft mit Notwendigkeit hindrängt. Oder fürchtete er, selber von einer auf diese Weise erhobenen Familie beiseite geschoben zu werden? Ein so imposanter Mensch läßt sich nicht ohne weiteres beseitigen. Mochte er den Banden des Blutes in dieser zerfallenen Zeit keine sittliche Wirkung mehr zutrauen? Er selbst hat nachher die Cäsaren zu Schwiegersöhnen der Imperatoren gemacht. Mußte er möglichst viele Ehrgeizige durch die Adoption oder die Hoffnung darauf zu befriedigen suchen? Er wußte besser als sonst jemand, daß man gerade die Gefähr-

[2] Ich wüßte nicht, weshalb die Wissenschaft gegen diesen von Romieu aufgebrachten Ausdruck sich spröde erweisen sollte, indem derselbe eine ganz bestimmte Sache sehr gut bezeichnet.

lichsten nie zufriedenstellt, auch lag es gar nicht in seinem Wesen, sich sonderlich um aller Welt Zufriedenheit und Beistimmung zu bemühen. Faßt man aber die einzelnen Tatsachen und ihre nachweisbaren oder vermutlichen Motive näher ins Auge, so läßt die lückenhafte Überlieferung zwar manches unerklärt, doch leitet sie vielleicht im ganzen auf die richtige Spur.

Angesichts des gallischen Bauernkrieges erhebt Diocletian noch im Jahre 285 seinen Kriegsgenossen Maximian zum Cäsar und im folgenden Jahre zum Augustus[3]; das Verhältnis der Adoption drückt sich schon in dessen Beinamen Herculius aus, der vom Sohne des Zeus entlehnt ist. Nachdem beide sechs Jahre lang rastlos gegen Barbaren, empörte Provinzen und Usurpatoren an allen Enden des Reiches gekämpft, ohne dasselbe unter sich förmlich geteilt zu haben, erheben sie (292) zu Cäsaren die Feldherrn Galerius und Constantius Chlorus, wobei es ausdrücklich von Diocletian ausgesprochen wird, »es sollten fortan immer zwei Größere im Staat sein, als Herrscher, und zwei Geringere, als Helfer[4]«. Maximians Sohn, Maxentius, wird ohne Umstände übergangen[5], dafür aber ein neues, künstliches Band der Pietät geknüpft, indem die Cäsaren die Töchter der Imperatoren heiraten müssen, Galerius die Valeria, Constantius die Theodora, letztere strenge genommen nur die Stieftochter Maximians[6]. Die Cäsaren waren in der Schule des Aurelian und Probus gebildet, Constantius von hoher Geburt und mütterlicherseits der Großneffe des Claudius Gothicus; Galerius dagegen ein riesiger Hirtensohn, der nur um so lieber sich verlauten ließ, daß seine Mutter von einem göttlichen Wesen in Schlangengestalt oder gar wie Rhea Silvia von Mars geschwängert worden. Jetzt gab es vier Höfe, Verwaltungen und Armeen; über Gallien und Britannien waltete Constantius, über den Donaulanden nebst Griechenland Galerius, dem Maximian waren Italien, Spanien und Afrika, dem Stifter ihrer Macht endlich Thracien, Asien und Ägypten vorbehalten. Über zwölf Jahre dauerte unter so verschiedenen und zum Teil so rohen Menschen die merkwürdigste Eintracht[7], die vollends unerklärlich

---

[3] Über den Gebrauch dieser beiden Titel vgl. die Untersuchung bei Preuß, a. a. O., S. 174 ff.

[4] *De mortibus persecutorum* 18.

[5] Der Lobredner Mamertinus hatte noch im nämlichen Jahre (Panegyr. III, 14) auf denselben als vermutlichen Thronfolger hingedeutet.

[6] Ob die frühern Frauen, welche sie verstießen, gesetzlich angetraute Gemahlinnen waren, bleibt bei derjenigen des Galerius unentschieden; die Helena des Constantius war offenbar eine bloße Beischläferin.

[7] Der harmonische Vierklang, sagt Julian in den Cäsares. – Auf den Münzen wird diese Concordia beständig gerühmt. – Über Persönlichkeit und Herkommen der beiden Cäsaren umständlich Preuß, a. a. O., S. 48 ff.

wird, wenn man sieht, wie der eine in den Gebieten des anderen mitregiert und Heere anführt, und wie wenig Diocletian zum Beispiel den leidenschaftlichen Galerius in Gegenwart ganzer Heere schont. Was von ihm kommt, die schwierigsten Kriegspläne, die bedenklichsten Befehle, alles wird mit kindlicher Unterwürfigkeit vollzogen; keinen Augenblick wird daran gezweifelt, daß er die Seele des Ganzen ist.»Sie sahen empor zu ihm, sagt Aurelius Victor, wie zu einem Vater oder höchsten Gott; wie viel dies aber heißen will, wird erst klar, wenn man all den Familienmord von Romulus bis auf unsere Tage daneben hält«.

Die wahre Feuerprobe des Gehorsams bestand in der Folge der Mitkaiser Maximian, als Diocletian, nach zwanzigjähriger Doppelregierung, ihn zu der schon längst abgeredeten gemeinschaftlichen Abdankung nötigte (305). Maximian fügte sich[8], obwohl mit großem Widerwillen; er ließ es geduldig geschehen, daß auch diesmal bei der Ernennung zweier neuen Cäsaren (an der Stelle der zu Kaisern beförderten Galerius und Constantius) sein Sohn Maxentius übergangen wurde, und daß er selbst, der alte Sieger über Bagauden, Germanen und Mauren, bei der Cäsarenwahl gar nichts zu sagen hatte; Diocletian hatte dieselbe ausschließlich *seinem* Adoptivsohn Galerius vorbehalten[9], welcher einen getreuen Offizier, Severus, zum Cäsar des Westens und seinen Neffen, Maximinus Daza, zum Cäsar des Ostens erhob. Dem Constantius Chlorus ging es ähnlich wie dem Maximian; obwohl zur Kaiserwürde avanciert, mußte er sich statt eines seiner Söhne den Severus als eventuellen Cäsar gefallen lassen, wobei die christlichen Autoren[10] ganz unnützerweise seine bescheidene Mäßigung rühmen.

In einer nicht viel später verfaßten Schrift[11] werden die persönlichen Beweggründe dieser Staatsaktionen dramatisch ausgesponnen. Schon Gibbon erkannte, daß wir hier keine reine Geschichte, sondern die Erzählung eines erbitterten Feindes vor uns haben, der namentlich darin irre geht, daß er die abdankenden alten Imperatoren durch Galerius ter-

---

[8] *Panegyr.* VI *(Max. et Const. M.)*, 9: *consilii olim inter vos placiti constantia et pietate fraterna.*

[9] In dem einzigen analogen Fall früherer Zeiten liegt gerade hier eine Verschiedenheit; Hadrian adoptiert den Antonin unter der Bedingung, daß dieser den Lucius Verus und den Marc Aurel adoptiere; Diokletian dagegen läßt dem künftigen Oberkaiser freie Hand.

[10] Orosius VII, 25. – Auch bei Eutrop. X, 1 liegt ein Mißverständnis zugrunde.

[11] *De mortibus persecutorum.* Früher glaubte ich nicht, daß die Schrift von Lactantius sei, schließe mich aber jetzt den vielen und überzeugenden Gründen an, welche Ebert (in den Berichten der Königlich Sächsischen Gesellschaft der Wissenschaften, 1870) für dessen Urheberschaft geltend gemacht hat.

rorisiert darstellt. Ein höchst merkwürdiger Zug aber[12] ist wohl nicht ersonnen: es wird dem Galerius die Absicht beigelegt, einst *nach zwanzigjähriger Herrschaft*, wenn die Thronfolge auf lange hinaus geordnet sein würde, *abzudanken, gleich Diocletian*. Der Autor hält dies für einen freiwilligen Entschluß, den er bei seinem glühenden Hasse gegen Galerius wahrscheinlich nur ungerne berichtet; wenn uns aber nicht alles trügt, so haben wir es hier mit einem vorgeschriebenen und sehr wesentlichen Hauptgesetz des diocletianischen Systems zu tun, welches die Zeitgenossen nur stückweise erraten haben. Diese Festsetzung einer zwanzigjährigen Dauer des Herrscheramtes bildet den Schlußstein und Regulator des Ganzen. Sie sollten den Adoptionen und Thronfolgen den Stempel des Unabwendbaren, Notwendigen aufdrücken.

Gleich im folgenden Jahre (306) wird freilich dies ganze System durchbrochen und unheilbar gestört durch die Usurpation der beseitigt geglaubten Kaisersöhne: Constantin (der Große) erbt mit Hilfe der Soldaten die Herrschaft seines Vaters, Maxentius reißt Italien an sich, und auch der alte Maximian verläßt den Sitz widerwilliger Ruhe, um sich seinem Sohne beizugesellen. Diocletian aber, dessen geweihte Reichsordnung durch diesen Einbruch des Erbrechtes zernichtet war, mußte mit ihr das Reich selber dem Untergang[13] verfallen glauben; tiefe Bekümmernis erfüllte ohne Zweifel seine letzten Jahre, die er krank und lebensmüde in der Heimat, in den Hallen seines lagerähnlichen Palastes zu Spalato, zubrachte.

In der Tat, jenes sein Ideal von Reichsordnung war wunderlich und auffallend gewesen. Und bei den möglichen Konsequenzen von Generalsregierungen, wie die der damaligen Imperatoren waren, darf man auch auf Wunderliches gefaßt sein; wissen wir doch nicht, was für Erfahrungen unser spätes Europa für unsre Nachkommen in Bereitschaft halten mag. – Ein doppeltes zwanzigjähriges Kaisertum mit einbedungener Abdankung; die Cäsarenernennung ausschließlich dem älteren Imperator überlassen; die einzelnen Regenten (und wären sie auch Helden der Entsagung gewesen) beständig gereizt und verletzt durch den Ausschluß ihrer Söhne – alles um eine künstliche Dynastie zu bilden. Mag es zugestanden werden, daß um der Reichsverteidigung willen eine Teilung der Gewalt durchaus nötig war, und daß es die Usurpation von außen unendlich schwerer hatte, gegen vier Regenten aufzukommen als gegen

---

[12] Cap. 20. – Die sonstigen, erst auf eine vielleicht ferne Zukunft gehenden Absichten, welche der Autor hier bei Galerius schon im Jahre 305 vorauserraten will, sind wohl bloße Fiktionen.

[13] Laut Aur. Vict. *Caess.* erwartet er: *Intestinas clades et quasi fragorem quendam status romani.*

einen; aber wie wollte man sie verhindern in den Kaiserhäusern selbst? anderer Umstände nicht zu gedenken, mit welchen uns Diocletian lauter Rätsel aufgibt.

Mit politischen und psychologischen Motiven allein reicht man hier nicht aus. Die Ergänzung liegt in der Annahme einer durchgehenden, alle diese Verhältnisse beherrschenden *religiösen Superstition*.

Es wurde schon erwähnt, welche Stelle die Vorbedeutungen und Weissagungen im Leben Diocletians einnahmen[14]. Er heißt »ein Forscher künftiger Dinge«, »den heiligen Bräuchen stets zugewandt«; wir finden ihn von Priestern umgeben als eifrigen Opferer in den Eingeweiden der Tiere wühlend, voll von Sorgen wegen ominöser Blitze[15]. Selbst in Eigennamen sucht er Vorbedeutungen auf; Galerius muß sich Maximianus nennen, um dadurch zu der bewährten Treue des alten Maximian magisch gezwungen und verbunden zu sein, und auch der junge Daza erhält später ebendeshalb den ähnlichen Namen Maximinus. Wahrscheinlich suchte der Kaiser in einen ganz besonderen Rapport zu seinem Namensgotte Jupiter zu gelangen, der zum Beispiel auf der Rückseite seiner Münzen auffallend oft wiederkehrt. Unter einem Pfeiler mit der Zeusstatue auf dem freien Felde bei Nicomedien geschah in der Folge auch die Abdikation, und noch im Palast zu Spalato zieht der achteckige Jupitertempel vor allem den Blick auf sich. – Auch in den öffentlichen Akten[16] erkennen wir eine auffallende religiöse Tendenz; der Eingang des Ehegesetzes vom Jahr 295 lautet wie eine Predigt, und das Gesetz gegen die Manichäer vom Jahr 296 atmet einen ganz persönlichen Eifer.

Die Mitregenten sind fast sämtlich ebenfalls für ihre Superstitionen bekannt, ohne welche überdies ihr langer Gehorsam kaum erklärlich wäre. Sie mochten wissen, daß sie schon ihre Erhebung derartigen Erwägungen verdankten. Welche befremdliche, für uns ganz unbegreifliche Sorgen gingen den Adoptionen Diocletians voran! Da erscheint ihm zum Beispiel im Traume eine Gestalt, welche ihn beharrlich damit belästigt, er solle einen gewissen Mann zum Nachfolger wählen, dessen Name ihm genannt wird. Er vermutet, es sei ihm ein Zauber angetan, läßt endlich eines Tages den Betreffenden vor sich kommen und sagt nur: Empfange denn die Herrschaft, die du jede Nacht von mir verlangst und mißgönne wenigstens dem Kaiser nicht seine Nachtruhe! – Es ist nicht bekannt, auf

---

[14] Aurel. Vict. *Caess.* – Euseb. *Vita Const.* II, 51. – Zosim. II, 10. – *De mort. pers.* 10, 18, 19. – Sind etwa die Geschichtsschreiber der Historia Augusta, welche ihm ihre Biographien widmeten, um seines persönlichen Geschmackes willen so fleißig in der Aufzeichnung der Omina?
[15] *Const. M. orat. ad sanctor. coetum*, c. 25 ist ohne Zweifel so zu deuten.
[16] Codex Gregorian. V, 1 und XIV, 4.

wen sich diese Palastanekdote[17] bezieht und wie weit sie wahr ist, aber bezeichnend ist sie gewiß.

Maximian war ein großer, wenigstens ein tüchtiger Feldherr, und Diocletian mochte ihm schon als früherem Mitwisser seiner hochfliegenden Pläne[18] Rücksichten schuldig sein; was aber bei seiner Erhebung möglicherweise den Ausschlag gab, war etwa doch, daß er an demselben Monatstage mit Diocletian geboren war[19]. Von Constantius können wir mit einiger Sicherheit annehmen, daß er wesentlich der Weissagung der Druidinnen zuliebe[20] von Diocletian zum Cäsar gemacht wurde.

Dieser war, wie gesagt, ein Dalmatiner, Maximian ein Bauernsohn von Sirmium (Mitrovicz an der Save), der Heimat der tapfersten Kaiser des dritten Jahrhunderts[21]; Galerius ein Hirte, entweder aus Dacien oder von Sardica (dem jetzigen Sophia in der Bulgarei); Maximinus Daza wahrscheinlich aus der selben Gegend; Constantius Chlorus wohnte, als ihm sein Sohn Constantin geboren wurde, zu Nissa in Serbien; der später auftretende Freund des Galer, Licinius, war ein Bauer von der untern Donau; die Heimat des Severus ist unbekannt. Man muß einstweilen es ganz auf sich beruhen lassen, ob eine örtliche Religion oder Superstition die Herrscher noch besonders vereinte. Von Maximians Abdankung kennen wir nur die Formel, die er im Tempel des kapitolinischen Gottes (wahrscheinlich in Mailand) aussprach: »Nimm zurück, o Jupiter, was du verliehen hast[22]«. Mit Schwüren, Opfern und Weihen mochte Diocletian ersetzen, was seiner politischen Kombination an Kraft und Haltbarkeit abging.

Wer dieser unserer Erklärung nicht beistimmen will, mag annehmen, daß Diocletian bei der Erhebung Maximians dessen Stillschweigen und Feldherrngaben nicht entbehren wollte, dessen Sohn Maxentius aber deshalb beseitigte, weil Galerius mit diesem von jeher verfeindet war[23].

---

[17] *Fragm. anonymi*, bei Müller, *Fragm. hist. graec.*, *Vol.* IV, 198.
[18] Hist. Aug. Numerian. 15.
[19] *Panegyr.* III *(Mamertini genethliacus ad Max. Herc.)*, cap. 1 & 2.
[20] Hist. Aug. Aurelian. 44.
[21] Unweit Sirmium sah man den Palast, welchen er an der Stelle hatte errichten lassen, wo seine Eltern um Tagelohn gearbeitet hatten. Aurel. Vict. *epit.* 40. Auch Galerius schämte sich solcher Erinnerungen nicht und benannte seinen Geburtsort nach seiner Mutter Romula Romulianum, *ibid.*
[22] *Paneygr.* VI *(Max. et Const. M.)* 12, und VII *(Const. M.)*, 15. – Malalas 1. XII, *ed. Bonn. p.* 310 läßt den Diokletian zu Antiochien als Alytarch (Vorsteher) den olympischen Spielen präsidieren, worauf er in bezug auf seine Festtracht gesagt haben soll: »Ich lege die Herrschaft nieder; ich habe das Kleid des unsterblichen Zeus getragen«. Dasselbe wird dann von Maximian wiederholt. Hier liegt vielleicht eine echte Tradition, nur entstellt, zugrunde.
[23] *De mort. pers.* 18.

Die Vicennalien

Allein man sehe wohl zu, ob eine Handlungsweise dieser Art mit dem ganzen Wesen und dem Maß von Regentengröße vereinbar ist, welches man dem Diocletian nicht wohl streitig machen wird. Es liegt ein tiefer Ernst in seinen Anordnungen, zumal in der *Herabsetzung des Kaisertums auf eine bestimmte Amtsdauer*. Wenn andere dasselbe für eine Sache des Genusses ansehen würden, so war dies nicht seine Schuld; er hielt es für ein furchtbares und verantwortungsvolles Amt, welches Kindern und Greisen zu ihrem und des Reiches Glück entzogen bleiben sollte. Zugleich war aber dem berechtigten Ehrgeiz der jeweiligen Cäsaren Rechnung getragen; sie konnten nun den Tag und die Stunde berechnen, da sie (wenn nichts in der Zwischenzeit vorfiel) spätestens den Thron besteigen würden. Mit den Gefühlen eines Menschen, der seinen Todestag kennt, mochte der Imperator von fünf zu fünf Jahren die Quinquennalien und die Decennalien und die Quindecennalien feiern; unabwendbar nahten die Vicennalien, da er den Purpur auszuziehen hatte. Denn so wollen es die »übermächtigen Schicksalsgöttinnen«, welche auf einer Münze des Abdankungsjahres[24] verherrlicht sind. Daß man Nachfolger nicht auf ewig binden könne, wußte auch Diocletian, aber er wollte, so scheint es, ein Beispiel geben. Überdies verbürgte nur die Zwanzigjährigkeit des Amtes den Ausschluß der Kaisersöhne, welcher bei dessen Lebenslänglichkeit unfehlbar dahinfallen mußte. Man könnte fragen, ob es wohlgetan war, auch den feindlichen Menschen und den gärenden Elementen im Staate einen festen Termin zum vielleicht erfolgreichen Ausbruch zu bezeichnen; allein auch die Mittel des Widerstandes konnten in Bereitschaft gehalten werden. Während der Krankheit Diocletians, die seiner Abdankung vorausging, blieb das Volk dritthalb Monate in der Ungewißheit, ob er überhaupt noch lebe[25], und doch rührte sich in dem wohlgebändigten Staate[26] keine Hand.

---

[24] Mit der Inschrift: FATIS. VICTRICIBVS. – Daß Diokletian von erblicher Herrscherbegabung nicht viel hielt, hat man, gewiß mit Recht, aus Hist. Aug. Sept. Sever. 20 geschlossen, wo der Autor, mit direkter Anrede an ihn, als etwas Ausgemachtes betont, daß fast kein großer Mann einen würdigen und tüchtigen Sohn hinterlassen habe.
[25] *De mort. pers.* 17.
[26] *Romanam gentem modestam atque tranquillam* ... Cod. Gregor. XIV. IV. – Die nähere Motivierung und die Konsequenzen des diokletianischen Systems sind mit vorsichtiger Kritik erörtert bei: Hunziker, Zur Regierung und Christenverfolgung Diokletians, S. 250 (in Büdingers Untersuchungen zur römischen Kaisergeschichte, Bd. II). Wahrscheinlich sollte das Oberkaisertum zwischen Osten und Westen abwechseln. Die zurückgezogenen Augusti, in dauerndem Besitz kaiserlicher Ehren, konnten als eine Art Obertribunal bei Zwisten ihrer Nachfolger gelten. – Über den Grad der Vollmacht des Mit-Augustus und

Merkwürdigerweise bewegten dieselben Fragen, dieselben Ereignisse gleichzeitig das feindliche Nachbarland im Osten, das Sassanidenreich. Bei Bahram III., welcher nur einige Monate im Jahre 293 regierte, bemerken die Schriftsteller[27] zum erstenmal: der König von Persien habe denjenigen Sohn oder Bruder, den er zum Nachfolger bestimmt, einstweilen zum Fürsten einer Provinz gemacht, mit dem Titel Schah, und so habe auch Bahram früher bloß Schah von Segan oder Sistan geheißen, solange sein Vater Bahram II. noch lebte. Nach seiner kurzen, wahrscheinlich von gewaltsamen Umständen begleiteten Regierung folgt sein jüngerer Bruder Narsi, und dieser krönt dann selber seinen Sohn Hormuz zum Nachfolger, um sich im Jahre 301 vom Thron in die Stille des Privatlebens, »unter den Schatten der Güte Gottes« zurückzuziehen. Laut Mirkhond bewog ihn hiezu der Gedanke an den Tod, »dessen Augenblick in ewigen Beschlüssen vorgezeichnet und unvermeidlich ist«. Möglicherweise hatten ihm die Magier eine bestimmte Todesstunde geweissagt und ihm damit die Lust am Leben genommen; weiterhin aber wird angedeutet, daß Narsi den Wechselfällen des königlichen Schicksals, die er in seinem Kriege mit den Römern sattsam erfahren, aus dem Wege gehen wollte. »Der Weg ist lang, sagte er, man muß oft auf- und niedersteigen«. Es ist nicht undenkbar, daß dieses Beispiel auf das Gemüt Diocletians einigen Eindruck gemacht habe.

Mit der Feierlichkeit, welche das ganze, abergläubisch bedingte Leben Diocletians umgab, steht ohne Zweifel in engster Verbindung die plötzliche und auffallende *Steigerung des Hofzeremoniells*. Oder hätte er wirklich nur, nach Art der Emporkömmlinge, des äußern Pompes nicht genug bekommen können, wie der ältere Aurelius Victor meint? In diesem Falle wäre es befremdlich, daß keiner von den großen Soldatenkaisern des dritten Jahrhunderts ihm darin vorangegangen, welche fast sämtlich aus den geringsten Verhältnissen sich zum Thron emporgearbeitet hatten. Wir sehen zum Beispiel den gewaltigen Aurelian harmlos mit seinen alten Freunden verkehren, die er gerade so weit ausstattet, daß sie nicht mehr dürftig heißen können; seidene Kleider sind ihm zu teuer; das Gold möchte er am liebsten ganz aus der Bauverzierung und aus den Gewändern entfernen, während er das kostbarste Geschmeide, das man ja wieder einschmelzen kann, andern gern gestattet, sich selber versagt; seine Diener kleidet er nicht prächtiger als bevor er Kaiser war; in dem prachtvollen Palaste auf dem Palatin, an dessen bunten Marmorwänden das Blut so

---

der Cäsaren gegenüber dem Oberkaiser vgl. die genauen Untersuchungen bei Preuß, a. a. O., S. 88 ff.

[27] *Hamza Ispahanens.* ed. *Gottwaldt, p.* 36 *seq.* – *Mirkhond,* ed. *Sacy, p.* 299. – Vgl. Clinton, *fasti Rom. Vol.* I ad a. 301 et *Vol.* II, *p.* 260.

vieler Kaiser klebte, ist ihm nicht wohl zumute; er bezieht (wie einst Vespasian) die Gärten des Sallust, in deren miglienlanger Halle man ihn täglich turnen und die Pferde tummeln sah[28]. – Jetzt änderte sich dies alles. Diocletian hatte Freunde aus früherer Zeit; aber das Zutrauen war, vielleicht auf beiden Seiten zugleich, verschwunden; er fürchtete nicht mit Unrecht, daß eine Intimität mit dritten Personen seine künstliche Harmonie mit den Kollegen stören könnte. Statt des einfachen Purpurs, womit sich fast alle früheren Kaiser (die wahnsinnigen ausgenommen) begnügt hatten, trägt er (seit 293) seidene und golddurchwirkte Gewänder und bedeckt selbst die Schuhe mit Edelsteinen und Perlen; das Haupt aber umgibt er mit dem Diadem, einer weißen, perlenbesetzten Binde. Dies war natürlich nur das Staatskleid, in welchem er bloß bei festlichen Gelegenheiten auftrat; auf seinen Schnellreisen und Feldzügen werden er und sein Kollege Maximian es wohl anders gehalten haben, und so vollends die auf jeden Wink beweglichen[29] Cäsaren, von welchen besonders Constantius das einfachste Auftreten liebte. Allein in Nicomedien hielt Diocletian auf das Feierliche. Der Zutritt zu seiner geheiligten Person wurde täglich schwieriger durch das wachsende Zeremoniell. In den Sälen und Vorhallen des Palastes waren Offiziere, Hofbeamte und Wachen aufgestellt; im Innern walteten einflußreiche Verschnittene; wem es sein Geschäft oder sein Rang möglich machte, bis zum Kaiser durchzudringen, mußte nach orientalischem Brauch zur Anbetung niederfallen. Schon bei Anlaß der Zusammenkunft Diocletians und Maximians in Mailand (291) bezeichnet der Lobredner Mamertinus[30] die feierliche Cour als »eine im Innersten des Heiligtums verborgene Verehrung, welche nur die Gemüter derer mit Staunen erfüllen durfte, denen der Rang ihrer Würde den Zugang zu Euch verstattete«. Und bei den stummen Formen blieb man nicht mehr stehen, auch das bedenkliche Wort wurde ausgesprochen; der Kaiser nannte sich nicht mehr nach den so harmlos gewordenen Titeln des republikanischen Roms, dem Konsulat, der tribunicischen Gewalt usw.; er hieß jetzt Dominus, der Herr[31]. Gegen den Titel *Rex* hatte sich das römische Gefühl beharrlich gesträubt, weil sich verabscheute Erinnerungen daran knüpften; die Griechen aber, welche in Sparta und ihren halbbarbarischen Nachbarländern des Königtitels nie

---

[28] Hist. Aug. Aurelian. 45–50, wogegen die Notizen in Aur. Vict. *epit.* und bei Malalas über das Diadem nicht zu allgemeinen Schlüssen berechtigen.
[29] »Wie stets herumreisende Diener«, Ammian. XIV, 11. § 10.
[30] *Panegyr.* III, 11. – Constantin entzückte später die Bischöfe, wenn er sie »bis in die innersten Gemächer« zu sich ließ. Euseb. V. C. III, 1.
[31] In der gewöhnlichen Anrede an den Kaiser war der Titel längst vorgekommen, und auch hie und da in Inschriften, z. B. auf Valerian und Gallienus, vgl. Millin, *Voyage dans les dép. du Midi*, III, p. 6. Dann bei Aurelian.

entwöhnt worden und denselben unter den Nachfolgern Alexanders Jahrhunderte hindurch gebraucht hatten, nannten ohne Bedenken die römischen Imperatoren von Anfang an Βασιλεῖς, Könige, weil bei ihnen die Behauptung der republikanischen Fiktion keinen Sinn gehabt hätte[32]. Jetzt ging man auch über diesen Titel hinaus und führte einen neuen ein, welcher das Verhältnis völliger Herrschaft und Dienstbarkeit ausdrückte. Daneben konnte bald auch eine wahre Vergötterung nicht mehr auffallen; über die verstorbenen Kaiser hatte ja längst der Senat das Kanonisationsrecht geübt, und tatsächlich hatte man den lebenden dieselbe Ehre immerfort erwiesen durch das Opfern und Schwören vor ihren Statuen, wenn man auch dabei den unbestimmten und deshalb unübersetzbaren Ausdruck »*numen imperatoris*« brauchen mochte. – Maximian hatte übrigens die Schwäche, sich wie Commodus und ähnliche Vorfahren im Reiche auf Münzen mit der Löwenhaut seines Namensheros abbilden zu lassen.

Ein Mensch von der Bedeutung und den Erfahrungen Diocletians nimmt die Last einer so gesteigerten Repräsentation nicht ohne genügenden Anlaß auf sich; von ihm wissen wir überdies, daß er die Übelstände seiner Abgeschlossenheit öfter laut beklagte[33]. Er kannte den großen Vorteil, der dem Regenten aus der persönlichen Berührung mit den Untertanen, vom Oberbeamten bis zum geringen Bittsteller, erwachsen kann. »Ihrer vier oder fünf«, sagte er, »tun sich zusammen, um den Kaiser zu täuschen; sie legen ihm einen Entscheid vor; er, zu Hause eingeschlossen, kennt die wahre Sachlage nicht; er darf nur das wissen, was jene sagen; er ernennt Beamte, die besser nicht angestellt würden, und setzt die ab, welche er an ihrer Stelle lassen sollte, und so wird auch der beste, der klügste Kaiser verkauft«.

Es läßt sich noch ein Grund anführen, der ihn trotz dieser klaren Einsicht zu den genannten Maßregeln kann bewogen haben. Seit den Kriegen des Aurelian und Probus mochte sich der Hof und namentlich der Generalstab mit einer großen Anzahl barbarischer Offiziere angefüllt haben, welche ihrer bunten Mischung und ihrer unrömischen Bildung nach auf den beinahe traulichen, kameradschaftlichen Ton des bisherigen Kaiserhofes gar nicht hätten eingehen können. Sodann waren[34] an den verschiedenen Höfen bis zur großen Verfolgung eine Menge Christen, welchen durch die feierlichere Haltung des Hoflebens manche unangenehme Erörterungen mit den Heiden abgeschnitten wurde. – Man liebte zwar, und selbst in Edikten, einigermaßen das Pathetische, wie

---

[32] Man vergleiche den neu erfundenen Mythus von Basileia und Tyrannis in der ersten Rede des Dio Chrysostomus, wahrscheinlich an Trajan gerichtet.
[33] Hist. Aug. Aurelian. 43.
[34] Euseb. *Hist. eccles.* VIII, 1.

wenig aber gemeine Eitelkeit und Liebe zum Pomp den Imperator bestimmte, erhellt schon daraus, daß er seinen einzigen Triumph nach einer so gewaltigen Reihe von Siegen bis ans Ende seiner Regierung (303) verschob und ihn dann mit ganz bescheidenem Glanze abhielt[35].

Immerhin hatte Diocletian in mehr als einer Hinsicht sehr offenbar mit dem altrömischen Wesen gebrochen. Es kam hinzu, daß er zu der *Stadt Rom* selber zu Anfang seiner Herschaft in gar kein Verhältnis trat. Noch die Kaiser des dritten Jahrhunderts hatten in der Regel zu Rom auf dem Palatin gewohnt, weniger vielleicht aus Pietät für die geweihten Erinnerungen und die Heiligtümer der Weltstadt, als weil dieselbe durch ihre zentrale Lage und ihre Fülle von Pracht und Vergnügungen sich zur Residenz vor allen Städten eignete, und weil neben ihren alten Ansprüchen ihr auch ein Rest wirklicher Macht geblieben war. Denn hier wohnte der *Senat*, welcher vor noch nicht langer Zeit Kaiser abgesetzt, gewählt oder anerkannt hatte. Ihn aus der Stadt zu treiben wagte nur Elagabal, und sonst vor und nach ihm kein Imperator; andere traten ihn mit Füßen und suchten ihn zu demoralisieren; die klügsten setzten sich mit ihm in ein billiges Einvernehmen. Neben dieser Rücksicht nahm die Besorgnis vor dem unruhigen Pöbel und vor dem Rest prätorianischer Kohorten gewiß nur eine untergeordnete Stelle ein, wenigstens in dem Gemüt eines tüchtigen Regenten; für einen schwachen Fürsten aber war in Rom gerade so viel Gefahr als außerhalb.

Wenn nun die Kaisermacht einmal aus Rücksicht auf die Grenzverteidigung geteilt werden sollte, so konnte Rom unmöglich der Wohnsitz eines der zwei oder vier Herrscher werden. Die Erhaltung der Reichsgrenzen stand höher als die Freundschaft mit dem Senat, welche letztere ein wahrhaft römisch gesinnter Fürst sich außerdem wohl noch zu erhalten gewußt hätte. Maximian bekam seine Residenz in Mailand, welches bei dem erneuten Vordringen der Alamannen seit Probus' Tode beinahe ein Grenzposten heißen durfte und zugleich für die Sicherung Galliens so richtig gewählt war, als ein Punkt südlich von den Alpen sein konnte; mußte er doch von hier aus zugleich Italien beobachten und in Afrika intervenieren können. Den kriegführenden Cäsar Constantius finden wir am häufigsten in Trier, später auch in York. Diocletian ließ sich zu Nicomedia in Bithynien, am Ende eines tiefen Golfes des Mare di Marmora nieder; von dort aus hatte er die Bewegung der Goten und anderer Pontusvölker, namentlich die bedrohte untere Donau, im Auge und war zugleich nicht allzuentfernt von den Gefilden des obern Euphrat, wo sich die Kämpfe mit den Persern zu entscheiden pflegten. In den ersten Jahren war indes keine feste Residenz möglich; beide Augusti eilen von

---

[35] Zu den Spielen wurden nur 13 Elefanten und 250 Pferde mitgebracht.

Schlachtfeld zu Schlachtfeld, und ebenso in der Folge die Cäsaren. Diocletians etwas quälerischer Baugeist hielt sich inzwischen schadlos, indem er ein Quartier von Nicomedien zu einem großen, regelmäßigen Palast umschuf, der vielleicht, wie der später zu Salona erbaute, die Form eines Feldlagers haben mochte. Man fand darin Basiliken, einen Zirkus, eine Münzstätte, ein Arsenal, besondere Wohnungen für seine Gemahlin und für seine Tochter[36]. Natürlich wuchs diese Stadt nun an, in der Art, wie Residenzstädte zu wachsen pflegen. Nicomedien sah zu Anfang des vierten Jahrhunderts aus wie ein Quartier *(regio)* von Rom[37]. In Mailand baute Maximian vielleicht das meiste von dem, was dann der Dichter des vierten Jahrhunderts[38] bewunderte.

Rom mußte, selbst wenn es keinen äußerlichen Verlust spürte, doch in hohem Grade empfindlich werden. Die schon erwähnte feindselige Quelle berichtet: der raubgierige Maximian habe sich an reiche Senatoren gemacht, welche fälschlich verklagt wurden, als strebten sie nach der Herrschaft, und so seien unaufhörlich die Lichter des Senats ausgelöscht, seine Augen ausgestochen worden[39]. – Jeder Versuch, Recht oder Unrecht hier auf beide Seiten billig verteilen zu wollen, ist erfolglos. In dem Werke des Zosimus, dem einzigen, welches in der Darstellung und Beurteilung von Diocletians Charakter und Herrschaft der Wahrheit und Vollständigkeit irgend nahekommen mochte, gibt es hier eine Lücke von zwanzig Jahren. Vielleicht schien eifrigen Christen die letzte große Verfolgung allzusehr zugunsten der Verfolger dargestellt, und sie fanden es leichter, das Werk zu verstümmeln als zu widerlegen; gerade wie damals die Heiden ihrerseits Ciceros Bücher von der Natur der Götter verstümmelten[40], damit die Christen darin keine Waffen für ihre Polemik gegen die Vielgötterei finden möchten.

Eine Spannung zwischen dem Senat und den Imperatoren war schon dadurch gegeben, daß Diocletian ohne alles Zutun des erstern Kaiser geworden war und seine Mitregenten ernannt hatte. Dem Senat blieb nur übrig, sie anzuerkennen und ihnen der Form halber zeitweise das Konsulat zu übertragen, mit welchem Diocletian bei einem späteren Anlaß so wenig Umstände machte, daß er ein paar Tage vor dessen feierlichem

---

[36] Diese Aufzählung, *De mort. pers.* 7, bezieht sich ohne Zweifel ganz auf den Palast zu Nikomedien.
[37] Ammian. Marc. XXII, 9.
[38] Auson. *ordo. nobil. urb.* – Die sechzehn Säulen vor S. Lorenzo und der Grundplan nebst einigen Bestandteilen der Kirche selbst sind die wahrscheinlichen Überbleibsel des maximianischen Palastes, n. a. der Thermen.
[39] *De mort. pers.* 8.
[40] Arnob. *adv. gentes* 1. III. – Leider fehlt auch Ammianus Marcellinus und so vieles andere.

Antritt von Rom abreiste[41]. – Bei der schon erwähnten Zusammenkunft in Mailand (291) fand sich auch eine Deputation des römischen Senates ein, wahrscheinlich nur zur Bezeugung der Ergebenheit. Der Lobredner Mamertinus ruft in Maximians Gegenwart[42] aus: »Der Senat hat der Stadt Mailand ein Abbild seiner Hoheit geliehen, damit es das Ansehen habe, als sei der Sitz des Reiches an der Stätte, wo sich die beiden Imperatoren zusammengefunden«. Diese Äußerung war vermutlich eine unliebsame, und wir wissen nicht, wie sie aufgenommen wurde; doch sollte man daraus schließen, daß wenigstens in dem betreffenden Jahre das Verhältnis der Kaiser zum Senat noch kein offenkundig unfreundliches gewesen. Wann und wie es sich verschlimmert, bleibt uns ein Rätsel. Maximian war von Hause aus grausam und tückisch, und Diocletian mied vielleicht nicht immer ein nützliches Verbrechen; die Römer mit ihrer »wenn nicht frechen, doch freien[43] Redeweise« waren ihnen höchlich zuwider; auch jene verabredeten, im Takt und in vielfacher Wiederholung vorgetragenen Zurufe, womit die Senatoren in ihrem Lokal und das Volk im Zirkus den Kaisern Mahnungen sowohl als Huldigungen pflegten zukommen zu lassen, konnten unmöglich nach dem Geschmack der neuen Herrscher sein; allein die Häupter des Senates opferten sie gewiß nicht ohne triftigen Grund, *wenn* es wirklich dazu kam, und wenn nicht jener Autor nach seiner Art aus einer Kleinigkeit eine Untat gemacht hat.

Gegen die Einwohnerschaft[44] von Rom (um nicht den entweihten Namen des römischen Volkes zu brauchen) erwiesen sich aber Diocletian und sein Mitkaiser *später* in einer ganz absichtlichen Weise gefällig; als wären zu Rom noch nicht Vergnügungsanstalten genug, bauten sie auf dem Viminal jene ungeheuersten aller römischen Thermen (299). Unter den etwa zehn Thermenbauten früherer Kaiser und Privatleute befanden sich die riesigen Hallen Caracallas, mit deren rätselhaft weiten Wölbungen die ermüdete Kunst nicht mehr wetteifern konnte; da wurde wenigstens die Ausdehnung überboten, bis man ein Ganzes von 1200 Schritt Umfang, mit 3000 Gemächern, geschaffen hatte, dessen erstaunlicher Mittelbau mit jenen Granitsäulen von 15 Fuß Umfang jetzt den Hauptraum der Karthäuserkirche bildet, während man die übrigen Reste weit ringsum in Klöstern, Weingärten und einsamen Straßen zusammen-

---

[41] *De mort. pers.* 17. – Im Jahr 303, vgl. unten.
[42] Panegyr. III. *Geneth. Max.* c. 12.
[43] *De mort. pers.* 16, und besonders Ammian. Marc. XVI, 10.
[44] Jenen *vulgus urbis Romae*, welchem einst Carin die Güter des Senats versprochen, als wäre er der *populus romanus*. Vgl. Hist. Aug. Carin. 1. [»der« von F. Stähelin in der Hist. Ausgabe von 1929 aus der Hs. ergänzt.]

suchen muß[45]. – Im gleichen Jahre[46] begann Maximian einen Thermenbau zu Karthago, möglicherweise in einer ähnlichen, begütigenden Absicht. Karthago war bisher ein Hauptschauplatz für das erste Auftreten von Usurpatoren gewesen. Von andern Bauten dieser Regierung in Rom werden namentlich erwähnt[47]: die Herstellung des unter Carinus verbrannten Senatslokales, des *Forum Caesaris*, der *Basilica Julia* und des Pompejustheaters; sodann als Neubauten außer den Thermen die beiden Portiken mit den Beinamen Jovia und Herculea, drei Nympheen, ein Isis- und ein Serapistempel und ein Triumphbogen. Vielleicht hatte auch die auffallende Masse von Prachtgebäuden, womit Diocletian das tadelsüchtige und gefährliche Antiochien versah[48], keinen andern Zweck, als die Ablenkung von politischen Gedanken. Es werden Tempel des olympischen Zeus, der Hecate, der Nemesis und des Apoll, ein Palast in der Stadt und einer in Daphne, mehrere Thermen, Speicher, ein Stadium und anderes mehr genannt, meist als Neubauten, weniger als Reparaturen.

Für Rom waren überdies die öffentlichen Spenden[49] und Schauspiele nie unterbrochen worden; erst nach der Abdankung des Jahres 305 wagte Galerius jede Rücksicht gegen die alte Weltherrscherin beiseite zu setzten. Aber schon Diocletian hatte noch in einer andern, bereits angedeuteten Beziehung Rom beleidigt. Zunächst hinter seinen Thermen, von drei Seiten durch die Stadtmauer Aurelians umgrenzt, liegt eine große Vigne, später den Jesuiten gehörend, an der Mauer ringsum halbzerstörte gewölbte Zellen. Es ist das ehemalige prätorianische Lager, dessen Bewohner so oft den Kaiserpurpur auf der Spitze ihrer Schwerter hatten in der Luft flattern lassen. Öfter hatte man sie aufzulösen, zu ersetzen gesucht; im Laufe des dritten Jahrhunderts aber scheint sich das alte Verhältnis wieder festgesetzt zu haben, daß nämlich in der Umgegend Roms und in den nähern Teilen Italiens die vielleicht wenigen tausend Mann ausgehoben wurden, die wir schon kaum mehr als kaiserliche Garde, sondern eher als Garnison der Hauptstadt zu bezeichnen haben. Jetzt verminderte sie Diocletian sehr beträchtlich[50], sicher nicht bloß,

---

[45] [Nachtrag:] Hier ist versäumt worden zu berichten, daß die Umgebung der Diokletiansthermen in neuerer Zeit zu den belebtern Quartieren Roms gehört.
[46] Euseb. *chronicon.*
[47] S. Mommsens Ausg. des Chronographen v. J. 354. S. 648.
[48] Malalas 1. XII. *ed.* Bonn; p. 306.
[49] Aur. Vict. *Caess.*
[50] Aur. Vict. *Caess.* – S. auch *De mort. pers.* 26, wo die Maßregel mit Unrecht erst dem Galerius zugeschrieben wird. – Gegenwärtig ist die Örtlichkeit wieder zum *Campo militare* geworden.

Die Prätorianer. – Jovier und Herculier

weil er in ihnen die unruhigen, anspruchvollen Italier fürchtete, sondern auch aus Sparsamkeit, und weil durch den Lauf der Dinge ein neues Korps bereits an ihre Stelle getreten war. Eine herrliche Reihe illyrischer Kaiser seit Decius hatte das Reich gerettet[51]; kein Wunder, daß im Lauf von dreißig Kriegsjahren sich eine getreue landsmännische Schar um sie bildete, welche ihnen in jeder Beziehung näher stand als jene Latiner und Sabiner und sich noch besonders durch eine nationale Waffe empfahl. Es sind dies die beiden Legionen, jede von 6000 Mann, welche jetzt zur Belohnung mit den Beinamen der Kaiser als *Jovier* und *Herculier* benannt wurden[52]; früher hatten sie Martiobarbuli geheißen, nach den Bleigeschossen, deren sie je fünf (fünf Paare?) am Schild befestigt trugen und die sie mit der Schnelligkeit und der Wucht eines Pfeiles zu schleudern wußten. Sie erhielten jetzt den offiziellen Vorzug vor allen andern Legionen, ohne daß damit erwiesen wäre, daß sie ihre bleibende Garnison in der Umgebung der Kaiser gehabt hätten. – Erregten früher in Rom die Prätorianer beim Volke meist Furcht und Haß gegen sich, so empfand man jetzt doch ihre Auflösung als einen Angriff auf die Majestät der Hauptstadt; es bildeten sich gemeinsame Antipathien, und die wenigen Prätorianer, welche im Lager zu Rom blieben, nahmen später im Einklang mit Senat und Volk an der Empörung gegen Galerius teil[53].

Die Römer konnten diese ganze Wendung der Dinge beklagen und verabscheuen, allein es geschah ihnen im Grunde kein Unrecht. Irgend einmal mußte die große Täuschung aufhören, als ob der Imperator noch immer der Beamtete und Repräsentant des örtlich römischen oder auch des italischen Lebens und Volkes sei, in dessen Namen er über den Erdkreis zu herrschen habe. Hätte Diocletian nicht das Erlöschen dieses Vorurteils auch äußerlich durch Verlegung der Residenz, orientalische Ge-

---

[51] Panegyr. II *(Mamert. ad. Max. Herc.)* 2. *Italia gentium domina gloriae vetustate, sed Pannonia virtute.* – Auf der andern Seite hatte auch der Neid einen Spottnamen auf die Illyrier in Umlauf gebracht, Sabaiarius, welches etwa unserm »Bierlümmel« entspricht. Ammian. Marc. XXVI, 8.

[52] Vegetius *de re milit.* I, 17. – Wenn ihre Waffe aus Bleikugeln bestand, deren je zwei durch einen Riemen verbunden waren, so erklärt sich auch die Tötung mit Bleikugeln, deren Zosim. V, 2 erwähnt.

[53] Außerdem verminderte Diokletian auch die Zahl der »bewaffneten Leute aus dem Volk«, *in armis vulgi,* laut Aur. Vict. *Caess.* – Am leichtesten wird man dies auf jene Bürgergarde beziehen, welche laut Zosim. I, 37 der Senat beim sog. Scytheneinfall unter Gallienus einrichtete, und deren Fortbestand auch z. B. zur Erbauung der Stadtmauer unter Aurelian ganz wohl passen möchte. – Andere deuten es etwas gezwungen auf die *cohortes urbanae,* oder lesen: *inermis vulgi.*

staltung des Hofwesens, Mißverhältnisse mit dem Senat und Verminderung der Prätorianer konstatiert, so hätte doch bald darauf das Christentum dieselbe Aufgabe auf seine Weise vollbringen müssen, indem es mit Notwendigkeit ganz neue Schwerpunkte der Macht schuf.

Wir werden im Folgenden erzählen, unter welchen furchtbar gewaltsamen Umständen Diocletians Neuerungen vor sich gingen – während er und seine Mitregenten das Reich an allen Grenzen verteidigen und den Usurpatoren stückweise entreißen mußten, was man bei seiner Beurteilung nie vergessen darf. Was den höher gespannten Ton des Hofes und das neue Zeremoniell betrifft, so fanden sich ohne Zweifel Leute genug, welche mit allem Eifer darauf eingingen. Auf Übergangsstufen, wie jene Zeit eine war, verspürt der Imperator noch das Bedürfnis, sich öffentlich anloben zu lassen, eine Gattung von Anerkennung, welche der durchgebildete Militärdespotismus entbehren kann und verachtet, auch wohl sich geradezu verbittet. Damals kam man noch halbfrisch aus der alten Welt und ihrer Lebensluft, der Öffentlichkeit; alle Bildung war noch rhetorisch und die Gelegenheitsreden von einer Wichtigkeit im ganzen Leben des antiken Menschen, von welcher sich die heutige Welt keinen Begriff mehr machen kann. Dazu gehörten denn auch die Panegyriken, welche bei Jahresfesten und anderen feierlichen Gelegenheiten von irgend einem angesehenen Rhetor der Stadt oder Nachbarschaft in Gegenwart des Kaisers oder eines hohen Beamten gehalten wurden. Erhalten ist uns der bekannte Panegyricus des jüngern Plinius auf Trajan; dann folgt nach einer langen Lücke zufällig ein Stoß Lobreden auf die Mitregenten Diocletians nebst einigen wenigen auf noch spätere Kaiser[54]. Als historische Quelle sind diese Reden natürlich mit Vorsicht zu gebrauchen, in gewissen Bezeihungen aber höchst schätzbar und auch als literarische Arbeiten keineswegs verächtlich. Der Stil ihrer Schmeichelei ist wahrscheinlich noch ganz derselbe, welcher in den verlorenen Lobreden des dritten Jahrhunderts herrschte. Lebhaft und fast zudringlich versetzt sich der Rhetor in die möglichst veredelte Person des anwesenden Kaisers hinein und errät ihm, eins nach dem andern, seine Gedanken, Pläne und Empfindungen, was der ausgelernte Höfling klüglich bleiben läßt, weil hier schon die idealisierende Dichtung indiskret ist, geschweige denn die Wahrheit. Dies wird jedoch überwogen durch den starken Duft unmittelbaren Lobes und Entzückens, wie es dem Ohre eines Maximian angemessen war, mochte auch dieser schwerlich genug Bildung besitzen,

---

[54] Ich zitiere die Ausgabe *In usum Delph.*, Paris 1676. Die Numerierung schwankt, je nachdem die Rede des Plinius, wie hier, mitgezählt wird oder nicht. – Wie unersättlich Konstantin in diesem Punkte war, geht aus *Panegyr. (incerti)* IX, cap. 1. hervor.

um all die verbindlichen Beziehungen zu verstehen. Da wird[55] vor allem der Beiname Herculius ausgenützt zu einer beständigen Verflechtung und Parallelisierung mit der Geschichte des Hercules, welcher endlich gleichwohl zu kurz kommt, insofern Maximians Bagaudensieg doch etwas ganz anderes sei als der Sieg des Alciden über Geryon. Schon etwas weiter reicht die sonst dem ältern Kaiser vorbehaltene Vergleichung mit Jupiter, dessen Kindheit bekanntlich, wie die des am Donaustrand aufgewachsenen Maximian, von Waffenlärm umgeben war. Unermüdlich häuft der Redner Bild auf Bild, um die Eintracht der Kaiser zu verherrlichen; die Regierung ist ihnen gemeinschaftlich wie das Tageslicht zweien Augen; wie sie beide an einem Tage (vgl. Seite 32) geboren sind, so ist ihre Herrschaft eine Zwillingsherrschaft gleich derjenigen der Heraklidenkönige in Sparta; Rom ist jetzt glücklicher als unter Romulus und Remus, deren einer den andern totschlug; es darf sich jetzt Herculea und Jovia zugleich nennen. Wie auf Maximian die Geschichte des Hercules, so wird nämlich auf Diocletian der Mythus von Zeus angewandt, zumal in betreff der Allgegenwart, welche durch die kaiserlichen Schnellreisen gewissermaßen nachgeahmt schien. Aber aus der wohlbemessenen Kadenz dieser Phrasen heraus klingt eine sehr kecke, selbst unverschämte Bevorzugung Maximians, welcher dergleichen vielleicht ohne eine Miene zu verziehen ganz gerne anhörte. »Durch Übernahme der Mitherrschaft hast du dem Diocletian mehr gegeben als von ihm empfangen... Du ahmst den Scipio Africanus nach, Diocletian aber dich«, – dies und ähnliches wagte Mamertin im Palast zu Trier vor dem ganzen Hofe zu deklamieren. Freilich strömt dazwischen ungehemmt der Blütenregen gemeinschaftlicher Huldigungen für beide. »Wie der Rhein seit Maximians jenseitigen Eroberungen getrost vertrocknen darf, so braucht auch der Euphrat Syrien nicht mehr zu decken, seit Diocletian ihn überschritten... Ihr verschiebt die Triumphe um immer neuer Siege willen; ihr eilt zu immer größeren Dingen hin«... Auch viel kleinere Taten werden kühnlich zu großen aufgestutzt. Bei Anlaß der Zusammenkunft des Jahres 291, als Diocletian aus dem Orient, Maximian über die Alpen mitten im Winter nach Mailand eilten, ruft zum Beispiel Mamertinus aus: »Wer nicht mit Euch reiste, konnte glauben, Sonne und Mond hätten Euch ihr tägliches und nächtliches Gespann geliehen! Gegen den strengen Frost schützte Euch die Macht Eurer Majestät; während alles erfror, folgten Euch laue Frühlingslüfte und Sonnenschein. Geh doch, Hannibal, mit deiner Alpenreise!« – Wozu ganz wohl paßt, daß seit der Herrschaft dieser Kaiser selbst die Erde plötzlich fruchtbarer geworden

---

[55] Panegyr. II *(Mamertin. ad Max.)* und III *(Genethliacus)*, aus den Jahren 289 und 291, n. a. beide von 292.

sei. In ähnlichem, nur mehr bukolischem Ton hatte einige Jahre vorher der Dichter Calpurnius Siculus (in der achten oder vierten Ekloge) den Cäsar Numerian besungen, in dessen Gegenwart die Wälder vor Ehrfurcht schweigen, die Lämmer munter werden, die Wolle und die Milch reichlicher, Saaten und Bäume üppiger, denn unter seiner sterblichen Gestalt birgt sich ein Gott, vielleicht der höchste Jupiter selber. – Etwas feiner weiß der Redner Eumenius mit dem gebildeten Cäsar Constantius Chlorus umzugehen[56], wenn er zum Beispiel die Jugend Galliens vor die große Weltkarte zu führen verspricht, welche in der Halle zu Autun (zwischen dem Apollstempel und dem Kapitol mit dem Heiligtum der Minerva) auf die Mauer gemalt war. »Dort laßt uns nachsehen, wie Diocletians Milde das wild empörte Ägypten beruhigt, wie Maximian die Mauren niederschmettert, wie unter deiner Rechten, o Herr Constantius! Batavien und Britannien das verkümmerte Antlitz wieder aus Wäldern und Fluten emporheben, oder wie du, Cäsar Galerius, persische Bogen und Köcher zu Boden trittst. Denn jetzt erst ist es eine Freude, den gemalten Erdkreis zu betrachten, da wir nichts mehr darauf erblicken, was nicht unser wäre«. Neben der schwungvollen Schilderung dieses erneuten »goldenen Zeitalters« mag man dem Redner die spielende Symbolik gerne nachsehen, welche er mit der Vierzahl der Regenten treibt. Sie erscheint ihm als Grund und Fundament der Weltordnung in den vier Elementen, den vier Jahreszeiten, selbst den vier Weltteilen[57]; nicht umsonst folgt je nach vier abgelaufenen Jahren das Lustrum; am Himmel sogar fliegt ein Viergespann vor dem Sonnenwagen, und wiederum sind den zwei großen Himmelslichtern, Sonne und Mond, zwei kleinere, Morgenstern und Abendstern beigegeben. – Es sollte uns nicht wundern, wenn irgendwo im alten Gallien etwa ein Mosaikboden ausgegraben würde, welcher diese Ideen zu einer großen Prachtkomposition verarbeitet enthielte. Die bildende Kunst und die Rhetorik mußten bei Aufgaben dieser Art oft auf die gleichen Mittel angewiesen sein. Eumenius zeichnet sich übrigens nicht bloß durch Takt und Talent vor den andern Lobrednern aus; wir werden in ihm einen ganz ehrwürdigen Patrioten kennen lernen, der nicht zum eigenem Vorteil schmeichelte. Hier wie in tausend Fällen muß das geschichtliche Urteil das, was die Zeit und die Umgebung dem einzelnen auferlegt, und das, was er kraft eigenen Entschlusses tut, sorgfältig zu scheiden suchen.

Ob am Hofe Diocletians die Sprache um einige Grade knechtischer und mehr mit Phrasen der Anbetung vermischt war, wissen wir nicht.

[56] Paneg. IV und V *(pro scholis* und *ad Constantium)*, aus den Jahren 295 und 297.
[57] *Orbis quadrifariam duplici discretus Oceano*, Paneg. V, 4. Worte, deren Deutung den Kennern der damaligen geographischen Ansichten überlassen bleibe.

Jedenfalls muß das Zeremonienverhältnis, soweit es die kaiserliche Person betraf, noch ziemlich unentwickelt und unschuldig gewesen sein; gewiß hielt es noch keinen Vergleich aus mit dem spätern byzantinischen Hofe, wo Kaiser Constantinus Porphyrogennetos im zehnten Jahrhundert in Person den Hofmarschall machen muß, um Mit- und Nachwelt durch ein systematisches Buch in jenes Labyrinth heiliger Bräuche einzuweihen, deren Knechtschaft die allerheiligsten und gottgeliebtesten Autokratoren sich allmählich hatten gefallen lassen, seitdem kirchliches und höfisches Zeremoniell sich gegenseitig durchdrungen und gesteigert hatten.

Wenn nun auch vom Throne abwärts das Titel- und Rangwesen allmählich die römische Gesellschaft überwältigte, so ist dies nicht notwendig die Schuld Diocletians. Der natürliche Erstarrungsprozeß des antiken Lebens mußte unvermeidlich diese Form annehmen; seit langer Zeit war die Regierung eine fast vollständige Soldatenherrschaft gewesen; eine solche aber wird jederzeit auch die ganze Staatsmaschine nach ihrem Bilde, das heißt mit strenger, äußerlich kennbarer Ordnung nach Graden und Würden umschaffen, weil die Subordination ihre Seele ist. Viele äußere Einrichtungen dieser Art, die man Diocletian beizulegen geneigt ist, können schon unter früheren Kaisern eingetreten sein; die definitive Umgestaltung des Staatswesens aber erfolgte erst unter Constantin.

Allerdings vermehrte schon Diocletian die Zahl der Beamten beträchtlich. Gewiß nicht so sehr die vier Höfe als die vier Verwaltungen haben damals die Lasten gesteigert. Wenn man den Lactantius[58] anhört, so ergeben sich folgende schreckliche Klagepunkte gegen seine Regierung: »Jeder der vier Herrscher hielt für sich allein schon mehr Soldaten als frühere Kaiser überhaupt gehabt hatten. Die Steuern stiegen unerhört; die Zahl der Empfangenden übertraf so sehr die Zahl der Gebenden, daß die erschöpften Colonen die Äcker verließen und das angebaute Land zum Walde wurde. Um alles mit Schrecken zu erfüllen, wurden die Provinzen in Stücke zerschnitten und jedes Land, jede Stadt mit Beamtenscharen überlastet, mit Steuereinnehmern, Vicarien der Präfekten u. a., wovon das Ergebnis war, daß wenig Gemeinnütziges vorkam, vielmehr nichts als Verurteilungen, Ächtungen, Aussaugereien ohne Zahl und Ende, begleitet von unerträglichen Gewalttaten usw.« Ja Diocletian wird eines ganz unmäßigen Aufsammelns von Schätzen angeklagt.

Wir halten inne, um einen sonst nicht weniger parteiischen Christen zu Worte kommen zu lassen[59]. »Welche Worte sollen genügen (ruft Euseb), um die Fülle der Güter und die gesegneten Zeiten zu schildern vor der Verfolgung, als die Kaiser noch mit uns in Frieden und Freundschaft leb-

---
[58] *De mort. persec.* 7.
[59] Euseb. *Hist. eccl.* VIII, 13.

ten, als mit Festen, Schauspielen, Gastmählern und aller Fröhlichkeit ihre Vicennalien in tiefem Frieden gefeiert wurden!« – Was bleibt nun wohl von jenen Klagen mit einigem Rechte übrig?

Daß Diocletian die Truppenzahl vermehrte, war äußerst notwendig und zweckmäßig, weil er, wie wir sehen werden, das halbe Reich den Usurpatoren und den Barbaren wieder aus den Händen reißen mußte. Wie hoch er die Kriegsmacht zu bringen hatte, konnte niemand besser beurteilen als er selber. Über das Maß der Vermehrung haben wir keine nähere Kunde; daß sie im Verhältnis zu den Heeren eines Aurelian und Probus mehr als eine Vervierfachung gewesen sei, mag jenem Romanschreiber glauben wer will.

Dann die gewöhnliche Anklage wegen des Thesaurierens, welcher ein Fürst gar nicht entgehen kann. Viele Herrscher haben wirklich in einer falschen Ansicht vom Alleinwert des edeln Metalls große Schätze gesammelt und es im rechten Augenblick nicht übers Herz bringen können, sie zweckmäßig auszugeben; der orientalische Despotismus ist sogar durchweg mit dieser Unsitte behaftet, und die Untertanen machen es dem Despoten nach und vergraben jedes Silberstück in die Erde. Allein bei Diocletian kann hievon schwerlich die Rede sein; die Ausgaben für die Wiedergewinnung und Herstellung des erschütterten Reiches waren zu enorm, als daß noch ein unverhältnismäßig großer Überschuß in der Kasse geblieben wäre. Schon die Grenzbefestigungen allein, jene Kastelle von den Niederlanden bis ans Rote Meer, samt ihren Besatzungen beseitigen jenen Gedanken selbst für die letzte, ruhigere Zeit seiner Regierung.

Das Reich mußte sich allerdings recht sehr anstrengen, allein wo so große, meist glücklich erreichte Zwecke vorliegen wie hier, darf man wenigstens den Herrscher von der vulgären Beschuldigung entbinden, als hätte er die Menschen nur geplagt, um das Gold und Silber gleichsam allein aufzuessen. Wohl kann bei seinen vielen Bauten der Verdacht der Verschwendung entstehen, allein bei weitem das meiste waren (wie es scheint) politische Geschenke an bestimmte Städte, wodurch man mehr als eine Garnison ersparen konnte. Neben der Bauverschwendung Constantins kommen diese Ausgaben überdies kaum in Betracht. Der Palast von Spalato war wohl ein großes Viereck, die einzelnen Räume aber weder an Höhe noch an Größe ausgezeichnet und mit den Riesenhallen der Thermen in Rom nicht zu vergleichen. Beim Umbau von Nicomedien mag es gewalttätig hergegangen sein, wie einst bei den Städtebauten der Diadochen und später bei der Neugründung von Byzanz, daß aber überall – *ubicunque* –, wo Diocletian ein schönes Landgut, eine zierliche Wohnung sah, dem Eigentümer darob ein Kapitalprozeß angehängt worden, mag glauben, wer da will. Traurig genug, daß schon um des Geldbedürfnisses willen mancher Wohlhabende ins Verderben gestürzt wurde, allein dies war ohne Zweifel das Werk schrecklicher Beamten, mit welchen das Imperium schon lange vor Diocletian heimgesucht war[60].

Die neue Einteilung des Reiches in 101 Provinzen und 12 Diözesen wurde von einer Regierung wie diese gewiß nicht ohne guten und hinreichenden Grund eingeführt und auch die Beamtenzahl nicht ohne Not gesteigert. Diocletian selber war der emsigste Beamte seines Reiches; außer seinen Feldzügen findet man ihn oft und viel auf rastlosen Reisen, immer regierend und entscheidend, so daß zum Beispiel sein Itinerarium in den Jahren 293 und 294 fast Woche für Woche, ja Tag für Tag in den Daten der Reskripte offen liegt; über 1200 (privatrechtliche) Reskripte von ihm finden sich in den Rechtsbüchern[61]. Wenn nun für jene Neueinteilung des Reiches in kleinere Provinzen samt der Vermehrung der Beamten ein Grund namhaft gemacht werden soll, so kann es nur der gewesen sein, daß dem Kaiser die bisherigen Organe nicht genügten, und daß er eine schärfere Aufsicht und bessere Ausführung des Befohlenen für notwendig erachtete. Er mußte freilich mit demjenigen Material arbeiten, das er vorfand, und daß dieses nicht das beste war, wird er selber am genausten gewußt haben. Jedenfalls fielen nun die letzten provinzialen Unterschiede dahin, zugunsten einer gleichmäßigen Administration. Was Diocletian begonnen, hat dann Constantin durchgeführt und vollendet.

Nun ist zwar jedermann darüber einverstanden, daß das römische Finanzsystem im ganzen ein schlechtes und drückendes war, und wir haben keinen Grund, bei Diocletian eine viel höhere staatsökonomische Einsicht zu Verbesserungen, die auch die tüchtigsten Kaiser nicht gehabt, vorauszusetzen; zudem lehrt der neueste Zustand großer europäischer Staaten, wie weit selbst die gründlichste Erkenntnis in diesen Dingen von der wirklichen Abschaffung des Schlechten entfernt sein kann. Allein was Diocletian bei einem der billigsten Beurteiler, dem ältern Aurelius Victor, speziell zum Vorwurf gemacht wird, könnte leicht zu seinem Lobe umschlagen. In einer leider unklaren und verdorbenen Stelle[62] wird darüber geklagt, daß »ein Teil von Italien« zu gewissen allgemeinen Steuern und Lasten *(pensiones)* herbeigezogen worden sei, welche »bei der damaligen Mäßigung« leidlich gewesen, im Verlauf des vierten Jahr-

---

[60] *De mort. persec.* 7: *Hoc enim usitatum et fere licitum consuetudine malorum.*

[61] Vgl. über dies alles Preuß, a. a. O., S. 43, 47, 68, 85, 288 usw., zum Teil nach Mommsen: Über die Zeitfolge der in den Rechtsbüchern enthaltenen Verordnungen Diokletians. (Abhandlungen der Berliner Akad. 1860.) – Das genauere Verzeichnis der neuen Diözesen und Provinzen samt Rangordnung der Beamten bei Preuß, S. 91 ff.

[62] Aur. Vict. *Caess.* 39, § 31. – Es war die Grundsteuer, vgl. Preuß, S. 110 samt Anm.

hunderts aber zum Verderben des Landes geworden seien. Welcher Art diese Steuer auch gewesen sein mag, jedenfalls war es billig, daß Italien mitbezahlen half, seitdem es nicht mehr fähig war, das Reich zu retten und zu beherrschen. – Für die Beurteilung des römischen Finanzwesens im allgemeinen ist auf die besonderen Forschungen über diesen Gegenstand, bei Hegewisch, Naudet, Dureau, Mommsen u. a. zu verweisen; nur ein spezieller Punkt muß hier noch berührt werden.

In verschiedenen Annalen findet sich zum Jahre 302 die Notiz: »Damals befahlen die Kaiser Wohlfeilheit«, das heißt: Diocletian stellte ein Maximum der Lebensmittelpreise fest. Keine Maßregel wird von der jetzt herrschenden Ansicht stärker verdammt als die Maximumspreise, zu deren Behauptung bekanntlich der unausgesetzte Taktschlag der Guillotine gehört, wie das lehrreiche Beispiel des Nationalkonvents zeigt. Die Maßregel setzt entweder die äußerste, verzweifeltste Not voraus, oder ein gänzliches Verkennen der wahren Begriffe von Wert und Preis. Die Folgen waren denn auch die unausbleiblichen[63]: die Ware verbarg sich, wurde trotz dem Verbote teurer als zuvor und zog unzähligen Verkäufern die Todesstrafe zu, bis man das Gesetz aufhob.

Von dieser Maßregel hat sich nun ein genaues Andenken erhalten in der berühmten Inschrift von Stratonicea[64], welche das ganze Edikt samt mehrern hundert Preisbestimmungen (zum Teil unleserlich und schwer erklärbar) wiedergibt. Die Imperatoren äußern sich im Eingang ungefähr wie folgt: Der Preis der Dinge, die man auf den Märkten kauft oder täglich in die Städte bringt, hat so sehr alle Grenzen überschritten, daß die zügellose Gewinnsucht weder durch reichliche Ernten noch durch Überfluß der Waren gemäßigt wird ... Die Raubsucht tritt überall auf, wo nach dem Gebot des öffentlichen Wohles unsere Heere hinziehen, nicht nur in Dörfern und Städten, sondern auf allen Straßen, so daß die Preise der Lebensmittel nicht bloß auf das Vierfache und Achtfache, sondern über jedes Maß steigen. Öfter sogar ist durch Aufkauf (?) einer einzigen Ware der Krieger seines Soldes und unserer Geschenke beraubt worden... Diese Habsucht soll in unserm Gesetz Grenzen und Maß finden. (Worauf den Zuwiderhandelnden die schwersten Strafen angedroht werden.)

[63] *De mort. persec.* 7.
[64] Vollständig bei Haubold-Spangenberg, *Antiq. Rom. monum. legalia*, Nachtrag. – Erläutert u. a. bei Dureau de la Malle, *Economie politique des Romains*, vol. I, und seither in der Abhandlung Th. Mommsens: Das Edikt Diokletians *de pretiis rerum venalium* vom Jahre 301, abgesehen von spätern Ergänzungen durch neu entdeckte Fragmente, vgl. Preuß, a. a. O., S. 115, und Vogel, Der Kaiser Diokletian, S. 78 ff. – Das Edikt, im Namen aller vier Herrscher erlassen, war doch für den Orient bestimmt und wurde vielleicht nur dort (zwischen September 301 und März 302) publiziert.

Die Erwägungsgründe sind an sich so rätselhaft wie die Verfügung selber. Am ehesten läßt sich denken, daß im Orient eine Sippschaft von Spekulanten ziemlich rasch die Preise der unentbehrlichsten Mittel des Daseins in die Höhe getrieben hatte, daß jedermann darunter litt, das Leiden der Armee jedoch weit die größten und nächsten Gefahren herbeizuführen drohte. Das Reich, dessen Haupteinnahmen bei weitem in Naturalien bestanden, konnte vielleicht nicht im gehörigen Augenblick bei jeder Garnison damit zur Stelle sein. Und da nun der Beschluß der Abhilfe, vielleicht in Eile und in heftiger Stimmung, gefaßt war, dehnte man die Fürsorge gleich auf alle Menschenklassen und auf Werte jeder Art aus, um besonders auch für die städtischen Massen Hilfe zu schaffen.

Die Tabelle selbst ist ein Dokument ersten Ranges, weil sie die Werte der Gegenstände und der Arbeiten im Verhältnis zu einander für die damalige Zeit offiziell angibt. Viel schwieriger ist die Reduktion der einzelnen Werte auf unsern jetzigen Münzfuß. Man hat sich nämlich über die Einheit, welche im Edikt bloß mit einem * bezeichnet wird, noch nicht verständigen können, so daß die einen den damaligen Silberdenar (9 Sous), andere dagegen[65] den Kupferdenar (½ Sou) dafür annehmen; im erstern Fall entstehen ungeheure Preise, im letztern Fall solche, die von den unsrigen nicht sehr weit abweichen würden und gewiß die weit größere Wahrscheinlichkeit für sich haben, das heißt soweit man wiederum über die vorausgesetzten Maße und Gewichte im klaren ist. Wäre wirklich der Kupferdenar gemeint, so wären die Hauptresultate folgende: die festgesetzten Arbeitslöhne erscheinen etwas niedriger als der vor etwa drei Jahrzehnten für Frankreich geltende Durchschnitt, diesen zu 1 Fr. 25 Cent. angenommen; der Ackerknecht erhielt täglich 65 Centimes, der Maurer, der Zimmermann, der Schmied, der Bäcker, der Kalkbrenner 1 Fr. 25 Cent., der Maultiertreiber, Schäfer, Wasserträger, Kloakenreiniger usw. die Nahrung und 50 bis 65 Cent.; von den Lehrern bekam der eigentliche Pädagog für jeden Zögling monatlich 1 Fr. 25 Cent., ebenso der Leselehrer und Schreiblehrer, dagegen der Rechnungslehrer und Schnellschreiblehrer 1 Fr. 90 Cent., der Grammatiker für griechische Sprache 5 Fr., ebenso der für lateinische Sprache und der Geometrielehrer. Ein Paar Schuhe sollte kosten: für Bauern und Tiertreiber 3 Fr., für Soldaten 2 Fr. 50 Cent., für Patrizier 3 Fr. 75 Cent., für Frauen 1 Fr. 50 Cent., wobei Gestalt und Arbeit natürlich ungleich war. Die Fleischpreise waren, in römischen Pfunden zu 24 Lot, für Rind- und Hammelfleisch etwa 28 Cent., für Lamm- und Schweinefleisch etwa 35 Cent.; der sehr umständlich aufgezählten Würste und der eigentlichen Leckerbissen

---

[65] So Dureau de la Malle. Höher, doch noch ebenfalls niedrig, wird die Einheit taxiert von Mommsen (10 Cents) und von Waddington (6, 2 Cents).

nicht zu gedenken. Der gewöhnliche Wein, den Sextarius zu einem halben Liter gerechnet, wurde etwas wohlfeiler angesetzt, als er jetzt gilt, nämlich zu 20 Cent., der bessere alte Wein zu 60 Cent., die edlen italienischen Weine, auch Sabiner und Falerner, zu 75 Cent., das Bier *(cervesia cami?)* zu 10 Cent., eine geringere Art *(Zythum)* zu 5 Cent. Wir haben diese wahrscheinlich zu niedrig berechneten Preise (aus Dureau de la Malle) beibehalten, weil sie den einstweilen einzig möglichen Zweck, das Proportionale in den Werten zu veranschaulichen, genügend erreichen. Leider fehlt völlig der Preis des Weizens, welcher entscheiden würde. Die Preise sind im Edikt selbst ohne Zweifel hoch genommen, weil mit niedrigen von vornherein nichts wäre zu erreichen gewesen, und man darf sich nicht durch jenes Wort der Idatianischen Jahrbücher irren lassen: »Die Kaiser befahlen, daß Wohlfeilheit sei«.

Von allem, was Diocletian je getan hat, wird man diese Einführung des Maximums vielleicht am schärfsten tadeln können. Hier hatte sich einmal der absolute Staat im Vertrauen auf seine Zwangsmittel vollständig verrechnet; doch wird man die gute Absicht auch nicht ganz verkennen dürfen. Dieselbe tritt auch in dem neuen Kataster deutlich hervor, welchen Diocletian im letzten Jahre seiner Regierung (305) durch das ganze Reich hindurch aufnehmen ließ. Wohl heißt[66] es: »er ließ das Land vermessen und beschwerte es mit Abgaben«, – allein es war dabei sicher nicht bloß auf die Erhöhung, sondern auch auf die billigere Verteilung der Steuern abgesehen.

Überhaupt möchte seine Regierung alles in allem genommen eine der besten und wohlwollendsten gewesen sein, welche das Reich je gehabt hat. Sobald man den Blick freihält von dem schrecklichen Bilde der Christenverfolgung[67] und von den Entstellungen und Übertreibungen bei Lactantius, so nehmen die Züge des großen Fürsten einen ganz andern Ausdruck an. Man wird vielleicht einen Zeitgenossen, welcher ihm ein Werk dedizierte, nicht als gültigen Zeugen anerkennen; immerhin darf es nicht übergangen werden, daß laut dem Biographen des Marc Aurel in der Historia Augusta (Kap. 19) dieser edle Fürst in Sitte und Wandel sowohl als in der Milde das Vorbild Diocletians war und in dessen Hauskult eine der vornehmsten Stellen einnahm. Hören wir jedoch einen Spätern. Der ältere Aurelius Victor, welcher auch für die Schattenseiten keineswegs blind und, wo Italien in Frage kommt, sogar ein Gegner ist, sagt von ihm: »Er ließ sich den Herrn nennen, benahm sich aber als Vater; der kluge Mann wollte ohne Zweifel zeigen, daß nicht schlimme

---

[66] Joh. Lydus, *De magistrat. Rom.* I, 4.

[67] Von deren wahrscheinlichen Ursachen im achten Abschnitt die Rede sein wird.

Die Frumentarier 51

Namen, sondern schlimme Taten entschieden«. Und weiter nach Aufzählung der Kriege: »Auch die Einrichtungen des Friedens wurden durch gerechte Gesetze befestigt; ... für die Verproviantierung, für Rom, für das Wohl der Beamten wurde eifrig und emsig gesorgt, überhaupt durch Beförderung der Wackern und Bestrafung der Missetäter der Trieb zum Guten gesteigert«... Endlich bei Anlaß der Abdankung schließt Victor:

»Bei dem Widerstreit der Meinungen ist der Sinn für den wahren Sachverhalt verloren gegangen; unsere Ansicht aber geht dahin, daß es einer hohen Anlage[68] bedurfte, um mit Verachtung alles Pompes wieder in das gemeine Leben herabzusteigen«.

Und dieser absolute Herrscher, der sein Land schrittweise der Usurpation hatte abkämpfen müssen, war auch großgesinnt genug, um die politische Spionage abzuschaffen[69]. Wahrscheinlich fand er seine Macht gerade durch die Teilung so vollständig gesichert, daß es dessen nicht mehr bedurfte. Allerdings war das Späheramt in die Hände einer Korporation geraten, welche der Regierung selber gefährlich werden konnte; es waren die Frumentarier, ursprünglich die den Armeen vorausgesandten Proviantmacher, später als Ordonnanzen und endlich als Träger und Vollstrecker bedenklicher Befehle gebraucht; ausgeartet zu einer Clique, welche durch falsche Anklagen und durch den Schrecken davor namentlich in entlegenen Provinzen die angesehenen Leute auf das schändlichste brandschatzte. Viel mehr ist nicht davon bekannt[70], aber man darf sich den Mißbrauch wohl sehr furchtbar ausmalen; eine Bande böser Menschen, unter hoher Protektion, gegenseitig sich stützend und haltend, alle Stimmungen des Mißtrauens in der Seele der Herrscher erlauschend und benützend, und diesen hilflos gegenüber die reichen, altangesehenen Familien in Gallien, Hispanien oder Syrien, geängstigt und zu den größten Opfern genötigt, um nicht als Teilnehmer an erdichteten Verschwörungen denunziert zu werden. Später, seit Constantin, der sonst die Angeber haßte[71], kam die Sache wieder, nur unter anderm Namen; abermals

---

[68] *Excellens natura*. – Das äußere Aussehen, freilich nach einer sehr späten Quelle: eine lange, hagere Gestalt, ein blasses Antlitz mit starker Nase, das graue Auge ernst blickend. (Preuß, a. a. O., S. 128.)

[69] Aurel. Vict. *Caess. ibid.* c. 39.

[70] Aus Hist. Aug. Hadr. 10. Commod. 4. Max. *et* Balb. 10. Claud. goth. 17 geht hervor, daß schon Hadrian die Frumentarier zum Spionieren brauchte, und daß sie nachher vielfach zu Botschaften und selbst zu Exekutionen gebraucht werden konnten, weil sie überall hinkamen. – Vgl. Preuß, S. 111 ff.

[71] Aur. Vict. Epit. 41. Das Gesetz gegen Delatoren v. J. 319, *Cod. Theodos.* X, 10. – Die Ergänzung zum Gesetz über Majestätsverbrechen, vom J. 314; *ibid.* IX, 5.

waren es die Unternehmer des kaiserlichen Fuhrwesens, welche als »*Agentes in rebus*«, als »*Veredarii*« jene schmähliche Rolle weiterspielten.

Sonst ist der Despotismus der römischen Kaiser überhaupt nicht mit der peinlichen Aufsicht über alle Kleinigkeiten, mit dem Hineinregieren in alles und jedes, namentlich nicht mit dem Diktieren und Kontrollieren geistiger Richtungen behaftet, die dem modernen Staat ankleben. Diese verrufene Kaiserherrschaft, welche das Leben des einzelnen so wenig achtete, so drückende Steuern eintrieb, für die öffentliche Sicherheit so schlecht sorgte, – sie begnügte sich doch mit ihren nötigsten Zwecken und überließ sonst die einst mit Strömen Blutes unterworfenen Provinzen ungehemmt ihrem lokalen Leben. Auch sonst sah sie da zu, wo sie hätte eingreifen können. Dies zeigt sich nicht nur an den örtlichen, sondern auch an den Standesunterschieden, die sie bestehen und neu aufkommen ließ. Es bildet sich zum Beispiel eine Aristokratie der Steuerfreiheit für die senatorischen Familien, die vom Staat angestellten Lehrer und Ärzte nebst einigen andern Kategorien, wozu in der Folge auch die christlichen Priester kamen. Von einer lebendigen neuen Gliederung des Staatswesens konnte allerdings nicht mehr die Rede sein; das Höchste, was selbst ein Regent wie Diocletian zu erreichen hoffen durfte, war die Erhaltung des Reiches in seinem Umfang und eine leidliche Ausbesserung der Schäden im Innern[72].

---

[72] Über die Verbesserungen im Münzwesen s. Preuß (nach Mommsen), S. 112. – Das Verzeichnis sämtlicher bekannter Bauten dieser Regierung S. 117 ff.

Dritter Abschnitt

EINZELNE PROVINZEN UND NACHBARLANDE
DER WESTEN

Im vorigen Abschnitt wurde nicht verhehlt, wie mißlich es mit den Durchschnittsurteilen über manche der wichtigsten Lebensfragen im spätrömischen Reiche aussieht. Es fehlt die wesentliche Basis: die Kenntnis des Zustandes der einzelnen Provinzen. Aus vereinzelten Notizen in den Geschichtschreibern, aus den massenhaft gesammelten Inschriften und aus den Bauresten gehen wohl manche sichere und wertvolle Tatsachen, teils unmittelbar, teils durch Schlüsse hervor, allein nur um so empfindlicher sind die großen Lücken, welche unausfüllbar dazwischen liegen. Uns ist hier nur gestattet, digressionsweise über diejenigen Provinzen das Wesentliche zusammenzustellen, welche, als die offenen Wunden des kranken Reichskörpers in dieser Zeit, ohnedies die größte Aufmerksamkeit auf sich ziehen: zunächst über das damalige *Gallien,* dessen Schicksal mit demjenigen *Britanniens* eng zusammenhängt[1].

Die großen Tyrannen Galliens hatten zwar einstweilen den Okzident nach Kräften gegen die eindringenden Germanen verteidigt. Allein die Gewaltsamkeit ihrer Sukzession, der fortwährende Kampf nach außen und zuletzt der Bürgerkrieg zwischen der Partei des Tetricus und derjenigen der italischen Kaiser, wozu Aurelians Feldzug nach Gallien mit der Schlacht bei Chalons s. M. den Schluß bildete, – dies alles hatte das allgemeine Elend und die Auflösung aller politischen und sittlichen Bande unerträglich gesteigert. Nun erneute sich der Kampf gegen Franken und Alamannen; noch unter Aurelian siegte der Feldherr Constantius Chlorus über die letztern bei Windisch (274)[2], und zwar an demselben Tage, da ihm sein Sohn Constantin geboren wurde; aber alle Siege schie-

---

[1] Vgl. u. a. Am. Thierry, *Hist. de la Gaule sous l'administration rom.*, Bd. 2. – Hallische Welthistorie, Zusätze, Bd. 6.

[2] Dies die frühere chronologische Annahme; nach Preuß, a. a. O., S. 65, fiele der Sieg bei Vindonissa erst in eine weit spätere Zeit, um 298, und zwar erst nach der (unten zu erwähnenden) Schlacht bei Langres.

nen nur neue Scharen dieser unerschöpflich jugendlichen Völker über den Rhein zu rufen. Es half nichts mehr, ihre Gesandten durch weinfeste Obristen unter den Tisch trinken und in diesem Zustande aushorchen zu lassen; es machte keinen Eindruck mehr, wenn der Kaiser ihre Deputationen mit absichtlichem Pomp vor der halbmondförmigen Fronte empfing, er selber im Purpur auf hoher Bühne, vor ihm die goldenen Legionsadler und die kaiserlichen Bildnisse und die mit Gold geschriebenen Heeresverzeichnisse auf silbernen Lanzen[3]. Unter Probus nahm der Krieg wieder ganz ungeheure Dimensionen an, und ohne das Talent und den Heldenmut des großen Kaisers wäre Gallien entschieden verloren gewesen. Dennoch regte sich immer von neuem, hauptsächlich in Lyon und der Umgegend, eine Partei, welche offenbar eine Fortsetzung des gallischen Kaisertums nach dem Vorbilde des Postumus und der Victorina erstrebte. Vielleicht mußte Diocletian später bei seiner Teilung der Macht auch auf diese Umstände einige Rücksicht nehmen. Aber ehe es dazu kam, waren die Eroberungen des Probus in Süddeutschland von neuem verloren und das unglückliche Gallien noch einmal von deutschen Scharen überzogen worden; Carinus hatte diese zwar geschlagen und ein Heer dort gelassen, dieses jedoch bei seinem Kriege gegen den Usurpator Julian und den heranziehenden Diocletian wieder abrufen müssen, worauf in Gallien der ganze gesellschaftliche Zustand aus den Fugen ging.

Diesmal sind es die Bauern, welche seitdem in den großen Krisen des alten Frankreichs mehr als einmal plötzlich in furchtbarer Machtfülle aufgestanden sind. Damals lebten sie in altererbter Sklaverei, wenn das Verhältnis auch in der Regel nicht diesen Namen trug[4]. Eine Anzahl Bauern waren wirklich Ackersklaven, andere erschienen als Leibeigene an die Scholle gebunden, wieder andere hießen Colonen, das heißt Kleinpächter auf halben Ertrag[5]; auch bessergestellte Pächter um Geldzins fehlten nicht; endlich gab es eine Masse sogenannter freier Arbeiter und Taglöhner. Aber alle vereinte jetzt dasselbe Unglück. Die Grundeigentümer, ausgesogen durch die raubähnlich steigenden Bedürfnisse des entzweiten Staates, wollten sich an ihren Bauern erholen, gerade wie der französische Adel nach der Schlacht bei Poitiers, als es sich um die Loskaufsumme für die mit König Johann dem Guten gefangenen Ritter handelte. Das einemal nannte man, was daraus entstand: die Bagauda, das anderemal: die Jaquerie (1358). – Die Bauern und Hirten hatten scharenweise ihre Hütten

---

[3] Hist. Aug. Bonosus. c. 14. – *Dexippi Fragm.* 24 *ap.* Müller. *Fragm. hist. graec.* III.

[4] Guizot, *Hist. de la civilisation en France*, vol. I, p. 73.

[5] Über den vermutlichen Ursprung dieser Colonen hauptsächlich von angesiedelten Germanen seit Augustus vgl. Preuß, Kaiser Diokletian, S. 25 ff., wo der ganze Zustand Galliens eingehender geschildert wird.

verlassen, um auf Bettel herumzuziehen. Überall abgewiesen und von den Garnisonen der Städte verjagt, taten sie sich in Bagauden, das heißt Banden zusammen. Ihr Vieh töteten sie und aßen es auf; mit den Ackerwerkzeugen bewaffnet, auf ihren Ackerpferden beritten, durchzogen sie das flache Land, nicht nur, um für ihren Hunger zu sorgen, sondern um es in wahnsinniger Verzweiflung zu verwüsten[6]. Dann bedrohten sie die Städte, wo ihnen ein plünderungssüchtiger, im Elend verkommener Pöbel die Tore öffnete. Die allgemeine Desperation und die dem Gallier angeborene Sucht nach Abenteuern vergrößerten ihr Heer in kurzem dergestalt, daß sie es wagen konnten, zwei von den Ihrigen, Aelianus und Amandus, zu Kaisern zu erheben und so den Anspruch auf das gallische Imperium zu erneuern. Bunt und sonderbar mag die Hofhaltung dieser ländlichen Imperatoren ausgesehen haben; das dritte Jahrhundert hatte zwar Bauernsöhne und Sklavenkinder genug auf den Thron der Welt gesetzt, aber in der Regel solche, die in den Armeen und dann im kaiserlichen Generalstab eine Vorschule der Herrschaft durchgemacht hatten. Aelianus und Amandus besaßen einen solchen Anspruch nicht, dafür aber möglicherweise einen andern, der die sonstigen Mängel aufwog. Die christliche Sage, nachweisbar seit dem siebenten Jahrhundert, hat sie nämlich zu Christen gemacht[7] und ihnen auf diese Weise ein Recht verliehen gegenüber den götzendienerischen Kaisern. Soviel darf immer angenommen werden, daß eine Menge Christen unter den Armen und Elenden waren, welche sich den Bagauden anschlossen. Wir können dasselbe von Verfolgten aller Art, sogar von Verbrechern vermuten[8].

Es scheint, daß das südliche und westliche Gallien weniger von der Bewegung berührt wurde als der Norden und Osten, wo die Not der Barbaren wegen viel größer sein mußte. Eine Stunde über Vincennes

[6] Panegyr. II (Mamertin. *ad Max. H.*), c. 4: *cum arator peditem, cum pastor equitem, cum hostem barbarum suorum cultorum rusticus vastator imitatus est.* – Vgl. auch Paneg. IV und VIII (*Eumenius pro rest. schol.* und *Gratiar. actio*) und die wenigen Worte in den Geschichtschreibern. – War der Bürgerkrieg in Gallien, welchen Eutrop IX, 4 unter Decius erwähnt, ein Vorspiel dieser Bagauda?

[7] Die Münzen, deren heidnische Reverse das Gegenteil beweisen würden, sind notorisch aus Münzen früherer Kaiser durch Änderung des Namens gefälscht.

[8] Die Sage von dem Martertod der thebäischen Legion, welche Maximian gegen die Bagauden führen wollte, ist von der Kritik vollkommen zernichtet. Vgl. Rettberg, Kirchengesch. Deutschlands I, S. 94, und (gegen Gelpkes teilweisen Rettungsversuch): Hunziker, Zur Regierung und Christenverfolgung Diokletians, S. 265 ff. – Vogel, Der Kaiser Diokletian, S. 93, weist bei Anlaß der Bagauden auf die afrikanischen Circumcellionen hin, welche 30 Jahre später auftraten, als christliche Sekte und zugleich als Auflösung des Bauernlebens in Vagabundentum.

hinaus bildet die strengfließende Marne, kurz vor ihrem Ausfluß in die Seine, eine Halbinsel, auf deren Rücken später die Benediktinerabtei St. Maur-les-fossés erbaut wurde. Schon die alten Kelten hatten mit Vorliebe solche Punkte zu ihren Kriegsfesten *(oppida)* gewählt, und gewiß gab es an Ort und Stelle schon Wall, Graben und Mauern aus alter Zeit[9], als Aelianus und Amandus die Halbinsel zum »Bagaudenschloß« machten, ein Name, den sie noch Jahrhunderte hindurch geführt hat, obwohl in dem einen Jahre 285 auf 286 das wenigste daran gebaut sein konnte. Von diesem unangreifbaren Punkte aus, dem durch keine Furt noch Untiefe beizukommen war, machten sie ihre Streifzüge in Nähe und Ferne; hieher schleppten sie auch ihre Beute zusammen. Sie waren mit der Zeit keck genug geworden, nicht nur schwächere Städte ohne weiteres zu brandschatzen, sondern auch stärkere zu belagern. Es gelang ihnen, das alte, weitläufige Augustodunum (Autun) einzunehmen, wo weder Tempel noch Hallen noch Thermen vor ihnen Gnade fanden; alles wurde ausgeraubt und zerstört, die Einwohner ins Elend vertrieben.

Es mußte mit den Bagauden aufgeräumt werden, bevor sie auf diese Weise Stadt um Stadt und damit alle Haltpunkte gegen die Barbaren zugrunde richteten. Dies war die Aufgabe des damaligen Cäsars Maximianus Herculius, der sich damit den Augustustitel verdiente. Wir erfahren nur, daß er rasch und leicht fertig wurde, indem er die Banden teils aufs Haupt schlug, teils durch Hunger, wozu sich eine Pest gesellte, zur Übergabe zwang. Ob irgend eine direkte Erleichterung der erdrückenden Lasten erfolgte, welche den Aufruhr hervorgerufen hatten, ist mehr als zweifelhaft, da die Klagen über allzu hohe Steuern sich eher vermehren. Mittelbar besserte sich wohl die Lage des Landes überhaupt, als in der Folge die Germanen für mehrere Jahrzehnte eingeschüchtert wurden und die Usurpation aufhörte; aber im fünften, vielleicht schon im vierten Jahrhundert riefen ähnliche Ursachen auch wieder ähnliche Wirkungen hervor; die Bagauda hob wieder ihr Haupt empor[10], und man möchte beinahe vermuten, daß sie nie ganz aufgehört hatte.

Doch wir kehren zu den Zeiten Diocletians zurück. Viele Gegenden Galliens lagen bleibend darnieder; die tiefverschuldeten Landbesitzer um Autun zum Beispiel hatten noch unter Constantin[11] sich nicht so weit erholt, daß sie auch nur die alte Bewässerung und Reutung hätten in

---

[9] Die *vita S. Baboleni*, bei Bouquet, *Scriptores*, T. III, läßt darüber kaum einen Zweifel, wenn man die keltische Befestigung des Bremgarten bei Bern und anderer Halbinseln damit vergleicht. Wie überall nannte die Volkssage auch in S. Maur Cäsar als Erbauer.

[10] Salvianus: *De vero judicio et providentia Dei*, 1. V. – *Marii Victoris ep. ad Salmonem* bei Wernsdorf, *Poëtae lat. min. v.* III. – Zosim. VI, 2.

[11] Paneg. VIII *(Eumen. gratiar. actio)*, c. 6. Vom Jahr 311, wogegen Paneg. IV

Die Unterdrückung der Bagauda. – Verwüstung Galliens

Gang setzen können, so daß ihr Boden in Sumpf und Gestrüpp ausartete; die Burgunderreben starben ab; das Waldgebirg füllte sich mit wilden Tieren. »Die Ebene bis an die Saone war einst fröhlich und reich, solange man die Gewässer in Ordnung hielt, – jetzt sind die Niederungen zum Flußbett oder zur Pfütze geworden; die gewaltigen Weinstöcke sind verholzt und verwildert[12], und neue kann man nicht pflanzen ... Von der Stelle an, wo der Weg auswärts führt nach dem belgischen Gallien (also so ziemlich von Autun selbst an), ist alles wüste, stumme, düstere Einöde; selbst die Heerstraße ist schlecht und uneben und erschwert den Transport der Früchte sowohl als die öffentlichen Sendungen«. – Im Mittelalter kam es auch einmal, um die Zeit der Jungfrau von Orleans, so weit, daß die Rede ging: es stehe von der Picardie bis Lothringen kein Bauernhaus mehr aufrecht; allein was eine lebenskräftige Nation in zwanzig Jahren wieder einholt, gereicht einer abzehrenden zur tödlichen Einbuße.

Was halfen da die großen und dauernden Anstrengungen des Maximian und Constantius? Mit der Deckung des Rheines, wozu sie es samt aller Tapferkeit und allem Talent brachten, war doch erst die Möglichkeit einer Heilung des zerstörten Innern gegeben, aber noch lange nicht die Heilung selbst. Immerhin wirkte die Tätigkeit der beiden Fürsten nachhaltig, so daß die Germanen auf längere Zeit die Schläge fühlten. Mehrmals zieht Maximian gewaltig über den Rhein, gleich Probus, und bändigt (287 bis 288) Burgundionen, Alamannen, Heruler und Franken[13]; Constantius befreit das Bataverland von den letzteren (294) und schlägt die wieder hereingebrochenen Alamannen in der furchtbaren Schlacht bei Langres (298, nach andern 300), wo ihrer 60000 fielen. Allerdings kam den Römern dabei eine innere Krisis unter den Germanen zustatten, von der wir nur leider zu wenig wissen. »Die Ostgoten«, heißt es[14], »zernichten die Burgundionen, aber für die Besiegten waffnen sich die Alamannen; die Westgoten, mit einer Schar Taifalen, kämpfen gegen Vandalen und Gepiden ... Die Burgundionen haben die Gegend der Alamannen weggenommen, aber mit schwerem Verlust bezahlt, und nun wollen die Alamannen das Verlorne wieder erkämpfen«. Hier liegt offenbar die Erklärung der seltsamen, immer nur auf kurze Zeit gestörten Waffenruhe zwischen Römern und Deutschen unter Constantin dem Großen; die welthistorische Veränderung, welche er zu leiten hatte, sollte ohne allzu

---

(pro rest. schol.) mit seinem Hymnus auf den Wiederanbau der Fluren und die Herstellung der Städte nicht als Zeugnis gelten kann.

[12] Im Schwarzwald unweit Pforzheim soll man noch jetzt zwischen römischen Überresten aller Art Stöcke der verwilderten Weinrebe *vitis labrusca*, finden. Vgl. Creuzer, Zur Gesch. altröm. Kultur am Oberrhein und Neckar, S. 67.

[13] Vgl. Preuß, a. a. O., S. 34 ff.

[14] Panegyr. III *(Mamert. genethl. ad Max. Herc.)*, 16–18.

bedeutende Störung von außen sich vollziehen können; ebendazu mußte gleichzeitig im fernen Osten der Friedensschluß vom Jahr 297 und die Minderjährigkeit des Sassaniden Sapor II. dienen.

Maximian und Constantius hatten mittlerweile wenigstens die Befestigung des Rheins als Grenze durchgeführt. Auf diese »Kastelle mit Reiterschwadronen und Kohorten« in der Nähe des Stromes wird man wohl den vorgeblichen Wiederaufbau der »in der Waldnacht versunkenen, von wilden Tieren bewohnten Städte« beschränken müssen, wenn schon der Lobredner, dem wir diese Worte verdanken[15], eine allgemeine Lobpreisung des wiedergekehrten goldenen Zeitalters daran knüpft. Wo früher Städte waren, kennt das vierte Jahrhundert Kastelle, und auch da gab es auffallende Lücken[16].

Prachtvoll hergestellt wurde vielleicht nur die nordische Residenz, Trier. Da erhoben sich aus den Trümmern, welche der Besuch der Franken, vielleicht auch der Bagauden hinterlassen, ein großer Zirkus, mehrere Basiliken, ein neues Forum, ein gewaltiger Palast und andere Luxusbauten mehr[17]. – Das unglückliche Autun fand einen warmen Fürsprecher an Eumenius, den wir hier von der bessern Seite kennen lernen. Er war ein Sekretär *(magister sacrae memoriae)* des Constantius gewesen und hatte (wahrscheinlich infolge sehr wichtiger Dienstleistungen) eine Pension von mehr als 26000 Franken unseres Geldes zu verzehren mit der Sinekure eines Vorstehers der Schulen zu Autun, wo schon sein aus Athen gebürtiger Großvater eine Professur bekleidet hatte. Nun geht sein ganzer Ehrgeiz dahin, sein Einkommen (obwohl er Familie hatte) diesen Schulen zum Geschenk zu machen und überdies die Gnade des Constantius und nachher des Constantin auf diese arg zerrütteten Anstalten und auf die ruinierte Stadt hinzulenken. Es ist derselbe schöne antike Lokalpatriotismus, der uns in den Schilderungen des Philostratus mit so manchem griechischen und asiatischen Sophisten des ersten und zweiten Jahrhunderts nach Christus versöhnt und befreundet. Man muß diese seltsame Mischung von Edelsinn und Schmeichelei aufnehmen und würdigen, wie

---

[15] Paneg. IV *(Eumen. pro rest. schol.)* c. 18.

[16] Ammian. Marc. XVI, 3. – Die Inschr. v. Oberwinterthur bei Orelli, *Inscr. lat, sell.* N. 467. – Über die einzelnen Stücke des obern rechten Rheinufers, welche auch nach Probus zeitweise römisch waren, vgl. Mone, Urgeschichte des badischen Landes, II, S. 286. Im ganzen blieb eben doch der südwestliche Winkel Deutschlands, die sog. *agri decumates*, von Carus bis zu Julian verloren, und der Rhein galt als Grenze.

[17] Panegyr. VII *(Eumen. Constantino*, vom J. 310) c. 22, wo dies alles als Werk Constantins dargestellt wird. Den Anfang möchten doch schon Maximian und Const. Chlorus gemacht haben. – Die Porta nigra gilt gegenwärtig als beträchtlich älter, als Werk des ersten Jahrh. n. Chr.

jene Zeit sie hervorbrachte. »Diese Besoldung«, sagt Eumenius, » ehme ich, was die Ehre betrifft, anbetend in Empfang, schenke sie aber weiter... Denn wer wird jetzt so erbärmlicher Gesinnung, so allem Streben nach Ruhm abhold sein, daß er sich nicht ein Andenken stiften und eine günstige Meinung von sich hinterlassen wollte?« – In den hergestellten Schulen werde man lernen, die Fürsten auf würdige Weise zu loben, und einen bessern Gebrauch der Eloquenz gebe es ja überhaupt nicht. Selbst der alte Maximian kommt hier noch zu einer recht unverdienten Parallele mit Hercules musagetes, dem Vorsteher der Musen; denn – ihm ist die Ernennung eines Scholarchen für Autun so wichtig gewesen, als handelte es sich um eine Reiterschwadron oder um eine prätorianische Kohorte[18]. Mit der Herstellung der ganzen Stadt hatte es indes noch gute Weile; erst Constantin konnte mit einem bedeutenden Steuererlaß und mit direkten Bewilligungen nachdrücklicher aushelfen. Fast rührend schildert Eumenius seinen Einzug (311): »Wir schmückten Dir die zum Palatium führenden Gassen mit ärmlicher Zierat aus; doch trugen wir wenigstens die Symbole aller unserer Zünfte und Körperschaften und die Bilder aller unserer Götter hervor; einige wenige Musikinstrumente hast Du mehrmals angetroffen, weil wir Dir damit durch Nebenwege vorauseilten. Dir entging wohl nicht die gutwillige Eitelkeit der Armut[19]!«

In den verödeten, nördlichen und östlichen Teilen Galliens mußte man wohl oder übel in dem seit Claudius und Probus begonnenen System fortfahren und die kriegsgefangenen Germanen als Ackerknechte, teilweise aber auch als freie Bauern, ja als Grenzwächter ansiedeln. Die Lobredner[20] rühmen es, wie alle Markthallen voll Gefangener sitzen, welche ihr Schicksal erwarten; wie der Chamave, der Friese – einst so leichtfüßige Räuber – jetzt im Schweiß ihres Angesichtes das Feld bauen und die Märkte mit Vieh und Korn besuchen; wie sie sich auch der Aushebung und der römischen Kriegszucht unterwerfen müssen; wie Constantius die Franken von den fernsten Gestaden des Barbarenlandes hergeholt, um sie in den Einöden Galliens[21] zum Ackerbau und Kriegsdienst zu erziehen, u. dgl. mehr – tatsächlich waren es doch lauter Experimente der Not, und zwar sehr gefährliche, tatsächlich war das nördliche Gallien bereits halb ger-

---

[18] Panegyr. IV *pro rest. schol.* passim. – Vom J. 295. – Für das Nähere über Eumenius vgl. Preuß, a. a. O., S. 60 ff.

[19] Panegyr. VIII *(gratiarum actio,* vom J. 311), c. 8.

[20] Panegyr. V *(Eumen. Constantio,* vom J. 297) und VII *(Constantino,* vom J. 310), passim. Vgl. Hist. Aug. Probus 15.

[21] Nachweisbar z. B.: in den Vogesen, wo es noch im Mittelalter einen Chamavengau und einen Chattuariergau gegeben hat. Vgl. für die ganze Völkerwanderung: *Zeuß,* Die Deutschen und ihre Nachbarstämme, und *Wietersheim,* Geschichte der Völkerwanderung.

manisch geworden. Sobald die Stammesgenossen dieser Gefangenen wieder in Gallien einbrachen, konnten sie in den letztern lauter Verbündete finden, wenn nicht eine geraume Zeit dazwischen verstrichen war.

Diese Eventualität einstweilen abzuhalten, gelang dem Glück, dem Talente und der Grausamkeit Constantins, als er in dem ersten Jahre nach seines Vaters Tode (306) den Bund einiger Frankenvölker zu bekämpfen hatte, welche zu den später so genannten ripuarischen Franken gehörten (wahrscheinlich Chatten und Ampsivarier, nebst den Bruktern). Sie hatten schon bei Lebzeiten seines Vaters den Rhein überschritten; nun schlug er sie und bekam ihre Fürsten Askarich und Regais (oder Merogais) gefangen[22]. In dem Amphitheater zu Trier, dessen gewaltige Überreste man noch jetzt in den Weinbergen aufsucht, wurden die beiden den wilden Tieren vorgeworfen; dasselbe geschah massenweise mit den gefangenen Bruktern, »die zu unverlässig waren, um als Soldaten, zu unbändig, um als Sklaven zu dienen«; »die wilden Bestien ermatteten ob der Menge ihrer Opfer«. – Noch zweimal, im Jahr 313 und 319, werden kurze Feldzüge gegen die Franken erwähnt, freilich bei den Geschichtschreibern nur mit einem Worte, woraus schon ihre geringe Bedeutung hervorgeht[23]. Constantin nahm sogar wieder von einem Stücke des rechten Rheinufers Besitz und erbaute zu Köln eine große steinerne Brücke, welche bis in die Mitte des zehnten Jahrhunderts vorhanden war, aber in einem so baufälligen und gefährlichen Zustande, daß Erzbischof Bruno, der Bruder Ottos des Großen, sie abbrechen ließ[24]. Den Brückenkopf bildeten die *Castra Divitensia*, das heutige Deutz. – Ein periodisches Fest, die fränkischen Spiele *(ludi Francici)* verewigte diese Erfolge. Bei der Siegesfeier vom Jahr 313 stürzten sich die dem Tode geweihten Franken den wilden Tieren mit sehnsüchtiger Ungeduld entgegen.

Vergebens sucht man das Gesamtbild des alten Galliens, wie es unter Diocletian und Constantin sein mochte, weiter zu vervollständigen, indem die ergiebigeren Quellen erst für die Zeit von Valentinian I. an zu fließen beginnen. Von dem Los der Landbevölkerung kann man sich nach dem Obigen einen ungefähren Begriff machen. Der Gallier fühlte aber auch seine Not viel lebhafter als manche andere Bevölkerungen des Reiches. Schon physisch sehr bevorzugt, hoch und derb, hielt er etwas auf seine Person, liebte die Reinlichkeit und wollte nicht in Lumpen einhergehen.

---

[22] Panegyr. VI *(Eumen. Constantino)*, c. 11, 12.

[23] Etwas umständlicher Panegyr. IX, 23 und X, 17 und 18, hier mit offenbarer Übertreibung. Bei einem dieser Züge soll z. B. Constantin selber verkleidet die Feinde ausgekundschaftet und durch Zureden zum Angriff provoziert haben.

[24] Fiedler, Röm. Gesch., 3. Aufl., S. 433. – Noch 1766 sah man bei niedrigem Rheinstande einige Pfeiler davon.

Er verzehrte viel, namentlich in Wein und andern berauschenden Getränken, hatte aber dafür jene Anlage des geborenen Soldaten, welche bis ins vorgerückte Alter keine Furcht kannte und keine Anstrengung mied. Man meinte, dies hänge mit seiner kräftigen Blutfülle zusammen und verglich ihn mit jenen magern, verkommenen Südländern, welche zwar mit einer Zwiebel des Tages ihren Hunger stillen, dagegen im Krieg ihr Blut sparen, dessen sie so wenig übrig haben[25]. Auch die gallischen Weiber, blonde, gewaltige Figuren, scheuten den Streit nicht; sie waren furchtbar, wenn sie die weißen Arme aufhoben und ihre Schläge und Fußtritte »gleich Katapult-Schüssen« austeilten[26]. Eine solche Bauerschaft läßt sich nicht zuviel bieten, und ein gewisser Grad von Elend wird unvermeidlich den Ausbruch herbeiführen, wie damals geschah. – Allein auch in den Städten herrschte Not und Dürftigkeit; der wichtigste Besitz des Stadtbewohners in diesem fast ausschließlichen Agrikulturlande war der ausgeliehene oder durch Knechte bewirtschaftete Boden, dessen Unglück der Eigentümer in vollem Maße mitempfand. Sodann erdrückte der Staat hier wie im ganzen Reiche durch das *Dekurionenwesen* auch die Wohlhabenden, insofern er die Besitzer von mehr als fünfundzwanzig Morgen Landes insgesamt für die fixen, oft noch willkürlich erhöhten Steuern des Bezirkes haftbar machte; eine Lage, welcher sich der einzelne bisweilen durch ganz verzweifelte Schritte, später selbst durch Flucht zu den Barbaren, zu entziehen suchte. Wenn man nun doch noch Beispiele von außerordentlich reichen Leuten und einem großen Luxus findet, so erklärt sich dies fürs erste durch das Fortbestehen der sogenannten senatorischen Familien, welche durch erbliche Verleihung Mitglieder des römischen Senates gewesen sein müssen und außer ihrem Titel »*clarissimi*« und andern Ehrenrechten auch die Befreiung von dem Ruin der übrigen Städter, dem Dekurionat, für sich hatten. Ein anderer Grund liegt wohl in einem merkwürdigen Zuge des alten gallischen Nationalcharakters, welcher aus Liebe zu Parteiungen aller Art, später dann natürlich aus Not, beständig auf Verhältnisse der Klientel, des Schutzes Geringerer durch Mächtige, hindrängt. Schon Cäsar[27] fand in dieser Beziehung einen ganz ausgearteten Zustand vor; die Masse war bereits in die Knechtschaft des Adels geraten. Aber ein halbes Jahrtausend nach ihm kehrt dieselbe Klage fast unverändert wieder; Salvian[28] bejammert das Los der kleinen Grundbesitzer, welche aus Verzweiflung über den Beamtendruck und die ungerechten Richter den Großen des Landes sich und ihre Habe zu eigen

---

[25] Veget., *De re milit.* I, 2.
[26] Ammian. Marc. XV, 12.
[27] *Bellum gall.* VI, 13.
[28] *De vero iudicio et provid. Dei.* 1. V.

überlassen. »Dann ist ihr Grundstück die Landstraße[29] und sie sind die Colonen der Reichen! Der Sohn erbt nichts, weil der Vater einmal Schutz nötig gehabt hat!« – Auf diese Weise war es schon möglich, daß der einzelne Vornehme, der einzelne Großpächter von Staatsländereien usw. ganz endlose Latifundien zusammenbrachte und dann wieder in antiker Weise gegen seinen Wohnort oder seine Provinz freigebig sein, zum Beispiel prächtige öffentliche Gebäude errichten konnte, während alles um ihn her darbte oder von seiner Gnade lebte. Ist dies im einzelnen für Gallien nicht nachzuweisen, so bleibt es doch die einzige Erklärung des Kontrastes zwischen der äußern Pracht der Städte (soweit dieselbe nicht kaiserliche Munifizenz war) und dem notorischen Elend. An Tempeln, Amphitheatern, Theatern, Triumphbögen, Fontänen, Thermen, Doppelpforten konnten namentlich die südgallischen Städte es mit den meisten italienischen aufnehmen, wie ihre Ruinen beweisen, – noch jetzt die Zierden jedes betreffenden Ortes, wie sie einst als unversehrtes Ganzes den Dichter Ausonius entzückten. Abgesehen von Schenkungen mußten ohne Zweifel auch oft die Dekurionen aus ihrem eigenen und aus dem Stadtgut dergleichen Ausgaben bestreiten helfen. Von den Lehranstalten Galliens wird weiterhin die Rede sein; durch sie erhielt sich das Land seine bedeutende Stellung im Verhältnis zum römischen Geistesleben, auf welche es so stolz war. Denn man wollte ja nicht mehr zum alten Keltentum zurückkehren, sondern nach Kräften Römer sein; mit einem wahren Eifer muß das Volk zum Beispiel seine alte Sprache[30] zu vergessen gesucht haben, die durch bloße römische Kolonisation und Verwaltung nicht so völlig zurückgedrängt worden wäre. Vielleicht gibt bis zu einem gewissen Grade der Sprachenzustand des Elsaß eine Vorstellung des damaligen gallischen; die alte Sprache dauert im täglichen Leben fort, sobald aber ein Interesse höherer Bildung berührt wird, oder sobald man sich irgendwie offiziell zu gebärden hat, tritt die neue in ihr Recht, auf deren wenn auch mangelhafte Kenntnis alle Welt sich etwas zugute tut. Auch die alte Religion der Gallier hatte sich bequemen müssen, ein römisches Gewand anzuziehen, und die Götter haben sich nicht bloß (wo es anging) im Namen, sondern auch in der plastischen Darstellung dem römischen Stil gefügt, mag er auch nicht wenig provinziell verwildert erscheinen, sobald er sich über die alten, kunstverständigen Städte des Südens hinauswagt. In einem Falle mindestens hat aber der klassische Bildhauer auch ein rein keltisches Götterideal verwirklichen müssen, nämlich die geheimnisvollen Matronen[31], welche in ihrem wunderlichen

[29] Wenn »*Fundos viarum quaerunt*« so zu übersetzen ist.
[30] L. Dieffenbach, Celtica, II, 84. Noch Anfang des dritten Jahrhunderts werden einzelne Urkunden keltisch abgefaßt. – Vgl. besonders Panegyr. IX, c. 1.
[31] Vgl. H. Schreiber: Die Feen in Europa, Freibg. 1842. – Auch diese aus-

Kopfputz, Fruchtschalen auf dem Schoß, zu dreien nebeneinander zu thronen pflegen. Von einer ganzen Menge zumal lokaler Gottheiten, deren Namen sich schon deshalb nicht ins Lateinische übersetzen ließen, haben wir bloß die Weiheinschriften[32] ohne Bildwerke.

Wie stand es aber mit dem einst so mächtigen Priestertum, welches diese Religion verwaltete, mit den *Druiden*? Vor Zeiten hatten sie mit den Adligen Einen herrschenden Stand ausgemacht; diesen blieb Herrschaft und Kriegsmacht, ihnen das Richteramt und die Pflege der geheimen Wissenschaften, der gewaltigen Superstitionen, womit sie das ganze Leben des Volkes umsponnen hielten. Ihr Bann war die schrecklichste Strafe; wen sie von den Opfern ausschlossen, der galt als unrein und rechtlos. Als Geweihte der Gottheit waren sie frei von Abgaben und Kriegsdienst. Vielleicht gehörten zu ihren Heiligtümern (oder Tempeln, wenn man so sagen darf) beträchtliche Domänen, jedenfalls aber Schätze in edeln Metallen, deren Fülle sprichwörtlich geworden war.

Aus dieser hohen Stellung waren jedoch die Druiden längst verdrängt, ohne daß man genau sagen könnte, seit wann und wie. Schon die unermeßlichen Erpressungen Cäsars hatten gewiß auch jenen Tempelschätzen gegolten und damit tatsächlich der Macht der Druiden, welche überdies durch die Vermischung des römischen Götterdienstes mit dem ihrigen und durch die Einführung römischer Priestertümer mehr und mehr beeinträchtigt wurden. Unter Augustus und Tiberius verraten sich Zuckungen der Unzufriedenheit; wenigstens soll der letztere sich veranlaßt gefunden haben, »die gallischen Druiden und derartige Wahrsager und Ärzte aufzuheben[33]«. Sie dauerten aber doch fort, selbst nachdem Claudius »ihre furchtbar grausame Religion, deren Begehung bereits Augustus den römischen Bürgern untersagt, gänzlich aufgehoben hatte[34]«. Damit sind die Menschenopfer gemeint, wozu bei Claudius noch der Widerwille gegen die gefährlichen Amulette kommen mochte, welche die Druiden im Gebrauch hielten, zum Beispiel: Eier gewisser Schlangen, wodurch man sich den Sieg in jedem Streit und den Zugang zu Fürsten gesichert glaubte[35]. Der Stand als solcher mußte jetzt freilich seinen Zusammenhang verlieren, die druidischen Tagsatzungen zwischen Dreux und

gezeichnete Monographie hätte nebst mehrern andern dringend wünschen lassen, daß der seither verewigte Verfasser, welchem einst die erste Auflage dieses Buches gewidmet war, der deutschen Wissenschaft eine Gesamtdarstellung des Keltentums geschenkt haben möchte.

[32] Orelli, *Inscr. lat. sel.* I. *cap.* IV § 36 u. 37. – S. d. V. Abschnitt.
[33] Plin. *Hist. nat.* XXX, 4. – Wie weit der Druidismus bei den verschiedenen Aufständen Galliens beteiligt war, bleibt durchaus ungewiß.
[34] Sueton. Claud. 25.
[35] Plin. *Hist. nat.* XXIX, 12.

Chartres allmählich eingehen, das Wandern der Druidenzöglinge nach dem seither ebenfalls römisch gewordenen Britannien aufhören, nachdem die Insel seit unvordenklichen Zeiten als die hohe Schule aller druidischen Weisheit gegolten; – aber es gab doch noch fortwährend Druiden bis in die christliche Zeit hinein, ohne Zweifel, weil das Volk des von ihnen gepflegten Aberglaubens im täglichen Leben nicht entbehren wollte. Leicht kann man sich ihre Lage im dritten Jahrhundert vorstellen; die gebildete Welt hat sich längst dem römischen Wesen in die Arme geworfen und steht in keinem Verhältnis mehr zu dem altnationalen Priesterstande; dieser hat darob seine höhere gemeinsame Weihe eingebüßt, und es ist aus dem Priester ein Beschwörer, Quacksalber und Wahrsager geworden, wie teilweise in Ägypten. Vorzüglich machten sich die Druidinnen als die Zigeunerinnen des sinkenden Altertums bemerklich. Aurelian befragte ihrer mehrere – möglicherweise ein ganzes Druidinnenkollegium[36] – über die Nachfolge im Reiche, und zwar sicher nicht bloß im Scherze, denn der Scherz auf diesem Gebiete war gefährlich. Sonst gaben sie ihre Weissagungen auch ungefragt, wie jenes rücksichtslose Weib, das dem Alexander Severus auf gallisch zurief: »Ziehe hin, hoffe keinen Sieg, und deinen Soldaten traue nicht!« – oder wie jene druidische Wirtin im Tungernland (bei Lüttich), mit welcher der damalige Unteroffizier Diocles, der spätere Diocletian, seine tägliche Kost verrechnete. »Du bist zu geizig, zu sparsam!« sagte sie. »Ich will freigebig sein, wenn ich einmal Kaiser bin«, antwortete er. »Spotte nicht«, erwiderte die Wirtin, »du wirst Kaiser werden, wenn du einen Eber erlegt hast«.

Am längsten muß das Druidentum sich in den Gegenden gehalten haben, welche noch jetzt teilweise ihre keltische Nationalität und Sprache bewahren, also in der Bretagne und im westlichen Teil der Normandie. Noch im vierten Jahrhundert lernen wir eine von hier stammende Druidenfamilie kennen, deren Mitglieder zu den gelehrtesten Rhetoren der Schule zu Bordeaux gehörten. Es gab ihnen eine gewisse Weihe, daß man wußte, das Priestertum des keltischen Sonnengottes Belenus sei in ihrem Hause erblich gewesen. Allein sie fanden – bezeichnend genug – ihren Vorteil darin, dieses ganze Verhältnis zu gräzisieren und sich Phöbicius und Delphidius zu nennen[37].

---

[36] Wenigstens eine *Druis antistita* (und damit eine ihr untergebene Anzahl von Priesterinnen) ist bewiesen durch eine Metzer Inschrift, bei Orelli N. 2200. Aber sie trägt den griechischen Namen Arete, und die Weihung, wozu sie »ein Traumgesicht aufgefordert«, gilt dem Silvanus und den Nymphen. – Das folgende aus Hist. Aug. Aurelian. 44., Alex. Sev. 59, Numerian. 14. – Ammians Darstellung des Druidenwesens (XV, 9) ist offenbar aus viel ältern Quellen genommen, welche zugleich diejenigen Strabos waren, und hat für das vierte Jahrhundert gar keine Geltung. [37] Auson. *Proff. Burd.* 4 u. 10.

Vermutlich hielten die Druiden, wo sie noch existierten, nach Kräften den Kultus im Gange, welchen das gemeine Volk noch bis tief in die christlichen Jahrhunderte hinein den gewaltigen, formlosen Steindenkmälern des alten Keltentums widmete, jenen Pfeilern, Decksteinen, Spindeln, Steinbänken, Feengängen usw., wo des Nachts Lichter und Opfer brannten und Gelage gefeiert wurden. Darauf bedeckt tiefes Dunkel den Untergang des keltischen Heidentums; in späterer Zeit leben dann, durch die Ferne vergrößert, die Druiden als Riesen, die Druidinnen als Feen fort, und über die Steindenkmale, wo es nicht recht geheuer ist, spricht die Kirche ihren vergeblichen Exorcismus[38].

Während Maximian Gallien zur Botmäßigkeit brachte, trat ein Abfall *Britanniens* ein[39], welcher einerseits wohl das Nachspiel ausmacht zu der rettenden Usurpation der dreißig Tyrannen unter Gallienus, andererseits aber das Vorspiel war zu dem definitiven Verlust Britanniens, wie er etwa hundertvierzig Jahre später eintrat.

Seit Probus war die Insel, wie auch die gallischen Küsten, umschwärmt von Piraten, welche bald als Franken (und dann als Salier), bald als Sachsen bezeichnet werden. Gegen sie bedurfte man einer Flotte, welche in der Tat zu Boulogne (Gessoriacum) ausgerüstet wurde; den Befehl derselben vertraute Maximian dem sachkundigen und tapfern, auch noch im Bagaudenkrieg erprobten Carausius an, einem Menapier (Brabanter) von dunkler, vielleicht kaum römischer Herkunft. Dieser begann bald ein sonderbares Spiel mit seiner Stellung zu treiben. Er ließ die Piraten ungestört ihre Ausfahrten bewerkstelligen und fing sie erst bei der Rückkehr auf, um die ihnen abgenommene Beute für sich selbst zu behalten. Sein Reichtum erregte Aufsehen, und Maximian, der alles erfahren, hatte schon Befehl gegeben, ihn zu töten, allein Carausius wußte ihm zuvorzukommen. Durch Freigebigkeit hatte er seine Soldaten sowohl als die Franken und Sachsen selbst an sich zu ketten vermocht, so daß er noch in Gallien sich zum Kaiser aufwerfen konnte (286), doch nicht, um sich hier zu halten. Er fuhr mit der ganzen Flotte nach Britannien hinüber, wo die römischen Truppen sich sofort für ihn erklärten, so daß das ganze Land in seine Gewalt kam, während Maximian das notwendigste Mittel zu seiner Verfolgung entbehrte. Sieben Jahre lang beherrschte er die damals reiche Insel, indem er die Nordgrenze gegen die alten Feinde, die Caledonier, verteidigte; auch Boulogne mit der Umgegend behielt er als Ab-

---

[38] Vgl. Schreiber, a. a. O., S. 76.
[39] S. vor allem Gibbon, Kap. 13, wo von den frühern etwas zu phantastischen Darstellungen des Carausius das Bewährte gesichert ist. – Das Material in der Abhandlung von Genebrier, im 6. Bd. der Zusätze zur Hallischen Welthistorie. – Die Hauptquellen sind die Panegyriken II bis V.

steigequartier und als Stützpunkt für seine Kaper bei, wie zu Ende des Mittelalters Calais diese Stelle vertrat. Als Herr Britanniens suchte er nun zwar die römische Bildung und Kunst zu erhalten, allein seinem Bündnis mit den Franken in den Niederlanden zuliebe trug er und seine Römer doch ihre Tracht und nahm ihre junge Mannschaft in sein Heer und auf seine Flotte, wo sie alle römische Kriegsübung lernen konnte. Es ist keine Frage, daß England bei einer längern Isolierung unter ihm und ähnlichen Nachfolgern barbarisiert worden wäre, ehe es die römisch-christliche Bildung, das wichtigste Erbteil des alten *orbis terrarum*, in sich aufnehmen und verarbeiten konnte. Von der andern Seite ist es ein imposanter Anblick um diese Insel, wie sie zum erstenmal in der Geschichte ihrer künftigen Seeherrschaft sich plötzlich bewußt wird, weil ein kühner Empörer von ihr aus die Mündungen der Seine und des Rheins beherrscht und die ganze Küste des Ozeans in Schrecken hält. – Seine Popularität konnte übrigens nur darauf beruhen, daß die Piraten, jetzt in seinem Dienst, die Küsten nicht mehr belästigten, und daß er zugleich die Nordgrenze verteidigte.

Maximian mußte eine neue Flotte rüsten (289), aber sein Versuch scheint unglücklich abgelaufen zu sein; der Usurpator hatte alle erfahrenen Seeleute bei sich. In der Besorgnis, daß derselbe seine Herrschaft noch weiter ausdehnen möchte, entschlossen sich die Kaiser (290) zur Abfindung mit ihm; er behielt die Insel und den Titel Augustus, wenigstens konnte man es nicht verhindern, daß er sich auch fürderhin wie bisher so nannte. Am allerwenigsten war man aber gewillt, ihm den Raub auf die Länge zu lassen. Sobald die beiden Cäsaren adoptiert waren, brach man wieder mit ihm, gleichviel unter welchem Vorwand, vielleicht bei Anlaß von Boulogne (293). Constantius Chlorus mußte diese Stadt belagern; die carausische Flottenstation im Hafen ließ sich geduldig den Eingang desselben durch einen Damm verschütten und fiel in die Hände des Belagerers[40]. Vielleicht war es der Rückschlag dieses Ereignisses auf die Stimmung Englands, welcher einem vertrauten Gefährten des Usurpators, Allectus, den Mut zu dessen Ermordung gab, worauf Volk und Soldaten ihn ohne weiteres anerkannten. Jetzt nahm sich Constantius die Muße, für die künftige Eroberung Britanniens eine weite, zuverlässige Basis vorzubereiten und sich vor allem die rechte Flanke zu sichern durch Unterwerfung derjenigen Franken, welche das Bataverland besetzt hielten. Er schlug sie (294) und verpflanzte einen großen Teil in das römische Gebiet, um Trier und Luxemburg. Zugleich wurde eine neue Flotte gerüstet, und zwei Jahre später (296) war alles bereit zum Hauptangriff. Allectus hatte

---

[40] Panegyr. V *(Eumen. Constantio)* c. 6, wo Dinge mit Stillschweigen übergangen sind, ohne welche man diese Kriegstat unmöglich beurteilen kann.

eine Beobachtungsflotte bei der Insel Wight aufgestellt, aber der kaiserliche Admiral Asclepiodotus, der am Seineausfluß unter Segel gegangen war, konnte unter dem Schutz eines dichten Nebels glücklich an derselben vorbeikommen und irgendwo an der Westküste landen, wo er sofort seine Schiffe hinter sich verbrannte, wahrscheinlich, weil seine Mannschaft zu gering war, um sie in ein Angriffsheer und in ein Schutzkorps für die Flotte zu teilen. Allectus, der den Hauptangriff des Constantius mit der Boulogner Flotte in der Gegend von London hatte erwarten wollen, verlor die Haltung, indem er sich nun unvorbereitet nach dem Westen werfen mußte, wo er den Asclepiodotus unterwegs traf. Ein vielleicht ganz unbedeutendes Treffen zwischen ein paar tausend Mann, in welchem Allectus fiel, entschied das Schicksal Englands, so daß Constantius bei seiner Landung in Kent bereits allgemeine Unterwerfung vorfand. Der Lobredner tröstet sich über das in diesem Krieg geflossene Blut damit, daß es nur das Blut gemieteter Barbaren gewesen sei.

Constantius mußte der Insel dieselben Vorteile zu gewähren suchen, die sie unter Carausius genossen: hauptsächlich den Schutz nach außen und dann die öftere Residenz. Ersteres wurde ihm bei der jetzigen Demütigung der Franken nicht schwer; in letzterer Beziehung teilte er sich bei ruhigen Zeiten zwischen Trier und York, wo er auch starb (306).

So war denn die sehr bedeutende römische Kultur gerettet, welche damals zwischen England und dem jenseits des Hadrianswalles gelegenen Schottland, dem jenseits der Meerenge liegenden Irland einen so bedeutenden, bis auf den heutigen Tag fühlbaren Unterschied machte. Die Schicksale des fünften Jahrhunderts kamen zu spät, um ihre mächtigen Spuren gänzlich zu zerstören.

Unsere Aufgabe wäre nun vor allem, den damaligen Zustand der *Germanen* zu schildern, nicht nur an den Reichsgrenzen, sondern soweit in den Norden und Osten sie sich überhaupt verfolgen lassen. Als künftige Erben des Reiches verdienten sie die genaueste Betrachtung, auch wenn zufällig die Zeit Constantins für sie eine Zeit des Zurückschreitens und der inneren Zerrüttung gewesen sein sollte; selbst die flüchtigsten Notizen und Andeutungen müßten uns von größtem Werte sein, um das ewig verschwimmende, zerrissene Bild jener großen Völkertafel, soweit es irgend möglich, herzustellen.

Allein der Mut zu dieser Arbeit entsinkt dem Verfasser, angesichts einer seit vielen Jahren erhobenen wissenschaftlichen Diskussion über die größten Hauptfragen der alten germanischen Geschichte, in welche er auf keine Weise berufen ist hineinzureden. Die Resultate von Jakob Grimms »Geschichte der deutschen Sprache« würden nämlich nicht bloß die bis jetzt geltenden Annahmen über die Westgermanen mannigfach umgestalten, sondern auch die alten Donau- und Pontus-Völker, vor allem die Dacier und Geten, selbst die Scythen dem deutschen Stamm in näherm oder entfernterm Grade zuweisen, und insbesondere die Geten mit den späteren Goten identifizieren. Damit würde die ganze bisherige Ansicht über Macht und Ausdehnung der Germanen verändert und nicht minder die Urgeschichte der Slaven umgewandelt, welche als die Sarmaten des Altertums zwischen und unter jenen Germanenvölkern wohnend zu denken wären.

Wenn wir aber auch für das halbe Jahrhundert von Diocletian bis zum Tode Constantins die Sitze, Wanderungen und Mischungen wenigstens der Grenzvölker von den Niederlanden bis ans Schwarze Meer genau nachweisen könnten, so blieben doch als großes Rätsel die inneren Zustände übrig. Wer gibt uns Kunde von der Gärung und Neugestaltung des germanischen Wesens seit den Zeiten des Tacitus? von den Ursachen der großen Völkerbünde? von dem plötzlichen Eroberungsdrang der Pontus-Goten im dritten Jahrhundert? von ihrem nicht minder auffallenden Stillesitzen[41] in der ersten Hälfte des vierten? Wer leiht uns einen Maßstab für das weitere oder geringere Eindringen römischer Sitte in den germanischen Grenzländern? Ja selbst von Sitte und Zustand der ins römische Reich aufgenommenen Germanen, sowohl der Soldaten als der Colonen, ist uns wenig bekannt. – So mag es denn auch genügen, wie oben die Kämpfe an der Rheingrenze, so auch die übrigen Kriege am Nordsaum des Reiches nur kurz zu erwähnen. Eine große Bedeutung können die letzteren, nach der Einsilbigkeit der Quellen[42] zu schließen, ohnedies kaum gehabt haben; fast alle Nebenumstände, sogar Ort und Stelle, bleiben völlig dunkel.

»Die Markomannen wurden aufs Haupt geschlagen« – so lautet die für lange Zeit einzige Notiz über jenes Volk (299), welches unter Marc Aurel als Zentrum eines großen Bundes das Römerreich mit Untergang bedroht hatte.

Die Bastarnen und Carpen, wahrscheinlich Gotenvölker an der untern Donau, werden (294-295) durch Diocletian und Galerius besiegt, und die ganze Nation der Carpen auf römischen Boden angesiedelt, nachdem hunderttausend Bastarnen bereits unter Probus dasselbe Schicksal gehabt.

Eine wiederkehrende Sorge verursachten die Sarmaten, wahrscheinlich ein slavisches Donauvolk. Diocletian kämpfte zuerst allein (289), dann mit Galerius gegen sie (294) und versetzte auch von ihnen viele in das Reich. Spätere Einfälle strafte Constantin durch einen Feldzug (319), wel-

---

[41] Die Ausnahme s. unten, S. 69.
[42] Die Stellen gesammelt u. a. bei Manso, Leben Constantins, und bei Clinton, *Fasti Rom.*, *passim*. Vgl. auch Ammian. Marc. XXVIII, 1.

cher ihrem König Rausimod das Leben kostete; gegen Ende seines Lebens aber nahm er (334), wie es heißt, nicht weniger als 300000 Sarmaten in das Reich auf, nachdem dieselben durch einen Aufstand ihrer Sklaven (offenbar eines früher unterjochten Volkes) aus der Heimat waren vertrieben worden. Leider fehlen zur Beurteilung solcher massenhaften Aufnahmen ganzer Völker fast alle erklärenden Nebenumstände, so daß wir weder die Grenzen des Notwendigen und Freiwilligen, noch die militärische und ökonomische Berechnung kennen, welche die römischen Herrscher dabei leitete. Ein einziger erhaltener Vertrag würde größeres Licht auf die Verhältnisse werfen als alle Vermutungen, welche den verlorenen Hergang aus Analogien wieder aufbauen müssen[43].

Auch ein Goteneinfall (323) wird erwähnt, wahrscheinlich von einer anderen Art als die frühern und spätern, ja vielleicht nur die Tat eines einzelnen Stammes, der durch geheimnisvolle römische Einwirkung über die schlecht bewachte Grenze gelockt wurde. Constantin soll die Feinde durch seinen Anzug erschreckt und dann durch eine Niederlage zur Zurückgabe der mitgeschleppten Gefangenen genötigt haben. Der Zusammenhang mit dem Angriff gegen Licinius (wovon unten) wirft ein überaus zweideutiges Licht auf diesen ganzen Krieg. – Einige Jahre später (332) zieht Constantin mit seinem gleichnamigen Sohn auf Ansuchen der bedrängten Sarmaten in das Land der Goten, etwa in die Moldau und Walachei, wobei hunderttausend Menschen (wahrscheinlich beider Parteien) durch Hunger und Kälte sollen umgekommen sein; unter den Geiseln erhielt man auch den Sohn des Königs Ariarich. Darauf erfolgte die schon erwähnte Einmischung in die Sache der Sarmaten und deren Verpflanzung.

Es bleibt nun immer die Frage: von *welchen* Goten und Sarmaten jedesmal die Rede sei[44]? Denn diese Namen umfassen ganze Reihen von ursprünglich einigen, aber längst geschiedenen Stämmen, deren Bildungs-

---

[43] Es genügt hier, auf ein Meisterwerk rekonstruierender und dabei gewissenhafter Kritik zu verweisen, wie *Gaupp*: »Die german. Ansiedelungen und Landesteilungen in den Prov. des röm. Westreiches«. – Die ganze seit der ersten Auflage unseres Buches so außerordentlich geförderte, aber noch nicht zum Abschluß gelangte Forschung über die Germanen der Völkerwanderung darf bei der uns vorgeschriebenen Kürze übergangen werden, indem die Berührungen mit den Germanen gerade in der langen Regierung Constantins relativ unbedeutend gewesen sind. Über die Germanen innerhalb des Reiches, als Colonen, Kriegsmannschaft, Beamte und Hofleute, eine treffliche zusammenfassende Darstellung bei Richter, Das weströmische Reich (Berlin 1865), Buch I, Kap. 3.

[44] Was z. B. in dem bekannten Kap. 21 des Jornandes nirgends gesagt ist. – Daß Constantin in der Kurie zu Constantinopel gotischen Königen Statuen errichtete, vgl. Richter, a. a. O., S. 230, nach Themistius. –

stand vielleicht alle Stufen und Nuancen darstellte, welche zwischen einer fast römischen, städtischen Kultur und wildem Jägerleben in der Mitte liegen. Die Rückschlüsse, zu welchen zum Beispiel das Dasein und die Beschaffenheit der gotischen Bibel des Ulfilas (bald nach Constantin) berechtigt, würden eine sehr hohe Idee von der Bildung der betreffenden Stämme schon in constantinischer Zeit erwecken, während andere Spuren barbarische Roheit verraten. Die vorhandenen einzelnen Züge zu einem Bilde zu verarbeiten, überschreitet jedoch unsern Zweck und unsere Kräfte.

Auch dem Gegenbilde, den römischen oder römisch gewesenen Donaulanden Dacien (Siebenbürgen, Niederungarn, Moldau und Walachei), Pannonien (Oberungarn nebst den westlichen und südlichen Nachbargegenden) und Mösien (Serbien und Bulgarien) kann hier nicht die gebührende Beachtung zuteil werden, weil dem Verfasser die Übersicht der beträchtlichen neuern Entdeckungen in diesen Gegenden gänzlich fehlt. In der Zeit, um welche es sich hier handelt, waren dieselben eine Militärgrenze wie zum Teil jetzt, nur umgekehrt gegen den Norden, nicht gegen den Süden; seit Philipp dem Araber wollte der Waffenlärm hier gar nicht mehr verstummen[45], und Aurelian hatte Dacien, die gefährliche Eroberung Trajans, bereits den Goten so viel als preisgegeben müssen. Vorher aber und in den weniger bedrohten Gegenden auch nachher muß hier eine sehr bedeutende römische Kultur geherrscht haben, deren Wirkungen auf diesem von der Völkerwanderung ganz durchwühlten Boden nicht zu vertilgen gewesen sind und zum Beispiel in der romanischen Sprache der Walachen noch kenntlich fortdauern. Städte wie Vindobona (Wien), Carnuntum (St. Petronell), Mursa (Essek), Taurunum (Semlin) und vor allem Sirmium (Mitrovicz), dann weiter abwärts Naîssus (Nissa), Sardica (Sophia), Nicopolis am Hämus und das ganze reiche Itinerarium der Donau überhaupt lassen auf ein Dasein schließen, welches an Fülle und Wichtigkeit vielleicht die Rheingrenze bedeutend überholte. Wenn einst moderne Hände den slavischen und türkischen Schutt von den alten Donaustädten wegräumen dürfen, so wird auch das römische Leben jener Gegenden wieder zum Vorschein kommen. Die Weltgeschichte hätte eine andere Wendung nehmen können, wenn es in diesen Landen einem kulturfähigen Germanenvolk durch Mischung mit den kräftigen Einwohnern des nördlichen Illyricums gelungen wäre, ein mächtiges und dauerndes Reich zu gründen.

Am Schwarzen Meer endlich treffen die Germanen nebst andern Barbaren mit den griechischen, meist milesischen Kolonien[46] zusammen,

---

[45] Panegyr. III *genethl. Max.* c. 3 *in quibus (provinciis) omnis vita militia est* ... Als Schule von Helden wurden sie oben schon bezeichnet.

[46] Für das folgende s. Böckh, *Corpus inscrr. graecc.* Vol. II, pars XI, bes. die Einleitung dazu. – Hallische Welthistorie, Zusätze, Bd. IV.

welche als nördlichste Vorposten des Hellenentums seit mehr als acht Jahrhunderten den Pontus zu einem »gastlichen« *(euxeinos)* machten. Ein Teil derselben hatte sich längst mit einigen barbarischen Stämmen zu dem sogenannten *bosporanischen Königreich* verschmolzen, welches über die Hälfte der Krim und die jenseits der Meerenge von Kertsch beginnenden Abhänge des Kaukasus umfaßte und also den Eingang des Asowschen Meeres, vielleicht auch beträchtliche Stücke von dessen Ufern beherrschte. Münzen und Inschriften gewähren eine Königsreihe ohne Unterbrechung bis auf Alexander Severus[47], dann folgen zwischen Lücken die Namen Ininthimeuos, Teiranes, Thothorses, Phareanzes und unter Constantin 317 bis 320 nachweisbar ein König Rhadamsadis. Als Rom von den kleinen Königreichen seiner Ostgrenze eines nach dem andern zur Provinz machte, blieben nur Armenien und Bosporus verschont, welches sich dann mehr und mehr von Rom losgemacht und barbarisiert haben muß. Unter Diocletian erhoben die Bosporaner, mit Sarmaten verbunden, einen unglücklichen Krieg[48] gegen ihre Nachbarn an der ganzen östlichen Seite des Pontus; Constantius Chlorus, der im nördlichen Kleinasien gegen sie im Felde stand, rief die Chersonnesiten auf, von Westen her in das bosporanische Land einzufallen, was denn auch mit vielem Erfolge geschah. Die Bosporaner mußten einen Vertrag eingehen, wobei sie fast die ganze Krim, bis auf die Gegend von Kertsch *(Panticapaeum,* die alte Hauptstadt des großen Mithridat) an die Chersonnesiten verloren. Die griechische Kolonie hatte zu ihrem Glück ihre Lehnspflicht gegen das römische Imperium erkannt, während der Bosporusfürst bei der allgemeinen Not des letztern sich jeder Pflicht ledig geglaubt hatte. – Im Verhältnis zu den griechischen Küstenstädten hießen diese Könige übrigens immer nur Archonten, welches in Hellas der Name der obersten Stadtbeamten zu sein pflegte; gegen die Nichtgriechen blieb es ihnen dafür unbenommen, sich sogar »König der Könige« betiteln zu lassen, wie einst die Herrscher Persiens.

Doch wenden wir uns nochmals aus diesem kleinen Reiche nach Westen zurück. In dem reichen Kranze altgriechischer Kolonien, deren Fundstücke die Museen von Südrußland zu füllen beginnen, erwecken vor allem zwei unsere Teilnahme durch ihr eifriges Bemühen, das griechische Leben trotz der Umgebung rein und vollständig bei sich zu erhalten. Das siegreiche *Chersonnesus,* jetzt Sebastobol, war eine Kolonie von Heraklea am Pontus und dadurch mittelbar von Megara. Das nahe Vorgebirge Parthenium war die Stätte einer geweihten Erinnerung; hier

---

[47] Mehrere Fürsten dieser Reihe führen merkwürdigerweise die nämlichen Namen, welche unter den längst erloschenen Königen von Thrazien vorkommen: Cotys, Rhoemetalces, Rhescuporis.

[48] Constantin. Porphyrog. *De administr. imp.* cap. 53 gibt eine Erzählung davon, deren Wert hier gänzlich dahingestellt bleibt.

stand noch der Tempel der strengen taurischen Artemis, welche bis zu Iphigeniens Priestertum durch Menschenopfer gesühnt werden mußte; auf den Münzen der Stadt sieht man das Bild der Göttin. Unter der Römerherrschaft kam Chersonnesus noch einmal kräftig empor und erweiterte, wie gesagt, unter Diocletian sogar sein städtisches Gebiet, während es im Innern alle seine griechischen Einrichtungen und zu dem Siege die völlige Steuerfreiheit behielt[49]. Die Bürger bilden noch einen Demos; unter den Archonten, welche an der Spitze des Rates stehen, ist einer, nach dessen Namen man die Jahre zählt wie in Athen; es folgen städtische Beamtungen aller Art, Strategen, Agoranomen, Gymnasiarchen, vorzüglich Ehreninhaber städtischer Leistungen, welche den einzelnen oft teuer zu stehen kommen mußten. Eine Inschrift[50] aus der letzten heidnischen Zeit zum Beispiel verherrlicht den Demokrates, Sohn des Aristogenes, nicht nur wegen trefflicher Vorschläge, Volksreden und zweimaliger Bekleidung der Archontenwürde, sondern auch weil er aus eigenen Mitteln mehrmals um des gemeinen Besten willen als Gesandter zu den Kaisern (Diocletian und Constantius?) gereist, weil er Feste und öffentliche Dienste aller Art aus dem Seinigen bestritten und in allen Dingen gewissenhaft gewaltet, »dem Erhalter, dem Unvergleichlichen, dem Freunde der Heimat, der edle Rat und das hehre Volk, zu Bezeigung des Wohlwollens«. Sein Lohn war dieser Stein und die alljährliche, feierliche Verlesung eines besondern Ehrendekretes. – Wie die freien Reichsstädte im spätern Mittelalter, besaß die Stadt die trefflichste Artillerie; im Kriege mit den Bosporanern rückte sie sogleich mit ihren Kriegswagen aus, welche Wurfmaschinen trugen; auch ihre Balisten waren berühmt.

Nicht minder griechisch hielt sich das einst mächtige alte *Olbia*[51], eine Gründung der Milesier (unweit des jetzigen Oczakow). Von ihrer ionischen Herkunft gaben die Olbiopoliten noch in Sprache und Sitte deutliche Kunde; sie wußten die Ilias auswendig und vernachlässigten dafür die nichtionischen Dichter; mehrere angesehene spätgriechische Schriftsteller waren von hier gebürtig. Die innere Einrichtung und die Beamtungen gaben denen von Chersonnesus nichts nach. Von den umwohnenden Barbaren wußte sich die Stadt meist ganz frei zu halten, bisweilen jedoch war sie denselben zinspflichtig. Noch Antonius Pius sandte ihr Hilfe gegen die Tauroscythen; wie sie sich aber in der Folge mit der ringsum in Bewegung geratenen großen Gotenmacht abfand, bleibt noch zu entdecken.

[49] Unter Constantin d. Gr., dem Chersonnesus einmal einen beträchtlichen Zuzug leistete, erhielt es noch weitere Ehrenrechte, eine goldene Kaiserstatue, besondere Siegel, Immunität für die Schiffe usw.
[50] Bei Böckh, l. c. N. 2099. Vgl. auch N. 2097.
[51] S. bes. die 36. Rede des Dio Chrysostomus.

Wie zum Trotz gegen die dauernd bedrohte Lage hatten die Griechen, soweit ihre Ansiedelungen an der Nordseite des Pontus reichten, eine ganz besondere Verehrung gegen das höchste alte Heldenideal ihres Volkes, Achilleus. Er ist der wahre Herrscher des Pontus (Ποντάρχης), wie er in vielen Inschriften heißt; in Olbia wie in allen Städten der Küste prangten seine Tempel; ihm ward geopfert »wegen des Friedens, der Fruchtbarkeit und der Tapferkeit der Stadt«[52]; festliche Wettkämpfe wurden ihm zu Ehren abgehalten im Spiel auf der Doppelflöte und im Diskuswerfen, vorzüglich berühmt aber war der Wettlauf der Knaben auf einer nahen Düne, welche den Namen »Laufbahn des Achill« führte, weil einst der Heros selbst hier einen Wettlauf angestellt haben sollte. Wohnten aber sonst auf der Düne Barbaren asiatischer Herkunft (das Völkchen der Sinder), so gehörte doch eine Insel des Pontus, Leuce, nicht weit von den Donaumündungen, ganz dem Schatten Achills[53]. Ein weißes Felsgebirge (so lauten die Schilderungen) steigt aus dem Meer, zum Teil mit überhängenden Wänden; keine Wohnung, kein menschlicher Laut weder am Gestade noch in den einsamen Talschluchten; nur Scharen von weißen Vögeln umschweben die Klippen. Heiliger Schauer beseelt die Vorübersegelnden; wer die Insel betritt, wagt doch nie, die Nacht daselbst zuzubringen; wenn man den Tempel und das Grab Achills besucht und die seit alten Zeiten von frühern Besuchern niedergelegten Weihegeschenke betrachtet hat, so besteigt man abends wieder das Schiff. Das ist der Ort, welchen einst Poseidon der göttlichen Thetis für ihren Sohn verheißen hat, aber nicht bloß zu seinem Begräbnis, sondern damit er selig fortlebe. Und Achill wandelte hier nicht allein; allmählich gibt ihm die Sage zu Begleitern andere Helden und glückselige Geister, die auf Erden ein schuldloses Dasein geführt, und die Zeus nicht in dem dunkeln Orkus lassen will. Mit Andacht schaute man auf jene weißen Vögel, welche dem Anblick nach den Halcyonen ähnlich schienen; vielleicht war dies die sichtbare Gestalt jener glücklichen Seelen, nach deren Los gerade das späteste Heidentum sich am meisten sehnte.

[52] Böckh, l. c. N. 2076 *seq*. – Die Schilderung der Pontusgegenden bei Ammian. Marcell. XXII, 8.

[53] Wenn die Beschreibungen der Alten wörtlich zu nehmen sind, so weiß man dieses Leuce gegenwärtig so wenig zu finden als die Inseln der Seligen und die der Hesperiden. Handelt es sich aber nur um eine Örtlichkeit überhaupt, an welche der Mythus und die Phantasie ihre Bilder knüpfen konnten, so genügt hiezu irgend eines der Inselchen an den Donaumündungen, vielleicht auch ein Punkt der jetzigen Düne. Ein Autor wie Ammian, welcher auf Leuce besteht, mußte doch wohl einigen Bescheid wissen. – Die Stellen gesammelt u. a. bei Wernsdorf, *Poetae lat. minores*, zum Avienus, vol. V. – Ein ähnlicher Glaube in betreff der Inseln um Britannien, vgl. Plutarch, *De defectu orac.* 18.

Vierter Abschnitt

EINZELNE PROVINZEN UND NACHBARLANDE
DER OSTEN

Wir wenden uns zu den orientalischen Grenzländern des Römerreiches. Auch hier kämpft dasselbe um seine Existenz; Diocletian erbt Empörungen und sehr blutige Kriege; er und seine Mitherrscher müssen mit unendlicher Mühe den Orient verteidigen und zum Teil neu erobern.

Zwar schlummert noch der schlimmste künftige Feind; die *Araber*, welche dereinst mit Schwert und Koran den Osten überziehen sollen, leben noch im Rücken von Syrien und Palästina getrennt in Hunderte von Stämmen, hingegeben ihrem Gestirndienst und Götzendienst, ihrer Wahrsagung und ihren Opfern; einige sind zum Judentum übergetreten, und im folgenden Jahrhundert gibt es sogar ein paar christliche Stämme. Der Mittelpunkt der Nation ist die schon von Ismael gegründete Kaaba zu Mekka; in der Nähe, zu Ocadh, wird die jährliche zwanzigtägige Messe gehalten, und neben dem Handel und der Andacht gedeihen hier auch die dichterischen Wettkämpfe, deren Überreste – sieben Gedichte, die Muallakats – bis auf unsere Zeit gekommen sind. Die Berührungen mit Rom[1] sind hie und da freundlicher Art; arabische Reiter dienen im römischen Heer, und nicht selten besuchen Araber die alten Heiligtümer Palästinas, welche zugleich Märkte sind, wie zum Beispiel die Eiche Abrahams bei Mamre[2]. Meist aber sind sie gefährliche Nachbarn dieses Landes. Man erfährt, daß Diocletian besiegte Saracenen gefangennahm[3], doch ohne Meldung näherer Umstände. In den Kämpfen der Imperatoren um Mesopotamien und Ägypten werden sie erst gegen Ende des vierten Jahrhunderts genannt; ihre Stunde war noch nicht gekommen.

Viel größer und näher war die Gefahr, welche seit den Zeiten des Alexander Severus von dem Reiche der *Sassaniden* aus drohte. Wenn man den nur mäßigen Umfang desselben und die ohne Zweifel nicht sehr dichte

---

[1] Ammian. Marc. XIV, 4.
[2] Sozomenus II, 4.
[3] Panegyr. III. *Mamert. genethl.* 4.

Bevölkerung erwägt, so erscheint das Römerreich auf jede Weise im Vorteil. Sollte letzteres nicht mit Leichtigkeit den Völkerschaften vom obern Euphrat bis ans Kaspische Meer und bis an den Persischen Meerbusen, östlich etwa bis an die Straße von Ormuz gerechnet, widerstehen können? In der Tat hatten die Angriffe der Sassaniden einstweilen mehr den Charakter von Raubeinfällen als von Eroberungskriegen, allein die Gefahr war und blieb doch groß und lästig, weil die Imperatoren zugleich immer von den Germanen und oft noch überdies von Abfall und Usurpation bedroht waren und also nur eine beschränkte Kraft nach Osten hin aufwenden konnten. Als stehender Feind des Römerreiches und auch um seines merkwürdigen inneren Zustandes willen verdient hier das Sassanidenreich eine kurze Schilderung[4].

Fürs erste ist dasselbe ein künstlich entstandenes Präparat, mit dem Anspruch auf Restauration eines längst vergangenen Zustandes. Das alte Perserreich, von Alexander erobert, war größtenteils den Seleukiden zugefallen; durch Abfall Mesopotamiens und der östlichen Gebirgsländer hatte sich das bald wieder barbarisierte Partherreich der Arsakiden gebildet, mit welchem die Römer als Erben Vorderasiens sehr anstrengende Kriege führen mußten; – weniger wegen besonderer innerer Kräfte des nur lose zusammenhängenden Staates, dessen Oberkönig vom Trotz großer Vasallen vielfach eingeschränkt blieb, als wegen der Natur des Landes, die einem angreifenden Heere durchaus ungünstig war. Nachdem noch der letzte König, Artaban, den Nachfolger Caracallas, Macrinus, zu einem schmählichen Frieden und zum Abzug genötigt, fiel er durch die Usurpation des Ardeschir Babekan (Artaxerxes Sassan), welcher von den alten Herrschern Persiens abstammen wollte und auch zunächst die Perser in Farsistan um sich gesammelt hatte, um an die Stelle des herrschenden Parthervolkes nach orientalischer Weise ein neues herrschendes Volk zu setzen. Aber nicht nur der Staat der alten Achämeniden, der Darius und Xerxes, samt seinen Einrichtungen[5] sollte hergestellt werden, sondern auch die alte Lehre Zoroasters sollte über den parthischen Stern- und Götzendienst siegen. Die Magier, viele Tausende an Zahl, versammeln sich zu einem Konzil; durch ein Wunder wird die vorgeblich vergessene reine Feuerreligion wieder zutage gefördert, und der König wird der

---

[4] Die Sassanidenzeit in fragmentarischen Sagen bei Firdusi, vgl. Görres: Heldenbuch von Iran, und v. Schack: Heldensagen, Einleitung. – *Silvestre de Sacy, Mémoires sur diverses antiquités de la Perse*, mit der französischen Übersetzung des Mirkhond. – *Hamzae Ispahanensis Annales, ed. Gottwaldt.* – Ammian. XXIII, 6. – Agathias *lib.* II, III, IV, *passim.* – Malcolm, Geschichte von Persien, I. Teil.

[5] Selbst die 10000 Unsterblichen als Kern des Heeres kommen wieder vor. Prokop. *Bell. pers.* I, 10.

erste der Magier, deren Rat und Weissagung in eine wahre Mitherrschaft übergeht. Sie lassen ihm dafür den Titel eines Gottes, und zwar von dem Range der Izeds, der Diener des Ormuzd; er ist ebenbürtig mit den Sternen und darf sich den Bruder der Sonne und des Mondes nennen[6]. Die Christen, welche keinen Anspruch dieser Art anerkannten, erhielten in der Folge einen vielleicht noch schlimmeren Stand als im römischen Reiche, insofern hier ein dogmatischer Fanatismus herrschte, der in der römischen Vorschrift, den Kaisern zu opfern, nicht enthalten war. Es scheint, daß zur parthischen Zeit viele Christen in diese Länder geflohen waren, wo ihnen die Arsakiden vielleicht aus politischen Gründen Duldung gewährt hatten; diese alle fielen jetzt den Magiern in die Hände. Später, unter Sapor II. (310 bis 382), sollen auch die in Persien sehr mächtigen Juden, die sogar die Königin auf ihre Seite zogen, an jener großen Verfolgung Anteil gehabt haben, welcher unter andern nicht weniger als 22 Bischöfe unterliegen mußten[7].

An einer Felswand unweit Persepolis sieht man die Gräber der alten Könige von Persien in gewaltigem Maßstab, in herbem altpersischem Stil eingehauen. Die Sassaniden wollten sich diese geheiligte Stätte nicht entgehen lassen; eine Reihe von weiter unten angebrachten Reliefs stellt Szenen des Krieges, des Zeremoniells und der Jagd dar, in welchen der König als Hauptperson auftritt[8]. Das feindliche Römerreich scheint dazu die Künstler (vielleicht Kriegsgefangene) geliefert zu haben, wenigstens zeigen diese Bildhauereien wie die wenigen erhaltenen Bauwerke durchaus den Einfluß der sinkenden römischen Kunst. Es handelt sich hauptsächlich um ein paar im Rundbogen gewölbte Eingänge zu Felsgrotten und um die im römischen Thermenstil komponierten, in der Ausführung aber schon sehr barbarischen Paläste von Firuz-Abad und von Sarbistan, mit großen nischenartigen Öffnungen und Kuppelräumen[9]. Eigentliche Tempel gab es nicht;[10] die Pyreen oder Feueraltäre waren der Herd des Kultus; an ihren Stufen dürfen wir in der Regel auch den König, von den Magiern umgeben, aufsuchen.

---

[6] Ammian. Marc. XVII, 5.

[7] Sozomenus II, 8 ff.

[8] Anderes derselben Art bei Shapur und Nakschi-Redjeb.

[9] Über die beiden Paläste, welche Yezdegerd Alathim um 400 durch den griech. Baumeister Sinmar errichten ließ, s. Mirkhond, *pag.* 324 ff.

[10] Ritter, Erdkunde VIII, *pag.* 770 scheint das Gebäude von Firuz-Abad für einen Feuertempel zu halten. – Verf. dieses ist nicht imstande, hierüber zu entscheiden. – Strabo XV, 3 braucht das zweideutige Wort σηκός, welches sowohl einen bloß eingehegten Raum als auch eine eigentliche Kapelle bezeichnen kann. Zonaras (in Heraclio) sagt nur τεμένη, d. h. geweihte Bezirke. Andere brauchen dagegen die Worte ἱερόν, νεώς usw.

Die Orthodoxie war hier zum notwendigen Staatsprinzip geworden. Vergebens tritt der Reformator Mani, der aus der christlichen, parsischen und buddhistischen Religion ein höheres, neues Ganzes machen wollte, mit seiner Tafel voll gemalter Symbole in Persien auf; Bahram I. läßt ihn durch seine Doktoren niederdisputieren und dann lebendig schinden, die Haut aber zu allgemeiner Warnung am Tor von Djondischapur aufspannen[11]. Einmal jedoch bemerkt man, daß ein König sein Geschlecht von der drückenden Magierherrschaft zu befreien sucht; Yezdegerd I. Alathim (400–421) läßt seinen Sohn Bahram-gur ferne vom Hof durch einen götzendienerischen, später zum Christentum bekehrten Araber, den Häuptling Noman von Hira, erziehen; allein der Prinz wird in der Folge nicht anerkannt, »weil er arabische Sitten angenommen habe«, und muß mit einem von den Großen aufgestellten Gegenkönig Kesra oder Khosru im eigentlichen Sinn des Wortes um die Krone streiten. Unweit der Residenz Madain wird die Tiara der Sassanidenherrscher zwischen zwei hungrige Löwen gelegt, und es wird gefragt, welcher von beiden Thronbewerbern zuerst danach greifen dürfe? Kesra läßt dem Bahram-gur gerne den Vortritt, und dieser tötet die beiden Löwen und setzt sich sofort die Krone auf. Doch dauerte die Rechtgläubigkeit in vollem Glanze fort. Als später (491–498) der König Cobad sich dem Irrlehrer Mazdak hingegeben hatte, welcher die Gemeinschaft der Weiber und den Kommunismus predigte, gab es eine allgemeine Empörung gegen ihn, und er mußte einige Zeit in dem »Schlosse der Vergessenheit« zubringen. Erst gegen die letzten Zeiten des Reiches hin läßt sich eine große religiöse Erschlaffung verspüren.

In politischer Beziehung ergibt sich das Bild des gewöhnlichen asiatischen Despotismus. Das Volk kann nur anbeten; wenn ein neuer König seine erste Ansprache gehalten hat[12], werfen sich alle mit dem Antlitz auf die Erde und bleiben in dieser Stellung, bis der König den Befehl schickt, wieder aufzustehen. Es hat lange gedauert, bis die Demut auch im oströmischen Reiche so weit entwickelt war; noch bei Diocletian beschränkt sich die Anbetung auf das Innere des Palastes. – Die Freude des Orientalen an auffallenden Akten der Gnade und der Strafgerechtigkeit, wobei sich eine tröstliche Gleichheit vor dem Despotismus offenbart, geht auch hier nicht leer aus. Doch hat der König eine Aristokratie von ungewissem Ursprung um sich, vielleicht die Familien der von Ardeschir aus Farsistan mitgebrachten Großen. Dieser Adel scheint sich mit den Magiern in

---

[11] Mirkhond, *pag.* 296. Das Folgende *pag.* 323 *seqq.* Von dem Manichäismus, welcher sich trotz dem Martertode des Stifters in Persien erhielt und bald auch in das Römerreich drang, wird weiter die Rede sein.

[12] Mirkhond, *pag.* 304.

den Einfluß bei Hofe geteilt und mehr als eine Revolution auf eigene Hand versucht zu haben; er ist es, der Bahram II. (296–301) im Einverständnis mit dem Großmagier (dem Mobed der Mobeds) zur Nachgiebigkeit zwingt, Bahram III. wider Willen auf den Thron erhebt (301), und an Shapurs III. Zelt die Stricke durchschneidet, so daß der König unter dessen Einsturz erstickt. In manchen Thronfragen übt er jedoch seine entscheidende Macht in so günstigem Sinne, daß das römische Reich die Perser um dieses Element ihres Staatslebens beneiden konnte; er muß nämlich für die Fortdauer der Dynastie sorgen, weil sein eigenes Ansehen auf dem Erbrecht beruht[13]. Wie sehr kontrastiert es mit dem wilden Kaiserwechsel, wenn die persischen Großen nach dem Tode Hormuz' II. (310) den schwangern Leib einer seiner Frauen mit der Tiara krönen! Sie behauptete zu wissen, daß das Kind ein Knabe sein werde, und Hormuz selber hatte längst von den Astrologen erfragt, daß ihm ein großer, siegreicher König geboren werden müsse. Der Knabe kam zur Welt, und die Großen nannten ihn Shapur II.; sie verwalteten das Reich bis zu seiner Mündigkeit; zehnmal des Tages wurde ihm in seinem Palaste die feierliche Aufwartung gemacht. Zum Glück war es ein gewaltiger Mensch, der sich sehr frühe und selbständig entwickelte; sein Leben und seine Regierung dauerten 72 Jahre, letztere wie die Ludwigs XIV. Eine zufällige Ähnlichkeit mit diesem liegt auch darin, daß Sapor II. seinen Adel nötigte, die Landschlösser zu verlassen und sich unter seinen Augen in der Hauptstadt Madain (dem alten Ktesiphon mit Seleucia) anzusiedeln.

An gewaltsamen Thronfolgen fehlt es indes, wie bemerkt, auch nicht, obschon die Könige durch Krönung eines Prinzen bei Lebzeiten (S. 34) vorzubeugen suchten. Die Großen und vielleicht auch die Magier nahmen öfter innerhalb des Sassanidenhauses für verschiedene Prinzen Partei; auch anerkannte Könige fürchteten eine Usurpation von seiten der Ihrigen. Hormuz I., um seinem Vater Shapur I. einen Verdacht dieser Art zu benehmen, schickt ihm (mit echt orientalischer Übertragung des Symbolischen in die Wirklichkeit) seine abgehauene rechte Hand; der Vater nimmt jedoch diese edelmütige Erklärung der Thronunfähigkeit nicht an.

Die Regierung im Innern ging offenbar mit höheren Mitteln nach höheren Zielen als früher die der stets roh gebliebenen Parther. Von mehreren Sassanidenkönigen werden jene Wohltaten berichtet, welche jederzeit das Ideal eines orientalischen Fürsten ausgemacht haben: Schutz des Ackerbaues, Bewässerungsanstalten, gleichmäßige Rechtspflege, Gesetzbücher, Nutzbauten und Prachtbauten, wenigstens an den großen Königsstraßen, neue Städteanlagen, Mäzenat gegen Gelehrte und Künstler von nah und

---

[13] Eine logische Konsequenz, deren Verkennung sich immer strafen wird.

fern. Von sämtlichen Königen ist nicht nur das äußere Aussehen[14], sondern auch die Sinnesweise in bezeichnenden Spruchversen nach asiatischer Art überliefert.

Der Spruch des Stifters, Ardeschir I., lautet wie ein Motto auf das Schicksal seines Reiches überhaupt: »Es gibt kein Königtum ohne Soldaten, keine Soldaten ohne Geld, kein Geld ohne Bevölkerung, keine Bevölkerung ohne Gerechtigkeit«. Auf diesem Umwege muß der König zur Erkenntnis eines sittlichen Staatszweckes gelangen! Allerdings war der kriegerische Schutz die erste Aufgabe. Denn dieses Reich, welches den Römern so viele Sorge machte, litt seinerseits an denselben Gefahren von außen wie das Imperium. Von Süden her drängten bereits die Araber heran; daß sie dereinst Persien erobern würden, sollen die Magier schon damals gewußt haben[15]. Shapur II., in dessen Minderjährigkeit sie ganze Stücke vom Perserreich losgerissen, unternimmt in seinem sechzehnten Jahre einen furchtbaren Rachezug gegen sie (326); er baut eine Flotte auf dem Persischen Meerbusen und fährt nach Arabien hinüber; nach einem allgemeinen Blutbade auf der Bahrein-Insel und unter den Stämmen Temin, Becr-ben-Waiel, Abdolkais u. a. läßt er den Überlebenden die Schultern durchbohren und Stricke hindurchziehen als Leitriemen, während Constantin seine deutschen Gefangenen nur den wilden Tieren in der Arena zu Trier vorwirft. Ein anderer gefährlicher Feind drohte vom Norden, aus den Gegenden vom Kaspischen Meere her: die Ephthaliten oder mißverständlich sogenannten weißen Hunnen, einer jener Türkenstämme, welche zu Vollziehern des Schicksals über Vorderasien in den verschiedensten Jahrhunderten eigentlich geboren scheinen. Der siegreiche Krieg, welchen Bahram-gur (420–438) gegen sie führte, gehört mit zu den vielgestaltig erzählten Abenteuern, aus welchen sein Lebensroman zusammengesetzt ist; immerhin wird die Tatsache, daß er die Nomaden wieder über den Oxus zurücktrieb, ihre Richtigkeit haben. Allein nicht lange nachher erhalten sie Gelegenheit, sich in den Erbfolgestreit (456) der beiden Söhne Yezdegerds II. einzumischen und den ältern derselben, Firuz, welcher zurückgesetzt worden und zu ihnen geflohen war,

---

[14] Aus dem »Buch der Bildnisse« genau verzeichnet bei Hamza von Isphahan, welcher daraus seine wesentliche Aufgabe macht; z. B. Narses I. (resign. 301) wird abgemalt in rotem gesticktem Kleid, blauen gestickten Hosen und grüner Tiara, beide Hände auf das Schwert gestützt; Hormuz II. († 310) ebenso; Shapur II. († 382) wird abgemalt in rosafarbenem gesticktem Kleid, mit roten gestickten Hosen, in der Hand eine Axt; er sitzt auf dem Throne; seine Tiara, blau mit Gold, hat oben zwei Spitzen und ein goldenes Möndchen usf. – Wozu aus Ammian. Marc. XIX, 1 noch der goldene Widderkopf als Hauptschmuck hinzukommt.

[15] Mirkhond, *pag.* 310. So fabelte man wenigstens später.

mit einem großen Hilfsheere auf den persischen Thron zu führen. Seitdem ist ihr Einfluß, selbst ihre Intervention nicht mehr zu beseitigen, und die Sassaniden bezahlen ihnen häufig Jahrgelder.

Die spätern Schicksale des Reiches, seine letzte Glanzperiode unter Koshru Nuschirwan dürfen hier nicht mehr erörtert werden. Wir wenden uns zu den besondern Ereignissen, welche in die Epoche Diocletians und Constantins fallen.

Zur Zeit des Gallienus und der dreißig Tyrannen war das Reich von Palmyra der Vorkämpfer Roms gegen die Perser gewesen; Odenathus hatte Sapor I., den trotzigen Sieger über Valerian, geschlagen und verfolgt bis Ktesiphon. Als aber später Aurelian die Palmyrener angriff, wandte sich die sassanidische Politik auf deren Seite, um den schwächern Nachbar zu erhalten; Bahram I. sandte der Zenobia eine Schar zu Hilfe, welche dann wie das Heer der Königin dem römischen Imperator unterlag. Aurelian und nachher Probus mußten mit Geschenken begütigt werden; letzterer rüstete sich dann gleichwohl zu einem persischen Kriege, welchen sein Nachfolger Carus wirklich unternahm; glänzende Erfolge führten das römische Heer noch einmal bis über den Tigris hinaus, verloren aber ihren Wert durch den plötzlichen Tod des Carus und die Heimkehr seines Sohnes Numerian (283). Es stand zu erwarten, daß Bahram II. nach einigem Zögern[16] die große Verwirrung des ganzen römischen Reiches beim Auftreten Diocletians eifrig benützen würde, um sich nach Westen hin zu sichern und auszudehnen. Einstweilen mußten die Kaiser ihn gewähren lassen, weil viel nähere Sorgen sie in Anspruch nahmen. Für sie übernahm vorderhand *Armenien*[17] den Kampf.

Dieses Land, unter einem Nebenzweige des gestürzten parthischen Königshauses der Arsakiden, hatte früher römische Schutzhoheit genossen. Als aber zur Zeit Valerians und Galliens das römische Reich in Stücke zu gehen anfing, hatte Shapur I. Armenien mit Hilfe einheimischer Faktionen unterworfen; der Sohn des ermordeten Königs Chosroes, Tiridates, war nur durch die Treue der königlichen Diener gerettet und dann unter dem Schutz der römischen Kaiser erzogen worden. Mit riesiger Stärke und hohem Mute begabt, sogar als Sieger bei den olympischen Spielen geehrt, schien er ganz besonders geeignet, als Prätendent in dem verlorenen Reiche seiner Väter aufzutreten. Wie einst Nero seinen gleich-

---

[16] Die Stellen in Panegyr. II (Mamertin. Maxim.), c. 7, 9, 10 beweisen nur, daß noch im Jahre 286 der Perserkönig dem am Euphrat verweilenden Diokletian Geschenke sandte.

[17] Gibbon, *cap.* XIII, *pag.* 114 s. – *Moses Chorenensis* ed. *Whiston* lib. II. cap. 73 *seq.* (wo die Eroberung des Landes freilich unter Artasires, d. h. Artaxerxes Sassan verlegt wird).

namigen Vorfahren, so soll ihn[18] jetzt Diocletian mit Armenien belehnt haben (286). Tiridates fand seine Heimat unter einem systematischen Drucke, auch religiöser Art; der unduldsame Parsismus der Fremdherrschaft hatte die Statuen der vergötterten Könige von Armenien und die geweihten Bilder der Sonne und des Mondes zerbrochen und dafür auf dem Berge Bagavan ein Pyreum errichtet für das heilige Feuer. Rasch sammelten sich Edle und Geringe um den Prinzen: man verjagte die Perser und brachte gerettete Schätze und sogar eine gerettete Prinzessin zum Vorschein. Ein schon von Shapur nach Armenien verbannter vorgeblich scythischer, wahrscheinlich turkomannischer Häuptling, Mamgo, ging samt seiner Horde zu dem neuen Herrscher über. Allein Narses I. raffte seine Macht zusammen, eroberte Armenien von neuem und nötigte den Tiridates, abermals bei den Römern Schutz zu suchen.

Diocletian und seine Mitherrscher waren inzwischen ihrer meisten Feinde Herr geworden und konnten sich jetzt dem Orient widmen. Während der Oberkaiser auszog, um auch noch das seit langer Zeit empörte Ägypten zu unterwerfen, vertraute er seinem Cäsar Galerius den Kampf gegen Narses an; das gemeinschaftliche Hauptquartier war Antiochien. Allein zwei unentschiedene Schlachten und eine dritte, welche Galerius durch allzu kühnes Vordringen verlor, düngten noch einmal die wüste Ebene zwischen Carrhä und dem Euphrat, wo einst Crassus zehn Legionen zum Tode geführt, mit römischem Blut. Diocletian, der inzwischen Ägypten unterworfen hatte, während gleichzeitig der Cäsar des Maximian, Constantius Chlorus, das abgefallene Britannien wieder zum Reiche gebracht, war doppelt erzürnt darüber, daß am Euphrat allein die römischen Waffen im Nachteil sein sollten. Auf seiner Rückkehr begegnete ihm in Syrien der geschlagene Cäsar; er ließ ihn im Purpurmantel, wie er war, eine Millie weit neben seinem Wagen herlaufen, angesichts der Soldaten und des Hofes. Mehr als irgend etwas bezeichnet dieser Zug den wahren Ton der diocletianischen Herrschaft[19]. Und die Ergebenheit des Galerius wird dadurch nicht im geringsten erschüttert; sein einziges Verlangen ist die Erlaubnis, die Schmach durch Siege auslöschen zu dürfen. Nun müssen statt der weniger tauglichen Asiaten die unbesiegbaren Illyrier ausrücken, nebst einer Hilfsschar geworbener Goten, alles gerechnet nur 25 000 Mann, aber von der tüchtigsten Art. Diesmal (297) wandte sich Galerius jenseits des Euphrat in das bergige Armenien, wo er das Volk der römischen Sache günstig fand und wo die meist aus Rei-

---

[18] Hiegegen begründete Zweifel bei Preuß, a. a. O., S. 41, Anm.

[19] Daß die Sache im höchsten Grade auffiel, zeigt sich durch ihre Erwähnung selbst bei den kürzesten Abbreviatoren, wie Eutrop, Aurel. Victor, Sextus Rufus, und als Präcedens bei Ammian XIV, 11.

tern bestehenden persischen Heere ihm viel weniger furchtbar sein konnten als beim Kampf in der Ebene. (Das Fußvolk galt nämlich bei den Persern laut Ammian nur als Troß). Er selbst kundschaftete bloß mit zwei Begleitern das sorglose persische Lager aus[20] und überfiel es dann plötzlich. Der Erfolg war ein ungeheurer; nach einem allgemeinen Gemetzel floh König Narses verwundet nach Medien; seine und seiner Großen Gezelte fielen mit reichlicher Beute in die Hände der Sieger, und auch seine Frauen nebst mehrern Verwandten wurden gefangen. Galerius, welcher die Wichtigkeit eines solchen Unterpfandes wohl kannte, behandelte diese Gefangenen mit Güte und Sorgfalt. – So kurz und dürftig die vorhandenen Nachrichten über den Krieg, so umständlich sind diejenigen über die darauf folgenden Friedensunterhandlungen[21]. In der ersten Eröffnung, welche Apharban, ein Vertrauter des Narses, dem Galerius allein machte, wirkt die hochmütige Schmeichelei des Asiaten ganz ergötzlich. Rom und Persien sind ihm die beiden Leuchter, die beiden Augen der Welt, die sich nicht anfeinden sollten; nur von einem so großen Fürsten wie Galerius habe Narses dürfen besiegt werden; übrigens seien die menschlichen Dinge wandelbar. Wie furchtbar die Lage Persiens gewesen sein muß, erkennt man daraus, daß der König alle politischen Bedingungen der »Philanthropie« der Römer anheimstellen läßt und nur um die Rückgabe seiner Familie bittet. Galerius, der den Gesandten erst rauh anfährt und an den einst von Persern zu Tode gequälten Kaiser Valerian erinnert, gibt dann doch einige tröstlichere Worte. Darauf[22] trafen der Imperator und der Cäsar zu Nisibis am Euphrat zusammen; diesmal wurde Galerius als Sieger mit den höchsten Ehren empfangen, aber nochmals bringt er der höhern Einsicht Diocletians seine Neigung zum Opfer und entsagt der leichten und sichern Eroberung des vordern Persiens, von welchem nur die wertvollern Grenzdistrikte einverleibt werden sollten. Ein Sekretär, Sicorius Probus, wurde an Narses entsandt, welcher sich bis nach Medien zurückgezogen hatte, um Zeit zu gewinnen und Truppen zu sammeln, deren Anblick dem ermüdeten römischen Gesandten einigermaßen imponieren sollte. Am Fuß Asprudus erhielt endlich Probus Audienz und schloß einen Vertrag ab, in welchem Narses fünf Provinzen, nämlich das Kurdenland und das ganze obere Tigrisgebiet bis an den Wan-See abtrat[23]. Damit war den Römern auch ihr älterer Besitz, der obere Euphrat, gesichert und vor das römische Schutzreich Armenien gleichsam ein Wall

---

[20] Wie Constantin in einem der rheinischen Kriege. Vgl. oben S. 60, Anm. 23.
[21] *Excerpta de legationibus*: Petrus Patricius, u. a. bei Müller, *Fragm. hist. graec. IV, pag.* 188.
[22] Gibbon weicht hier willkürlich von der Reihenfolge der Tatsachen ab.
[23] Vgl. Spruner, Histor. Atlas, Bl. 2, nach Gibbon, – abweichend Preuß, a. a. O., S. 81 f., welcher eine Abtretung von ganz Mesopotamien annimmt.

hingebaut; freilich aus einem Stoff, der vor den parthischen Eroberungen den Armeniern selbst gehört hatte; doch wurde auch ihnen gegen Südosten hin ein nicht unbeträchtliches Stück Land abgetreten und Tiridates nochmals als König eingesetzt. Auch der König von Iberien sollte fortan Vasall der Römer sein, eine wichtige Verfügung, weil dies rauhe, von Armenien nördlich gelegene Bergland (es entspricht etwa dem jetzigen Georgien) mit seinen kriegerischen Bewohnern eine Vorwacht gegen die Barbaren von jenseits des Kaukasus abgeben konnte[24]. Auf diesen Friedensabschluß hin erhielt Narses seine bisher in Antiochien verwahrte Familie zurück.

Die ganze Grenze wurde nun mit Festungen und Garnisonen versehen. Es folgte eine Zeit der Ruhe für Vorderasien, welche fast vierzig Jahre, bis gegen das Lebensende Constantins hin, dauerte. Die siegreichen Kaiser ahnten wohl nicht, daß sie auch mit diesen großen Erfolgen wesentlich der ruhigen Verbreitung des verhaßten Christentums die Wege geebnet hatten. – Wie übrigens Persien durch seinen Manichäismus und durch mannigfachen Aberglauben auch in entgegengesetztem Sinne auf das römische Reich einwirkte, wird unten berührt werden.

Die Bevölkerung und ihre Sitten sind durch alle neuern Mischungen, selbst durch den schiitischen Mohammedanismus und die von ihm bedingte Bildung hindurch noch teilweise so zu erkennen, wie Ammian im vierten, Agathias im sechsten Jahrhundert sie schildern. Der zweideutige Blick unter den rundgewölbten, in der Mitte zusammenlaufenden Augbrauen, der schön gepflegte Bart sind den Persern geblieben; gewisse Anstandsregeln gelten noch wie damals; von dem alten Ruhm der Mäßigkeit wenigstens ein Rest; die sonderbare Mischung von weichlicher Ausschweifung und großem persönlichem Mut ist noch heute charakteristisch für sie, ebenso das freche Prahlen und die selbstsüchtige Arglist. Auch die weite, bunte Kleidung und der flimmernde Putz fiel schon den Römern auf[25]. Was von der Religion abhing, hat sich natürlich nur da erhalten können, wo noch jetzt Parsismus existiert, wie zum Beispiel das Preisgeben der Leichen an Hunde und Vögel. Vielen Aberglauben hat der Mohammedanismus ausgerottet oder im Märchen fixiert; dem Perser der Sassanidenzeit war das ganze tägliche Leben, ja Weg und Steg voll drohenden oder lockenden Zaubers, und das heilige Feuer der Pyreen selbst mußte fortwährend Orakel spenden. Der große Sapor II. begnügte sich damit nicht; unter den eigentlichen Magiern gab es auch Nekroman-

---

[24] Die streitige Bedingung von römischer Seite, daß Nisibis, eine mit an die Römer abgetretene Stadt, der τόπος τῶν συναλλαγμάτων werden solle, hat auch Gibbon nicht zu erläutern vermocht.
[25] Strabo XV, 3.

ten, welche ihm in wichtigen Augenblicken Schatten beschwören mußten, selbst den des Pompejus[26].

Es ist oft bemerkt worden, wie sehr dieses sassanidische Wesen an das abendländische Mittelalter wenigstens in einzelnen Zügen erinnert. So schon die klösterliche Abstinenz der Magier; ihre Stellung neben dem Adel als eine Art von Klerus. Es ist nur zu bedauern, daß hierüber nichts Näheres bekannt ist, und daß selbst die Art, wie sie sich in dieser Zeit als Stand fortpflanzten, im Dunkel bleibt. Ganz besonders abendländisch erscheint aber der Adel selbst mit seiner rohen Ritterlichkeit. Zum König stand er wahrscheinlich in einem förmlichen Lehnsverhältnis, dessen Hauptleistung in der Kriegspflicht bestand. In den Bildwerken gleichen diese persischen Streiter in ihren Harnischen und gefederten Helmen, mit ihren Lanzen und Schwertern, mit dem prächtigen Geschirr ihrer Pferde durchaus den Rittern unseres Mittelalters. Die Seele ihres Treibens war ganz wie bei diesen das Abenteuer, sei es im Krieg oder in der Liebe, und die Sage hat schon früh eine Gestalt wie Bahram-gur zu einem glänzenden Vorbilde dieser Art umgeschaffen, während sie damals auch ihre Helden aus der mythischen Zeit, einen Rostem und Feridun, bereits hoch in Ehren hielt. Diese Romantik steht im entschiedensten Gegensatz gegen das römische Leben, wie alles Planlose.

Schauen wir noch auf Armenien zurück. Dieses Land, mit seiner tapfern, bildungsfähigen Nation, hatte bis jetzt immer Einflüssen und Eindrücken von außen gehorcht, auch eine verhältnismäßig nur geringe Kultur zutage gefördert, und bald sollte neue, dauernde Not und Knechtschaft hereinbrechen. Dazwischen liegt als lichte Episode diese Zeit des Tiridates, welche zugleich die Zeit der Bekehrung zum Christentum war; dieses aber sollte, als armenische Kirche gestaltet, einst die Hauptstütze des armenischen Volkstums werden.

Folgendes erzählt der Chronist des Volkes, Moses von Chorene[27]:

Gregor der Erleuchter (Illuminator), abstammend von einem Nebenzweige des arsacidischen Königshauses, wurde durch eine sonderbare Verkettung von Umständen schon als Kind nach dem römischen Cappadocien gebracht und daselbst von einer christlichen Familie erzogen, später auch mit einer Christin, Maria, verheiratet. Nach einer dreijährigen Ehe trennten sie sich, um in freiwilliger Enthaltsamkeit Gott zu dienen; von ihren beiden Söhnen wurde der jüngere Anachoret, der ältere pflanzte die Familie fort. Gregor kehrte dann mit dem noch heidnischen Tiridates nach Armenien zurück und begann die Bekehrung des Landes unter großen Gefahren. – Aus andern Quellen erfährt man, daß neben ihm auch

---

[26] Ammian. XVIII, 7 *seq.* – Meyer, *Anthol. lat.* N. 741.
[27] A. a. O. II, 27. 71. 77 *seq.* Moses schrieb um d. J. 440.

eine heilige Frau, Ripsime, tätig war und sogar den Märtyrertod erlitt, daß aber die Bekehrung doch rasch vorwärts ging; noch vor der diocletianischen Verfolgung, im Jahre 302, taufte Gregor den Tiridates selbst und einen großen Teil des Volkes. Er überlebte noch die Zeit des nicenischen Konzils, welches er jedoch aus Demut nicht besuchen wollte, und brachte sein Alter vom Jahr 332 an als Einsiedler in dem Gebirge zu, welches die »Mania-Höhle« heißt; zu seinem Nachfolger im Bistum oder Hohenpriestertum hatte er selber seinen Sohn Aristaces eingesetzt. Er starb unbekannt; Hirten begruben ihn; erst lange hernach wurde seine Leiche wieder entdeckt und feierlich in Thordan bestattet. – Tiridates überlebte noch den Constantin und starb durch Vergiftung von seiten einer Adelspartei im Jahre 342. Bald brachten Bürgerkriege und Interventionen von außen sowohl das arsacidische Königtum als das ebenfalls erbliche arsacidische Hohepriestertum in Not und Verwirrung[28]. Allein der Eindruck der Bekehrung blieb unter all den folgenden Fremdherrschaften, und das später allerdings im Monophysitismus versteinerte Christentum vereinigt bis heute die weit bis nach Österreich verbreiteten Armenier, mit Ausnahme der Römisch-unierten, welche gegenwärtig die Besten und Gebildetsten der Nation in ihren Reihen haben möchten.

Dieses war der Zustand der befreundeten und der feindlichen Nachbarländer Roms im Osten. Die asiatischen Provinzen des Reiches selbst genossen in der Zeit Diocletians und Constantins eine Ruhe, welche nur kurz durch die großen Reichskriege unterbrochen wurde. Ein Lebensbild von Syrien und Kleinasien in dieser Zeit würde der Gegenstand einer eigenen, beträchtlichen Forschung sein. Wir beschränken uns, auf einen wunden Fleck hinzuweisen, der Jahrhunderte hindurch dem Körper des Reiches Schande machte, auf das Räuberland *Isaurien*, welches in allen Geschichten der römischen Kaiserzeit einen stehenden Artikel bildet.

Viel berühmter ist allerdings der frühere, beim Sinken der Diadochenreiche in Schwung gekommene Seeraub und Sklavenhandel der Cilicier, weil sie in dem denkwürdigen letzten Jahrhundert der Republik von dem großen Pompejus besiegt wurden, nachdem sie der Piraterie des ganzen Mittelmeeres lange Zeit Anhalt und Zuflucht gewährt hatten. Schon damals[29] wird als eines der Raubnester des Binnenlandes das uralte Isaura genannt, nach welchem dann die ganze hinter dem eigentlichen Cilicien gelegene Gegend den Namen Isaurien erhielt; ein rauhes Bergland vulkanischer Formation

---

[28] Ob der bei Euseb. *Hist. eccl.* IX, 8 erwähnte Angriff des Maximinus Daza auf Armenien wirklich den Sinn eines Religionskrieges hatte, bleibt sehr zweifelhaft.

[29] Florus III, 6.

mit hohen Gipfeln, dessen Städte eher als Kastelle gelten konnten[30]. Sei es nun, daß vom Piratenkrieg her sich ein Rest von Räuberwesen in diesem Hinterlande erhielt, oder daß erst in der Kaiserzeit bei gänzlichem Mangel an Aufsicht die Bevölkerung von neuem auf diese Lebensweise geriet, jedenfalls waren die Isaurier im dritten Jahrhundert eine der Landplagen des südlichen Kleinasiens. Zur Zeit der dreißig Tyrannen[31] fanden sie es am zweckmäßigsten, einen ihrer Anführer, Trebellian, zum Imperator zu erheben, der zu Isaura Hof hielt, Münzen schlug und sich in den wilden Gebirgen eine geraume Zeit hindurch behauptete. Es ist nicht bekannt, auf welche Weise es dem Causisoleus, einem der Feldherrn des Gallienus, gelang, seiner habhaft zu werden, jedenfalls war mit seiner Tötung das Land noch nicht besiegt, vielmehr hielten die Isaurier aus Furcht vor der weitern Rache des römischen Kaisers nur um so fester zusammen. Unter Claudius Gothicus wurde ein neuer Angriff gegen sie unternommen, scheinbar mit viel größerem Erfolg; der Kaiser konnte bereits die Absicht fassen, sie aus ihren Gebirgen herab nach Cilicien zu führen und daselbst anzusiedeln, während ein vertrauter Diener das leere Isaurien zum Eigentum erhalten und jede Rebellion auf die Weise unmöglich gemacht werden sollte. Allein der frühe Tod des Claudius scheint das Projekt vereitelt zu haben, und die Isaurier regen sich bald wieder so keck als je zuvor. Unter Probus[32] machte einer ihrer Räuberhauptleute, Lydius, Lycien und Pamphylien unsicher; gegen alle Angriffe hatte er sich in dem unzugänglichen Kremna (in Pisidien) nicht bloß befestigt, sondern auch durch Aussaat und Ernte gegen Aushungerung gesichert; die unglücklichen Einwohner, welche er fortgejagt hatte und welche der römische Kommandant ihm wieder mit Gewalt zuschicken wollte, ließ er von der Stadtmauer in die Schluchten hinabstürzen. Ein unterirdischer Gang führte aus Kremna unter dem römischen Lager hindurch an ferner, verborgener Stelle ins Freie hinaus; diesen benutzte die Mannschaft, um zu Zeiten geraubtes Vieh und Lebensmittel in die Stadt zu schaffen, bis die Feinde der Sache auf die Spur kamen. Von da an sah sich Lydius genötigt, seine eigene Mannschaft durch Ermordung zu verringern bis auf die unentbehrliche Zahl; auch einige Weiber blieben am Leben und zwar als ein gemeinschaftlicher Besitz. Endlich ging sein bester Wurfmaschinenmeister, mit dem er sich entzweit hatte, zu den Römern über und schoß aus deren La-

---

[30] Plinius, *Hist. Nat.* V, 33 (oder 27) kennt in dem benachbarten Homonadenland ein Oppidum und 44 Kastelle »zwischen rauhen Schluchten versteckt«. – Bei irgend einem der im Text genannten Angriffe müssen die Römer Isaura eingenommen und zerstört haben, wenn nicht bei Ammian. Marc. XIV, 8 schon die Zerstörung durch Servilius Isauricus gemeint ist.

[31] Hist. Aug. XXX. Tyr. c. 25.

[32] Zosim. I, 69 *seq.*

ger auf die Maueröffnung hin, durch welche Lydius zu spähen pflegte. Der Räuberhauptmann, tödlich getroffen, ließ noch die Seinigen schwören, das Kastell nie zu übergeben, was sie nicht hinderte, ihr Wort zu brechen, sobald er den Geist aufgegeben hatte. Allein mit diesem Siege war höchstens Pisidien auf einige Zeit gesichert, das östlich daranstoßende Isaurien selbst dagegen blieb in den Händen der Räuber nach wie vor. Eine Aufzeichnung aus der Zeit Diocletians[33] spricht hierüber so klar als möglich: »Seit Trebellian gelten die Isaurier als Barbaren, und da ihr Land mitten im römischen Gebiet liegt, so werden sie mit einer neuen Gattung Schutzwachen wie eine Feindesgrenze umzäunt. Die Örtlichkeit allein schützt sie; denn sie selber sind weder stattlich von Wuchs, noch gefährlich durch Tapferkeit, noch in ihrer Bewaffnung ausgezeichnet, noch besonders klug; ihr einziger Trotz ist die Unzugänglichkeit ihrer Wohnsitze in den Gebirgen«.

Jene neue Gattung von Schutzwachen und die Art ihrer Kriegführung gegen das Räubervolk lernt man im Verlauf des vierten Jahrhunderts bei mehrern Gelegenheiten kennen[34]. Das Reich wandte nicht weniger als drei Legionen, später wenigstens zwei auf diesen einen Zweck; der Stab derselben lag wahrscheinlich zu Tarsus in Cilicien und zu Side in Pamphylien, die Magazine in Paleas, während die Mannschaft entweder in den Städtchen und Kastellen des Binnenlandes sich aufhielt oder in mobilen Kolonnen kreuzte. Doch wagte sie sich nicht mehr weit in die Gebirge, seitdem man die Erfahrung gemacht hatte, daß beim steilen Emporklimmen jede römische Taktik verloren sei, sobald von oben Felsblöcke herabgerollt wurden. In der Ebene mußte man die Isaurier erwarten, wenn sie in Cilicien, Pamphylien, Pisidien und Lycaonien auf Raub streiften; da wurden sie mit Leichtigkeit überwältigt und entweder niedergemacht, oder zum Tierkampf in die Amphitheater der vergnügungssüchtigen großen Städte, wie zum Beispiel Iconium, abgeliefert. Aber selbst den cilicischen Seestrand gelang es nicht immer zu schützen; die alte Seeräubernatur brach bei dem Bergvolk bisweilen so stark hervor, daß sie längere Zeit hindurch (zum Beispiel um 353) gewisse Küstenstriche in ihrer Gewalt behielten und die ganze Schiffahrt nötigten, sich an die Ufer des gegenüberliegenden Cyperns zu halten. Die Belagerung des wichtigen Seleucia trachea, der zweiten Stadt Ciliciens, schien ihnen damals nicht zu gewagt; erst ein großes römisches Entsatzheer bewog sie zum Abzug. Darauf gelang es nochmals, sie in ihrem Berglande mit einem System von Schanzen und Landwehren für mehrere Jahre einzuschließen, bis sie im Jahre 359

---

[33] Hist. Aug. a. a. O.
[34] *Notitia dignitatum etc.* c. 26, mit Böckings Anmerkungen. Ammian. Marcell. XIV, 2. 8. XIX, 13. XXVII, 9. Zosim. IV, 20. V, 20. 25.

wiederum in großen Haufen hervorbrachen und durch ihre Räubereien das Land in Schrecken setzten; mit zweckmäßigen Drohungen mehr als mit Strafen sollen sie dann abermals zur Ruhe gebracht worden sein. Ein neuer Ausbruch über Pamphylien und Cilicien, wobei sie ermordeten, was ihnen in die Hände fiel, wird zum Jahre 368 berichtet; eine Schar leichter römischer Truppen mit einem der höchsten Reichsbeamten, dem Neuplatoniker Musonius, an der Spitze, ließ sich in einer engen Schlucht von ihnen überfallen und niedermachen. Darauf drängte und verfolgte man sie rastlos von Ort zu Ort, bis sie um Frieden baten und denselben gegen Stellung von Geiseln erhielten. Eine ihrer vornehmsten Ortschaften, Germanicopolis, führte wie gewöhnlich, so auch bei dieser Unterhandlung das Wort; von besonders mächtigen Häuptlingen oder Fürsten ist nicht die Rede. Acht Jahre später unter Valens kommen sie von neuem zum Vorschein; um das Jahr 400 muß der Feldherr Fravitos Cilicien von Räubern reinigen; im Jahre 404 besiegt der Feldherr Arbazacius die Isaurier und läßt sich dann von ihnen bestechen, worauf sie mehrere Jahre nacheinander ihr altes Wesen treiben. So ging es bis tief in die byzantinische Zeit hinein mit Angriff, Abwehr und scheinbarer Huldigung. Das kleine, wenig zahlreiche Volk muß völlig verwildert sein; die Römer nahten ihm nur noch als Feinde, und es ist begreiflich, aber auch zu bedauern, daß von dem politischen, sittlichen und religiösen Zustande, der sich hier entwickelte, keine Schilderung erhalten ist. Das Verhältnis zu Rom war gewiß in mancher Beziehung dem der Tscherkessen zu Rußland ähnlich, aber in den Hauptpunkten davon verschieden. Isaurien ist hellenisiert gewesen, wenigstens oberflächlich, und hat sich später wieder allmählich barbarisiert; daß dies aber so ungehindert geschehen konnte, ist für den innern Zustand des römischen Reiches in mehr als einer Hinsicht bezeichnend. – Wir wenden uns nach dem südlichen Ufer des Mittelmeeres.

Unter den unglücklichsten Ländern des Römerreiches finden wir auch jetzt wieder *Ägypten*, wo sich Diocletian einen traurigen Namen machen wird durch grausame Unterdrückung eines jener Aufstände, an welchen die ägyptische Geschichte seit der Eroberung durch den Sohn des Cyrus so reich ist.

Die Stimmung des Römers gegen Ägypten ist eine sonderbar gemischte; tiefe Verachtung und strenge Überwachung der Eingebornen – sowohl der Ägypter als der kolonisierten Griechen und Juden – geht Hand in Hand mit einer alten Ehrfurcht vor den Erinnerungen und Denkmälern der bereits um Jahrtausende rückwärts liegenden Pharaonenzeit und einem noch sehr lebendigen Überrest derselben: ich meine jene geheimnisvolle Priesterreligion, deren Isiskultus, Symbole, Weihen und magische Künste zumal die spätrömische Welt am wenigsten entbehren mag. Derselbe römische Präfekt oder Epistrateg, welcher vielleicht mit Raub und Grausamkeit über dem Volke waltet, wird doch nach dem hunderttorigen Theben und nach Philä pilgern und seinen Namen auf der Wade des Memnonsbildes einmeißeln lassen[35], nebst der Versicherung, dessen berühmten Ton bei Sonnenaufgang gehört zu haben. Auch die profane Neugier des Altertumsforschers und Reisenden, die romantische Sehnsucht der Gebildeten war dem Lande uralter Kultur in reichem Maße zugewandt. Hier spielen die Romane des Xenophon von Ephesus und des Heliodor; in der bunten Geschichte ihrer Liebespaare Anthia und Habrokomes, Theagenes und Chariklea übernehmen ägyptische Räuberbanden so ziemlich die Rolle, welche neuere Schriftsteller italienischen Banditen zu übertragen pflegen, um vollends von dem symbolischen Roman dies Synesius zu schweigen, welcher Ereignisse aus der Zeit des Arcadius in ein altägyptisches Gewand kleidet. »Alles was von Ägypten erzählt wird«, sagt Heliodor, »interessiert hellenische Zuhörer ganz besonders[36]«. – Auch in die bildende Kunst war das Ägyptische vorzüglich durch Hadrian als Mode eingedrungen, und noch viel später liebte man ägyptische Landschaften, staffiert mit den Wundertieren, den Barkenfahrten, den Lauben und Strandbauten des allbelebenden Nils, ungefähr wie sich unsere Mode zeitweise der chinesischen Schildereien angenommen hat. Dieser Art ist das berühmte Mosaik von Palestrina.

Doch die wirklichen Verhältnisse waren ernst und furchtbar. Alte Kulturvölker, welche nach einer glanzvollen Vergangenheit in die Hände fremder, etwa relativ barbarischer Eroberer gefallen sind und lange Jahrhunderte hindurch ungefragt von Hand zu Hand gehen, nehmen leicht ein Wesen an, welches dem ausländischen Beherrscher als verschlossene Bösartigkeit erscheint, mag es auch nur zum Teil diesen Namen verdienen. Den Anfang hiezu machte die persische Eroberung, welche die Ägypter nicht nur durch Unterwerfung und Druck an sich, sondern auch durch Mißachtung ihrer alten Religion auf das schrecklichste, und zwar bleibend verbitterte. Der einfache Lichtkultus der Perser stieß sich an der massenhaften, halbtierischen Götterwelt ihrer neuen Untertanen; den einen war gerade alles dasjenige unrein, was den andern heilig schien. Daher jene nie endenden Empörungen, die mit Strömen Bluts nicht zu stillen waren. Die darauf folgenden griechischen Herrscher brachten keinen solchen Zwiespalt mit sich; ihr hellenischer Glaube suchte in dem

---

[35] Böckh, *Corpus inscr. graec.* III, *fasc.* II, wo das ganze steinerne Album der Memnonssäule, der Syringen usw. verzeichnet ist. – Vgl. auch Nr. 4699. – Die wichtigern lat. Inschr. bei Orelli, Vol. I, § 8. – Über das Interesse der Römer an Ägypten vgl. bes. Friedländer, Sittengeschichte Roms, Bd. II, S. 79 ff.

[36] Aethiop. II, 27. Αἰγύπτιον γὰρ ἄκουσμα καὶ διήγημα πᾶν ἑλληνικῆς ἀκοῆς ἐπαγωγότατον.

Polytheismus Vorderasiens und Ägyptens nicht die Verschiedenheiten, sondern sehr geflissentlich die Verwandtschaften mit dem ihrigen. Für Alexander den Großen ist Ammon gleich Zeus, den er überdies für seinen eigenen Erzeuger hält; und wenn der Grieche schon früher nicht daran zweifelte, daß sein Apoll mit dem ägyptischen Horus, sein Dionysos mit Osiris, seine Demeter mit Isis eins und dasselbe sei, so wird jetzt für den halben Olymp etwas Entsprechendes am Nil aufgefunden. Ptolemäus, des Lagus Sohn, welcher bei der Teilung der großen Erbschaft unter die Generale Ägypten für sich beiseite gebracht hatte, war nebst seinen nächsten Nachfolgern, die das neue Reich einrichteten[37], überhaupt bemüht, den Ägyptern in gewissen Dingen entgegenzukommen. Die brutale persische Art, jeden Nationalcharakter ohne Not mit Füßen zu treten und es dann auf die verzweifeltsten Aufstände ankommen zu lassen, lag nicht in ihrem Interesse; dieses lief auf einen festgeschlossenen, wohlgeordneten Militär- und Beamtenstaat hinaus, mit soviel Druck, als eben nötig war, um alle Geldmittel des Landes in den Schatz des Königs zu leiten, wo trotz der dritthalbhunderttausend Soldaten und der viertausend Schiffe noch immer unglaubliche Summen liegen blieben. Daneben ließ man dem Lande seine alte, ursprüngliche agrarische Einteilung in Nomen; sogar sein Kastenwesen war gefahrlos, seit es keine einheimische Kriegerkaste mehr gab; die Priester und ihre Tempelherrschaften hegte und pflegte man sogar mit eigener feierlicher Teilnahme, aber nur, indem man sie zugleich beträchtliche Steuern zahlen ließ. Ptolemäus Euergetes baute noch den prachtvollen Tempel von Esne in einem Stil, der von dem altägyptischen kaum merklich abweicht; die Könige seines Geschlechtes ließen sich noch einbalsamieren, freilich auch neben, ja über Isis und Osiris als »erhaltende Götter« verehren. Dies war das deutlichste Symbol einer Amalgamierung, welche mehr und mehr dadurch erreicht wurde, daß die Griechen sich nicht mehr in Faktoreien einschlossen, sondern im Lande zerstreut mitten unter den Ägyptern lebten. Immerhin blieb die neue Weltstadt Alexandrien überwiegend griechisch; von hier strahlte das kosmopolitisch mitteilbar gewordene Griechentum, welches man den Hellenismus nennt, sein Licht am hellsten aus. Eine Zeilang war keine Stadt in der Welt, die sich mit dieser hätte messen können an Pracht und an äußerlicher wie geistiger Regsamkeit, aber auch nirgends mochte ein gleiches Maß von Verdorbenheit beisammen sein wie hier, wo drei Völker (die Juden mitgerechnet), alle an ihrem altnationalen Wesen irre geworden, rein polizeilich gehütet werden mußten.

Als Augustus nach dem Siege von Actium das inzwischen etwas herabgekommene Land übernahm[38], sollte es plötzlich nur noch in bezug auf

---

[37] Vgl. Droysen, Gesch. des Hellenismus, Bd. 2.

[38] Vgl. Varges, *De statu Aegypti provinciae rom.* Göttingen 1842.

Rom existieren dürfen, als einträgliche Domäne und als Kornkammer. Keine Provinz wurde so überwacht wie diese, sowohl wegen des gefährlichen Volksgeistes und bedenklicher Weissagungen als wegen der außerordentlichen Wichtigkeit. Ohne kaiserliche Erlaubnis durfte kein römischer Senator noch Ritter die Gegend betreten; das Amt eines Präfekten von Ägypten war einer der höchsten Vertrauensposten, weil man nirgends so eifrig als hier Abfall und Usurpation zu verhindern suchte. Natürlich mußte man ihm auch eine weite Vollmacht lassen; seine äußere Stellung sollte den Ägyptern noch das alte Königtum vergegenwärtigen, an welches wenigstens seine imposanten Amtsreisen erinnern konnten. Da sah man ihn mit großem Gefolge, worunter auch Priester, auf einem jener schwimmenden vergoldeten Ziergebäude den Nil auf- und niederfahren, welche der Luxus der Ptolemäer in Gebrauch gesetzt hatte. Von ihm abwärts stuft sich dann regelmäßig das Beamtensystem ab, ungefähr wie man es von den Ptolemäern übernommen; vom Volk ist am wenigsten die Rede, und man weiß nicht, ob es auch nur seine geringern Beamten selber wählen und zu irgend einem andern Zweck, als um Huldigungen an die Kaiser zu beschließen, sich örtlich versammeln durfte. Die Besatzungen, welche das Land gegen innere und äußere Feinde zu bewachen hatten, sind auch für das sparsame römische System gering; bald nach Augustus entsprachen den acht Millionen Einwohnern (worunter eine Million Juden) höchstens 20000 Mann Truppen. Als einen der wichtigsten strategischen Punkte hatten die Römer, wie später die Araber, die Gegend des alten Memphis erkannt, wo der Nil sich zu teilen beginnt; eine Legion lag deshalb immer in Babylon, dem jetzigen Altkairo. In Friedenszeiten mußten die Soldaten an den Nilkanälen schaufeln, Sümpfe abgraben u. dgl.; Probus brauchte sie sogar bei der Errichtung von Tempeln und andern Prachtbauten. Das Land durfte nicht zuviel kosten, wenn es im erwünschten Maße nutzbar sein sollte. Rom sorgte dafür durch ungeheure Zumutungen; ein Fünftel des sämtlichen Ertrages an Getreide (wie einst schon unter den Pharaonen) oder ein teilweises Äquivalent an Geld als Grundsteuer (wenn nicht vollends der Doppelzehnten *und* die Grundsteuer) mußten an den Staat abgeliefert werden. Auch die Tempelbesitzungen waren von dieser Leistung nicht frei. Zu den mehr als drittehalb Millionen Zentner Getreide, welche jährlich auf diese Art aus dem Lande gingen, kamen dann noch die Kopfsteuer und hohe Eingangs- und Ausgangszölle, welche jetzt mehr eintrugen als unter den Ptolemäern, weil sich allmählich die ganze römische Welt an gewisse indische, hauptsächlich durch Ägypten transportierte Waren gewöhnt hatte. Von den Mündungen des Nils aufwärts bis nach Oberägypten und ans Rote Meer werden die Zollkastelle erwähnt; die Verwalter waren selbst Ägypter, wahrscheinlich weil zu diesem gehässigen Geschäft niemand tauglicher war. Von den Bergwerken war vielleicht nur der geringste Teil nutzbar für den Staat; die kostbaren Mineralien Ägyptens, der Smaragd von Koptos, der rötliche Granit von Syene, der Porphyr des Claudianischen Berges, dienten dem Luxus der Kleidung und des Bauens; neben den Arabern, welche ein besonderes Geschick im Auffinden der Gänge hatten, arbeiteten hier Tausende von Verurteilten.

Was die Beschäftigung und den ökonomischen Zustand des Volkes betrifft, so wird man annehmen können, daß Ober- und Mittelägypten, so weit es der Nil bewässerte, fast ganz dem Landbau anheimgefallen waren, und daß die lebhafte Fabrikation von Geweben aller Art nebst Glas- und Töpferwaren sich auf Unterägypten beschränkte, wo das Nildelta mit seinen Seitengegenden überdies noch für den Landbau die größten Hilfsmittel bot. Im obern Lande dürfen wir uns die großen alten Städte schon ziemlich verlassen und auf ihre unzerstörbaren Tempel und Paläste reduziert vorstellen[39]; wenigstens hatte die spätere Gründung Ptolemais (bei Girgeh) sie sämtlich überholt und war dem damaligen Memphis wenigstens gleichgekommen, was vielleicht nicht gar viel sagen will. Die Bevölkerung des untern Landes war, wie sich mit Sicherheit vermuten läßt, dem überwiegenden Teile nach ein im Taglohn arbeitendes, nichts besitzendes und sehr wenig bedürfendes Proletariat, dessen Geschäftigkeit, wenigstens in Alexandrien, noch Kaiser Hadrian[40] mit Verwunderung rühmt: »Hier ist keiner müßig; die einen machen Glas, die andern Papier; wieder andere sind Weber; jedermann gehört zu irgend einem Gewerbe und bekennt sich auch dazu; auch Podagrische und Blinde haben ihre Beschäftigung, und selbst solche, deren Hände lahm sind, liegen nicht müßig«. Ob damit eine sehr große Zerstückelung des Grundbesitzes oder im Gegenteil eine Vereinigung in ganz wenigen Händen verbunden war, ist nicht zu entscheiden, indem wir zum Beispiel nicht wissen, wie groß in Unterägypten die Tempelgüter und die kaiserlichen Domänen sein mochten; durch jene enorme Abgabe war übrigens auch der freie Grundbesitz faktisch unfrei geworden.

Daneben wird uns in der Umgebung des jetzigen Damiette ein Distrikt, die sogenannten Bukolien, geschildert[41], wo sich eine alte, vielleicht seit

---

[39] Schon Germanicus findet von Theben nur noch die *magna vestigia*. – Tac. Ann. II, 60. Juvenal. XV, 6. Ammian. Marc. XVII, 4.

[40] Hist. Aug. Saturnin. 8. – In dem mareotischen Gau bei Alexandrien findet noch Sokrates (*Hist. eccl.* I, 27) im fünften Jahrhundert »viele und volkreiche Dörfer mit prächtigen Kirchen«.

[41] Dio Cass. 71, 4. Heliodor. I, 5 ff.; 28 ff.; II, 17 ff.; auch VI, 13. Der Romanschreiber, welcher Ägypten offenbar kannte, darf uns hier als Quelle dienen. Er schrieb wahrscheinlich im vierten Jahrhundert und benützt die Anschauungen dieser Zeit, obschon er seine Geschichte unter der Perserherrschaft spie-

vielen Jahrhunderten vernachlässigte Bevölkerung zu einer Art von Räubervolk ausgebildet hatte. Das Kaisertum ließ sich in Italien selber bisweilen die Räuberbanden nahezu über den Kopf wachsen; unter den Augen des gewaltigen Septimius Severus[42] und seiner siegreichen Armee durfte der geniale Bulla Felix mit einer Bande von 600 Mann während zweier Jahre die ganze Via Appia brandschatzen; ein paar Jahrzehnte später wird ganz beiläufig[43] an der genuesischen Riveria, bei Albenga, ein vornehmes, reiches Räubergeschlecht erwähnt, welches in eigenen Geschäften 2000 bewaffnete Sklaven aufstellen konnte. Von Isaurien und dem Zustand, welchen man dort duldete, ist bereits die Rede gewesen. Mit den ägyptischen Bukolen aber wurde schon Marc Aurel gezwungen, Krieg zu führen. »Sie standen auf«, sagt Dio, »und rissen auch die übrigen Ägypter zum Abfall fort; es führte sie ein Priester [und] Isidorus. Zuerst hatten sie einen römischen Hauptmann überlistet, indem sie ihm, als Weiber verkleidet, sich näherten, als wollten sie ihm Gold geben zur Freilassung ihrer Männer; darauf ermordeten sie ihn und seinen Begleiter, schworen über den Eingeweiden des letztern einen Bund und aßen dann dieselben ... In offener Schlacht überwanden sie die Römer und würden auch bald Alexandrien eingenommen haben, hätte nicht Avidius Cassius, der aus Syrien gegen sie heranzog, sie dadurch gebändigt, daß er ihre Eintracht aufzulösen und sie zu trennen wußte, denn einen Kampf gegen die ganze wahnsinnige Masse durfte man nicht wagen«.

Es waren vielleicht kaum ein paar Tausende eigentlicher Bukolen, und man könnte sie, wo es sich um Geschichte des römischen Reiches handelt, wohl übergehen, wenn in diesen Dingen die Zahl entschiede. Dergleichen alte, unterdrückte, in neuer Barbarisierung begriffene Bevölkerungen würden wir im ganzen Reiche noch manche kennen, wenn die Provinzialgeschichte nicht so stumm wäre. – Der Name Bukolen, Rinderhirten, läßt einen Rest der alten Kaste dieses Namens vermuten; allein sie hatten wahrscheinlich mit keinen Rindern mehr zu tun, ausgenommen etwa mit den geraubten. Einer der mittlern Arme des Nils, unweit vom Meer, nährte durch seinen Überschuß einen großen See, dessen sumpfiges Röhricht rings am Ufer der Wohnsitz, wenigstens der Schlupfwinkel dieser Parias war, vielleicht der ungesundeste Fleck von Ägypten, den ihnen schon deshalb kaum jemand streitig machte. Hier lebten sie teils auf Barken, teils auf Inselchen in Hütten; die kleinen Kinder banden sie an Rie-

len läßt. Schon aus viel früherer Zeit kennt man den »Sumpfkönig« Amyrtäos und das Wort des Thukydides (I, 110): μαχιμώτατοί εἰσι τῶν Αἰγυπτίων οἱ ἕγειοι.

[42] Dio Cass. 76, 10. Die Frechheit syrischer Räuber ebendas. 75, 2. Ein syrischer Raubdistrikt um Apamea, Ammian. Marc. XXVIII, 2.

[43] Hist. Aug. Proculus 12. – Über die Kostoboken in Hellas Pausan. X, 34, 2.

men, welche nur so lang waren, daß sie nicht ins Wasser fallen konnten. Das Schilf war mit Wegen für ihre eigentümlichen Kanots durchschritten, wo sich außer ihnen niemand zurechtfand. Auch von Räuberdörfern ist die Rede, womit jedoch eben jene Ansiedelungen am See gemeint sein können. Zu diesen Bukolen zog sich nun alles, was mit der bürgerlichen Ordnung überworfen war; welche Sitten sich da ausbildeten, lehrt die Geschichte ihrer Empörung unter Marc Aurel; schon das Aussehen der Leute mit ihrem vorn bis auf die Augen, hinten lang herabhängenden Haar war fürchterlich[44]. – Welche Kontraste waren hier auf einem Raum von wenigen Tagereisen beisammen! Das reiche industrielle Alexandrien, der Räuberstaat im Sumpfe, und westlich am mareotischen See die letzten jüdischen, in der nahen nitrischen Wüste aber die ersten christlichen Einsiedler. – Die Bukolen selber wollten in der Folge vom Christentum nichts wissen; noch gegen Ende des vierten Jahrhunderts war unter diesen »wilden Barbaren« kein einziger Christ[45].

Doch es ist Zeit, auf den Charakter und die besondern Schicksale der Ägypter in der spätern römischen Zeit zu kommen.

»Der Ägypter schämt sich«, sagt Ammian[46], »wenn er nicht an seinem dürren, braunen Leib Striemen über Striemen aufzuweisen hat, die ihm wegen Verweigerung von Abgaben zuteil geworden. Man hat noch keine physische Qual zu erfinden vermocht, die einen recht verhärteten ägyptischen Räuber dahin gebracht hätte, seinen Namen zu bekennen«. – Dies war die Stimmung der untern Klassen gegen die Behörde. Bei jedem allgemeinen Unglück, gleichviel ob Krieg oder Mißwachs, ging die erste Anklage gegen die Regierung; die Gesinnung der Massen war permanent aufrührerisch und wäre es auch gegen bessere Herrscher gewesen. In gewöhnlichen Zeiten offenbarte sich dies durch eine giftige Spottsucht, welche zwischen den kriechendsten Schmeicheleien hervorbrechend keine Grenzen kannte. Eine ehrbare römische Matrone[47], welche als Gemahlin eines Präfekten in Ägypten wohnen mußte, erschien dreizehn Jahre lang nicht öffentlich und ließ keinen Ägypter ins Haus, um wenigstens ignoriert zu werden; wer sich aber nicht auf diese Weise schützen konnte, mußte sich die schändlichsten Reden und Spottlieder gefallen lassen; »Dinge[48], die den Alexandrinern selbst sehr hübsch vorkommen mochten, dem Be-

---

[44] Auf Analogien in den Zuständen des modernen Indiens darf hier bloß hingedeutet werden.

[45] Hieronym. *vita S. Hilarion.* 43.

[46] Ammian. Marc. XXII, 16, vgl. XXVIII, 5 und XXI, 6.

[47] Seneca, *Consol. ad Helv.* 17. – Diese Spottsucht ist auch der stets wiederkehrende Klagepunkt in der 32. Rede des Dio Chrysostomus, die den Zustand Alexandriens im ersten Jahrhundert n. Chr. behandelt.

[48] Herodian. IV, 9.

treffenden aber kränkend«. Bei Caracalla gerieten sie damit bekanntlich an den Unrechten; er entschädigte sich durch ein seit Jahren prämeditiertes Gemetzel vieler Tausende. Augustus und Nero[49] waren klüger verfahren, sie hatten das Gespötte der Alexandriner überhört und sich an ihrem Talent des Schmeichelns und Applaudierens ergötzt.

Aber nicht nur nach oben, sondern auch unter sich zeigten die Ägypter ein Bedürfnis nach Zank und Streit, namentlich eine betrügerische Prozeßsucht ohnegleichen. Da sah man diese sonst düstern Menschen *(moestiores)* in wilder Schmähung, in glühendem Zorn aufflammen, und wäre es auch nur gewesen, weil man einen Gruß nicht erwidert, in den Bädern nicht Platz gemacht[50], oder sonst irgendwie die bösartige Eitelkeit verletzt hatte. Da der geringste Lärm für Tausende gleichmäßig verbitterter Menschen zum Signal des Ausbruches ihrer innern Gärung dienen konnte, so war immer eine allgemeine Gefahr bei diesen Händeln, und der Oberbeamte, welcher die Ruhe und den Gehorsam Ägyptens auf sich genommen hatte, konnte damit auch eine ganz unmenschliche Repression wenigstens beim Kaiser rechtfertigen. – Man wußte, es wurde nicht eher ruhig, bis Blut geflossen war[51]. Es charakterisiert namentlich Alexandrien, daß hier früher als irgendwo im Reiche, ja vielleicht schon zur Ptolemäerzeit, die Parteinahme für die Wagenlenker des Hippodroms[52] regelmäßig zu Mord und Totschlag führte.

Eines ist es vorzüglich, was solche uralte, mißverstandene und mißhandelte Nationen zu einer wahnsinnigen Anstrengung entflammen kann: ihre alte Religion, welche, obwohl entartet und jeder sittlichen Belebung fremd, doch wesentlich die Stelle des verlorenen nationalen Bandes vertritt. So ist den Ägyptern ihr Heidentum, später selbst ihr Christentum der Kanal geworden, in welchen sich die unbestimmte verhaltene Wut ergoß. Das Bedürfnis fanatischen Taumels war vorhanden; über den zufälligen Gegenstand verfügten Zeit und Schicksal. Das heidnische Rom hütete sich, in diesen Dingen Anstoß zu geben; die Kaiser machten Weihen und Opfer mit, wenn sie das Land besuchten; in den Bildwerken treten sie durchaus als altägyptische Könige auf, mit den Beischriften »der Ewiglebende, der Isisgeliebte, der Phtha-geliebte«; Tempel wurden von ihnen oder als Gelübde für sie erbaut, andere vollendet[53]. Aber innerhalb Ägyptens selbst war hinlänglicher Anlaß zum religiösen Hader gegeben

---

[49] Sueton. Aug. 97. Nero 20.
[50] Hist. Aug. XXX. Tyr. 22, Firmus 3 f., Saturninus 7 f.
[51] Sokrates, *Hist. eccl.* VII, 13.
[52] Philostratus, *Vita Apollon.* V, 26.
[53] Der Gebrauch der Hieroglyphen ist bis auf Caracalla erweislich; ihr Verständnis war noch im ganzen fünften Jahrhundert nicht erloschen. – Vgl. die Einleitung zum betreffenden Abschnitt in Böckhs *Corpus inscr. graec.* III, *fasc.* II.

durch die Eifersucht von Tempel zu Tempel, welche sich besonders in abweichender Parteinahme für die heiligen Tiere aussprach. Juvenal und Plutarch haben uns Genrebilder dieses Inhalts hinterlassen, welche man mit ungeteiltem Ergötzen lesen würde, wenn nicht der Schattenumriß des ältesten Kulturvolkes der Erde doch immer etwas Ehrwürdiges hätte, das man ungern völlig in den Staub getreten sieht[54]. In der einen Stadt hat die Orthodoxie nichts dagegen, wenn man dasselbe Tier verspeist, welches in der andern angebetet wird; in Cynopolis (Hundestadt) wird ein Stör geschlachtet, was die von Oxyrynchus (Störstadt) alsobald durch Opferung und Verspeisung eines Hundes vergelten; darob entsteht zwischen beiden Orten blutiger Krieg, den die Römer durch Strafen stillen. So Plutarch; bei dem von Juvenal geschilderten schändlichen Überfall der Tentyriten gegen das in trunkenem Festjubel sorglose Ombos kommt es nicht bloß zu den scheußlichen Verstümmelungen und Tötungen, man teilt sich auch in die Stücke eines zerschnittenen Leichnams, wie die Bukolen in jenem oben erzählten Falle[55]. – Leicht konnte sich da die Sage bilden, einst habe ein alter König weislich den verschiedenen Orten verschiedene Tierkulte anbefohlen, weil ohne die daraus entstandene ewige Zwietracht das große unruhige Ägyptervolk gar nicht zu bändigen gewesen wäre. – Wir werden in der Übersicht des Heidentums auf diese gewaltige Religion, ihre Priester und Zauberer und ihr stolzes Verhältnis zum griechisch-römischen Heidentum zurückkommen müssen.

Die noch immer am Leben befindliche und noch später bekanntlich im sogenannten Koptischen fortdauernde ägyptische Sprache[56] war damals nicht mehr die wesentliche Trägerin dieser Religion. Menschen aus allen Gegenden des Reiches unterwarfen sich eifrig dem Modeaberglauben. Das überwiegend griechische Alexandrien besaß vollends in seinen Fabriken und an seinem Hafen einen so fanatischen Pöbel als er sich irgend am Nil finden mochte, was besonders die Christen schwer zu empfinden hatten. Um ein volles Jahr kam man hier der Verfolgung des Decius zu-

---

[54] Juv. Sat. XV. – Vgl. Plutarch, *De Iside et Os.* 72. – Hieronym., *Adv. Jovinian.* II, 7. – Die beiden hier vorkommenden Tiere gehören laut Strabo XVII, 1 noch immer zu den im ganzen Lande verehrten, nicht zu den heiligen Distriktstieren.

[55] Vgl. die Exzesse der Juden in Ägypten und Cyrenaica unter Hadrian, Dio Cass. LXVIII, 32.

[56] Sie war sonst noch die vorherrschende Landessprache. Vgl. Apostelgesch. XXI, V. 37 f. Auch Ägypter von Stande beschränkten sich darauf und brauchten zum Umgang mit Griechen Dolmetscher. So z. B. S. Antonius, dessen Bibelkunde überdies auf ein hohes Alter der ägyptischen Bibelübersetzung schließen läßt. Vgl. Athanas., *Vita S. Anton. col.* 473, *s.*

vor (251)[57], indem ein Wahrsager das Volk mit wilden Improvisationen aufgeregt hatte. Auch hier tritt die ausgebildete Henkersphantasie zutage, wie sie gedrückten Völkern eigen ist; man sticht die Verfolgten mit spitzigem Rohr ins Gesicht und in die Augen, schleift sie auf dem Pflaster, schlägt ihnen alle Zähne aus, bricht ihnen die Glieder einzeln, und dergleichen mehr, der gerichtlichen Folter nicht zu gedenken[58].

Den Römern war der ganze Charakter dieses Volkes schon in geselliger Beziehung zuwider; wo man im weiten römischen Reiche mit reisenden Ägyptern zu tun bekam[59], konnte man auf irgend eine grobe Unschicklichkeit rechnen, »weil sie von Hause aus so erzogen waren«. Vor öffentlichen Personen, und mochte es auch der Kaiser sein, war ihr freches Schreien und Kreischen unleidlich. Um so weniger wurden Umstände gemacht, wenn es galt, Ägypten durch Strafen zur Besinnung zu bringen. Zu dem allgemeinen Reichsunglück, welches seit Mitte des dritten Jahrhunderts in Gestalt von Krieg und Pest die Erde entvölkerte, sollte für dieses Land noch besonderes Unheil kommen.

Unter Gallienus (254–268) begab es sich, daß der Sklave eines alexandrinischen Beamten[60] auf militärische Weise mit Ruten gestrichen wurde, weil er (ohne Zweifel mit ägyptischem Hohn) gesagt hatte, seine Sandalen taugten mehr als die der Soldaten. Der Pöbel nahm Partei, und es sammelten sich dichte Massen vor der Residenz des Präfekten Aemilian, ohne daß man anfangs gewußt hätte, wem es eigentlich galt. Bald folgten Steine, Schwerter wurden gezückt, Wut und Lärm stiegen grenzenlos; entweder war nun der Präfekt das Opfer des Pöbels, oder (wenn er mit größter Mühe Meister wurde) er hatte Absetzung und Strafe zu erwarten. In dieser Not erhob er sich zum Kaiser, wie es scheint auf Verlangen der Truppen, welche den indolenten Gallienus haßten und gegen die das Land bedrängenden Barbaren einer Anführung bedurften, die von kleinlicher Verantwortlichkeit frei sein mußte. Er durchzog Ägypten, drängte die eingefallenen Völker zurück und behielt das Getreide im Lande; man durfte eine Rettung hoffen, wie der Okzident sie damals durch Postumus und seine Nachfolger fand. Aber als Aemilian bereits eine Expedition über das Rote Meer rüstete, gab ihn Ägypten dem von Gallienus gesandten General Theodotus preis, der ihn gefangen seinem Herrn schickte.

---

[57] Euseb., *Hist. eccl.* VI, 41.
[58] Wie noch in der christlichen Zeit, im Jahr 415, die Philosophin Hypatia mit Scherben gesteinigt und die Leiche in Stücke zerrissen wurde, erzählt umständlich Sokrates, *Hist. eccl.* VII, 15.
[59] *Eunap. vitae philoss., sub Aedesio.*
[60] Hist. Aug. XXX. Tyr. 22, und Gallien. 4. Die Motive bleiben doch meist dunkel.

Vielleicht wurde er an derselben Stelle im tullianischen Kerker zu Rom erdrosselt, wo einst Jugurtha den Hungertod starb.

Ob das Land noch insbesondere der Rache des Gallienus unterlag, ist nicht bekannt. Jedenfalls hätte es diesem nicht viel geholfen, denn bald nachher geht ihm Ägypten abermals verloren (261)[61], einstweilen nur für kurze Zeit, allein unter Umständen der entsetzlichsten Art, die wir freilich nur ahnen können. Ein Jahr über ist Macrian Herr des Orientes; was für Kämpfe damals in Alexandrien wüteten und zwischen wem, ist unbekannt; nachher aber schildert der Bischof Dionysius die Stadt, wie sie unkenntlich geworden durch all die Greuel, wie die große Hauptstraße, vielleicht jene von dreißig Stadien Länge, so öde liegt als die Wüste des Sinai, wie in den stille gewordenen Häfen der Stadt das Wasser von Blut gerötet ist, und der nahe Nilkanal voll Leichen schwimmt[62].

Nochmals wird Gallienus Meister, aber unter seinen Nachfolgern Claudius Gothicus und Aurelian läßt die große Königin von Palmyra, die Enkelin der Ptolemäer, Ägypten, wenigstens Alexandrien zweimal für sich erobern[63]. Da zeigt sich (ähnlich wie damals in mehrern Provinzen) die letzte nationale Regung von größerm Maßstabe bei dem sonst unkriegerischen, gealterten Volke; heftig nimmt man Partei für und gegen Zenobia; Volksheere verstärken (so scheint es) die beiderseitigen Truppen. Die Palmyrener bleiben Sieger; allein nicht lange hernach stürzt ihr eigenes Reich durch den großen Feldzug Aurelians (273). Jetzt konnte die bisherige palmyrenische, römerfeindliche Partei unter den Ägyptern nichts als harte Strafe erwarten; vermutlich durch ihre Verzweiflung erhob sich ein reicher in Ägypten angesessener Seleucier, Firmus, zum Kaiser. Der einzige Referent[64], den wir hierüber besitzen, verspricht zwar, die drei Firmus, welche damals in Afrika figurierten, nicht miteinander zu verwechseln; er schildert aber denjenigen, um welchen es sich hier handelt, den Usurpator von Ägypten, mit so fabelhaft auseinanderlaufenden Umrissen, daß man dieselben doch auf mehr als einen Menschen glaubt verteilen zu sollen. Sein Firmus reitet auf Straußen, kann aber auch einen ganzen Strauß und das Fleisch von Nilpferden verdauen, seiner Bekanntschaft mit den Krokodilen zu geschweigen; selbst einen Amboß läßt er sich auf den Leib legen und darauf mit Hämmern schlagen. Ebenderselbe

---

[61] Manso, Leben Constantins, S. 468, glaubt Aemilians Aufstand erst in das Jahr 263 versetzen zu müssen und zitiert dazu, offenbar aus Versehen, Hist. Aug. Gallien. c. 9. Aus c. 4 *ibid.* ließe sich im Gegenteil schließen, daß das Ereignis vor 259, d. h. vor die Erhebung des Postumus, zu setzen sei.

[62] Bei Euseb., *Hist. eccl.* VII, 21 und 23. Valesius bezog diese Schilderung auf die Ereignisse zur Zeit Aemilians.

[63] Zosim I, 44.

[64] Hist. Aug. Firmus 2 *seq.* u. Aurelian. 32.

ist der Freund und Genosse Zenobiens und einer der größten Kaufleute und Fabrikanten von Ägypten. Mit dem Ertrag seiner Papierfabriken allein rühmte er sich ein Heer unterhalten zu können; er stand in großen Lieferungskontrakten mit den Arabern sowie mit den Blemmyern, welche den Handel nach dem Roten Meere und dem innern Afrika vermittelten; häufig gingen seine Schiffe nach Indien. Mochte überall sonst der Kaiserpurpur von Offizieren, Provinzialadligen und Abenteurern aller Art umgeschlagen werden, – für Ägypten ist es ganz bezeichnend, daß auch der Großhändler den Versuch wagt, nachdem der unaufhörliche Krieg ihn ohnedies mit Ruin bedroht hat.

Aurelian aber wollte rasch mit dem »Throndieb« fertig werden; er siegte in einer Schlacht und belagerte ihn dann zu Alexandrien[65]. Hier scheint sich Firmus mit seiner Partei noch ziemlich lange in dem Bereich der alten Königsburg, Bruchion, gehalten zu haben; wenigstens fand es Aurelian, nachdem er ihn in seine Hände bekommen und getötet, für angemessen, jenes ganze, herrliche Stadtquartier[66] schleifen zu lassen. Da sank in Schutt der Palast der Ptolemäer, ihre prächtige Gruft, das Museion, an welches sich alle geistigen Erinnerungen des spätern Griechentums knüpften, und die Riesensäulen der Propyläen, über welchen sich noch ein hoher Kuppelbau erhoben hatte; der verwüsteten Theater, Hallen, Gärten usw. nicht zu gedenken. War es Rache? oder folgte der Sieger bloß strategischen Gründen? Man vergesse nicht, daß gewisse Gegenden des Reiches verhungern konnten, wenn das empörte Ägypten, wie noch unter Firmus geschah, die Ausfuhr zurückhielt. Immer bleibt es aber ein trauriges Zeichen für Herrscher und Beherrschte, wenn solche Opfer gebracht werden müssen, um einer Stadt die Fähigkeit der Empörung und Verteidigung zu benehmen.

Bei den Ägyptern wirkte dergleichen überdies nur wie ein Reiz mehr. Unter Probus (276-282) oder schon vorher kam einer der tüchtigsten Generale, der Gallier Saturninus, in das Land, den die frechen Alexandriner sogleich als Kaiser begrüßten. Entsetzt floh Saturnin vor dieser Zumutung nach Palästina; da er aber die große Seele des Probus[67] nicht kannte, hielt er sich bei weiterem Nachdenken doch für verloren und nahm den purpurnen Peplos eines Aphroditenbildes jammernd um sich, während ihn die Seinigen adorierten. Sein Trost war: ich werde wenigstens nicht einzig umkommen. Probus mußte ein Heer senden; gegen seinen Willen wurde der unglückliche gefangene Usurpator erwürgt. Später mußte Probus nochmals in Ägypten Krieg führen lassen, weil der

---

[65] Matter, *Hist. de l'école d'Alexandrie I*, p. 300.
[66] Strabo XVII, 1.
[67] Hist. Aug. Saturnin. 11.

schon längst gefährliche nubische Stamm der Blemmyer einen Teil des obern Landes, namentlich das schon erwähnte Ptolemais am Nil, eingenommen hatte, und zwar mit Konnivenz der unheilbar aufrührerischen Einwohner. Diese Blemmyer, ein hageres, braunes, flüchtiges Wüstenvolk[68], hatten den Transport von den Hafenstädten des Roten Meeres nach dem Nil in ihre Hände bekommen; sie zu unterwerfen oder zu vertilgen war von jeher gleich untunlich gewesen, und so mußte man von Zeit zu Zeit mit ihnen abrechnen. Auch diesmal wurden die römischen Generale Meister, gewiß nicht ohne Anwendung harter Strafen. – Aber unter Diocletian fällt ganz Ägypten von neuem ab und zwar für eine Reihe von Jahren, indes die Kaiser von dem kaum gebändigten Gallien aus zugleich Britannien wieder erobern, einen Usurpator in Karthago bekämpfen, die Einfälle maurischer Völker zurückweisen und sonst fast überall an den Grenzen Krieg führen mußten. Während die Blemmyer sich abermals Oberägyptens bemächtigten, erhob sich (286) in Alexandria ein sonst ganz unbekannter Mensch, L. Elpidius Achilleus[69], zum Augustus. Erst nach zehn Jahren (296) war Diocletian imstande, auch hier einzuschreiten. Durch Palästina zog er nach Ägypten, mit ihm[70] der 22jährige Constantin, dessen große, majestätische Gestalt in den Augen der Menschen den Imperator verdunkelte. Abermals eine lange, achtmonatliche Belagerung von Alexandrien, nebst Zerstörung der Aquädukte und, nach der Tötung des Achilleus, eine abermalige, schreckliche Züchtigung. Die Hauptstadt wird dem vermutlich höchst erbitterten Heere zur Plünderung überlassen, der Anhang des Thronräubers geächtet und eine Menge Menschen hingerichtet. Als Diocletian einritt, meldet die Sage, gebot er zu morden, bis das Blut seinem Roß an die Knie reichen würde; aber nicht weit vom Tor glitt das Tier auf den Leichen aus und wurde am Knie blutig, worauf dem Mordbefehl sogleich Einhalt getan wurde[71]. Ein ehernes Pferd bezeichnete noch lange die Stelle. In Mittelägypten wurde die Stadt Busiris gänzlich zerstört. Nicht besser ging es den Oberägyptern; hier hatte der reiche Stapelplatz Coptos, wo die Blemmyer sich vorzüglich mochten festgesetzt haben, dasselbe Schick-

---

[68] Avienus, *Orbis terr. descr.* Vs. 329 – Gibbon, Kap. 13 taxiert die Schwierigkeit eines Kampfes gegen solche Völker, denen man nie mit einer großen Armee folgen kann, zu gering. – Vgl. Preuß, S. 72.

[69] Wahrscheinlich ein Nationalägypter; sein Name erinnert an den berüchtigten Minister der letzten Ptolemäer, an den 311 erwählten Patriarchen von Alexandrien, und andere dieses Namens.

[70] Nach den Titeln im Edikt des Galerius (bei Euseb., *H. E.* VIII, 17) scheint auch dieser dabei gewesen zu sein.

[71] Malalas, 1. XII *ed. Bonn.* p. 309.

sal wie Busiris[72]. Bei diesem Anlaß aber traf Diocletian (wie Eutrop sagt, sein christlicher Bearbeiter Orosius dagegen verschweigt) auch viele umsichtige Anordnungen, die nachher eine bleibende Geltung behielten. Er schaffte, ohne Zweifel aus guten Gründen, die alte Bezirkseinteilung und die von Augustus herstammende Einrichtung des Landes ab und teilte dasselbe in drei Provinzen, entsprechend der Organisation der übrigen Reichsgebiete[73]. Für die Sicherheit des Handelsverkehrs wurde dadurch gesorgt, daß er, den Blemmyern gegenüber, einen andern afrikanischen Stamm von der großen Oase her, die Nobaten, in den bleibenden Sold des Reiches nahm und ihnen ein bisheriges, wenig einträgliches Stück römischen Gebietes oberhalb Syene abtrat, wo sie fortan als Grenzhüter wohnen sollten[74]. Es war nicht seine Schuld, daß dergleichen Auskunftsmittel bei der Erschöpfung der Heere und der Kassen zur Notwendigkeit geworden waren, und daß man den Nobaten und den Blemmyern gleichwohl noch eine Art von Tribut bezahlen mußte. Ganz diocletianisch ist aber die Art und Weise, wie man sie in Eid und Pflicht nahm; auf der Grenzinsel Philä, welche übrigens neue, starke Befestigungen erhielt, wurden Tempel und Altäre für gemeinschaftliche Sacra zwischen ihnen und den Römern neu erbaut oder doch die vorhandenen neu geweiht und mit beiderseitigen Priesterschaften bestellt. Die beiden Wüstenvölker waren ägyptischen Glaubens, die Blemmyer mit besonderer Neigung zu Menschenopfern; sie erhielten oder behielten jetzt auch das Recht, zu gewissen heiligen Zeiten das Isisbild von Philä in ihr Land abzuholen und es dort eine bestimmte Zeit zu behalten. Noch schildert uns eine Inschrift[75] den feierlich auf dem Nil sich bewegenden Barkentempel mit dem Bild der Göttin.

Auch eine neue Stadt tauchte seitdem in Oberägypten, nahe bei dem zerstörten Coptos, auf: Maximianupolis, welche der Kaiser nach dem Namen seines ältesten Mitregenten benannte. Vielleicht war es ein bloßer Garnisonsort, vielleicht liegt darunter das alte, nur umgetaufte Apollinopolis[76].

Selbst das tief in Jammer versenkte Alexandrien erhielt wenigstens einigen Trost; Diocletian wies der Stadt wieder bestimmte Kornverteilungen zu, eine Gnade, welche längst sehr viele auch außeritalische Städte genossen. Dafür rechneten fortan die Alexandriner die Jahre[77]

---

[72] Euseb. *chron.* und Zonaras XII, 31 nehmen für die Katastrophe dieser beiden Städte einen frühern Zug des Kaisers nach Ägypten an, ersterer zum Jahr 294 (d. h. nach unserer Rechnung 291).

[73] Preuß, a. a. O., S. 73.   [74] Procop., *Bell. pers.* I, 15.

[75] Böckh, *Corp. inscr. gr.* I, c. N. 4943.

[76] Vgl. Böcking, *Notitia imperii I*, p. 320.

[77] Vgl. *L'art de vérifier les dates*, Einleitung.

nach seiner Regierungszeit; dafür errichtete ihm der Präfekt Pompeius im Jahre 302 die mit Unrecht nach seinem eigenen Namen benannte Säule, welche noch die Weihinschrift trägt: dem heiligsten Autokrator, dem Stadtgenius[78] Alexandreias, dem unbesiegten Diocletian. Von einem ältern Prachtbau entnommen oder für einen unvollendeten bestimmt, ragt der riesige Monolith noch jetzt aus den kaum mehr kenntlichen Resten des Serapeums empor.

Endlich meldet eine späte[79] und teilweise entstellte Notiz: Diocletian habe damals die Schriften der alten Ägypter über die Hervorbringung von Gold und Silber zusammensuchen und verbrennen lassen, damit die Ägypter nicht mehr aus dieser Quelle Reichtümer schöpfen und in dem daher entstandenen Übermut sich gegen Rom empören möchten. Man hat dagegen sehr einleuchtend bemerkt, daß Diocletian die Bücher wohl zu seinem eigenen und des Reiches Gebrauch würde behalten haben, wenn er an die Möglichkeit der Alchymie geglaubt hätte. Aber aus lauter wohlgemeinter Aufklärung, wie Gibbon annimmt, ging sein Schritt doch auch schwerlich hervor. Vielleicht hing die ägyptische Goldmacherei mit anderm scheußlichem Aberglauben zusammen, welchem der in seiner Art fromme Fürst damit begegnen wollte.

Mit Diocletian hören nun die Empörungen Ägyptens plötzlich für eine geraume Zeit auf. Hatte seine Weisheit etwa in der Tat dem Lande wesentlich zu helfen, den Charakter der Einwohner zu bessern oder wenigstens sie auf die Dauer einzuschüchtern vermocht? Genügten die neuen allgemeinen Reichseinrichtungen, um ihnen die Empörung zu verleiden und unmöglich zu machen? Die wahrscheinlichste Erklärung wurde schon früher angedeutet: Zunächst hinderte allerdings die Teilung der Herrschergewalt das Aufkommen eingeborner und lokaler Usurpatoren in den Provinzen; seit Constantin aber fand die ägyptische Leidenschaft in den kirchlichen Streitigkeiten einen Tummelplatz, der den sinkenden Kräften der unglücklichen Nation allmählich angemessener war als das verzweifelte Ankämpfen gegen römische Beamte und Armeen. Der meletianische und der arianische Streit beginnen diese lange Reihe theologischer Aufregungen, sobald das Christentum proklamiert ist; aber auch die Heiden wehren sich hier wie nirgends im Reiche für ihre Religion durch blutige Aufstände[80].

In einer Beziehung war Ägypten, wie ganz Afrika, der sicherste Besitz des damaligen römischen Reiches; abgesehen von einer Anzahl halb-

---

[78] Böckh, *Corp. inscr. gr. I*, c. N. 4681. Man wird Πογιοῦχος kaum anders übersetzen können.

[79] Suidas, *sub v.* Diocletianus, nebst mehrern Spätern. – Es ist, wie Gibbon bemerkt, die älteste vorhandene Erwähnung der Alchymie.

[80] Sokrates, *Hist. eccl.* III, 2; V, 16. Sozom. V, 10.

wilder Nationen, deren Einfälle man bei einiger Aufmerksamkeit leicht zurückweisen konnte, hatte es die Wüste in seinem Rücken. Während die Rhein-, Donau- und Euphratgrenze von starken, feindlichen Nationen bedroht war, genügten hier verhältnismäßig geringe, passend verteilte Garnisonen[81]. Denn das konnte in jener Zeit noch niemand ahnen, daß einst von Arabien aus ein religiöser und erobernder Fanatismus den ganzen Süden und Osten des Römerreiches in seinem unwiderstehlichen Siegeslauf vor sich aufrollen und sich assimilieren würde[82]. – Die Nordküste von Afrika war im dritten Jahrhundert gewiß ungleich bevölkerter, als sie seitdem je wieder gewesen ist. Die Monumente Algeriens, die große Zahl der später nachweisbaren Bischofssitze, die beträchtliche geistige Bewegung und die derselben entsprechende Stellung in der spätrömischen Literatur lassen auf einen Zustand schließen, den man nicht nach der verhältnismäßigen Armut an äußern Ereignissen beurteilen darf. Vor allem war das von Cäsar hergestellte Karthago durch seine Lage eine der ersten Städte des Reiches[83] geworden, allerdings auch eine der gefährlichsten. Die verworfenen Sitten[84], welche die Stadt später auch zum Capua der tapfern Vandalen machten, mögen ganz außer Berechnung bleiben; der schon von der Dido gestiftete Tempel der himmlischen Göttin, der »Astroarche«, war dem Reiche fatal, weniger durch die gefälligen Hierodulen als durch die aufreizenden Orakel, die er spendete[85], und durch die Unterstützung, die er mehr als einer Usurpation verlieh. Der Purpurmantel, welcher über das löwenthronende, Blitz und Zepter haltende Bild herunterhing, hat mehr als eines Gegenkaisers Schultern bedeckt. – Auch jetzt wieder, beim Auftreten Diocletians, stellte sich ihm in Afrika ein gewisser Julian entgegen, von dessen Herkommen und weiterm Schicksal man gar nichts weiß[86], er müßte denn die sogenannten Quinquegentianer oder Fünfvölker angeführt haben, gegen welche Ma-

---

[81] Ihre Aufstellung in der spätern Zeit gibt die *Notitia imp. Rom. I, cap.* 25, 28; II, *cap.* 23, 24, 29, 30.

[82] Oder ahnte es dennoch, wenn auch dunkel, jener späte, unter dem Namen des Apulejus gehende Heide: daß Skythen oder Inder oder nähere Barbaren Ägypten bewohnen werden? Apul., *De natura Deorum, ed. Bipont.* vol. II, p. 307 s. – Seine hohe Meinung von Ägypten ist, dasselbe sei *imago coeli, translatio aut descensio omnium quae gubernantur atque exercentur in coelo,* – ja: *totius mundi templum.*

[83] Auson., *Ordo nob. urb.* Neben Rom und Constantinopel: *tertia dici fastidit.*

[84] Salvian. *l. c. lib.* VII & VIII. Noch zur christlichen Zeit blieb ein geheimnisvoller Kultus eines *daemon coelestis* übrig, und zwar bei den Christen selbst.

[85] Vgl. Hist. Aug. Macrin. 3. Pertinax 4.

[86] Die einzige Erwähnung in Aurel. Vict. *Caess.* und (anders) in der Epit. – Außerdem eine verdächtige Münze.

ximian zu Felde ziehen mußte, und von welchen wir nicht viel mehr wissen. Sie waren ohne Zweifel Mauretanier[87], das heißt aus der westlichen Hälfte von Nordafrika, wo der Atlas wie heutigen Tages eine Reihe kleiner Völker beherbergen mußte, welchen angriffsweise schwer beizukommen war; eine ernstliche Okkupation hatte man von ihrer Seite nicht zu befürchten, wenn die römischen Beamten nicht mit Willen ihre Pflicht versäumten[88]. Maximian nahm sich erst nach einer Reihe von Jahren die Muße zu diesem Kriege (297), woraus wir schließen dürfen, daß die Gefahr keine der dringendsten war und daß die Kornlieferungen nach Italien nicht unterbrochen worden waren. Bei dem bis ins vorhergehende Jahr andauernden Abfall Ägyptens hätte das Reich des afrikanischen Getreides weniger als je entraten können.

[87] Mansos Beweis, a. a. O., S. 325 ff. Mit der libyschen Pentapolis haben sie nichts zu tun.
[88] S. Ammian. Marc. XXVII, 9 und bes. XXVIII, 6.

Fünfter Abschnitt

DAS HEIDENTUM UND SEINE GÖTTERMISCHUNG

Die letzte Zeit des Diocletian und Maximian ist durch die Martern und Blutströme der großen Christenverfolgung in einen schrecklichen Ruf gekommen. Man hat sich vergebens bemüht, den Umfang derselben und die Zahl der Opfer auch nur annähernd zu ermitteln, ja es fehlt schon die Grundlage jeder Berechnung, nämlich ein zuverlässiges Datum über die Zahl der um jene Zeit überhaupt im römischen Reich vorhandenen Christen. Nach Stäudlin hätten sie die Hälfte der Gesamtbevölkerung ausgemacht, nach Matter ein Fünftel, nach Gibbon bloß ein zwanzigstel, nach La Bastie ein Zwölfteil, welches vielleicht der Wahrheit am nächsten kommt. Noch genauer dürfte man für den Westen ein Fünfzehnteil und für den Osten ein Zehnteil annehmen[1].

Sehen wir jedoch einstweilen von dem numerischen Verhältnis ab und betrachten wir den damaligen innern Zustand der beiden großen streitenden Organismen, Christentum und Heidentum.

Eine hohe geschichtliche Notwendigkeit hatte das Christentum auf Erden eingeführt, als Abschluß der antiken Welt, als Bruch mit ihr, und doch zu ihrer teilweisen Rettung und Übertragung auf die neuen Völker, welche als Heiden ein bloß heidnisches Römerreich vielleicht gänzlich barbarisiert und zernichtet haben würden. Sodann aber war die Zeit gekommen, da der Mensch in ein ganz neues Verhältnis zu den sinnlichen wie zu den übersinnlichen Dingen treten sollte, da Gottes- und Nächstenliebe und die Abtrennung vom Irdischen die Stelle der alten Götter- und Weltanschauung einnehmen sollten.

Bereits hatten drei Jahrhunderte das Leben und die Lehre der Christen in eine feste Form gebracht; die beständige Bedrohung und die häufigen Verfolgungen hatten die Gemeinde vor frühzeitigem Verfall bewahrt und es ihr möglich gemacht, den schwersten innern Zwiespalt zu überwinden. Sie hatte sowohl die asketischen Schwärmer (Montanisten u. a.) als die

---

[1] Chastel, *Hist. de la destruction du Paganisme dans l'emp. d'Orient*, p. 36.

spekulativen Phantasten, welche das Christentum zum Rahmen platonischer und orientalischer Philosopheme machen wollten (die Gnostiker), glücklich von sich ausgeschieden; mit dem neusten und gewaltigsten Versuche dieser Art, dem Manichäismus, hatte der Kampf nur erst begonnen; die Vorboten des Arianismus – Streitigkeiten über die zweite Person der Gottheit – schienen so viel als beseitigt; endlich war der mannigfach obwaltende Zwist über einzelne Punkte der kirchlichen Disziplin in dieser Zeit der *ecclesia pressa* noch nicht so gefährlich als später in den Jahrhunderten der herrschenden Kirche, welche von solchen Dingen Anlaß nahm zu bleibenden Spaltungen.

Gar vielen Dingen war noch innerhalb des Christentums selbst freier Platz gegönnt, die man später nicht mehr damit vereinigen konnte. Im vierten und fünften Jahrhundert verwundert man sich erst recht, wie es möglich war, die Spekulation und die symbolische Schriftauslegung eines Origenes in der Kirche zu dulden; aber auch in mehrern andern, die der werdenden und kämpfenden Kirche als Väter gegolten, erkennt man in der Folge halbe Ketzer. Von allzu verschiedenen Seiten her, allzu verschieden gebildet und aus allzu abweichenden Beweggründen traten die Katechumenen in die alte Kirche ein, als daß eine völlige Gleichheit der Lehre und des Lebens möglich gewesen wäre. Die idealen Menschen voll geistiger Tiefe und praktischer Hingebung waren gewiß die kleine Minderzahl wie in allen irdischen Dingen; die große Masse hatte sich angezogen gefühlt durch die in den Vordergrund gestellte Sündenvergebung, durch die verheißene selige Unsterblichkeit, durch das Mysterium, welches die Sakramente umgab und gewiß für manchen nur eine Parallele der heidnischen Mysterien war. Den Sklaven lockte die christliche Freiheit und Bruderliebe, manchen Unwürdigen endlich das sehr bedeutende Almosen, welches namentlich von der Gemeinde zu Rom in einem wahrhaft universellen Maße gespendet wurde[2].

Die große Anzahl heldenmütiger Martyrien, welche von Zeit zu Zeit in der ausartenden Gemeinde die Spannkraft herstellen und eine immer neue Todesverachtung pflanzen, beweist viel weniger für die innere Vollkommenheit der Kirche als für den künftigen Sieg, der einer mit solcher Hingebung vertretenen Sache harrt. Der feste Glaube an einen sofortigen Eintritt in den Himmel begeisterte gewiß auch manchen innerlich unklaren und selbst gesunkenen Menschen zur freiwilligen Hingabe des Lebens, dessen Wertschätzung ohnedies in jener Zeit der Leiden und des Despotismus eine geringere war als in den Jahrhunderten der germanisch-romanischen Welt. Zeitweise herrschte eine wahre Epidemie der Aufopferung; die Christen drängten sich zum Tode und mußten von ihren

---

[2] Euseb., *Hist. eccl.* IV, 23. VI, 43. VII, 5.

Lehrern ermahnt werden, sich zu schonen. Bald werden die Märtyrer die leuchtenden Ideale alles Lebens; ein wahrer Kultus knüpft sich an ihre Gräber, und ihre Fürbitte bei Gott wird eine der höchsten Hoffnungen des Christen. Ihre Überlegenheit gegenüber den sonstigen Heiligen wird etwas Selbstverständliches; von allen Religionen hat keine mehr ihre einzelnen Blutzeugen so verherrlicht und damit die Erinnerung an ihr eigenes Vordringen so im Gedächtnis behalten wie das Christentum. Wo Märtyrer gelitten, da war klassischer Boden, und die Verfolgungen der frühern Imperatoren, zumal die des Decius, hatten dafür gesorgt, daß man überall solchen unter den Füßen hatte. Bei diesem längst bestehenden Brauch des Märtyrerkultus hatte dann die dioclelianische Verfolgung gewiß von vornherein die allerschwersten Bedenken gegen sich.

Die Verfassung der Kirche zeigt um diese Zeit bereits die Anfänge einer eigentlichen Hierarchie. Zwar blieb den Gemeinden die Wahl der Geistlichen, oder wenigstens die Bestätigung, aber mehr und mehr schieden sich diese als »Kleros« von den »Laien« aus; es entstanden Rangunterschiede zwischen den Bischöfen je nach dem Rang ihrer Städte und mit besonderer Rücksicht auf die apostolische Stiftung gewisser Gemeinden. Die Synoden, welche der verschiedensten Ursachen wegen gehalten wurden, vereinigten die Bischöfe noch insbesondere als höhern Stand. Unter ihnen selbst zeigte sich aber schon im dritten Jahrhundert schwere Ausartung; wir finden manche von ihnen in weltlichen Pomp versunken, als römische Beamte, als Kaufleute, ja als Wucherer; das sehr grelle Beispiel des Paul von Samosate wird mit Recht als ein keineswegs vereinzeltes betrachtet[3]. Natürlich meldet sich neben der Verweltlichung auch der schroffste Gegensatz: das Zurücktreten aus Zeit, Staat und Gesellschaft in die Einsamkeit, das Eremitenwesen, dessen Ursprung uns nebst manchen andern der eben berührten Punkte noch insbesondere beschäftigen wird.

Eine große verbreitete Literatur, welche mehrere der ausgezeichnetsten neuern Geschichtswerke mit umfaßt, gibt die Ausführung des obigen im einzelnen, je nach dem Standpunkte, welchen der Verfasser einnimmt und der Leser verlangt. Daß der unsrige nicht der der Erbaulichkeit sein kann, welcher zum Beispiel bei Neander seine gute Berechtigung hat, wird man uns nicht verargen.

Suchen wir nun in kurzem die wahre Stärke der christlichen Gemeinde beim Beginn der letzten Verfolgung uns zu vergegenwärtigen, so lag dieselbe also weder in der Zahl, noch in einer durchgängig höhern Moralität der Mitglieder, noch in einer besonders vollkommenen innern Verfassung, sondern in dem festen Glauben an eine selige *Unsterblichkeit*, welcher

---

[3] Schlosser, Univ. hist. Übersicht d. alten Welt, III, 2. S. 119.

vielleicht jeden einzelnen Christen durchdrang[4]. Wir werden zeigen, daß die ganze Bemühung des spätern Heidentumes demselben Ziele zuging, nur auf düstern, labyrinthischen Nebenwegen und ohne jene siegreiche Überzeugung; es konnte auf die Länge die Konkurrenz des Christentums nicht aushalten, weil dieses die ganze Frage so unendlich *vereinfachte*. - Zweitens war hier dem *politischen Bedürfnis* der alten Welt, die seit der römischen Gewaltherrschaft an allem Staatswesen irre geworden, ein neuer Staat, eine neue Demokratie geboten, ja eine neue bürgerliche Gesellschaft, wenn sie sich rein hätte erhalten können. Viel antiker Ehrgeiz, draußen im Römerstaat ohne Stellung, bedroht, zum Schweigen gebracht, hat sich in die Gemeinden, auf die bischöflichen Stühle gedrängt, um wenigstens irgendwo etwas zu gelten; andererseits mußte aber auch den Besten und Demütigsten die Gemeinde ein heiliger Zufluchtsort sein gegen den Andrang des verdorbenen, bald in Fäulnis begriffenen römischen Wesens und Treibens.

Diesen mächtigen Vorzügen gegenüber finden wir das Heidentum[5] in voller Auflösung begriffen, ja in einem solchen Zustande, daß es auch ohne den Zutritt des Christentums kaum noch lange fortlebend zu denken ist. Nehmen wir zum Beispiel an, Mohammed hätte in der Folge seinen fanatischen Monotheismus ohne alle Einwirkung von christlicher Seite her zustande bringen können, so hätte das Heidentum am Mittelmeer dem ersten Angriff desselben so gewiß erliegen müssen als die Heidentümer Vorderasiens. Es war schon allzu tödlich geschwächt durch innere Zersetzung und neue willkürliche Mischung.

Die Staatsreligion des Kaisertums, von welcher ausgegangen werden muß, war allerdings der griechisch-römische Polytheismus, wie er sich durch die Urverwandtschaft und spätere Amalgamierung dieser beiden Kulte gebildet hatte. Aus Naturgottheiten und Schutzgöttern aller möglichen Lebensbeziehungen war ein wunderbarer Kreis übermenschlicher Gestalten erwachsen, in deren Mythus doch der antike Mensch überall sein eigenes Bild wieder erkannte. Die Beziehung der Sittlichkeit zu dieser Religion war eine überaus freie, ja dem Gefühl jedes einzelnen anheimgestellt gewesen; die Götter sollten zwar das Gute belohnen und das

---

[4] Lactantius, *Divin. Inst.* III, 12 schließt seine Untersuchung über das höchste Gut mit den Worten ab: *Id vero nihil aliud potest esse quam immortalitas.*

[5] Aus der hierhergehörigen Literatur sind vorzüglich zu nennen: Tzschirner, Der Fall des Heidentumes (herausg. von Niedner, unvollendet); Beugnot, *Hist. de la destruction du Paganisme en occident*, 2 vol.; Chastel, *Hist. de la destr. du Paganisme dans l'empire d'Orient*. – Eckermann, Lehrb. d. Religionsgesch. und Mythol., Bd. II, S. 205 ff. – Endlich die große zusammenhängende Darstellung der religiösen Zustände im ersten und zweiten Jahrh. bei Friedländer, Sittengeschichte Roms, Bd. III, S. 423 ff.

Böse bestrafen, allein man gedachte ihrer weit mehr als Geber und Hüter des Daseins und Besitzes denn als hoher sittlicher Mächte. Was die verschiedenen Mysterien dem Griechen noch außer seinem Volksglauben gewährten, war nicht etwa eine reinere Religion, noch weniger eine weise Aufklärung für Eingeweihte, sondern nur ein geheimer Ritus der Verehrung, welcher die Götter dem Mysten besonders geneigt machen sollte. Eine wohltätige Wirkung lag in der wenigstens dabei ausgesprochenen Bedingung reiner Sitten, sowie auch in der Belebung des Nationalgefühls, welches hier wie bei den festlichen Spielen den Hellenen mehr als je begeisterte.

Dieser Religion gegenüber hatte die Philosophie, sobald sie sich über die kosmogonischen Fragen erhob, die Einheit des göttlichen Wesens mehr oder weniger deutlich ausgesprochen. Damit war der höchsten Religiosität, den schönsten sittlichen Idealen die Bahn eröffnet, freilich auch dem Pantheismus und selbst dem Atheismus, welche dieselbe Freiheit gegenüber dem Volksglauben in Anspruch nehmen konnten. Wer die Götter nicht leugnete, erklärte sie pantheistisch als Grundkräfte des Weltalls oder stellte sie, wie die Epikureer, müßig neben die Welt hin. Auch die eigentliche »Aufklärung« mischte sich in die Frage: Euhemeros und sein Anhang hatten schon längst die Götter zu ehemaligen Regenten, Kriegern usw. gemacht und die Wunder rationalistisch durch Betrug und Mißverständnisse entstehen lassen; eine falsche Fährte, von welcher sich aber später die Kirchenväter und Apologeten bei der Beurteilung des Heidentums beständig irre führen ließen. – Diesen ganzen Gärungszustand hatten die Römer neben der griechischen Kultur mit übernommen, und die Beschäftigung mit diesen Fragen wurde bei ihren Gebildeten Sache der Überzeugung wie der Mode. Neben allem Aberglauben entwickelte sich in den höhern Schichten der Gesellschaft der Unglaube, mochten auch der eigentlichen Atheisten nur wenige sein. Dies hörte aber mit dem dritten Jahrhundert, unter der Einwirkung der großen Gefahren des Reiches, sichtbar auf, und eine gewisse Gläubigkeit begann vorzuherrschen, die allerdings weniger der alten Staatsreligion als den Fremdkulten zugute kam. Übrigens war in Rom der alte einheimische Kult so enge mit dem Staatswesen verflochten und die betreffende Superstition so stark gegründet[6], daß sowohl der Ungläubige als der Fremdgläubige offiziell römisch fromm sein mußte, sobald es sich um das heilige Feuer der Vesta, um die geheimnisvollen Unterpfänder der Herrschaft, um die Staatsauspizien handelte; denn die Ewigkeit Roms hing

---

[6] Vgl. Gerlach und Bachofen, Geschichte der Römer, Bd. I, Abtlg. 2, S. 211 ff. – Eine merkwürdige Beratung der sibyllinischen Bücher bei Aurel. Vict., Epitome, bei Anlaß des Claudius Gothicus.

von diesen Heiligtümern ab. Die Imperatoren selber waren nicht bloß *Pontifices maximi* mit bestimmten rituellen Verpflichtungen, sondern schon ihr Beiname Augustus bezeichnet eine übernatürliche Weihe, Berechtigung und Unantastbarkeit, und es ist keine bloße Schmeichelei, wenn der späteste Aberglaube ihnen den Rang von Dämonen zuwies[7], nachdem bereits das Christentum ihrer seit dreihundert Jahren gebräuchlichen Apotheose, ihren Tempeln, Altären und Priestertümern ein Ende gemacht hatte.

Nun ist gar nicht daran zu zweifeln, daß auch diese echte griechische und römische Religion noch in der spätesten Zeit des herrschenden Heidentums bei vielen Einzelnen nicht verdrängt war durch die fremden Gottheiten, nicht ersetzt durch Magie und Beschwörung, nicht verflüchtigt durch philosophische Abstraktion. Dies ist unmöglich direkt zu beweisen, weil die Verehrung der alten Götter die der neuen nicht ausschloß, und weil bei der weiter zu berührenden Götterverwechselung unter dem Namen eines alten Gottes ein neuer und umgekehrt verehrt werden konnte. Allein die Vermutung läßt sich kaum ablehnen, wenn man noch hie und da das alte naive Verhältnis des gesunden antiken *Menschen* zu Göttern und Schicksal mit überzeugender Kraft hervorbrechen sieht. »Dich verehre ich«, ruft Avienus[8] der Nortia, der etruskischen Fortuna zu, »ich, den Vulsinii gebar, der zu Rom wohnt, zweimal geehrt durch das Prokonsulat, der Dichtung geweiht, schuldlos und unbescholten, glücklich durch mein Weib Placida und durch die starke, lebhafte Kinderschar. Das übrige mag sich erfüllen nach dem Gesetz des Schicksals«. – Bei andern behauptete sich wenigstens die alte Religion mit ihrer Weltanschauung sehr nachdrücklich neben den neuen Zutaten. Dieser Art mochte wohl der Glaube Diocletians sein, wenigstens ist er der etruskischen Haruspicin treu geblieben[9], welche an seinem Hofe noch nicht wie später bei Julian im Kampfe liegt mit den neuplatonischen Beschwörern; sein Schutzgott ist und bleibt Jupiter, und das Orakel, welches er in einer hochwichtigen Sache berät, ist das des milesischen Apoll. Seine Moralität und Religiosität, wie sie sich zum Beispiel in den Gesetzen ausspricht, hat wohl am meisten Ähnlichkeit mit derjenigen des Decius[10]; im Kultus der guten Kaiser[11], namentlich des als Dämon ver-

---

[7] Firmicus Maternus, *Libri Matheseos* II, c. 33. – Die wunderbaren Heilungen, welche man zu Alexandrien schon von Vespasian verlangt, Tacit. Histor. IV, 81.

[8] Bei Wernsdorf, *Poetae latt. min.* V, *pars* II.

[9] *De mort. pers.* 10, 11. Seine Sorge wegen ominöser Blitze, *Const. M. orat. ad sanctor. coet.* c. 25. – Vgl. S. 31.

[10] Eine Weihinschrift Diokletians an Mithras kommt allerdings vor bei Orelli Nr. 1051, eine an Sol und eine an Belenus bei Bertoli: *Le antichità d'Aquileja* Nr. 71 und 643. – Sein Tempelbau in Antiochia gilt nur klassischen Göt-

ehrten Marc Aurel, schließt er sich außerdem an Alexander Severus an. – Hinwiederum darf man annehmen, daß manche Bestandteile und Konsequenzen der alten Religion bereits völlig abgestorben und vergessen waren. So gehörte vielleicht jene Masse kleiner römischer Schutzgottheiten für Bagatellsachen, so sehr sich auch die christlichen Schriftsteller[12] darüber als über etwas Bestehendes empören, größtenteils in das Gebiet der Antiquitäten[13]. Man gedachte schwerlich mehr beim Feuerherd des Gottes Lateranus, beim Salben der Unxia, beim Gürten der Cinxia, beim Baumstutzen der Puta, bei den Knoten der Fruchthalme des Nodutis, bei der Bienenzucht der Mellonia, bei der Hausschwelle des Limentinus usw.; denn eine ganz andere, verallgemeinernde Ansicht des Genien- und Dämonenwesens hatte sich seit langem der Gemüter bemächtigt. Vieles von jener Art war wohl ganz lokal römischer Glaube gewesen und geblieben. – Vollends bewahrte Griechenland noch in der Kaiserzeit mit Vorliebe seine örtlichen Kulte und Geheimdienste. Pausanias, welcher im zweiten Jahrhundert Hellas beschrieb, gibt mannigfach Zeugnis von der in jeder Stadt, jeder Landschaft besonders gestalteten Götter- und Heroenverehrung, nebst den verschiedenen Priestertümern, welchen dieselbe oblag; daß er die Mysterien beschweigt, war für ihn eine heilige Pflicht, für deren Übertretung ihm freilich die Nachwelt sehr dankbar sein würde.

Wie nun der römische Staat gewisser Sacra durchaus zu seinem Fortbestehen bedurfte, so daß man zum Beispiel bis tief in die christliche Zeit hinein das heilige Feuer durch die vestalischen Jungfrauen hüten ließ, so hatte sich auch das Privatleben von der Wiege bis zum Grabe völlig mit den religiösen Gebräuchen durchdrungen. Im Hause schon gehörten

tern, dem olympischen Zeus, der Nemesis, dem Apoll und der Hekate; vgl. Malalas XII. Über die Religion des Galienus, welcher in der Reichsnot alle alten Götter als Erhalter auf seinen Münzreversen anruft, vgl. Creuzer, »Zur röm. Gesch. und Alt.-Kunde«. Ob er auch die ägyptischen und orientalischen Gottheiten verehrte, die auf den damaligen alexandrinischen und asiatischen Stadtmünzen mit seinem und der Salonina Bilde vorkommen, ist wohl nicht ganz so sicher, wie die treffliche Abhandlung annimmt.

[11] Hist. Aug. Marc. Aurel. c. 19. – Aus einem Kalender der spätern Zeit des vierten Jahrhunderts (Kollar, *Analecta Vindobon. I*) lernen wir, daß damals noch die Geburtstage (*natales*, welches auch den Tag des Reichsantritts bezeichnen kann) folgender Kaiser gefeiert wurden: Augustus, Vespasian, Titus, Nerva, Trajan, Hadrian, Marc Aurel, Pertinax, (Septimius?) Severus, Alexander Severus, Gordian, Claudius Gothicus, Aurelian, Probus, sowie natürlich Constantin und sein Haus. – Freilich auch der Kultus des Antinous dauerte noch bis ins vierte Jahrhundert.

[12] Arnob., *Adversus Gentes* I. I u. IV zu Anfang. – Lactant., *Inst. divin.* I, 20.

[13] Sie kommen nämlich weder in den Inschriften noch in den Denkmälern vor.

Opfer und Schmauserei untrennbar zusammen; auf den Straßen der Städte begegnete man jenen teils schönen und würdigen, teils bacchantisch ausgelassenen Zügen und Aufführungen, welche den griechischen wie den römischen Festkalender füllen, und auch auf dem Lande war des Opferns bei Kapellen, Höhlen, Kreuzwegen und unter alten mächtigen Bäumen kein Ende. Der neubekehrte Arnobius erzählt, wie er als Heide Andacht empfunden, wenn er an Baumstämmen mit bunten Bändern umschlungen, an Felsblöcken mit Spuren des darauf gegossenen Öles vorüberging[14]. Es wird uns schwer, diesem gänzlich äußerlich erscheinenden, oft sehr frivolen Kultus den sittlich religiösen Gehalt abzugewinnen, und mancher wird ihn geradezu leugnen. Und erhebt sich nicht nach anderthalb Jahrtausenden über die Fest-Andacht des katholischen Südländers fast dieselbe Frage? Eine durchaus sinnliche Musik umrauscht das Hochamt und begleitet, von Kanonensalven unterbrochen, das Sakrament; ein belebter Markt, eine reichliche Zehrung, laute Freude aller Art und abends das unerläßliche Feuerwerk bilden den zweiten Teil des Festes. Wer daran ein Ärgernis nehmen will, dem kann es niemand wehren, nur vergesse man nicht, daß diese äußern Begehungen nicht die ganze Religion sind und daß die höchsten Gefühle in jedem Volke anders erregt werden wollen. Denkt man sich das christliche Gefühl der Sündhaftigkeit und der Demut aus der alten Welt, die dessen einmal nicht fähig war[15], hinweg, so wird man auch ihren Götterdienst richtiger würdigen.

Das Detail der Mythologie, welches niemals Glaubenssache gewesen war, gab man freilich schon lange völlig preis, noch ehe Lucian daraus eine vergnügliche Posse gemacht hatte. Die christlichen Apologeten, welche eine Auswahl alles Schändlichen aus den verschiedensten Mythen zusammensuchen und durch Mißverständnis und Vermischung des Ungleichartigen auch den Schein der Lächerlichkeit auf den alten Glauben überhaupt werfen, sind hierin nicht ganz aufrichtig; sie mußten wissen, daß die Anklagen dieser Art, welche sie aus den alten Dichtern und Mythographen schöpften, nur geringsten Teils auf ihr Jahrhundert paßten; mit demselben Recht könnte man zum Beispiel den Protestantismus für die Abgeschmacktheiten in manchen Legenden haftbar erklären. Das religiöse Bewußtsein der Massen hatte mit dem Mythus nicht mehr viel zu schaffen, es begnügte sich mit dem Dasein der einzelnen Gottheiten als Herrscher und Schützer der Natur und des Menschenlebens. Wie vollends die damalige Philosophie die Mythen zersetzte, wird noch besonders zu

---

[14] Vgl. schon Apulejus, *De magia oratio*, p. 62. ed. *Bipont*. Vol. II, wonach für einen Grundbesitzer *lapis unctus, ramus coronatus* das mindeste waren, was dessen Andacht bewies.

[15] Die Demut bei Stoikern wie Epiktet bestätigt als Ausnahme nur die Regel.

erwähnen sein. Aber die Heiden gaben der christlichen Polemik doch immer wieder die Waffen in die Hände durch die dramatische Darstellung einzelner und zwar oft der anstößigern Mythen.

Denn Ein Gebiet gehörte der Mythologie noch an, wo sie als Herrscherin bis in die späteste Zeit schaltete: das der Kunst und der Dichtung. Homer, Phidias und die Tragiker hatten einst die Götter und Heroen schaffen helfen, und nun lebte in Stein, Farbe, Maske, Schrift und Ton fort, was aus dem Glauben entschwunden war. Aber es wird mehr und mehr ein Scheinleben. Die Schicksale der bildenden Kunst und die Ursachen ihres Verfalls werden uns noch insbesondere beschäftigen; hier muß nur bemerkt werden, daß sie der alten Mythologie um so weniger zur Stütze dienen konnte, als sie in die Dienste der mythisierenden Philosophie und selbst der Fremdkulte trat. – Das Drama war großenteils und vielleicht völlig verdrängt durch die Lokalposse (Mimus) und durch die schweigende Pantomime mit Musik und Tanz[16], wobei jede religiöse Beziehung, die einst das alte attische Drama zum Gottesdienst machen konnte, von selbst wegfiel. Die Beschreibung des prächtigen korinthischen Ballettes »Paris auf dem Ida«, im zehnten Buche des Apulejus, belehrt uns, wie selbst in Griechenland zur Zeit der Antonine das Theater nur noch der Augenlust diente. Und hier dürfen wir wenigstens noch ein edel stilisiertes Kunstwerk voraussetzen, während in den lateinischen Gegenden des Reiches, zumal in den nur halb, nur durch Militärkolonien romanisierten, diese Aufführungen zur größten Roheit ausarten mußten, wenn die Theater überhaupt sich noch zu etwas Dramatischem hergaben und sich nicht mit Gladiatorspielen, Tierhetzen und dergleichen begnügten. Die skurrile Seite der Mythologie ließ man ganz absichtlich überwiegen[17]; alle Ehebrüche Jupiters, auch wenn er dabei als Tier verwandelt auftrat, alle Skandale der Venus kamen hier unter lautem Gelächter zur Darstellung; selbst in die gewöhnlichen Possen (Mimen) mischte man Göttererscheinungen ein, wahrscheinlich von derselben Gattung. Ein aristophanisches Publikum konnte dergleichen ertragen, ohne an den Göttern selbst irre zu werden; in einer kranken Zeit dagegen war es der Gnadenstoß für die alte Religion überhaupt. – Gehen wir von dieser Sphäre, in welcher der Ballettmeister und der Maschinist walteten, zu der Kunstpoesie über, so weit wir sie in den wenigen erhaltenen Sachen vom Ende des dritten Jahrhunderts verfolgen können, so zeigt sich zwar noch stellenweise ein großes Talent mythologischer Behandlung, welche sogar

---

[16] Auch wohl mit Gesang. – Lucian, *De saltatione, passim*. – Meyer, *Antholog. lat. ep.* 954.

[17] Vgl. u. a. Arnobius, *Adv. gentes* IV. *pag.* 151, und VII. *pag.* 238. – Firmicus, *De errore, pag.* 10.

hundert Jahre später in Claudian ihren brillantesten Vertreter findet; allein die letzte Spur von innerer Überzeugung ist längst erloschen. Das Gedicht eines gewissen Reposianus[18] zum Beispiel, welcher um das Jahr 300 geblüht haben mag, schildert das Beilager des Mars und der Venus durchaus mit derselben Absicht, welche wir in den Pantomimen voraussetzen dürfen: sinnlich hübsche Bilder, wobei es auf eine Gemeinheit mehr oder weniger nicht ankommt. Venus, die auf den Kriegsgott wartet, vertreibt sich die Zeit mit Tanzen, und der Dichter schildert mit einem sehr entwickelten Sinn für die Koketterie seiner Zeit ihre einzelnen Attitüden; dann ruft er, als Mars erscheint, zu dessen Entkleidung den Cupido, die Grazien und die Mädchen von Byblos herbei. Aber welch ein Mars ist dies! ebenso absichtlich ungeschlacht als die Göttin buhlerisch. Bleischwer läßt er sich auf das Blumenlager niederfallen, und bei der Schilderung seines Schlafes wird dem Leser selbst das lüsterne Röcheln nicht erspart. Wenn zum Beispiel Rubens sich auf seine Weise in dem antiken Mythus ergeht, so kann er wieder versöhnen durch den Eindruck einer zwar verirrten, aber gewaltigen Energie; hier aber stehen wir auf der letzten möglichen Stufe der Entwürdigung der alten Göttersage, ohne durch etwas anderes als durch hübsche Verse entschädigt zu werden. Ein satirischer Christ hätte es nicht zweckmäßiger anfangen können, und man wäre in der Tat zu einer derartigen Erklärung bereit, wenn nicht das niedliche Bild des Cupido dazwischen träte, welcher die abgelegten Waffen des Mars neugierig mustert, sie mit Blumen ausputzt und sich nachher beim polternden Eintritt des eifersüchtigen Vulcan unter den Helm verkriecht. – Es gab indes auch Dichter, welchen die Mythologie als eine ausgetretene Straße gänzlich verleidet war. »Wer hat nicht schon«, ruft Nemesian aus, »den Jammer der verwaisten Niobe besungen, und die Semele und ... (nun fogen dreißig Hexameter Mythentitel). Das alles hat eine Schar großer Dichter vorweggenommen, und die ganze Sage der alten Welt ist ausgenützt[19]«. Der Poet wendet sich daher zu den grünen Wäldern und Heiden, doch nicht, um eine Landschaftsdichtung zu schaffen, sondern um auf sein eigentliches Thema, die Zucht der Jagdhunde, zu kommen. Nachher, wenn er damit zu Ende sein wird, gedenkt er auch die Taten seiner Gönner, der Cäsaren Carinus und Numerianus, zu besingen. – Ein ähnliches Gefühl hatte schon seit langer Zeit, namentlich bei den Römern, der didaktischen Poesie jene auffallend vorteilhafte Stellung gegenüber der epischen verschafft; allein so mit dürren Worten hatte man wohl diesen Vorzug noch nie ausgesprochen[20]. – Ein sehr liebliches Ge-

---

[18] Bei Wernsdorf, *Poëtae latt. m.* IV, *pars* I.
[19] Nemes., *Cynegeticon.* Vs. 47. *Omnis et antiqui vulgata est fabula secli.* – Vom J. 283.
[20] Vgl. Juvenal., *Sat.* I. Anfang.

dicht mythologischen Inhalts, der »Bacchus« des Calpurnius Siculus (Ecloge III.), mag hier noch besonders angeführt werden, weil es auf merkwürdige Weise abhängig ist von Werken der bildenden Kunst; es erinnert an die Gemäldebeschreibungen des Philostratus, die es freilich im Stil weit übertrifft. Da fehlt auch der greise Silenus nicht, welcher als Kindswärter den kleinen Bacchus auf den Armen wiegt, zum Lachen bringt, ihm mit Castagnetten vorspielt, sich gutwillig von ihm an Ohren, Kinn und Brusthaar zupfen läßt; nachher lehrt der heranwachsende Gott die Satyrn die erste Weinlese, bis sie, von dem neuen Trank berauscht, sich mit Most bemalen und Nymphen entführen. Dieses Bacchanal, wobei der Gott auch seinen Panthern aus dem Mischkruge zu saufen gibt, ist eines der letzten antiken Werke von lebendiger Schönheit[21].

Man wird indes nach all diesem zugeben, daß die Mythologie eher eine Last als eine Stütze für die sinkende klassische Religion war. Von der philosophischen Deutung, womit man die Mythen aufrecht zu halten und zu rechtfertigen suchte, wird weiterhin die Rede sein.

Aber diese klassische Religion war noch auf andere Weise getrübt und gebrochen, nämlich durch *Mischung mit den Kulten der unterworfenen Provinzen und des Auslandes*. Wir stehen im Zeitalter der vollendeten *Theokrasie* (Göttermischung).

Dieselbe war eingetreten nicht durch die Völkermischung im Reiche[22], oder durch Willkür und Mode allein, sondern durch einen uralten Trieb der vielgötterischen Religionen, sich einander zu nähern, die Ähnlichkeiten aufzusuchen und zu Identitäten zu erheben. Zu allen Zeiten ist dann aus den Parallelen dieser Art die reizende Idee einer gemeinsamen Urreligion hervorgegangen, die sich jeder auf seine Weise ausmalt, der Poly-

---

[21] Über die spätern merkwürdigen Schicksale der Mythologie bei den christlichen Dichtern und ihre Einmischung in die christliche Kunst s. Piper, Mythologie und Symb. der christlichen Kunst, Bd. I. – Von Ausonius abwärts werden die Götter mehr und mehr teils zur bloßen Dekoration und Redensart, teils zu abstrakten Symbolen für Lebensbeziehungen. Außer Marcianus Capella ist vorzüglich bezeichnend für diesen Übergang das *Epithalamium Auspicii et Aëllae*, von einem gew. Patricius, welchen Wernsdorf (IV, II) in das vierte, Meyer *(Anthol. lat.)* offenbar mit größerm Recht in das sechste Jahrhundert versetzt. In der constantinischen Zeit konnte man noch nicht so willkürlich mit dem Mythus umgehen und z. B. Cupido weiblich als Schwester der Venus auffassen.

[22] Garnisonswechsel, Handel und Sklavenwesen hatten z. B. Ägypter und Asiaten nach der deutschen Grenze geführt. – Tac., *Ann*. XIV, 42 von den Sklaven in Rom: *nationes in familiis habemus quibus diversi ritus, externa sacra aut nulla sunt* . . .

theist anders als der Monotheist[23]. So suchten und fanden sich, teils unbewußt, teils mit philosophischem Bewußtsein, die Bekenner ähnlicher Gottheiten vor denselben Altären. Man erkannte die hellenische Aphrodite gern wieder in der Astarte der Vorderasiaten, in der Athyr der Ägypter, der himmlischen Göttin der Karthager, und so ging es der Reihe nach mit einer ganzen Anzahl von Gottheiten. Dies ist es auch, was noch in der spätern römischen Zeit vorzüglich beachtet werden muß; die Göttermischung ist zugleich auch eine *Götterverwechselung*; die Fremdgottheiten verbreiten sich nicht nur neben den einheimischen, sondern sie werden denselben je nach der innern Verwandtschaft geradezu substituiert.

Als eine zweite Ursache der Theokrasie erkennt man die gewissermaßen politische Anerkennung, welche der Grieche und Römer, ja der Polytheist überhaupt den Göttern anderer Völker zollt. Sie sind ihm Götter, wenn auch nicht die seinigen. Kein strenges dogmatisches System hütet hier die Grenzen des heimischen Glaubens; so strenge auch die vaterländischen Superstitionen gewahrt werden, so fühlt man doch gegen die fremden eher Neigung als Haß. Einzelne feierliche Götterübertragungen von Land zu Land werden von Orakeln und anderen überirdischen Mahnungen geradezu befohlen; so die des Serapis von Sinope nach Alexandrien unter Ptolemäus dem Ersten[24], und die der großen pessinuntischen Mutter nach Rom während des zweiten punischen Krieges. Bei den Römern war es dann fast zum bewußten, halbpolitischen, halbreligiösen Prinzip geworden, die Götter der vielen unterworfenen Nationen nicht zu beleidigen, eher ihnen Verehrung zu erweisen, ja sie unter die eigenen Götter aufzunehmen. Das Benehmen der Provinzen war hiebei ein sehr verschiedenes; der Kleinasiate zum Beispiel kam bereitwillig entgegen; der Ägypter dagegen hielt sich spröde und übersetzte, was er von Ptolemäern und Römern annahm, in seinen Ritus und seine Kunstform, während ihm der Römer den Gefallen tat, die ägyptischen Götter wenigstens annähernd auch in ägyptischer Gestalt zu verehren. Der Jude endlich ließ sich mit der römischen Religion gar nicht ein, indes die Römer von gutem Ton seinen Sabbath beobachteten, und die Imperatoren im Tempel auf Moriah zu beten kamen. Es gestaltet sich, wie wir sogleich sehen werden, eine teils mehr aktive, teils mehr passive Göttermischung.

Eine dritte Ursache des Überhandnehmens der Fremdkulte lag in der Furcht und Angst, welche den gegen die bisherigen Götter ungläubig gewordenen Heiden verfolgt. Jetzt hieß es nicht mehr in dem schönen Sinn

---

[23] Ein Urmonotheismus aller Völker wird z. B. verteidigt von Lactantius, *Div. Inst.* II, 1.

[24] Daß Serapis schon früher in Ägypten verehrt wurde, kommt hier nicht in Betracht.

früherer Jahrhunderte »Götter überall«, sondern der Denkende suchte täglich neue Symbole, der Gedankenlose täglich neue Fetische, die um so willkommener waren, je ferner und geheimnisvoller ihre Herkunft schien. Die Verwirrung mußte hier noch aus einem besondern Grunde sich vervielfältigen. Der Polytheismus alter Kulturvölker lebt nämlich auf allen seinen Entwicklungsstufen[25] zugleich fort, als Fetischismus betet er fortwährend zu Aerolithen und Amuletten, als Sabäismus zu Gestirnen und Elementen, als Anthropomorphismus teils zu Naturgöttern, teils zu Schutzgöttern des Lebens, – während die Gebildeten innerlich schon längst diese Hüllen abgestreift haben und zwischen Pantheismus und Monotheismus schwanken. Und nun wirken alle diese Stadien der verschiedenen Heidentümer kreuzweise auf das römisch-griechische Heidentum ein und umgekehrt. Merkwürdige Ergebnisse, allerdings nicht selten von der traurigsten Art, werden uns berichtet. Nero war in der römischen Religion erzogen; bald verachtete er sie und hielt sich nur noch an die syrische Göttin; auch von dieser fiel er ab, behandelte ihr Bild mit bübischem Hohn und glaubte fortan nur noch an ein Amulett, das ihm ein Mann aus dem Volke geschenkt, und dem er nun täglich dreimal opferte[26].

Dieses Beispiel, welches statt vieler dienen könnte, enthält einen Wink über den Kultus der fremden Götter überhaupt. Man nahte ihnen nicht wie den alten Olympiern; herausgerissen aus ihren nationalen Umgebungen, ohne Zusammenhang mit dem römischen Leben, Staatswesen und Klima konnten sie dem Römer nur als unheimliche, dämonische Mächte gegenüberstehen, welchen bloß durch Mysterien und magische Begehungen beizukommen war, etwa auch durch den höchsten materiellen Aufwand. Nicht umsonst läßt Lucian im »Jupiter als Tragöden« (Kap. 8) bei der Rangordnung der Götter nach Stoffen den Fremdgöttern den Vorrang; der angstvolle Aberglaube bildete sie vorzugsweise aus dem kostbarsten Metall. »Die Griechengötter, siehst du, sind wohl anmutig, schön von Antlitz und kunstreich gemacht, aber nur von Stein und Erz, höchstens von Elfenbein und wenig vergoldet; Bendis dagegen, Anubis, Attis, Mithras und Men sind massiv von Gold, schwer und sehr kostbar«. Diese Art von Kultus aber demoralisierte dann auch das Verhältnis zu den alten nationalen Göttern.

Verfolgen wir zunächst die (vom römischen Standpunkt aus gesprochen) aktive Göttermischung, wobei die Römer mehr die Gebenden als die Empfangenden waren.

Es ergibt sich von selbst, daß dies Verhältnis hauptsächlich bei denjenigen Völkern eintrat, welche Rom in halbbarbarischem Zustande über-

---

[25] Die zum Teil schon auf uralter Völkermischung beruhen können.
[26] Sueton., Nero, c. 56.

nommen hatte, und bei welchen es mit seiner Religion auch seine überwiegende Bildung geltend machen konnte, also bei Gallien, Hispanien und Britannien. Leider ist uns nur der Religionszustand Galliens einigermaßen bekannt, und auch dieser fast nur durch Weihinschriften[27] und Bildwerke.

Die spätern Römer, in ihrem wahrhaft universellen Aberglauben, machten zwar in Gallien so gut als anderswo den örtlichen Kultus mit, soweit er noch am Leben war; sie fragten nicht bloß die Druiden über die Zukunft, wie oben erzählt wurde (S. 63 ff.), sondern sie nahmen auch an eigentlichen Weihen teil. So feierte der spätere Kaiser Pescennius Niger in Gallien einen Geheimdienst mit, zu welchem nur enthaltsame Menschen geladen werden durften[28]. Allein man übertrug keinen gallischen Gott nach Italien[29], Afrika oder Griechenland. (Denn wenn zum Beispiel der keltische Sonnengott Belenus in Aquileja, andere keltische Gottheiten in Salzburg und Steiermark, der Apollo Grannus zu Lauingen in Schwaben usw. vorkommen, so sind dies nicht Übertragungen aus der Zeit der Theokrasie, sondern die uralte keltische Bevölkerung dieser Gegenden gibt ein letztes Zeugnis ihres Daseins ab, ehe Germanen, Slaven und Avaren die Alpen überziehen.) In Gallien selber bemühte man sich nach Kräften, der Volksreligion ein römisches Gewand anzulegen. Die Götter nehmen nicht bloß römische Namen, sondern auch die Kunstform des klassischen Anthropomorphismus an. Taran muß Jupiter heißen und als solcher abgebildet werden, Teutates als Mercurius, Hesus oder Camulus als Mars. Andere Gottheiten behalten wenigstens ihren alten Namen bei, entweder allein oder neben dem römischen: Belenus oder Apollo Belenus; häufig auch Apollo Grannus, Mars Camulus, Minerva Belisana usw. Dann werden den romanisierten Göttern noch besondere Beinamen gegeben, die man teils von Örtlichkeiten ableitet, teils nur durch Vermutungen oder gar nicht zu erklären weiß: Diana Abnoba (die Bezeichnung des Schwarzwaldes); Diana Ardoinna (vielleicht die Ardennen); Mars Vincius (Vence in Südfrankreich); Hercules Magusanus und Saxanus (besonders in den Niederlanden); Mars Lacavus (zu Nismes); Apollo Toutiorix (zu Wiesbaden); oder man gibt dem romanisierten Gott eine nichtromanisierte, vielleicht verwandte Gottheit bei, so dem Apoll den Veriugodumnus (in

---

[27] Eine Auswahl bei Orelli, *Inscr. lat. sel.* I. *cap.* IV. § 36, 37.
[28] Hist. Aug. Pescennius, c. 6.
[29] Die in römischen Sammlungen zerstreut vorkommenden Inschriften gallischer Götter mögen entweder bloß nach Rom verschleppt, oder von Galliern, welche daselbst wohnten, gesetzt worden sein. Vgl. Orelli *l. c.* N. 1960. 1978. 2001. 2006. – Daß Caracalla laut Dio LXXVII, 15 den Apollo Grannus verehrte, hatte seinen speziellen Grund in der Verzauberung, die ihm durch vermeintliche Kelten (nämlich Alamannen) angetan sein sollte.

Amiens), die Sirona (in Bordeaux und in Süddeutschland, etwa als Diana oder Minerva aufzufassen, wie sonst Belisana). Weiter aber reicht die Romanisierung nicht; eine ganze Menge von Gottheiten behalten ihre keltischen Namen meist mit dem Vorwort Deus (a), Sanctus (a), selbst Augustus (a), welches hier ohne Beziehung auf den Kaisertitel gesagt ist. Man ist auf den ersten Blick versucht, alle diese Götter für lokal zu halten, und manche sind es ohne Zweifel, wie der Vosegus in Bergzabern, der Nemausus in Nismes, die Aventia in Aventicum, der Vesontius in Besançon, der Luxovius in Luxeuil, die Celeia in Cilly; andere aber tragen keine solche Deutung mit sich, zum Beispiel der Abellio in Convennes, die Acionna in Orleans, der Agho in Bagnères, der Bemilucius in Paris, die Hariasa in Köln, der Intarabus in Trier, und manche kommen an weit auseinander gelegenen Orten vor, der Taranucus in Heilbronn und in Dalmatien, die Wassergöttin Nehalennia in Frankreich und in den Niederlanden. Wie gerne man die Götter romanisierte, wo es möglich war, zeigen dann wieder die römischen Gattungsnamen für jene zahlreichen kleineren Kollektivgottheiten: Matres, Matronen, Campestres (Feldgeister), Silvanen (Waldgeister), Bivien, Trivien, Quadrivien (Götter der Kreuzwege), Proxumen und Vicanen (Genien der Nachbarschaft) usw. Die Sulevien und Comedoven, welche in dasselbe Geschlecht gehören, müssen der Übersetzung widerstrebt haben. In dem »Genius des Ortes«, dem »Genius des Gaues« kann man strenge genommen nur römische Verehrungsweise dartun, keltische aber vermuten. Der mächtigste Gott blieb jedenfalls bis tief ins vierte Jahrhundert der Teutates-Mercur, welcher noch dem heiligen Martin von Tours den stärksten Widerstand leistete, während Jupiter dem Heiligen bereits als dumm und stumpf – *brutus atque hebes* – erschien[30].

Der Rückstrom dieser okzidentalischen Religionen auf Rom selber war, wie gesagt, ungemein gering oder geradezu null.

Ganz anders verhielt es sich mit den uralten Kulturvölkern des Orientes, Persern, Ägyptern, Kleinasiaten und Semiten. Den letztern kam schon die geographische Ausdehnung ihrer Ansiedelungen sehr zu statten; denn nicht erst in Syrien lernten die Römer ihren Götzendienst kennen; seit vielen Jahrhunderten war durch Phönizien und Karthago am ganzen Mittelmeer und selbst über die Säulen des Herakles hinaus semitische Religion verbreitet worden; mit der allmählichen Einverleibung Spaniens, Afrikas und der Inseln übernahm Rom eine Masse punischen Gebietes und punischen Kultus. Man hatte Karthago gehaßt, nicht aber seine Götter. Dagegen schien der persische Dualismus, namentlich in seiner spätern

---

[30] Sulpic. Sever., Dial. II, gegen Ende.

orthodoxen Erneuerung durch die Sassaniden, aller Mischung und Vermittlung mit dem römisch-griechischen Götterkreis so sehr zu widerstreben als der jüdischen Monotheismus; – da bot sich eine ältere, abgöttisch ausgeartete Metamorphose des Parsentumes dar, und aus dieser entlehnte Rom den Mithras.

Die *Vorderasiaten* vom Euphrat bis an das Mittelmeer, den Archipel und den Pontus, mit welchen billig begonnen wird, sind zwar keineswegs von einem und demselben Stamme, allein ihre Religionen liegen schon seit uralten Zeiten dergestalt durcheinander, daß wir sie hier, wo es sich um so späte Epochen handelt, als Eins betrachten müssen; die Ermittlung der Ursprünge gehört nicht hieher und würde uns weitab führen. Sodann war lange vor den römischen Siegen über Antiochus den Großen eine andere Göttermischung vorgegangen, nämlich diejenige des vorderasiatischen mit dem griechischen Kultus seit der Gräzisierung Kleinasiens und noch mehr zur Zeit der Nachfolger Alexanders; und diese ging parallel mit der Mischung der griechischen und der orientalischen Bildung und Sprache. Die prächtigen griechischen Städte, welche in unbegreiflicher Fülle überall in den Diadochenländern aus der Erde wachsen, behalten zwar mit ihrer hellenischen Sprache, Stadtverfassung und Sitte auch die hellenischen Götter bei; dafür hält sich auf dem Lande, zumal in einiger Entfernung vom Meere, bald mehr bald weniger hartnäckig die alte Sprache und kommt sogar in der spätern Zeit bei der innern Müdigkeit des griechischen Bildungselementes wieder mehr zu Kräften. In Palästina, freilich unter dem Schutz einer höchst exklusiven Religion und Lebensweise, erhält sich das Aramäische trotz der fürchterlichsten geschichtlichen Stürme; in Syrien, sobald es sich um populäre Wirksamkeit und nicht mehr um klassische Eleganz handelt, fällt man in die Landessprache zurück, wie sich im zweiten Jahrhundert bei dem Gnostiker Bardesanes, im vierten bei dem heiligen Ephrem zeigt, und wie die syrische Bibelübersetzung außerdem zur Genüge beweist. Wie es sich in sprachlicher Hinsicht mit Kleinasien verhielt, ist nicht näher bekannt[31]. Mit der Volkssprache aber hielten sich auch die Volksgötter aufrecht.

Die Grundlage der betreffenden Religionen[32] ist im ganzen der Gestirndienst, aber bis zur Unkenntlichkeit getrübt durch ein Götzentum, welches teils als fremde Zutat, teils als notwendige innere Entwicklung gelten mag. Ein umständlicher Opferdienst suchte die Götter zu versöhnen durch Darbringung hauptsächlich des tierischen Lebens, wozu auch regelmäßige wie außerordentliche Menschenopfer gehörten. Diese hielten

---

[31] Vgl. den bedeutenden Wink Apostelgesch. 14, Vs. 5. 11 ff., freilich über eine Stadt des tiefen Binnenlandes.
[32] Vgl. C. Schwenck, Die Mythologie der Semiten.

sich besonders in den Gegenden phönizischer Kultur mit ungemeiner Hartnäckigkeit und überlebten den Sturz und den Wiederaufbau von Karthago noch lange, so daß selbst Tiberius mit den strengsten Strafen dagegen einschreiten mußte[33]. Das höchste Götterpaar, Baal und Astarte (Sonne und Mond, Morgenstern und Abendstern) lebte in der römischen Zeit noch unter den verschiedensten Namen und Personifizierungen in zahlreichen Tempeln fort, als Herr und Herrin alles Lebens. Aus dem Alten Testament kennt man Baal-Sebub, Baal-Peor, Baal-Berith usw., deren Namen allerdings längst vergessen sein mochten. In Palmyra scheint Baal sich in zwei Gottheiten, für Sonne und Mond, geteilt zu haben, als Aglibol und Malachbel, die auf einem ganz späten palmyrenischen Relief des kapitolinischen Museums dargestellt sind[34], mit dem römisch-griechischen Namen des Donators: Lucius Aurelius Heliodorus, Sohn des Antiochus Hadrianus. In dem prächtigen und überaus großen und hohen Tempel zu Emesa lag der schwarze Stein, ein Aerolith, welcher als Bild des Sonnengottes Elagabal[35] galt und bis in weite Ferne als solcher verehrt wurde. Sein Priester ging in langer, goldgestickter Purpurtunika und einem Diadem von Edelsteinen einher. Im Tempel von Hierapolis stand neben der berühmten syrischen Göttin (wovon unten) das goldene Bild des Baal als Zeus auf einem von Stieren gezogenen Wagen. Zu Heliopolis (Baalbek) wurde Baal in einer ganz späten, halbrömischen Personifikation verehrt; sein goldenes Bild trug nicht bloß die Geißel des römischen Sonnengottes, sondern auch den Blitz Jupiters. Erst Antoninus Pius hatte auf den kolossalen Unterlagen eines alten Tempels den neuen erbaut, dessen Ruinen noch jetzt den ihm damals erteilten Namen eines Weltwunders rechtfertigen[36]. Der Name des Zeus, welchem Antonin das Heiligtum widmete, darf uns nach dem oben Gesagten nicht irre machen, wenn der alte Ortsname auf Baal und der griechische auf Helios lautet. Dieser Tempel war wie derjenige zu Emesa durch seine Orakel weit berühmt, die man auch brieflich erhalten konnte, was bei asiatischen Orakeln nicht selten vorkommt. Zweifelhaftere und weniger bedeutende Spuren des Baalsdienstes unter den Kaisern mögen übergangen werden; genug, daß

---

[33] Tertullian., Apolog. 9.
[34] Wenn nicht trotz des Halbmondes bloß die Priester statt der Gottheiten gemeint sein sollten.
[35] Die Bedenken Schwencks (S. 197) gegen die Sonneneigenschaft des Elagabal kann ich nicht teilen. – Heliodor am Ende seiner Aethiopica nennt sich einen Emesener und zwar τῶν ἀφ' Ἡλίου γένος, aus dem Geschlecht der Sonnenkinder.
[36] Malalas XI, *pag.* 119. – Vgl. Macrob., Sat. I, 23. Der Kultus sollte aus Ägypten stammen. – Der größere Tempel gilt jetzt als der des Baal, der kleinere als der des Jupiter.

dieser Kultus, mehr oder weniger umgestaltet, noch immer eine Hauptandacht Vorderasiens war, welcher gerade einige der allerwichtigsten Tempel gewidmet waren und also wahrscheinlich noch viele andere, von denen wir keine Kunde haben. Vielleicht war der Gott Karmel, der auf dem gleichnamigen Berge einen Altar besaß und Orakel gab, auch eine Umbildung des Baal[37]. Auf dem Vorposten dieses Kultus gegen Süden steht Marnas, der Gott von Gaza, wenn er wirklich eine Form des großen Gottes gewesen ist. Er war es, welcher die christlichen Lehrer und Einsiedler jener Gegend noch das ganze vierte Jahrhundert hindurch in Verzweiflung setzte[38] und die Gegend von Gaza zu einem fast unzerstörbaren Schlupfwinkel des Heidentumes machte. Wir werden ihm als persönlichem Feinde des heiligen Hilarion wieder begegnen.

Schon dieser alte semitische Hauptgott drang nun gewiß in mehr als einer Gestalt in die römische Religion ein. Römer, die im Orient lebten oder gelebt hatten, mochten ihn als Zeus, Jupiter anbeten, ganz besonders aber muß die Verehrung des Sonnengottes, die in der spätern Zeit so sehr überhand nimmt, sich wesentlich zwischen Baal und Mithras geteilt haben, während man an den alten Sol-Helios weniger dachte. Sodann erhielt Elagabal wenigstens für einige Jahre eine große, solenne Stelle in dem römischen Götterkreise durch den wahnsinnigen Jüngling, welcher auf dem Thron der Welt den Namen des Gottes annahm, dessen Priester er früher gewesen und noch war. Als dieser Antoninus Bassianus den schwarzen Stein von Emesa nach Rom brachte (zwischen 218 und 222), konnte man sagen, daß die Theokrasie sich ihrer Vollendung nähere. Der neue Gott erhielt einen großen Tempel und kolossale Opfer, bald auch eine Gemahlin. Der Kaiser ließ nämlich das Bild und die Schätze der himmlischen Göttin aus dem Tempel von Karthago kommen und vermählte dieselbe mit dem Elagabal, wogegen sich mythologisch gar nichts vorbringen ließ. Rom und Italien mußten diese Vermählung auf das Festlichste begehen. Auch das Palladium, das Feuer der Vesta und andere altrömische Heiligtümer brachte er in den Tempel des neuen Gottes. Nach der Ermordung des kaiserlichen Priesters soll der Stein wieder nach Syrien verabfolgt worden sein, wahrscheinlich wegen der scheußlichen Erinnerungen, die sich daran knüpften[39].

Allein viel gewaltiger als der Baalsdienst ist im römischen Reiche derjenige der großen vielnamigen Göttin repräsentiert. Sie ist im Verhältnis zum Sonnengott der Mond, in weiterm Sinne aber die Mutter alles Lebens, die Natur; von alten Zeiten her hat Vorderasien sie mit wildem

---

[37] I. Könige 18, Vs. 19. Tacit., Hist. II, 78.
[38] Hieronym., *Vita S. Hilarionis*. 14. 20. Sozom. V, 9. 10; VII, 15.
[39] Die bekanntern Quellen: Herodian, Dio Cassius und die Hist. Aug.

bacchantischem Taumel gefeiert, wie es einer von allen sittlichen Beziehungen entblößten Gottheit zukam; Jubelgeschrei und Klagegeheul, rasender Tanz und trauernder Flötenklang, Prostitution der Weiber und Selbstentmannung der Männer haben von jeher diesen Kultus des sinnlichen Naturlebens begleitet; ein nicht sehr ausgedehnter, aber in seinen Formen je nach Ländern und Zeiten verschieden ausgeprägter Mythus hat sich um diese Feiern herumgesponnen und noch ganz spät den Römern Anlaß zu wunderlichen Mysterien gegeben.

Wir sehen einstweilen ab von der ägyptischen Isis, welche eine verwandte Nebenform dieser großen Göttin ist, und verfolgen diese letztere unter ihren noch im dritten Jahrhundert nachweisbaren Gestalten.

Das alte Testament kannte und verabscheute sie als Astharoth, und noch immer gab es in Phönizien Tempel der Astarte; Lucian kannte einen solchen in Sidon. Er spricht davon beiläufig in der berühmten Schrift »von der syrischen Göttin«, welche uns hier zunächst als Quelle der Tatsachen interessiert, nicht weniger aber, weil sie die Stellung des frivolen, griechisch gebildeten Syrers zu seinem heimischen Kultus so merkwürdig bezeichnet. Nirgends hat er den Hohn so weit getrieben als hier, wo er sich naiv stellt und den Stil und den ionischen Dialekt des ehrlichen alten Herodot nachahmt, um die ganze gloriose Lächerlichkeit jenes Götzendienstes recht unmittelbar wirken zu lassen. Hier lernt man aber auch erkennen, welche Bilder die Jugend des Spötters umgeben und beherrschen mußten, bis er mit allen Kulten und allen Religionen brach. Ein Athener hätte diese Bücher nicht schreiben können.

Von Phönizien aus verbreitet sich derselbe Dienst unter dem Namen der »himmlischen Göttin« weit über das Mittelmeer und vermischt sich mit dem klassischen Kultus; die Griechen erkennen sie als Aphrodite urania, die Römer als Venus cölestis an, und diese Namen bekommen später auch in den eigentlichen semitischen Ländern Geltung. Man dachte dabei nicht an Aphrodite als Göttin der Liebe und des Liebreizes, sondern als Erzeugerin[40]. Die Insel Cypern, wo griechische und semitische Bildung ineinander flossen, war dieser Göttin vorzüglich geweiht, Paphos und Amathunt sprichwörtlich für ihren Dienst. Auch die Insel Cythere (Cerigo) und das Heiligtum des Berges Eryx in Sizilien gehörten der Urania; in Karthago war sie wenigstens in ihrer spätern Umbildung die wichtigste Gottheit, und selbst in dem Namen der Stadt Gades, Gadeira (Cadix) liegt vielleicht die Räumlichkeit eines alten Uranientempels angedeutet. Diese Heiligtümer waren ganz anders angelegt als die Göttertempel der Griechen; da stand unter freiem Himmel in hoher unbedeck-

---

[40] Ob Aphrodite überhaupt und selbst ihr Name semitischen Ursprungs sei? Vgl. Schwenck, a. a. O., S. 210.

ter Nische[41] das Idol, öfter nur ein Stein von konischer Form; Gitter, Hallen und Höfe, wo man Scharen von Tauben hegte, umgaben das Sanctuarium; auch freistehende Pfeiler kommen in diesen Anlagen vor, wobei man sich an die Pfeiler Jachin und Booz vor dem Tempel von Jerusalem erinnert.

Eine Umgestaltung des Namens Astarte ist Atargatis, die Göttin, welche oben menschliche, unten Fischgestalt hatte. Auch sie besaß ohne Zweifel noch ihre einst berühmten Tempel zu Askalon, in der Nähe des alten philistäischen Fischgottes Dagon, und anderswo. In ganz später, gräzisierter Gestalt thronte sie in dem berühmten Tempel von Hierapolis im nördlichen Syrien, welchen Lucian schildert, und welcher noch bis in das vierte Jahrhundert sich unberührt erhalten haben mag. Hinten in einem erhöhten Raum[42], den nur die Priester betraten, sah man neben dem schon erwähnten Baal-Zeus das goldene Bild der Göttin auf einem mit Löwen bespannten Wagen[43]. Ihre Attribute waren von den verschiedenen griechischen Göttinnen entlehnt; in den Händen Zepter und Spindel, um den Leib den Gürtel der Urania, auf dem Haupte Strahlen und Mauerkrone, nebst einem Steine, welcher des Nachts den ganzen Tempelraum erleuchtete[44]. Außerdem hatten sich aber noch verschiedene griechische oder gräzisierte Gottheiten in dem Tempel eine Stelle verschafft; so ein bärtiger bekleideter Apoll, welcher sich bewegte, wenn man ein Orakel verlangte; dann erhoben ihn die Priester und trugen ihn herum, wie er sie leitete; vorwärts galt als ja, rückwärts als nein auf die gestellten Fragen; er soll dabei stark geschwitzt haben. Auch ein Atlas, ein Hermes, eine Ilithyia standen im Innern, draußen aber, bei oder an dem großen Altar, welcher vor der Hauptpforte der Tempel im Freien zu stehen pflegte, sah man eine Unzahl eherner Bilder, Könige und Priester vom höchsten Altertum bis auf die Seleukidenzeit darstellend, in der Nähe auch eine Anzahl Gestalten aus dem homerischen Sagenkreise. Allein das Merkwürdigste waren überhaupt nicht die Bilder, sondern der Kultus, von dessen wüster Massenhaftigkeit man nur hier einen vollständigen Begriff erhält. In dem großen Tempelhofe gingen heilige Stiere, Pferde, zahme Löwen und Bären frei herum; dabei war ein Teich voll heiliger Fische, in der Mitte ein Altar,

---

[41] Ein Sacellum dieser Art als bekannter Gegenstand in einem pompejanischen Gemälde *Antichità di Ercol.* III, 52. Der Tempel von Paphos öfter auf römischen Kaisermünzen.

[42] Im kleinen Tempel von Baalbek ist ein solcher Chor oder Thalamos noch nachzuweisen.

[43] Möglicherweise saß sie auf den Löwen selbst, der Ausdruck ist unklar.

[44] Mit dem Semeion, welches zwischen beiden Göttern in der Mitte stehen soll, hat Lucian (a. a. O., Kap. 33) wahrscheinlich seine Leser zum besten, wie mit mehrern andern Einzelheiten, wo der Spott mit ihm durchgeht.

zu welchem täglich Andächtige laut Gelübde hinschwammen, um ihn zu bekränzen. Um den Tempel war ein Volk von Flötenbläsern, entmannten Priestern (Galli) und rasenden Weibern angesiedelt, welche mit pomphaften lärmenden Prozessionen, mit Opfern und aller möglichen Unsitte ihre Zeit hinbrachten. Ganz dem Wahnsinn geweiht erscheint zumal das Frühlingsfest, zu welchem sich eine ungeheure Wallfahrt aus ganz Syrien in Hierapolis einfand. Bei diesem Anlaß wurde nicht bloß ein halber Wald mit Opfern aller Art (Tieren, Gewändern, Kostbarkeiten) verbrannt, sondern auch die Rekrutierung der Galli scheint sich daran[45] angeschlossen zu haben, indem der wütende Taumel viele Unglückliche ergriff, daß sie sich durch Selbstentmannung der Göttin weihten. Und dieser Tempel war einer der geehrtesten von Vorderasien, und zu seinen Schätzen hatte Cappadocien wie Assyrien, Cilicien wie Phönizien beigesteuert. Weithin leuchtete er mit seinen ionischen Säulenreihen von einem Hügel über die ganze Stadt, ruhend auf Mauerterrassen mit gewaltigen Propyläen. Merkwürdigerweise findet sich in diesem Tempelbezirk, wo es so bunt hergeht, auch das Vorbild der spätern Säulenheiligen; aus den Propyläen ragten zwei enorme Steinbilder[46] (Sinnbilder der Zeugungskraft) empor, dergleichen in ganz Kleinasien, so weit ähnliche Kulte reichten, hie und da vorkamen, und auf diese stieg alljährlich ein Mensch, um daselbst sieben Tage und schlaflose Nächte zu beten; wer seine Fürbitte wünschte, trug ein angemessenes Geschenk an den Fuß des Pfeilers. Konnte man später in der christlichen Zeit solche Denkmäler eines ruchlosen Kultus besser entsündigen, als wenn ein heiliger Büßer hinaufstieg, um droben nicht Wochen, sondern Jahrzehnte hindurch auf seine Weise Gott zu dienen[47]?

Ein besonders scheußlicher Dienst dieser Göttin endlich, welche hier wiederum als Aphrodite bezeichnet wird, knüpfte sich an den einsamen Tempel in dem Hain von Aphaca auf dem Libanon. Die Hurerei und die Unzucht der Verschnittenen setzte hier jede Scham beiseite; und doch kamen jahraus jahrein die Andächtigen und warfen die kostbarsten Geschenke in den See in der Nähe des Tempels und warteten auf das Wunder, nämlich auf die Feuerkugel, welche von der Höhe des Gebirges her er-

---

[45] A. a. O., S. 49, 50 will Lucian offenbar beides verknüpfen. Die meisten Verschnittenen mochten indes Sklaven sein, welche durch Schenkung ihrer Herrn an die Tempel gelangten. Vgl. Strabo XI, Ende.

[46] Die φαλλοὶ τριηκοσίων ὀργυιέων, a. a. O., S. 28 beruhen entweder auf einer absichtlichen Übertreibung Lucians oder auf einer falschen Lesart für τριάκοντα. Man rechne nach, welche Pfeiler das gäbe, die Orgyje zu $15^2/_3$ Fuß gerechnet.

[47] Wobei es nicht in Betracht kommt, daß spätere Byzantiner z. B. den heil. Ephrem auf einer eigentlichen Säule abbilden.

scheinen und sich dann in das Wasser senken sollte. Man glaubte, das sei Urania selber[48].

Neben dieser großen vielgestaltigen Lebensmutter tritt nun, ebenfalls unter den verschiedensten Formen, eine Personifikation des von ihr Hervorgebrachten, des im Lenz Aufblühenden und im Winter Absterbenden, auf. Bald ist es ihr Sohn, ihre Tochter, bald auch ihr Gemahl und besonders ihr Liebling. Auf den wilden Jubel der Lenzfeste folgt später das Trauern und Klagen um den Hingeschiedenen, womit der Schmerz der großen Göttin gefeiert wird. Wie in Ägypten Isis um den getöteten Osiris, so trauert in Phönizien die himmlische Aphrodite um Adonis, den »Herrn«, welcher dann auf Cypern völlig heimisch und auch in den griechischen Kultus tief eingedrungen ist, so daß ihn Rom als griechische Göttergestalt aufnehmen konnte. Vorzüglich prächtig wurde dieser Dienst aber in Alexandrien gefeiert, wo er auch noch die Einführung des Christentums um ein Jahrhundert überdauerte, allerdings wohl schwerlich mehr in derjenigen Fülle, die Theokrit unter den ersten Ptolemäern in seinen Adoniazusen (Idylle XV) schildert. Das Fest schloß mit einer Frauenprozession an die Meeresküste, wobei man das Adonisbild in die Flut versenkte. Auch in Antiochien waren die Adonien eines der hartnäckigsten heidnischen Feste.[49]

Konnte dieser Gott kraft seiner unvordenklichen Stellung im klassischen Götterkreise als ein griechisch-römischer gelten, so war dies weit weniger der Fall mit einer andern, speziell kleinasiatischen Gestaltung desselben. In Phrygien und den Nachbarlanden lernen wir nämlich die große Göttin als Cybele, als Magna mater, als Acdestis, als Dindymene, als Berecynthia, als Pessinuntis usw. kennen und neben ihr als Geliebten den Atys oder Attis[50], um dessen Entmannung und Tötung geklagt wird. Der alte Tempel von Pessinunt mit seinen fürstlich herrschenden Priestern und seinen großen Einkünften hatte zwar längst sein Idol und seinen Kultus nach Rom gegeben, und noch früher[51] hatten auch die Griechen die Göttin unter verschiedenen Namen adoptiert, so daß man überall ihres Bildes mit der Mauerkrone und mit dem Löwengespann gewohnt war

---

[48] Euseb., *Vita Const.* III, 55. Zosim. I, 58. Sozom. II, 5.

[49] Ammian. Marc. XXII, 9. Das Eindringen des Adonisdienstes in das Abendland, Firmicus, *De errore etc.*, p. 14.

[50] Vgl. Zoega, *Bassirilievi* XIII, mit Welckers Anmerkungen. – Eine sehr alte Umgestaltung der großen Lebensmutter ist anerkanntermaßen auch die Artemis von Ephesus, die denn auch in spätrömischen Exemplaren öfter als »vielgestaltige Natur und Mutter aller Dinge« benannt wird.

[51] Der gewöhnlichen Ansicht nach zur Zeit der großen Pest am Anfang des peloponnes. Krieges 430 v. Chr. Das Metroon zu Athen diente zugleich als Staatsarchiv.

und in Rom sich auch die entmannten phrygischen Priester gefallen ließ. Aber man hielt wenigstens anfangs darauf, daß dieser Schwarm von Eunuchen, Flötenspielern, Hornbläsern, Paukenschlägerinnen usw. sich nicht aus der römischen Bevölkerung ergänzte; wollte man ihnen das einmal bewilligte Betteln und Terminieren in der Folge nicht mehr wehren, so diente dies vielleicht nur um so mehr dazu, diesen Kult vom eigentlichen römischen Leben getrennt zu halten. Auf Geheiß der sibyllinischen Bücher und des Orakels von Delphi hatte man ihn angenommen; ihn freiwillig weiter zu verbreiten in die Provinzen war das republikanische und lange Zeit auch das kaiserliche Rom nicht geneigt. Unter Schiffsleuten, Dieben, entlaufenen Sklaven und Mördern findet Juvenal den weintrunkenen Eunuchen in einer Winkelwirtschaft schlafend; neben ihm liegt das Tamburin. Durch ihre Bettelei aber drängen sich die Priester der Göttermutter mit ihren phrygischen Kappen schon weiter und weiter in das Haus des reichen Römers hinein und hängen sich einstweilen an den Aberglauben der Weiber, welche für die geschenkten Eier und abgetragenen Kleider sich guten Rat geben lassen gegen die drohenden Fieber des Spätsommers[52]. Von dieser Aufwartung der Galli bei der Toilette der vornehmen Dame war kein großer Schritt mehr zu ihrer Aufnahme in die Domesticität und zum persönlichen Mitmachen. Superstitionen griffen in jener Zeit um so leichter um sich, je abgeschmackter sie waren. Bald finden wir Inschriften von Priestern der großen Mutter, Archigallen und Erzpriesterinnen mit römischen Namen; die Heiligtümer dieses Kultus fangen an, sich über ganz Italien und Gallien zu verbreiten. Es bilden sich herumziehende Priesterschaften, welche als ein wahrer Auswurf der Gesellschaft haufenweise von Ort zu Ort reisen und im Namen des kleinen Götterbildes, das sie auf dem Rücken eines Esels mit sich führen, die unverschämteste Bettelei treiben. Weibisch gekleidet und geputzt, singen und tanzen sie zu Tamburin und Flöte, peitschen und verstümmeln sich blutig[53], um sich dann durch Diebstahl und namenlose Ausschweifung schadlos zu halten. So werden die Bettelpriester bei Lucian und Apuleius zur Zeit der Antonine geschildert. Später muß wenigstens in Rom dieser Kultus der großen Göttin wieder eine ehrbare Seite gehabt und namentlich die Kastration aufgehört haben, indem sonst die öffentlich durch Denkmäler eingestandene Teilnahme vieler sehr angesehenen Leute sich nicht erklären ließe. Von den eigentümlichen Mysterien, welche sich mindestens seit dem dritten Jahrhundert daran anschlossen, wird weiter die Rede sein.

---

[52] Juvenal, Sat. VI, 511; vgl. mit VIII, 172 *seq.*
[53] Vgl. I. Könige 18, Vs. 28.

Das große Jahresfest im April gab durch seine symbolischen Begehungen, die man längst nicht mehr verstand, den Kirchenschriftstellern[54] besondern Anstoß. Es begann mit der Frühlingsnachtgleiche; da wurde im Walde eine Pinie gefällt – derjenige Baum, unter welchem Atys sich verstümmelt hatte – und in Prozession zu dem Tempel der Göttin getragen, welcher zum Beispiel zu Rom an dem Palatinischen Berge lag. Eine besondere Würde, die der Baumträger (Dendrophoren), wird später mehrfach in Inschriften erwähnt; die Galli erschienen bei diesen Anlaß mit aufgelösten Haaren und schlugen sich wie in rasendem Schmerze auf die Brust. Am zweiten Tage suchte man unter Trompetenschall den verirrten Atys; der dritte heißt der Bluttag, weil sich die Galli dem Andenken des Atys zu Ehren im Schatten der mit Veilchenkränzen und einem Bilde des unglücklichen Jünglings geschmückten Pinie verwundeten. Dies sind Tage der düstern, wilden Trauer, sogar einer Art von Fasten. Am vierten Tage, den sogenannten Hilarien, ging alles in ausgelassene Freude über, und dabei hielt ganz Rom mit, wahrscheinlich, weil ein älteres Frühlingsfest sich mit diesem verschmolzen hatte; sonst galt die Feier der Aufnahme des Atys unter die Unsterblichen. Der fünfte Tag war eine Pause; am sechsten wurde das Bild der Göttin – ein Kopf von schwarzem Stein in eine silberne Gestalt eingelassen – nebst den heiligen Geräten an das Wasser (zu Rom an das Flüßchen Almo) gefahren, daselbst gewaschen und dann in barfüßigem, ausgelassenem Zuge zum Tempel zurückgebracht.

So wenig der Abendländer dieses Fest nach seinem ursprünglichen mythologischen Sinn würdigen konnte, so stark muß die Gewöhnung und der willkommene Anlaß zum Unfug gewirkt haben. Die Zeremonie war in der Folge eine von denjenigen, von welchen sich die Heiden gar nicht trennen wollten, und trotz der verschiedenen Monate möchte das Aufstellen des Maibaums vor den Kirchen, in Italien *piantar il Maggio*, ein letzter Nachklang des Festes der großen Mutter sein. – Eine andere Folge dieses Kultus darf man zum Teil in der Zunahme des Eunuchengefolges vornehmer Römer und Römerinnen vermuten. Im vierten Jahrhundert ist diese verschnittene Hausdienerschaft selbst in frommen christlichen Familien[55] etwas, das sich von selbst versteht, das aber als bloße orientalische Mode sich nicht so leicht Bahn gebrochen hätte, wäre man

---

[54] Bes. Arnob., *Adv. gentes* V. – Die Stellen bei Zoega, a. a. O.
[55] Hieronym., *Vita S. Hilar.* 14. *Epist.* 22. *ad. Eustoch.*, c. 16 u. 32 u. a. a. O. – Noch Domitian hatte für den ganzen Umfang des römischen Reiches jegliche Kastration strenge verboten (Ammian XVIII, 4), und noch der Gardepräfekt des Septimius Severus, Plautian, hatte nur auf die gewaltsamste Weise seiner Tochter Plautilla ein Eunuchengefolge verschaffen können. (Dio Cass. LXXV, 14 s.)

nicht durch den Schwarm der pessinuntischen Göttin an den keineswegs erfreulichen Anblick jener halbschlächtigen Menschen gewöhnt gewesen.

Noch eine andere Gestalt der großen Göttin mag hier nur kurz erwähnt werden: die Anaïtis (Enyo) der östlichen Kleinasiaten, mit nicht minder ausgelassenem Kultus. Ihr gehörte die mächtige Tempelherrschaft zu Comana in Cappadocien, mit ihren zahlreichen Hierodulen beider Geschlechter. Man glaubt sie wiederzuerkennen[56] in der schon altrömischen Kriegsgöttin Bellona, deren Priester sich alljährlich in wildem Taumel die Arme zerschnitten. Später, im dritten Jahrhundert, gab es sogar Mysterien unter diesem Namen, wobei das Blut des Bellonenpriesters auf einem Schilde aufgefangen und an die Einzuweihenden verteilt wurde[57].

Außer diesen beiden großen Gottheiten der Semiten darf hier noch eine dritte nicht übergangen werden, obschon ihre Einmischung in die griechisch-römische Religion nicht der Kaiserzeit, sondern der Urzeit angehört: nämlich der Melkart der Phönizier, von welchem der griechische Herakles nur eine Seite ist. Sein Kultus, wenn auch jetzt unter römischem Namen, reichte von jeher so weit als die phönizischen und karthagischen Niederlassungen, und einer seiner berühmtesten Tempel war derjenige bei Gades (Cadix). In Italien und Griechenland hätte man sich mit der klassischen Auffassung des Sohnes des Zeus und der Alkmene begnügen können, allein die spätere Göttermischung nahm auch den sogenannten tyrischen Herkules ausdrücklich in ihr großes Pantheon auf. Eine unteritalische Inschrift aus der Zeit des Gallienus ist ihm gewidmet, ungefähr wie in neuerer Zeit die Namen und die Kopien weit entfernter Gnadenbilder auf manchen Altären wiederholt werden.

Mit allem bisherigen sind wir nun doch nicht imstande, ein wahrhaft lebendiges Bild des Religionszustandes von Kleinasien und Syrien in der spätern Kaiserzeit zu entwerfen. Die Mischung war jedenfalls eine sehr verschiedene, je nachdem das griechische Leben überhaupt durchgedrungen oder gehemmt worden war. Einen trüben Eindruck machen immer jene herrlichen Tempel griechisch-römischen Stiles[58], die für irgend ein formloses asiatisches Götzenbild erbaut waren, wo sich also das Edelste und Schönste in den Dienst der häßlichsten Befangenheit begab, weil vielleicht irgend eine Tempelherrschaft liegende Gründe, Gelder und

---

[56] Schwenck, a. a. O., S. 271 u. f., wo die Bellonenfeier wohl irrig vom 3. Juni (Ovid., *Fasti* VI, 199) auf den Bluttag der großen Mutter verlegt und damit identifiziert wird.

[57] Bei Apulejus, Metam. VIII ruft der Bettelpriester vier Personifikationen der großen Göttin nacheinander an: *Dea Syria ... et Bellona et mater Idaea, cum suo Adone Venus domina ...*

[58] Das Prachtwerk von Texier, *Descr. de l'Asie mineure*, gibt u. a. den besterhaltenen Bau des Binnenlandes, den Tempel von Aizani.

Almosen genug beisammen hatte, um einen Luxusbau ersten Ranges zu unternehmen. Und zwar trieb der wachsende Aberglaube auch die Griechen und Römer Kleinasiens mehr und mehr diesen Altären orientalischer Götter zu, ja selbst neu auftauchenden Gottheiten, wenn nur der Dolmetscher oder Priester derselben eine genügende Frechheit besaß. Man kennt aus Lucian jenen Betrüger Alexander, welcher im zweiten Jahrhundert mit seinem kleinen Schlangengott zuerst die einfältigen Paphlagonier von Abonoteichos, bald aber ganz Kleinasien und die vornehmsten römischen Beamten zum besten hatte.

Leider fehlen genügende Nachrichten über die spätere Existenz jener Tempelherrschaften überhaupt, welche Strabo zur Zeit des Augustus in nicht unbeträchtlicher Zahl gekannt hatte[59]. Selbst bei Palmyra ist das Verhältnis unklar, in welchem die kriegerische und handeltreibende Aristokratie zu dem großen Sonnentempel und seinen Schätzen stand. Wie viele stumme Ruinen birgt nur dieses Vorderasien der Römerzeit! anzufangen von dem herrlichen Petra in Arabien, von der Säulenstadt Gerasa östlich vom Jordan – beides Orte, die aus den Schriftstellern der Kaiserzeit kaum dem Namen nach bekannt wären, wenn nicht die neuern Reisenden mit Erstaunen die einsame Pracht wieder entdeckt hätten.

Bei der Aufnahme vorderasiatischer Gottheiten hatte es sich schlechthin um eine neue Superstition und um eine Erweiterung des Götterdienstes gehandelt; ein neues Bildungselement kam mit diesem Kultus nicht nach Rom. Ganz anders imposant treten die Götter *Ägyptens* in der großen Mischung auf. Es begleitete sie die uralte Ehrfurcht des Griechen vor der ägyptischen Priesterweisheit, in welcher man Theologie, Astronomie, Naturbeobachtung, Heilkunde und Mantik gleichmäßig vollendet zu finden hoffte. Hier handelte es sich nicht um rasende Verschnittene, sondern um eine Priesterkaste, welche einst die Pharaonen und ihr Volk beherrscht und die größten Denkmäler hinterlassen hatte.

Diese Kaste erscheint allerdings schon bedeutend herabgekommen zur Zeit der Ptolemäer, und ihre Tempelgüter werden ohne Widerstand zur Tragung der Staatslasten herbeigezogen (s. oben S. 90). Das alte Vorurteil zugunsten ihrer geheimen Weisheit ist geschwunden, seitdem auf der Düne des Delta die Stadt Alexanders sich erhoben hat, wo griechische Gelehrte und griechisch gebildete Ägypter die größte Werkstätte des damals modernen kritischen Sammelns, Forschens und Wissens aufschlagen. Der macedonische König, seine Beamten und Soldaten wer-

---

[59] Strabo XI, 14. XII, 2, 3, 5, 8. XIV, 4. XVI, 2 u. a. a. O. [Ein Druckfehler der 2. Auflage wurde hier durch F. Stähelin in der kritischen Gesamtausgabe von 1929 aus der 1. Auflage berichtigt.]

den nicht mehr von den Tempeln aus gelenkt, und seitdem lohnt es sich auch nicht mehr der Mühe, das große alte System priesterlichen Wissens aufrecht zu halten. Strabo, bei Anlaß seines Besuches zu Heliopolis in Unterägypten[60], erzählt: »Wir sahen auch große Häuser, in welchen die Priester wohnten, einst Philosophen und Astronomen; aber Korporation und Tradition sind dahin, wenigstens ließ sich kein Vorsteher dieser Art sehen, sondern nur Opferer und Custoden, welche den Fremden die Sehenswürdigkeiten des Tempels erklärten.« Man zeigte u. a. die Stelle, wo einst Plato dreizehn Jahre gewohnt haben sollte, ohne den Priestern das Wesentliche ihrer Geheimnisse abgewinnen zu können; — jetzt dagegen würde derjenige unter gebildeten Leuten ausgelacht, welcher von diesen Dingen Aufhebens machen wollte. Allein von der Seite des Aberglaubens erobert Ägypten bald den Einfluß wieder, den es von seiten des Wissens eingebüßt hat.

Fürs erste ist die alte Religion noch im Lande selbst außerordentlich stark befestigt (S. 95 ff.). Sie verdankte dies teils dem angeborenen Trotze des Ägypters, der seine Nationalität auf keine Weise besser gegen die fremden Herrscher wahren konnte, teils ihrem althergebrachten Organismus. Kein Volk der alten Welt hatte sein ganzes Leben so völlig von heiligen Lehren und Vorschriften abhängig gemacht, wie das ägyptische. Die besten Kräfte der Nation sind hier seit Jahrtausenden darauf gewandt worden, das Verhältnis zum Überirdischen durch Symbole zu verherrlichen; Tempelbau, Feste, Opfer und Begräbnis nehmen einen Raum ein, neben welchem das bürgerliche Leben, der Ackerbau und der Handel nur eine untergeordnete Geltung können behauptet haben. Ein solcher Zustand, der nie gründlich abgeschafft oder durch etwas wesentlich Neues verdrängt worden war, mußte noch auf das stärkste nachwirken. Noch standen die meisten Tempel unberührt; was Kambyses und die Perser zerstört hatten, davon hielt ein leidenschaftlicher Abscheu das Andenken selbst in der römischen Zeit frisch. Die Priester, welche noch die Paläste bei und an den Tempeln inne hatten, taten ohne Zweifel das Mögliche, um die Orakel und Opfer in Glanz und Ehren zu halten und die Prozessionen durch die weiten Hallen und Hofräume, durch die Alleen von Sphinxen und Widdern mit alter Pracht zu feiern. Wenn wir annehmen dürften, daß die ganze Hierarchie noch in demselben Umfang fortgedauert habe, wie sie unter den Ptolemäern nachzuweisen ist[61], so würde dies ein Heer von geweihten Personen ausmachen. Zwar hatte man dieser gefährlichen Macht die Spitze abgebrochen; die Ptolemäer hatten den Oberpriester ihrer eigenen vergöttlichten Person mit dem Oberpriester von

---

[60] Strabo 1. XVII.
[61] Für das folgende s. Böckh, *Corpus inscr. graec.* III, *fasc.* II, Einleitung.

ganz Ägypten identifiziert und ihm seinen Sitz in Alexandrien angewiesen; auch die Römer wußten sich zu helfen, wenigstens unter Hadrian versah diese Stelle eines »Oberpriesters von Alexandrien und ganz Ägypten« ein Römer, L. J. Vestinus, der zugleich Vorsteher des Museions von Alexandrien war[62]. Aber die Masse der Priester bestand ohne Zweifel fortwährend aus Ägyptern; da war der Prophetes, welcher Orakel spendete oder gewisse besonders heilige Opfergebräuche vollzog; die Hierostolen, welche die Garderobe der Götterbilder besorgten; die Pterophoren, welche Flügel auf den Köpfen trugen; die Hierogrammateis, welche einst alle heilige Weisheit verwalteten, jetzt aber schon zu Traumdeutern degradiert sein mochten; die Horoskopen oder Sterndeuter; die Pastophoren, welche in den Prozessionen die Gehäuse mit den Götterbildern trugen; die Sänger, die Stempeler der Opfertiere; die Hüter der heiligen Tiere; die verschiedenen Rangklassen der Einbalsamierer und Grabwärter; endlich zahlreiche Tempelsklaven, welche teils wie Mönche in freiwilliger Klausur lebten, teils als Terminierbettler herumgingen. Um die Serapistempel, namentlich den bei Memphis herum, lagen schon seit dem zweiten Jahrhundert v. Chr. die Zellen jener »Eingeschlossenen«, welche durch lebenslangen Kerker in der Nähe des Gottes »rein« zu werden hofften; offenbar das nahe und unleugbare Vorbild der christlichen *reclusi*; sie erhielten ihre Nahrung nur durch das Fensterchen und starben in diesen Löchern[63]. – Vollständig oder unvollständig erhalten, hatte diese ganze große Schar nur das eine Interesse: den ägyptischen Aberglauben mit allen Kräften aufrecht zu halten und auch den Römern so viel als möglich zu imponieren.

Neben einer großen Anzahl mehr oder weniger lokal gedachter Götter hatten überall die allgemeinen ägyptischen Gottheiten Isis, Osiris, Anubis ihre Tempel. In Alexandrien und mehrern andern Städten kam hinzu der aus Sinope geholte, vorgeblich mit Osiris als Totengott verwandte Serapis, dessen Tempel als eines der Wunder der antiken Baukunst galt und von Anbauten umgeben war, welche seit dem Untergang des Museions unter Aurelian die noch immer höchst wichtigen wissenschaftlichen Anstalten, unter anderm die eine große Bibliothek, enthielten. Es ist der Mühe wert, die Aussage Rufins[64], so fabelhaft und undeutlich sie klingt, in betreff dieses außerordentlichen Gebäudes anzuhören, weil sich hier klarer als sonst erkennen läßt, wie sehr sich der Hellenismus in dieser Heimat allen Aberglaubens der nationalen Denk-

---

[62] Womit Strabo XVII, 1 zu vergleichen.
[63] Weingarten, Der Ursprung des Mönchtums, S. 30 ff., nach Brunet de Presle und Letronne.
[64] *Hist. eccl.* II, 23 *seq.* – Ammian. XXII, 16. – *Avieni orbis descr.* Vs. 374.

weise zu fügen wußte. Das Serapeion, auf hundertstufigem Untersatz hoch über die Stadt emporragend, scheint ein riesiger Gewölbebau gewesen zu sein, der auf allen vier Seiten mit Kammern, Treppen und geheimen Gängen, oben sogar mit Priesterwohnungen und jenen Zellen für Büßer umgeben war; dann lief ein vierfacher Portikus entweder um das Gebäude selbst oder erst um einen Hofraum herum. An dem ganzen Tempel war das prachtvollste Material, auch Gold und Elfenbein nicht gespart. In der großen mittlern Halle stand das Bild des Gottes, überaus kolossal, so daß es mit den ausgestreckten Händen die beiden Seitenmauern berührte[65]; es war nach Art der Chryselephantinstatuen aus verschiedenen Metallen über einen hölzernen Kern zusammengesetzt, die nackten Teile von irgend einer wahrscheinlich geheiligten Holzart. Die Wände waren mit Erz bekleidet, hinter welchem die alexandrinische Phantasie eine zweite Bekleidung von Silber und eine dritte, innerste, von Goldblech vermutete. Der ganze große Raum war dunkel und also auf künstliche Beleuchtung berechnet; nur an dem Festtag, da man das Bild des Sonnengottes auf Besuch zu Serapis brachte, wurde in einem bestimmten Augenblick eine kleine Öffnung gegen Osten aufgedeckt, durch welche plötzlich der glühende Sonnenschein auf die Lippen des Serapisbildes fiel, und dies nannte man den Sonnenkuß. Andere optische und mechanische Künste, wozu der Tempel wie ein Theater eingerichtet gewesen sein muß, werden nicht näher bezeichnet, oder sie sind von durchaus märchenhafter Art, wie die Geschichte von dem Magnet in der Decke, welcher das aus dünnem Eisenblech gefertigte Sonnenbild in der Luft schwebend erhielt, was später bekanntlich auch vom Sarge Mohammeds berichtet wird. Der Tempel war sonst noch, wie die Serapistempel überhaupt, berühmt für die sogenannte Inkubation; Kranke nämlich schliefen daselbst oder schickten andere zum Schlafen hin, um in gottgesandtem Traum[66] das Mittel der Genesung zu erfahren; eine Methode, welche die Griechen in ihren Asklepiostempeln ebenfalls anwandten und welche Anlaß gab, die beiden Götter geradezu miteinander zu identifizieren. – Übrigens war in der ganzen Stadt jede Wand, jeder Türpfosten mit einem Symbol des großen Gottes bezeichnet, wozu noch zahllose Tempel, Kapellchen und Bilder aller übrigen Gottheiten auf allen Gassen kamen[67]. Jene Einrichtung auf betrügerische Phantasmagorie u. dgl. glaubte man freilich auch in andern Tempeln zu finden oder voraussetzen

---

[65] Oder hätte berühren können; bei dem sonst als Zeus stilisierten Serapis wären ausgestreckte Arme zu auffallend.

[66] Tacit., Hist. IV, 81.

[67] Strabo XVII, 1: die Stadt ist voll von geweihten Stellen und von Tempeln. Rufin. l. c.

zu dürfen; so war in dem Tempel eines Gottes, der in dem lateinischen Bericht als Saturn bezeichnet wird[68], das große Bild an die Wand angelehnt und innen hohl, so daß ein Priester hineinsteigen und durch den offenen Mund reden konnte; die Tempelleuchter hatte man zu plötzlichem Erlöschen präpariert. Doch war vielleicht gar manches dieser Art kein absichtlicher Betrug, sondern eine von jedermann zugestandene und gekannte Maschinerie zum Behuf der großen symbolischen Feiern, an welchen das alte Ägypten von jeher reich war; wer dabei den einfältigen Fanatismus hatte, durchaus an Wunder zu glauben, dem widersprachen natürlich die Priester nicht. Wir werden dieselben allerdings mit Theurgie und Geisterbannung beschäftigt finden, allein sie stehen selber mitten in dem Wahne, wenigstens nicht ganz als Betrüger außerhalb desselben. Denn der Aberglaube war hier die eigentliche Lebensluft geworden; noch ganz spät treibt die ägyptische Götterfamilie neue Schößlinge, wie zum Beispiel Serapis selbst und der häßliche Canopus, welcher in der gleichnamigen Deltastadt als ein Krug mit menschlichem Kopf und Extremitäten verehrt wurde. Zu Strabos Zeit war Canopus mit seinen Wirtshäusern der Lieblingsausflug der Alexandriner gewesen; der Nilkanal, auf welchem man hinausfuhr, war Tag und Nacht belebt durch Barken voller Weiber und Männer, welche zum Flötenspiel tanzten und sich aller Ausgelassenheit ergaben[69]. Damals war noch ein Serapistempel, wo man ebenfalls Kurträume hatte, das Hauptgebäude der Stadt; später tritt das Heiligtum des Canopus selbst in den Vordergrund und wird im vierten Jahrhundert eine hohe Schule aller Zauberei[70].

Von der Fortdauer und Rivalität der Tierkulte[71] ist schon im vierten Abschnitt die Rede gewesen. Jeder Nomos oder Distrikt verehrte sein besonderes Tier, das Schaf, den Wolf, den Pavian, den Adler, den Löwen, den Bock, die Spitzmaus usw. Allgemeine Verehrung genossen vor allem die beiden berühmten Stiere: der Mnevis, welcher beim Tempel von Heliopolis in einer Kapelle noch zu Strabos Zeit unterhalten wurde, und der Apis, in welchem die Seele des Osiris fortleben sollte, zu Memphis. Es gab nicht zu jeder Zeit einen schwarzen Stier mit weißem Stirnfleck und mondförmigem Seitenfleck; im vierten Jahrhundert mußte einst

---

[68] Auch Eutychius Alex. p. 435 *ed. Oxon.* kennt einen Saturnstempel mit einem großen ehernen Bilde; es könnte aber hier wie bei Rufin doch wieder Serapis gemeint sein, welcher öfter mit Saturn identifiziert wird.

[69] Noch Ammian. XXII, 16 rühmt die fröhlichen Wirtshäuser und die milde Luft. Hadrian in seiner Villa bei Tibur hatte sich unter andern Herrlichkeiten der alten Welt auch ein Canopus im kleinen hinbauen lassen.

[70] Rufin., *Hist. eccl.* II, 26.

[71] Die verschiedenen Erklärungen stellt zusammen Plutarch. *De Iside et Osiride* 72.

lange darnach gesucht werden⁷². Fand man ihn, so wurde er in ehrfurchtsvoller Prozession, samt der Kuh, die ihn geboren, nach Memphis geführt, wo ihn hundert Priester in Empfang nahmen und in den Tempel brachten, der ihm zum Stalle dienen sollte. Hier und in dem davor liegenden Hof beschauten ihn die Fremden und fanden in jeder seiner Bewegungen eine Vorbedeutung. Als er einst dem Germanicus nicht aus der Hand fressen wollte, ahnte den Leuten nichts Gutes. – In Arsinoë gab es noch immer Priester, welche die dort göttlich verehrten Krokodile zu zähmen, wenigstens zu füttern verstanden. – Unter den zahllosen göttlich verehrten Naturwesen durfte endlich das mächtigste, dem ganz Ägypten sein Dasein verdankte, nicht fehlen; der Nil hatte sein eigenes Priesterkollegium von Eunuchen, welche ihn mit Opfern »bewirteten und wohlleben ließen«, damit er es dem Lande wieder vergelte. Constantin, der sie laut Euseb⁷³ abgeschafft haben soll, blieb bei der bloßen Absicht stehen, wenigstens sind sie nachher noch lange vorhanden. Was er tun konnte, beschränkte sich vielleicht auf die Übertragung des Nilmessers von Serapeum in eine christliche Kirche.

Von den übrigen ägyptischen Priestern, wie sie bis zur Zeit Trajans waren, schildert Plutarch⁷⁴ mit etwas zu viel Ehrfurcht die Isispriester und deutet ihre Bräuche und Zeremonien nach Kräften sinnbildlich aus. Ihre Abzeichen waren vorzüglich das weiße Linnenkleid und das geschorene Haupt; sie lebten mit einer gewissen Abstinenz und mieden manche Speisen, um nicht fett zu werden und sonst noch aus allen möglichen symbolischen Gründen; selbst das Meer und das Salz scheuten sie. Ihrem Kultus fehlt bei all der ewig wiederkehrenden Trauer doch völlig die erhabene Würde; ein wildes Klaggeheul, bacchantische Gebärden vertreten dessen Stelle; hier wird ein Esel vom Fels herabgestürzt, dort ein vergoldeter Ochse in einem schwarzen Mantel herumgeführt; ein eigentümliches Lärminstrument, das Sistrum, soll mit seinem Getöse den schlimmen Typhon (das zerstörende Prinzip) abhalten. Manches in diesem Kultus trägt den Stempel später müßiger Erfindung oder Ausdeutung*; das Isisbild wird in verschiedenen Farben, bald dunkel, bald hell bekleidet, um Tag, Nacht, Feuer, Wasser, Leben und Tod zu versinnlichen; die Räucherungen sind nach Tageszeiten verschieden, des Morgens Harz, um die Dünste der Nacht zu verscheuchen, des Mittags Myrrhen, des Nachts das aus sechzehn Ingredienzen während beständigen

---

⁷² Ammian. XXII, 14, vgl. Hist. Aug. Hadrian., c. 11.
⁷³ *Vita Const.* IV, 25, vgl. mit Liban., *Pro templis*, p. 182.
⁷⁴ Plutarch., *De Iside et Osiride, passim.*

* In der zweiten Auflage fehlerhaft: Ausbeutung. Durch F. Stähelin in der Krit. Ausgabe von 1929 berichtigt.

Betens bereitete Kyphi, welches auch in trinkbarer Gestalt dargestellt wurde; ein Spezifikum, dessen Bestandteile sich alle sinnbildlich auslegen ließen, dessen Wirkung aber narkotisch gewesen sein muß.

Plutarch, der seinen Gegenstand durchaus mit Ernst behandelt, gibt doch zu verstehen, daß auch unter den Ägyptern Menschen vorhanden waren, welchen des Aberglaubens und besonders des Tierkultus zu viel wurde. »Während die Schwachen und Einfältigen«, sagt er, »in eine ganz unbedingte Superstition verfallen, müssen kühnere und trotzigere Menschen auf gottesleugnerische, wilde Gedanken geraten.« – Es wird nun zu erörtern sein, wie vieles von dieser Religion das blühende und später das sinkende Rom sich aneignete und in welchem Sinne.

Abgesehen von der bloß künstlerischen Aneignung, welche namentlich zur Zeit Hadrians eine ganze Anzahl ägyptischer Figuren und Dekorationsformen nach Rom brachte, ist es fast ausschließlich der Kreis der Isis, welcher seit Jahrhunderten in der griechischen und römischen Religion Aufnahme gefunden hatte.

Isis – die Erde, und zwar das gesegnete Ägypten selber, und Osiris – der befruchtende Nilstrom, sind beide schon von den Ägyptern selbst als allgemeinere Symbole alles Lebens gefaßt und so zum Eintritt in den Götterkult anderer Völker ausgerüstet worden. Eine Nebenbedeutung, welche das Götterpaar vielleicht von semitischer Seite erhielt, nämlich als Mond und Sonne, tritt schon zur Zeit Herodots fast in den Hintergrund; die Griechen vereinigen sich, in Isis die Demeter, in Osiris den Dionysos zu erkennen, ohne deshalb die Eigenschaft der Isis als Mondgöttin gänzlich aufzugeben; ja sie erhält der Reihe nach Anteil an den Geschäften der verschiedensten göttlichen Wesen[75], als Göttin der Unterwelt, der Träume, der Entbindung, sogar als Meerbeherrscherin. Seitdem Ägypten durch Alexanders Eroberung in den großen Umfang griechisch-orientalischen Lebens aufgenommen worden, verbreitet sich der Isisdienst noch weiter in der ganzen griechischen Welt[76], und geht endlich auch auf Rom über, wo er seit Sulla, und zwar die ersten hundert Jahre nicht ohne starken öffentlichen Widerstand, auftritt. Isis bei den Römern ist begleitet einerseits wohl von ihrem Gemahl Osiris, doch viel häufiger von Serapis, als dem Osiris der Unterwelt; von dem hundsköpfigen Anubis (einem Bastard des Osiris, der als Bote zwischen den Göttern und der Unterwelt mit Hermes identifiziert wird); endlich von Horus, gräzisiert Harpocrates, welchen die Isis erst nach dem Tode des Osiris geboren. – Mit der mythologischen Urbedeutung dieser Wesen

---

[75] Vgl. Pauly, Realencyclop. der klass. A. W., Artikel Isis, von Georgii.
[76] Wie sich Isiskultus in die Nähe des delphischen Tempels drängte (nach Tithorea), erzählt Pausan. X, 32.

würde man indes, auch wenn sie unbestritten wäre, nicht ausreichen zur Ermittelung desjenigen Sinnes, welchen die Römer damit verknüpften. Serapis wird neben seiner Bedeutung als Heilgott auch ein Sonnengott[77], wie eine ganze Anzahl von Fremdgöttern und selbst von heimischen in diese Bedeutung ausmünden müssen; wiederum benimmt ihm dies keineswegs die Herrschaft über die Seelen in Leben und Tod. In ähnlicher Weise werden Isis und die übrigen einerseits zu Göttern des Heiles im weitern, der Heilung im engern Sinne umgedeutet, ohne deshalb die Beziehung zur Unterwelt zu verlieren. Auf diesem Stadium ist Isis schwer zu scheiden von der dreigestaltigen Unterweltsgöttin Hekate, welche am Himmel als Luna, auf Erden als Diana, in der Unterwelt als Proserpina herrscht. Bei den Elegiendichtern ist sie dagegen die gefürchtete, oft gesühnte Herrin über Liebessachen. Je mehr Lebensbeziehungen ihrer Herrschaft untertan werden, desto weniger wird es möglich, ihr Wesen, wie es die Spätrömer auffaßten, unter eine gemeinschaftliche Definition zu bringen; findet man sie doch nach den verschiedensten Metamorphosen sogar als Fortuna, als Tyche wieder[78], der rein philosophischen Ausdeutung gar nicht zu gedenken, welche zuletzt in ihr die große Allgottheit entdeckte. Auch die Gestalt der Göttin hatte sich längst romanisiert und den bekannten ägyptischen Kopfschmuck abgelegt; das Kostüm der Priesterin scheint dasjenige der alten Göttin verdrängt zu haben; ein Mantel mit Fransen, unter den Brüsten mit der Tunika eigentümlich zusammengeknüpft, und in der Hand das Sistrum – dies sind in Gemälden und Bilderwerken jetzt die bleibenden Kennzeichen.

Der Isisdienst verbreitete sich mit den römischen Waffen bis an die Grenzen des Reiches, in den Niederlanden wie in der Schweiz und in Süddeutschland; er durchdrang auch das Privatleben viel gründlicher und auch früher als der Kultus der großen semitischen Göttin. Kaiserliche Gunst genoß er erst seit Vespasian, der schon in Alexandrien dem Serapis ausdrückliche Andacht erwies; sein Sohn Domitian baute dann in Rom ein Isium und Serapium, nachdem die beiden Gottheiten sich bisher wenigstens innerhalb der Stadtmauern mit Winkeltempeln begnügt hatten. Später gab es in Rom sogar mehrere nicht unbedeutende Heiligtümer der Göttin. In dem zu Pompeji aufgefundenen, sechzehn Jahre vor der Verschüttung bereits restaurierten Isistempel gibt eine geheime Treppe und eine leere Vertiefung hinter dem Piedestal, welches die Bilder trug, sowie ein kleines Nebengebäude mit Souterrain einigen Anlaß

---

[77] Zahlreiche Inschriften, u. a. bei Orelli I, cap. IV, § 32.
[78] Womit der Schutz, welchen Isis ihrem Geweihten gegen die als Zufall gedachte Fortuna gewährt (Apul., Metam. XI), keineswegs im Widerspruche steht.

zu Vermutungen; allein zu großen und blendenden Phantasmagorien findet man weder den Raum noch die Anstalten genügend, was indes die Phantasie der Archäologen und Dichter nicht gehindert hat, über dieses ziemlich geringe Gebäude bunte Gedanken zutage zu fördern. Die Isispriester, in den größern Städten zu zahlreichen Kollegien vereinigt (als Pastophoren usw.), genossen noch im ersten Jahrhundert durchgängig einen schlechten Ruf, u. a. als Gelegenheitsmacher bei Liebschaften, zu deren Schutz sich Isis und ihre Tempel, wie oben bemerkt, ebenfalls hatten hergeben müssen. Mit der tiefsten Verachtung behandelt Juvenal[79] den geschorenen Schwarm im Linnenkleid, welcher sich mit priesterlichem Klaggeheul in das Gemach der vornehmen römischen Dame drängt, das die Eunuchen der großen syrischen Göttin soeben verlassen haben. Die letztern bettelten bloß, der im Anubiskostüm auftretende Anführer der Isispriester dagegen darf obendrein drohen und Bußen auflegen für gewisse angenehme Sünden; und gälte es auch ein Bad in dem Tiber mitten im Winter – er wird Gehorsam finden, denn die Dame hat einen festen Glauben und meint selber im Schlaf der Isis Stimme zu hören. – Vom zweiten Jahrhundert an erhält dann der Isisdienst wie derjenige der Magna mater einen höhern Ton und wahrscheinlich auch größere Würde durch die Teilnahme der Kaiser und der höhern Stände[80]. Der Unterschied im Vergleich mit der frühern Übung war so groß, daß die Ansicht entstehen konnte, erst Commodus oder Caracalla hätten diesen Kultus nach Rom gebracht. Bei den großen Prozessionen gibt es fortan Pausae, das heißt Halteplätze, vielleicht mit besonderer baulicher Ausschmückung. Commodus ließ einen solchen Festzug in einer Halle seiner Gärten in Mosaik darstellen. Er selber, als Priester geschoren, pflegte bei solchen Anlässen das Bild des Anubis zu tragen und mit dessen Schnauze die nebenan gehenden Isispriester arg auf den Kopf zu treffen. Bei weitem die umständlichste Schilderung einer Isisprozession jedoch, welche für die Opferzüge dieser Zeit überhaupt zum Maßstab dienen kann, gibt Apulejus im letzten Buch seiner Metamorphosen. Die Szene ist in das ausgelassene Korinth verlegt. Der Zug beginnt im heitersten Karnevalsstil, mit den bunten Masken von Soldaten, Jägern, Gladiatoren, prächtig frisierten Frauenzimmern, Magistratspersonen, Philosophen (mit Mantel, Stab, Pantoffeln und Bocksbart), Vogelstellern und Fischern; dann folgt ein zahmer Bär als alte Dame verkleidet auf einem Tragstuhl, ein Affe als Ganymed mit einer Mütze und orangefarbenem Kleidchen, in der Hand einen goldenen Becher, sogar ein Esel, mit angesetzten Flügeln zum Pegasus travestiert, und nebenherlaufend ein ge-

---

[79] Juvenal., Sat. VI, 522.
[80] Hist. Aug. Commodus 9. Pescennius 6. Carac. 9.

brechliches Männchen als Bellerophon. Nun erst eröffnet sich die eigentliche Pompa; weißgekleidete, bekränzte Frauen, die Toilettedienerinnen der Isis, streuen Blumen und Wohlgerüche und gestikulieren mit Spiegeln und Kämmen; eine ganze Schar beiderlei Geschlechtes folgt mit Lampen, Fackeln und Kerzen, wie zur Huldigung an die Gestirngottheiten; darauf Saitenspieler, Pfeifer und ein weißgekleideter Sängerchor; dann die Flötenspieler des Serapis, eine rituelle Tempelmelodie blasend, nebenein Herolde, um Platz zu schaffen. Sodann kommen die Eingeweihten jedes Standes und Alters, in weißem Linnenkleid, die Frauen mit gesalbtem Haar und durchsichtigem Schleier, die Männer glatt geschoren; die Sistren, die sie rauschend schwingen, sind je nach dem Vermögen von Silber und selbst von Gold. Jetzt erst erscheinen die Priester selbst mit den geheimnisvollen Symbolen der Göttin: Lampe, Altärchen, Palmzweig, Schlangenstab, offner Hand und mehrern Gefäßen von besonderer Form; andere tragen die eigentlichen Götter, das Bild des Anubis mit halb schwarzem, halb goldenem Hundskopf, eine aufrecht stehende Kuh, eine mystische Kiste; endlich folgt der Oberpriester, die goldene Urne mit Schlangenhenkeln, welche die Göttin selber darstellte, an die Brust drückend. In dieser Ordnung bewegt sich der Zug aus der Stadt Korinth, wohin der Romanschreiber seine Szene verlegt, ans Meer hinab. Hier wird das bunt mit Hieroglyphen bemalte »Isisschiff« unter vielen Zeremonien mit Wohlgerüchen und Weihgeschenken gefüllt und angesichts der am Strand aufgestellten Heiligtümer den Wellen übergeben; die Inschrift seines Segels »für glückliche Schiffahrt im neuen Jahre« und das anderweitig bekannte Datum des überall von den Römern gefeierten »*navigium Isidis*«, der fünfte März, geben die Erklärung des ganzen Festes, welches die Eröffnung des während des Winters geschlossenen Meeres verherrlichen sollte[81]. Denn gerade in dieser ihrer spätesten, nichtägyptischen Eigenschaft als Herrscherin der See genießt Isis am Mittelmeer ausdrückliche Verehrung, und die Korinther an ihren beiden schiffreichen Golfen mußten ihr besonders ergeben sein. Die Prozession kehrt in den Tempel zurück, vor dessen Pforte ein Priester von einer hohen Kanzel herab einen Glückwunsch oder Segen spricht über den Kaiser, den Senat, die Ritter, das römische Volk, die Schiffahrt und das ganze Reich; er schließt mit der Formel λαοῖς ἄφεσις, welche mit dem *ite, missa est!* des christlichen Gottesdienstes gleichbedeutend ist. Bei dieser ganzen Feier unterscheiden sich die fröhliche und andächtige Menge und die Ein-

---

[81] Man fuhr auch wohl das Schiff auf einem Wagen durch die Stadt. Der Festzug dieses *carrus navalis* (Schiffwagen) ist sehr wahrscheinlich die Grundform des neuern Karnevals, welcher allerdings der Fasten wegen nicht auf dem 5. März bleiben konnte, sondern ein bewegliches Fest wurde.

geweihten der Mysterien, von welchen im folgenden Abschnitt die Rede sein wird.

Was bei diesem und andern Anlässen von heiligen Schriftzeichen, teils hieroglyphischer, teils sonstiger geheimer Art erzählt wird, kann in der Tatsache richtig sein; aber der römische, griechische, gallische Isispriester, der diese Schriften verwahrte und vielleicht nachmalen und ablesen konnte, verstand doch sicherlich nichts davon. Ja, weit entfernt, irgend eine tiefsinnige Wissenschaft aus dem priesterlichen Ägypten zu entlehnen, dessen starke Seite ohnedies nicht mehr die Lehre war, nahm Rom selbst die vielgenannten Götter ohne alle theologische Treue in willkürlich verändertem Sinne auf. In betreff der Isis wurde dies bereits bemerkt; ein anderes sprechendes Beispiel ist die Gestalt des Harpocrates, dessen Gebärde (mit dem Finger nach dem Munde) den von Isis gesäugten andeuten soll; in der trefflichen kapitolinischen Statue aus hadrianischer Zeit findet man nun statt des ägyptischen Götzen einen jungen Amorin, der mit dem Finger auf den Lippen Stille gebietet, als *Deus silentii*. Dagegen mußte Anubis, obwohl man ihn für identisch mit Hermes hielt, seinen Hundskopf beibehalten, der sich dann über einem menschlichen Körper mit römischer Draperie sonderbar widerlich ausnimmt.

Einen Inbegriff der Symbole dieses ganzen Kreises gewähren die hie und da vorkommenden bronzenen Hände, welche als Ex-voto's von Wöchnerinnen an die geburtshelfende Isis erkannt worden sind[82]. Die Finger in schwörender Haltung, die innere wie die äußere Fläche der Hand sind völlig bedeckt mit Attributen, Mysteriengeräten und Brustbildchen der Gottheiten Isis, Serapis, Osiris und Anubis, nur daß letztere als Dionysos und Hermes dargestellt sind. Die Aufzählung jener Symbole gehört nicht hieher; vielleicht entsprachen sie ebensovielen Anrufungen in der Not.

Mit den bisher genannten Fremdgottheiten ist die Mischung der Kulte noch lange nicht erschöpft; manches, was dahin gehört, wird passender erst im folgenden Abschnitt beiläufig behandelt werden. Bisher war nur von den offiziell anerkannten und allgemein verbreiteten *Sacra peregrina* die Rede; dem einzelnen Andächtigen blieb es unbenommen, nach Wunsch die Bilder und Symbole aus allen Landen und Religionen massenweise um sich zu häufen. Wie verschieden und dabei wie bezeichnend war hierin die Subjektivität der beiden ungleichen Vettern, Elagabal und Alexander Severus! Ersterer trägt seine semitischen Götzen, die Palladien Roms und die Steine des Orest aus dem Dianentempel von Laodicea

---

[82] U. a. bei Montfaucon, *Ant. expl.* II, p. 330, kleine Ausgabe p. 78.

mechanisch auf einen Haufen zusammen; wie der schwarze Stein von Emesa mit dem Bilde der Urania von Karthago vermählt wird, so heiratet der kaiserliche Priester selbst die oberste Vestalin; ja er soll die Absicht ausgesprochen haben, sein Zentralheiligtum auch zum Vereinigungspunkt für den Gottesdienst der Samaritaner, der Juden und der Christen zu machen. Alle Götter sollten seines großen Gottes Diener sein, alle Mysterien sich in dem Priestertum desselben konzentrieren. Alexander Severus dagegen feiert von allen Religionen die Stifter als Ideale der Menschheit und stellt ihre Bilder in seiner Hauskapelle zusammen, wo nun Abraham und Christus Platz fanden neben Orpheus als vorgeblichem Gründer der hellenischen Mysterien und Apollonius von Tyana als neuphilosophischem Wundertäter; auch die besten unter den frühern Kaisern[83] waren daselbst aufgestellt, wie er ihnen denn noch außerdem auf dem Forum des Nerva kolossale Statuen setzte; eine zweite Kapelle enthielt die Statuen Virgils, Ciceros, Achills und anderer großer Männer; der edle unglückliche Fürst sucht sich aus dem Besten, was er kennt, einen neuen Olymp zusammen. Was aber im Kaiserpalast zu Rom im Großen geschah, wiederholte sich gewiß mannigfach im Kleinen. Manche der Edelsten hätten gerne dem Christentum die ihnen zugänglichen Seiten abgewonnen; noch begieriger aber mochte der gemeine Aberglaube zu den christlichen Mysterien aufblicken, mit welchen es ja eine besondere Bewandtnis haben mußte, weil sie ihren Bekennern eine so merkwürdige Haltung im Leben und im Sterben mitteilten. Es ist schwer, sich dieses aus Abscheu und Lüsternheit gemischte Gefühl mancher Heiden lebendig vorzustellen, und eine unmittelbare Kunde davon ist kaum vorhanden, wenn man nicht die Geschichte vom samaritanischen Zauberer Simon[84] dahin rechnen will. Von der philosophischen Annäherung der beiden Religionen wird im Folgenden die Rede sein.

Wenn nun einmal die Scheu vor den Fremdgöttern völlig verschwunden war, wenn man namentlich in dem orientalischen Kultus den übermächtigen Reiz des Geheimnisvollen fand, so war überhaupt nicht mehr vorauszusagen, wo diese Aneignung des Fremden inne halten werde[85]. Schon drangen mit der neuplatonischen Philosophie und mit dem Mani-

---

[83] Wozu als Parallele Hist. Aug. Tacit. c. 9 zu vergleichen ist. *Divorum templum fieri iussit, in quo essent statuae principum bonorum etc.* Besonders die Statuen Marc Aurels standen noch zur Zeit des Diokletian in vielen Häusern unter den *Dii penates.* Hist. Aug. Marc. Aur. c. 18, 5.

[84] Nebst den Andeutungen, welche Euseb., *Hist. eccl.* II, 1 dazu gibt. Die Sekte Simons existiert unter Constantin noch und drängt sich »wie Pest und Aussatz« in die Kirche ein.

[85] Rom als *templum mundi totius* bei Ammian. XVII, 4. – Vgl. S. 103, Anm. 82, wo Ägypten denselben Anspruch erhebt.

chäismus nicht bloß persische, sondern selbst indische Religionsprinzipien in die römische Welt ein; was sich irgend ein geheimnisvolles Ansehen geben und auf eine Affinität mit dem römischen Götterwesen Anspruch machen konnte, war der Aufnahme sicher.

Es sind gerade aus dieser spätern römischen Zeit zahlreiche Inschriften vorhanden, welche »allen Göttern und Göttinnen«, »allen Himmlischen«, »der Versammlung der Götter« usw. gewidmet sind. Ohne Zweifel gedachte man dabei auch der fremden Götter, deren keiner beleidigt werden sollte. Oft übertrug man auch die Attribute einer ganzen Anzahl einheimischer und fremder Gottheiten auf Eine Gestalt, die dann als Deus Pantheus, als »allgöttlicher Gott«, bezeichnet wurde. So kommt Silvanus Pantheus, Liber Pantheus vor; an Bildern der Fortuna sieht man außer dem ihr zukommenden Ruder und Füllhorn auch den Brustharnisch der Minerva, den Lotos der Isis, den Donnerkeil des Jupiter, das Hirschfell des Bacchus, den Hahn des Aeskulap usw. Es ist dies vielleicht nur ein kompendiöser Ausdruck für die ganze Götterschar und muß somit wohl unterschieden werden von dem philosophischen Monotheismus, welcher (vgl. unten) eine wirkliche Identität sämtlicher Götter in einem höchsten Wesen anerkannte.

Es gibt eine bekannte Aussage des Philosophen Themistius[86] aus einer beträchtlich spätern Zeit, da der Kaiser Valens als Arianer die rechtgläubigen Christen auf das bitterste verfolgte. »Es dürfe«, meinte der Philosoph, »die Glaubenszwietracht unter den Christen nicht befremden; sie komme gar nicht in Betracht neben der Masse und der Konfusion der verschiedenen heidnischen Glaubensansichten. Denn da gebe es über dreihundert Sekten, sintemal die Gottheit auf verschiedene Weise verherrlicht sein wolle und nur um so viel größern Respekt genieße, je weniger ihre Erkenntnis gleichmäßig jedermanns Sache sei.« – Die angegebene Zahl möchte wohl hoch genommen sein, auch schließen sich diese heidnischen Sekten, Dogmata, in der Regel nicht aus wie die christlichen, so daß man mehrern zugleich angehören konnte. Allein schon dreihundert verschiedene Arten der Götterverehrung, selbst wenn sie sich nicht widersprachen, zeugen von einer Zersplitterung des Heidentums, welche durch die bloßen Fremdgötter nicht hervorgebracht worden wäre. Wir werden nun zu zeigen haben, wie nicht bloß durch die Gegenstände, sondern vorzüglich durch die innern Prinzipien des Kultus eine unendliche Mannigfaltigkeit in die verfallende heidnische Religion hineinkommen mußte, während zugleich große durchgehende Tendenzen auf Vereinfachung hindrängen.

---

[86] Sokrates, *Hist. eccl.* IV, 32.

Sechster Abschnitt

DIE UNSTERBLICHKEIT UND IHRE MYSTERIEN
DIE DÄMONISIERUNG DES HEIDENTUMS

Neben dem alten Götterdienst und den eingeführten Fremdkulten hatte sich die gebildete Welt, wie oben bemerkt, früher in einem Unglauben gefallen, welcher im günstigsten Falle philosophisch gefärbt war. Mit dem dritten Jahrhundert, unter dem Einfluß der großen Unglücksfälle des Reiches, war jedoch unter den höhern Klassen eine große Sinnesänderung eingetreten; sie näherten sich einesteils der Wundergier und dem Aberglauben des gemeinen Volkes, andernteils entstand für sie ein neues geistiges Medium, welches die Philosophie mit dem potenziertesten Aberglauben zu verbinden wußte: der sogenannte Neu-Platonismus.

So wenig im damaligen Leben diese beiden Richtungen getrennt waren, so wenig werden sie sich in unserer Darstellung durchgängig trennen lassen. Es ist ganz unmöglich, zu sagen, wo der Populärglaube aufhört und wo der philosophische Aberglaube anfängt; der letztere erkennt den erstern in der Regel an, um ihn seinem System, namentlich seiner Dämonenlehre unterzuordnen.

Die einzelnen Phänomene, die zunehmende Wundersucht und der heidnische Fanatismus, die Mystik und die schwärmerische Abstinenz sind auf jedem Blatt der Geschichte des dritten Jahrhunderts kenntlich verzeichnet. Die Gesamtwahrnehmung aber ist die, daß das ganze Verhältnis zum Übersinnlichen sich verrückt hatte und wesentlich anders geworden war. – Zunächst zeigt sich dies bei Betrachtung der Ansichten über das letzte Schicksal des Menschen selber.

Die Feinde des Christentums machen es ihm zum beständigen Vorwurf, es sei eine Religion des Jenseits, welche das Erdenleben nur als trübe, prüfungsreiche Vorbereitungszeit für ein außerirdisches, ewiges Leben auffasse; sie rühmen dagegen das lebensfrohe Heidentum, welches die antiken Menschen gelehrt habe, hienieden ihre Kräfte, Anlagen und Bestimmungen auf die jedem angemessene Weise durch- und auszuleben. – Man könnte zunächst entgegnen, daß schon die Weltanschauung des kräftigsten Griechentums bei weitem nicht so heiter gewesen, als man zu glauben pflegt; jedenfalls aber muß hier festgestellt werden, daß das Heidentum des dritten Jahrhunderts auf dieses Lob, oder wie man es nennen will, keinen ungeteilten Anspruch mehr machen kann, daß es ebenfalls eine Religion des Jenseits geworden war. Die christliche Dogmatik stellt ihre Lehre von Tod und Unsterblichkeit erst an das Ende der Lehre vom Menschen, im vorliegenden Fall müssen wir damit anfangen, weil das ganze Verständnis der spätheidnischen Religion an diesem Punkte hängt.

Der jammervolle Zustand des Staates und der bürgerlichen Gesellschaft hatte gewiß großen Anteil an der Ausbildung dieser Jenseitigkeit, doch erklärt er dieselbe nicht völlig. Aus unerforschlichen Tiefen pflegt solchen neuen Richtungen ihre wesentliche Kraft zu kommen; durch bloße Folgerungen aus vorhergegangenen Zuständen sind sie nicht zu deduzieren. Die frühere heidnische Ansicht gönnte dem Menschen wohl eine Fortdauer nach dem Tode, allein in bloßer Schattengestalt, als ein kraftloses Traumleben; wer weiser sein wollte, redete nach ägyptischer oder asiatischer Lehre von einer Seelenwanderung; nur ganz wenigen Freunden der Götter wurde der Aufenthalt im Elysium oder auf den Inseln der Seligen vorbehalten. Mit der Krisis des Heidentums wird der Kreis dieser Bevorzugten auf einmal erweitert, und bald nimmt jedermann die ewige Seligkeit in Anspruch. An zahllosen Sarkophagen findet man Züge von Tritonen und Nereiden, für diese späte Zeit oft recht schön dargestellt; es ist die Reise nach den Inseln der Seligen gemeint. Vorzüglich aber lassen die Grabschriften in dieser Beziehung keinen Zweifel übrig[1]. »Ihr unglücklichen Überlebenden«, heißt es etwa, »beweint diesen Todesfall; ihr Götter und Göttinnen aber freuet euch über den neuen Mitbürger!« – Anderswo wird in aller Form zugestanden, daß erst jenseits das wahre Leben beginne. »Jetzt erst lebst du deine selige Zeit, fern von allem Erdengeschick; hoch im Himmel genießest du mit den Göttern Nektar und Ambrosia.« Auch für Kinder, für achtjährige Mädchen wird diese selige Unsterblichkeit verlangt. »Ihr hochgelobten Seelen der Frommen, führet die schuldlose Magnilla durch die elysischen Haine und Gefilde in eure Wohnungen!« – Selbst ein zehnmonatliches Kind wird redend eingeführt: »meine himmlische, göttliche Seele wird nicht zu den Schatten gehen: das Weltall nimmt mich auf und die Gestirne; die Erde hat nur den Leib, der Stein meinen Namen empfangen«. Ein Witwer will auch schon das Sternbild kennen, wo seine Gattin

---

[1] Vgl. Meyer, *Anthologia lat.*, N. 1182, 1195, 1246, 1252, 1265, 1282, 1318, 1329, 1401, 1402 u. a. a. O. Wie bedingt noch die Hoffnungen der spätern Stoiker in dieser Beziehung waren, zeigt M. Antonin. III, 3; X, 31; XI, 3; XII, 5. 14 u. a. a. O.

wohnt, es ist die Krone der Berenice in der Nähe der Andromeda[2]. Bescheidener lautet das Gebet eines Sohnes: »Götter der Unterwelt, eröffnet meinem Vater die Haine, wo purpurn ein ewiger Tag leuchtet.« Eine deutliche Hoffnung des Wiedersehens wird ebenfalls ausgesprochen, doch erst auf einem spätheidnischen Steine des vierten Jahrhunderts[3]. Auch eine andere Konsequenz des Unsterblichkeitsglaubens scheint nicht zu fehlen: der Glaube an die Fürbitte für die Überlebenden; ein hoher Beamter spricht: »Wie ich für euer Heil gesorgt auf Erden, so bin ich nun auch unter den Göttern[4] dafür bemüht.« Man hat mit Unrecht mehrern dieser Inschriften einen christlichen Ursprung geben wollen, was durch die ganz deutlichen mythologischen Zutaten hinreichend widerlegt wird. – Daß im diokletianischen Zeitalter diese Unsterblichkeitsidee allgemein verbreitet war, beweist auch die Warnung, welche Arnobius[5] den Heiden zuruft: »Schmeichelt euch nicht mit leerer Hoffnung, wenn aufgeblasene Weise behaupten, sie seien aus Gott geboren und den Gesetzen des Schicksals nicht unterworfen; nachdem sie einigermaßen sittlich gelebt, so stehe ihnen der Hof Gottes offen, und sie könnten nach ihrem Tode ohne Hindernis dahin als in ihre Heimat emporsteigen.« – Das Beste an der Sache war, daß fortan wenigstens die so tief gewurzelte Ansicht von einem irdischen Fatum nicht mehr in so ausgesprochener Feindschaft mit der Sittlichkeit stand, seitdem eine jenseitige Bestimmung des Menschen anerkannt wurde.

Zu diesem fromm lautenden Glauben schienen in der Tat vom heidnischen Standpunkte aus weiter nichts zu gehören als ein aufgeklärter Monotheismus und eine streng gefaßte Sittlichkeit, wie sie zum Beispiel unter den Stoikern im Prinzip und zum Teil auch im Leben vorhanden gewesen war. Allein so einfach gestaltete sich für die damaligen Menschen dieses Problem nicht; zwischen sie und die höchsten Fragen ihres Daseins hatten sich zahllose Götter und Göttersysteme schichtweise gelagert, und mit diesen dämonischen Gewalten mußte unterhandelt werden. Selbst wo sich in dieser Zeit der Heide zu einem sogenannten Monotheismus aufschwang, werden wir ihn auf merkwürdige Weise gebunden finden an die Idee untergeordneter göttlicher Wesen, welche auf ihre Weise gefeiert und gesühnt sein wollen. – Die Sehnsucht nach der Unsterblichkeit, weit entfernt, durch einen unmittelbaren sittlich-religiösen

---

[2] Von dieser Bedeutung der Gestirne wird unten noch die Rede sein. – Vgl. S. Hieronym., Epist. 23, wo eine Witwe ihren Mann in die Milchstraße versetzt.

[3] Meyer, a. a. O., N. 1318.

[4] *In superis*, wobei es freilich ungewiß bleibt, ob der Sprechende nicht selber geradezu als Gott gedacht wird.

[5] *Adversus gentes* II, p. 86.

Akt sich dem Ewigen zutrauensvoll an den Busen werfen zu können, mußte sich zu einem weiten Umweg entschließen. Nun hatten sich von jeher an die antiken Gottesdienste gewisse Geheimdienste angehängt, welche den Eingeweihten dem Gotte näher brachten und zugleich mehr oder weniger deutliche Beziehungen auf eine bessere Unsterblichkeit enthielten, als die schattenhafte des gewöhnlichen Hades war. In den hellenischen Mysterien der Demeter wie des Dionysos schließt sich diese Hoffnung an die Feier des Sterbens und Wiederauflebens der Natur, zumal des Saatkorns an, ohne daß sie als das Wesentliche dieser Kulte in den Vordergrund träte. Diese Mysterien wurden noch immer gefeiert; Kaiser und Vornehme, wenn sie nach Griechenland kamen, ließen sich gerne einweihen. Noch jene berühmte Zuschrift des christlichen Firmicus an die Söhne Constantins[6] denunziert die Weihen von Eleusis, die kretischen Mysterien des Dionysos, die Sacra der Korybanten als etwas Fortbestehendes; ja wir dürfen vielleicht annehmen, daß die Masse von Mysterien, von welchen Griechenland im zweiten Jahrhundert zur Zeit des Pausanias wimmelte[7], sämtlich oder größtenteils, wenn auch in verkümmerter Form, am Leben blieben bis in die theodosische Zeit[8].

Allein so merkwürdig diese mystischen Begehungen an sich sein mögen, so dürfen sie uns doch hier nicht näher beschäftigen, weil sie mehr zurückdeuten in das frühere Griechentum, und ganz besonders weil sie lokal, sogar an Bürgerrechte gebunden waren und sich also nicht weiter verbreiten konnten. Aus demselben Grunde müssen hier die römischen Mysterien der Bona Dea und dergleichen übergangen werden. Ganz anders verhält es sich mit den *universellen*, über den ganzen römischen Länderkreis verbreiteten *Mysterien der Kaiserzeit*, die vorzugsweise den fremden Göttern gefeiert wurden.

Es ist nicht die Schuld der neuern Forscher, wenn hier das Wesentliche oft unbekannt, wenn vieles bloße Vermutung bleibt. Von vornherein muß bemerkt werden, daß die qualitative wie die quantitative Teilnahme an diesen Geheimdiensten nach einzelnen Reichsgebieten, Ständen, Bevölkerungsmassen großenteils ein Rätsel ist. Es können dabei Tausende, aber vielleicht auch Hunderttausende mehr oder weniger eingeweiht gewesen sein; es kann einzelnen Ländern zufällig oder aus innern Gründen ganz daran gefehlt haben, oder die betreffenden Zeugnisse – In-

---

[6] J. Firmicus, *De errore profanarum religionum, passim.* – Vor ihm bei mehrern christlichen Apologeten, besonders eifrig behandelt bei Arnob., *Adv. gentes* V.

[7] Ein besonders interessantes Beispiel statt vieler, das Orakel des Trophonios bei Lebadea, Pausan. IX, 39.

[8] Vgl. Zosim. IV, 3, wo der Prokonsul von Achaja dem Kaiser Valentinian I. vorstellt, wie ohne die Mysterien dem Griechen das Leben unerträglich sein würde.

schriften und Bildwerke – liegen noch unter der Erde. Eine durchgehende Wahrnehmung aber ist als sicher anzunehmen: diese Mysterien sind schon frühe, zum Teil schon zur Zeit der Republik in Rom vorhanden, nur in untergeordneter, selbst mißachteter Gestalt; mit dem dritten Jahrhundert jedoch steigt auf einmal die Teilnahme sowohl in betreff der Zahl als der Bedeutung der Mysten, woran sich ein neuer, tieferer Gehalt knüpfte, dessen Mittelpunkt die Verheißung der Unsterblichkeit bildete[9].

Am Eingang in dieses Labyrinth stehen die beiden schönen Gestalten Amor und Psyche[10], eine auf Platons Vorstellung von der menschlichen Seele beruhende Allegorie. Es mag sein, daß sie schon früher auf einzelnen Denkmälern vorkommen; Tatsache ist, daß von den bekannten Marmorgruppen keine über das zweite Jahrhundert hinaufsteigt, und daß die Beiden, getrennt oder in Liebkosung vereinigt, sich freuend und leidend, von da an bis in die späteste heidnische Zeit namentlich an Sarkophagen sehr häufig wiederholt werden. Dagegen führt die scheinbar einzige umständliche Aufzeichnung ihres Mythus, bei Apulejus[11], aus der Zeit der Antonine, den Leser nur irre; es ist ein Märchen, dessen Ähnlichkeit mit jener Allegorie fast lediglich darin besteht, daß auch bei Apulejus zwei Liebende, die durch eine lange, von der einen Seite verschuldete Trennung unglücklich geworden sind, durch eine beseligende Wiedervereinigung für immer verbunden werden. Nur teilweise und inkonsequent hat der Dichter, indem er die beiden Namen wählte, auch von der Tendenz jener Allegorie einigen Gebrauch gemacht, seine Geschichte aber lange nicht genügend danach umgedichtet. Unberührt von seiner Erzählung lebt in jener Zeit die Lehre von der menschlichen Seele weiter. Göttlichen Ursprunges, ist sie doch abgefallen und unterliegt im Erdenleben dem Irrtum; durch Prüfungen und Läuterungen muß sie wieder vorbereitet werden zur Fähigkeit eines seligen Lebens; der himmlische Eros, der sich ihrer annimmt und sie als seine Braut heimführt, ist eine Offenbarung der Gottheit, welche die verlorene Menschheit wieder an sich zieht und mit sich vereinigt.

Es ist nicht bekannt, daß mit diesem Symbol zur römischen Zeit besondere Dienste oder Weihen verbunden gewesen wären. Es bezeichnete nur im Allgemeinen eine gewisse Sinnesweise. Der Kreis der Kunstwerke

---

[9] Die besondere Hingebung an einen »Gott« führt allein zur seligen Unsterblichkeit. Sehr deutlich sagt dies die griechische Grabschrift von Aix, bei Millin, *Voyage dans les Dép. du Midi* II, p. 198: »Unter den Toten sind zwei Scharen, die einen irren auf Erden umher, die andern tanzen mit den ätherischen Gestirnen; zu letztern gehöre ich, da ich einen Gott zum Führer erhalten.«

[10] Vgl. Creuzer, Symbolik, Bd. III, S. 536 ff.

[11] Vgl. den Anhang zu Friedländer, Sittengeschichte Roms, Bd. I, S. 431 ff.

148   Sechster Abschnitt. Die Unsterblichkeit und ihre Mysterien

und der poetischen Andeutungen erweitert sich dann noch zu mancherlei Seitenbildern; Psyche als Schmetterling wird durch eine Reihe von Szenen hindurch dargestellt, wie sie zum Beispiel Pallas dem von Prometheus geschaffenen Menschen auf das Haupt senkt, wie sie dann dem Gestorbenen wieder entschwebt und von Hermes zur Unterwelt geführt wird, – hieran aber schließt sich [12] als deutliches Sinnbild der endlichen Erlösung der an den Fels geschmiedete Prometheus, welchen Herakles durch einen Pfeilschuß von dem Adler befreit; fortan lebt er göttlich auf dem Olymp.

Von diesem allgemeinen Symbol spätrömischer Sehnsucht nach der Unsterblichkeit gehen wir nun zu denjenigen Mysterien über, in welchen sich ein analoger Inhalt zu erkennen gibt.

Vielleicht müssen hievon die damals noch im Reiche verbreiteten *Bacchyusmysterien* ausgeschlossen werden. Ihr Gehalt in dieser Zeit ist nicht mehr zu ermitteln[13]; man weiß bloß, daß dabei noch immer das Fleisch von Zicklein roh und blutig verzehrt wurde, und daß die Mysten in ihrem heiligen Wahnsinn sich mit Schlangen umwanden.

Schon näher dem Unsterblichkeitsglauben verwandt erscheinen die Mysterien der dreigestaltigen Unterweltsgöttin *Hekate* (als Luna, Diana und Proserpina). Die Schriftsteller sagen gar nichts darüber; allein in den Inschriften wird dieser Dienst parallel mit den bedeutendsten Mysterien, denjenigen des Mithras und der großen Mutter, genannt, kann also wohl nicht unwichtig gewesen sein. An einem zu Hermannstadt in Siebenbürgen befindlichen Bilde dieser Diva triformis bemerkt man Reliefstreifen, welche allerlei Szenen und Grade der Weihe darzustellen scheinen. Welche bedeutende Mittel auf diesen Geheimdienst gewandt wurden, ließe sich aus der Anlage des von Diocletian in Antiochien 365 Stufen tief unter der Erde angebrachten Hekatetempels[14] schließen, wenn die Nachricht sicher wäre[15].

---

[12] An dem bekannten spätrömischen Sarkophage eines Kindes im Kapitolinischen Museum.

[13] Arnob. V. spricht von Bacchanalien überhaupt, J. Firmicus *pag.* 9 speziell von den kretensischen und thebanischen. – Laut Creuzer, Bd. III, bezieht sich die bacchische Geheimlehre auf die Seelenwanderung, nicht auf die reine Unsterblichkeit.

[14] Malalas 1. XII.

[15] [Nachtrag]. Um den Eindruck eines Niedersteigens von 365 Stufen hervorzubringen, hat man sich zu Anfang unseres Jahrhunderts in einer geheimen politischen Gesellschaft folgende Täuschung erlaubt. Zwei wohl mit Wänden eingefaßte Wendeltreppen hingen nebeneinander an Kranen; während der Neophyt in der einen abwärts zu steigen glaubte, wurde sie unbemerkt emporgezogen; er trat dann durch ein Türchen, das an ein ebensolches der zweiten

Die späteste Gestalt der *Venus*mysterien, deren noch hin und wieder[16] Erwähnung geschieht, ist ebenfalls unbekannt. Die wichtigsten Geheimdienste aber bezogen sich auf einige Fremdgötter.

Zweierlei Mysterien schlossen sich an den *phrygischen Kultus* an. Die eine, ältere, schon in der Blütezeit Griechenlands vorkommende Form ist der Geheimdienst des *Sabazios*[17], welcher vielleicht bei den alten Thraziern mit dem Sonnengott, bei den Phrygern mit Attys zusammenfällt, in Griechenland aber meistens als eine Personifikation des Dionysos galt und als solcher auch einen öffentlichen Kultus genoß. Nach asiatischer Art war dabei lärmender Gesang mit Zymbeln und Tamburins und der wilde Sikinnis-Tanz die Hauptsache. Von den geheimen Weihen, wie sie in der griechischen Zeit gefeiert wurden, ist wohl das Äußerliche des Rituals bekannt: Umhängen eines Hirschkalbfelles (Nebris), Trinken oder Besprengen aus Mischkrügen, Reinigungen usw., zum Schluß der altbekannte Ausruf des Mysten, »ich floh das Böse und fand das Gute«, sowie das Herumtragen einer Wanne oder Wiege. Von der geheimen (nach Creuzer kosmogonischen) Lehre aber weiß man nichts und darf sich auch um so weniger einen hohen Begriff davon machen, als das Ende und für die meisten wohl auch das Ziel der Weihen in nächtlicher Ausschweifung der gröbsten Art bestand, was dem ganzen Sabaziosdienst schwere Mißachtung zuzog. – Später ist derselbe im Römerreich ziemlich verbreitet, möglicherweise mit einem neuen religiös-philosophischen Inhalt; auch tritt er in eine Art von Verbindung mit dem unten zu besprechenden Mithraskult. Jetzt – wenn nicht schon früher – wurde den Mysten unter symbolischen Sprüchen eine goldene Schlange in das Kleid gesenkt und unten wieder herausgezogen, vorgeblich zum Andenken an die Liebe des Zeus und der Demeter[18]. Dann wurde man in das Innerste des Heiligtums eingeführt, indem man die Worte sprechen mußte: »aus dem Tamburin habe ich gegessen, aus der Cymbel habe ich getrunken, ein Eingeweihter bin ich nun« – anderer undeutsamer Formeln zu geschweigen. Es läßt sich übrigens vermuten, daß wenigstens im dritten und vierten Jahrhundert diese Sabaziosweihen außer einer neuen Bedeutung auch eine ehrbarere Haltung möchten angenommen haben. Die christlichen

---

angepaßt war, in diese hinüber und glaubte abermals niederzusteigen, während auch diese hinaufgewunden wurde, und so fort. Der Verfasser weiß dies von jemanden, der da merkte, wie es zuging. Möglicherweise war es im Hekatetempel zu Antiochien ebenso.

[16] Z. B. bei Arnob., *Adv. gentes* V. – Bei Ferreti, *Musae lapidariae*, p. 240 rühmt sich ein geretteter Geist: *Nam me sancta Venus sedes non nosse silentum Jussit, et in coeli lucida templa tuli(t).*

[17] Vgl. Pauly, Real-Encyclop., Bd. VI, Art. Sabazius.

[18] Arnob., *Adv. gentes* V.

Schriftsteller[19], welche in der goldenen Schlange eine offenbare Entlarvung des Satans sehen, der sich endlich hier mit seinem eigenen Namen nenne, hätten sicher nicht geschwiegen, wenn die Zeremonie noch mit allgemeiner Unzucht geendigt hätte. Zudem müssen sich sehr angesehene Leute daran beteiligt haben; Firmicus (um 340) spricht von solchen, die im Purpurgewand, Gold und Lorbeer im Haare, hinzutreten.

Viel merkwürdiger, leider aber nicht viel genauer bekannt, ist die zweite, neuere Gattung phrygischer Mysterien im Römerreich: die *Taurobolien*, welche sich direkt an die Gestalten der großen Mutter und des Attys anschlossen und eine unmittelbare Verheißung der Unsterblichkeit enthielten[20].

Seit den Antoninen finden sich Inschriften, wonach der großen Mutter und dem Attys ein Taurobolium (Stieropfer) und ein Kriobolium (Widderopfer) dargebracht wurden; der Opferer aber rühmt sich, er sei:

IN. AETERNVM. RENATVS

das heißt auf ewig wiedergeboren. Von der Lehre, die diese Hoffnung vermittelte, weiß man nichts, und von dem Zeremoniell nur Unvollständiges. Der klassische Ort der Weihen befand sich zu Rom am Vatikanischen Berg, von wo aus eine beständige Mitteilung nach den Provinzen könnte stattgefunden haben. Die übliche Zeit war Mitternacht *(mesonyctium)*. Nachdem man unter der Erde eine tiefe Grube gemacht und mit einem vielfach wie ein Sieb durchlöcherten Bretterboden bedeckt hatte, stellte sich darunter der Einzuweihende[21], angetan mit Goldschmuck und symbolischer Kleidung; während oben die Opfertiere, Stier und Widder, bisweilen auch noch eine Ziege, geschlachtet wurden, suchte er mit Gesicht, Haaren und Kleid möglichst viel von dem niederrinnenden Blut

---

[19] Vgl. unter andern Arnob., *Adv. gentes* V. – Jul. Firmicus, *De errore*, pag. 23 *seq.* u. 34.

[20] Die Inschriften unter anderm bei Orelli I, cap. IV, 1899 *seq.*; cap. V, 2319 *seq.* – Die Hauptschilderung bei Prudentius, Peristeph. X, Vs. 1011 s. – Ein Fragment bei Meyer, *Anthol. lat.* N. 605. – Vgl. *Marmora Taurinensia*, Bd. I.

[21] Prudentius a. a. O. schränkt dies auf den Summus Sacerdos (der großen Mutter?) ein, ohne Zweifel mit Unrecht, da die Inschriften die Eingeweihten *neben* den Priestern erwähnen. Taurobolus aber war jeder Eingeweihte. Auch Frauen erhielten Weihe und Priestertum. Übrigens treten hier oder für das Priestertum der großen Mutter überhaupt ganze Kollegien von Quindecemvirn auf, und zwar in gallischen wie in italischen Inschriften. – Von einem etruskischen Ritus, welcher mit dem Opferblut gewisser Tiere die Unsterblichkeit erzielen wollte und in den »acherontischen Büchern« verzeichnet war, erzählt Arnob., *Adv. gentes* II, pag. 87.

derselben aufzufangen[22]. Allein mit dieser ekelhaften Feierlichkeit war noch nicht alles getan; man mußte nun die blutgetränkten Kleider öffentlich, und zwar dauernd tragen und sich damit der Verehrung wie dem Spotte aussetzen. Es scheint sogar, daß diese Reinigung durch Blut nur für einen Zeitraum von zwanzig Jahren gültig war und dann wiederholt werden mußte, ohne Zweifel unbeschadet der oben genannten Ewigkeit. Und dennoch war es eine der verbreitetsten Weihen, und man vollzog sie nicht bloß für die eigene Person, sondern auch für andere, für das Heil des kaiserlichen Hauses, ja für ganze Städte, wenigstens im zweiten und dritten Jahrhundert[23]. Wie die Zeremonie modifiziert wurde, wenn ganze Korporationen sie mitmachten, ist gänzlich unbekannt. Es kam vor, daß die große Mutter, wahrscheinlich durch Traumgesichte, solche Weihen anbefahl. So schwer es nun fallen mag, mit diesen rohen Gebräuchen höhere Gedanken zu verbinden, so lag doch in den *Vires aeternae*, dem ewigen Weiheblut (des Stieres), ein Trost für die raffinierte Zeit. Ein Eingeweihter, noch dazu Prokonsul von Afrika und Stadtpräfekt von Rom, dankt[24] ganz ernstlich den Göttern dafür, daß sie nunmehr seine Seele hüten wollen.

Daß Attys auf den Weihesteinen, zumal den spätern, oft Menotyrannus heißt, beweist seine ursprüngliche Einerleiheit oder spätere Identifikation mit dem kleinasiatischen Men, dem Mondgott[25], und dient weiter nicht zur Erklärung dieser Mysterien.

Wichtiger und jedenfalls von edlerm Stil waren die Mysterien der Isis, welche auch in der Literatur deutlichere Spuren zurückgelassen haben. Es wurden nämlich für sie Proselyten geworben durch Bücher, welche wesentlich im Interesse dieses Dienstes geschrieben scheinen. So vor allem die Metamorphosen des Apulejus, dann auch der ebenfalls noch im zweiten Jahrhundert abgefaßte[26] Roman des Xenophon von Ephe-

---

[22] Dieser Akt ist wohl am ehesten unter der Redensart *vires excipere* verstanden, welche man sonst auf die Testikeln oder auf die Hörner des Stieres bezieht.
[23] Wie sich der Charakter des Taurobolismus im vierten Jahrhundert verändert haben mochte, bleibt dahingestellt.
[24] Bei Orelli, a. a. O., 1900.
[25] Strabo XII, 3 u. 8. – Es ist derselbe *Deus Lunus*, welcher zu Carrhä in Mesopotamien jenen weltberühmten Tempel hatte. Hist. Aug. Carac. 6 u. 7.
[26] Die Beweise hiefür in der *Biographie univ.*, art. *Xénophon l'éphésien*. – Beiläufig mag auf einen Wink des Ammian. Marcell. (XVI, 12) aufmerksam gemacht werden, welcher die Isismysterien in Gallien noch zu Anfang des vierten Jahrhunderts als bestehend voraussetzt. Ein eingeweihter Alamanne nennt nämlich seinen Sohn Serapio.

sus, von der Liebe der Anthia und des Habrokomes. Hier ist die Isis die Gottheit, welche rettend und schützend über dem von zahllosen Abenteuern bedrängten Paare waltet. Und Isis selber hat sich gebessert; sie gibt nicht, wie früher in so manchen ihrer Tempel, Gelegenheit zur Unzucht, sondern sie bewahrt die Keuschheit des Mädchens, deren Triumph der lobenswerte Inhalt mehrerer dieser spätrömischen Romane ist.

Es soll hier nicht von den alten echten Isisfesten Ägyptens die Rede sein, wobei der zerrissene Osiris gesucht und wieder gefunden wurde[27], sondern von dem universellen isischen Geheimdienst* der römischen Kaiserzeit. Sinn und Gehalt desselben werden um so weniger genau zu ermitteln sein, als selbst der populäre Isisglaube der Römer eine schwankende, abwechselnde Form hatte. Die einzige zusammenhängende Auskunft gibt Apulejus in dem oben genannten letzten Buche der Metamorphosen, allerdings in einem solchen Sinne, daß man ungewiß bleibt, ob aus seinem Lucius mehr der spekulative Philosoph oder der gläubige Myste spricht. Eins aber bleibt außer allem Zweifel: auch diese an sich sehr bunten Mysterien verhießen eine selige Unsterblichkeit. Die »Königin Isis«, die sich als Mutter Natur und Grundform alles göttlichen Wesens zu erkennen gibt, verlangt von dem unglücklichen Lucius als Preis seiner Wiederverwandlung aus dem Esel in einen Menschen, er solle nicht vergessen, daß fortan sein ganzes Leben bis zum letzten Atemzuge ihr gehöre. »Du wirst aber glücklich leben, glorreich durch meinen Schutz; und wenn du einst deine Zeit durchlaufen hast und in die Unterwelt gehest, so wirst du auch dort mich finden wie du mich hier siehst, leuchtend über dem Dunkel des Acheron, herrschend über die stygischen Tiefen, und als Bewohner der elysischen Gefilde wirst du zu meiner Gnade beten ohne Unterlaß.« Freilich im gleichen Atemzug verspricht Isis auch schon ein langes Leben auf Erden, wenn Lucius ihr durch emsigen Dienst und durch Kasteiung wohlgefällig sein würde, und nachher verheißt ihm der Oberpriester unmittelbaren Schutz und Sicherheit gegen das gewöhnliche von den Sternen bedingte Menschenschicksal. Es scheint, man fand noch Glauben für solche Vorspiegelungen.

Sehr tief ging wohl die heilige Belehrung nicht, die dem Einzuweihenden, vorgeblich aus hieroglyphischen Büchern, gegeben wurde; das äußere, pomphafte Zeremoniell tritt gar zu sehr in den Vordergrund, als daß ein höheres, geistiges Element, eine Sinnesänderung, auch nur eine

---

[27] In Ägypten dauerten auch diese bis tief in das vierte Jahrhundert fort. J. Firmicus, *De errore*, pag. 3 s. – Lactant., *Divin. Inst.* I, 21.

* In der 2. Auflage fehlerhaft Geheimnisdienst. Durch F. Stähelin in der Krit. Ausgabe von 1929 aus der 1. Auflage berichtigt.

dauernde Askese das Gemüt des Mysten hätte ergreifen können. Wurde er wirklich darüber aufgeklärt, daß Isis die Natur und zugleich die Summe alles göttlichen Wesens sei[28], oder ist dies bloß persönliche, tendenzhaft ausgesprochene Ansicht des Apulejus? – wir wissen, wie gesagt, nur so viel, daß diese Mysterien auch eine der damals beliebten Arten waren, sich durch gewisse Zeremonien und magische Künste gegen Unglücksfälle im irdischen Leben und gegen ein trübes Jenseits oder gegen die gänzliche Zernichtung nach dem Tode zu versichern. Das einzige, was bei diesen Weihen auf eine systematische Behandlung des geistigen Menschen hindeutet, sind die beständigen, gewiß nicht ganz unwillkürlichen Träume, während welcher man den Willen der Isis über alle und jegliche Angelegenheiten vernimmt. Neben eigentlichem Betrug von außen, der ja dem Schlafenden Träume ins Ohr flüstern kann, ist doch auch eine dauernde, künstlich genährte Nervenaufregung gar wohl denkbar. Die äußern Bräuche dagegen sind entweder halb mißverstanden aus Ägypten herübergenommen oder auf eine eigentümlich erregbare Phantasie berechnet. Die Vorbereitungen während der Belehrung waren die in den meisten Mysterien üblichen: Enthaltung von Wein, Fleischspeisen und Wollust für ganze zehn Tage, ein Bad, Besprengungen mit Weihwasser und dergleichen; Freunde und Miteingeweihte bringen Patengeschenke. In der durch Traumgesichte bestimmten Weihenacht verharrt man im Tempel, zuerst in rauhem Linnenkleid, dann wechselt man zwölfmal das Gewand und erhält zuletzt einen geblümten Rock und die mit mystischen Tierfiguren bemalte olympische Stola. Von den Aufzügen und Erscheinungen, die dem Mysten zuteil wurden, darf Lucius nur so viel andeuten, daß er symbolisch sterben und durch die Gnade der Isis wieder aufleben mußte *(precaria salus)*. »Ich durchschritt die Pforten des Todes, ich betrat die Schwelle der Proserpina, und nachdem ich durch alle Elemente gefahren, kehrte ich zurück. In der Mitte der Nacht sah ich die Sonne in ihrem hellsten Schein. Vor die untern und die obern Götter trat ich hin und betete sie in der Nähe an.« Dies sind Dinge, über welche man nie ins klare kommen wird[29]. Soll man für jede einzelne Weihe denjenigen Aufwand optischer und dioramatischer Künste voraussetzen, welcher nach unserem Maßstabe zu einer auch nur äußerlichen Illusion nötig wäre? Wohl besaß man, wie bei anderer Gelegenheit erzählt werden wird, hinlängliche Mittel, um die damaligen Menschen an diese oder jene Beschwörung und Geistererscheinung glauben zu machen, allein die Sinnesweise dieser Zeit war doch noch genugsam von dem Werte alles Sym-

---

[28] Man vgl. hiemit eine Inschrift im *Museo* von Neapel *(Inscr. sacrae, Col. V)*: *Te tibi, una quae es omnia, Dea Isis, Arrius Balbinus V. C.*

[29] Welches Grauen die Ungeweihten abhielt, vgl. Pausan. X, 32, c. 10.

bolischen durchdrungen, um auch durch bloße rituell imposante Vorzeigung von Sinnbildern einen tiefen Eindruck auf die Phantasie hervorzubringen. Unsere jetzige Welt dagegen ist dergestalt mit Abneigung und Hohn gegen das Symbolische getränkt, daß wir einen andern Gesichtspunkt kaum verstehen können, und schon bei allen Formalitäten und Zeremonien ungeduldig werden. Dies Gefühl wird dann schon auf die Vergangenheit angewandt. Eher als daß man eine tiefe Wirkung durch Symbole zugäbe, werden die kostspieligsten Künste der optischen und mechanischen Täuschung, das heißt der wirklichen Betörung vorausgesetzt werden.

Doch wir kehren in den Isistempel von Korinth zurück. Es ist die Zeit gegen Morgen; Lucius in seinem bunten Kleid, eine brennende Fackel in der Hand, einen Strahlenkranz von Palmblättern um das Haupt, steht auf einer hölzernen Estrade vor dem Bild der Göttin; plötzlich öffnet sich vor seinen Augen der Vorhang, und die draußen im Schiff des Tempels versammelte Menge erblickt ihn als lebendes Bild der Sonne. Festliche Schmäuse beschließen die Feier.

Die wahre *sacrosancta civitas* ist aber dem Isisdiener Rom selbst, wo denn auch Lucius in der Folge beim Tempel der Isis campensis sein Quartier aufschlägt. Im folgenden Jahr wird er im Traume ermahnt, auch des Osiris nicht zu vergessen und sich an einen bestimmten Pastophorus zu wenden, welcher natürlich seinerseits schon von Lucius geträumt haben muß. Nach allerlei Schwierigkeiten, zum Teil pekuniärer Art, empfängt der fromme Dulder auch die Weihen des Osiris; dieser »allergrößte der alleroberste Götter« verspricht ihm sogar ausdrücklich seinen Segen für die von ihm angetretene Advokatenlaufbahn und bezeichnet ihn, wiederum in einem Traumgesicht, zum Mitgliede des Pastophorenkollegiums. Der Verfasser gibt keine nähere Schilderung dieser Weihen. Er war laut seiner eigenen Aussage[30] in Griechenland in die meisten Mysterien eingeweiht worden; das größte Gewicht legt er jedoch offenbar auf die des isischen Götterkreises.

Weit die mächtigste Geheimreligion aber, ebenfalls mit dem Anspruch auf Erlösung und Unsterblichkeit, war der *Mithrasdienst*[31].

Die älteste arische Religion kennt einen Morgenlichtsgott Mithras, welchem später die Lehre Zoroasters, da sie ihn nicht beseitigen konnte, die

---

[30] *De magia oratio, opera, ed. Bipont. vol.* II, p. 68.
[31] Hierüber zahlreiche Schriften von Lajard, Hammer-Purgstall, Seel u. a. Besonders ist zu verweisen auf Creuzer, Symbolik, Bd. I. – Das Mithreum von Neuenheim, von demselben; – Niclas Müller: Mithras; – C. Schwenck: Die Mythologie der Perser, S. 185 ff.; – Stark: Zwei Mithräen in der großherzogl. Altertümersammlung in Karlsruhe. (Festschrift des Jubiläums von Heidelberg 1865.)

Stelle eines Mittlers neben Ormuzd zuwies. Mithras wird der erste der himmlischen Izeds, ein gewaltiger Held und Sieger über die Dämonen, und (mit Beziehung auf den Sonnenuntergang) auch ein Schutzherr des Totenreiches, er richtet die Seelen auf der Brücke Dschinewat*. Vor allem aber ist er der Schützer der Erde, des Feldbaues, der Fruchtbarkeit, deren Symbol – der Stier – ihm von uralten Zeiten her angehörte. Zahlreiche Anrufungen auf ihn sind im Zendavesta erhalten.

Man würde aber irre gehen, wenn man die Züge dieses alten Mithras des rechtgläubigen Persiens in dem Mithras des sinkenden Römerreiches unverändert wiederfinden oder voraussetzen wollte. Schon die starke spätere Einwirkung des babylonischen Glaubens[32] auf den persischen hatte den Mithras zu einem Sonnengott, zum Haupte der planetarischen Welt gemacht. Sodann war diejenige Überlieferung, welche zu den Römern gelangte, eine ketzerische, das heißt sie ging von einer den Magiern feindlichen Religionspartei im Perserreiche aus; endlich erhielt man sie erst aus zweiter Hand und also wahrscheinlich sehr getrübt, nämlich bei Anlaß des Vertilgungskrieges, welchen der große Pompejus gegen die meist aus Cilicien gebürtigen Seeräuber führte[33]. Dieselben feierten, heißt es, verschiedene Geheimdienste und brachten auch den des Mithras auf, welcher sich seitdem erhalten hat. Irgendwie hatte sich dies Stück persischen Glaubens in halber assyrischer Umdeutung in Kleinasien festgesetzt. Die ganze Mithrasforschung ist an neugierigen Hypothesen überreich, und wir müssen uns hüten, diesen Vorrat ohne Not zu vermehren; doch gestatte uns der Kenner wenigstens eine Frage: hat etwa der Mithrasdienst erst bei den cilicischen Piraten als martialische Räuberreligion diejenige Fassung angenommen, welche ihn später vorzugsweise zur römischen Kriegerreligion geeignet machte? Sie waren als Sklavenhändler jedenfalls weit herumgekommen und hatten ihren Kultus mit sich geführt.

Zahlreiche Reliefs, bisweilen von sehr großem Maßstab, in den meisten Antikensammlungen Europas, stellen den rätselhaften Mythus dar, ohne ihn zu erklären. Sie sind in der Regel von geringem Kunstwert und im besten Fall kaum älter als die Antonine. Man sieht eine Höhle, über welcher in der Regel der auffahrende und niederfahrende Sonnenwagen oder auch Sonne und Mond angedeutet sind. In der Höhle kniet ein Jüngling in phrygischer Tracht – es ist Mithras – auf einem Stier, dem er einen Dolch in den Hals stößt. Aus dem Schweif des Stieres sprießen Ähren;

---

* Diese Fassung weicht von dem Text der 2. Auflage ab. F. Stähelin hat sie in der Krit. Gesamtausgabe von 1929 zweifellos als Versehen erwiesen und den Text der Handschrift eingesetzt. Vgl. dort S. 373.
[32] Herodot. I, 131.
[33] Plutarch., *vita Pomp.*, c. 24.

ein Hund springt an den Stier heran, eine Schlange leckt sein Blut, ein Skorpion nagt an seinen Hoden. Zu jeder Seite steht ein Fackelträger, der eine mit gehobener, der andere mit gesenkter Fackel. Über Mithras erscheint ein Rabe, bekanntlich der Vogel der Weissagung, vielleicht auch als Vogel der Schlachtfelder zu deuten. Ein Löwe oder Löwenkopf, der bisweilen rechts in der Ecke sichtbar wird, soll noch ein Symbol des Lichtes, der Sonne, sein. Wir übergehen zahlreiche andere Zutaten, die auf den einzelnen Mithrassteinen vorkommen [34].

Was diese Symbole ursprünglich bedeuteten, ist mit ziemlicher Sicherheit nachgewiesen [35]; es ist zunächst der Sieg des Sonnenhelden über den Stier als Sinnbild des Mondes oder der rascher wechselnden Zeitlichkeit überhaupt, welche sterben muß, damit ein neues Jahr entstehe; die Ähren sind die Jahresfruchtbarkeit, der Hund deutet auf den verzehrenden Sirius, der Skorpion auf den Herbst, das heißt auf das nahende Absterben der Natur; die Fackelträger (die man sonst als Morgenstern und Abendstern erklärte) versinnlichen die Aequinoctien. Auch die Reliefs zu beiden Seiten und über der Höhle, welche auf einigen besonders reichen Exemplaren vorkommen, werden jetzt teilweise als astrale und elementare Vorgänge gedeutet, nachdem man früher vorzugsweise einzelne Momente der geheimen Weihen darin zu erkennen glaubte; manches bleibt noch unerklärt. Daß schon von der alten persischen Zeit her alles zugleich eine höhere Beziehung hatte, versteht sich von selbst.

Allein von da ist ein weiter Weg bis zu demjenigen Sinn, welchen die spätrömische Zeit mit diesen Bildwerken verband. Glücklicherweise geben die Inschriften wenigstens Einen deutlichen Wink; sie lauten: dem unbesiegten Gott Mithras, – der unbesiegten Sonne Mithras, – der Sonne, dem unbesiegten Begleiter usf.[36]; die letztgenannte Inschrift ist zudem eine der häufigsten auf den Münzen[37] Constantins des Großen, welcher vielleicht sein Leben lang sich nicht völlig von dem Äußerlichen des Mithrasglaubens losmachte. Der Unbesiegte war sicher zugleich der Siegspender und also vorzugsweise der Kriegsgott, eine Eigenschaft, die nach neuern Forschungen[38] auch schon im altpersischen Mithras wenig-

---

[34] S. die in den Hauptsachen vollständige Übersicht in den Abbildungen zu N. Müllers Mithras.

[35] Stark, a. a. O., S. 42 f.

[36] Vgl. Orelli l. c. I, cap. IV, § 34 und cap. V, § 17. Eine Inschrift, N. 1912, nennt Mithras den unbegreiflichen Gott, IMDEPRENSIVILIS, was auch die neuern Erklärer sich zu Herzen nehmen mögen.

[37] Den eigentlichen Mithras der Höhlenreliefs durfte man freilich nicht zum Münzrevers entweihen; seine Stelle vertritt die gewöhnliche Gestalt des Sonnengottes, mit Strahlenglanz, Globus oder Geißel.

[38] Schwenck, a. a. O., S. 201.

stens sekundär angedeutet sein soll. Endlich ist Mithras der Führer der Seelen, die er aus dem Erdenleben hinaus, in welches sie gefallen, wieder zum Lichte emporleitet, von dem sie ausgegangen sind. Und hieran knüpft sich das Gefühl der spätern römischen Welt; sie hat es nicht bloß aus den Religionen und der Weisheit der Orientalen und der Ägypter, noch weniger erst aus dem Christentum entlehnt, daß das Erdenleben ein bloßer Übergang zu einem höhern Leben sei; ihr eigener Schmerz und das Innewerden ihrer Alterung sagen ihr deutlich genug, das irdische Dasein sei lauter Beschwerde und Bitterkeit[39]. Der Mithrasdienst wird eine, und vielleicht die bedeutendste der erlösenden Religionen des sinkenden Heidentumes.

Allein der antike Mensch hat das Gefühl des Elends ohne das Gefühl der Sünde; mit der Sündenvergebung durch das Wort ist ihm daher nicht geholfen; er bedarf einer Erlösung von ganz besonderer Art. Um dem rettenden Gott sich anschließen zu können, muß jeder einzelne sein eigener Erlöser sein durch furchtbare freiwillige Leiden, mit welchen man es hier ernsthafter nahm als in allen andern Mysterien. So entstanden bei den Mithrasweihen jene sogenannten Prüfungen, gegen welche das Taurobolium und die Isisprüfungen als wahres Kinderspiel erscheinen. Die Dinge, um welche es sich hier handelt, waren gewiß nicht bloß ersonnen um die Unberufenen und die Masse abzuhalten, sie heißen »Züchtigungen« und müssen manchem das Leben gekostet haben[40]. Es gab achtzig verschiedene Momente der Züchtigung, als da sind: Hungerfasten bis auf fünfzig Tage, Schwimmen in weitem Umkreis, Berührung des Feuers, Liegen im Schnee bis auf zwanzig Tage, Ängstigungen aller Art, zweitägige Geißelung, Liegen auf einem Marterbette, Aushalten in qualvollen Stellungen, auch ein nochmaliges Fasten in der Wüste usw. Sieben verschiedene Stufen der Einweihung werden genannt, nur ist die Reihenfolge nicht ganz sicher, darunter ein Rabengrad, Kriegergrad, Löwengrad; die obersten hießen Väter. Man weiß nicht, bei welchen dieser Grade die einzelnen Weihen eintraten, welche die christlichen Zeitgenossen geradezu als Sakramente bezeichnen. Beim Löwengrad wusch man die Hände mit Honig und gelobte sie rein zu halten von aller Missetat[41]. Irgendwo kam auch Brot und ein Becher Wasser vor, selbst ein entsündigendes Bad[42]; dann suchte man dem »Mithraskrieger« mit einem

---

[39] Porphyrius, *De antro nympharum*, in der Micyllischen Ausgabe des Homer, p. 235.
[40] Die Stellen bei Creuzer, d. M. v. Neuenheim, S. 24 u. 71.
[41] Porphyr., *De antro*, p. 234.
[42] Tertullian, *De praescript.*, spricht von einer förmlichen *expiatio delictorum*, was dahingestellt sein mag. Dann aber läßt er eine symbolische Handlung folgen, welche die Auferstehung bezeichnete, *imaginem resurrectionis*, und dies ist

Schwert einen Kranz auf das Haupt zu werfen, den er mit der Hand wegfangen und an die Schulter drücken mußte, weil Mithras selber sein Kranz, seine Krone sei. Im Hinblick auf die vielen Kaiser, Hofleute und Mächtigen der Erde, welche diesen Kultus mitmachten, hat man beharrlich vermutet, es sei mit den Weihen und Züchtigungen nicht so genau genommen worden, und vieles davon möchte zum Symbol, ja zur bloßen Redensart eingeschrumpft gewesen sein. Wer konnte zum Beispiel einem Commodus befehlen, sich jenen wunderlichen Qualen zu unterziehen! und wie gefällig waren nicht die Hierophanten der verschiedenen Mysterien gegen hohe Personen überhaupt! – Allein die Aussagen über die Wirklichkeit jener Züchtigungen lauten viel zu bestimmt, als daß man sie mit Hypothesen beseitigen dürfte[43]. Nur eines kann man gerne zugeben: daß der Ritus einer Verehrung, die durch keine gemeinsame Hierarchie gehütet und geleitet war, in den verschiedenen Gegenden des Reiches sich sehr verschieden gestalten mochte. So weit dem Schreiber dieses bekannt ist, sind diejenigen Mithrassteine, welche eine große Anzahl kleiner Reliefdarstellungen zu den Seiten und über der Höhle enthalten, sämtlich am Rhein, in Tirol und in Siebenbürgen gefunden; es sind diejenigen von Heddernheim unweit Frankfurt, von Neuenheim bei Heidelberg, von Osterburken zwischen Neckar und Tauber, von Apuleum unweit Karlsburg, von Sarmizegethusa, ebenfalls in Siebenbürgen, und das höchst bedeutende von Mauls in Tirol, welches sich jetzt zu Wien befindet; hier stellen zwei Reihen kleiner Bilder zu den Seiten des Hauptreliefs Szenen dar, in welchen man früher die Versinnlichung der einzelnen Martern der Aufnahme zu erkennen glaubte: das Qualbette, das Stehen im Schnee und im Wasser, das Sengen am Feuer usw., und die jetzt anders erklärt werden mögen; genug, daß man in diesen Gegenden eine sehr umständliche Bilderschrift für notwendig hielt, aus Gründen, die für uns jetzt völlig dunkel sind. Die vielen in Italien gefundenen Steine dagegen zeigen nichts von dieser Art. Die einzelnen Logen des Ordens (wenn man diese verfänglichen Ausdrücke nicht zu strenge nehmen will) können eben in Aufnahme, Lehre und Kultus sehr von einander abgewichen sein. Sodann stammen jene oben aufgezählten Denkmäler meist erst aus dem dritten Jahrhundert, einer Zeit der Gärung für das Heidentum, welches damals im Gefühl seiner innern Auflösung sich partiell herzustellen, zu steigern bemüht war und stellenweise einen plötzlichen Fanatismus ent-

---

sicher ein echter Zug. – Mehrere Grade sind genannt in der Inschrift bei Orelli, N. 2343.
[43] Die Stelle Hist. Aug. Commod. 9 liefert keinen Gegenbeweis. Es darf hier erinnert werden an die abschreckende Enthaltsamkeit der manichäischen Electi, der christlichen Anachoreten usw.

wickelte. Wer kann nun sagen, ob hier neben den örtlichen Unterschieden nicht auch zeitliche mitwirkten?

Die erwähnten Mithrassteine nördlich von den Alpen und der Donau rühren nach aller Wahrscheinlichkeit und zum Teil erweislich von römischen Kriegern her[44]. Welche Stellung nahm der Eingeweihte im täglichen Lagerverkehr ein! Wie hing diese ganze Andacht mit der kriegerischen und politischen Aufgabe der höhern Offiziere zusammen? Bildete sie ein wirksames Band unter denselben? Hatte sie sittlichen Anteil daran, als das römische Wesen sich in der zweiten Hälfte des dritten Jahrhunderts noch einmal aufraffte? – alle diese Fragen bleiben unbeantwortet, solange die Mithraslehre nur aus den wenigen Stellen meist christlicher Autoren bekannt ist. Der Fundort der Mithrassteine sind künstliche oder natürliche Höhlen, bisweilen auch Freibauten, oft von wenigen Fuß ins Geviert, deren Hinterwand das Relief einnahm; ein Raum, der höchstens ein paar Menschen faßt; wenn sich eine Menge einfand, so muß man sich dieselbe draußen stehend denken. Selbst das große Heddernheimer Mithreum ist keine 40′ lang, und von seinen 25′ Breite bleibt der Nebenzellen wegen nur ein 8′ breiter Gang übrig. In dem kleinen Neuenheimer Mithreum von 8′ ins Geviert war das Innere überdies verstellt mit Altären und Bildwerken verwandter Gottheiten, wie zum Beispiel Herkules, Jupiter, Victoria, auch fanden sich Geschirre, Lampen u. a. Fragmente vor. Die baulichen Zutaten, reichverzierte Säulen u. dgl. zeigen, daß sich diese Heiligtümer keineswegs dem Blick zu entziehen suchten. Wer hätte sie auch zu entweihen gewagt? Die Soldaten, welche hier Geheimdienste feierten, waren die Herren der Welt[45].

Viel prächtiger und größer darf man sich die Mithrashöhle in Rom vorstellen (wo sie in den Kapitolinischen Hügel hineinging[46]), ebenso diejenigen in den übrigen großen Städten des Reiches. In Alexandria lag das Heiligtum tief unter der Erde[47]; als man es in der christlichen Zeit wieder aufgrub, um eine Kirche dorthin zu bauen, ging die dunkle Sage von vielen Ermordungen, die sich an dieser Stätte zugetragen, und wirklich

---

[44] Stark, a. a. O., S. 9 glaubt das Relief von Neuenheim noch in die Zeit der Antonine, das von Osterburken etwa in die Jahre 220–240 versetzen zu sollen. – Die Übersicht der Mithrasdenkmale, wie sie sich nach den Entdeckungen der letzten Jahrzehnte gestaltet hat, S. 27 ff.

[45] Eines von den merkwürdigsten Mithreen, über einer Quelle zwischen Felsen, bei St. Andeol unweit Viviers an der untern Rhone, beschreibt unter andern Millin, *Voyage dans les dép. du midi* II, p. 116 mit Abb.

[46] Daß es außerdem noch andere Speläen oder Mithrashöhlen in Rom gab, läßt sich aus der Inschrift Orelli N. 2346 schließen.

[47] Κατὰ βάθους πολλοῦ, nicht *mirae altitudinis*, wie der Übersetzer sagt. Sokrates, *Hist. eccl.* III, 2; V, 16. Sozom. V, 7. Rufin. II, 22.

mochten manche ob den »Züchtigungen« das Leben eingebüßt haben; nur schrieb man, als sich wirklich Totenschädel vorfanden, dieselben irrig solchen zu, welche hier zum Behuf der Eingeweideschau und zur Seelenbeschwörung seien geschlachtet worden. Der Mithrasdienst hatte damit nichts zu tun, wohl aber war die ägyptische Phantasie von Hause aus mit solchen Greueln ganz erfüllt, wie wir sehen werden.

Gegen hundert Reliefs und Inschriften[48] beweisen die Verbreitung dieses Dienstes durch das ganze Reich; Tausende mögen noch unter der Erde verschüttet liegen, und es ist nur zu wünschen, daß die Ausgrabung immer in solche Hände falle, wie zu Heddernheim, Neuenheim und Osterburken geschehen. Vielleicht kann der Inhalt einer einzigen wohlerhaltenen Mithrashöhle ein entscheidendes Licht auf diesen merkwürdigsten aller spätern Geheimkulte werfen.

Allerdings ist derselbe nicht unberührt geblieben von dem großen Strom der übrigen Superstitionen dieser Zeit. Fürs erste gab es manche, die der Mysterien gar nicht genug bekommen konnten und sich deshalb bei der dreigestaltigen Diana, dem Taurobolium der großen Mutter, den bachischen Kulten, dem Isisdienst und bei Mithras zugleich versicherten – eine Fusion aller heidnischen Geheimsdiente, die allerdings erst im Laufe des vierten Jahrhunderts zur Regel wurde[49], schon vorher aber gewiß nicht selten war. Unter Mitwirkung der Lehre von der Einheit alles göttlichen Wesens mußte man vollends gleichgültig werden gegen alle scharfe Abgrenzung der einzelnen Kulte, so daß der eine von dem andern manches annahm. Auch die neuplatonische Philosophie mischte sich in den Mithrasglauben wie in alle Geheimnisse, und einem ihrer namhaftesten Anhänger, dem Porphyrius, verdanken wir die fast einzige Aufzeichnung von heidnischer Seite über diesen Gegenstand. Nur verfolgt diese oft angeführte Schrift über die Nymphengrotte[50] leider nicht sowohl den damaligen Bestand, als vielmehr die ursprüngliche Bedeutung desselben, und auch diese in einseitigem, willkürlich symbolisierendem Schulinteresse[51]. Da erfahren wir, die Grotte sei ein Bild des Kosmos, der Welt; deshalb habe schon Zoroaster in den Gebirgen Persiens eine blumige, quellenreiche Höhle geweiht zu Ehren des Weltschöpfers und Lenkers Mithras; in dieser Urhöhle seien die Symbole der Weltelemente und Weltzonen angebracht; von hier seien seitdem alle Höhlenmysterien

---

[48] S. Creuzer, a. a. O., S. 65.
[49] Die abendländischen Inschriften dieses Inhaltes bei Beugnot, vol. I, *passim* und bei Orelli, a. a. O. Schon bei Apulejus, Metam. XI heißt der Oberpriester der Isis in Korinth selber Mithras, wie bei Lucian, *Necyomantia* c. 6, der babylonische Wundertäter Mithrobarzanes.
[50] Außerdem vgl. Porphyr., *De abstinentia* IV, 16.
[51] Vgl. Schwenck, a. a. O., S. 213.

ausgegangen. Andererseits aber knüpft sich die ganze Schrift an die von Homer[52] besungene Grotte auf Ithaka und verlegt den Herd der Symbolik in diese. Porphyrius hat jene bodenlose Manier, welche sich bemüht, in den Mythen alles identisch zu finden und einen Anklang immer an den andern zu hängen. Einzelne beiläufige Winke aber sind von großem Werte, wenn er zum Beispiel die nördliche und die südliche Tür seiner Welthöhle den zur Erdengeburt herniedersteigenden und den zu den Göttern durch den Tod emporsteigenden Seelen, der Genesis und der Apogenesis, zuweist und sich überhaupt mehrfach auf Leben und Läuterung der Seelen bezieht.

Endlich lag eine natürliche Verwandtschaft für Mithras bereit in der Person des griechisch-römischen Sonnengottes, mochte man sich denselben als Apoll oder von diesem getrennt als Sol, Helios denken. Es wird wohl nie zu ermitteln sein, wie weit Mithras in diesen aufging; vielleicht ist *Sol invictus*, der seit Mitte des dritten Jahrhunderts auf Münzen und Inschriften häufiger wird, überall als Mithras aufzufassen[53], wenn er auch öffentlich nur als Sonnengott abgebildet wurde. Der Sonnendienst früherer Kaiser mochte sich an semitischen Kult anlehnen, zum Beispiel bei Elagabal, und bei Aurelian[54] bleibt man noch einmal völlig im Ungewissen, welcher Art seine Religion gewesen. Seine Mutter war Sonnenpriesterin in einer Ortschaft an der untern Donau, und wenn jemand sie für eine jener weiblichen Mithrasgläubigen halten will, von welchen hie und da die Rede ist, etwa für eine »Löwin«, so liegt hierin wenigstens keine Unmöglichkeit. Nach der Plünderung des Sonnentempels von Palmyra dagegen befiehlt er dessen Herstellung durch einen seiner Generale und fügt bei: »ich will an den Senat schreiben und ihn ersuchen, einen Pontifex zu senden, der den Tempel wieder einweihen mag« – was den gewöhnlichen römischen Ritus voraussetzt, obwohl es sich um das Heiligtum eines semitischen Baal handelt. In Rom selbst aber baut er einen überaus großen und prächtigen Sonnentempel, in welchem er 15000 Pfund Goldes niederlegt (denn mit dieser Angabe ist gewiß kein anderer Tempel gemeint), und dieses Gebäude lehnte sich mit seiner Rückseite so in den Quirinalischen Berg hinein, daß sich der Gedanke an

---

[52] Odyss. XIII, 102–112, 346 ff.

[53] Der Beiname *invictus*, sogar *invictus comes*, kommt auf Inschriften auch dem Herkules öfter zu, vgl. Orelli l. c. I, N. 1541 s., allein es ist wohl möglich, daß man bei der alten Sonneneigenschaft des Herkules zugleich auch an Mithras dachte. Wie dieser ὁ θεὸς ἐκ πέτρας, so heißt Herkules »*in petra*«. Orelli l. c. 1543.

[54] Hist. Aug. Aurelian. 4. 31. 41.

eine mithrische Andeutung nicht unbedingt abweisen läßt[55]. Denn Mithras ist und bleibt »der Gott aus dem Felsen[56]«, und schon deshalb mußten alle seine Weihestätten etwas Höhlenartiges haben, auch wenn die Höhle nicht wesentlich das Symbol der sichtbaren Welt sein sollte. Daß auch auf den Bildwerken die Stiertötung in einer Höhle vorgeht, wurde bereits erwähnt. Auf Aurelians Münzen kommt *Sol invictus* vor. – Das Verhältnis der nächstfolgenden Kaiser zum Mithraskult ist ungewiß[57]; bei Anlaß Constantins werden wir noch einmal auf diesen Punkt zurückkommen.

Es wird vielleicht Bedenken erregen, wenn wir an den Mithraskult hier den von Persien her in das römische Reich eingedrungenen *Manichäismus* kurz anreihen, da er nicht zu den Mysterien gehört. Allein als christliche Sekte ist er einmal nicht zu betrachten, vielmehr als eine besondere erlösende, überwiegend heidnische Religion. Ob er unter römischen Händen auch eine mehr römisch-heidnische Gestalt angenommen als er im Sassanidenreich besitzen konnte, bleibt dahingestellt, ebenso sein späteres Eindringen in die christliche Kirche. Er durchkreuzt mit seinem Dualismus einstweilen ganz eigentlich den klassischen Glauben, indem er alles in lauter Symbole auflöst, durch welche die beiden großen Grundprinzipien Licht und Finsternis, Gott und Materie, sich äußern. Das höchste Hervorgebrachte, der Christus dieses Systemes (mit offenbarem Anschluß an Mithras), ist Weltseele, Sohn des ewigen Lichtes und Erlöser, aber kaum eine Person; seine historische Erscheinung wird in einem Scheinkörper gedacht. Die Erlösung ist denn auch kein einmaliger Akt, etwa ein Opfertod, sondern eine fortwährende; aus dem sittlich unfreien Zustand des Kampfes zwischen Geist und Materie (oder zwischen der guten und bösen Seele) hilft Christus dem einzelnen Menschen beständig empor zum Lichtreich. Wie weit da von einer streng persönlich gefaßten Unsterblichkeit die Rede sein konnte, wird schwer zu entscheiden sein: der »Grundbrief« der Sekte redet allerdings von einem »ewigen und glorreichen Leben«, und dies war es vermutlich auch, was den römischen Proselyten am meisten einleuchtete. Das weitere dieses merkwürdigen Systemes gehört nicht hieher. – Der Stifter Mani hatte selber noch Apo-

---

[55] Zosim. I, 64: Aurelian »stellte darin die Bilder des Helios und des Belos auf«. Also jedenfalls noch eine Sonnengottheit neben Baal. Oder Aglibol und Malachbel? s. oben S. 120 f.
[56] Firmicus Matern., *De errore etc.*, p. 26. – Mithras ist nämlich aus einem erhitzten Felsen geboren.
[57] Auf Münzen des Carausius sollen mithrische Aufschriften vorkommen. Bei Probus häufig *sol invictus*, aber hier mit der Quadriga.

stel ausgesandt und trotz aller Verfolgung die Anfänge einer Hierarchie in seiner Gemeinde hinterlassen. Kaum zehn oder zwanzig Jahre nach seinem Martertode (272 bis 275) war seine Lehre schon weit im römischen Reiche verbreitet. Ein kaiserliches Reskript (287, eher 296) an den Prokonsul von Afrika, Julian[58], beweist dies für Africa proconsularis. Es müssen hier beträchtliche Unordnungen auf Veranlassung der neuen Sekte vorgekommen sein, auch wußte man, daß dieselbe nach Art mehrerer orientalischer Religionen sich gegen die römische nicht friedlich, sondern ausschließend verhalte, und überdies war sie als eine persische doppelt verdächtig und verhaßt. Diocletian war in der übelsten Stimmung; er befahl, die Anstifter samt ihren Büchern zu verbrennen und die übrigen Teilnehmer teils ebenfalls zu töten, teils (wenn es Leute vom Rang der Honorati oder sonst von einer Dignität seien) sie in die Bergwerke zu senden, unter Einziehung ihres Vermögens. Das Motiv ist wesentlich die Feindseligkeit der neuen Religion gegen die alte, welche letztere sich hier im heiligsten Rechte fühlt, als eine urzeitliche Stiftung der Götter und Menschen. – Von dieser auffallenden Erwähnung an verlieren wir den Manichäismus für mehrere Jahrzehnte aus den Augen. Bis zu Constantins Tod kann er keine bedeutende Rolle mehr gespielt haben, wenigstens wird er in dem großen Ketzeredikt[59] nicht mit Namen genannt. Erst im fünften Jahrhundert erhebt er sich für einige Zeit zum gefährlichsten Feinde der Kirche[60].

Die obige Auseinandersetzung zeigt, daß die späten Heiden nicht mehr bloß um Fruchtbarkeit, Reichtum und Sieg zu den Göttern beteten; eine dunkle Sorge um das Jenseits hat sich ihrer bemächtigt und treibt sie zu den sonderbarsten Lehren und Weihen.

Aber auch das *Diesseits* erscheint jetzt in einem andern Lichte. Bei Anlaß der Isismysterien wurde kurz darauf hingedeutet, wie man durch den mühsam zu erwerbenden Schutz Einer großen Gottheit nicht bloß dem

---

[58] Mit reichen Varianten in Hänels Ausgabe des *Cod. Theodos.* und *Cod. Gregor.* XIV, IV. In Datum und Überschrift sind entweder die Namen oder die angenommene Jahrzahl und der Ort falsch.

[59] Euseb., *Vita Const.* III, 64. Sozom. II, 32. Daß Constantin sich auch über die Manichäer Bericht erstatten ließ, meldet Ammian. Marc. XV, 13.

[60] Schließlich braucht kaum erwähnt zu werden, daß außer diesen besondern Kulten auch allerlei geheime magische Mittel die Unsterblichkeit zuwege bringen sollten. Arnob. II, pag. 87 spricht davon: *Neque quod Magi spondent, commendaticias habere se preces, quibus emollitae nescio quae potestates vias faciles praebeant ad coelum contendentibus subvolare* ... Andere Unsterblichkeitsmysterien s. bei Marcian. Capella, L. II, p. 36 *ed. Grotii.*

Untergang der Seele, sondern auch dem trüben, von den Gestirnen abhängigen Erdenschicksal zu entgehen hoffte. Es wird nun zu zeigen sein, wie alles Überirdische in einem andern Verhältnis zum Erdenleben stand als früher, wie *astrologische, magische* und *dämonische* Beziehungen über die frühern Opfer, Orakel und Sühnungen das Übergewicht bekamen. Vorhanden waren sie immer gewesen[61], und schon Homer hatte als Urbild aller Magie die Circe geschildert. Plato redet von herumziehenden Wundertätern, welche durch geheime Begehungen Segen und Fluch zuwege bringen wollten; anderwärts finden sich Zauberer, welche Witterung und Fruchtbarkeit, Sturm und Meeresstille in ihrer Gewalt haben. Thessalien ist und bleibt bis tief in die Kaiserzeit das klassische Land zumal des Liebeszaubers, durch Sprüche sowohl als Geheimmittel. Das alte Italien stand jedoch hierin neben Griechenland schwerlich zurück, da zum Beispiel die Götterbeschwörung, die dem Tullus Hostilius so übel bekam, selbst im altrömischen Kultus ihre Stelle hatte. Wie die Magie in eine Masse abergläubischer Hausmittel für Krankheiten und dergleichen ausmündete, zeigt das achtundzwanzigste und das dreißigste Buch des Plinius hinlänglich. Besonders namhaft war die Zauberei der Etrusker, Sabiner und Marser, also der meisten alten Bewohner Mittelitaliens. Abgesehen von magischen Heilungen aller Art trauten die Römer von jeher diesen Künsten die Verzauberung von Kornfeldern, das Wettermachen, die Erregung von Liebe und Haß, die Verwandlung in Tiere und vieles andere zu. Dieser Glaube reflektierte sich dann in den merkwürdigsten Spukgestalten, u. a. der blutaussaugenden Lamien und Empusen. Wohl dem, welcher sich reichlich mit rettendem Gegenzauber schützte! Man behing sich zu diesen Zweck mit Amuletten von oben bis unten; ja es existierte ein ganzes großes System magischer Verteidigung, aus welchem beiläufig noch einzelne Züge mitgeteilt werden sollen.

Wenn man die große Menge von einzelnen überlieferten Zügen dieses Zauberwesens überblickt, so möchte man glauben, daß die ganze alte Welt davon gänzlich bestrickt und im täglichen Leben unaufhörlich dadurch geängstigt gewesen sei. Und dennoch taten diese früher *vereinzelt* auftretenden Superstitionen der alten Religion lange nicht so starken Abbruch, das heißt sie störten das naive Verhältnis des Menschen zur Gottheit lange nicht so sehr, als der spätere *systematische* Aberglaube, welcher namentlich seit der Kaiserzeit zu herrschen begann.

Zunächst ist hier von der *Sterndeutung* zu reden, welche als ein altes Vorrecht des Orientes galt, und deren Adépten auch in der Regel noch Chal-

---

[61] Vgl. Soldan, Geschichte der Hexenprozesse, S. 23 ff., wo der Beweis geleistet ist, daß die alten persischen Magier keine Zauberer waren, und daß die Römer mit Unrecht ihre eigene Magie auf sie zurückführten.

däer heißen, obwohl sie nur geringsten Teils wirklich aus dem Lande am untern Euphrat stammen mochten. Wenigstens haben die bekanntern unter ihnen, der Thrasyllus des Tiberius, der Seleucus und Ptolemäus des Otho, griechische Namen. Außer der babylonischen Weisheit berief man sich übrigens auch auf die ägyptische, welche an die Namen Petosiris und Necepso geknüpft ist, die als Autoren der verbreitetsten astrologischen Schriften galten.

Abgesehen davon, daß die Sterndeuter sich mit der bloßen Astrologie nicht immer begnügten, sondern noch zu andern schrecklichern Erforschungsweisen der Zukunft die Hand boten, lag schon in der Sterndeutung allein die stärkste Veranlassung zur Gottlosigkeit. Der konsequent astrologisch Gesinnte wird aller sittlichen Erwägung und aller Religion spotten, da sie ihm gegen das aus den Sternen erkannte Fatum weder Trost noch Hilfe gewähren können. Die Praxis dieser geheimen Wissenschaft ist es vorzugsweise, welche zum Beispiel die Kaiser des ersten Jahrhunderts mit dem grauenvollsten Fluche beladen hat. Unaufhörlich werden die Chaldäer verbannt, weil man aus ihrer Wissenschaft kein kaiserliches Vorrecht machen kann, weil alle Welt ihre Weissagung in Anspruch nimmt, und ebenso oft werden sie zurückgerufen, weil man ihrer nicht mehr entraten will. Wer dann nach Rom zurückkehrte mit den Schwielen von den Fesseln, die er auf irgend einer Insel des Ägäischen Meeres getragen, der war gewiß, daß man sich um ihn streiten würde[62]. Der Inhalt dieser Wissenschaft ist kurz der, daß für alle möglichen relativen Stellungen der Planeten zu den Zeichen des Tierkreises ein Verzeichnis von entsprechenden Schicksalen erfunden wird. Die Stunde entscheidet über alles; man kann Horoskope stellen für das alltäglichste Vorhaben, zum Beispiel eine Spazierfahrt, einen Gang ins Bad, wie für das ganze Leben eines Menschen, wenn man nur die Konstellation im Augenblick seiner Geburt kennt. – Wer noch die Augen offen behielt, sah die Nichtswürdigkeit des ganzen Betruges ein und konnte ihn handgreiflich nachweisen[63]. Wie sollten die Konstellationen irgend eine bestimmte durchgehende Schicksalsbedeutung haben können, da sie ja zu derselben Stunde für den Beobachter in Mesopotamien ganz anders sich gestalten als an der Donau oder am Nil? Warum haben die Menschen, die zu derselben Stunde geboren werden, nicht dasselbe Schicksal? Warum soll die Konstellation der Geburt den Vorzug haben vor derjenigen der Empfängnis? Warum schützt die größte Verschiedenheit der Geburtsstunde nicht vor ganz gleichartigem Untergang, zum Beispiel bei Erdbeben, Er-

---

[62] Juvenal. VI, 553 s.
[63] So z. B. Favorinus bei A. Gellius XIV, 1. – Noch viel vollständiger der h. Hippolyt zu Anfang des IV. Buches seiner »Widerlegung der Ketzereien«.

oberung, Sturm auf der See u. dgl.? Und soll sich das vorgebliche hohe Sternenfatum etwa auch auf Fliegen, Würmer und anderes Ungeziefer ausdehnen? Es wird sogar nicht ohne Ahnung gefragt, ob es nicht noch mehr Planeten geben möchte als die (damals) bekannten? Und zuletzt geben alle besonnenen Menschen zu, daß es gar kein Glück sei, die Zukunft zu wissen, und jedenfalls ein Unglück, etwas Falsches darüber zu erfahren.

Aber alle Vernunftgründe der Welt konnten diese sogenannte Wissenschaft nicht ausrotten bei einem Volke, dem schon in der Blütezeit seiner Kultur die Idee einer göttlichen Weltordnung, eines alldurchdringenden Systems sittlicher Zwecke fremd geblieben war und das jetzt mehr als je über alle Schicksalsfragen in Ungewißheit und Angst schwebte. Der Aberglaube war hier ein um so dringenderes Bedürfnis, je mehr die natürliche Energie verschwand, womit der einzelne dem Fatum Trotz geboten hatte. In der spätern Kaiserzeit sucht sich jedoch die Astrologie auf dieselbe merkwürdige Weise zu versittlichen, wie so manche früher verrufene Geheimkulte[64]. Es ist hierüber ein vollgültiges Zeugnis vorhanden in den »acht Büchern Mathesis« des heidnischen Firmicus Maternus[65], welcher bald nach Constantins Tode schrieb. Am Ende des zweiten Buches dieser vollständigen Theorie des ganzen Sternglaubens wird dem Astrologen eine lange feierliche Vermahnung erteilt, welche den Zweck hat, diesem ganzen Treiben das Kompromittierende, Unheimliche, Düstere zu benehmen[66]. Der Mathematicus soll einen göttlichen Wandel führen, sintemal er mit Göttern umgeht; er erweise sich zugänglich, rechtschaffen, nicht geldgierig; er gebe seinen Bescheid öffentlich und bedeute den Fragenden von vornherein, daß er ihm laut antworten werde, um auf diese Weise die unerlaubten und unsittlichen Fragen abzuschneiden. Er muß Weib und Kinder haben und ehrbare Freunde und Bekanntschaften; er verkehre mit niemand insgeheim, sondern zeige sich unter den Leuten, halte sich aber von allem Hader fern und nehme gar keine Fragen an, die auf jemandes Schaden oder Untergang, auf Befriedigung von Haß und Rache abzielen. Er zeige sich durchgängig als Ehrenmann und verbinde mit seinem Beruf keine wucherischen Geldgeschäfte (wie demnach die verrufenen Astrologen häufig mögen getan haben). Eide soll er weder leisten

---

[64] Der Übergang zeigt sich schon bei Alexander Severus, welcher laut Hist. Aug. Al. Sev. 44 die Astrologen von Staats wegen besoldete und also öffentlich anerkannte.

[65] *Firmici Materni Matheseos libri* VIII, ed. *Basil.* 1551. (Einige Lücken ausgefüllt von Lessing. S. dessen sämtliche Werke, Ausgabe von Lachmann, Bd. IX.) Die Identität mit dem gleichnamigen christlichen Verfasser der Schrift: *De errore profanar. religionum* wird gänzlich aufgegeben.

[66] Eine ähnliche Absicht tritt bei Ammian. Marc. XIX, 12 zutage.

noch verlangen, namentlich nicht in Geldsachen. Er suche auf Irrende in seiner Umgebung wohltätig einzuwirken und überhaupt nicht bloß durch förmliche Entscheide aus den Gestirnen, sondern auch durch freundschaftlichen Rat die leidenschaftlichen Menschen auf die rechte Bahn zu leiten. Nächtliche Opfer und Zeremonien, öffentliche wie geheime möge er meiden; ebenso die Zirkusspiele, damit niemand glaube, seine Gegenwart hänge mit dem Sieg einer Partei, der Grünen oder der Blauen zusammen. Die immer sehr bedenkliche Frage über die Genitura, das Horoskop eines Dritten beantworte er nur zögernd und verschämt, damit es nicht aussehe, als wollte er irgend jemand einen Vorwurf aus dem machen, was böse Sterne für ihn beschlossen haben. Das Wort *decretum*, Beschluß, ist nämlich der stets wiederkehrende technische Ausdruck.

Bei weitem die gefährlichste Zumutung an die Astrologen, welche in den ersten zwei Jahrhunderten des Imperiums ihnen und ihren Kunden so oft den Untergang gebracht, war die Anfrage über das Schicksal des Kaisers. Einst hatte Alexander der Große das Anfragen über sein Schicksal noch nicht übelgenommen, sondern belobt[67], jetzt galt die Sache für bedenklicher. Der Cäsarenthron ohne Dynastie war jederzeit umgeben von Ehrgeizigen, die aus den Sternen zu wissen verlangten, wann und wie der Kaiser sterben und wer auf ihn folgen würde. Auch dieser Frage weiß jetzt die Theorie aus dem Wege zu gehen. Firmicus Maternus setzt auseinander, man könne über das Schicksal des Kaisers überhaupt nichts wissen, weil dasselbe den Sternen nicht unterworfen sei, sondern unmittelbar von der höchsten Gottheit geleitet werde. Der Kaiser als Herr der Welt hat den Rang eines jener vielen Dämonen, welche als schaffende und erhaltende Mächte von der Gottheit über die Welt gesetzt sind, und deshalb wissen die Sterne, die eine niedrigere Potenz vorstellen, nichts über ihn zu sagen. Die Haruspices, wenn sie das kaiserliche Schicksal durch Eingeweideschau ermitteln sollen, sind in demselben Falle, sie pflegen die Adern und Fibern absichtlich durcheinander zu wirren, um nicht Antwort geben zu müssen. – Diese Zugeständnisse halfen jedoch im vierten Jahrhundert der Astrologie nicht mehr viel; verflochten mit allen andern Arten des Aberglaubens, hatte sie den Thron und das Christentum zugleich gegen sich und unterlag mit der Magie und den übrigen Zauberkünsten den gemeinsamen Verboten und Verfolgungen.

Der Raum erlaubt nicht, aus dem Lehrgebäude des Firmicus einen Auszug mitzuteilen, auch wird ihn heutigentags niemand ganz durchlesen, als wer entweder selbst von diesem Wahn befangen ist oder wer den Autor neu herausgeben will, wozu es bei der Seltenheit der ältern Editionen wohl Zeit sein möchte. Die eigentlichen Geheimnisse, für deren Be-

---

[67] Arrian. VII, 18.

wahrung der Verfasser von seinem Adressaten (Mavortius Lollianus, einem hohen Beamten) einen schweren Eid beim höchsten Gott verlangt, sind in den beiden letzten Büchern enthalten: nämlich das Verzeichnis derjenigen Konstellationen, welche den Menschen zum Mörder, Blutschänder, Mißgebornen, oder zum Gladiator, zum Advokaten, zum Sklaven, zum Findling usw. machen. Diesem abscheulichen Wahnsystem zufolge müßte jede sittliche Zurechnung aufhören, und ohne Zweifel war dies die Meinung der frühern, gewissenlosen Chaldäer gewesen; allein so weit hat die neu erwachte Moralität bereits gewirkt, daß der Autor des constantinischen Zeitalters sich nach einer sittlichen Ausgleichung umsehen muß, die bei ihm vielleicht in der Tat mehr ist als eine bloße Ausrede. Er glaubt nämlich (B. I, Kap. 3), man könne auch den furchtbarsten Dekreten der Sterne Widerstand leisten durch vieles Gebet und eifrige Verehrung der Götter; so habe Sokrates sternenhalber alle Leidenschaften gehabt und sichtbar auf dem Antlitz getragen, sie jedoch tugendhalber bemeistert. »Denn den Sternen gehört, was wir leiden, und was uns wie mit Feuerbränden stachelt (das heißt: die Leidenschaften), der Göttlichkeit des Geistes aber gehört unsere Kraft zum Widerstande«. Vorzüglich ist das Unglück der Guten und das Glück der Bösen die Wirkung der Gestirne. – Dieser Trost erscheint aber doch nur äußerlich an das System angeschraubt und nimmt sich schwach aus neben der in genauer Ordnung auf einigen hundert Folioseiten vorgetragenen Theorie des Unsinns, welche damit anfängt, unter die sieben Planeten die einzelnen Temperamente und die Glieder des Leibes, unter die zwölf himmlischen Zeichen dagegen die Farben, Geschmäcke, Klimata, Gegenden, Lebensstellungen und Krankheiten zu verteilen. Der Krebs zum Beispiel bedeutet den scharfen salzigen Geschmack, die helle und weißliche Farbe, die Wassertiere und kriechenden Tiere, das siebente Klima, die stillen oder fließenden Wasser, die mittelmäßigen Menschen und alle Krankheiten des Herzens und des Zwerchfells. Dagegen gibt der Astrolog die Menschenrassen und die Völkercharaktere im Ganzen frei, es genügt ihm, wenn die Individualitäten von den Sternen bedingt sind. – Die vielen sonstigen Kuriosa, welche hin und wieder in dem Buche vorkommen, dürfen uns hier nicht weiter aufhalten[68].

Es ist in diesem System mehrfach von einem *höchsten Gotte* die Rede, welchem alle andern übermenschlichen Wesen als bloße Mittelmächte untertan sind. Konnte denn die Philosophie sich nicht ein für allemal dieses höchsten Gottes bemächtigen und einen vernünftigen Theismus geltend machen?

[68] Von der frühern astrologischen Literatur spricht Firmicus besonders II, Prooem. und IV, Prooem., 10, 11, 16.

Es ist ein demütigendes Zeugnis für die Unfreiheit des menschlichen Geistes gegenüber den großen geschichtlichen Mächten, daß die damalige Philosophie, zum Teil durch wahrhaft edle Persönlichkeiten vertreten und mit aller Erkenntnis der alten Welt ausgerüstet, sich gerade hier auf die dunkelsten Nebenpfade verlor, und daß wir ihr wenigstens für den Anfang des vierten Jahrhunderts keine andere Stelle als zwischen zweierlei Aberglauben anweisen können, obwohl sie in moralischer Beziehung einen Fortschritt ausmacht.

Mit dem geistigen Umschwung[69] seit dem Ende des zweiten Jahrhunderts geht das Aussterben der alten philosophischen Schulen parallel; Epikureer, Zyniker, Peripatetiker usw. verschwinden, selbst die Stoiker, deren Sinnesweise sich mit den besten Seiten des römischen Charakters so enge verbunden hatte. Neben einem sehr entwickelten theoretischen Skeptizismus hatte der offene Hohn eines Lucian die Nichtigkeit aller Sektenunterschiede proklamiert[70], während doch bereits als Reaktion eine neue Lehre, dogmatischer als alle frühern und also gewissermaßen in Harmonie mit der neuen religiösen Regung, vor der Tür wartete. Es war dies der *Neuplatonismus*. Vor ihm her ging eine sonderbare Befreundung mit orientalischem Aberglauben und ein emsiges Forschen in den Erinnerungen an die alte, längst verschollene Schule des Pythagoras, dessen Weisheit man ebenfalls für orientalischen Ursprungs hielt; sonst wurde aus dem platonischen System selber das Wesentliche für den neuen Bau entlehnt. Der Träger der Schule in der mittlern Zeit des dritten Jahrhunderts, Plotinus, erscheint als bedeutender Denker, und das System in seinem mystischen Schwung als ein möglicher Gewinn gegenüber dem öden Skeptizismus, welcher vorher geherrscht hatte. Es liegt etwas Wahres und noch mehr poetisch Schönes in der Lehre von dem Ausfluß aller Dinge aus Gott, in bestimmten absteigenden Graden des Daseins, je nach der größern oder geringern Mischung mit der Materie. Kein System hat der menschlichen Seele einen höhern Rang angewiesen; sie ist eine unmittelbare Emanation aus dem göttlichen Wesen und kann sich zeitweise ganz mit demselben vereinigen, wobei sie dann über alles gewöhnliche Leben und Denken hininausgehoben ist. Wir haben es jedoch weniger mit der Schullehre zu tun als mit der praktischen, sowohl moralischen als namentlich religiösen Stellung, welche der Neuplatonismus seinen Jüngern anwies oder gestattete. Es wiederholt sich hier die alte und neue Erscheinung, daß ein spekulatives System wider Vermeinen nur das Band, der zufällige Zusammenhalt, keineswegs aber der herrschende

---

[69] Vgl. H. Ritter, Geschichte der Philosophie, Bd. IV. – Tzschirner, Fall des Heidentums, S. 404 ff.

[70] Vgl. unter anderm seine Schrift: Das Gastmahl, oder die Lapithen.

Mittelpunkt ist für Richtungen und Kräfte, die auch ohne sein Zutun vorhanden wären.

Diese späteste Philosophensekte des Altertums zeigt, wie vor allem bemerkt werden muß, durchaus keinen Fortschritt nach der Seite des Monotheismus hin, welcher bei vielen frühern Denkern weit mehr ausgebildet erscheint als in dem »Einen«, dem »Einen schlechthin«, oder wie sonst die neuen Benennungen der höchsten Gottheit oder des Urwesens lauten, das zwar bewußt, aber in pantheistischer Weise der Welt innewohnend gedacht wurde. Daneben nahm man den ganzen Polytheismus in das System herein in Gestalt des Glaubens an die *Dämonen*, welche als Untergötter den einzelnen Ländern, der Natur, den Lebensbeziehungen vorstehen sollten. Sie sind von jeher in der griechischen Religion vorhanden, aber in sehr schwankender Gestalt, bald mehr bald weniger von den Göttern unterschieden und frühe schon von der Philosophie nicht ohne Willkür in theologische Systeme verwoben. Später gibt ihnen der Volksglaube in der Regel eine unheimliche, gespenstische Gestalt und betrachtet sie wohl hie und da als Rächer des Bösen und als Beschützer, doch vorherrschend als Sender von Krankheiten[71]. Die neuplatonische Philosophie faßte sie, wie wir sehen werden, als demiurgische Mittelwesen auf.

Die alten Götter waren auf diese Weise überflüssig, wenn sie nicht geradezu selber in diese Reihe eintraten und sich dämonisierten. Von der vulgären Mythologie ließ sich natürlich jetzt kein Gebrauch mehr machen, und so wurden die Mythen sinnbildlich ausgedeutet, als Hüllen physischer, religiöser und sittlicher Wahrheiten, wobei bisweilen die verschrobensten Erklärungen zutage kamen, gerade wie beim Euhemerismus, wovon diese Tendenz die Kehrseite bildet. In der Lehre von der Menschenseele, so hoch dieselbe auch als göttliche Emanation gestellt wird, reicht das System nicht bis zur ewigen Seligkeit, sondern nur bis zur Seelenwanderung, die sich allerdings bei den Besten zu einer Versetzung in bestimmte Gestirne modifiziert; wir sahen, daß die Überlebenden bisweilen das betreffende Sternbild zu erraten meinten. Ja schon hienieden wurden den Eingeweihten bisweilen, doch gerade den Frühern und Bessern nur höchst selten, Augenblicke der Seligkeit zuteil, da sie Gott zu schauen glaubten.

Wesentlicher als diese Theosophie, ja ein bedeutendes Zeichen des Jahrhunderts ist das Zusammentreffen der Neuplatoniker mit der in der Zeit liegenden Richtung auf Moralität und Askese. Diese wird wohl als etwas spezifisch Christliches der freien antiken Sittlichkeit gegenübergestellt, wie die christliche Jenseitigkeit der antiken Diesseitigkeit, aber

---

[71] Die schauerliche Geschichte vom Pestdämon zu Ephesus, Philostrat. *Vita Apollon.* IV, 10.

mit ebenso geringem Rechte, sobald man das Heidentum des dritten Jahrhunderts ins Auge faßt. Auch hier erkennen wir eine merkwürdige Vorahnung oder Spiegelung dessen, was das folgende Jahrhundert bringen sollte.

Der Neuplatonismus nämlich stellt heidnische Ideale auf, Lebensgeschichten begnadigter Götterfreunde, welche, in unbedingter Enthaltsamkeit lebend, bei allen berühmten Völkern des Altertums herumreisen, deren Weisheit und Mysterien ergründen und durch ihren beständigen Verkehr mit der Gottheit sich zu Wundertätern und übermenschlichen Wesen entwickeln. Mit der allzu genau historisch bekannten Person des göttlichen Plato selber wurde dies nicht versucht, obwohl er in der Schule immerhin ein dämonisches Ansehen genoß; ein gewisser Nikagoras von Athen zum Beispiel, der zur Zeit Constantins die Wunder Ägyptens besuchte, hat in den Grüften von Theben seinem Namen das Gebet beigeschrieben: »Auch hier sei mir gnädig, Plato[72]!« Dafür lag Pythagoras schon weit genug in mythischer Ferne, um zu einer Bearbeitung seines Lebens in diesem Sinne einzuladen, die denn auch von Jamblichus (zur Zeit Constantins) unternommen wurde, nachdem noch dessen nächster Vorgänger Porphyrius den Pythagoras mehr in historisch besonnener Weise geschildert hatte. Andererseits war das Leben des Wundertäters Apollonius von Tyana, obwohl es erst in das erste Jahrhundert nach Christus fiel, dunkel und außerordentlich genug gewesen, um zum Tendenzroman verarbeitet werden zu können, und bereits unter Septimius Severus unterzog sich Philostratus dieser Aufgabe[73]. Es ist hier nicht die Stelle, dieses höchst merkwürdige Buch zu analysieren, wir müssen nur auf den sonderbaren Kompromiß hinweisen, welchen hier die alte griechische Subjektivität mit der orientalischen Wundersucht und Kasteiung geschlossen hat. Derselbe Apollonius, welcher barfuß im Linnenkleid einhergeht, keine tierische Nahrung noch Wein genießt, kein Weib berührt, sein Vermögen verschenkt, alles weiß[74] und kennt – selbst die Tiersprachen –, in Hungersnot und Aufruhr wie ein Gott auftritt, Wunder über Wunder tut, Dämonen austreibt und Tote erweckt, dieser nämliche übt den vollen griechischen Kultus der Persönlichkeit und zeigt bisweilen das eitle Selbstgefühl eines verzogenen Sophisten. Zunächst ist er

---

[72] Boeckh, *Corp. inscr. gr.* III, *fasc.* II, N. 4770.

[73] Die frühere Ansicht von einer polemischen Tendenz des Philostratus gegen die Christen oder auch nur von einer absichtlichen Parallele mit Christus wird jetzt völlig aufgegeben. Vgl. Ritter, a. a. O., S. 494 N. – Reste einer andern Tradition über Apollonius, welcher als Wundertäter für ganze Städte durch sog. Telesmata auftritt, finden sich bei Malalas. X, *ed. Bonn.*, p. 264 *seq.*

[74] »Ich weiß alle Sprachen der Menschen, und auch das, wovon sie schweigen«, sagt Apollonius selber I, 19.

von gutem Hause, schön von Gestalt, spricht rein attisch und hat schon als Knabe die sämtlichen Systeme hinter sich; Huldigungen aller Art nimmt er mit größter Gravität in Empfang; er weiß schon sehr früh, daß der Punkt erreicht sei, da er nicht mehr zu forschen, sondern das Erforschte mitzuteilen habe. Von Demut ist überhaupt noch keine Spur zu entdecken, vielmehr sucht der heilige Mann andere zu demütigen, und wer zu seinen Vorträgen lacht, den erklärt er für besessen und beschwört ihn demgemäß. Manche Züge dieses Bildes entlehnte hundert Jahre später Jamblichus, um sein Pythagorasideal damit auszustatten, das sonst zum Teil auf der mehr oder weniger echten alten Tradition beruht. Auch Pythagoras, um sich als eine »von Apoll geführte Seele«, ja als menschgewordener Apoll auszuweisen, muß jetzt nicht bloß asketisch leben, sondern auch Wunder tun, vom Karmel an die Meeresküste niederschweben, Tiere beschwören, an mehrern Orten zugleich sein u. dgl. mehr.

Die Vorbilder der in diesen Idealgestalten personifizierten beschaulichen Askese hat man offenbar in den Büßern der verschiedenen orientalischen Religionen zu suchen, von den jüdischen Nasiräern und Therapeuten bis zu den enthaltsamen Magiern Persiens und den indischen Fakirs, welche den Griechen als Gymnosophisten recht wohl bekannt waren. Aber auch die theoretisch zur Sittlichkeit leitende Lehre von dem Abfall der Menschenseele, von ihrer Verunreinigung durch die Materie, von der Notwendigkeit ihrer Reinigung ist orientalischen, und zwar am ehesten indischen Ursprunges[75]. Nur hätte weder die Buße noch ihre spekulative Begründung allein von Osten her Eingang gefunden, wären die Gemüter nicht von Hause aus in einer gleichartigen Bewegung begriffen gewesen. Einzelne merkwürdige Berührungen des Systems mit dem Christentum, ja ein gegenseitiger Einfluß des einen auf das andere konnten ebenfalls nicht ausbleiben.

Diese Schule nun, die sich nach Plato nannte, läßt sich auf den allerdumpfsten Aberglauben ein und geht zeitweise förmlich in Magie und Theurgie auf. In jener großen Stufenreihe aus Gott emanierter Wesen wirkt nämlich Geist auf Geist und Geist auf Natur in *magischer* Weise, und den Schlüssel zu dieser Magie besitzt der Eingeweihte; was man von jenen halbmythischen Thaumaturgen, von einem Pythagoras oder Apollonius in dieser Beziehung glaubte, das traute man auch sich selber fortwährend zu. Die Neuplatoniker leben als Rhetoren, Sophisten, Erzieher, Sekretäre wie die Philosophen der frühern Kaiserzeit; mitten aus dieser Tätigkeit aber erheben sie sich bisweilen auf einmal zur Beschwörung

---

[75] Ritter, a.a.O., S. 414 ff. Tzschirner, a.a.O., S. 590. Ob in den Neuplatonikern diese Lehre bis zu einem lebendigen Gefühl der Sündhaftigkeit führte, bleibt doch immer sehr ungewiß. Der Hochmut dauert fort.

von Göttern, Dämonen und Seelen, zu Wunderkuren und geheimnisvollem Spuk der verschiedensten Arten.

Bei dem Edelsten der Schule, dem Ägypter Plotinus (205-270), tritt diese Seite nicht besonders hervor[76]; seine sittliche Reinheit und Kasteiung, wozu er auch andere, selbst viele vornehme Römer zu begeistern weiß, gewährt ihm wie von selbst die Gabe der Ahnung und Weissagung; zur Beschwörung schreitet er, wie es scheint, nur gezwungen. Gleichwohl behielt er ein übermenschliches Ansehen, und solange es Heiden gab, »erkalteten seine Altäre nicht«. Bei seinem Schüler, dem Phönizier Porphyrius (geb. 233), bemerkt man sogar eine direkte Abneigung gegen die Magie, ja er zweifelt an der ganzen Dämonologie seiner Schule und zieht sich dadurch deren schweres Mißtrauen zu. Auf seine Einwürfe erfolgte eine Antwort, welche unter dem unrichtigen Titel »von den Mysterien der Ägypter« bekannt ist und vielleicht ebenfalls mit Unrecht dem Cölesyrier Jamblichus zugeschrieben wird, der unter Constantin als das Haupt der Schule zu betrachten war[77]. Man kennt aus dem alten Indien und aus dem germanischen Mittelalter die oft großartige Mystik eines mehr oder weniger bewußten Pantheismus; hier dagegen handelt es sich um eine Mystik des Polytheismus, dessen Götter freilich zu Dämonen verschiedenen Stufenranges ohne bestimmte Persönlichkeit abgeblaßt sind. Wie diese Geister zu verehren, zu rufen, zu unterscheiden seien, wie das ganze Leben des gottgeliebten Weisen in derartigem Kultus aufgehen müsse, das ist in Kürze der Inhalt des traurigen Machwerkes, und nur allzusehr neigt dann die Schule des vierten Jahrhunderts überhaupt nach dieser Entartung hin; ja sie erkennt in der Theurgie eine wesentliche Waffe zum Kampf gegen das Christentum. Von da an war ihre sonstige platonische Doktrin und Spekulation bloße Zutat.

Ein flüchtiger Blick auf dieses System der Dämonenbannung ist hier nicht am unrechten Orte. Die Möglichkeit derselben beruht darauf, daß die Seele des Bannenden sich in einen absolut leidenlosen Zustand versetze und eine innige bis zur Identität gesteigerte Einheit mit dem betreffenden Geisterwesen eingehe; das letztere wird nicht sowohl durch Bann oder Zwang herabgerufen, als vielmehr die Seele hebt sich zu ihm empor. Selbst was von äußerlichen Gegenständen bei der Bannung gebraucht wird, ist hier nicht bloßes Symbol, sondern es hat eine mystische

---

[76] Vgl. das Leben Plotins von Porphyrius, besonders c. 7. – Für das folgende die *Vitae philosophorum* des Eunapius, Ausgabe von Boissonade und Wyttenbach.

[77] Nach Ritter, a. a. O., rührt die Schrift von dem Ägypter Abammon her. Immerhin vertritt sie die spätern neuplatonischen Schulansichten und kann nicht als vorherrschend ägyptisch gelten.

Verwandtschaft mit dem betreffenden Göttlichen. Von dem »Einen«, dem sich selbst genügenden obersten Gott, ist zwar auch die Rede, aber sich mit ihm zu vereinigen, ist die Sache sehr Weniger, und der einzelne gelangt dazu ohnedies nur, nachdem er die Dämonen verehrt und sich mit ihnen vereinigt hat. Die zum Teil aus jüdischer Theologie entlehnten Rangstufen der geistigen Wesen vom höchsten Gott abwärts sind: Götter, Erzengel, Engel, Dämonen, Herrschaften, Heroen, Gebieter und Seelen[78]; die letztern sind das ganz Individuelle, und von ihnen aufwärts nähern sich die Geister immer mehr der Einheit oder Wesenheit. Die sämtlichen acht Stufen werden in einer großen Tabelle klassifiziert nach Form, Art, Veränderlichkeit, Auftreten, Schönheit, Schnelligkeit, Größe, Lichtglanz usw. Wesentlicher sind ihre Verrichtungen und Gaben in Beziehung auf den Menschen. Die Götter reinigen die Seelen vollkommen und schenken Gesundheit, Tugend, Aufrichtigkeit, langes Leben; die Erzengel ebenso, nur nicht so genügend und dauernd; die Engel lösen die Seelen von den Banden der Materie und reichen ähnliche Gaben, nur mehr in speziellem Sinn; die Dämonen ziehen die Seelen zu den natürlichen Dingen abwärts, belästigen den Leib, senden Krankheiten und Strafen usw.; die Heroen führen die Seelen zur Beschäftigung mit den sinnlich wahrnehmbaren Dingen und regen sie zu großen und edeln Taten an, verhalten sich aber sonst ähnlich wie die Dämonen; die Herrschaften haben die Leitung der weltlichen Dinge und geben weltliche Güter und Lebensbedürfnisse; die Gebieter gehören zum ganz Materiellen und geben nur Irdisches; die Seelen endlich, wenn sie erscheinen, treiben zur Zeugung an, benehmen sich jedoch nach ihrem Werte sehr verschieden. Jeder Geist erscheint mit einem Gefolge des nächstfolgenden Ranges, die Erzengel zum Beispiel mit Engeln usw. Die guten Dämonen bringen ihre Wohltaten gleich mit sich; die Rachedämonen zeigen künftige Martern bildlich an; die bösen Dämonen kommen mit reißenden Tieren. Alle diese Geister haben auch ihre Körper, nur sind sie um so unabhängiger davon, je höher sie in der Rangordnung stehen. Wird etwas im Ritual verfehlt, so finden sich statt der gerufenen böse Geister[79] ein, welche sich in die Gestalt jener verkappen, der Priester kann sie an ihrer hochmütigen Prahlerei erkennen. Ein richtig vollzogenes Ritual dagegen hätte seine Folge, selbst wenn der Beschwörende kein Wissender wäre, »denn nicht die Erkenntnis vereinigt den Opferer mit dem Gotte, sonst trügen die bloßen Philosophen diese Ehre ausschließlich davon«. Der Widerstreit dieser sakramentalen Indifferenz der Person mit

---

[78] Allgemeinere Geltung hatten indes nur Götter, Dämonen, Heroen und Seelen.

[79] Über diese sog. *Anthithei* vgl. Arnob., *Adv. gent.* IV, p. 134.

der oben verlangten Leidenlosigkeit und sonstigen Vorbereitung der Seele springt in die Augen, allein es kommen hin und wieder noch größere Inkonsequenzen in diesem Buche vor. – Nun erfährt man auch einiges von dem äußern Apparat und von den Formeln. Im Gegensatz zu der sonstigen neuplatonischen Lehre, welche bloß unblutige Opfer gestatten will, wird hier mit einer offenbar ägyptischen Zutat für jeden Gott die Opferung desjenigen Tieres verlangt, welchem er präsidiert, und mit welchem er also magisch verwandt ist. Sonst gilt es Steine, Kräuter, Wohlgerüche u. dgl. m. Gegen die schlechten Manieren gewisser ägyptischer Beschwörer, gegen ihre rohen Drohworte an die Götter wird ausdrückliche Verwahrung eingelegt; dergleichen wirke nur auf gewisse geringere Dämonen, und die Chaldäer vermieden es durchaus. Auch die magischen Schriftzüge, deren sich manche bedienen, bringen höchstens eine geringe und undeutliche Erscheinung zuwege und demoralisieren den Beschwörer, der dann leicht in die Gewalt der bösen, trügerischen Dämonen fällt.

Treten wir einen Augenblick aus diesem Nebel des Wahnes heraus, um zu fragen: wie weit der objektive Tatbestand bei den Erscheinungen möchte gegangen sein? Denn mit bloßen Phantasiebildern hat man es nicht zu tun. – Bekanntlich sollen die Geisterbanner des jüngstvergangenen Jahrhunderts sich vorzüglich der Laterna magica bedient haben, deren Bilder sich auf starken, zugleich narkotisch wirkenden Dämpfen reflektierten. Etwas Ähnliches ging auch bei den Beschwörern zur Zeit des Porphyrius vor; es ist ausdrücklich von einer Kunst die Rede, welche aus gewissen mit Feuer angemachten Dämpfen zur günstigen Stunde die Scheinbilder der Götter in der Luft erscheinen läßt. Jamblichus oder Abammon läßt auch bei dieser geringern Gattung von Beschwörung keinen Betrug gelten; eine wahre magische Wirkung finde wohl statt; allein er behauptet, Scheingestalten dieser Art, welche verschwinden müssen, sobald der Dampf sich zerteilt, würden von denjenigen Priestern, die jemals wahrhaft göttliche Gestalten gesehen, nur wenig geachtet; die Magie erreiche damit gleichsam nur eine äußere Hülle, ein Schattenbild der Gottheit. Es ist jedoch gar kein Zweifel, daß eigentlicher Betrug seit langer Zeit und massenhaft geübt wurde. Wir wollen noch nicht einmal unbedingt hieher rechnen die Benützung eines Kindes zum Schauen des Erscheinenden und zum Weissagen, weil denn doch Apulejus, den wir für keinen Betrüger halten, daran glaubte; er meint, daß vorzugsweise der kindliche und schlichte Geist durch Formeln und Räucherungen in einen halbbewußten Zustand versetzt *(soporari)* und dabei seiner wirklichen, nämlich göttlichen Natur genähert werden könne bis zur Weissagung der Zukunft; er zitiert Varro dafür, daß einst die Einwohner von Tralles den Ausgang des mithridatischen Krieges sich hätten offenbaren lassen durch einen Knaben, der in einem Wassergefäß ein (wirklich hineingelegtes oder nur erscheinendes?) Merkursbild sah *(puerum in aqua simulacrum Mercurii contemplantem)* und dann in 160 Versen die Zukunft schilderte[80]. Allein zu Anfang des dritten Jahrhunderts hat der h. Hippolyt in seiner »Widerlegung der Ketzereien« eine ganze Anzahl von betrügerischen Täuschungen der Zauberer enthüllt[81]. Hier finden wir zunächst wiederum den dienenden Knaben, aber tief eingeschüchtert, wie später bei Cagliostro in Mitau, und phantastisch außer sich gebracht, als unglückliches Opfer. Vor allem aber wird mit den Kunden wahrer Hohn getrieben; ihre Anfragen an die Götter, nach ihrer Meinung unsichtbar geschrieben, kann der Beschwörer durch chemische Mittel dennoch lesen und seine Antworten danach einrichten; wenn es aber zur Erscheinung des gewünschten Dämons kommen soll, dann wird offenbar darauf gerechnet, daß sie selber, im dunkeln Gemach »Lorbeer schwingend und laut schreiend« froh sein sollen, wenn nichts erscheint; Sichtbarkeit, heißt es dann, könne man vom Göttlichen nicht verlangen, genug, daß es anwesend sei. Der Knabe muß dann mitteilen, was die Dämonen sprechen, das heißt was ihm der Beschwörer durch einen kunstreichen Hohlstab einflüstert. Weihrauchkugeln, in welche explodierende oder blutrot leuchtende Stoffe eingeschlossen sind, Alaun, über welchem, sobald er flüssig wird, die Kohlen des Altars in Bewegung zu geraten scheinen, müssen der Täuschung weiter nachhelfen, und endlich hat man gegenüber von Wißbegierigen irgend einen völlig undeutsamen Orakelspruch vorrätig. Mehreres von dem, was weiter erzählt wird, ist Sache nicht bloß von Beschwörern sondern von gewöhnlichen Gauklern bis auf unsere Zeit geblieben: das Buntfärben der Eier von innen, das Hantieren mit Feuer, in welches man die Hand steckt, auf welchem man wandelt, ja welches man aus dem Munde speit; schon bedenklicher sind die Rezepte zum unmerklichen Ablösen der Siegel von Schriftstücken, deren Inhalt man kennen will, und zwischen hinein meldet sich wieder deutlich der eigentliche Beschwörer. Ziegen und Widder sinken durch geheime Mittel tot hin, ja Lämmer töten sich selbst (?); ein Haus (bestrichen mit dem Saft bestimmter Seetiere) steht scheinbar in Flammen; Donner wird künstlich hervorgebracht[82]. An der Leber des Opfertieres erscheint eine Schrift (weil der Betrüger sie vorher mit einer scharfen Farbe verkehrt auf seine linke Hand geschrieben hat, auf welche die Leber zu liegen kommt). Ein

---

[80] Apulejus, *De magia oratio, opera*, ed. Bipont. Vol. II, p. 47.
[81] Im IV. Buch, Kap. 28–42. Leider sehr unordentlich erzählt und kritisch übel beschaffen bis zur Sinnlosigkeit an manchen Stellen.
[82] Leider ist in der Handschrift das Rezept zu einem Erdbeben nicht vollständig erhalten.

auf der Erde liegender Schädel spricht und verschwindet dann, indem er bloß aus einer Haut mit Wachs modelliert ist, die schon unter der Wirkung einer genäherten Kohlenhitze zusammensinkt; das Sprechen freilich hat ein verborgener Gehilfe durch ein Rohr, das aus einem Kranichschlund bereitet war, besorgen müssen. Mondschein wird unbemerkt bereitgehalten, bis alle übrigen Lichter ausgelöscht sind; ein (verstecktes) Licht bescheint eine Wasserschale auf der Erde und diese reflektiert sich in einem Spiegel an der Decke; andere Male ist in der letztern ein Loch mit einem Tamburin ausgefüllt, und der Gehilfe im Obergemach leuchtet dazu, nachdem er auf ein gegebenes Zeichen eine Decke weggezogen; noch einfacher ist ein Licht in einem engen Gefäße, dessen Schein an der Decke wenigstens ein helles Rund hervorbringt. Den gestirnten Himmel bereitet man durch gummierte Fischschuppen (an der Decke), welche schon bei der mattesten Beleuchtung des Raumes einigen Flimmer von sich geben können. Nun kommen die wirklichen Göttererscheinungen, wobei der Beschwörer es sich bisweilen leicht machte, indem er auch hier auf Schrecken und Gehorsam der Kunden rechnen konnte. Er zeigte ihnen etwa im Dunkel einer mondlosen Nacht im Freien die über den Himmel fahrende Hekate, indem sein verborgener Gehilfe, sobald die Formel zu Ende gesprochen war, einen unglücklichen, mit brennendem Werg umwickelten Hühnergeier losließ; in dem Augenblick aber, da man etwas Feuriges durch die Luft schwirren sah, mußte man das Gesicht verhüllen und lautlos sich auf den Boden drücken. Schon künstlicher wurde zum Beispiel die Erscheinung eines feurigen Asklepios hervorgebracht; an der Wand war ein solcher, vielleicht lebensgroß in starkem Relief, modelliert und mit äußerst brennbaren Stoffen bestrichen, welche in dem Moment, da der Beschwörer seine Hexameter sprach, entzündet wurden und dann einige Augenblicke leuchteten. Umständlich und kostbar war es endlich, lebendig bewegte Götter nach Belieben erscheinen zu lassen. Hier half nur ein Untergemach, wo kostümierte Komparsen sich herumbewegten; im Obergemach schauten die Gläubigen in eine auf der Erde stehende Wasserschale, welche zwar von Stein war, aber einen gläsernen Boden hatte.

Es handelte sich also sehr oft nicht um ekstatische Verzückungen und Halluzinationen, sondern um wirkliche, objektiv vorhandene Vorgänge. Ob es außer den Schwindlern etwa auch noch ernsthafte Theurgen gab, welche zwar die Mittel des Betruges, aber als eines »frommen«, anwandten, mag dahingestellt bleiben, und ebenso, ob Jamblichus (oder wer sonst die oben zitierte Schrift verfaßte) Leute der letztern Gattung im Auge hatte.

Übrigens weiß er außer den Geisterbannungen auch noch über andere Fragen aus dem Gebiet des Übernatürlichen Auskunft. Er erzählt zum

Beispiel von den gottgesandten Träumen, sie kämen nicht im vollen Schlafe, sondern in halb oder ganz wachem Zustande höre der Mensch kurze geflüsterte Worte »tue dies oder jenes«; er fühle sich von einem geistigen Wehen umfangen und erblicke dabei bisweilen ein reines und ruhiges Licht. Dagegen wird die weissagende Bedeutung der gewöhnlichen Träume nur sehr niedrig angeschlagen. Von einzelnen göttlich Inspirierten heißt es, sie lebten überhaupt ein göttliches, kein animalisches Leben mehr und fühlten deshalb weder Feuer noch Stichwunden, noch sonstige Martern; übrigens könne die göttliche Gegenwart auch bloß die Seele oder nur einzelne Teile des Leibes affizieren, so daß einige tanzen und singen, andere sich hoch aufrichten, in der Luft schweben, ja vom Feuer umwallt erscheinen, wobei sich göttliche Stimmen bald laut bald leise hören lassen. Viel niedriger steht die freiwillige magische Aufregung durch gewisse Räucherungen, Tränke oder Formeln u. dgl., so daß man im Wasser, in der reinen Nachtluft, in der Sonne, an gewissen Mauern, die mit geweihten Zeichen bedeckt sind, das Verborgene und Zukünftige erkennt. Es geht aber ein solcher Strom von Ahnung und Weissagung durch die ganze sichtbare Welt, das heißt das System will sich so wenig den einzelnen Volksaberglauben entgehen lassen, daß man auch aus Steinchen, Ruten, Hölzern, Korn usw., ja selbst aus den Reden der Verrückten die Zukunft herauslesen mag. Auch der Vogelflug wird von göttlichen Kräften geleitet zur Erzweckung von Zeichen, so daß selbst diese sprichwörtliche Freiheit sich zur Unfreiheit verkehrt. Auf die gewöhnliche Astrologie wird als auf einen zwecklosen Umweg, ja als auf einen Irrtum ziemlich geringschätzig herabgesehen, indem gar nicht die Konstellationen und Elemente das Schicksal entscheiden, sondern die Stimmung des Weltganzen in dem Augenblick, da die Seele in das Erdenleben niedersteigt. Dies hat jedoch die Astrologen nicht gehindert, mit dem System in Berührung zu treten, wie zum Beispiel Firmicus Maternus an vielen Stellen zeigt. – Ein Zug ist es (beiläufig bemerkt), der den ungriechischen, wahrhaft barbarischen Ursprung dieser Beschwörungstheorie klar beweist, nämlich das unverhohlene Wohlgefallen an dem Abracadabra fremder, namentlich orientalischer Anrufungen, die man zwar nicht aus Jamblichus, wohl aber anderswoher kennen lernt, und deren sich manche bis in die gegenwärtig kursierende Zauberliteratur fortgeerbt haben. Diese Fremdnamen haben das Vorrecht, nicht bloß weil sie die ältern, oder weil sie unübersetzbar sind, sondern weil sie eine »große Emphase« in sich haben, das heißt sehr eindringlich und bezeichnend lauten. Die neuerlich beklagte Kraftlosigkeit mancher Beschwörungen habe keinen andern Grund als den, daß man in griechischer Neuerungssucht an dem altehrwürdigen Ritual geändert habe. »Die Barbaren allein sind ernst von Sitten, beständig in ihren Gebetsformeln und deshalb auch gern erhörte Freunde der Götter!«[83]

Dieses abgeschmackte System, vielleicht nur von wenigen buchstäblich angenommen, hat doch im Ganzen die Philosophie des 4. Jahrhunderts mehr oder weniger beherrscht, und kein gebildeter Heide ist davon völlig unberührt geblieben. Aus dem Leben der Philosophen selbst, wie Eunapius sie schildert, strömt uns der Aberglaube wie ein grauer Qualm entgegen. Jamblichus läßt zum Beispiel seine Schüler in der Meinung, daß er beim Beten zehn Ellen hoch über der Erde schwebe und goldfarbig aussehe; in den warmen Bädern zu Gadara in Syrien ruft er aus den beiden Quellen die Genien Eros und Anteros hervor, die als Knaben, jener mit goldenem, dieser mit dunkelleuchtendem Haar zu großem Staunen der Schüler und Gefährten erscheinen und sich an ihn anschmiegen, bis er sie wieder in die Quellen zurückschickt. Sein Schüler Aedesius, der die Hexameter vergessen hat, welche ihm ein Gott im Weihetraum vorgesagt, findet sie beim Erwachen in seine linke Hand geschrieben, die er deshalb selber anbetet. Die Philosophin Sosipatra von Ephesus wird von Kindheit an durch zwei Dämonen erzogen, die sich zuerst bei ihrem Vater in Gestalt von Feldarbeitern verdungen hatten; auch ihr ganzes späteres Leben ist durch und durch magisch und divinatorisch bedingt. Andere zum Teil sehr bunte Geschichten übergehen wir. Es versteht sich, daß diese Philosophen keinesweges unter sich einig waren, im Leben so wenig als in der Lehre. Innerhalb der neuplatonischen Schule selbst findet sich ein ziemlich frühes Beispiel boshaften Zaubers, welchen der Alexandriner Olympius dem großen Plotinus anzutun sucht. In Gegenwart des Jamblichus und mehrerer andern zitiert ein Beschwörer den Apoll; aber Jamblichus beweist, daß die Erscheinung nichts anderes als die Scheingestalt (das εἴδωλον) eines neulich gefallenen Gladiators sei. Was der eine zustande bringt, erklärt in der Regel der andere für eine Kleinigkeit. Der Philosoph Maximus bringt es im Tempel der Hekate zu Ephesus in Gegenwart Vieler so weit, daß das Bild lächelt und die Fackeln in dessen Händen sich von selbst entzünden; der Karier Eusebius aber findet, das sei gar nichts Besonderes. In der spätern Zeit, als das sinkende Heidentum alle seine Kräfte zusammennahm, mußten freilich die Mißhelligkeiten etwas zurücktreten; es bildete sich jene große konfuse Mischung aus Philosophie, Magie und allen Mysterien, welche der Zeit Julians ihre Physiognomie verleiht. Je mehr sich unter Constantin und seinen Söhnen die Theurgie ins Geheimnis hatte zurückziehen

---

[83] Schon Aelian., *Var. hist.* II, 31 sagt mit Nachdruck: Μηδεὶς τῶν βαρβάρων ἄθεος. – Im Jupiter Tragoedus des Lucian (c. 53) tröstet Hermes die Götter damit, daß wenigstens noch alle Barbaren an sie glaubten.

müssen⁸⁴, um so maßloser machte sie sich jetzt für kurze Zeit geltend, nachdem sie den trefflichen, aber zum Unglück bestimmten Fürsten schon vom Jünglingsalter an mit ihrem Wahn umhüllt hatte. Sein Lehrer Aedesius hatte ihm gesagt: »Wenn du einst an den Mysterien teilnimmst, so wirst du dich schämen, überhaupt nur als Mensch geboren zu sein.« Man darf sich billig wundern, daß ein so für die Geisterwelt Eingenommener sich doch zu einem so bedeutenden Regenten und Krieger entwickeln konnte. – In dieser ganz späten Zeit gestaltete sich das zierliche Canopus an der ägyptischen Küste zu einer Art von Unterrichtsanstalt für alle Magie⁸⁵, zur »Quelle dämonischen Treibens«. Der Zulauf war außerordentlich, besonders als einer der Söhne der Sosipatra, Antoninus, sich daselbst niederließ, der zwar selber keine Theurgie trieb, aber als Prophet und Asket ein übermenschliches Ansehen genoß. Wer zu Fuß oder zu Schiff nach Canopus kam, um seine Andacht zu verrichten, sprach nachher in der Regel bei Antoninus vor und hörte seine Weissagungen. »Diese Tempel«, klagte er oft, »werden bald Gräber werden!« – was denn auch eintraf, als sie zu Klöstern umgebaut und mit Reliquien von Märtyrern versehen wurden. –

Eine merkwürdige Doppelwirkung mußte aus diesem Treiben hervorgehen. Einerseits forderte das System sittlichen Wandel und Entsagung; andererseits war nichts mehr geeignet, die Reste wahrer heidnischer Sittlichkeit und Religiosität aufzuzehren als diese exklusive, nur auf Eingeweihte berechnete Beschwörungskunst, die den großen Haufen hochmütig im Dunkel gehen ließ und ihn vielleicht an seinen alten Göttern und Helden vollends irre machte. Denn während der Mythus geleugnet oder sinnbildlich ausgelegt wurde, nahm man die Götter selbst als Dämonen in Anspruch und ordnete auch die Heroen nach Belieben in das System ein. Als unter Constantin⁸⁶ eine Anzahl Tempel durchsucht und die goldenen und silbernen Bestandteile von den zusammengesetzten Götterbildern zum Einschmelzen weggenommen wurden, wunderten sich viele Heiden, daß im Innersten der Tempel und der Bilder selbst kein Dämon, kein weissagendes Wesen, ja nicht einmal ein schattengleich vorbeihuschendes Gespenst sich vorfand. Man hatte die menschlich schöne Kunstform des Gottes ganz von seinem Wesen als Dämon trennen gelernt. – Eine besondere Erwähnung verdient der seit dem dritten Jahrhundert sehr gesteigerte Kultus Achills in diesem dämonischen Sinne⁸⁷.

---

⁸⁴ Eunapius gibt an mehrern Stellen, namentlich im Leben des Aedesius, zu erkennen, wie sehr man sich zu Zeiten fürchtete und zu schweigen wußte.

⁸⁵ S. oben S. 134. Vgl. Rufin. II, 26. Eunap. in *Aedesio*, pag. 41 seq. (*vet. ed.*, pag. 73 seq.)

⁸⁶ Euseb., *Vita Const.* III, 57.

⁸⁷ S. oben S. 80. Philostrat., *Vita Apollon.* IV, 11. – Maxim. Tyr., Or. 9. –

Er erscheint den Anwohnern der Ebene von Troja – bezeichnend genug – nicht mehr als das Ideal von Heldenschönheit, sondern nur noch in schreckenerregender Gestalt.

Aus dem Bisherigen ergibt sich nun auch, was es mit dem spätheidnischen *Monotheismus* auf sich hat. Ganz gewiß gab es noch immer reine Seelen und scharfe Denker, die im Geist früherer, besserer Zeiten an der Einheit Gottes festhielten. Bei den meisten aber ist dieses Bewußtsein getrübt durch dämonische Zutaten. Man wird zum Beispiel das Heidentum eines Ammianus Marcellinus nicht gering achten können, da er einer der Bessern des vierten Jahrhunderts war und den philosophischen Beschwörern am Hofe seines Helden Julian in die Karten sah; aber wie bedingt ist sein Monotheismus! Die einzelnen Götter bleiben, wenn auch nicht direkt als Dämonen, so doch als fast persönlich gewordene Eigenschaften: Nemesis ist ein erhabenes Recht der handelnden Gottheit, heißt aber dabei Tochter der Justitia; Themis ist das ewige Gesetz, muß aber doch persönlich gedacht den Auspizien vorstehen; Mercur heißt *mundi velocior sensus*, das heißt etwa das Bewegungsprinzip des Weltganzen; endlich leitet eben doch Fortuna die menschlichen Schicksale. Die höchste Gottheit muß bei den meisten dieser spätern Heiden ihre erste Eigenschaft, nämlich die Persönlichkeit, an die Untergötter und Dämonen abgeben, auf welche sich dann der Kultus fast ausschließlich bezieht. Vielleicht am meisten Persönlichkeit behält sie bei den Sonnendienern, welche alle Götter auf die Sonne zurückführten und diese letztere als ein physisches und geistiges Prinzip alles Daseins betrachten[88]. Es scheint, daß Constantin diesem Glauben wenigstens äußerlich zugetan war, wenn er ihn auch in mithreischer Weise auffaßte, wovon unten ein Mehreres. Seinem Vater Constantius Chlorus wird sehr ausdrücklich der Kultus des

---

Zosim. IV, 18. V, 6. – Ein kolossales Beispiel des Dämonenglaubens, bei Dio Cass. LXXIX, 18: unter Elagabal erscheint ein Dämon in Gestalt Alexanders des Gr. an der Donau und reist von da mit einem Schwarm von 400 bacchantischen Dämonen (oder Menschen) über Byzanz nach Chalkedon, wo sie alle nach gewissen Opfern verschwinden.

[88] Dieser Anschauungsweise hat Macrobius ein Denkmal gestiftet, Saturn. I, 17 ff. – Der christliche Firmicus, 14, legt der Sonne eine ergötzliche Rede an die Bekenner sämtlicher auf sie gedeuteten Mythen in den Mund: Einige ersäufen mich im Nil, andere entmannen und beweinen mich, andere durchstoßen meine zerfetzten Glieder mit sieben Speeren; wieder andere kochen mich im Topf, usw. »Betrauert den Liber«, heißt es, »betrauert die Proserpina! betrauert den Atys! betrauert den Osiris!« wohl, nur daß es ohne Abbruch meiner Würde geschehe! Ihr sollt mich nicht durch alle Gräber schleifen! Zum Tageslicht hat mich Gott geschaffen, und das ist mir genug.

einen, wahren Gottes zugeschrieben – wenn nicht Euseb[89] auch hier wieder die Unwahrheit gesagt und einen gewöhnlichen Mithrasdienst zum reinen Monotheismus idealisiert hat. Es gab auch wohl hie und da, in dieser Zeit der Mischung aller Religionen, Übergänge aus dem Judentum in das Heidentum und Parsentum, wie zum Beispiel bei den cappadocischen Hypsistariern (das heißt: Verehrern eines höchsten Gottes) zu Anfang des vierten Jahrhunderts, welche eigentliche Monotheisten waren, bei ihrer bloß provinziellen Geltung jedoch hier nicht weiter in Betracht kommen dürfen[90]. Endlich äußert sich stellenweise ein ganz wertloser Monotheismus, bei solchen, die gerne mit allen Winden segeln und jeden Anstoß vermeiden wollten, als Constantin durch sein Toleranzedikt alle Standpunkte verrückt hatte. Dieser Art ist das Gebet eines jener Panegyriker, welche oben charakterisiert wurden[91]. »Wir flehen zu dir«, ruft er aus, »höchster Urheber aller Dinge, dessen Namen so viele sind als du den Völkern Zungen gegeben hast, ohne daß wir wissen, welchen Namen dein eigner Wille verlangt! es sei nun in dir eine göttliche Kraft und Intelligenz, durch welche du in die ganze Welt ergossen dich mit allen Elementen vermischest und ohne irgend eine Kraft von außen dich selbst bewegest, – oder du seiest eine Macht über allen Himmeln und schauest auf dieses dein Werk aus einer höhern Burg hernieder; – wir bitten und flehen zu dir, daß du uns diesen Fürsten auf ewig erhaltest.« Man sieht, der Redner läßt die Wahl frei zwischen einem immanenten und einem außerweltlichen Gott, und wenn er nachher diesem unbestimmten höchsten Wesen noch Allmacht und Allgüte zuschreibt, so hebt er dies doch gleich wieder auf durch die trotzige Schlußphrase: »Wenn du dem Verdienste seinen Lohn verweigerst, so hat entweder deine Macht oder deine Güte aufgehört.« Dieser gallische Rhetor vertritt eine gewiß sehr große Zahl von Unentschiedenen und Vorsichtigen, welche den Erfolg abwarten wollten.

Nachdem wir den philosophischen Dämonenglauben und seinen Einfluß auf den heidnischen Monotheismus betrachtet, wird es nötig sein, noch einen Blick auf diejenigen Superstitionen und magischen Begehungen der Übergangszeit zu werfen, welche mehr dem Populäraberglauben angehören. Eine scharfe Trennung ist, wie bemerkt, unmöglich.

---

[89] *Vita Const.* I, 17 und 27.
[90] Vgl. Ullmann, Gregorius v. Nazianz, S. 558 ff. Die auf S. 562 behandelten syrischen Euphemiten sollen eine ganz heidnische, vielleicht von parsischer Seite angeregte Monotheistensekte gewesen sein, welche zwar mehrere Götter annahm, aber nur einen als Allherrscher mit Feuerdienst verehrte.
[91] Paneg. IX *(Incerti ad Const. M.* vom J. 313), *cap.* 26.

Vieles von diesen Dingen ist die bloße Fortsetzung des früher Üblichen. So dauert zum Beispiel die etruskische *Haruspicin* noch immer fort, und zwar im erhöhten Glanze, nachdem sie bekanntlich im ersten Jahrhundert dem Aussterben nahe gewesen war[92]. Sie ist die offizielle Götterbefragung am kaiserlichen Hofe und genießt außerdem einer bedeutenden Privatpraxis wenigstens in Italien[93]. Im engern Sinne betrifft sie die Erforschung der Zukunft aus den Eingeweiden der Tiere und dem Vogelflug, das Erraten des göttlichen Willens aus dem Blitz, selbst das Herabziehen des Blitzes[94], die Regeln der Städtegründung und anderes mehr, aber sie hatte sich im Verlauf der Zeit mit dem übrigen Aberglauben, zumal chaldäisch-astrologischem, vermischt, und auch die Schriftsteller unterscheiden sie nicht immer gehörig von den übrigen Zweigen der Theurgie.

Auch die *Orakel*[95], das heißt die von bestimmter heiliger Stätte ausgehenden Antworten auf Anfragen über die Zukunft, waren noch keineswegs verstummt, obwohl ihnen in den herumziehenden Beschwörern eine furchtbare Konkurrenz an die Seite getreten war. Die verschiedenen heidnischen Religionen im ganzen Reiche waren einig in der Annahme begnadigter Orte und Stellen, wo man den Willen der Götter deutlicher als sonst vernehmen konnte, und so gab es Orakeltempel, Orakelquellen, heilige Erdspalten, Grotten usw. in allen Provinzen, oft aus sehr alter, vorrömischer Zeit, mit allen möglichen Arten der Befragung und der Antwort. In dieses Gebiet gehört schon das oben erwähnte Übernachten in den Tempeln des Aesculap und Serapis, zur Erzweckung von Heilträumen[96], wobei sich oft eine sehr gebildete Gesellschaft zusammenfand. – Allerdings hatten die großen, offiziellen, politischen Konsultationen aufgehört, oder die Fragenden hüllten sich ins tiefste Geheimnis und wandten sich dann lieber an Beschwörer; allein wenn auch keinem Krösus mehr in Hexametern geraten wurde, über den Halys zu gehen, so erhielten sich doch die namhaftern Orakel noch alle im Gang durch

---

[92] Tacit., Annal. XI, 15. Und zwar damals »weil die fremden Superstitionen überwogen«.

[93] Der Beweis z. B. in den spätern Verboten, *Cod. Theodos.* XI, 16, vom Jahr 319.

[94] Noch gegen Alarich und seine Goten ins Werk gesetzt, Zosim. V, 41. – Ein interessanter Bescheid der Haruspices (nach dem J. 276), der sich mit einiger Gewaltsamkeit auf das Haus Habsburg deuten läßt, Hist. Aug. Florian. c. 2.

[95] Ant. van Dale, *De oraculis*, Amstelod. 1683. Als Sammlung immer noch brauchbar; – für die Spätzeit eine erschöpfende Darstellung bei Wolf, *De novissima oraculorum aetate*.

[96] Der Gott befahl oft keine medizinischen, sondern ganz abergläubische Wundermittel, wie aus einer griechischen Inschrift des Aesculaptempels auf der Tiberinsel in Rom erhellt, s. *Gruter. Thes. Inscr.*, p. 71.

Pilger der verschiedensten Stände und Interessen, die ihre Gaben darbrachten; Pausanias besuchte die in Griechenland befindlichen der Reihe nach aus Frömmigkeit und Kuriosität[97]. In betreff Delphis reicht eine zwar spärliche, doch nie auf lange Zeit unterbrochene Reihe von Zeugnissen bis auf Constantin herab und knüpft später noch einmal an. Einzelne Erwähnungen der hellenischen und kleinasiatischen Orakel von Abä, Delos, Milet, Colophon usw. gehen ebenfalls noch in ziemlich späte Zeit, und man darf sich nicht durch die Kirchenschriftsteller irre machen lassen, bei welchen es fast zum Dogma geworden ist, die Orakel seien seit Christi Geburt zum Schweigen gebracht. Am ehesten möchte dies noch von dem uralten Dodona gelten. Rom hatte und befragte noch zu Zeiten seine sibyllinischen Bücher, welche für die Schicksale des Staates im Großen das höchste Orakel waren; doch scheint sich gegen die letzte vorconstantinische Öffnung derselben, zur Zeit des Barbareneinfalls unter Aurelian, eine aufgeklärte oder andersgläubige Partei im Senat geregt zu haben[98]. Das beliebteste, auch von Kaisern befragte Privatorakel in der Nähe von Rom war dasjenige des herrlichen Fortunentempels von Präneste, welcher von hoher Terrasse herab weit über die Gegend leuchtete. Neben den »pränestinischen Losen« behaupteten die sonst sehr angesehenen Schicksalstempel von Antium und Tibur nur einen untergeordneten Rang. In Oberitalien genoß noch die warme Quelle von Aponus unweit Padua einen großen Kredit nicht nur um ihrer Heilkräfte, sondern auch um ihrer Orakel willen[99], die wenigstens dem Claudius Gothicus in virgilischen Hexametern erteilt wurden. Auch die Quelle des Clitumnus unweit Spoleto mit ihrer bis heute so wunderlieblichen Umgebung war ohne Zweifel noch immer eine geweihte Stätte dieser Art, wie zur Zeit[100] des jüngern Plinius; an dem einzigen erhaltenen von den vielen Tempeln und Kapellen, die einst den Ort schmückten, hat man in frühchristlicher Zeit christliche Embleme angebracht, wahrscheinlich nur, um die weissagenden Dämonen wegzubannen.

In Afrika stand bis auf die Zeit Diokletians die himmlische Göttin zu Karthago in hohem divinatorischem Ansehen. Selbst Gallien ist nicht ganz ohne Orakel, wenigstens gibt die halbwarme Quelle beim Apollstempel zu Autun[101] Entscheide über Eid und Meineid.

[97] Sein gutes Vertrauen, daß die Prophetie überhaupt noch nicht ausgestorben sei, X, 12.
[98] Hist. Aug. Aurel., c. 19 *s*. Die nächste Öffnung der Bücher, durch Maxentius, s. bei Zosim. II, 16. – Eine frühere, s. oben S. 106 Anm. 6.
[99] Hist. Aug. Claud. Goth., c. 10, wo statt *Apennino Aponino* zu lesen ist. – Claudian., Eidyll. VI.
[100] Plin., Epist. VIII, 8.
[101] Panegyr. VII *(Eumen. Constantino)*, cap. 21.

Von den Orakeln der östlichen Gegenden des Reiches finden sich einzelne fortlaufende Nachrichten über den Aeskulapstempel zu Aegä, den des sarpedonischen Apoll zu Seleucia und den Tempel von Mallos, alle drei in Cilicien, sowie über den Venustempel zu Paphos auf Zypern, das tempellose Orakel auf dem Berg Karmel und mehrere Heiligtümer Ägyptens. Von den großen Tempeln des asiatischen Binnenlandes war vielleicht keiner ohne Ansprüche dieser Art[102]; aus demjenigen zu Baalbek wurde noch zu Ende des vierten Jahrhunderts das Götterbild periodisch herausgetragen und weissagte (wie jener Apoll zu Hierapolis, S. 124) durch die Richtung, die es selber den Tragenden anwies; andere, gewöhnliche Bescheide erlangte man brieflich und durch Symbole. – Merkwürdig ist die emsige Götterbefragung der Palmyrener, welche sich an den sarpedonischen Apoll und an die himmlische Aphrodite zu Aphaca wenden, um über die Dauer ihres Reiches Auskunft zu erhalten.

Zu einer zuverlässigen Statistik des Orakelwesens in der constantinischen Zeit wird man indes aus begreiflichen Ursachen nie mehr gelangen. Es ging damit parallel eine beständige, tägliche Befragung der Zukunft durch Beobachtung mancher ganz äußerlicher Zufälligkeiten, die der Aberglaube in das Gebiet der Omina gewiesen hatte. Das sehr beliebte Aufschlagen des Virgil ist eines von den geistreichern Mitteln dieser Art; eine Knechtschaft unter viel geschmackloserem Wahnglauben haben wir in der Einleitung bei Anlaß des Septimius Severus kennen gelernt (S. 7), welcher außer den Omina auch noch der Traumdeutung, der Astrologie, der Magie, den attischen Mysterien usw. huldigte. Zu der altrömischen Superstition hatte sich im Laufe der Zeit die der unterworfenen Völker und des Orientes gemischt; während man zu jeder Stunde durch Omina und Portenta sich erschrecken und bestimmen ließ, befragte man das chaldäische oder ägyptische Stundenbüchlein für jeden Schritt, den man aus dem Hause tun wollte. Von Maximinus Daza erzählt Euseb, er habe ohne Weissagung und Orakel nichts mit den Fingern von der Stelle zu rücken gewagt[103].

Hätte es aber nur dabei sein Bewenden gehabt! Teils um etwas Zukünftiges zu erfahren, teils um es magisch zu bewirken, griff der Römer der frühern Kaiserzeit nicht selten zu den abscheulichsten Mitteln, wobei in der Regel dieselben Chaldäer gebraucht wurden, die sonst aus den Sternen die Zukunft herauslasen. Oft waren schon die Zwecke ver-

---

[102] Über den kastalischen Quell zu Daphne bei Antiochien, welcher besonders durch seine Orakel über die Schicksale des Thrones berühmt war, vgl. Ammian. Marc. XXII, 12. – Das spätere Aufhören der Orakel berührt u. a. Symmachus, Ep. IV, 33.
[103] Euseb., *Hist. eccl.* VIII, 14.

brecherisch, die man erreichen wollte, und da fiel in betreff der Mittel vollends jede Bedenklichkeit weg. Als Germanicus mit tödlicher Magie umgeben und dadurch wirklich zu Tode geängstigt wurde[104], kam es neben diesem großen Frevel nicht in Betracht, daß vorher ohne Zweifel andere Mordtaten hatten stattfinden müssen, um dem Zauberer die nötigen Teile von Menschenkörpern zu schaffen. Aber auch wenn es keinen positiven Zauber, kein »Antun« galt, sondern bloße Erforschung der Zukunft oder Abwendung eines Unheils, waren doch oft die Begehungen von furchtbarer Art. Die Beschauung menschlicher Eingeweide hörte, solange es ein Heidentum gab, nie völlig auf; das Ansinnen eines freiwilligen Todes für den Kaiser Hadrian hat seinem Liebling Antinous das Leben gekostet; das Zerstückeln von Leichen zum Behuf magischen Zwanges, das Beschwören derselben zu einem Scheinleben, endlich die Beschwörung von Seelen waren noch immer allbekannte, keineswegs seltene Mittel der Divination, zahlreichen geringern Zaubers, namentlich der Liebestränke, gar nicht zu gedenken. Die allgemeine Angst vor Magiern muß wenigstens so stark verbreitet gewesen sein, daß man auch namhafte und hochgebildete Leute auf das gefährlichste durch Anklagen dieser Art verschreien konnte[105].

In welches Verhältnis traten nun diese magischen Übungen zu der neuen Richtung des dritten Jahrhunderts auf heidnische Religiosität und Moralität und zu der neuplatonischen Philosophie?

Was von den geheimen Wissenschaften nicht geradezu verbrecherisch und abscheulich war, dauerte ohne Anfechtung fort und wurde sogar offiziell unterstützt, wie denn der fromme Alexander Severus den Haruspices und Astrologen Staatsbesoldungen zuerkannte und sie zu Vorträgen über ihre Fächer verpflichtete. Was weiter ging und nur durch Verbrechen erkauft werden konnte, dessen enthielten sich wenigstens die meisten Kaiser, namentlich als das rastlose Kriegsleben dem Hofe einen kräftigern, gesundern Ton verliehen und Decius die Herstellung der alten Religion zum Staatsziel erhoben hatte. Noch der abergläubige Diokletian erscheint in dieser Beziehung, soviel bekannt ist, tadellos, während wir seine Mitregenten schon wieder in wüstes Unwesen versunken finden werden.

Was aber die Neuplatoniker betrifft, so berührte sich ihre Dämonenlehre allzu unmittelbar mit einzelnen Teilen der gewöhnlichen Zauberei, als daß nicht eine enge Komplizität hätte eintreten müssen; ja ihre Gei-

---

[104] Tacit., Ann. II, 69.
[105] Hauptaussagen hiefür in der Verteidigungsrede des Apulejus in eigener Sache, *Opera, ed. Bipont.*, vol. II. Sogar daß er seine Gemahlin durch Magie gewonnen, muß er abweisen, l. c. p. 84, 93.

sterbannung überhaupt ist zum Teil ein Ausfluß des orientalischen und okzidentalischen Zauberglaubens im Volke.

Drittens gehen die Christen in ihrem teils judaisierenden, teils populären Dämonenglauben mit den Heiden parallel und zweifeln nicht im geringsten daran, daß es zahlreiche, stark auf das Menschenleben wirkende, durch Menschen zu bannende Mittelmächte gebe, die als gefallene Engel, oder als Giganten, das heißt als Söhne der Engel und der Töchter der Menschen gedacht werden[106]. Allein diese Geister sind durchaus böse, dem Reiche Gottes und dem Heil der Menschen abgeneigt; manche halten sie für Urheber des Unheils in der Natur, zum Beispiel der Erdbeben und Seuchen, wie in der sittlichen Welt; ja sie sind die Urheber des ganzen törichten und sündenreichen Heidentumes, wozu sie das Menschengeschlecht verführt haben, um es unrettbar in ihrer Gewalt zu behalten. – Diese Ansichten sind alt und zum Teil schon aus dem Judentum herübergenommen, bildeten sich aber später noch schärfer aus. Als Zeugen aus der Zeit kurz nach der großen diokletianischen Verfolgung wollen wir Lactantius[107] hören: »Diese überirdischen und irdischen Dämonen wissen vieles Künftige, aber nicht alles; den eigentlichen Ratschluß Gottes wissen sie nicht. Sie sind's, die sich beschwören lassen durch Magier, auf deren Anrufung sie die Sinne des Menschen mit blendendem Gaukelwerk betrügen, so daß er nicht sieht, was ist, sondern zu sehen glaubt, was nicht ist... Sie bringen Krankheiten, Träume, Wahnsinn, um die Menschen immer mehr durch Schrecken an sich zu ketten... Man darf sie aber nicht etwa deshalb aus Furcht verehren, denn sie sind nur schädlich, solange man sie fürchtet; bei Nennung Gottes müssen sie fliehen, und der Fromme kann sie sogar zur Angabe ihres eigenen Namens zwingen... Sie haben die Menschen gelehrt, Bilder verstorbener Könige, Helden, Erfinder usw. zu machen und göttlich zu verehren; hinter den Namen derselben verbergen sie aber nur sich selber, wie hinter Masken. Die Magier freilich rufen den Dämon nicht bei diesem bloß vorgeschobenen Götternamen, sondern bei seinem wahren, überirdischen...« Weiterhin wird zugegeben, die Dämonen wohnten wirklich in den Tempeln und täten Wunder, alles um die unglücklichen Menschen in ihrem Wahnglauben zu bestärken; ihr Vorauswissen der Zukunft, das sie als ursprünglich göttliche Geister in der Tat besäßen, wendeten sie dazu an, in den Orakeln bisweilen die Wahrheit zu künden, damit es nachher das Ansehen gewinne, als hätten sie die Tatsachen selber vollzogen. – Aus derselben Zeit rühren auch die Äußerungen des Arnobius[108] her, welcher

---

[106] Die Stellen aus den Kirchenvätern gesammelt bei L. Usteri, Entwicklung des paulin. Lehrbegriffs, Anhang.   [107] Lactant., *Divin. Institut.* II, 14. 5.

[108] *Advers. gent.* I, p. 25. IV, p. 134. – Ähnliche sehr starke Stellen bei Tertullian, Apolog. 22. 23. – S. auch Euseb., *Hist. eccl.* VII, 10.

den ganzen objektiven Tatbestand der Zauberei in einem sehr weiten Umfange zugibt und zum Beispiel gerade darin einen Hauptunterschied zwischen Christus und den Magiern findet, daß jener seine Wunder durch die Kraft seines Namens, diese dagegen die ihrigen bloß durch Hilfe der Dämonen zustande gebracht hätten. Auf die Wunder des Simon Magus, namentlich auf seinen feurigen Wagen wird als auf etwas Allbekanntes hingewiesen. Freilich könne man nicht wissen, ob nicht bei allen Berufungen und Bannungen immer nur Einer und derselbe, nämlich Satan, erscheine.

Dieses mußte vorausgeschickt werden, um das Maß des noch herrschenden allgemeinen Zauberwahns einigermaßen zu bezeichnen. Vielleicht waren die Besten dieser Zeit nicht gänzlich darüber hinaus. Die Beispiele der einzelnen Zaubergattungen werden das Nähere ergeben.

Die neuplatonischen Beschwörer kannten, wie oben bemerkt, als eine eigene Kategorie die Bannung von *Menschenseelen*. Unabhängig von ihrem System und lange Zeit vor demselben[109] kam dieselbe auch sonst häufig vor, weil von den Verstorbenen jederzeit mancherlei wichtige Auskunft erwartet und der Tote in mehrern alten Religionssystemen geradezu als Genius betrachtet wurde. In den zwei ersten Jahrhunderten ist oft von solchen, zum Teil unter schrecklichen Umständen vollzogenen Bannungen die Rede, wobei man bloß an die Canidia des Horaz und an Nero zu erinnern braucht. Das dritte Jahrhundert zeigt uns zunächst Caracalla[110], der sich in wahnsinnigem Fieber von seinem Vater Severus und seinem ermordeten Bruder Geta mit Schwertern verfolgt glaubt und nun eine Menge Seelen beschwört, um von ihnen die Art der Heilung zu erfragen; Commodus, auch Severus selbst erschienen auf den Ruf, aber den letztern begleitete ungerufen die Seele Getas, und der entsetzte Beschwörer vernahm keinen Trost, sondern nur wilde Drohungen. Von den spätern Kaisern[111] wird zwar nichts Ähnliches mehr berichtet, allein die Seelenbannung blieb im Gebrauche, und die christlichen Schriftsteller reden öfter davon mit Abscheu als von etwas Bestehendem, ja die Anklagen sowohl als die Verbote dieses Inhaltes reichen bis weit in die christliche Zeit hinein[112]. Nur sind sie in der spätern Zeit nicht immer auszuscheiden von den allgemeinen Anklagen und Verboten gegen das Verbrechen des sogenannten Veneficiums, welches außer der Giftmischerei auch jede andere unerlaubte Wirkung durch äußere Mittel umfaßt. Man

---

[109] Als uralte griechische Übung schon im XI. Buche der Odyssee.
[110] Dio Cass. LXXVII, 15.
[111] Daß den Imperatoren Tacitus und Florian der Schatten ihrer Mutter erschien (Hist. Aug. Flor. 4), war nicht Folge einer Beschwörung.
[112] Ammian. Marc. XIX, 12. XXVI, 3. XXVIII, 1.

rechnete dahin zum Beispiel die Zaubermittel, durch welche die Wagenführer des Zirkus sich den Sieg zu verschaffen meinten. Es gab in Rom noch immer »Lehrer der bösen Künste«, und wer ihnen nicht seinen eigenen Sohn in die Lehre geben mochte, versuchte es etwa mit einem besonders anstelligen Sklaven. Noch um die Mitte des vierten Jahrhunderts findet sich ein sardinischer Sklave, welcher sehr geübt war, »schadenbringende Seelchen hervorzulocken und Gespenstern Weissagungen abzunötigen«.

Allein der wahre Zauberer verstand es auch, einer Leiche für kurze Zeit das Leben wiederzugeben und sie zum Sprechen zu bringen. Griechenland hatte von alters her seine Totenorakel gehabt, allein in der spätern Zeit, von welcher hier die Rede ist, hat diese grauenvolle Kunst ihren Hauptanhalt unstreitig an Ägypten, und selbst wer nicht dorther stammte, nahm doch gerne beim Beschwören den ägyptischen Ton an[113]. Apulejus im zweiten Buche der Metamorphosen verlegt eine solche Szene auf das Forum von Larissa in Thessalien, wo es sonst an einheimischen Zauberern nicht fehlte; gleichwohl muß ein Ägypter, Zachlas, in weißem Linnenkleid, mit geschorenem Haupte, auftreten, um durch dreimaliges Auflegen gewisser Kräuter auf Mund und Brust der Leiche und durch leises Gebet zur aufgehenden Sonne das Wunder zu vollbringen. Eine andere Geschichte dieser Art, ohne apuleischen Humor mit grellem ägyptischem Detail erzählt, findet sich bei Heliodor[114]; hier beschwört eine Mutter ihren im Kampf getöteten Sohn, und die Leiche spricht Wahrheit, während es im obigen Falle zweifelhaft bleibt, ob der Zauberer nicht ein falsches, lügenhaftes Leben in den Körper gebannt hat. Der Autor, unter der Maske des weisen Priesters Kalasiris, mißbilligt freilich dieses Leichenbeschwören und stellt auch bei einem andern Anlaß[115] dieser niedrigen Mantik eine höhere echt ägyptische Weisheit gegenüber, welche gen Himmel blicke, mit den Göttern umgehe usw.; allein dies sind Ausreden des vierten Jahrhunderts, als die Staatsgewalt in Sachen der Zauberei keinen Scherz mehr verstand, oder auch vielleicht Nachwirkungen der edlern, plotinisch-porphyrischen Schullehre, die sich von der operativen Magie mit Willen fern hielt. – Was soll man aber denken, wenn einzelne Beispiele der Leichenbeschwörung bei frommen christlichen Priestern vorkommen, und zwar nicht erst im Mittelalter, sondern im vierten und fünften Jahrhundert? Der heilige Spiridion (Spyridon), Bischof von Trimithunt auf Zypern[116], der später beim

---

[113] So in Lucians Philopseudes (Kap. 31) der Neupythagoreer Arignotos gegenüber dem Gespenst in Korinth, αἰγυπτάζων τῇ φωνῇ.
[114] Heliodor., Aethiop. VI, 14.
[115] Aethiop. III, 16. 17; vgl. IX, 5. 7. 12.
[116] Sokrates, *Hist. eccles.* I, 12. Sozomenus I, 11. Aus Rufin. I, 5.

nicenischen Konzil anwesend war, hatte eine Tochter Irene, welcher ein Bekannter einen wertvollen Gegenstand anvertraut hatte; sie starb darüber, und Spiridion, der den Schatz zurückgeben sollte und den Ort der Verwahrung nicht wußte, rief seine Tochter mit Namen, bis sie ihm aus dem Grabmal heraus die gewünschte Kunde gab. Ein späterer Erzähler beschönigt dies mit den Worten: »er flehte, Gott möge ihm vor der Zeit die verheißene Auferstehung an einem Beispiel zeigen«, während es sich doch offenbar um einen Rest heidnischen Glaubens handelt. – Aus den letzten Jahren des weströmischen Reiches wird eine viel bedeutender motivierte Leichenbeschwörung[117] berichtet, welche in dem Zusammenhange, dem sie angehört, einen großen Eindruck macht. Der heilige Severin, in der tiefsten Not seiner Gemeinden an der Donau, ruft einen gestorbenen Presbyter zum augenblicklichen Erwachen und fragt ihn, ob er gestatte, daß sein Leben noch einmal von Gott verlangt werde? der Tote aber fleht, man möge ihn in der ewigen Ruhe lassen und sinkt von neuem entseelt zurück. Hier liegt allerdings schon eine ganz andere psychologische Anschauung zugrunde, und zwar eine wesentlich christliche, auf welche wir nicht näher eingehen können.

Zum Schlusse muß des Mißbrauches einzelner Teile von Leichen als Mittel zu magischen Zwecken gedacht werden. Wir müßten tief in die Ursprünge aller Magie hinabsteigen, wenn wir die primitiven Formen dieses besondern Wahnglaubens ermitteln sollten; genug, daß von Menschenfleisch und Menschenknochen bei den verschiedensten Zaubergattungen die Rede ist, sowohl bei der bloßen Erforschung der Zukunft als bei dem magischen Wirken auf andere. Ursprünglich mochte es auf den Schatten desjenigen abgesehen sein, von dessen Leiche die Stücke genommen waren, allein diese Beziehung macht sich später nicht mehr mit Deutlichkeit geltend; das Mittel ist ein allgemeines geworden, und es ließe sich von der griechischen Zeit abwärts ein langes Verzeichnis von einzelnen Beispielen seiner Anwendung zusammenstellen. Doch ein einziger sehr bezeichnender Fall kann uns die widerliche Wanderung durch dieses Gebiet der Nacht ersparen. Man erinnert sich der bekannten herodoteischen Erzählung vom Schatz des Rhampsinit und von der abgehauenen Hand des Diebes, wobei vielleicht schon eine magische Vorstellung vorauszusetzen ist: die rechte Hand ist nächst dem Schädel immer der begehrteste Teil der Leiche gewesen. Nun begibt es sich unter Constantin und zwar wiederum in Ägypten, dem Vaterland alles wüsten Zaubers, daß eine abgehauene Hand zu magischen Künsten gebraucht werden soll[118], und zwar ist es niemand anders als der große Athana-

---

[117] Eugippius, *Vita S. Severini*, cap. 16.
[118] Sokrates, *Hist. eccles.* I, 27 s. – Sozomenus II, 23.

sius von Alexandrien, welchem aufgebürdet wird, er habe einem Bischof der meletianischen Sekte aus der Thebais, Namens Arsenius, zu jenem Zweck die Hand abhauen, ja ihn ermorden lassen. Auf der Synode zu Tyrus, angesichts der ersten Bischöfe des Reiches, wagen sich die ägyptischen Geistlichen, seine Gegner, nicht bloß mit der Anklage, sondern mit dem vorgeblichen *corpus delicti* hervor; eine wirkliche Hand – »ob von einem absichtlich Ermordeten oder sonst Gestorbenen, weiß Gott allein« – wird den heiligen Vätern unter die Augen gelegt. Athanasius macht die Anklage wohl glänzend zunichte, indem er den lebendigen, unverstümmelten Arsenius mitten in das Konzil hineinführt, allein daß eine Behauptung wie jene und zwar in einem solchen Kreise gewagt werden durfte, spricht ganz unwiderleglich für die Allgemeinheit des Wahnes und für das häufige Vorkommen der Übung.

Von einem andern Prinzip geht die Beschauung menschlicher Eingeweide aus, welche schon in alten Zeiten und bei den verschiedensten Völkern[119] namentlich an Kriegsgefangenen geübt wurde. Sie ist wesentlich divinatorischer Art, doch schließt sich daran unvermeidlich auch eine operative Magie an oder wird von den Berichterstattern ohne weiteres vorausgesetzt, weil der populäre Glaube an den magischen Wert einzelner Leichenteile zu fest gewurzelt ist, um sich mit dem bloßen Extispicium zu begnügen. Auch für die Fortdauer dieses Greuels reicht ein einziges Beispiel zum Beweise hin. Unter den fast durchgängig überaus abergläubischen Fürsten dieser Zeit wird Maxentius, der Sohn des Maximianus Herculius, insbesondere beschuldigt, schwangere Weiber, auch Kinder zum Zweck der Eingeweideschau aufgeschnitten und durch geheime Begehungen die Dämonen herbeigerufen zu haben. Obschon Eusebius dieses erzählt[120], der vom Heidentum durchaus nicht immer die richtigsten Begriffe hat und auch nicht immer die Wahrheit sagen will, so läßt sich doch bei der bösartigen Roheit des Maxentius kein gegründeter Zweifel gegen diese Aussage erheben. Es befremdet dann auch nicht mehr, was eine andere Quelle[121] meldet, daß er noch zwei Tage vor seinem Ende das blutbefleckte Palatium verließ und eine Privatwohnung bezog, weil ihm dort die Rachedämonen keinen Schlaf mehr gönnten. Ähnliches war ohne allen Zweifel das ganze dritte Jahrhundert hindurch häufig vorgekommen. – Übrigens ist mit diesen beiden Gattungen der magische Gebrauch der Menschenleiber keineswegs erschöpft; sympathetische Wirkungen wurden zum Beispiel auch mit dem Blute erzweckt, in welchem nach der herrschenden Ansicht die eigentliche Lebenskraft liegen

---

[119] Strabo III, 3 erzählt es z. B. von den Lusitaniern.
[120] Euseb., *Hist. eccl.* VIII, 14 und *Vita Const.* I, 36.
[121] Panegyr. IX, 16.

sollte. Es wird eine Geschichte dieser Art schon von Marc Aurel berichtet[122], die ebenso traurig als schmutzig wäre, wenn man sie für wahr halten müßte, und die selbst als Fabel einen übeln Schein auf die Zeit wirft, deren Gebildete daran glauben konnten.

In betreff dieses ganzen Zauberwesens wird nun die Geschichte ewig umsonst nach dem objektiven Tatbestande fragen. Heiden, Juden und Christen waren gleichmäßig überzeugt, daß Geister und Tote beschworen werden könnten; es handelt sich auch nicht wie beim Hexenwesen der letzten Jahrhunderte um etwas gewaltsam in die Menschen Hineinverhörtes, sondern um hundert rücksichtslose, freie und deshalb sehr verschieden lautende Aussagen von zum Teil sehr besonnenen und sittlich ehrenwerten Schriftstellern. Wie vieles bewußter Betrug, wie vieles bloße *pia fraus* und wie vieles Selbsttäuschung und ekstatische Vision war, ist und bleibt ein Rätsel, wie bei den neuplatonischen Beschwörungen. Denn jedes Jahrhundert hat seine eigene Ansicht von dem Übersinnlichen in und außer dem Menschen, in welche sich die Folgezeit nie ganz hineinversetzen kann.

Mit der bisherigen Darstellung des Heidentumes gedenken wir bloß die wesentlichen Richtungen des damaligen Glaubens bezeichnet zu haben. Wenn alle Spuren im einzelnen aufgeführt werden sollten, wenn alle abweichenden Auffassungen der Götterwelt überhaupt, wenn sogar aller einzelne Amuletdienst und Symboldienst hergezählt werden könnte, in einem Jahrhundert, da sich mancher mit der Anbetung eines einzigen Schlängleins als Agathodämon begnügte und weiter an nichts glaubte – dann würden vielleicht die dreihundert Sekten, die der Philosoph Themistius kannte (S. 142), wenigstens hypothetisch nachzuweisen sein. Mit diesem »vielgötterischen Wahnsinn«[123] sollte nun das Christentum noch einmal in einen entscheidenden Kampf treten. Dieser hatte zum Glück auch eine literarische Seite. Die rationellen Verteidiger des Christentums in dieser Zeit der Krisis, der schon oft angeführte Arnobius und Lactantius, haben für uns einen noch höhern Wert durch ihre Darstellung des sinkenden Heidentums. Zwar stehen sie auf den Schultern ihrer Vorgänger, namentlich des Clemens von Alexandrien, allein sie bringen auch viel Neues, für das Jahrzehnt der Verfolgung und die damaligen Stimmungen wahrhaft Bezeichnendes. Das höchst achtungswerte Buch des Lactantius gibt sich als das Resultat tiefer und vielseitiger Studien zu erkennen; die Schrift des Arnobius ist als rasch hingeworfener Erguß des

---

[122] Hist. Aug. Marc. Aur., c. 19.
[123] Euseb., Vita Const. II, 45 ἡ πολύθεος μανία.

düstern, glühenden Unwillens eines Neubekehrten der unmittelbarste Zeuge des Momentes. Das durchgehende leidenschaftliche Mißverständnis des Heidentums in betreff seines Ursprungs und seiner Entwicklungen stört den jetzigen Leser nicht mehr; er weiß, was von dem Euhemerismus dieser Kirchenschriftsteller zu halten ist, und nimmt die kostbaren Aufschlüsse aller Art, welche neben diesem Irrtum liegen, mit Begierde an.

Ziehen wir die letzten Resultate aus dem Bisherigen, so findet sich, daß nicht nur die Zersetzung des Heidentums als solche dem Christentum im allgemeinen günstig war, sondern daß die einzelnen Symptome derselben mannigfach eine Vorahnung des Christentums, eine Annäherung an dasselbe enthielten. Vor allem war die Göttermischung an sich ganz geeignet, einer neuen Religion den Boden zu ebnen. Sie entnationalisierte das Göttliche und machte es universell; sie brach den Stolz des Griechen und Römers auf seinen alten einheimischen Kultus; das Vorurteil zugunsten alles Orientalischen mußte nach langem Herumirren im bunten Gebiete des Wahnes am Ende auch zugunsten des Christentums durchschlagen. Sodann war der wesentliche Inhalt der spätheidnischen Anschauungen dem Christentum geradezu analog; der Zweck des Daseins wird nicht mehr auf das Erdenleben, seine Genüsse und Schicksale allein beschränkt, sondern auf ein Jenseits, ja auf eine Vereinigung mit der Gottheit ausgedehnt. Durch geheime Weihen hoffen die einen sich der Unsterblichkeit zu versichern; die andern wollen sich durch tiefe Versenkung in die höchsten Dinge oder auch durch magischen Zwang der Gottheit aufdringen; alle aber huldigen dem wesentlich neuen Begriff der bewußten Moralität, die sich sogar bis zur Kasteiung steigert und, wo sie nicht im Leben durchgeführt wird, doch wenigstens als theoretisches Ideal gilt. Die Spiegelung hievon findet sich wieder in dem philosophischen Wegschaffen und Umdeuten der griechischen Mythen, welche zu jenem Standpunkt nicht paßten. Dem Monotheismus nähert sich das sinkende Heidentum wenigstens stellenweise durch merkwürdige Aufschwünge, mochten dieselben sich auch bald in den Netzen des Dämonenglaubens verfangen. Ob die Heiden sogar bis zu einem Bewußtsein der Sünde durchdrangen, mag sehr zweifelhaft bleiben; die Voraussetzungen dazu sind aber deutlich vorhanden in der neuplatonischen Lehre, welche das Eintreten der Seele ins irdische Leben als einen Fall, ihren Austritt als eine Art von Erlösung bezeichnet.

Das Christentum mußte auf die Länge siegen, weil es alle diese Fragen, um deren Lösung sich jene gärende Zeit so sehr bemühte, ohne allen Vergleich einfacher und in einem großartigen, einleuchtenden Zusammenhange beantwortete.

Siebenter Abschnitt

ALTERUNG DES ANTIKEN LEBENS UND SEINER KULTUR

Wenn irgendwo sich die Lebenskrisis der alten Welt deutlich offenbart, so ist es in der Abenddämmerung des Heidentums, die wir mit ihren wahren Farben darzustellen versucht haben. Es fragte sich nun, ob nicht das Christentum die Bestimmung haben sollte, die Nationalitäten zu erfrischen und auch dem Staatswesen einen neuen Halt zu geben? ob es nicht die schon im dritten Jahrhundert übliche Klage der Heiden[1] widerlegen sollte, daß kein Segen mehr auf dem Menschengeschlecht ruhe, seitdem diese Religion im Fortschreiten begriffen sei? Denn mit der größten Bestimmtheit wurde behauptet: seit dem Christentum hätten die Götter die Lenkung der Menschenschicksale aufgegeben, sie seien ausgewandert *(exterminatos)* aus der elenden Welt, wo nun lauter Pestilenz, Krieg, Hunger, Dürre, Heuschrecken, Hagel usw. regierten, während die Barbaren von allen Seiten das Reich angriffen. Die christlichen Apologeten müssen sich umständlich zur Widerlegung dieser Ansicht herbeilassen; »wie wenig ehrenvoll«, heißt es, »wäre ein solcher kindischer Zorn für eure Heidengötter! und warum geben sie denn nicht euch Gesundheit und Glück, um uns Christen allein zu züchtigen? Die Natur hat sich nicht verändert; Sonne und Mond scheinen wie sonst, die Saaten grünen, die Bäume blühen, Öl und Wein werden gekeltert, das bürgerliche Leben geht seinen Gang wie von jeher; Kriege aber hat es zu allen Zeiten seit Ninus von Assyrien gegeben, und seit Christus haben sie sogar eher abgenommen. Die jetzigen unleugbaren Übel sind eben notwendige Weltprozesse, durch welche die irdischen Dinge sich zu *verjüngen* suchen *(rerum innovatio)*.«

Diese Hoffnung aber war, so wie der Autor sie verstand, eine eitle. Sehen wir einstweilen ab von der einseitigen Richtung, welche das Christentum nahm, sobald es Staatsreligion wurde, und welche durchaus nicht geeignet war, dem Reich neue Kräfte zuzuführen. Darin liegt eben das

---

[1] Arnob., *Adv. gentes* I. – Tertullian an vielen Stellen.

große Vorrecht derjenigen Religion, deren Reich nicht von dieser Welt ist, daß sie sich gar nicht die Aufgabe setzt, irgend ein bestimmtes Staatswesen, eine bestimmte Kultur zu leiten und zu garantieren, wie die Religionen des Heidentums getan hatten, daß sie vielmehr imstande ist, die verschiedenen Völker und Jahrhunderte, Staaten und Bildungsstufen miteinander zu versöhnen und zu vermitteln. So konnte das Christentum auch dem gealterten Römerreich keine zweite Jugend mehr schenken, wohl aber die germanischen Eroberer so weit vorbereiten, daß sie die Bildung desselben nicht völlig mit Füßen traten. Anderthalb Jahrhunderte später, als es sich auf den katalaunischen Gefilden darum handelte, ob der Hunne das Leichentuch über das okzidentalische Leben ziehen dürfe wie in der Folge der Mongole über das asiatische, trug diese Befreundung schon ihre Früchte; Römer und Westgoten hielten zusammen und wehrten den Angriff gemeinsam ab.

Von der Alterung und Verkommenheit der römischen Zustände überhaupt, woran das Christentum keine Schuld trägt, ist die ganze Geschichte dieser Zeit ein sprechendes Zeugnis, und auch in der vorliegenden Darstellung wurde auf jedem Blatte darauf hingewiesen. Es ist aber hier die beste Stelle dazu, einige bezeichnende Züge aus diesem Greisenleben der antiken Welt zusammenzutragen. Auch die historische Stellung des Christentums kann hiedurch noch weiter verdeutlicht werden.

Klagen über die schlechten Zeiten sind vorhanden aus allen Jahrhunderten, welche eine Literatur hinterlassen haben. Im römischen Reich aber wird der Verfall auf eine Weise eingestanden, welche gar keinen Zweifel übrig läßt. Das Gefühl, daß alles, was jetzt geschehe, klein sei im Verhältnis zu einer immer glanzvoller ausgemalten Vorzeit, wächst gleichzeitig mit der äußerlichen Kolossalität des römischen Reiches und seiner Interessen, und selbst wer die Größe der Vorzeit mißlaunig bestreitet, tut es nur, um die Gegenwart noch tiefer herabzusetzen. Wenn Seneca[2] in seiner philosophischen Polemik gegen die Geschichte den Philipp und den Alexander von Macedonien als Strauchdiebe behandelt, so fügt er doch bei: Wir sehen diese Dinge für groß an, weil wir selber so klein sind. Ein viel stärkeres, obschon stillschweigendes Zeugnis liegt darin, daß alle Philosophen und Rhetoren – und auch die Dichter, wenn

---

[2] *Quaest. natur.* III, *Praef.* Er braucht das Wort *latrocinia*. – Die Klagen über den Verfall der einzelnen Sphären des geistigen Lebens seit der Kaiserzeit würden hier einen beträchtlichen Raum einnehmen. Was der ältere und der jüngere Plinius, Petronius u. A. über Kunst und Literatur sagen, ist schon oft zitiert worden. Plinius d. J. gibt Eph. VI, 21 wenigstens zu, daß die Natur noch nicht erschlafft sei und daß sie noch immer begabte Menschen hervorbringe. Vgl. auch III, 21 und das Proömium des Florus, welcher das Greisenalter der römischen Welt zugibt, aber bei Trajan von Wiederverjüngung spricht.

sie nicht betteln gehen – daß also die ganze freie Literatur des zweiten, dritten und vierten Jahrhunderts ohne Not von keinem Menschen und keinem Gegenstande spricht, der über das Ende der römischen Republik herabreicht. Es sieht aus, als hätte man sich das Wort darauf gegeben. Die griechischen Sophisten wählen für ihre Schulexerzitien vorzugsweise Situationen aus der Blütezeit des Griechentums, aus den Perserkriegen, dem Peloponnesischen Kriege, etwa noch aus dem Leben Alexanders des Großen. Sie lassen Xenophon reden, der an Sokrates' Stelle zu sterben verlangt, oder Solon, der dem Pisistratus gegenüber auf Abschaffung der Gesetze anträgt, oder Demosthenes, der den Athenern rät, auf die Flotte zu fliehen, und dergleichen mehr[3]. Dio Chrysostomus (unter Trajan) glaubt sich irgendwo förmlich rechtfertigen zu müssen, nachdem er in einer Rede Ereignisse aus der Kaiserzeit, »moderne, ruhmlose Dinge«[4] erzählt hat; er meint, sein Gegner verachte ihn als einen Schwätzer, weil er nicht nach üblicher Art von Cyrus oder Alcibiades spreche. Die dem Quintilian zugeschriebenen Deklamationen behandeln entweder ebenfalls längst vergangene Dinge oder erdichtete Rechtsfälle, die in keine bestimmte Zeit gehören. Die naheliegende Annahme, daß die Regierung etwa die Besprechung der Kaiserzeit unliebsam aufgenommen und unterdrückt haben möchte, wäre durchaus irrig. Eine Aufsicht dieser Art über die Literatur und die Schule lag gar nicht in der Art des römischen Imperiums, welches sich überhaupt nicht damit abgab, geistige Richtungen zu dirigieren und zu beaufsichtigen. Gerade die damals beliebtesten Gegenstände für die Redeübungen würden nach unserm Maßstab anstößig und gefährlich scheinen; in dem Rom Domitians klagt Juvenal[5] über die tödliche Langeweile des Rhetors, welcher zum hundertsten Male es mit anhören muß, »wenn die zahlreiche Klasse grausame Tyrannen tötet«. Die Geschichten von Brutus, von Harmodius und Aristogiton waren also ein sprichwörtlich beliebtes Thema, während die merkwürdigsten Dinge der Kaiserzeit, die man noch dazu panegyrisch hätte behandeln können, wie zum Beispiel der jüdische Krieg, die Taten Trajans, die Herrschaft der Antonine, freiwillig gar nicht berührt wurden und somit ausschließlich den offiziellen Lobrednern überlassen blieben.

[3] Philostratus in den *vitis Sophistarum* gibt viele Beispiele an, s. z. B. II, 9.
[4] Νεωτέρων τε καὶ ἀδόξων, Dio Chrys., Orat. XXI, p. 271. Einen derartigen Wink gewährt auch die Erzählung bei Dio Cassius LXVI, 25 über die Schauspiele bei der Einweihung des Kolosseums und der Titusthermen; die Seeschlachten auf den Bassins stellten nicht etwa römische Siege, sondern die Kämpfe zwischen Corcyräern, Syracusiern und Athenern aus der Zeit des Peloponnesischen Krieges dar.
[5] Sat. VII, Vs. 151. – Welche Anzüglichkeiten auf dem Theater vorkamen, s. bei Philostrat. *Vita Apollon.* VII, 5.

Aber nicht bloß die Redner, auch die eigentümliche Gattung von lateinischen und griechischen Sammlern, welche man bisweilen unter dem Namen der Grammatiker mitbegreift, gehen nicht leicht über die Zeit der Republik herunter. Aulus Gellius zum Beispiel tut es nur, wenn er von der Bildung seiner Zeit und von seinen eigenen Studien spricht; Älian in seinen »bunten Geschichten« fast nirgends; Alciphron verlegt seine Briefe (siehe bes. II, 3) in die früheste macedonische Zeit; Athenäus in seiner großen Enzyklopädie des antiken Lebensgenusses geht der Kaiserzeit sehr absichtlich aus dem Wege, und noch zwei Jahrhunderte später gibt Macrobius in seinen Saturnalien als letzte Notiz eine Sammlung von Anekdoten und Witzworten des Augustus, eine kurze beiläufige Erwähnung Trajans abgerechnet. Philologen vom Fache, welche mit der betreffenden Literatur näher vertraut sind als der Verfasser, würden diese Beobachtung wahrscheinlich in einem viel weitern Umfang bestätigen können.

Diese Zeit, die man verneinte und ignorierte, von welcher man sich beständig nach frühern Jahrhunderten zurückwandte, bekam dann plötzlich einen neuen Inhalt durch das Christentum. Eine schon lange vorbereitete christliche Literatur brach jetzt wie ein Strom in das leere Bette des Jahrhunderts ein und überwog binnen kurzer Frist an Masse alles, was aus der heidnischen Schriftwelt erhalten ist.

Doch Rom als Sitz und Inbegriff der Weltherrschaft sollte ewig sein; die *Roma aeterna* ist auf Denkmälern und Münzen der allgemeine Trost besonders während der zweiten Hälfte des dritten Jahrhunderts. Den Christen, solange sie in Rom das personifizierte Heidentum, das Babylon der Offenbarung sahen und haßten, war dieser Gedanke eine Torheit; es handelte sich ja, wie Arnobius[6] offen sagt, um diejenige »zum Verderb des Menschengeschlechtes geschaffene Stadt, um deren Herrschaft willen der ganze Erdkreis unverdientermaßen unterjocht worden war«. So durfte freilich nur ein Afrikaner sprechen; auch unterschied man schon zur heidnischen Zeit zwischen Rom und dem Reiche und betete für dessen Wohl wie für das der heidnischen Kaiser und der Armeen[7]. Später, unter den christlichen Kaisern, war man mit der Weltherrschaft Roms völlig ausgesöhnt; Prudentius[8] findet darin das höchste geschichtliche

---

[6] Arnob., *Adv. gentes* VII, Ende.

[7] So während der Verfolgung des Decius, vgl. bei Ruinart, *Acta martyrum sincera*, die *Disputatio S. Achatii*. – Ebenda, unter Valerian, die Erzählung vom Bischof Dionysius von Alexandrien. – Die Stellen aus den christlichen Apologeten, welche sehr nachdrücklich in diesem Sinne reden, s. bei Lasaulx, Der Untergang des Hellenismus, S. 12 ff.

[8] Prudent., *peristeph. Hymn.* II, Str. 105 *seq.*

Werk der Vorsehung: »Siehe, das ganze Geschlecht der Sterblichen ist unter die Herrschaft des Romulus gekommen, die verschiedensten Sitten und Denkweisen haben sich verschmolzen; so war es vorherbestimmt, damit die Würde des Christennamens, so weit die Erde reicht, alles mit Einem Band umschließe.« Das Rührendste dieser Art ist aber der Gesang eines spätern Heiden (um 417), des Claudius Rutilius Numatianus[9], welcher das tief erschütterte Rom wie eine gebeugte Mutter tröstet und ihm aus seiner welthistorischen Größe eine neue Hoffnung auf ewige Dauer herleitet.

Wie weit die Staatseinrichtungen und der äußere Zustand solche Hoffnungen rechtfertigten, ist durch bloße Schlüsse nicht unbedingt zu ermitteln. Eine Regierung, wie die römische war, kann sich trotz zunehmender Erstarrung unendlich lange halten, wie das byzantinische Reich bewiesen hat. Wäre die Stadt Rom so uneinnehmbar fest und so zur Verteidigung geschaffen gewesen, wie später Konstantinopel, so hätte auch das abendländische Reich viel länger dauern und verlorene Provinzen von der geretteten Hauptstadt aus mehr als einmal zurückerobern können. Der Staat kann sogar die Nationalität überleben, so gut als diese den Staat. Es soll also mit dem Begriff der Alterung nicht die Unmöglichkeit des Weiterlebens, sondern nur das allmähliche Versiegen derjenigen Lebensquellen bezeichnet werden, die einst der Nation ihr edleres geistiges und leibliches Gepräge verliehen.

Schon von der Erdbeschaffenheit könnten wir anheben. Es kam den Leuten im römischen Reiche vor, als begännen die Flüsse seichter zu werden und die Berge niedriger; auf dem Meere sah man den Ätna nicht mehr aus so weiter Ferne wie früher, und von Parnaß und Olymp verlautete dasselbe. Emsigere Naturbeobachter meinten sogar, der Kosmos sei überhaupt im Niedergang begriffen[10].

Beginnen wir jedoch nur mit dem physischen Menschen, so ist in dieser Zeit eine Ausartung der Rasse, wenigstens in den höhern Ständen, unleugbar. Das Urteil ist hier nicht auf Aussagen der Schriftsteller beschränkt, welche hie und da schon frühe etwas der Art andeuten[11], sondern die Kunst leistet den unwiderleglichen Beweis in unzähligen Denkmälern, und zwar auch in solchen, die keine Entschuldigung durch Ungeschicklichkeit des Künstlers zulassen. In den meisten Bildnissen dieser Zeit herrscht teils eine natürliche Häßlichkeit, teils etwas Krankhaf-

---

[9] Cl. Rutil. Numat., *Iter in Gall.* I, Vs. 47 *seq.* Ganz prophetisch lautet Vs. 133: *Porrige victuras romana in saecula leges.*
[10] So Aelian VIII, 11, zur Zeit Hadrians.
[11] Nach den sehr merkwürdigen Äußerungen bei Dio Chrysost., Orat. XXI, p. 269 *seq.* hätte man eine Abnahme der männlichen, aber eine Zunahme der weiblichen Schönheit bemerkt.

tes, Skrophulöses, Aufgedunsenes oder Eingefallenes vor. Grabmonumente, Münzen, Mosaiken, Böden von Trinkgläsern – alles stimmt hierin überein. Die Mitregenten Diokletians und die nächsten Nachfolger mit ihren zum Teil wahrhaft abschreckenden Zügen mögen als Illyrier keine Durchschnittsform darbieten. Constantin, dessen Äußeres wir aus Statuen und Münzen genau kennen, zeigt zwar im Ganzen eine gesunde regelmäßige Bildung, aber etwas wie einen Ausdruck von Tücke, und doch sind Panegyriker und Kirchenschriftsteller voll einstimmigen Entzückens über seine Schönheit, was nicht bloß Schmeichelei, sondern ein Zeugnis für den niedrigen Maßstab des Urteils ist. In den Physiognomien seiner Söhne bemerkt man eine wesentlich neue Gattung von Ausdruck, die nachher häufig wiederkehrt; es zeigt sich das, was im schlimmen Sinne das Pfäffische heißt; Constantin II. hat dabei die nicht ganz angenehme rundliche Kopfbildung seines Vaters, Constans und Constantius eine mehr in die Länge gezogene. Viel entscheidender als diese Illyriotengesichter, ja vielleicht mehr als die Bildnisse überhaupt, sprechen die eigentlichen Idealfiguren der betreffenden Zeit, in welchen die Künstler das allgemein Gültige niederlegen wollen, die Verschlechterung des damaligen Menschentypus aus. Der Constantinsbogen beim Kolosseum ist allerdings ein Werk der Hast und Eile, und dies erklärt und ententschuldigt hinlänglich die große Roheit der plastischen Ausführung, nicht aber die Häßlichkeit der Gestalten und die Verkümmerung der Züge. Wohl gibt es Zeiten, in welchen die Kunst sich etwas darauf einbildet, ihr Ziel einseitig im Charakteristischen statt im Schönen zu suchen, und jenes sogar bis ins Häßliche zu steigern, ohne daß die den Künstler umgebende Welt daran Schuld wäre. Allein hier ist von einer solchen Vorliebe für den Charakter nicht die Rede, sondern ganz einfach von der Unfähigkeit, an den klassischen Schönheitsidealen auch nur oberflächlich festzuhalten, während die Außenwelt keine Beziehung mehr zu denselben hat. Im fünften Jahrhundert geben dann die Mosaiken einen fortlaufenden Maßstab für dieselbe Wahrnehmung. Und zwar will die Kunst hier noch nicht den Ausdruck der Heiligkeit in der asketischen Abmagerung und Morosität suchen wie später die byzantinischen Mosaizisten; ihre Gestalten sind noch nicht eigentlich verschrumpft, – aber in der Regel von häßlichen, unregelmäßigen Gesichtszügen. Selbst sehr ausgezeichnete Arbeiten, in welchen alles übrige, Gewandung, Bewegung, Verteilung im Raum usw., so gut ist, als man es irgend von der theodosischen Zeit verlangen kann, wie zum Beispiel die zwölf Apostel im orthodoxen Baptisterium zu Ravenna, machen doch in diesem Punkte durchaus keine Ausnahme.

Der Menschenschlag im römischen Reiche war von vorne herein außerordentlich verschieden je nach den einzelnen Gegenden und je nach den

200 Siebenter Abschnitt. Alterung des antiken Lebens und seiner Kultur

Schicksalen derselben; manche Bevölkerungen darf man sich blühend, andere verkümmert vorstellen. Allein die Durchschnittsform, welche in der bildenden Kunst auftritt, ist in dieser Zeit doch wohl im ganzen diejenige Italiens. Wann und durch welches Ereignis hat sich nun hier und vielleicht im ganzen Reiche der äußere Mensch zu seinem Nachteil verändert?

Die Antwort liegt nahe. Zwei sehr furchtbare Pestilenzen, unter Marc Aurel (167) und dann wieder seit Gallus (252) hatten die Bevölkerung des Reiches unheilbar erschüttert; die letztgenannte Pest[12] soll sogar fünfzehn Jahre gedauert, keine Gegend des Reiches verschont und manche Städte völlig verödet haben. Rechnet man hinzu die unaufhörlichen Kriege, sowohl um den Thron im Innern als gegen die Barbaren nach außen, so ergibt sich als notwendige Folge das Brachliegen aller Pflanzungen und somit eine Hungersnot, welche der Krankheit unaufhörlich neue Gewalt verleihen mußte. Von den höhern Ständen aber mag Sorge und Gram nicht mehr gewichen sein. Die Ansiedelung der Barbaren taten dann noch das übrige, um den Typus des Menschengeschlechts im Reiche gänzlich umzugestalten, und dies dann wohl eher in günstigem Sinne.

Nun stirbt in Unglückszeiten jener Art nicht bloß physisch ein altes Geschlecht aus; alte Sitten und Bräuche, nationale Anschauungen, geistige Bestrebungen aller Art gehen mit demselben unter. Dies ist nicht so zu verstehen, als müßte auch die Moralität gesunken sein; eher ließe sich ein Steigen derselben in der zweiten Hälfte des dritten Jahrhunderts beweisen. Von dem Kaiserthron (siehe den ersten Abschnitt) wird man es kaum leugnen können; die Zeit der Caracalla und Maximine ist vorbei; Carinus geht unter, weil er eine verspätete Anomalie in seinem Jahrzehnt ist. Bei den spätern sogenannten Scheusalen, wie Maxentius, hat Ausschweifung und Missetat etwas Kleinbürgerliches im Vergleich mit den früheren. Die Sittenpolizei erscheint im Zunehmen[13], und mit ihr wohl auch die äußere Sitte; noch Diocletian ist emsig bemüht, die verwilderten Matrimonialverhältnisse zu säubern[14] und dem wirren Durcheinanderheiraten in demselben Hause und in den nächsten Graden zu begegnen. Des großen und massenhaften Skandals wird auffallend weniger. Daß Constantins Privatleben insbesondere von dergleichen so gut wie völlig frei gewesen, hat man mit Recht aus dem Schweigen der ihm abgeneigten Schriftsteller geschlossen. Die Regierung läßt sich mehr und mehr auf Maßregeln der allgemeinen Humanität ein und erkennt die Pflicht einer durchgehenden

---

[12] S. die Stellen bei Clinton, *Fasti rom. ad a.* 252.
[13] Man sehe, was Aurel. Vict., *Caess.* 28 von Philipp dem Araber erzählt, und die Erklärer dazu.
[14] Gesetze von den J. 287 und 295, *Cod. Gregor.* V, 1.

Sorge für die Untertanen an, während sie freilich zu derselben Zeit einen gewaltigen Druck ausüben muß und sich auch in den Mitteln zum Bessern, wie zum Beispiel in dem Maximum der Lebensmittel, und in den ganz barbarischen Kriminalstrafen mannigfach vergreift. – Analogien dieser gesteigerten Moralität in der spätheidnischen Religion, in dem asketischen Idealismus der Philosophen wurden bereits nachgewiesen, es mußte aber hier der ganzen Sache noch einmal gedacht werden. Denn vielleicht war diese Umkehr zur Besonnenheit und Mäßigung gerade auch ein Symtom der Alterung, von welcher hier die Rede ist; um so weniger konnte sie die abgelebte alte Welt noch einmal verjüngen.

Nachdem wir die Abnahme des physisch schönen Menschen konstatiert, schreiten wir weiter zur Betrachtung seiner äußern Umgebung, und zwar zunächst der Kleidung. Hier spricht die bildende Kunst nicht den damaligen Tatbestand aus, weil sie in der Regel die Gewandung der blühenden, längstvergangenen Kunstepoche festhält, diese aber von allem Anfang an eine ideale gewesen ist; so stellt zum Beispiel selbst der Panathenäenzug am Parthenon nicht die wirkliche Tracht der Athener zur Zeit des Phidias dar, sondern nur die ins Schöne vereinfachten Elemente derselben. Wenn nun in den römischen Bildwerken der constantinischen Zeit noch immer Toga und Tunica, nebst der Chlamys bei nackten Figuren, vorherrschen, so darf man daraus vollends nicht auf eine Durchschnittstracht schließen. Viel richtiger führen uns hier die schriftlichen Aussagen, und diese geben Kunde von einer überladenen, ausgearteten Tracht, welche wohl ein römischer Rococo heißen könnte, wenn man uns diesen profanen Ausdruck gestatten will.

Statt einen Abschnitt aus den vorhandenen Geschichten des Kostüms herzusetzen, begnügen wir uns mit einigen Andeutungen. Es gibt ein Gedicht[15] aus der ersten Hälfte des vierten Jahrhunderts, von Arborius, dem Oheim Auson's, »an eine allzusehr geputzte Nymphe«, worin ein gallisches Mädchen beschrieben wird. Ihr Haar ist mit Bändern durchflochten und in eine große Spirale *(in multiplicem orbem)* toupiert; oben darauf sitzt noch eine Haube von Goldstoff; das Halsband scheint rot, etwa von Korallen, gewesen zu sein; das Kleid reicht hoch bis an den Hals herauf und ist mit Binden wie mit einer Schnürbrust umgeben. Überhaupt hatten die anliegenden Kleider, zumal die Ärmel[16], sehr überhand genommen. Die genannten Haartouren waren schon seit Jahrhunderten in der Regel aufgesetzt und sind selbst an einzelnen Marmorbüsten zum Abnehmen beim Wechsel der Mode eingerichtet. Früher als Arborius klagt Arnobius über die Binden, wahrscheinlich von Goldstoff, womit viele

---

[15] Bei Wernsdorf, *Poetae lat. min.*, vol. III.
[16] S. Hieronym., Ep. 38 *ad Marcellam* und Ep. 130.

Damen sich die Stirn verdeckten, sowie über ihre nach Mannesart gebrannten Haare. Ganz widerwärtig ist vollends die Art des Schminkens, welche dem Gesicht nicht bloß eine andere Farbe, sondern selbst eine andere Form gab. Die rote wie die weiße Schminke nämlich wurden so stark aufgetragen, daß die Frauen aussahen »wie Götzenbilder« und daß jede Träne, welche über die Wange floß, eine Furche zurückließ. So spottet wenigstens Sanct Hieronymus, welcher aus seiner frühern Zeit hierüber Bescheid wissen mußte. Eine Hauptveränderung, die vielleicht gerade in diese Zeit fällt, ist das Aufkommen gemodelter und geblümter Stoffe gegenüber den einfarbigen, welche die allein würdige Bekleidung des Menschen sind, weil sie allein die Massen und die Falten, also mittelbar die Form, Haltung und Bewegung des Leibes selber ungestört bemerken lassen. Constantin erhielt von fremden Gesandten »mit Gold und Blumen gewirkte barbarische Gewänder« geschenkt[17]; bald hernach erscheint dergleichen als übliches Prachtkleid in den Mosaikbildern der Kirchen, und es dauert nicht lange, so werden in Priestergewänder und Altardecken ganze Geschichten eingestickt. Es hat aber das Fremde, Barbarische überhaupt in der spätrömischen Mode ein offenkundiges Vorrecht, schon weil es teuer und schwer zu haben ist. Muß sich doch unter Theodosius dem Großen der berühmte Symmachus eine prächtige ausländische Staatskutsche verbitten, wodurch der Kaiser die Ausfahrten des Stadtpräfekten zu verherrlichen glaubte[18].

Diese Barbarisierung dehnte sich indes viel weiter als nur auf die Kleidung aus. Das Aufkommen germanischer, besonders gotischer und fränkischer Offiziere im Heer und bei Hofe, der Einfluß orientalischer Etikette und Sitten mußte der ganzen äußern Form des Lebens allmählich ein unrömisches Gepräge verleihen. Ganz unantik ist vor allem jene Zerteilung der Gesellschaft nach Stand und Rang, welche durch Verleihung von Titeln bewerkstelligt wurde; nichts widersprach stärker dem Begriff des Bürgertums, mit welchem die klassische Welt sich aufgenährt hatte. Auch das Christentum, welches mit seiner gewaltigen Flamme so viele Elemente

---

[17] Euseb., *Vita Const.* IV, 7. – Die Zelte des palmyrenischen Fürsten Herodes mit eingestickten Figuren Hist. Aug. XXX. Tyr. 15 (16) noch als etwas wesentlich Persisches erwähnt. – Bunte Kleider mit Tierfiguren bereits als Mode um die Mitte des vierten Jahrh., vgl. Ammian. Marc. XIV, 6. – Figuriert gestickte oder gewirkte Kleider bei Claudian, Epigr. 20–23. – *In Prob. et Olybr. Cos.* 224. – *In* VI. *cos. Honor.* 166 *seq.* – *Rapt. Proserp.* I, 245 – II, 44. – *Laud. Stil.* II, 230. 249. 340. 385.

[18] *Symmachi ep.* X, 24. Er meint, man liebe in Rom seit Camills Zeiten solche *externa miracula* nicht, und stellt also doch ausnahmsweise der alten Hauptstadt ein Zeugnis bessern Geschmackes aus. – Phrygische und keltische Wagen als Modeartikel schon im zweiten Jahrh. bei Philostr., *Vitae soph.* I, 25.

der antiken Bildung aufzehrte, trug einstweilen mittelbar zur Barbarisierung[19] bei, wie dies bei einem Blick auf *Kunst* und *Literatur* dieser Zeit deutlich zu machen sein wird.

Die Kunst im höchsten Sinne des Wortes war einst der Lebensatem des griechischen Volkes gewesen. Keine andere Nation hätte es wagen dürfen, ihre Zeitrechnung nach der Entwicklung des Schönen durch Dichter und Künstler zu datieren, wie dies zum Beispiel in der Marmorchronik von Paros geschehen ist. Mit den siegreichen Waffen Alexanders und seiner Diadochen zog in der Folge die griechische Kunst durch den Orient und verdrängte nach Kräften die alten nationalen Formen, mit einziger Ausnahme der Bauten und Bildwerke Ägyptens von Alexandrien aufwärts. Die Römer nahmen sie ebenfalls bereitwillig in ihren Dienst, nicht bloß als Luxusgegenstand, sondern weil sie dem Bedürfnis des Schönen entsprach, das in ihnen selbst lebte, dessen tätige Entfaltung aber durch das Vorherrschen des Kriegerischen und Politischen gehemmt wurde. Auf das großartigste half sie nun mit, der religiösen und nationalen Herrlichkeit Roms den edelsten Ausdruck zu verleihen, wenn auch nicht ohne Einbuße ihres innern Organismus. Von Rom aus nahm endlich der ganze Okzident diese romanisierte Kunst wie ein Gesetz des Sieges an und sprach sie nach wie seine Sprache. Wo Kolonien italischer Abstammung sich im Westen erhielten, mag sie wohl auch zum Bedürfnis geworden sein.

Eine Stellung wie bei den Griechen der Blütezeit erreichte freilich die Kunst in dieser Zeit der Römerherrschaft nicht wieder. Man hörte nicht mehr davon, daß die Lästerung des Schönen als Blasphemie galt, wie damals, als der Dichter Stesichoros erblindete, weil er die Helena, das Urbild aller Schönheit, getadelt hatte[20]. Lucian, der weder Götter noch Menschen schont, darf jetzt auch über die alten Ideale aller Schönheit spotten, während anderweitig sein Kunstgeschmack so unzweifelhaft bewährt ist. Jene meisterhafte Reihe von Totengesprächen, in welchen er seinem Hohn unter der Maske des Zynikers Menippos die Zügel schießen läßt, enthält auch eine Szene[21], wo Hermes in der Unterwelt dem Menippos die Skelette der berühmten Schönheiten der alten Zeiten vorweist, des Narziß, des Nireus usw. »Aber ich sehe ja nichts als Schädel und Knochen? zeige mir doch Helena«; – »Dieser Schädel hier ist Helena«. – »Also des

---

[19] Das Wort βαρβαροῦσθαι bei Zosimus I, 58 und II, 7 scheint bloß die wirkliche Unterwerfung der Reichslande durch barbarische Völker zu bezeichnen, hat aber von früher her auch eine ethische Bedeutung.
[20] Hesych. Miles., bei Müller, *Fragm. hist. gr.* IV, p. 174.
[21] Lucian., *Dial. mortuor.* XVIII.

halb die Flotte von tausend Schiffen, der Tod so Unzähliger, die Zerstörung der Städte«? – »O Menipp (erwidert Hermes), du hast das Weib nicht lebend gesehen«! – Doch ist in dieser frühern Kaiserzeit, welche von den damaligen Ästhetikern, von Petronius und dem ältern Plinius, als Epoche des Kunstverfalls mit verhältnismäßigem Rechte angeklagt wird, wenigstens in Italien das Verlangen nach künstlerischer Umgebung des Daseins noch unglaublich stark. Pompeji allein deutet, nach Goethes Ausdruck, »auf eine Kunst- und Bilderlust eines ganzen Volkes, von der jetzo der eifrigste Liebhaber weder Begriff, noch Gefühl, noch Bedürfnis hat«. Trägt man diesen Maßstab auf das damalige Rom über, so findet sich ein Ergebnis, welches schwindeln macht.

Im dritten Jahrhundert fand die Kunst allerdings einen gefährlichen materiellen Feind an der Zerrüttung des Reiches durch Pest, Krieg und Verarmung. Da die Kaiser namentlich seit Aurelian wieder sehr viel bauen ließen[22] und ohne Zweifel auch die übrigen Künste verhältnismäßig in Anspruch nahmen, so könnte sich diese Einbuße wieder etwas ausgeglichen haben, wenn nicht der zunehmende Druck auf die Reichen und Besitzenden immerhin einen dauernden Verlust mit sich geführt hätte.

Nimmt man nun an, daß die Natur doch immerfort ein reiches Maß von Begabung austeilte, woran sich auch mitten im Zerfall aller Formen oft nicht zweifeln läßt, so frägt es sich weiter, woher die falschen Richtungen kamen, in welchen sich die Talente verloren? Woher ferner jene Anonymität, welche fast die ganze Kunst des dritten und vierten Jahrhunderts mit so tödlichem Schweigen deckt?

Es ist eine Tatsache, daß ungefähr seit der Mitte des zweiten Jahrhunderts die bisher noch immer lebendige Reproduktion des Schönen stillesteht und zu einer bloß äußerlichen Wiederholung wird; daß von da an innerliche Verarmung und scheinbarer Überreichtum der Formen Hand in Hand gehen.

Die tiefste Ursache dieser Erscheinung wird man wohl nie ergründen oder in Worte fassen können. Hatte das ausgebildete griechische Formensystem sechshundert Jahre lang sich unter den verschiedensten Bedingungen behauptet und immer wieder Blüten getrieben, weshalb sollte es gerade von den Antoninen abwärts seine Macht, seine Treibkraft verlieren? warum nicht fortdauern bis ins vierte Jahrhundert? Es läßt sich vielleicht aus einer allgemein philosophischen Betrachtung der Zeiten auch hierauf aprioristisch antworten; wir wollen uns aber gerne bescheiden, die notwendige Lebensdauer einer geistigen Macht dieses Ranges nicht absolut berechnen zu können.

---

[22] Vgl. Malalas, *lib.* XII *passim.*

Die Nebenursachen jener Erscheinung sind desto klarer: die Veränderungen im Stoff und in den Aufgaben und Gegenständen der Kunst, das heißt mittelbar die veränderte Gesinnung der Besteller. Verfolgen wir zunächst die Schicksale der Architektur. Die Hauptstadt ist hier für alle Entartung maßgebend. Rom besaß in seinem Travertin und Peperin ein ernstes, gewaltiges Material für monumentale Bauten. Als man aber, besonders seit Augustus, den Marmor aus Carrara und aus Afrika nicht mehr entbehren wollte, wegen seiner Bildsamkeit und seiner leuchtenden Schönheit, da gewöhnte sich der Sinn des Römers daran, den nunmehr aus Ziegelplatten gebildeten Kern des Gebäudes und die darum gelegte Marmorbekleidung als zwei geschiedene Dinge zu betrachten. Letztere mußte auf die Länge als eine willkürlich wandelbare Hülle, als eine Dekoration erscheinen. Doch zwang der weiße Marmor den Künstler fortwährend, die Formen möglichst edel zu bilden. Als aber die Vergötterung des möglichst teuren und fremdartigen Materials mehr und mehr einriß, als im ganzen Orient so wie in Afrika nach kostbaren Baustoffen[23], Porphyr, Jaspis, Agat und Marmor aller Farben gesucht wurde, als die damals sehr massive Vergoldung[24] in sinnlosem Maß überhand nahm, da *mußte* die Kunst und der Künstler zurücktreten. Stoff und Farbe ziehen das größte Interesse an sich; die schönsten Profile und Zierarten werden daneben übersehen; zudem gebeut die außerordentliche Härte mancher dieser Steine dem Meißel Einschränkung. Der Lieferant und der Polierer werden unter solchen Umständen wichtigere Personen als der Zeichner. Wo aber der weiße Marmor oder ein anderer einfacher Stoff seine Stelle behauptete, mußte er nun wetteifern durch Häufung der Glieder und Vervielfachung der Ornamente, da man für das Einfache überhaupt verdorben war. Der Eindruck ist oft über die Maßen kleinlich und verwirrend, weil aller äußerliche architektonische Reichtum, einmal als leitendes Prinzip aufgefaßt, rasch alle Schranken überschreitet und auch Bauteile und Stellen verziert, die dessen um ihrer Funktion willen eigentlich nicht fähig sind. Wir wollen die Bauten dieses Stiles, von welchen die palmyrenischen und der Diokletianspalast zu Salona (Spalatro) sprichwörtlich geworden sind, hier nicht wieder aufzählen. Soweit sie nicht in Anordnung und Proportionen an die bessere Zeit erinnern, gehören sie der Ausartung und ersetzen das Verlorene nicht einmal durch den perspektivischen Reiz, welchen zum Beispiel der entartete moderne Stil unter den Händen eines Bernini entwickelt. Dieser weiß den Blick zu sammeln, dort ist lauter Unruhe und Zerstreuung: Bernini

---

[23] Klassische Stelle bei Statius, *Sylvae* I, V. Vs. 34 ff.
[24] Aurelians Widerwille dagegen s. oben S. 40; Constantin vergoldete, was frühere Kaiser gebaut, u. a. die Säulen am Circus maximus. Panegyr. X, 35.

verachtet das Detail und arbeitet stets auf das Ganze hin; dort wollen die gehäuften Einzelformen als solche etwas bedeuten.

Gereichte nun der Luxus in dem bezeichneten Sinne der schönen Bauform notwendig zum Untergang, so trug selbst ein höherer Fortschritt zum Neuen nicht weniger dazu bei, das von den Griechen ererbte Bausystem definitiv zu zersprengen. Wir meinen die neue Aufgabe großer, vorzüglich gewölbter Binnenräume. In der bessern Kaiserzeit hatte man zum Beispiel beim Thermenbau die Säulen und ihre Gebälk mit der Kuppel, dem Tonnengewölbe und Kreuzgewölbe so verbunden, daß sie gleichsam als ein eigener Organismus daran vorbeigehen. Eine Rücksicht dieser Art konnte auf die Länge nicht fortdauern, namentlich als mit der christlichen Zeit jene Aufgaben sich auf einmal außerordentlich häuften und zugleich die Tendenz auf möglichste Prachtentwicklung jede andere Erwägung schweigen hieß. Die christliche Basilika, das erste große Vorbild aller rein perspektivisch gedachten Binnenräume[25], lud Bogen und große schwere Obermauern auf ihre Säulenreihen; die Kuppelkirche mit untern und obern Galerien oder Nebenkapellen ringsum[26] verneinte vollends den Begriff des Gebälkes und brauchte die Säule fast nur noch um ihrer angenehmen Wirkung willen. Es dauert dann tief in das Mittelalter hinein, bis die christliche Baukunst die mit zunehmendem Mißverständnis wiederholten, zuletzt kaum mehr kenntlichen antiken Einzelformen mit einem neuen, ihrem Prinzip angemessenen Gewand vertauscht.

Endlich war die christliche Architektur von vornherein genötigt, mit der kirchlichen Tendenz auf eine ungünstige Weise zu teilen. Letztere möchte gern das ganze Gebäude, ja jeden Stein zum Symbol ihrer Macht und ihres Sieges machen; daher das Vorwiegen teils der glänzendsten Luxuszierarten[27], teils der bildlichen Darstellung im Innern wie an den Fassaden. Neben einer Mosaikverschwendung, welche alle Räume und

---

[25] Als Basiliken, wenigstens als Langbauten, werden u. a. geschildert: die alte Sophienkirche, S. Agathonicus, S. Isaacius in Constantinopel. *Anonym. Banduri,* p. 65.

[26] Der Dom von Antiochien Euseb., *Vita Const.* III, 50. Die Apostelkirche zu Constantinopel IV, 58; wahrscheinlich ein griech. Kreuz mit Kuppel. (Vgl. *Anonym. Banduri,* p. 32.) Die Grabkirche zu Jerusalem III, 25–40. Sokrates I, 9. – Der Hochbau τὸ ὑφοῦν, als wesentliche Rücksicht, Euseb., V. C. I, 42. II, 45.

[27] S. die obigen Stellen. Die Apostelkirche »von bunten Steinen blitzend, vom Boden bis zum Dach ... Die (gewölbte?) Decke mit feinen Kassetten überzogen und ganz mit Gold bedeckt ... Die äußere Bedeckung von vergoldetem Erz, weit hin blendend ... Der Oberbau rings mit netzförmigen Verzierungen von Erz und Gold ...« Das Gebäude stand frei in einem großen Hofe, ringsum Hallen, kaiserliche Säle, Bäder, Herbergen, Wächterwohnungen usw.

Flächen mit biblischen Figuren und Geschichten in den starken ungebrochenen Farben der Glaspaste überzog, konnte keine rein architektonische Gliederung mehr gedeihen, und so schrumpfen Gebälk und Konsolen zu schwachen Riemchen zusammen oder werden gar nur noch durch ein Mosaikornament angedeutet.

Die Architektur erhielt sich dabei allerdings den Sinn für großartig angeordnete, phantasievoll aufgebaute Binnenräume und für eine große mechanische Virtuosität. Der letztern verdanken es dann wieder einige Künstler der byzantinischen Zeit, wenn sie aus der oben berührten Anonymität heraustreten durften.

Der Verfall der Plastik und Malerei geht mit demjenigen der Baukunst aus denselben oder ähnlichen Ursachen hervor, wozu noch besondere Umstände kommen. Auch hier hat zunächst der Luxus des Materials gewiß verderblich gewirkt. Als es einmal Sitte war, die Statuen aus drei, ja viererlei oft sehr schwierigen Steinarten zusammenzusetzen – von den vielen aus Gold und Silber gefertigten[28] zu schweigen –, so mußte der Stil dies auf die Länge übel empfinden, weil er durchaus die Hauptsache zu sein verlangt, wenn er gedeihen soll. Man sieht in der Vatikanischen Galerie unter anderm die kolossalen Porphyrsärge der Helena und der Constantia (Mutter und Tochter Constantins), den einen mit Reiterzügen, den andern mit weinbereitenden Genien sehr mittelmäßigen Stiles. Die bloße Restauration des erstern unter Pius VI. soll fünfundzwanzig Menschen neun Jahre hindurch in Anspruch genommen haben[29], wonach man die Mühe der ursprünglichen Verfertigung berechnen mag. Von irgend einem unmittelbaren Zuge künstlerischer Genialität ist bei diesem unglaublich harten und spröden Steine nicht die Rede; es handelt sich um eine Sklavenarbeit nach einem vorliegenden Modell. Ganz auf analoge Weise mußte das Mosaik die Malerei verderben. Solange es nur die Fußböden in Anspruch nahm, so konnte es als eine Äußerung überfließender Kunstliebhaberei gelten, welche keinen Fleck, auf den das Auge fällt, unveredelt lassen wollte, obschon auch immer etwas Barbarisches dabei ist, auf Kompositionen wie die pompejanische sogenannte Alexanderschlacht herumzuwandeln. Seit Plinius aber war das Mosaik an Wände und Gewölbe emporgestiegen[30]; in den Thermen, wo der gewöhnlichen Malerei von Seite der Feuchtigkeit Gefahr drohte, hatte diese Verände-

---

[28] Hist. Aug. Claud. Goth. 2 (3). Heliogabal. 2. Tacit. 9. – Goldene und silberne Statuen noch von Constantin zu Rom errichtet, Aurel. Vict., *Caess.* 40. Vgl. *Anonym. Banduri*, p. 14.

[29] S. den offiziellen Katalog des *Museo Pio-Clementino, Roma* 1844, p. 199.

[30] Plin., *Hist. nat.* XXXVI, 25. – Statius l. c. – Hist. Aug. Pescenn. 6. Caracalla 9 (wahrscheinlich auf Mosaiken zu beziehen). XXX Tyr. 24 (25). – Symmachus, Ep. VI, 49. VIII, 42. – Wonach ein Irrtum zu verbessern ist, welcher

rung vieles für sich, in andern Gebäuden dagegen entzog sie dem Künstler ohne Not jedes eigenhändige Mitarbeiten an seiner Schöpfung und entmutigte ihn, weil der Beschauer zuerst an die Kostbarkeit und Pracht, dann an den Gegenstand und zuletzt oder auch gar nicht an die Darstellung dachte. Mit der Einführung des Christentums aber wurde das Mosaik, wo nur irgend die Mittel ausreichten, der erste Schmuck aller Wände und Gewölbe der Kirchen.

Viel entschiedener jedoch offenbart sich der Verfall an andern Symptomen, die auf andere Gründe hinweisen. Auffallend erscheint zunächst die geringe Zahl bedeutender Götterstatuen, welche man mit Sicherheit den Zeiten nach Alexander Severus zuweisen könnte; dafür nehmen die Mithrasbilder, die abscheulichen Äonen, die Pantheen (S. 142), die ephesinischen Dianenbilder u. dgl. überhand. Hier griff offenbar die Religion ein. Nichts war mehr geeignet, den Künstler an den alten Göttertypen vollständig irre zu machen, als jene Einmischung formwidriger Fremdgottheiten, verbunden mit der Dämonisierung der einheimischen (S. 170), welche dabei ihre schöne, anthropomorphistische Persönlichkeit einbüßten; wenigstens hatte es der Künstler schwer, sich mit der alten Pietät in dieselbe zu versenken, selbst wenn es verlangt wurde. Statt dessen galt es jetzt, Tausende von Sarkophagen[31] zu verfertigen, welche mehr als alles andere die Bildhauer des dritten Jahrhunderts beschäftigten. Ihre Reliefs stellen zwar lauter griechische Mythen dar und sind somit frei von jenen fremdgöttischen Unformen; allein sie konnten aus andern überwiegenden Gründen keinen bedeutenden Kunstwert erreichen. Die Verschmelzung der plastischen und dramatischen Gesetze zu einem vollendet reinen Reliefstil hatte nur die Sache der höchsten Kunstepoche sein können; sobald das üppige Streben nach Effekt überhand nahm – also noch in derjenigen spätgriechischen Zeit, welche sonst noch so wunderbare Dinge schuf – mußte auch das Relief aus dem Gleichgewicht geraten. Deshalb sind auch die schönsten Arbeiten der bessern römischen Zeit, die zunächst auf dieser spätgriechischen Tradition ruhen, wie zum Beispiel die Reliefs am Titusbogen, nur von bedingtem Werte[32]. Später aber, als der Reichtum überhaupt an die Stelle der Schönheit trat, als man von den Reliefspiralen der Trajanssäule und ihrer Nachahmungen, von den überfüllten Triumphbögen her an jede Art plastischer Verschwendung gewohnt war, mußte vollends die Anzahl, ja das Gewimmel der

durch meine Schuld in die zweite Aufl. von *Kuglers* Geschichte der Malerei, Bd. I, S. 24 Anm. eingeführt worden.

[31] Bekanntlich hatte seit den Antoninen das Beerdigen wieder das Übergewicht über das Verbrennen der Leichen.

[32] Vielleicht war die starke Wiederaufnahme des hieratischen Stils in der Kaiserzeit eine bewußte Reaktion hiegegen.

Figuren, wie in der Architektur die Vervielfältigung der Glieder, alle wahre und große Wirkung verdrängen. Ferner wurde die Sarkophagbildnerei dadurch demoralisiert, daß sie selten auf besondere Bestellung, vielmehr fast ausschließlich auf den Kauf hin arbeitete und also dem schlechten, pompsüchtigen Durchschnittsgeschmack nachgehen mußte. Endlich überwog hier der Gegenstand, und zwar in tendenzhafter Auffassung zum Nachteil der Kunst. Die betreffenden Mythen sind nämlich als symbolische Hüllen allgemeiner Ideen dargestellt, eine Scheidung zwischen Schale und Kern, deren Bewußtsein der Kunst auf die Länge nur schaden kann. Unter jenen Darstellungen der Mythen von Meleager, Bacchus und Ariadne, Amor und Psyche, Luna und Endymion, Pluto und Proserpina, unter jenen Centauren- und Amazonenkämpfen, Bacchanalien, Nereidenzügen usw. liegen abstrakte Gedanken über Schicksal, Tod und Unsterblichkeit verborgen. Eine solche Symbolik erregt wohl die geschichtliche und poetische Teilnahme des Beschauers; die Kunst aber versäumte darob eine andere Aufgabe: in jeder ihrer Gestalten durch Hoheit der Form von selber an alles Ewige und Unvergängliche zu erinnern.

Das Christentum brachte statt jener heidnischen Gestalten an den Sarkophagen Christus und die Apostel oder gewisse Szenen des Alten und Neuen Testamentes in Parallele oder auch nur einzeln an. Im Stil läßt sich hier kein Fortschritt mehr verlangen; wiederum überwiegt die Tendenz, wiederum in symbolischem Ausdruck. Bei der zunehmenden Unfähigkeit des fortschreitenden Erzählens, welches dem Relief wesentlich ist, teilt man nachgerade den Sarkophag durch Säulchen mit Bogen in so viele Felder, als Personen oder Geschichten sind. Die Darstellung wird über der Vielheit bald gänzlich ärmlich und kindisch ungeschickt.

Als weitere Aufgabe blieb der Skulptur noch das Bildnis, als Statue oder als Büste, besonders als Halbfigur in Relief übrig. Man findet an Denksteinen und Sarkophagen nicht selten jene gemütlichen Darstellungen von Mann und Frau in einer Nische, Hand in Hand geschlungen; es erscheint dabei nicht unwesentlich, daß wie auf den Münzen der zweiten Hälfte des dritten Jahrhunderts der ganze Oberleib mit abgebildet ist. Eigentliche Büsten sind sehr selten, so daß wir zum Beispiel die großen illyrischen Kaiser fast nur aus den Münzen kennen. Von Bildnis-Statuen hat man zwar mannigfache Kunde[33], allein mit Ausnahme einiger zu Ehren Konstantins errichteten ist kaum etwas davon erhalten, und diese lassen uns der schweren, verdrehten Formen halber kaum bedauern, was aus dieser Zeit verloren gegangen ist.– Wie das Material, so wurde in andern Fällen die Kolossalität der Hauptgegenstand der Bewunderung.

[33] Z. B. bei Ammian. Marc. XIV, 6, § 8.

210 Siebenter Abschnitt. Alterung des antiken Lebens und seiner Kultur

Schon die Wirkung großer Monolithen an sich wurde bedeutend überschätzt; war man bereits längst an das Herschleppen ägyptischer Obelisken gewöhnt, hatte noch Elagabal von einem aus Theben herbeizuführenden Steinblock geträumt, welcher eine Wendeltreppe enthalten und seinem Hauptgötzen zum Fußgestell dienen sollte[34], so ließ jetzt Diocletian für seine Thermen die ungeheuern Granitsäulen von fünfzehn Fuß Umfang aus dem Orient holen, und Constantin transportierte den größten aller Obelisken einstweilen von Heliopolis nach Alexandrien, von wo ihn später Constantius nach Rom brachte[35]. Das größte bekannte Stück Porphyr, eine Säule von hundert Fuß, mußte dann zu Konstantinopel die Statue des neuen Stadtgründers tragen. Diesen kubischen Maßstab legte das dritte und vierte Jahrhundert auch gerne an die Schöpfungen der Plastik. Alexander Severus ließ eine Menge riesengroßer Statuen[36] in Rom aufstellen; von allen Enden her trieb er die Künstler für diese Arbeiten zusammen. Gallienus ließ sich als Sonnengott abbilden, vorgeblich in einer Höhe von etwa 200 Fuß[37]; die Lanze in seiner Hand sollte stark genug werden, daß ein Kind im Innern derselben hinaufklettern konnte, Pferde und Wagen sollten im Verhältnis gebildet werden und das Ganze auf steiler Basis den höchsten Punkt Roms, den Esquilin, krönen. Das Werk blieb aber, wie billig, unvollendet. Mäßiger waren die beiden Marmorstatuen des Kaisers Tacitus und seines Bruders Florianus[38] zu Terni, jede von dreißig Fuß, die bald nach der Errichtung vom Blitz völlig zerschmettert wurden. – Seit den Riesenstatuen des Phidias, seit den hundert Sonnenkolossen von Rhodus waren Götter und Menschen oft in weit übermenschlichem Maßstab dargestellt worden ohne Schaden für die Kunst; wenn aber in einer Zeit sonstigen Verfalls die Zeichnung und Modellierung schon im Kleinen ihren Aufgaben nicht mehr gewachsen ist, so bildet sie im Großen vollends monströs und verderbt das Auge ganzer Generationen, weil sie sich mit ihren Giganten ihm überall aufdrängt. Dieser Aufwand für Bildnisstatuen hat übrigens seine besondere Bedeutung, die im Zusammenhang steht mit den Schicksalen der *Malerei*.

Diese hat ein inneres Gesetz oder wenigstens eine Erfahrung aufzuweisen, wonach auf Perioden der idealistischen Darstellungsweise eine realistische folgt, entweder weil jene die Formen der Natur noch nicht genug ergründet, sondern sich mit dem Allgemeinen begnügt hat, oder

[34] Hist. Aug. Heliogab. 23.
[35] Vgl. Ammian. XVII, 4. Es ist der jetzt beim Lateran aufgestellte, mit Basis und Kreuz 136 Fuß hoch.
[36] Hist. Aug. Alex. Sev. 24.
[37] Hist. Aug. Gallien. 18. Die Statue sah doppelt so groß aus als der berühmte ältere Sonnenkoloß des Nero, welchen man auf 120 Fuß anschlug.
[38] Hist. Aug. Florian. 2.

weil der Kreis ihrer notwendigen Schöpfungen durchlaufen ist und weil man im derben Naturalismus neue Mittel der Wirkung aufzufinden hofft. Eine solche Richtung entwickelt dann auch die ihr verwandten Nebengattungen der Malerei, vor allem das Genre, zu selbständigem Leben. Etwas dieser Art war auch in der antiken Kunst erfolgt; schon seit der Blütezeit gab es Genrestatuen und Genrebilder in Menge; ganze Schulen hatten sich durch engern Anschluß an die Wirklichkeit charakterisiert; allein das ganze Streben ging im Grunde doch dahin, der letztern neue Seiten des Schönen abzugewinnen, und so hielt sich das Interesse an der Einzelerscheinung immer auf einer gewissen Höhe. Sollte nun nicht im dritten Jahrhundert die Zeit eines wirklichen Naturalismus, eines völlig durchgeführten Kolorits, eines Eingehens auf täuschende Lebenswirklichkeit nahe gewesen sein? Die Analogien dazu zum Beispiel in der Literatur fehlen wenigstens nicht ganz, wie wir sehen werden.

Allein die Hauptvoraussetzung jener ausgebildeten Genremalerei, der feine, scharfe Natursinn, war nicht im Zunehmen, sondern in rascher Abnahme begriffen; längst hatte man es über dem Luxus des Materials und über der Sucht nach Dekoration im Großen versäumt, ihm die gebührende Ehre anzutun. Die wenigen erhaltenen Wandmalereien mythologischen Inhaltes lassen eine rohe Wiederholung der ältern Motive und eine gänzliche Verkümmerung und Erstarrung des ehemals so zierlichen Arabeskensystems erkennen. Die christlichen Katakombenmalereien haben etwas Gewinnendes durch die Einfachheit und Anspruchslosigkeit der Darstellung, auch sind sie als frühste Urkunden der Typen heiliger Personen überaus merkwürdig, aber in Gruppierung und Durchführung des Einzelnen herrscht bereits große Ungeschicklichkeit oder ältere Reminiszenz. Der neue christliche Bilderkreis verbreitet wohl ein Abendrot über die antike Kunst, allein mit dem neuen Inhalt kam kein frischer Gehalt mehr. Rasch wurde das Mosaik zu gewaltigen Programmen des siegreichen Glaubens in Anspruch genommen, über alle verfügbaren Räume der Kirche breitete es die heiligen Gestalten und Geschichten aus, mit Verkennung der architektonischen wie der malerischen Gesetze, wobei man sich nur wundern muß, daß so viele relativ ausgezeichnete Arbeiten bis in das sechste Jahrhundert zum Vorschein kamen. Kirchlicher Wert und Vollständigkeit des Gegenstandes bilden neben der Pracht der Ausführung die einzigen Rücksichten von Belang. Von einer persönlichen Freude des Künstlers an seinem Werke konnte da kaum mehr die Rede sein; die Kunst war einem außer ihr liegenden, nicht mit ihr und durch sie aufgewachsenen Symbol dienstbar geworden, der Künstler aber, selbst bei bedeutendem Talent, der namenlose Exekutant eines Allgemeingültigen, wie einst in Ägypten. In den Miniaturen der Handschriften, soweit sie unmittelbar oder aus spätern Kopien bekannt sind, wird man nicht selten durch glückliche Allegorien und gute Einfälle überrascht, welche beweisen, daß die nichtoffizielle Kunst allerdings noch subjektive Lebenskräfte besaß; ja es sind in den Bildern eines heidnischen Kalenders aus der zweiten Hälfte des vierten Jahrhunderts einzelne wahre Genrefiguren mit ihrer barocken Tracht und Umgebung erhalten[39]. Aber die Gesamtrichtung ging unwiderruflich nach einer ganz andern Seite hin.

Wenn indes in irgend einer Beziehung von einem Sieg des Realismus[40] die Rede sein soll, so könnte man derselben in dem starken Überhandnehmen der Bildnismalerei seit dem dritten Jahrhundert finden. Wir sahen bereits, wie das Kolossal-Porträt eine Hauptaufgabe der Bildhauerei geworden war; auch an den Sarkophagen hatte die Hauptfigur des Mythus in der Regel die Züge des Verstorbenen erhalten. Allein nach allem zu schließen ging die Neigung der Zeit in der Malerei viel weniger auf lebenswahre Darstellung der Charaktere als vielmehr auf das sogenannte Zeremonienbild aus, welches den einzelnen oder die ganze Familie in genauer Amtstracht und feierlicher Stellung, etwa mit symbolischen Zutaten, verherrlichen sollte. Bei den Herrschern verstand sich eine derartige Auffassung von selbst, und die Privatleute folgten nach. Wie sehr dabei das Kostüm wesentlich war, erhellt aus jener Tafel im Palast der Quintilier[41], welche den Kaiser Tacitus fünfmal in verschiedenem Aufzug (Toga, Chlamys, Harnisch, Pallium, Jagdkleid) vorstellte. Kein Wunder, wenn auch auf Münzen und Grabmälern nicht mehr der Kopf allein, sondern der ganze Oberkörper mitgegeben wird, in dessen Bekleidung jetzt Rang und Würde ausgedrückt liegen. Die beiden Tetricus ließen in ihrem Palaste auf dem cölischen Berge ein Mosaikbild machen, auf welchem Aurelian in ihrer Mitte abgebildet war, wie er von ihnen die Zeichen der Huldigung, Zepter und Eichenkranz, empfing[42]. Im Palast zu Aquileja befand sich an der Wand eines Speisesaales ein Familienbild, welches das Verhältnis der Häuser des herculischen Maximian und des Constantius Chlorus verherrlichte; man sah u. a. den damals noch jungen Constantin, der von der kleinen Fausta (seiner spätern Gemahlin) einen goldenen Helm mit Pfauenfedern erhielt[43]. In ähnlicher Weise darf man sich die Familiengemälde in den Häusern und Landsitzen vornehmer Pri-

---

[39] *Analecta Vindobonens.* vol. I, *ed. Kollar.*
[40] [Nachtrag]. In der spätrömischen Literatur regt sich bekanntlich oft eine große Lust des genauen Beschreibens, und so gibt es denn auch ganz realistisch genaue Porträts, aber nur in Worten. Vgl. z. B. Sidon. Apollinar., Epist. I, 2. III, 13. IV, 20.
[41] Hist. Aug. Florian. 3.
[42] Hist. Aug. XXX. Tyr. 24 (25).
[43] Panegyr. VI *(Incerti)*, cap. 6.

vatleute ausgeführt denken⁴⁴. Einen Nachklang von dieser sonst untergegangenen Gattung besitzen wir noch in den Bildnissen der elfenbeinernen Diptychen, welche den ganz realistisch aufgefaßten Kaiser oder Beamten in genau beobachteter Amtstracht gerne mit symbolischen Zutaten umgeben.

Die Malerei hatte aber in dieser Zeit ohne Presse überhaupt oft die Aufgabe, dem Volk die Macht der Herrscher rasch zu versinnlichen, wie heutigen Tages Manifeste und Proklamationen. Das erste bei jeder Thronbesteigung ist, daß das Bildnis des neuen Kaisers herumgesandt⁴⁵ und überall mit Zeremonien empfangen wird. Transportable Bilder werden im Felde mitgenommen und am Prätorium aufgestellt⁴⁶; sogar an Feldzeichen findet man (etwa von Metall getriebene) Porträtfiguren angebracht⁴⁷. Erfochtene Siege werden auf ungeheuern Tuchflächen oder Tafeln abgemalt und öffentlich ausgestellt⁴⁸; Aufzüge der Gesandten fremder Völker⁴⁹, ganze Feste und Schauspiele⁵⁰, Triumphzüge und Feierlichkeiten aller Art⁵¹ erhalten eine bleibende, monumentale Darstellung als Friesbilder in den Palästen. Constantin verherrlichte seinen Sieg über Licinius durch ein großes enkaustisches Bild⁵² symbolischen Inhaltes, welches vor den Toren der Residenz aufgerichtet wurde; man sah ihn und seine Söhne, zu ihren Füßen wand sich der Überwundene als Drache mit Pfeilen im Leib, unter ihm der Abgrund; über dem Ganzen schwebte das Kreuzeszeichen. Später ließ sich der Kaiser im Giebel einer Palastpforte in betender Stellung abmalen⁵³. Nach seinem Tode wurde noch in Rom⁵⁴ ein großes Gemälde zu seinen Ehren aufgestellt, welches eine Allegorie des Himmels und ihn in verklärter Höhe darüber thronend schilderte.

Mit der wahren Kunst hatten Improvisationen dieser Art wenig mehr zu tun. Es drückt sich aber in ihnen eine Seite des ganzen Schicksals der Kunst aus, insofern diese schon zur heidnischen Zeit eine Dienerin der

---

⁴⁴ Symmachus, Ep. I, 1, wo er sich über die Unrichtigkeiten im Kostüm ärgert. – IX, 50 wird ein Maler Lucillus genannt.
⁴⁵ *De mort. persec.* 25. – Zosim. II, 9. 12 u. a. a. O.
⁴⁶ *Dexippi Fragm.* 24.
⁴⁷ Euseb., *Vita Const.* I, 31.
⁴⁸ Hist. Aug. Maximin. 12.
⁴⁹ Euseb., *Vita Const.* IV, 7 vergleicht wenigstens einen solchen Aufzug mit einem Gemälde.
⁵⁰ Hist. Aug. Gordd. 3. Carus 19.
⁵¹ Hist. Aug. Pescenn. 6. Carac. 9.
⁵² Euseb., *Vita Const.* III, 1; vgl. III, 3.
⁵³ Euseb., l. c. IV, 15.
⁵⁴ Euseb., l. c. IV, 69.

Tendenz im Großen geworden war und mit dem Sieg des Christentums vollends nur den Herrn, nicht die Stellung wechseln konnte. Viele Jahrhunderte hindurch darf sie, von ihren Gegenständen vollkommen beherrscht, ihren innern Gesetzen gar nicht oder nur unvollständig nachleben, und damit war tatsächlich eine der stärksten Negationen der antiken Weltanschauung ausgesprochen.

Die Herrschaft der Gegenstände über die Formen war es denn auch, was im Gebiete der christlichen Kunst der Malerei den Vorrang vor der Skulptur verschaffen mußte. Der plastische Typus der heiligen Gestalten allein, selbst mit den Kunstmitteln eines Phidias durchgeführt, hätte ein Götzentum geschienen; mit den Formen der sinkenden Zeit bekleidet, stellte er nur eine Karrikatur vor neben den großen Werken des Altertums[55]; das Christentum brauchte daher, wenn es auf künstlerischem Wege Eindruck machen wollte, eine erzählende oder symbolisch kombinierende, also eine figurenreiche Kunst und war deshalb wesentlich auf die Malerei oder auf die Zwischengattung des Reliefs angewiesen. Wir machen hier nicht einmal die falsche persönliche Stellung zu den Bildhauern geltend, welche als bisherige Götzenknechte verachtet wurden.

Was die bildende Kunst in diesen Zeiten nicht vermochte, das sollte auch die *Poesie* nicht leisten. Vom lebendigen Zusammenhang mit dem Drama abgeschnitten, der epischen Behandlung mythischer Stoffe im ganzen aus Ermüdung abhold (S. 114 und 115), die historische Dichtung wie alles Modern-Geschichtliche (S. 196) verschmähend, konnte sie sich nur auf die Lyrik und auf den Roman zurückziehen. Man dichtete zwar in den meisten Gattungen schulgemäß weiter und war sich dessen bewußt, allein von mehr und mehr verblassenden Reminiszenzen einer bessern Zeit, wie zum Beispiel die Bukoliker und Lehrdichter des dritten Jahrhunderts, ein Calpurnius Siculus, Nemesianus, Serenus Sammoniacus u. a. sie darbieten, kann eine Literatur nicht leben, soviel Talent auch im einzelnen Fall zum Vorschein kommen mag. Die Lyrik dagegen kann sich ewig verjüngen wie das menschliche Herz und selbst in Zeiten des allgemeinsten Jammers einzelne herrliche Blüten treiben, sei es auch in unvollkommener Form; sodann ist der Roman die eigentliche Form des Ersatzes, wenn es mit der volkstümlichen Lebenskraft des Epos und des Drama[56] vorüber ist.

[55] Man sehe z. B. die kümmerlichen Statuen des guten Hirten in der Galerie des Laterans.
[56] Warum aber haben es selbst das goldene und silberne Zeitalter zu keiner Blüte des Lustspiels mehr gebracht? Die Gebildeten der Nation besaßen in hohem Grade das Vermögen, den Charakter der Zeit und ihrer Torheiten objektiv anzuschauen und komisch zu gestalten. Wie vieles bei Horaz, Juvenal und

Leider ist diese ganze Literatur der letzten Heiden nur sehr bruchstückweise und das Vorhandene ohne den rechten Zusammenhang auf unsere Zeit gekommen, doch sind wenigstens ansehnliche Denkmäler vorhanden im Roman[57]. Erhalten sind zum Beispiel »Hirtengeschichten« in griechischer Sprache, welche man einem Longus zuschreibt, dessen bloßer Name schon das Resultat eines Mißverständnisses sein könnte und den man überdies in keine bestimmte Zeit zu verlegen weiß. Diese reizend erzählten Schicksale von Daphnis und Chloe würden aber das ganze ästhetische Urteil über dasjenige Jahrhundert – am ehesten doch noch das dritte! – wesentlich mit bestimmen, welchem der fragliche Verfasser angehört. Über den von Theokrit ererbten bukolischen Gesichtskreis gehen diese Schilderungen mit ihrem sehr durchgeführten Naturalismus der Szenerie, mit ihrer verfeinerten Seelenbeobachtung weit hinaus; eine Zeit, die dieses Buch schaffen konnte, war – so scheint es – auch von einer ausgebildeten Genre- und Landschaftsmalerei nicht mehr weit entfernt. Allein die Leistung steht für uns völlig vereinzelt, und wenn man sie mit andern spätgriechischen Romanen vergleichen will, so entziehen sich zum Teil auch diese samt ihren Verfassern der festen Zeitbestimmung. Von dem öfter erwähnten Heliodor, dem Verfasser der Aethiopica, bleibt es zweifelhaft, ob er wirklich der Bischof dieses Namens von Tricca in Thessalien um das Jahr 400 gewesen ist, oder ob man nicht viel eher dem mehr als ein Jahrhundert ältern emesenischen Heiden (als welchen sich der Verfasser zu erkennen gibt) den bischöflichen Titel beilegte, um sein Buch in christlichen Bibliotheken behalten zu dürfen. Das Ziel des Autors ist übrigens wieder wie bei Xenophon dem Ephesier eine möglichst bunte Reihe von Abenteuern, worin dann Spätere nach Kräften mit ihm gewetteifert haben; von der folgerechten, wahrhaft künstlerischen Charakterschilderung des Longus, von seiner weisen Beschränkung in Kostüm und Örtlichkeit findet sich keine Spur; es ist Lektüre der Zerstreuung und wahrlich oft keiner angenehmen.

Heliodor verweilt hin und wieder (zum Beispiel am Anfang des Werkes) mit einiger Absicht auf landschaftlichen Schilderungen, und auch bei Longus kommen Versuche dieser Art vor. Ich wage es nicht, die von Humboldt entworfene Geschichte des landschaftlichen Schönheitsgefüh-

---

unter den Griechen bei Lucian könnte als fertige Lustspielszene gelten! und dennoch hat die Szene von dieser Möglichkeit, die römische Gesellschaft darzustellen, sozusagen gar keinen Gebrauch gemacht, und selbst die Posse (Mimus) stirbt bald aus.

[57] Es muß hier durchweg auf Rohde: Der griechische Roman und seine Vorläufer, Leipzig 1876, verwiesen werden, ein Werk, in welchem grundlegende Forschung und abschließende Darstellung verbunden sind.

les[58] hier in dürftigen Umrissen nachzuzeichnen, und verweise nur bei diesem Anlaß pflichtgemäß auf jene unvergleichliche Darstellung, welche die Sache selbst und ihr Verhältnis zu den sonstigen geistigen Richtungen der spätantiken Zeit so meisterhaft erörtert[59].

Die wahre Lyrik dieser Zeit, wenn es eine solche gab, besitzen wir nicht mehr; Klänge wie das »Pervigilium Veneris« (um 252?), wie das »Gelübde an den Oceanus«[60] reichen schwerlich über die Mitte des dritten Jahrhunderts herab. Einige leidliche Aufschwünge in der elegischen und epigrammatischen Gattung, bis in das fünfte Jahrhundert hinein, können dafür kaum Ersatz bieten; dergleichen hat namentlich bei Ausonius einen zu starken Schulgeschmack und ist allzubewußt als Specimen der betreffenden Gattung konstruiert, als daß es einen lebendigen Eindruck machen könnte. Ganz spät folgt dann noch der überaus begabte Improvisator Claudian mit seinen Panegyriken, Mythenerzählungen und Idyllen (das heißt schlechtweg: vermischten Gedichten); ein unwürdiger Schmeichler in einer ästhetisch verkommenen Zeit, und doch strahlend im Farbenglanz fast ovidischer Erfindung und Ausführung; zur ewigen Warnung an die Literaturgeschichte, die Schranken zwischen ihren Perioden nicht zu fest zu schließen. Dem oben erwähnten Rutilius Numatianus (um 417) fehlt auch die edlere, gemütliche Seite nicht, allein sein Reisegedicht als Ganzes ist schon sehr formlos.

Was sich offiziell als Dichtung geltend machte und in der constantinischen Zeit bewundert wurde, war freilich gerade das Allerschlechteste, das grammatische Wort- und Versespiel. Eine große Rolle spielen die Centonen aus Virgil, das heißt stückweise Benützung von dessen Versen zum Aufbau neuer Gedichte ganz verschiedenen Inhalts. Wie sehr dabei der Sinn Gewalt leiden mag – es sind wenigstens die wohllautendsten römischen Verse, die es gibt. Andere Künsteleien sind noch widersinniger; so die Epanalepsis, welche die Anfangsworte des Hexameters am Ende des Pentameters wiederholt[61]; figurierte Gedichte, welche be-

---

[58] Kosmos, Bd. II.
[59] Der Kaiser Julian, auch in diesem Punkte Phantast, findet die homerischen Naturschilderungen über die Natur selber erhaben. *Misopogon.* N. p. 152. – Von Neuern ist besonders Friedländer (Sittengeschichte Roms, Bd. II, S. 118 ff.) mit seiner reichen und aufs feinste motivierten Darstellung dieses Themas zu vergleichen. – [Nachtrag] Bei Anlaß der landschaftlichen Schilderung ist hier noch der Schrift von H. Motz: »Über die Empfindung der Naturschönheit bei den Alten« (Leipzig, Hirzel, 1865) zu gedenken, in welcher sich eine allseitige Quellenkenntnis mit einem tiefen und durchgebildeten Gefühl für den Gegenstand verbindet.
[60] Wernsdorf, *Poetae lat. min.* IV, 1.
[61] Z. B. bei Pentadius, Wernsdorf III.

hutsam geschrieben zum Beispiel einen Altar, eine vielröhrige Hirtenflöte, eine Orgel vorstellen[62]; Vereinigung aller römischen Versmaße in Einem Gedichte; Aufzählung von Tierlauten, anacyklische Verse, welche man vorwärts und rückwärts lesen kann u. dgl. m. Das Unerreichte hat in diesen zum Teil erstaunlich schwierigen Spielereien ein gewisser Publilius Optatianus Porphyrius[63] geleistet. Er war aus irgend einem Grunde in die Verbannung geschickt worden und legte es nun darauf an, durch ganz verzweifelte poetische Luftsprünge sich bei Constantin wieder zu Gnaden zu bringen, was ihm denn auch gelang. Es sind sechsundzwanzig Stück Gedichte, meistens in zwanzig bis vierzig Hexametern, jeder von gleich viel Buchstaben, so daß jedes Gedicht ungefähr wie ein Quadrat aussieht. Eine gewisse Anzahl von Buchstaben aber, welche (durch rote Farbe erkennbar) zusammen irgend eine Figur, einen Namenszug, ein X mit P, einen Zierat vorstellen, bilden, im Zusammenhang gelesen, wieder besondere Sprüche. Die Marter, die der Leser empfindet, läßt auf diejenige des Dichters schließen, welcher den nichtigsten Inhalt – Komplimente an Constantin und Crispus – unter so peinlichen Formen ausdrücken wollte. Am Ende folgen vier Hexameter, deren Worte man auf achtzehn verschiedene Weisen durcheinander mischen kann, so daß immer wieder eine Art von Metrum und Sinn herauskommt. Constantin in einem sehr gnädigen Schreiben an Optatianus nimmt die Überwindung solcher Schwierigkeiten als einen wahren Fortschritt der Kunst mit Gönnermienen auf: »Wer in meinem Jahrhundert schreibt und dichtet, dem folgt mein geneigtes Gehör wie ein sanfter Lufthauch«. Bereits war der Verskünstler aus dem Exil zurückgerufen[64]; vielleicht ist sogar ein Stadtpräfekt von Rom desselben Namens, der in den Jahren 329 und 333 vorkommt, keine andere Person. Man könnte diese ganze Angelegenheit übergehen, wenn sie nicht den persönlichen Geschmack des Kaisers offenbarte.

Mit dem Eintritt des Christentums in die antike Poesie war nicht so viel für dieselbe gewonnen, als man denken möchte. Die biblische Geschichte stand zur poetischen Behandlung in einem ganz andern Verhältnis als der antike Mythus; dieser in seiner freien Vielgestaltigkeit war mit der Poesie und durch sie zu einer fortlaufenden Offenbarung des Schönen geworden; die Ereignisse der Bibel dagegen wurden auf einmal der Poesie als etwas Festes und Fertiges überliefert, dessen episch-plastische Ausschmückung in dogmatischer Beziehung gefährlich ge-

---

[62] Älteres dieser Art u. a. in der *Anthologia graeca*.
[63] Wahrscheinlich ein angesehener christlicher Afrikaner. Die Arbeit vollständig ediert von Welser. Beispiele bei Wernsdorf und Meyer.
[64] Hieron., Chron. (irrig) zum J. 332.

wesen wäre. Daher die Trockenheit der Evangelienharmonien in Versen, von derjenigen des Hispaniers Juvencus (329) an. Das deklamatorische Element bietet keinen Ersatz und verrät nur allzusehr den rhetorischen Bildungsgang der damaligen christlichen Dichter. Der bedeutendste unter ihnen, Prudentius (um 400), ebenfalls ein Hispanier, hat gute, beinahe lyrische Stellen dieser Art und bewegt sich in seinen Märtyrergeschichten (Peristephanon) mit einer viel größern epischen Freiheit, als rein biblische Stoffe gestatten würden; allein im ganzen bleibt der Eindruck seiner Gedichte doch einseitig ein rhetorischer. Einzelne vortreffliche Hymnen von ihm und seinem Zeitgenossen Ambrosius gelten immerhin mit Recht als die Grundlage aller christlichen Lyrik. Das Vorwalten des Akzentes über die Quantität, das hier zum erstenmal ganz ohne Rückhalt zutage tritt, ist ein zwar nur äußerlicher, aber doch merkwürdiger Übergang zur Poesie des Mittelalters, welche später auch dem erstarrten Latein eine neue, mittelalterliche Seele einzuhauchen vermochte.

Einstweilen jedoch herrschte die Rhetorik. In ihren Händen lag noch immer die Erziehung[65]. Von den sogenannten sieben freien Künsten: Grammatik, Rhetorik, Dialektik, Arithmetik, Musik, Geometrie und Astronomie, welche einst die »Kreisbildung« der jungen Leute von Stande ausgemacht hatten, waren die drei ersten in dieser Stellung verblieben, während die vier andern durch Anhäufung des Stoffes zu besondern Fächern der Gelehrsamkeit geworden waren. An jene schloß sich in der Kaiserzeit an, was noch von Philosophie lebendig war, und auch die Praktikanten des Rechtes erkannten in den Rhetorenschulen die wesentlichste Gelegenheit zu ihrer Bildung. Von der Ausdehnung und Wichtigkeit dieses ganzen Treibens können wir uns nur schwer einen Begriff machen. Der leichte und reiche Ausdruck im täglichen Leben galt als unentbehrlich, und das erfolgreiche öffentliche Reden als der höchste Triumph[66]. Jede bedeutende Stadt des Reiches bemühte sich um den Besitz eines oder mehrerer tüchtigen Rhetoren; in Rom stritten Griechen und Einheimische um den Vorrang; in Gallien gab es zu Marseille, Narbonne, Toulouse, Bordeaux, Autun, Trier und Reims, in Spanien zu Cordova, in Afrika zu Karthago, Sicca, Madaura u. a. a. O. eigene Anstalten für diese Disziplinen; in Griechenland und Vorderasien waren vollends die »Sophisten« oft die wichtigsten Personen der Stadt, indem sie außer ihrer pädagogischen Aufgabe bei jeder Gelegenheit als Anhänger einer

---

[65] Vgl. Westermann, Geschichte der Beredsamkeit. – Krause, Geschichte der Erziehung usw. bei den Griechen, Etruskern und Römern.

[66] Symmachus, Ep. I, 96: *Vetus sententia est, artes honore nutriri; quis autem tam cumulatus honor quam palma dicendi?*

bestimmten Philosophensekte, als Advokaten, als Redner über städtische Angelegenheiten öffentlich auftraten[67]. Nicht selten widmeten sich sehr reiche, freigebige Männer diesen Beschäftigungen und machten dann eine so große Figur, als es unter einer Regierung wie die der Römer irgend möglich war. Endlich entschließt sich auch der Staat, die bisher den Städten und den Privatleuten überlassene höhere Erziehung als eine öffentliche Angelegenheit wenigstens hie und da zu unterstützen und je nach dem Rang der Städte mehr oder weniger Sophisten von sich aus zu besolden; nur mögen die von Hadrian und Antonius Pius abwärts vorkommenden Verfügungen dieser Art schwerlich lange in gleichmäßiger Kraft geblieben sein. Noch Constantin bestätigt den vom Staat angestellten Professoren und den ebenfalls sehr privilegierten Ärzten samt ihren Familien wenigstens die Immunität von lästigen Ämtern und Leistungen, namentlich dem gefürchteten Dekurionat und vom Kriegsdienst[68]. Er selbst war, wie unten gezeigt werden wird, ein eifriger Liebhaber der Redekunst, was auch von einer ganzen Anzahl seiner Vorgänger bis auf Numerian herunter gerühmt wird. Sein Geschmack dürfte aber in diesem Punkte kaum besser gewesen sein als in poetischen Dingen. Was seit Diocletian aus dem kaiserlichen Kabinette kam, Briefe, Edikte und Gesetze, alles trägt einen schiefen, bombastischen Charakter; die Kaiser aber pflegten ihre Geheimschreiber und manche andere wichtige Hofbeamte aus dem Rhetorenstande zu wählen[69] und müssen demnach seit einiger Zeit eher auf alle sonstigen Geschäftstalente als den Stil gesehen haben. Eumenius, der Sekretär des Chlorus, würde übrigens doch eine achtungswerte Ausnahme machen.

Hat nun das Altertum die Ausbildung der Rede und des Schreibens nicht überschätzt? Hätte es nicht besser getan, die Köpfe der Knaben und Jünglinge mit nützlichen Realien anzufüllen? Die Antwort ist, daß wir darüber gar nicht zu entscheiden berechtigt sind, solange uns selber im Reden und Schreiben die Formlosigkeit überall nachgeht, solange von hundert unserer Gebildeten vielleicht kaum Einer von der wahren Kunst des Periodenbaues eine Ahnung besitzt. Die Rhetorik mit ihren Nebenwissenschaften war den Alten die unentbehrlichste Ergänzung ihres gesetzlich schönen und freien Daseins, ihrer Künste, ihrer Poesie. Unser

---

[67] Über die Sophisten der Kaiserzeit s. die eingehende Darstellung bei Rhode, Der griechische Roman, S. 288 ff., ihre relative Verdunkelung im dritten und neuer Aufschwung im vierten Jahrh., S. 358 ff. Wir verzichten auf weitere Entlehnungen, weil wir einen großen Teil dieses Abschnittes unmittelbar herübernehmen müßten.

[68] *Cod. Theodos.* XIII, 3, Gesetze d. J. 321, 326 und 333.

[69] Panegyr. IV *(Eumen. pro schol rest.)*, c. 5. – Panegyr. VII *(Eumen. Constantino)*, c. 23.

jetziges Leben hat teilweise höhere Prinzipien und Ziele, aber es ist ungleich und disharmonisch; das Schönste und Zarteste wohnt darin neben derben Barbareien; unsere Vielgeschäftigkeit läßt uns nur nicht die Muße, daran Anstoß zu nehmen.

Ein Blick auf die geretteten Lehrbücher der spätern römischen Rhetorik[70] genügt, um uns mit tiefer Beschämung zu erfüllen. Diese Schriften eines Rutilius Lupus, Aquila, Rufinianus, Fortunatianus, Rufinus u. A. sind zum Teil keine echt römischen Produktionen, sondern vielleicht nur kümmerliche Bearbeitung griechischer Vorbilder seit Gorgias und Aristoteles, allein sie beweisen doch, auf welchem Fuße man die Redekunst selbst in der spätesten Kaiserzeit zu halten suchte. Nicht nur jede Art von Satzfügung, von Redefiguren, von Konstruktionskünsten, die wir ohne die Alten gar nicht zu benennen wüßten und in unsern jetzigen Lehrbüchern kaum zum zehnten Teil gebrauchen, erhält in diesen Systemen Stelle und Namen, sondern es wird auch über die Gattungen des Redestils, über Bau und Ausführung der Reden umständlich gehandelt. Von der unendlichen Feinheit des Ohres in jenen Zeiten mag es zum Beispiel einen Begriff geben, daß die für uns unbemerkbaren metrischen Unterschiede der Worte (oder kurzen Wortfolgen) in umständlicher Theorie (bei Rufinus) auf die einzelnen Bestandteile der Sätze, Eingänge, Ausgänge usw. verteilt werden; es war eine wichtige Frage, in welchen Fällen ein Satz anapästisch, spondeisch usw. anfangen sollte. Die Kunst des Vortrages und des äußern Auftretens überhaupt (bei Fortunatianus) vollendet diese ganze Lehre und läßt abermals erkennen, daß all unser jetziges Reden bloßer Naturalismus ist und nur durch zufällige Begabung, ja unbewußt die schöne Form erreicht. Jede Handbewegung, jedes Sinkenlassen und Überschlagen des Gewandes hatte sein Gesetz; wie der Bildhauer, so wußte auch der Redner recht gut, daß nie Arm und Fuß derselben Seite zugleich vorgestreckt werden dürfen, und dergleichen mehr. So allein war es möglich gewesen, die Redekunst zu einem Virtuosentum des ganzen geistigen und leiblichen Menschen zu steigern.

Die Schattenseite hievon war, wie bei jedem Virtuosentum, die allmähliche Gleichgültigkeit gegen den Inhalt und die in gleichem Maße steigende persönliche Eitelkeit. Die griechischen Sophisten der frühern Kaiserzeit, wie sie Philostratus schildert, produzieren sich mit ihren oben angeführten Themen (S. 195) in einer oft eigentümlich prahlerischen Weise und lassen sich anstaunen wie gewisse Repräsentanten der heutigen Musik, deren Ansprüche den ihrigen auffallend ähnlich sehen. Wie inzwischen auch im Abendland die politische Beredsamkeit im Panegyricus aufging und die gerichtliche tiefer und tiefer sank, gehört nicht weiter

---

[70] *Antiqui Rhetores latini*, ed. *Capperonnerius, Argentorati* 1756.

hieher. Aus der diocletianischen und constantinischen Zeit besitzen wir an den oft angeführten Lobreden auf die Kaiser und Cäsaren vielleicht das Beste; wogegen die schlechte Diktion der gleichzeitigen Edikte in Abrechnung kömmt. Bei den Christen war der Stil bisher eine Nebensache gewesen[71]; erst einige Jahrzehnte später beginnt die Reihe ihrer berühmten Kanzelredner, bei welchen der neue Inhalt endlich sich mit der überlieferten, aber umgestalteten Form ausgleicht. Ein merkwürdiger Zwiespalt hatte überwunden werden müssen, die Verehrung des klassischen Stiles und der Abscheu gegen die heidnischen Beziehungen, die Befreundung mit der biblischen Sprache und das Bewußtsein ihrer Unreinheit. Für Sanct Hieronymus bedurfte es eines schrecklichen Traumgesichts, in welchem ihn der Weltrichter verdammen wollte als einen *ciceronianus, non christianus*[72].

Inzwischen blieb für die Heiden und auch für zahllose Christen die Rhetorik das ganze vierte Jahrhundert hindurch ein Lebensinteresse. Einzelne Lande, wie Gallien und Afrika, waren sich fortwährend besonderer Eigentümlichkeiten des Stiles nicht ohne Stolz bewußt[73], und die Rhetoren gehörten hier zu den angesehensten Männern. In den griechischen Gegenden des Reiches suchten die Sophisten um jeden Preis die Stelle zu behaupten, die sie in der Zeit der Antonine inne gehabt[74]. Da sie aber zugleich als neuplatonische Philosophen und Wundertäter wirkten, so hat ihr Geschichtschreiber Eunapius ihre rhetorische Tätigkeit weit weniger beachtet; höchstens charakterisiert er ihr äußeres Auftreten und bewundert ihre Prätensionen. Was sich auf Athen bezieht, wird im letzten Abschnitt berührt werden; hier ist nur auf die unhaltbare Konkurrenz des heidnischen Sophisten mit der christlichen Predigt hinzuweisen. Der Kampf war, einen Gegenstand der öffentlichen Teilnahme gegen den andern gehalten, auf die Länge ein gar zu ungleicher. Nicht jeder Rhetor aber mochte sich mit dem Trost begnügen, welchen Themistius[75] vorschützt: »die Rede des Philosophen taugt nicht weniger, auch wenn sie unter einer einsamen Platane vorgetragen wird und niemand zuhört als die Cicaden«.

Wenn nun auch fast in allen Hervorbringungen des vierten Jahrhunderts der Verfall sich verrät durch gesuchte und geschraubte Form, Häu-

---

[71] Die Art der Gelehrsamkeit einzelner christlicher Bischöfe s. bei Euseb., *Hist. eccl.* VII, 32 *seq.*
[72] *S. Hieronymi ep.* 22 *ad Eustoch.*, c. 29. Vgl. *ep.* 70.
[73] *Symmachi ep.* IX, 88.
[74] Eunapius hat das Bewußtsein, daß das Geschlecht der großen Philosophen nur bis auf Septimius Severus reiche (*vet ed.* p. 11), was ihn jedoch an der Vergötterung der Spätern nicht irre macht.
[75] *Themistii* Βασανιστής.

fung der Sentenzen, Mißbrauch der Metaphern für das Einfache und Alltägliche, modernen Schwulst und künstliche altertümliche Trockenheit, so ruht doch noch ein eigentümlicher Abglanz der klassischen Zeit auf manchem dieser Schriftsteller. Sie offenbaren noch ein Bedürfnis nach künstlerischem Stil, das uns in der Regel fremd ist; daß es bewußt und absichtlich herauskommt, ist Schuld der sinkenden Zeit, welche sich und ihre Bildung recht deutlich als eine sekundäre, abgeleitete empfand und die großen Muster nur ängstlich und ungleich nachahmte. Man kann aber zum Beispiel Schriftsteller wie Libanius und Symmachus, die aus jedem Briefchen ein kleines Kunstwerk machen, unmöglich gering schätzen, auch wenn sie dabei mit zu großer Wichtigkeit zu Werke gehen und außer dem Adressaten noch deutlich auf ein lesendes Publikum rechnen, gerade wie einst Plinius und andere. Symmachus wußte übrigens, daß und weshalb die ciceronischen Zeiten für die Briefstellerei vorüber waren[76].

Ist nun der formelle Verfall der Dichtung und Darstellung bei einem Volke immer auch ein nationaler Verfall? Sind jenes nicht Blüten, welche abgefallen sein müssen, bevor eine Frucht zu reifen vermag? Kann nicht das Wahre an die Stelle des Schönen, das Nützliche an die Stelle des Angenehmen treten?

Die Frage im allgemeinen mag unentschieden bleiben, und auf Alternativen wie die letztern läßt sie sich überhaupt nicht zurückführen. Das aber fühlt jeder, dem das klassische Altertum auch nur im Dämmerschein entgegengetreten, daß mit der Schönheit und mit der Freiheit auch das wahre antike Leben, der bessere Teil des nationalen Genius dahinging, und daß die rhetorisierende Orthodoxie, welche der griechischen Welt übrig blieb, nur als ein toter Niederschlag von dem einstigen wunderbaren Gesamtdasein gelten kann.

[76] Symmachus, Ep. II, 35. Andere merkwürdige Stellen über die Epistolographie I, 45. IV, 28. V, 86. VII, 9.

Achter Abschnitt

DIE CHRISTENVERFOLGUNG
CONSTANTIN UND DAS THRONRECHT

Mitten in klaren, historisch genau bekannten Verhältnissen taucht bisweilen eine Tatsache von erster Wichtigkeit auf, deren tiefere Gründe sich dem betrachtenden Auge beharrlich entziehen. Ein solches Ereignis ist die große diocletianische Christenverfolgung, der letzte Vertilgungskrieg des Heidentums gegen das Christentum. Auf den ersten Blick ist nichts Befremdliches dabei; Diocletian hatte nur allzuviele Vorgänger auf dem Throne der Welt, welche ebenfalls die Christen hatten ausrotten wollen, und von einem so eifrigen, altgesinnten Heiden, wie er war, sollte man kaum etwas anderes erwarten. Allein die Frage gewinnt eine ganz andere Gestalt, wenn man die nähern Umstände in Betracht zieht. Seit Gallienus, das heißt seit mehr als vierzig Jahren, waren die Christen unangefochten geblieben, und zu dieser Zeit gehören noch die achtzehn ersten Regierungsjahre Diocletians selber. Nachdem er bereits die Manichäer mit Scheiterhaufen zu bestrafen befohlen (296), ließ er die Christen noch sieben Jahre in Ruhe. Seine Gemahlin Prisca und seine Tochter Valeria sollen den Christen nicht ungünstig gesinnt gewesen sein; ja er duldete um seine geheiligte Person herum[1] christliche Kammerherrn und Pagen, denen er wie ein Vater zugetan war; die Hofleute durften mit Weib und Kind unter seinen Augen der christlichen Andacht pflegen; Christen, die er als Statthalter in die Provinzen sandte, wurden von den mit dieser Stellung verbundenen feierlichen Opfern in Gnaden dispensiert. Die christliche Gemeinde, in dem Gefühl totaler Sicherheit, verstärkte sich außerordentlich, so daß nirgend mehr die alten Versammlungsorte genügten. Überall mußte neu gebaut werden; in den großen Städten erhoben sich ungescheut sehr prachtvolle Kirchen. – Wenn die Regierung irgend einen Gedanken künftiger Verfolgung hatte, so durfte

---

[1] Euseb., *Hist. eccl.* VIII, 1 & 6. Das Folgende wird ohne Unterschied von den Regenten überhaupt ausgesagt, allein es versteht sich, daß der Oberkaiser hier wie in allen Dingen den Ton angab.

sie die Christen nicht so ohne Widerstand zur Macht im Staate anschwellen lassen. Man könnte sagen, sie sei es eben erst spät und allmählich inne geworden, daß das Christentum bei absoluter Duldung nach dem Übergewicht[2] streben würde, allein so gedankenlos war Diocletian nicht. Aus seiner entweder ursprünglichen oder allmählich gebildeten Denkweise allein, ohne besondern Anlaß, kann die Verfolgung, wie mir scheint, unmöglich hervorgegangen sein. Die Beurteilung dieses Gegenstandes muß überhaupt davon ausgehen, daß man es mit einem der größten römischen Imperatoren, mit einem Retter des Reiches und der Zivilisation, mit dem scharfsichtigsten Beurteiler seiner Zeit zu tun hat, dessen politisches Andenken ganz anders dastände, wenn er im Jahre 302 gestorben wäre. »Er war ein hervorragender Mensch, klug, eifrig für den Staat, eifrig für die Seinigen, gerüstet, welche Aufgabe auch an ihn kommen mochte, stets unergründlich in seinen Gedanken, bisweilen verwegen, sonst vorsichtig; die Bewegungen des unruhigen Innern drängte er durch gewaltige Beharrlichkeit zurück«[3]. – Es handelt sich nun darum, zu erforschen, ob das, was dieses große Andenken verdunkelt, ein bloßer Ausbruch angeborner Grausamkeit und Brutalität war, oder eine Folge des oben geschilderten Aberglaubens, oder eine elende Nachgiebigkeit gegen Mitregenten, die tief unter ihm standen, oder ob nicht endlich für den Geschichtsforscher hier die Pflicht vorliegt, nach einem Auswege zu suchen, der neben dem geschriebenen Buchstaben vorbeiführt. Die Christen haben den Namen Diocletians mit Fluch völlig zugeschüttet; die Heiden von römisch-griechischer Bildung konnten ihm ebenfalls nicht hold sein, weil er den Orientalismus in das politische und gesellige Leben einführte; die einzigen Geschichtschreiber aber, die möglicherweise den wahren Zusammenhang der Dinge darstellten – Ammian und Zosimus – sind verstümmelt, und zwar vielleicht ebendeshalb. Unter solchen Umständen ist es ganz überflüssig, aus den vorhandenen Quellen das Wesentliche und Entscheidende direkt ermitteln zu wollen.

Der gewöhnlich zugrunde gelegte Bericht, nämlich die Schrift des Lactantius »von den Todesarten der Verfolger«, beginnt gleich[4] mit einer erweislichen Unwahrheit. Eine wichtige Eingeweideschau in Gegenwart des Kaisers wird dadurch gestört, daß die anwesenden christlichen Hof-

---

[2] Die damalige Machtstellung der Christen gegenüber vom heidnischen Imperium ist gut, doch wohl etwas zu imposant geschildert bei Preuß, Kaiser Diokletian, S. 136 ff. Die verschiedenen Annahmen über ihre Zahl s. oben S. 105.

[3] Hist. Aug. Numerian., c. 13. Vielleicht die wichtigsten zusammenhängenden Worte über D.s Chrakter.

[4] *De mortibus persecutorum*, c. 10 ff. – Die sehr verdächtigen Aussagen, welche dem Constantin beigelegt werden, s. Euseb., *Vita Const.* II, 50 s.

leute das Kreuz schlagen[5] und damit die Dämonen vertreiben; vergebens wird das Opfer mehrmals wiederholt, bis der Vorsteher der Haruspices die Ursache ahnt und ausspricht. Darauf soll Diokletian in vollem Zorn von allen Hofleuten das Götzenopfer verlangt und dies Gebot sogar auf die Armee ausgedehnt haben, unter Androhung des Abschieds, wobei es einstweilen sein Bewenden hatte. Diese Geschichte beruht auf der durch Euseb hinlänglich widerlegten Meinung, als hätte der Kaiser die Christen an seinem Hofe nicht als solche gekannt und nicht dulden wollen. Das Wahrscheinliche ist, daß die christlichen Kammerherrn und Pagen entweder bei den Opfern überhaupt nicht anwesend zu sein brauchten, oder wenn sie zugegen waren, sich so aufführten, wie es der Dominus für passend fand[6]; eine Szene wie die geschilderte aber hätte entweder schon weit früher, etwa bei seinem Regierungsantritt, stattfinden müssen, oder sie war überhaupt undenkbar. Die heidnische Überzeugung 'es Kaisers, die sich achtzehn Jahre in die Existenz und Macht der Chri en gefügt hatte, kann für sich allein überhaupt nicht das entscheidende lotiv zur Verfolgung gewesen sein, so ernst und eifrig sie auch war.

Die zweite Unwahrheit des genannten Berichtes liegt in der erschrokkenen Nachgiebigkeit Diocletians gegen den Galerius, welcher (wahrscheinlich von der Donau her) in Nicomedien eingetroffen war, um den Oberkaiser für die Verfolgung zu gewinnen; seinerseits soll er wieder von seiner Mutter Romula aufgehetzt worden sein. Diese war nämlich eine eifrige Dienerin der großen Magna Mater (welche hier als Berggöttin bezeichnet wird) und nahm es sehr übel, daß die Christen ihres Wohnortes nicht wie die Heiden an ihren täglichen Opferschmäusen teilnehmen wollten. Dieses ganze Gerede, welches die große Tatsache schließlich auf die Laune eines fanatischen Weibes zurückführen würde, fällt dahin, sobald man weiß, daß Diocletian sich vor Galerius nicht fürchtete, und daß der Autor über den ganzen Charakter des Fürsten in den stärksten Irrtümern befangen ist[7]. Auch auf die vorgeblichen Abreden, welche im Winter 302 auf 303 zu Nicomedien gehalten worden sein sollen, ist gar nichts zu geben, da der Autor anderweitig (S. 29 f.) sich allzu sehr

---

[5] Oder an ihren Stirnen wirkliche Kreuze befestigten, je nach der Erklärung.

[6] Sein Prinzip in diesen Dingen ist im Manichäergesetz sehr deutlich ausgesprochen: *Neque reprehendi a nova vetus religio debet.* Die Polemik soll schweigen.

[7] So heißt Diokletian bei Anlaß des persischen Krieges *in omni tumultu meticulosus animique disiectus*, Er, welcher den Aper vor dem Tribunal getötet und die furchtbarsten Kriege in Person kommandiert hatte. Auch würde ein Zaghafter im J. 303 wahrscheinlich das nahe Ende der zwanzigjährigen Herrschaft und die Abdankung abgewartet und das furchtbare Geschäft gegen die Christen den neuen Imperatoren und Cäsaren überlassen haben.

als Liebhaber dramatischer Fiktionen bloßstellt. Er sucht freilich den Diocletian als den Widerstrebenden und Besonnenern zu charakterisieren, um den größern Haß auf das Scheusal Galerius zu häufen. »Als sie sich den ganzen Winter hindurch berieten und niemand zugelassen wurde[8] und jedermann glaubte, sie verhandelten über Staatssachen, widersetzte sich der Alte lange der Wut des Kollegen, indem er ihm vorstellte, wie gefährlich es sei, die Welt zu beunruhigen und Blut in Menge zu vergießen. Die Christen stürben gerne[9]. Es sei genug, wenn die Hofleute und Soldaten dieser Religion entsagen müßten. Allein Galerius habe auf seinem Sinne beharrt, und Diocletian darauf einen geheimen Rat von Juristen und Offizieren berufen, um über die Frage der Verfolgung zu entscheiden. Denn das sei so seine Art gewesen, bei verhaßten Maßregeln mehrere zu Rate zu ziehen, um das Böse auf diese schieben zu können, das Gute dagegen ohne Beirat zu tun, um das Lob allein zu haben.« Eine solche Handlungsweise ist bei allem, was wir sonst von Diokletian wissen, völlig undenkbar. Die Herrscheridee, welche ihn beseelte, läßt sich auf den populären Unterschied von beliebt und verhaßt gar nicht ein und nimmt auch dasjenige auf eigene Verantwortung, was sie nur durch andere wohl oder übel ausführen läßt. Denn alles, was zugestandenermaßen ohne den Herrn geschähe, würde seiner Macht zum Abbruch gereichen, die sein erster und letzter Gedanke sein muß. Doch man höre weiter. Auf den bejahenden Entscheid jenes geheimen Rates hin läßt Diokletian noch zu allem Überfluß beim milesischen Apoll anfragen und erhält natürlich dieselbe Antwort, gibt aber auch jetzt nur unter der Bedingung nach, daß kein Blut fließen dürfe, während Galerius große Lust gehabt haben soll, die Christen lebendig zu verbrennen. Doch wir haben ja soeben aus des Oberkaisers Munde vernommen, daß er zahlreiche Martyrien der Christen voraussieht! besser als irgend jemand konnte er wissen, daß die Christen entweder in Ruhe gelassen oder mit den äußersten Mitteln bekämpft werden müßten, und daß das Einbedingen eines unblutigen Verfahrens eine Torheit wäre.

Dieser Art ist die einzige zusammenhängende Darstellung der großen Katastrophe. Und Lactantius war damals in Nicomedien und hätte uns zwar nicht die geheimen Verhandlungen, wohl aber den ganzen wesentlichen Hergang vielleicht sehr genau überliefern können; seine Schrift ist uns für sehr vieles Einzelne so unentbehrlich als eine höchst einseitige Parteischrift sein kann.

[8] Was die billige Frage veranlaßt, woher denn der Autor diese Verhandlungen kenne?
[9] Die starken Stellen aus den Apologeten über die verjüngende Kraft des Martyriums s. bei Lasaulx, Der Untergang des Hellenismus, S. 14 f.

Euseb findet es angemessen, von den besondern Beweggründen der Verfolgung gänzlich zu schweigen. Die Aurelius Victor, Rufus Festus, Eutropius u. a. erwähnen nicht einmal die Verfolgung selbst. Diocletian selber kann sich nicht verteidigen; seine Edikte sind untergegangen und seine geheimen Ratschläge können das gerade Gegenteil von dem gewesen sein, was ihm angedichtet wird.

Von da an sind also die Vermutungen in ihrem Rechte, sobald sie nicht in der Luft schweben, sondern den echten vorhandenen Spuren nachgehen und zu dem sonstigen Charakter der Zeit und der handelnden Personen passen.

Zunächst ließe sich vermuten, die Regenten hätten, wie mehrere ihrer Vorgänger, der allgemeinen Volkswut gegen die Christen nachgeben müssen. Allein dieselbe tritt im Verlauf der Ereignisse nicht einmal sichtbar hervor, und die Staatsmacht war reichlich groß genug, um dergleichen zu unterdrücken. Wohl kam es einmal vor, daß dem Maximian bei den Spielen im Circus Maximus zu Rom in jener taktmäßigen Wiederholung zehn- und zwölfmal zugerufen wurde: *Christiani tollantur! Christiani non sint!* – allein dies geschah wahrscheinlich, als die Verfolgung schon geraume Zeit im Gange war[10], und Zurufe dieser Art bedeuteten überhaupt nicht viel.

Oder man könnte annehmen, die heidnischen Priester hätten die Verfolgung plötzlich und unbedingt verlangt und die Kaiser aus irgend einem Grunde des Aberglaubens von deren Notwendigkeit überzeugt. Diocletian mit all seiner Tüchtigkeit ist in dieser Beziehung befangen genug, um auch sehr traurigen Vermutungen Raum zu geben; jedenfalls würde sich das Gegenteil nicht beweisen lassen. Allein in diesem Falle würden uns bestimmte Namen solcher mächtigen Priester genannt werden, und die bloße Erwähnung[11] des Statthalters Hierokles von Bithynien (welcher anderweitig als eifriger Neuplatoniker nachgewiesen ist) unter den Helfern und Antreibern genügt hiezu nicht.

Oder kam vielleicht seine Privatmoralität ins Spiel? Er war hierin nicht indifferent; die Haruspicin, welche ihm unaufhörlich die Zukunft und ihre Schicksale verkünden muß, hatte ihn doch nicht über die Sittlichkeit hinweggehoben. Wenn darin eine Inkonsequenz lag, so war es eine ehrenwerte; auch findet sich diese Vermischung der Standpunkte nicht bloß

---

[10] Hunziker, Zur Regierung und Christenverfolgung Diokletians (abgedruckt in Büdingers Untersuchungen zur römischen Kaisergeschichte, Band II), S. 189 ff., aus der *Passio S. Sabini*.

[11] *De mort. persec.* c. 16. – Vgl. Keim, Der Übertritt Constantins, S. 73 ff., wo die Kunden über Hierokles, auch die übrigen Spuren neuplatonischer Einflüsse auf die damaligen Machthaber gesammelt sind. – Über Hierokles auch Preuß, S. 143.

bei ihm, sondern, wie wir sahen, bei den Bessern des dritten Jahrhunderts überhaupt, in welchen der Unsterblichkeitsglaube den irdischen Fatalismus und die Moralität wenn nicht versöhnt, doch zu einem Vertrage genötigt hatte. Das Privatleben des Kaisers gibt selbst den tadelsüchtigen Christen keinen Anlaß zur Kritik, und so hatte er denn auch ein persönliches Recht, den Staat zum Hüter der allgemeinen Sittlichkeit zu proklamieren. Er tat dies unter anderm in dem schon angeführten Ehegesetz vom Jahre 295 unter sehr prinzipiellen Ausdrücken: »Die unsterblichen Götter werden dem römischen Namen wie bisher günstig und mild gesinnt sein, wenn wir dafür sorgen, daß alle unsere Untertanen einen frommen, ruhigen und sittenreinen Wandel führen ... Die Herrlichkeit Roms ist nur dadurch mit der Gunst aller Götter zu solcher Höhe gelangt, daß [12] ein frommes und keusches Leben den Schlußstein aller Gesetzgebung bildete usw.« – Haben nun etwa die Christen sittlichen Anstoß gegeben? Bekanntlich trugen sich die Römer im ersten und zweiten Jahrhundert mit Gerüchten von greulichen Ausschweifungen, welche beim Gottesdienst der Christen stattfinden sollten. Allein dies kommt hier gar nicht in Betracht; diese Gerüchte waren längst völlig verstummt[13], und Diocletian selber, der eine Menge von Christen an seinem Hofe täglich vor sich sah, kann vollends solchen Nachreden nicht den mindesten Glauben geschenkt haben.

Anders verhält es sich scheinbar mit den Klagen des Euseb[14] über den innern Zerfall der christlichen Gemeinde unmittelbar vor der Verfolgung, da eine große Menge von Unwürdigen sich in die Kirche sowohl als namentlich auf die Bischofsstühle gedrängt hatte. Er erwähnt unter diesen Übeln vor allem den bittern Hader zwischen Bischöfen und zwischen den einzelnen Gemeinden, die Heuchelei und Verstellung, den fast atheistischen Unglauben, die Übeltaten *(κακίας)*, dann nochmals Zank, Neid, Haß und Gewaltherrschaft der Geistlichen.

Dies sind alles noch keine Unsittlichkeiten von der Art, wie sie der Staat moralitätshalber glaubte verfolgen zu müssen, und wie er sie jedenfalls bei den Heiden in größerm Maßstab vorfand. Allein merkwürdigerweise scheint eines der wenigen erhaltenen Aktenstücke von heidnischer Seite, das Revokationsedikt des Galerius[15] vom Jahre 311, wirklich die schwere und vielfache Spaltung unter den Christen selbst als den Hauptgrund ihrer Verfolgung bezeichnen zu wollen. Sie seien von dem Glau-

---

[12] Wörtlich *Quoniam (maiestas rom.) omnes leges suas religione sapienti pudorisque observatione devinxit.*
[13] Worüber eine förmliche Aussage bei Euseb., *Hist. eccl.* IV, 7.
[14] Euseb., *Hist. eccl.* VIII, 1.
[15] *De mort. persec.* c. 34. Griechisch bei Euseb., *Hist. eccl.* VIII, 17.

ben ihrer Vorfahren abgefallen und hätten Sekten gebildet; darauf habe man ihnen befohlen, zu den Einrichtungen der Alten zurückzukehren usw. Freilich ist hier jedes Wort so geflissentlich schief und zweideutig, daß die meisten Erklärer unter den »Vorfahren« und »Alten« ebensogut die Heiden verstehen konnten, allein mehrere Ausdrücke scheinen doch eher den Christen den Abfall von ihrem eigenen Prinzip zum Vorwurf zu machen. Es heißt weiterhin: »Wir sahen, daß sie weder den Göttern die schuldige Verehrung erwiesen, noch den Gott der Christen ehrten«. Dies würde etwa an die Prinzipien der katholischen Partei im Dreißigjährigen Kriege erinnern, welche nur mit den Lutheranern auf einem Rechtsboden zu stehen glaubte, die Calvinisten dagegen als Nebensekte perhorreszierte.

Doch auch diese Spur ist schwerlich die richtige. So bedeutend kann das Ärgernis und die Spaltung unter den Christen unmöglich gewesen sein, daß der Staat deshalb die Aufhebung der ganzen Gemeinde hätte für nötig halten können. Die eifrigen Heiden konnten vollends bei einigem Nachdenken nichts ernstlicher wünschen als die ungestörte Fortdauer dieses Prozesses der Fäulnis, der die Christen unfehlbar in ihre Gewalt gab.

Welche Erklärung bleibt nun übrig? Ich glaube, es spielte hier ein wichtiges persönliches Ereignis mit, dessen Spuren später auf das emsigste verwischt worden sind. Eine Inschrift zu Ehren Diocletians[16] gibt den Christen Schuld, daß sie den Staat umstürzen wollten, *rem publicam evertebant*, eine Aussage, die in dieser Fassung ganz wertlos scheint, dennoch aber einen echten Kern bergen kann. Suchten sich etwa die Christen, im Gefühl ihrer wachsenden Ausdehnung, des Kaisertums zu bemächtigen?

Dies konnte auf ganz friedliche Weise geschehen, indem man den Diocletian selber bekehrte. Und daß etwas der Art wenigstens beabsichtigt wurde, ist beinahe streng zu beweisen. Es gibt einen Brief von einem Bischof Theonas an einen christlichen Oberkammernherrn Lucianus[17] mit Maßregeln des Benehmens an dem Hofe eines heidnischen Kaisers, womit nach allgemeiner Ansicht nur Diocletian gemeint sein kann. Lucianus hat bereits in seiner Umgebung nach Kräften gewirkt und viele bekehrt, die als Heiden in den Hofdienst gekommen waren; schon sind die Aufseher der kaiserlichen Schatulle, des Schatzes und der Garderobe zum Christentum übergetreten; nun findet Theonas, daß es von größ-

---

[16] Gruter, pag. 280, N. 3. – Bei Muratori, T. III, p. 1797 steht sie nebst einigen ähnlich lautenden, nur ungleich verdächtigern Inschriften von Ascoli unter den unechten.

[17] Abgedruckt bei d'Achery, *Spicilegium etc.*, *Tom.* III, p. 297. – Vgl. Neander, Allg. Geschichte der christlichen Religion und Kirche, II. Aufl., Bd. I, S. 244.

tem Werte wäre, wenn zum Beispiel ein christlicher Kammerherr die Aufsicht über die kaiserliche Bibliothek erhielte und bei Gelegenheit literarischer Gespräche[18] den Kaiser behutsam und allmählich von der Wahrheit der christlichen Religion überzeugen könnte. Wahrscheinlich imponierte den Christen der Ernst und die sittliche Richtung des großen Fürsten, und sie sahen ein, daß gerade jetzt, bei der unerhörten Steigerung der Herrschergewalt durch Siege über Barbaren und Usurpatoren und durch den Neubau des ganzen innern Staatswesens der Übertritt des Kaisers wichtiger und entscheidender wäre als jemals. Es braucht indes kaum gesagt zu werden, daß alle Versuche dieser Art bei einem Heiden wie Diocletian eitel und vergeblich bleiben mußten.

Nun behalte man wohl im Auge, wie die Verfolgung anfing. Eusebius und Lactantius[19] stimmen darin überein, daß einige Zeit vor den großen allgemeinen Maßregeln einstweilen die Christen aus der Armee gestoßen wurden. Es findet, vielleicht schon im Jahr 298[20], oder auch früher, eine Musterung statt, bei welcher den christlichen Soldaten die Wahl gelassen wird, ob sie Heiden werden und ihren Dienst behalten oder denselben verlieren wollen, worauf die meisten ohne Besinnen das letztere vorziehen; einige sollen darob schon damals das Leben eingebüßt haben. – Es leuchtet ein, daß man zu einem solchen Schritte sich nur ungern und gezwungen verstand, indem gute Soldaten und Offiziere damals der höchste Besitz des Reiches waren. Ferner möchten wir den Schluß wagen, daß diese Säuberung des Heeres keine religiöse, sondern eine politische Grundursache gehabt habe, indem sonst eben so gut bei allen andern Ständen hätte begonnen werden können, zum Beispiel mit einer plötzlichen Verhaftung aller Bischöfe, wie sie dann später wirklich eintrat. Die Kaiser fühlen sich entweder unter christlichen Truppen nicht mehr persönlich sicher, oder sie glauben sich auf deren Gehorsam im Kriege wie im Frieden nicht mehr verlassen zu können. Die Weigerung des heidnischen Opferns, wo sie als Grund der Verabschiedung angegeben wurde[21], konnte nichts als ein Vorwand sein, nachdem anderthalb Jahrzehnte hindurch der Kriegsdienst der Christen sich durchaus von selbst

---

[18] Diokletian war durchaus nicht so ungebildet, wie Gibbon, Kap. XIII (Bd. II, S. 144) ihn darstellt; für seinen Gebrauch wurde z. B. ein großer Teil der Historia Augusta geschrieben, und ein Römer Samonicus verfaßte für ihn ein geschichtliches Werk »Verschiedene Untersuchungen« betitelt. Vgl. Joh. Lydus, De magistrat. III, 32.
[19] De mort. pers. 10 und Euseb., Hist. eccl. VIII, 1 & 4.
[20] S. Euseb., Chron. ad. a. 301, womit 298 gemeint ist.
[21] Vgl. das Martyrium des Marcellus, bei Neander, a. a. O., S. 252. Es kam wohl vor, daß Christen überhaupt den Kriegsdienst verweigerten, weil Krieg etwas Böses sei, allein dies mögen wohl nur seltene Ausnahmen gewesen sein.

verstanden hatte²². Man könnte zwar sagen, die Kaiser hätten aus teuflischer Bosheit das Heer epuriert, um es bei der bevorstehenden Verfolgung ohne Widerrede gegen die Christen brauchen zu können. Das Gegenteil hievon läßt sich um so weniger beweisen, als wir nicht einmal den Zeitraum genau kennen, welcher zwischen der Epuration und der Verfolgung lag. Verstrichen aber wirklich mehrere Jahre, so schwindet auch diese Probabilität außerordentlich zusammen. Große Bluttaten mögen lange vorbedacht und vorbereitet werden, allein mit so auffallenden Rüstungen, *wenn* sie nichts als das sind, darf man doch erst im Augenblick vor der Ausführung ans Licht treten. Und am Ende handelt es sich hier um schwer zu unterscheidende Übergänge. Wenn Diocletian eine rein heidnische Armee wollte, so wollte er sie wegen des Gehorsams überhaupt, wahrscheinlich ohne sich genau Rechenschaft zu geben, wozu er sie eventuell in den äußersten Fällen gebrauchen würde. Merkwürdig genug, daß Diocletian doch seinen ganzen christlichen Hof bis in die Verfolgung hinein um sich behielt, vielleicht weil er hier auf ein altgewohntes persönliches Vertrauen erst so spät als möglich verzichten wollte.

Mit diesem allen halte man zusammen, was Euseb²³ halb zugesteht und halb vertuscht, daß nämlich um den Anfang der Verfolgung an zwei Orten, in der cappadocischen Landschaft Melitene und in Syrien, Aufstände ausbrachen. Die Reihenfolge der Ereignisse ist bei diesem Schriftsteller nie ganz zuverlässig, allein wir sind hier auf ihn beschränkt. Er hat die Publikation des Edikts, dann den Anfang der Verfolgung in Nicomedien und zwar im kaiserlichen Palast erzählt und den standhaften Tod der christlichen Pagen und Kammerherrn geschildert; darauf ist von den Feuersbrünsten im Palast und den bei diesem Anlaß getöteten Christen, sowie von der Ausgrabung der hingerichteten Pagen die Rede; und nun

Vgl. oben S. 197. – Über die vereinzelten Martyrien vor dem J. 303 vgl. die kritischen Resultate bei Hunziker, a. a. O., S. 149 und 261.

²² Die Geschichte des Märtyrers Maximilian (bei Neander, a. a. O., S. 249) enthält den entscheidenden, obwohl nur negativen Beweis, daß den christlichen Soldaten bisher keine heidnischen Zeremonien zugemutet wurden. – Vgl. auch *De mort. persec.* 10.

²³ *Hist. eccl.* VIII, 6, zuerst von Valesius mit Unrecht in Beziehung gesetzt zu mehrern Stellen in den Reden des Libanius, sämtlich im ersten Band der Ausgabe von Reiske, p. 323 f., 644, 660 f. Es ist in den letztern auf sehr dunkle Weise von Unruhen in Antiochien unter Diokletian die Rede, welche sich vielleicht auf ein ganz anderes Jahr beziehen könnten. Ein Tribun namens Eugenius, der mit einer Schar von 500 Soldaten die Ausschlämmung des Hafens im nahen Seleucia besorgen sollte, kann der eigenen Versuchung und dem drohenden Zureden seiner Soldaten nicht widerstehen, das unbewachte Antiochien durch einen Handstreich zu nehmen. Mit dem Purpur von einem Götterbilde angetan, überrascht er und seine wilde, betrunkene Schar die Stadt,

heißt es weiter: »Da nicht lange hernach andere in der Gegend, die Melitene heißt, und wiederum andere in Syrien das Herrschertum an sich zu reißen suchten, so erging ein kaiserliches Gebot, daß überall die Vorsteher der Gemeinden verhaftet und gefesselt werden sollten«. Mit Recht oder Unrecht schrieb man also diesen Usurpationsversuchen einen christlichen Ursprung zu und griff deshalb auf die Bischöfe; die unmittelbaren Täter aber müssen zum Teil Soldaten gewesen sein, ohne welche in dieser Zeit keine Usurpation denkbar ist, und zwar, wenn es Christen waren, abgedankte Soldaten. Man kann nun einwenden, diese Usurpationen seien wohl erst aus der Verzweiflung wegen der bereits befohlenen Verfolgung hervorgegangen, allein mit derselben Wahrscheinlichkeit ließe sich auch behaupten, daß die Kaiser von einer Gärung unter abgedankten Soldaten bereits Kunde gehabt haben müßten. Wenn sich die Aussage Eusebs auf Zeiten und Ereignisse bezöge, die uns nur wissenschaftlich interessant und sonst gleichgültig wären, so würde die Kritik ohne Schwierigkeit zugeben, daß die Kaiser hier eine schon gerüstete politische Gegnerschaft vorfanden und bekämpften.

Endlich ist der Inhalt des Ediktes selber, soweit man ihn kennt, nicht direkt auf Vertilgung, sondern auf eine durchgehende Degradation der Christen berechnet, wodurch man sie zum Übertritt bewegen wollte. Ihre gottesdienstlichen Versammlungen sollten verboten sein, ihre Kirchen niedergerissen, ihre heiligen Schriften verbrannt werden; diejenigen, welche Ehrenstellen und Würden besaßen, sollten dieselben verlieren; gegen Christen jeden Standes sollte bei gerichtlichen Untersuchungen die Folter angewandt werden dürfen; die Wohltaten des gemeinen Rechtes sollten ihnen entzogen sein, die christlichen Sklaven aber, solange sie Christen blieben, nie freigelassen werden können[24]. Das waren ungefähr die Vorschriften, welche den 24. Februar des Jahres 303 zunächst in Nicomedien, der damaligen Residenz des Diocletian und des Galerius, und dann im ganzen Reiche durch öffentlichen Anschlag bekannt gemacht wurden.

wird aber von den Antiochenern gleich am ersten Tage niedergemacht samt all den Seinigen. Die Behörden, die sich schwach gezeigt hatten, unterlagen einer schlimmen Kriminaluntersuchung. Da dies unter anderm die gewiß heidnische Familie des Libanius betraf und letzterer in seinen Berichten auch nicht den leisesten Wink über eine Einmischung religiöser Parteiung fallen läßt, so müssen die syrischen Unruhen bei Euseb ein ganz verschiedenes Ereignis gewesen sein, und vollends die kappadozischen. – Für letztere ist allerdings eine späte Aussage (Hunziker, a. a. O., S. 174, Anm.) vorhanden, wonach erst auf das Edikt hin »ganz Großarmenien und Kappadozien« einmütig sich zum Abfall gerüstet hätten. Aber auch dies setzt wahrlich eine schon vorher sehr bedenkliche Stimmung voraus.

[24] Den Wortlaut des Ediktes kennen wir nicht. – Über die Inhaltsangaben bei Euseb und Lactantius vgl. Hunziker, a. a. O., S. 163.

Schon am vorhergehenden Tage, auf welchen das Fest der Terminalien fiel, hatte in Nicodemien selbst die Verfolgung begonnen, indem der Gardepräfekt in Begleitung von Offizieren und Beamten die große Kirche durch seine Prätorianer plündern und demolieren ließ[25].

Nach der Publikation des Ediktes fiel als erstes Opfer ein angesehener Christ, der dasselbe abriß und zerfetzte, mit dem spöttischen Bemerken, es seien wieder einmal Goten- und Sarmatensiege angeschlagen gewesen. Er wurde verbrannt. Ein solcher Trotz wäre übrigens ganz sinnlos, wenn man nicht annehmen will, daß noch in jenem kritischen Augenblicke eine geheime Hoffnung auf allgemeinen Widerstand vorhanden war.

Das Nächste, was erwähnt wird, ist die grausame Tortur und Hinrichtung mehrerer Palastbeamten und Pagen, von welchen Petrus, Dorotheus und Gorgonius mit Namen genannt werden. Euseb sagt zwar nur ganz kurz, sie hätten um ihrer Frömmigkeit willen gelitten, allein von dieser Seite hätte sich das Gesetz mit ihrer Degradation begnügt. Woher nun diese Grausamkeit gegen solche, die bisher trotz ihres bekannten Christentums von den Kaisern »wie Kinder des Hauses« waren behandelt worden? Die Kaiser glaubten offenbar einem Komplott auf der Spur zu sein.

Zwischenhinein kömmt zweimal im Palast zu Nicodemien Feuer aus. Nach Lactantius hätte Galerius es anlegen lassen, um die Schuld auf die Christen zu schieben, welche diese Missetat mit den Eunuchen des Hofes abgeredet haben sollten, und Diocletian, der sich immer so klug dünkte, hätte wirklich den wahren Sachverhalt nicht gemerkt, sondern sich sogleich einer grenzenlosen Wut gegen die Christen überlassen. Hierüber ist mit einem Tendenzschriftsteller unmöglich zu rechten; wer aber die Geschichte Diocletians studiert, wird ihm den Verstand zutrauen, vorkommendenfalls einen so plumpen Betrug zu durchblicken. Das Feuer war in demjenigen Teile des Palastes ausgebrochen, wo Diocletian selbst wohnte, Galerius aber wäre der letzte gewesen, der ihm das Haus über dem Kopf angezündet hätte. Die höchste Wahrscheinlichkeit spricht dafür, daß bedrohte christliche Hofleute die Schuldigen[26] waren, mochte auch ihre Absicht nur etwa auf superstitiöse Einschüchterung, nicht auf Tötung des Oberkaisers gerichtet sein. Auf die ungeschickteste Weise hat Constantin, der damals in Nicodemien weilte, bei späterm feierlichem Anlaß[27] jedermann zu disculpieren gesucht, indem er behauptete, der Blitz

---

[25] *De mort. persec.*, c. 12. Man mag hier nachlesen, wie die beiden Regenten auf der Warte ihres Palastes darüber streiten, ob die Kirche durch Feuer oder auf eine andere Weise zerstört werden solle.
[26] Vgl. Hunziker, a. a. O., S. 168.
[27] In der, wenn auch nicht von ihm, doch unter seinen nächsten Angaben verfaßten Rede *ad Sanctorum coetum* c. 25, aus einer Zeit freilich, da ihm schon nie-

habe den Palast entzündet, als ob ein Blitzstrahl nicht deutlich von jeder andern Brandursache zu unterscheiden wäre. Die beiden Herrscher waren freilich von der Schuld der Christen überzeugt, und die Kriminaluntersuchung im Palaste nahm einen sehr blutigen Gang. »Da wurden auch die mächtigsten Eunuchen getötet, die einst den Palast und den Kaiser beherrscht hatten«. Es wäre nicht zu verwundern, wenn unter dem Eindruck dieser Erbitterung jetzt erst das allgemeine Edikt in vollster Schärfe wäre gehandhabt und durch weitere Befehle ergänzt worden.

Bald darauf erfolgten die schon erwähnten christlichen Aufstände im Orient, welche das zweite Edikt, den Verhaftsbefehl gegen alle Vorsteher der Gemeinden, hervorriefen.

Vielleicht empfindet der Leser ob dieser Untersuchung einigen Widerwillen. Sollte es nicht überaus unbillig sein, aus der Verfolgung auf eine Verschuldung zu schließen? So hat es die fanatische Partei in Frankreich 1572, so diejenige in Veltlin 1620 gemacht; um ihr schreckliches Blutvergießen zu rechtfertigen, hat sie nachher den unterlegenen Gegnern ein blutiges Komplott angedichtet, welchem sie habe zuvorkommen müssen.

Allein fürs erste wird hier niemand von einer allgemeinen christlichen Verschwörung gegen die Regenten oder gar gegen die Heiden überhaupt reden wollen. Die Vermutung beschränkt sich ungefähr auf folgende Umrisse: Einige, vielleicht nur sehr wenige christliche Hofleute und einige christliche Kriegsbefehlshaber in den Provinzen glaubten mit einem voreiligen Gewaltstreich das Imperium in christliche oder christenfreundliche Hände zu können, wobei sie vielleicht der kaiserlichen Personen zu schonen gedachten[28]. Es ist möglich, daß in der Tat Galerius der Sache früher auf die Spur kam als Diocletian, und daß dieser sich wirklich nur mit Mühe überzeugen ließ.

Fürs zweite wird man nicht leugnen können, daß es unter den Christen damals Leute gab, die für solche Staatsstreiche nicht zu gewissenhaft waren. Eusebs Charakteristik redet hierüber deutlich genug. Andererseits aber ist die Macht auf Erden, sobald sie sich gefährdet sah, noch niemals gelinde verfahren.

Das große Unglück bestand nun darin, daß die Herrscher das Geschehene verallgemeinerten und gegen die Christen als mitverantwortliche Partei einzuschreiten anfingen, und daß das damalige Recht so rasch

mand mehr widersprach, er mochte behaupten, was er wollte. – Euseb *(Hist. eccl.* VIII, 6) kennt die Ursache des Brandes nicht.

[28] Es wäre eine einladende, aber mehr als gewagte Hypothese, ein Verständnis zwischen diesen Leuten und dem damals am Hofe anwesenden jungen Constantin anzunehmen. Der Haß des Galerius gegen diesen würde sich dann noch leichter erklären.

mit der Folter und den gräßlichsten Todesstrafen bei der Hand war. Nur müßte man bessere Urkunden vor sich haben, als die Akten der Märtyrer in der Regel sind, um die einzelnen Fälle richtig beurteilen zu können. Jedenfalls bequemte sich eine sehr große Mehrzahl mit der Zeit zum Opfern, und die letzten Edikte Diocletians, von welchen unten die Rede sein wird, beruhten vielleicht schon auf der Voraussetzung, daß der Erfolg im Großen und Ganzen erreicht und nur noch ein Rest von Widerstand zu überwinden sei. Die Auslieferung der heiligen Schriften sollte der Gemeinde auch den geistigen Halt auf immer benehmen.

Allein es war der Kampfes noch mehr als genug übrig, um alles in Aufregung zu erhalten. Es ist nicht die Aufgabe dieses Buches, den schrecklichen Hergang im einzelnen zu verfolgen. Von den Mitregenten ging der Augustus Maximian mit Eifer auf die Verfolgung ein, während der milde, monotheistische Cäsar Constantius Chlorus in seinen Ländern Gallien und Britannien sich mit der Schleifung der Kirchen begnügt haben soll[29]; jedenfalls behielt er an seinem Hofe zu Trier oder York Christen, und ebenso in Kriegswürden. Um so härter ging es in den übrigen Teilen des Reiches her. Aus den vielen Foltern und Martern erhellt, daß die Untersuchung zum Teil in die schlechtesten Hände gefallen war, doch kann man sich auch des Gedankens nicht erwehren, daß die Richter einen politischen Prozeß vor sich zu haben glaubten, bei welchem es auf Erpressung von Geständnissen ankam. Übrigens war das Benehmen der Beamten sehr verschieden. In Afrika, wo der politische Verdacht vielleicht ganz wegfiel, und wo es sich also wesentlich nur um die Auslieferung der heiligen Schriften handelte, gab man den Christen mehrfach zu verstehen, daß es auch damit nicht so ernstlich gemeint sei. Aber viele erklärten nun absichtlich, sie hätten heilige Schriften in Verwahrung, die sie nie ausliefern würden, und erlitten dieses Trotzes wegen den Tod; andere lieferten auf das allgemeine Gebot hin sogleich aus, was sie hatten, und wurden später mit dem Namen Traditores, Auslieferer, gebrandmarkt. Überhaupt offenbarten sich die verschiedensten Sinnesarten, von der feigsten Schwäche bis zur schwärmerischen Herausforderung, und in der Mitte fehlten auch nicht herrliche Beispiele ruhiger, besonnener Standhaftigkeit. Wir lernen hier auch die untern Schichten der christlichen Gemeinde kennen; da gab es Leute, welche mit Verbrechen be-

---

[29] Euseb., *Hist. eccl.* VIII, 13 läßt nicht einmal dieses gelten. – Spanien regierte Constantius nicht; übrigens kommen gerade hier einige sehr namhafte Martyrien vor, wie das des heil. Vincentius, der Eulalia u. a., welchen hundert Jahre später Prudentius einen großen Teil seines Buches Peristephanon gewidmet hat. In der Chronik des Fl. Julius Dexter (*ed. Bivarius, Ludg.* 1627) freilich werden die spanischen Märtyrer der betreffenden Jahre zu Hunderten aufgezählt, allein dieselbe ist eine anerkannte Fälschung.

laden waren und diese durch einen christlichen Martertod abbüßen wollten, ganz im Sinne jener Tausende von Räubern und Mördern, welche den ersten Kreuzzug mitmachten; andere waren dem Staat unerschwingliche Steuern schuldig oder hatten große Privatschulden und suchten sich diesem Elend durch den Tod zu entziehen; oder sie hofften durch ihr Dulden auf der Folter und in der Gefangenschaft reiche Christen zur Beihilfe zu rühren; endlich fanden sich ganz arme, verkommene Leute, die im Kerker ein besseres Leben hatten als draußen, weil die Christen ihre gefangenen Mitbrüder ganz furchtlos mit mehr als dem Notwendigen zu versehen pflegten. Solchen Mißbräuchen gegenüber hatte der Bischof Mensurius von Karthago den Mut und die Konsequenz, zu verlangen, daß solche, die sich zum Martyrium ohne Not gedrängt, nicht als Märtyrer verehrt werden dürften.

Inzwischen hatte sich der Prozeß in nicht viel mehr als einem Jahr zu einer wirklichen allgemeinen Christenverfolgung verschärft. Vom zweiten Edikt, welches die Verhaftung der Geistlichen befahl, war man zu einem dritten fortgeschritten, wonach die Gefangenen, wenn sie opferten, freigelassen, sonst aber auf alle Weise zum Opfern gezwungen werden sollten[30]; noch im Jahre 304 folgte ein viertes Edikt, welches das letztere Gebot auf alle Christen überhaupt ausdehnte und faktisch ein Todesurteil in sich begriff. In dieser Strenge dauerte die Verfolgung im Osten etwa vier Jahre fort, und dann mit Schwankungen noch weitere fünf Jahre; im Westen hatte sie schon früher aufgehört.

Die Kirchengeschichte hat es von jeher als eine heilige Pflicht betrachtet, das Andenken an die schönsten und erbaulichsten unter den Martyrien dieser blutigen Zeit aufrecht zu halten. Wir müssen uns begnügen, für das Einzelne auf Euseb und auf die Legendensammlungen zu verweisen. Was auch die historische Kritik an den einzelnen Umständen und ganz besonders an den hinzugefügten Wundern[31] mit Recht aussetzen möge, es bleibt immerhin ein historisches Schauspiel erster Größe, diese neue Gesellschaft mit ihrer neuen Religion und Weltanschauung gegen den gewaltigsten aller Staaten mit seinem Heidentum und seiner tausendjährigen Kultur kämpfen und durch den Untergang siegen zu sehen.

Wahrscheinlich demoralisierten sich die Verfolger erst dann völlig, als Diocletian und sein Mitkaiser ihre Würde niederlegten (305), Galerius

---

[30] Dies ist das zu Ende d. J. 303, bei Anlaß der Vicennalien, erlassene allgemeine Amnestiedekret; es galt für die Gefangenen jeder Art; für die Christen aber war obige Beschränkung festgesetzt. Vgl. Euseb., *De mart. Palaest.*, c. 2.

[31] In welchem Punkte Euseb., *Hist. eccl.* VIII, 7 dem Leser sehr viel zumutet. Sein sonstiger Glaube an nachapostolische Wunder V, 7. VI, 9. 29 u. a. a. O.

Die Abdiktion 237

neben Constantius zum Augustustitel vorrückte und Severus und Maximinus Daza als Cäsaren an ihre Stelle traten. Von da an verwildert der Kampf namentlich in den Gebieten des letztern – dem Südosten des Reiches – zu einem wahren Vertilgungskriege, dessen über die Maßen scheußliche Henkerszenen dem Leser erspart bleiben mögen.

Wir wenden uns zu der politischen Geschichte zurück, die gleichzeitig den wichtigsten Entwickelungen entgegenging.

Bald nach Anfang der Verfolgung, noch im Frühjahr 303, reiste Diocletian nach dem Westen und kam im Herbst nach Rom, um dort gemeinsam mit Maximian den längst aufgesparten Triumph für so viele Siege und zugleich die Vicennalien seiner Regierung zu feiern[32]. Im Vergleich mit dem Luxus eines Carin war der Aufwand des Triumphes und die Zeitdauer der Feste nur sehr mäßig (vgl. oben S. 36 f., 38 f.), und als die Römer darob murrten, spottete der Kaiser: in Gegenwart des Censors dürften die Spiele nicht so ausschweifend sein[33]. Seine sonstige Denkweise gegen römisches Gerede verriet er, indem er schon den 20. Dezember die Stadt wieder verließ, ohne das neue Jahr und die Zeremonien des Konsulatswechsels abzuwarten. Es war seit seinem Kaisertum sein einziger Besuch in Rom gewesen; daß er (seit 298) die riesigsten aller Thermen gebaut hatte, scheint man ihm kaum mehr gedankt zu haben; daß er eben jetzt den Römern ein gewaltigeres Geldgeschenk (ein Congiarium von 310 Millionen Denaren, etwa 62 Millionen Thaler) machte als je einer seiner Vorgänger, besserte die Stimmung nicht: man hatte prächtigere Circenses erwartet, und hierin war dieser Pöbel getäuscht worden.

Das neue Jahr (304) trat Diocletian in Ravenna an. Auf der Winterreise nach Nicomedien schwer erkrankt, ließ er sich bis zur Abdikation (1. Mai 305) kaum mehr öffentlich sehen. Von dieser großen Zeremonie selbst[34] gibt Lactantius eine umständliche Schilderung, die nur den einen Mangel einer wesentlichen Unzuverlässigkeit an sich trägt. Der Hügel dreitausend Schritte vor Nicomedien, der Pfeiler mit dem Standbilde Jupiters, die Tränen des alten Imperators bei seiner Anrede an die Soldaten, der Reisewagen, der schon für ihn bereit stand, – dies alles wird

---

[32] Dies gegen die bisherige Annahme, daß Diokletian schon 302 zur Abhaltung des Triumphes und dann wiederum 303 zu den Vicennalien nach Rom gereist sei. Vgl. Preuß, a. a. O., S. 157, Anm.

[33] Hist. Aug. Carus. 20.

[34] Daß der 1. Mai d. J. 305 zum Abdankungstage für Diokletian in Nikomedien, für Maximian in Mailand gewählt wurde, hing wohl daran, daß es der Abschluß der zwanzigjährigen Cäsarenwürde des Maximian war. S. Vogel, S. 118, und Hunziker, S. 202.

seine Richtigkeit haben; daß aber jedermann statt des Severus oder Maximin die Erhebung des anwesenden Constantin erwartete und daß das plötzliche Hervortreten des bisher ganz unbekannten Maximin das höchste Erstaunen erregt habe, ja daß es ausdrücklich auf die Überraschung der Soldaten abgesehen gewesen, wagen wir zu bezweifeln. Was wußte denn das Volk von Nicodemien vom Adoptivsystem des Oberkaisers? ja auch nur von seinem Vorhaben, neue Adoptionen an Ort und Stelle zu proklamieren? Sonst wohl aber kann es Leute gegeben haben, welche das Aufkommen des Constantin wünschten – ob auch in der Armee, mag fraglich bleiben, da er als bloßer Tribun ersten Ranges sich schwerlich eine ausgedehnte Popularität konnte erworben haben. Wie Diocletian um diese Zeit von ihm dachte, wissen wir nicht; früher war er ihm von den Feldzügen her offenbar gewogen, was ihm Constantin später durch geringschätzige Reden[35] und tückische Nachstellungen vergolten hat.

Die Motive der Abdikation haben wir oben ins rechte Licht zu stellen gesucht. Wenn wir nicht geirrt haben, so sollte das Kaisertum überhaupt auf die feste Amtsdauer von zwanzig Jahren beschränkt werden, um die wunderbare Dynastie ohne Erbrecht nach Kräften zu regularisieren und eine ruhige, geräuschlose Folge von Adoptionen möglich zu machen. Es ist wahrscheinlich, daß die Superstition auch in diese Sache ihr Wort geredet hat, wenigstens in betreff des einen Punktes, daß Diocletian so fest auf die Folgsamkeit der Mitregenten baute. Hier ließe sich wohl nichts anderes denken, als daß er durch geheime fatalistische Gründe alle Nachfolger von der Notwendigkeit der Maßregel zu überzeugen hoffte.

Wie dem auch sei, er fühlte sich in seinem Lagerpalast zu Salona wenigstens einige Zeit zufrieden und glücklich. Es ist ein hohes Zeugnis zu seinen Gunsten, daß er die Stätte seiner Jugend und die Beschäftigungen seiner Jugend nach langem Kriegsleben, nach zwanzigjährigem Kaisertraum wieder aufsuchte[36] und seinen Gemüsegarten mit eigener Hand umgrub und pflanzte. Sollte man nicht daraus schließen dürfen, daß er über jenes orientalische Zeremoniell, das er einführte, innerlich stets erhaben gewesen sei? daß es ihn zu Nicodemien oft recht sehr nach seiner dalmatischen Heimat verlangt habe[37]? Man wird in diesem merkwürdigen Menschen ewig vergebens ausscheiden wollen, was dem gewöhnlichen Ehrgeiz, was dem Schicksalsglauben, und was dem Drange des politischen Genius angehört. Er kannte das Mittel, dem römischen Reiche,

---

[35] U. a. Euseb., *Vita Const.* II, 49. – Das weitere s. unten.
[36] Über Lage und Gestalt des Palastes von Salona außer der Monographie von Lanza (*Dell' antico palazzo di Dioclesziano etc.*, *Trieste* 1855) vorzüglich Preuß, a. a. O., S. 163.
[37] Michael Glykas legt ihm das Wort in den Mund, er sei »satt an Schicksalen«, κόρος τῆς τύχης. – Er war erst 59jährig.

was es zur Rettung bedurfte, nämlich die Stetigkeit der Herrschaft, zu verleihen; unwiderstehlich muß es ihn zum Throne getrieben haben, um seinen *) Gedanken zu verwirklichen. Seine Aufgabe war jetzt gelöst, und er trat in die Stille zurück. – Maximian, der denselben Staatsakt gleichzeitig, aber sehr wider Willen in Italien[38] vollziehen mußte, ging auf ein schön gelegenes lucanisches Landhaus, während sein Sohn Maxentius das verschmähte Rom oder dessen Nachbarschaft zu seinem Sitze auserkor. Er, der selbst Verschmähte, des Herrschens unwürdig Gehaltene, legte hier einen richtigen Blick an den Tag, und es ist schwer anzunehmen, daß Galerius ihn freiwillig in dieser Gegend habe wohnen lassen. Vielleicht wurde sogleich protestiert, aber er war in Güte nicht wegzubringen. In Diocletians System fehlte, wie bereits oben angedeutet wurde, nur Eine Konsequenz: man mußte die Kaisersöhne entweder befördern oder hinrichten. Allein die Erbdynastie war aus Gründen, die wir oben zu erraten gesucht haben, vermieden worden, und von dem reinen Sultanismus wollte Diocletian, wie es scheint, nichts wissen, gerade wie einst (S. 25) nach Carins Untergang von keinen Proskriptionen. Übrigens hatte Maxentius eine Tochter des Galerius geheiratet, möglicherweise gegen seinen und des Galerius Willen, nur einer Kombination des alten Oberkaisers zuliebe.

Einige Monate hindurch schien die ganze Sukzession ihren vorgeschriebenen Gang zu gehen. Aber zu Anfang des folgenden Jahres (306) tritt in diesem merkwürdigen Drama eine neue Person auf. Constantin, den die Geschichte mit Recht den Großen nennt, entweicht vom Hofe zu Nicomedien und erscheint auf einmal bei seinem Vater Constantius Chlorus, als derselbe eben im Begriffe war, aus dem Hafen von Gessoriacum (Boulogne) nach Britannien abzusegeln.

Constantins Andenken hat in der Geschichte das größte denkbare Unglück gehabt. Daß die heidnischen Schriftsteller ihm feind sein mußten, versteht sich von selbst und würde ihm in den Augen der Nachwelt keinen Schaden tun. Allein er ist in die Hände des widerlichsten aller Lobredner gefallen, der sein Bild durch und durch verfälscht hat. Es ist Euseb von Cäsarea und sein »Leben Constantins« gemeint[39]. Der bei allen

---

* In der 2. Auflage fehlerhaft: seine Gedanken. Von F. Stähelin in der Krit. Ausgabe von 1929 aus der 1. Aufl. berichtigt.

[38] S. oben S. 32. Ohne Zweifel gab er um dieselbe Zeit den Purpur an den neuen Cäsar des Westens, Severus. Daß nun aber zunächst nicht Galerius, sondern Constantius Chlorus Oberkaiser wurde, indem das Oberkaisertum zwischen Osten und Westen alternieren sollte, muß daraus geschlossen werden, daß in der gemeinschaftlichen Titulatur der beiden nunmehrigen Augusti Constantius vorangestellt wird.

[39] Um von dem im J. 336 abgehaltenen Panegyricus: *De laudibus Constantini*

Fehlern immerhin bedeutende und gewaltige Mensch macht hier durchweg das Angesicht eines andächtigen Frömmlers, während doch anderweitig so viele seiner Missetaten auf alle Weise konstatiert sind. Und dieses zweideutige Lob ist überdies von Herzen unloyal; Euseb spricht von der Person und meint eigentlich nur eine Sache, nämlich das Interesse der von Constantin so stark und reichlich etablierten Hierarchie. Dazu kommt noch – des wahrhaft häßlichen Stiles zu geschweigen – eine mit Bewußtsein schielende Ausdrucksweise, so daß der Leser gerade an den wichtigsten Stellen auf Falltüren und Versenkungen tritt. Wer sie zu rechter Zeit bemerkt, läßt sich dadurch leicht verführen, eben deshalb das Allerschlimmste zu vermuten, weil ihm etwas verschwiegen wird.

Der Eingang dieser Biographie[40] lautet ekstasisch genug: »Wenn ich im Geist diese dreimalselige Seele schaue mit Gott vereint, frei von aller sterblichen Hülle, in blitzleuchtendem Gewand und ewigstrahlendem Diadem, dann steht mir Sprache und Verstand stille, und ich überlasse es gerne einem Bessern, ein würdiges Loblied zu ersinnen«. Wäre dies nur geschehen! Besäßen wir nur dafür die Schilderung eines besonnenen Heiden wie Ammianus[41], und der Mensch Constantin wäre vielleicht, wenn nicht moralisch gerettet, doch als große historische Erscheinung uns unendlich näher gerückt! Dann würde man vielleicht klar sehen, was sich jetzt nur vermuten läßt, daß nämlich Constantin sich fast zeitlebens nicht als Christ ausgab und gebärdete, sondern sich bis in die allerletzten Zeiten ziemlich unverhohlen die persönliche Überzeugung frei behielt. Daß Euseb fähig war, eine solche Tatsache völlig zu ignorieren und zu vertuschen, verrät er selbst durch seine frühere Charakteristik des Licinius, welchen er geradezu als gottgeliebten christlichen Kaiser in Anspruch nimmt, solange es sich um den Kampf gegen Maximinus Daza handelt, obwohl er wissen mußte, daß Licinius nichts als ein toleranter Heide war. Höchst wahrscheinlich machte es es mit Constantin nicht besser. Damit fiele vor allem jene abscheuliche Heuchelei weg, die dessen Züge entstellt, und es bliebe statt dessen ein politischer Rechner übrig, der alle vorhandenen physischen Kräfte und geistigen Mächte mit Besonnenheit zu dem einen Zwecke benützt, sich und seine Herrschaft zu behaupten, ohne sich irgendwo ganz hinzugeben. Einen erhebenden Anblick gewährt ein solcher Egoist auch nicht, allein die Geschichte hat satt-

vollends zu schweigen. Das Material ist dasselbe wie in der Vita, die Verarbeitung noch widerwärtiger.

[40] Euseb., *Vita Const.* I, 2.

[41] Hätten wir nur Constantins eigene Memoiren, welche bei Johannes Lydus öfter zitiert werden. Auch an den Darstellungen des Praxagoras und des Bemarchius ist uns gewiß viel verloren, und selbst Eunapius wäre für manche Aufschlüsse sehr willkommen.

same Gelegenheit, sich an dergleichen Charaktere zu gewöhnen. Überdies kann man sich bei einiger Billigkeit überzeugen, daß Constantin gleich von seinem ersten politischen Auftreten an konsequent nach demjenigen Prinzip handelte, welches der energische Ehrgeiz, solange die Welt steht, »Notwendigkeit« genannt hat. Es ist jene wundersame Verkettung von Taten und Schicksalen, in welche der höher begabte Ehrgeizige wie von einer dunklen Macht hineingezogen wird. Vergebens ruft das Rechtsgefühl ihm seinen Protest entgegen, vergebens steigen Millionen Gebete der Unterdrückten zur Nemesis empor; – der große Mensch vollzieht, oft ohne Wissen, höhere Beschlüsse, und ein Weltalter drückt sich in seiner Person aus, während er selber seine Zeit zu beherrschen und zu bestimmen glaubt.

Bei Constantin ist gleich die Beurteilung seines ersten Schrittes entscheidend. Galerius hätte ihm, wie es heißt, im Sarmatenkriege und dann bei scheinbar gymnastischem Kampfe mit wilden Tieren einen sichern Untergang zugedacht, allein der furchtlose Held siegte über Barbarenfürsten und Löwen und legte sie dem neuen Oberkaiser vor die Füße[42]. Dann hätte Galerius trotz wiederholter Briefe des Constantius Chlorus, den Sohn zu ihm zu senden, diesen in ganz feindseliger Weise wie einen Gefangenen bei sich behalten und erst nachgegeben, als er es durchaus nicht mehr verweigern konnte. Constantin, mit der Erlaubnis versehen, reiste vor der festgesetzten Zeit in größtem Geheimnis ab und lähmte auf den ersten Stationen die Pferde der kaiserlichen Post, damit ihm niemand nachsetzen könne[43]. Von all diesem darf man wohl soviel annehmen, daß sich im Ernste bedroht glaubte. Galerius mußte ihn hassen schon als einen zurückgesetzten und dennoch hochstrebenden Kaisersohn, aber er entließ ihn doch! obschon Constantin höchst wahrscheinlich in die Hofintrigen seit der Verfolgung stark verflochten gewesen war. Immerhin hatte Constantius das Recht, den Sohn zu sich zu rufen.

Bei seinem Vater angelangt, machte er zuerst dessen siegreichen Feldzug gegen die Picten in Schottland mit. Chlorus war nämlich noch durchaus nicht am Sterben, wie Euseb und Lactantius zu größerer Rührung angeben, hatte auch seinen Sohn nicht deshalb herbeigerufen. Bald nach

---

[42] Außer den meisten christlichen Autoren melden dies zwar auch die Fragmente des Praxagoras (bei Müller l. c. IV, p. 2), der wahrscheinlich ein Heide war. Allein Galerius hatte wohl andere Mittel, den Constantin zu töten, wenn er wirklich wollte. Eumenius, Paneg. VII, 3 führt den Zweikampf mit dem Barbaren als eine Tat freiwilliger Tapferkeit an. Euseb schweigt.

[43] Anders und vielleicht besser der *Anonym. Vales.* 4. Über diese ganze Frage Hunziker, S. 212, Anm. Lactantius malt c. 24. 25 alles scheinbar sehr anschaulich aus. Nur hätte es ihm nicht begegnen sollen, die erste Botschaft von York nach Nikomedien schon *paucis post diebus* anlangen zu lassen.

der Rückkehr vom Kriege starb er aber wirklich (zu York, 25. Juli 306). Nach der Reichsordnung des Diocletian, welchem alle Betreffenden ihre Stellung verdankten, sollte nun Galerius einen neuen Augustus ernennen und demselben einen neuen Cäsar an die Seite setzen. Sollte aber das Erbrecht mit diesem Kaiserrecht in Verbindung gebracht werden, so hatten die Söhne des Constantius aus seiner Ehe mit des alten Maximians Stieftochter, Flavia Maximiana Theodora, nämlich Dalmatius, Hannibalianus und Julius Constantius, einen unbedingten Vorzug. Sie waren allerdings noch sehr jung, der Älteste kaum dreizehnjährig.

Statt dessen sukzediert Constantin. Es ist viel verlangt, wenn man sich für die so wunderlich bedingte diocletianische Reichsordnung ereifern soll; wenn sie aber zu Recht bestand, so war Constantin ein Usurpator. Eine Beischläferin Helena[44] hatte ihn dem Constantius zu Naïssus in Serbien geboren im Jahre 274, und so war er auch von seiten des Erbrechtes strenge genommen keiner Sukzession fähig. Der Lobredner Eumenius macht ihn zwar legitim und meint, er hätte noch gerne unterwegs die abgedankten Imperatoren um Erlaubnis gefragt, allein dies sind nichts als Worte. Der betreffende Panegyricus[45] ist indes sonst nicht ohne Bedeutung, weil darin die Weihe des Erbrechtes mit einem wahren Feuer verteidigt wird. Mit Beziehung auf die Abstammung vom Hause des großen Claudius Gothicus wird dem Constantin zugerufen: »So hoch ist der Adel deiner Herkunft, daß dir das Imperium gar keine höhere Würde verleihen konnte . . . Nicht die zufällige Übereinstimmung anderer, nicht eine plötzliche Gunst hat dich zum Herrscher gemacht; durch deine Geburt schon verdientest du die Herrschaft, als ein Geschenk der Götter.«

Jene Übereinstimmung und Gunst anderer war aber für seine Thronbesteigung doch gar nicht so wertlos. Ob ihn sein Vater direkt zur Nachfolge bevollmächtigt hatte, ist bei der Einseitigkeit der Aussagen nicht wohl zu ermitteln; vielleicht hatte er den entschlossenen, kriegskundigen, jetzt zweiunddreißigjährigen Sohn[46] nur herbeigerufen, damit derselbe

---

[44] Über ihre Herkunft und vorgebliche Ehe s. die dritte Beilage bei Manso, Leben C. d. Gr. Außer den dort beigebrachten Stellen ist *Eutych. Alexandrin. ed. Oxon.*, p. 408 und 456 zu vergleichen, wonach Helena von Caphar Phacar in Mesopotamien gebürtig und bereits Christin war. – Laut *Hamza Isphahanens*, p. 55 war sie von Edessa und fiel daselbst als Kriegsgefangene in die Hände des Chlorus. – Sie diente in einer Wirtschaft in Naïssus. – Ihr großer Sohn wird hoffentlich nicht in bezug hierauf das Gesetz *Cod. Theodos.* IX, 7, 1 (vom J. 326) erlassen haben, welches eher aus Verachtung als aus Mitleid Weinwirtinnen und deren Dienerinnen von den Gesetzen *de adulteriis* eximiert.
[45] Paneg. VII *(Eum. Constantino,* v. J. 310), bes. c. 2. 3. 8.
[46] Suidas, *s. v. Constantinus* sagt: Der Vater sah, daß er kräftig war, und überging die Söhne der Theodora.

die hilflose Familie beschütze. Spätere Autoren, wie zum Beispiel Zonaras, machen sich's bequem. »Constantius Chlorus lag krank und grämte sich darüber, daß seine übrigen Kinder so sehr mißraten waren[47]; da erschien ihm ein Engel und befahl ihm, die Herrschaft dem Constantin zu hinterlassen«. Andere, wie Euseb, Lactantius und Orosius, geben sich nicht einmal diese Mühe der Motivierung, sondern tun, als ob sich Constantins Erbfolge ganz von selbst verstanden hätte. Die Tatsache ist, daß ihn die Soldaten seines Vaters zum Imperator Augustus erhoben[48]. Die Hauptstimme dabei hatte ein Alamannenhäuptling Crocus (oder Erocus), welchen Constantius samt seiner Schar für den Pictenkrieg in Dienst genommen hatte. Die Hoffnung auf ein reiches Donativ wirkte natürlich auch hier bestimmend mit. Für eine ergreifende Darstellung des Herganges sorgt der oben genannte Panegyriker. »Schon beim ersten Ausritt warfen dir, dem Weinenden, die Krieger den Purpur über... Du wolltest dieser Bezeigung der eifrigen Anhänglichkeit entfliehen und gabst dem Pferde die Sporen; aber das war, aufrichtig zu reden, ein jugendlicher Irrtum! Welches Roß wäre schnell genug gewesen, dich der Herrschaft zu entziehen, die dir folgte[49]«? Das Einzelne der hier gespielten Intrige erraten zu wollen, wäre überflüssig.

Galerius, als er das Ereignis vernahm, tat das Mögliche; da er den Constantin nur durch einen überaus gefahrvollen innern Krieg hätte beseitigen können, so erkannte er ihn zwar an, allein nur als zweiten Cäsar, und ernannte den Severus zum Augustus, den Maximinus Daza aber zum ersten Cäsar[50]. Die wahre Herrscherweihe holte sich dann Constantin in den mehrjährigen Kämpfen gegen die Germanen, wovon oben die Rede gewesen ist. Damals konnte über Gallien nur Herrscher sein, wer der Verteidiger und der Retter war, und auf diesem Felde blieb nach dem Vater für den Sohn wenigstens eine Nachlese übrig.

Die nächste unvermeidliche Folge der Usurpation Constantins war die Usurpation des Maxentius. Was einem Kaisersohne durchging, das konnte man dem andern schwerlich wehren. Sein Vater Maximian, aus

[47] Wovon man sonst nichts weiß.
[48] Ich glaube dies festhalten zu sollen gegenüber der Ansicht, daß er nur zum Cäsar sei erhoben worden (Hunziker, a. a. O., S. 215). Den Soldaten war gewiß eher der Imperatortitel geläufig. Daß aber Constantin sehr bald sich einstweilen mit dem bloßen Titel eines Cäsars oder *filius Augustorum* begnügte, soll nicht geleugnet werden.
[49] Mit ähnlichen Redensarten Euseb., *Vita Const.* I, 22 und 24, wo der Unterschied zwischen Constantin und den übrigen Kaisern darin gefunden wird, daß diese durch Beistimmung anderer, jener aber »durch Gott allein« erhoben worden.
[50] Seine frühern, hievon verschiedenen Absichten s. *De mort. pers.*, c. 20.

Ehrfurcht vor den diocletianischen Verfügungen, widersetzte sich lange[51], konnte aber zuletzt der eigenen Versuchung nicht widerstehen und hielt dann mit. Maxentius, obwohl vielleicht als Wüstling und bösartiger Charakter bereits bekannt, fand einen natürlichen Bundesgenossen an dem Unwillen des von den Kaisern verlassenen Roms und der stark reduzierten Prätorianer; auch ist es wohl denkbar, daß die letzte verdrießliche Abreise Diocletians von Rom im Jahre 303 mit den ersten Anfängen eines Komplottes dieser Art in Verbindung stand. Endlich hatte Galerius alles Maß überschritten, indem er die alte Weltstadt für seine neuen Steuern mit in Anspruch nahm. Maxentius gewann ein paar Offiziere, einen großen Lieferanten und die Prätorianer, welche ihn ohne weiteres proklamierten. Der Stadtpräfekt, der sich widersetzen wollte, wurde noch vorher getötet. Es scheint, daß ganz Italien sehr bald dem Thronräuber zufiel.

Diesmal konnte Galerius nicht bloß zusehen. Er sandte (307) seinen Mitkaiser Severus aus, der als Erbe der Ländermasse des Maximian auch unmittelbar Herr von Italien sein sollte. Allein Severs Armee, die meist aus alten maximianischen Soldaten bestand, war gegen Maxentius nicht zu brauchen; es folgte Verrat, Rückzug und eine persönliche Übergabe in oder bei Ravenna, die dann doch den beklagenswerten Augustus in der Folge nicht vor verräterischem Morde schützte[52]. Galerius kam, ihn zu rächen, allein sein Heer erwies sich nicht zuverlässiger, und er mußte eilends umkehren.

Inzwischen hatte der alte Maximian sich, wie gemeldet, seinem Sohne zugesellt, – wenn Maxentius wirklich von ihm und der Syrerin Eutropia erzeugt und nicht untergeschoben war, was einzelne Heiden und Christen behaupteten, und was hier hervorgehoben werden muß als Beleg für den Wert, den man auf einmal wieder dem Erbrechte zuschrieb. Dem Verhältnis zwischen Vater und Sohn fehlte freilich so sehr jede Pietät, daß jenes Gerücht fast notwendig entstehen mußte. Auch den Soldaten kam der Alte durchaus nicht gelegen, wahrscheinlich weil sie seine Disziplin fürchteten; wenigstens fand er keinen Anklang, als er sie bald darauf gegen den Sohn einzunehmen suchte; sie antworteten ihm mit trotzigem Hohn, worauf er sich damit ausgeredet haben soll, es sei ihm bloß um eine Probe ihrer Gesinnung zu tun gewesen. Zonaras, der dies erzählt, läßt ihn vorher sogar den Senat besuchen und dort den Sohn für untüchtig zur Regierung erklären. Jedenfalls ein merkwürdiger Abfall vom

---

[51] Aurel. Vict., *Caess.* 40.
[52] Über diese und die folgenden Ereignisse vgl. Manso, Leben Const. d. Gr., fünfte Beilage, – und Hunziker, a. a. O., S. 216 ff., wo auch der Beweis geleistet ist, daß Severus nur auf Anordnung des Maxentius und erst nach Maximians Abreise nach Gallien getötet wurde. (Zu Trestabernae.)

diocletianischen Herrscherprinzip, zumal nach den oben (Abschnitt 2) erwähnten Feindseligkeiten Maximians gegen die Senatoren.

Als sich der unruhige Greis in seinen Hoffnungen auf Oberherrschaft betrogen sah, ging er nach Gallien, um bei Constantin zu versuchen, was ihm bei Maxentius mißlungen war. Er hatte noch ein Pfand der Herrschaft mit sich, seine jüngere Tochter Fausta[53]; diese vermählte er mit Constantin und gab ihm dazu den Augustustitel. Es war darauf abgesehen, daß man einstweilen warten würde, bis Maxentius mit dem neuerdings kampfbereiten Galerius im Kriege läge, um dann mit Übermacht einzugreifen. Allein Constantin nahm die Tochter und den Titel und verweigerte dann Maximian jede weitere Mitwirkung, worauf diesem nichts anderes übrig blieb, als wieder nach Rom zu gehen und sich mit dem Sohne auf einen leidlichen Fuß zu setzen.

Von jener Hochzeit besitzen wir noch eine Festrede[54]. Vielleicht hat nie ein Casualredner eine schlimmere Aufgabe gehabt, als dieser ungenannte gallische Rhetor, der alles verschweigen und alles sagen sollte, und man muß ihm zugestehen, daß er mit Takt und Talent seine Aufgabe gelöst hat. Uns interessiert dabei vorzugsweise (Kap. 2) der Glückwunsch wegen endlicher Begründung einer Dynastie: »Möge die Weltherrschaft Roms und die Nachkommenschaft der Imperatoren gleich ewig und unsterblich sein!« Merkwürdigerweise aber wird hier schon das Dasein eines Sohnes, Crispus, aus einer frühern Ehe des Constantin mit der Minervina ignoriert, während diese Ehe selber (Kap. 4) ausdrücklich erwähnt und dem Constantin zum sittlichen Ruhme angerechnet wird; dafür preist der Redner das hohe Glück, Herculier, das heißt Söhne von der Fausta, in das Haus zu bekommen.

Während Galerius gegen Italien rüstete, geriet Maximian von neuem in die übelsten Verhältnisse mit Maxentius; es kam zu einer öffentlichen Szene[55], wobei der Vater dem Sohn den Purpurmantel abreißen wollte. Abermals mußte er von Rom weichen.

In dieser allgemeinen Konfusion nahm Galerius seine Zuflucht zu der Weisheit des alten Diocletian, der auf sein Ersuchen (307) zu einem Kongreß nach Carnuntum (Sankt Petronell unweit Haimburg) kam. Lactantius läßt schon Jahre vorher den Oberkaiser wahnsinnig werden, die Mitregenten möchten aber wohl die Überzeugung von dessen geistiger Kraft noch nicht verloren gehabt haben, als man sich an der Donau zusammenfand. Hier wurde zunächst ein bewährter alter Kampfgenosse und

---

[53] Die ältere Tochter Theodora hatte er bekanntlich fünfzehn Jahre vorher dem Constantius Chlorus gegeben, als dieser zum Cäsar ernannt wurde.
[54] Panegyr. VI *(Incerti Maxim. et Constantino*, gehalten zu Trier im Jahr 307).
[55] Vielleicht gehört das oben aus Zonaras Mitgeteilte erst hieher.

Freund des Galerius, der Illyrier *Licinius*, an der Stelle des ermordeten Severus zum Augustus ernannt. Aber auch der alte Maximian stellte sich ein und wurde, statt Hilfe und Ermutigung zu finden, nochmals zur Abdankung bewogen; Licinius sollte der allein rechtmäßige Imperator für das Abendland sein[56]. Allein Maximian hatte weder Ruhe noch Rast mehr, und als er seinen ehemaligen Mitregenten aus den Augen war und wiederum bei Constantin in Gallien einkehrte, konnte er der Versuchung nicht widerstehen, auf des Schwiegersohnes Kosten auszuüben, was ihm beim Sohne zweimal mißlungen. Während Constantin gegen die Franken ausgerückt war, nahm er zum drittenmal den Purpur, bemächtigte sich des Schatzes und der Vorräte und warf sich in das feste Arelatum (Arles), von wo er, als Constantin ihm eilends nachzog, nach Massilia flüchtete. Hier lieferte ihn, wie es scheint, seine Mannschaft dem Schwiegersohne aus. der ihm nochmals Leben und Freiheit geschenkt haben soll. Aber Maximian benützte dies nur zu neuen gefährlichen Ränken, von welchen Constantin durch Fausta selber in Kenntnis gesetzt wurde[57]. Es blieb nichts anderes übrig, als den unheimlichen Alten aus der Welt zu schaffen. Er durfte seine Todesart wählen und ließ sich (310) erwürgen. Zu Anfang des elften Jahrhunderts fand man zu Marseille sein Grab; die noch wohl erhaltene Leiche, reich einbalsamiert und geschmückt, lag in einem Bleisarg und dieser in einer Marmorwanne. Erzbischof Raimbald von Arles ließ den Feind Gottes und Constantins samt allem ins Meer werfen, welches seither an jener Stelle bei Tag und Nacht heftig brausen soll[58].

Wie mußten diese Vorgänge Diocletians letzte Jahre verbittern! Der Ehrgeiz, auf das Erbrecht gestützt, hatte sein System bereits zur Hälfte umgestürzt, ja er mußte den Kummer erleben, daß selbst außerhalb der Kaiserfamilien die Usurpation im Stil des dritten Jahrhunderts wieder ihr Haupt erhob, nachdem ein Aelianus und Amandus, ein Carausius und Allectus, ein Achilleus und Julian nebst den Ihrigen die angemaßte Herrschaft mit Strömen Blutes gebüßt hatten. Ein Statthalter in Afrika, der Phrygier Alexander, von Maxentius auf unkluge Weise zur Huldigung an-

---

[56] Daß Galerius schon im J. 305 die Erhebung des Licinius zum Mitaugustus im Sinne gehabt habe, ist möglich, aber Lactantius, der es (Kap. 20) meldet, konnte davon nicht mehr wissen als wir. Und daß Galerius zugleich für seinen damals neunjährigen Sohn Candidianus die Cäsarwürde habe aufsparen wollen, ist jedenfalls ersonnen. Candidianus war übrigens sein Sohn nicht von Valeria, sondern ein Bastard, aber von Valeria adoptiert und erzogen. – Vgl. Preuß, S. 170.
[57] Manso, S. 38 und 302, läßt sich an dieser Stelle verführen, dem Lactantius (Kap. 30) ein absurdes Märchen abzunehmen. – Das Verhältnis der verschiedenen Aussagen s. bei Hunziker, a. a. O., S. 235 f.
[58] *Chronicon Novaliciense* V, 54.

gehalten, läßt sich von den Soldaten halb wider Willen mit dem Purpur bekleiden (308)[59]. Wir können es dem greisen, schicksalsforschenden Gärtner von Salona nicht verdenken, wenn er das schrecklichste Unheil, selbst den Untergang des Reiches, vor Augen zu sehen glaubte. – Natürlich warfen alle diese Bürgerkriege ihren unaufhörlichen Reflex in die Verfolgung hinein, so daß die mehrmaligen Rückfälle in die furchtbarste Strenge, welche in den Jahren 308 bis 313 zwischen den Pausen relativer Ruhe eintraten, mit den Thronfragen in engster Verbindung stehen. Von Maxentius berichtet Euseb, daß er wenigstens eine Zeit hindurch aus Feindschaft gegen Galerius die Christen schonte und sich sogar selber als Christ stellte, und auch Maximinus Daza war gegen die Christen abwechselnd mild oder grausam, je nachdem er dem Galerius trotzen oder schmeicheln wollte.

Indes begannen die Thronfragen sich zu vereinfachen. Galerius starb im Jahr 311, angeblich an einer scheußlichen Krankheit, zu Sardica in Mösien. Wir wollen den Lactantius in dem von Würmern zerfressenen Unterleib nach Herzenslust wühlen lassen und dafür konstatieren, daß der gewiß rohe und gegen die Christen unmenschliche Fürst bei den Heiden[60] »ein braver Mann und tüchtiger Krieger« heißt; auch darf es ihm nicht vergessen werden, daß er die Charakterfestigkeit gehabt hatte, für seine eigene Familie auf den Thron zu verzichten, um seinem Freunde Licinius den er für den Würdigsten hielt, die Herrschaft zuzuwenden. Noch kurz vor seinem Tode hatte er in einem mürrischen Toleranzedikt die Erfolglosigkeit der Staatsmacht in ihrem Kampfe gegen die Christen zugegeben und am Schlusse desselben die bisher Verfolgten zur Fürbitte für seine Person bei ihrem Gotte aufgefordert. Auch die Mitregenten unterzeichneten, Constantin, Licinius und indirekt sogar Maximinus Daza, insofern ein Erlaß seines höchsten Beamten den nämlichen Dienst tat. Die aus Kerkern und Bergwerken heimkehrenden Christen wurden vielfach auch von der heidnischen Bevölkerung freudig begrüßt, so müde war man bereits der Henkerszenen. Die nähern Einzelbestimmungen, welche dem Edikte folgten, sind uns nicht mehr erhalten und nur aus einem spätern

---

[59] Hierüber eine sehr dunkle Hauptstelle bei Zosimus II, 12. Die afrikanischen Garnisonen, eigentlich galerianisch gesinnt, wollen sich zuerst, aus Furcht vor einer Landung des Maxentius, auf Alexandrien zurückziehen, finden aber unterwegs eine starke (maxentianische?) Streitmacht und weichen vor derselben wieder nach Karthago. Darauf erst folgt die persönliche Bedrohung des Alexander durch Maxentius und das übrige. Man wird hier darauf verzichten, Klarheit in die Motive zu bringen.

[60] Eutrop. X, 1. – Auch der ältere Aurelius Victor (Kap. 40) hat neben einem sehr nachdrücklichen Lob nichts als den Mangel an Bildung auszusetzen.

Erlaß zu erraten; sie scheinen noch immer hart und in dem nämlichen grollenden Tone abgefaßt gewesen zu sein, wie das Edikt selbst[61].

Eine Verwickelung, die bei Anlaß dieser Thronfolge zu drohen schien, löste sich unerwartet rasch und friedlich. Maximinus Daza, der frühere galerianische Cäsar, der sich bereits bei einem andern Anlaß den Augustustitel verschafft hatte[62], glaubte von Licinius, der eigentlich zum Augustus des Westens bestimmt war, eine starke Beeinträchtigung seines orientalischen Reiches befürchten zu müssen; beide zogen mit Heeresmacht gegeneinander, versöhnten sich aber bei einer Konferenz auf Schiffen mitten im Hellespont (311) und machten diesen und den Archipelagus zur Grenze ihrer Gebiete, so daß dem Licinius die ganze Halbinsel zwischen diesem Meere und dem Adriatischen blieb. Was Diocletian zu einer solchen Teilung dachte, ist ganz unbekannt.

Zu derselben Zeit unterwarfen die Feldherrn des Maxentius das abgefallene Afrika; der Usurpator Alexander wurde geschlagen, auf der Flucht eingeholt und erwürgt, die unglückliche Provinz mit größter Härte gezüchtigt. Die Stadt Cirta litt dabei so sehr, daß sie später unter Constantin neu gebaut werden mußte[63]. In Rom affektierte Maxentius, als er seinen Triumph hielt, eine Erinnerung an die Feindschaft des alten Karthago gegen Rom[64].

So gab es nun wieder zwei westliche und zwei östliche Regenten, Constantin und Maxentius, Licinius und Maximinus Daza. Aber wie weit entfernt war ihr Verhältnis von dem harmonischen »Tetrachord«, der einst Diocletian und seine Mitregenten verbunden hatte. Keine Unterordnung noch gegenseitige Verpflichtung wird anerkannt, jeder ist Augustus auf eigene Rechnung und mißt die andern mit mißtrauischen Blicken; ihre Gebiete sind scharf voneinander abgegrenzt, und keiner würde es wagen, in dem Lande des andern mitregieren zu wollen, keiner aber auch dem andern Hilfe gewähren, bevor eine selbstsüchtige Kombination sie zu Einzelbündnissen treibt. Das Reich liegt nun einmal in vier Stücken, und der, welcher zuerst den Frieden gebrochen, Constantin, hat nun die Aufgabe, an die Stelle des frühern Zusammenhanges einen neuen treten zu lassen.

Wir verfolgen sein Leben zunächst in Beziehung auf die Art und Weise, wie er diese Aufgabe erfüllte.

Er sucht sich unter seinen drei Kollegen den fähigsten und zugleich legitimsten aus und verbündet sich mit ihm; Licinius verlobt sich mit

---

[61] Vgl. den Vortrag von Zahn: Constantin d. Gr. und die Kirche, Hannover 1876, S. 11 und 33.
[62] Hierüber Hunziker, a. a. O., S. 232.
[63] Sie erhielt den Namen Constantina(e), den sie noch jetzt führt.
[64] Zosim. II, 14.

Constantia, der Schwester Constantins. Darauf erhebt sich (312) der Krieg gegen Maxentius[65]. Dieser hatte sich inzwischen mit Maximin alliiert, zunächst gegen Licinius, welchem er die illyrischen Lande zu rauben gedachte; umsonst hatte Constantin sich ihm nähern wollen; Maxentius hatte den »Mörder seines Vaters« abgewiesen und gegen denselben gerüstet. Welchem von beiden dann der offene Bruch zuzuschreiben sei, mag unentschieden bleiben; Euseb nimmt dies Verdienst für Constantin in Anspruch, rühmt ihn deshalb ausdrücklich und spricht von seinem großen Mitleid gegen das arme unterdrückte Rom; »das Leben hätte ihn nicht mehr gefreut, wenn er die Weltstadt länger hätte leiden sehen müssen[66]«. Dies zeichnet zwar schwerlich Constantins Denkart, aber dafür Eusebs Schreibart. Nun hatte Maxentius ganz ungeheure Streitkräfte beisammen[67], die ihn auch im entscheidenden Augenblick nicht verrieten und ihm sicher zum Siege verholfen hätten, wäre er nicht strategisch unfähig und in feige Indolenz versunken gewesen. Constantins Streitkräfte dagegen lagen zwar nicht in den himmlischen Legionen unter der Anführung des seligen Constantius Chlorus, womit ihn die Schriftsteller beider Religionen[68] beehren, auch nicht in der Sympathie der Christen – vielleicht nicht einmal in der Verzweiflung des zu Boden getretenen Italiens, denn die Bevölkerungen reden in diesem Kampfe überhaupt kaum[69] mit – wohl aber in der Kriegstüchtigkeit seiner etwa 100000 Mann (Britten, Gallier und Barbaren) und in seiner eigenen Persönlichkeit. Wenn dieser Krieg nicht von so verdächtiger Seite gerühmt würde, so müßte man ihn vielleicht bewundern wie den italischen Feldzug des jugendlichen Napoleon, mit dem er mehr als ein Schlachtfeld gemein haben mochte. Die Erstürmung von Susa, die Schlacht bei Turin, wo die schwere Reiterei der Feinde – Mann und Roß gepanzert[70] – mit eisernen Keulen totgeschlagen wurde, der Einzug in Mailand, das Reitertreffen bei Brescia entsprächen dem Anfange des 1796er Feldzuges; dann möchten die furchtbaren Kämpfe Constantins um Verona wohl die Bezwingung von Mantua aufwiegen. Aber auch die Feinde würden der Vergleichung mit Napoleons Feinden nicht unwert sein; sie kämpften

---

[65] Außer Euseb und Zosimus sind hier die Panegyriken IX und X Hauptquellen.

[66] Euseb., *Vita Const.* I, 26 und 37, wo Constantin sogar den Römern die Freiheit ihrer Ahnen wiedergeben will! –

[67] Laut Zosimus 170000 Mann zu Fuß und 18000 Reiter.

[68] Sehr ernstlich schildert z. B. Nazarius im Paneg. X, c. 14 deren Auftreten.

[69] Die Städte rufen wohl (Paneg. IX, 7) den Const. zu sich, aber erst, nachdem er gesiegt hat.

[70] Sogenannte Clibanarier oder Cataphracten, aus dem persischen Kriegswesen entlehnt.

mit Mut und Ausdauer und liefen nicht zu Constantin über, so daß er zum Beispiel die ganze kriegsgefangene Besatzung von Verona in Fesseln schlagen mußte, damit sie nicht wieder zu Maxentius entwiche. Sie zu töten, erlaubte weder die fortgeschrittene Humanität noch der wohlverstandene Vorteil des Reiches, und auf ihre Parole war, scheint es, nicht zu bauen; man mußte ihre Schwerter zu Handfesseln umschmieden. Verona hatte sich aber erst ergeben, als ein anderer Teil der constantinischen Armee Aquileja und Modena mit Sturm genommen hatte[71].

So war eine feste Basis gewonnen für die Eroberung von ganz Italien; Maxentius und seine Generale waren überrascht worden; was sie durch rechtzeitige Besetzung der Alpenpässe mit geringen Mitteln hätten ausrichten können, brachten sie am Fuß der Alpen und in der Ebene mit Strömen Blutes nicht wieder ein. Strategiker mögen nun entscheiden, ob Maxentius nicht vielleicht Gründe hatte, den Feind bis gegen Rom vorrücken zu lassen. Die Autoren schildern ihn freilich bald als einen feigen Stubensitzer, bald als abergläubischen Beschwörer[72], und beides mag seine teilweise Richtigkeit haben. Daß die Einwohner von Rom den Gewaltherrscher haßten, leidet keinen Zweifel; bei einem Streit mit seinen Soldaten waren 6000 Menschen umgekommen; sein wüstes Leben und seine Erpressungen konnten ihm nur Feinde machen; aber dies alles war nicht entscheidend. Er hatte noch eine große Armee für sich, und Rom selber war für den Fall einer Belagerung mit ungeheuren Vorräten versehen, wurde auch durch Gräben neu befestigt, so daß man den Feind hinhalten und vielleicht plötzlich einwickeln konnte. Allein wenn die berühmte Schlacht, die bei Saxa rubra neun Millien von Rom begann und an der milvischen Brücke endigte, wirklich so angeordnet war, wie die Schriftsteller erzählen, so kann von strategischer Rechtfertigung überhaupt kaum mehr die Rede sein; das Heer des Maxentius war nämlich in langer Linie so aufgestellt, daß es die Tiber im Rücken hatte; dieser sehr reißende Fluß aber scheint keine andere Brücke gehabt zu haben als die milvische nebst einer daneben liegenden Schiffbrücke. So mußte gleich die erste Verwirrung unheilbar werden. Was nicht durch das Schwert fiel, ertrank; um Maxentius herum hielten noch die Prätorianer, deren Geschöpf er war, am längsten aus; auch er floh und versank im Flusse, während sie, wie einst die Schar Catilinas bei Pistoja, sich an der Stelle niederhauen ließen, wo sie am Anfang der Schlacht gestanden hatten. Ihre Vernichtung war für den Sieger von großem Werte, weil er sonst doch noch einmal

---

[71] Panegyr. X, 26, wo sich *oppugnatio* ohne Zweifel auch auf diese beiden Städte bezieht. Das Schweigen des Panegyr. IX, 11 darf hier nicht irreleiten; der Autor will nur nicht so unhöflich sein, von Waffentaten zu sprechen, wobei sein Held nicht selber kommandierte.

[72] So auch Zosimus II, 16.

mit ihnen hätte abrechnen müssen. Er hatte es jetzt leicht, das prätorianische Lager zu zerstören.

Mit dieser Schlacht hatte nun das ganze Abendland seinen Herrn; auch Afrika und die Inseln fielen dem Überwinder zu. Zwischen zwei Illegitimen hatte das höhere Talent und die Entschlossenheit wie billig den Sieg entschieden. Constantin, bisher nur durch Grenzkriege bekannt, stand auf einmal im blendendsten Glanze des Heldenruhmes der öffentlichen Meinung gegenüber. Jetzt handelte es sich darum, diese neue Macht womöglich auf andere Grundlagen als auf die bloße Soldatengewalt zu stellen.

Hört man nur die Festredner, so hätte Constantin nach Aufhebung der ärgsten maxentianischen Mißbräuche und Verfolgungen vor allem den Senat geehrt und durch neue Ergänzungen aus den Provinzialen zu heben gesucht. Es braucht aber keinen besondern Scharfblick, um einzusehen, daß nach den Ereignissen der letzten drei Jahre keine Mitregierung des Senates mehr möglich war. Constantin konnte wohl den Römern zu Gefallen diese Körperschaft wieder äußerlich zu Ehren bringen, nicht aber von ihr eine wesentliche Unterstützung hoffen und deshalb mußte sie ihm innerlich gleichgültig bleiben; ja vielleicht hegte er schon damals Pläne, die zwischen ihm und dem Senat eine tiefe Abneigung begründen mußten. Neun Jahre später läßt ein Panegyriker, der den Senat soeben eine Blüte der ganzen Welt und Rom eine Burg aller Völker und Königin aller Lande genannt hat, die Wahrheit doch zwischen den Zeilen lesen: »Diese ehrwürdige Seele des römischen Volkes[73], hergestellt, wie sie vor alters war, zeigt weder frechen Übermut noch kümmerliche Niedergeschlagenheit; beständige Ermahnungen des göttlichen Fürsten haben sie in ein solches Geleise gebracht, daß sie, nach seinem Wink sich biegend und wendend, nicht seiner Furchtbarkeit, sondern seiner Güte sich willig fügt[74]«. Mit andern Worten: der Senat, großenteils aus Heiden bestehend und ohne allen Einfluß auf die Regierung, findet sich in einer schiefen Stellung zum Kaiser. Er versammelt sich noch regelmäßig, und die Kalender geben sogar die Tage an: »*senatus legitimus*«, gesetzlicher Senatstag – allein dies kommt mit Ausnahme des Januars höchstens einmal im Monat vor.

Der Kaiser aber hatte sich inzwischen zum Beschützer des Christentums proklamiert. Seine persönliche Religiosität mag hier einstweilen ganz aus dem Spiele bleiben; fragen wir nur nach den politischen Gründen, welche einen römischen Imperator zu einem solchen Schritt bewegen konnten. Die Christen waren doch immer nur eine kleine Minorität[75], die

---

[73] Nämlich der Senat.
[74] Panegyr. X (*Nazar. Constantino*, vom Jahre 321), c. 35.
[75] Die Überlieferung hat hier eine empfindliche Lücke. Gleich nach der Ver-

man weiter nicht zu schonen brauchte; wie konnte nun ihre Duldung dem Ehrgeizigen als ein Mittel der Macht, mindestens als eine Sache der Zweckmäßigkeit erscheinen?

Das Rätsel löst sich, sobald man annimmt, daß die Mehrzahl derjenigen Heiden, auf deren Meinung etwas ankam, die weitere Verfolgung mißbilligten, daß sie auf die daherige Störung des bürgerlichen Lebens mit Unmut, auf den im Pöbel geweckten Blutdurst mit Besorgnis hinsahen, daß in den letzten Jahren bedenkliche Vergleichungen angestellt wurden zwischen dem an und für sich nicht blühenden, aber doch ruhigen Zustande Galliens und dem schändlichen Henkerwesen im Osten und Süden. Jeder Terrorismus erlahmt, sobald die Durchschnittsmasse ihre Leidenschaft gestillt hat und die unangenehmen Folgen selber zu empfinden anfängt; die Fanatiker, die ihn perpetuieren wollen, gehen entweder an ihren eigenen Konsequenzen zugrunde oder sie werden beiseite geschoben. Bereits hatten sogar die verfolgenden Kaiser die Duldung zeitweise als politisches Mittel oder auch nur zur Kränkung des Galerius eintreten lassen, und Galerius selber hatte dann in seiner furchtbaren letzten Krankheit (311) jenes höchst auffallende Duldungsedikt gegeben (s. oben S. 247). Constantin brachte also mit seinen zwei Toleranzedikten von Rom und Mailand (312 und 313) nichts ausschließlich Neues und benützte die Toleranzfrage zunächst auch nicht gegen die übrigen Kaiser, vielmehr vermochte er den inzwischen mit ihm verschwägerten Licinius in Mailand (Winter 312/313) zur Teilnahme an jenen Beschlüssen, und beide unterhandelten sogar mit Maximinus Daza um seine Beipflichtung, die denn auch in beschränktem Sinne erfolgte. – Somit wäre die Christenduldung einfach eine Sache der Notwendigkeit gewesen und bedürfte keiner weitern Erklärung. Das von Licinius mitunterzeichnete Edikt von Mailand ging allerdings sogleich sehr weit; es sprach zum erstenmal die unbeschränkte Freiheit aller Kulte, tatsächlich auch der zahlreichen christlichen Sekten aus; in betreff der staatlichen Anerkennung wurde das Christentum dem alten Götterglauben völlig gleichgestellt; es erhielt* den Charakter als Korporation und bekam die an den Fiskus oder in Privatbesitz übergegangenen Kirchen und Korporationsgrundstücke zurück.

Es ergab sich aber eine Gelegenheit, da der neue Herr des Abendlandes einigermaßen sein wirkliches Verhältnis zur römischen Staatsreligion und zwar als ein *indifferentes* verriet. Nach der Schlacht an der milvischen

folgung müssen die Übertritte zum Christentum außerordentlich zugenommen haben. Euseb, Sulpicius Severus u. A. bringen nur ganz allgemeine Ausdrücke, *mirum est quantum invaluerit religio* u. dgl. statt Zahlenangaben.

* Im Text fehlerhaft »enthielt«. Aus der Hs. berichtigt von F. Stähelin in der Krit. Ausgabe von 1929.

Brücke hatten ihm Senat und Volk nebst andern Ehrenbezeigungen einen Triumphbogen zuerkannt, der ziemlich rasch, zum Teil mit den schönen Bruchstücken eines Bogens des Trajan, zusammengebaut wurde. Vielleicht wußte man ohnehin, daß Constantin den Trajan wegen der vielen Inschriften, worin er verewigt war, nur »das Unkraut an der Mauer« zu nennen pflegte[76]; man wird sich um so viel weniger besonnen haben. Die nunmehrige Inschrift des Bogens lautet gegenwärtig dahin, Flavius Constantinus Maximus habe über den Tyrannen und seine ganze Partei gesiegt usw. »auf Eingebung der Gottheit«; allein unter diesen Worten schimmert eine frühere Lesart durch: »auf den Wink des höchsten und besten Jupiter[77]«. Wahrscheinlich wurde die Änderung zu der Zeit angebracht, da der Kaiser die (ohne sein Vorwissen verfaßte) Inschrift zum erstenmal sah, nämlich bei seinem Besuche zu Rom im Jahre 315, als seine religiöse Stellung schon deutlicher bestimmt war. Die erste Lesart bewiese dann nur, daß man unmittelbar nach dem Siege noch nichts anderes wußte, als daß der Imperator römischer Heide sei. Die Korrektur leugnet dies nicht und stellt ihn noch weniger als Christ dar, sie entzieht ihn nur jedem direkten Glaubensbekenntnis und behält ihm allenfalls den Monotheismus frei. Die Bildwerke des Bogens stellen bekanntlich zum Teil heidnische Opfer dar, an Apoll, Diana, Mars und Sylvanus, nebst Suovetaurilien.

Und Maxentius hieß also nicht bloß bei Euseb, sondern auch an offiziellster Stelle der Tyrann, d. h. im damaligen Sinne der Unberechtigte, der Usurpator! Dies Wort hätte ganz ebensogut auf Constantin gepaßt, allein die Leute redeten sich ein, Maxentius sei doch nur ein untergeschobenes Kind gewesen, und seiner Mutter gestehe dies selber zu. Man wünscht das Erbrecht herbei und sehnt sich nach einer Dynastie, sobald man wählen darf und nicht mit bösartigen Prinzen von Geblüt vorliebnehmen

---

[76] Aurel. Vict., Epitome.
[77] Statt des jetzigen INSTINCTV. DIVINITATIS hieß es NVTV. I. O. M. *etc.* Ich verdanke diese Notiz der gütigen Mitteilung des Hrn. Dr. Henzen in Rom. Man entdeckte die Korrektur, als zur französischen Zeit der Bogen mit Gerüsten umgeben wurde, um die Bildwerke abzuformen. [Nachtrag:] Die Hypothese, daß die fraglichen Worte der Inschrift statt INSTINCTV. DIVINITATIS ehemals NVTV. IOVIS. O. M. gelautet haben möchten, stammt von Borghesi. Zwar ist in neuerer Zeit (durch de Rossi im *Bullettino di archeologia cristiana* 1863, p. 57) die Änderung in Abrede gestellt und die Ursprünglichkeit der Worte INST. DIV. behauptet worden. Allein der neuste Berichterstatter (Schultze, in Briegers Zeitschrift für Kirchengesch., III. Bd., 1879, S. 294) ist doch überzeugt, daß in diesen Worten eine Korrektur vorliege, insofern dieselben an beiden Fronten in einer von den übrigen Teilen der Inschrift auffallend abweichenden Weise zusammengeschoben und unregelmäßig gestellt seien; er gesteht indes zu, daß sich diese Annahme nicht erweisen lasse.

muß. Fortan gibt sich die ganze Panegyrik überhaupt das Wort, von Constantin als von dem allein Rechtmäßigen, von allen andern aber als von Tyrannen zu sprechen[78].

Diocletian hatte also mit seinem System von Adoptionen, welches auf so viele Entsagung berechnet war, gegenüber so vielem Ehrgeiz unrecht behalten. Er gab sich um diese Zeit (313) freiwillig den Tod durch Hunger oder durch Gift[79]. Constantin und der unbegreiflich verblendete Licinius hatten ihm eine Falle legen wollen und ihn zur Hochzeit der Constantia nach Mailand eingeladen, welches er ohne Zweifel nicht mehr frei oder nicht mehr lebend verlassen hätte. Er tat ihnen den Gefallen nicht, sondern entschuldigte sich mit seinen achtundsechzig Jahren. Darauf sandten sie ihm Drohbriefe, worin ihm vorgeworfen wurde, er halte es mit Maximinus Daza und habe es mit Maxentius gehalten, als dieser noch lebte. Diocletian war zu lebensmüde oder von dem Ablauf seines Schicksals zu fest überzeugt, um sich etwa wirklich dem Daza in die Arme zu werfen, und ebensowenig wollte er sich von jenen erwürgen lassen. Obwohl er als Privatmann starb, wurde ihm doch (wahrscheinlich vom Senat) die Ehre der Apotheose zuerkannt, zum letztenmal im alten heidnischen Sinne. Wahrscheinlich ist der zierliche kleine Tempel im Palast zu Salona-Spalatro, welcher früher als Heiligtum des Aesculap galt, nichts anderes als das bei Lebzeiten errichtete Grabmal des großen Kaisers[80], und der jetzt noch in der Nähe befindliche Sarkophag mit den Reliefs der kalydonischen Jagd hat einst seine Leiche enthalten. Meleager aber, der hier gegen den Eber ausholt, ist Diocletian selber in einem entscheidenden Augenblick seines Lebens (s. oben S. 25). Nicht jedermann konnte dies Bildwerk sehen; noch ein Menschenalter später lag ein Purpurteppich über dem Sarge[81].

Was wären die damaligen Herrscher gewesen ohne Ihn? Höchstens Generale mit mehr oder weniger nahen Aussichten auf den Kaiserthron und auf die Ermordung durch Soldaten oder Verschwörer. Erst durch die Stetigkeit, welche er in die Thronverhältnisse gebracht, durch das entschiedene Halt! welches er dem schrankenlosen Cäsarismus zugerufen, war es wieder möglich geworden, von einem Thronrecht und bald auch von einem Erbrecht zu reden, wenn es auch damit im einzelnen Falle nicht gar weit her war. Ohne Diocletian gab es keinen Constantin, d. h.

---

[78] So Euseb durchgängig. Auch Julian in seiner Jugendarbeit, *Encomium ad Constantium*, ed. *Schäfer, pag.* 10.

[79] Aur. Vict., Epit. – De mort. pers. 42. 43. – Über das irrige Todesjahr 316 vgl. Clinton *l. c. ad. h. a.*

[80] So die einleuchtende Vermutung bei Lanza, *Dell' antico palazzo* usw., p. 14 s.

[81] Ammian. Marcell. XVI, 8.

keine Gewalt, welche mächtig genug gewesen wäre, das Reich unerschüttert aus dem alten Zustand in einen neuen hinüberzuführen und die Schwerpunkte der Macht an andere Stellen zu rücken gemäß der Notwendigkeit des neuen Jahrhunderts.

Das nächste Opfer, welches fallen mußte, war Maximinus Daza. Ausschweifend, abergläubig über die Maßen, besaß er doch jene kühne Entschlossenheit, welche den Herrscher so wesentlich ziert, und welche wohl den Galerius zu seiner Adoption bewogen hatte; sonst erscheint seine Regierung, wie aus dem Benehmen gegen die Christen[82] hervorgeht, herzlos und tückisch, läßt sich übrigens schwer im einzelnen beurteilen, weil er, wie später Julian, unter eine förmliche Mitherrschaft der Priester und Magier geraten war. Dem Ansinnen der beiden andern Kaiser um Teilnahme an den Toleranzmaßregeln hatte er zwar nachgegeben, doch offenbar nur gezwungen, so daß die Christen, seiner frühern Zweizüngigkeit eingedenk, sich nicht ans Licht wagen wollten[83].

Er hatte schon seit Jahren geahnt, daß er sich seiner Existenz werde zu wehren haben, und war deshalb einst in jenes geheime Bündnis mit dem Usurpator Maxentius getreten, so wie Licinius mit dem Usurpator Constantin. Doch half er jenem in der Stunde der Gefahr nicht, vielleicht weil er wußte, daß ihm überhaupt nicht zu helfen war; dafür sparte er seine Kräfte zu einem neuen, plötzlichen Angriff auf Licinius (313). Blitzschnell rückte er wieder aus Syrien durch Kleinasien nach Europa und nahm in dem Gebiete seines Gegners das feste Byzanz sowie Heraklea weg. Zwischen dieser Stadt und Adrianopel kam es zu einer Schlacht mit dem überraschten Gegner. Wider Willen der beiden handelte es sich hier ganz offenbar um Christentum oder Heidentum, weil man wußte, daß Maximin als Sieger die Christenverfolgung auf das Furchtbarste erneuern würde; es ist aber sehr die Frage, ob die kämpfenden Heere sich dessen irgendwie bewußt waren, obschon Lactantius (Kap. 46) das licinianische Heer ein ganzes Gebet auswendig lernen läßt, welches ein Engel dem Imperator sollte im Traum eingegeben haben. Maximin unterlag wahrscheinlich der höhern Kriegskunst oder der kriegerischen Po-

---

[82] Euseb., *Hist. eccl.* VIII, 14, sowie das ganze neunte Buch und die Beilage *De martyr. Palaest.* – Maximins Charakteristik bei Aurel. Vict., Epit. 40: ein Hirte an Herkunft und Erziehung, schätzte er doch den Umgang der Weisesten und Gebildetsten; bei sonst ruhiger Gemütsart liebte er den Wein zu sehr und gab in der Trunkenheit manche grausame Befehle; da ihn dergleichen später gereute, gebot er, fortan die Ausführung immer zu verschieben, bis er nüchtern sein würde. – Ähnliches von Galerius beim *Anon. Vales.* 11.

[83] Das Nähere bei Hunziker, a. a. O., S. 247 ff. Maximin hatte u. a. Oberpriesterstellen für die Provinzen geschaffen und angesehene Männer dafür ernannt, um dem Heidentum wieder einen innern Halt zu geben.

pularität seines Gegners, zu welchem ein Teil seines Heeres überlief. Auf der Flucht sammelte er sich erst in Cappadozien wieder und suchte die Pässe des Taurus durch Verschanzungen zu sperren, starb aber, wahrscheinlich natürlichen Todes[84], zu Tarsus in Cilicien. Licinius, der bereits Nicomedien eingenommen und daselbst ein neues Toleranzedikt erlassen hatte, trat nun ohne weitern Widerstand in das Erbe von Asien und Ägypten ein.

Constantin hatte ohne Zweifel mit Vergnügen zugesehen, wie sich die beiden Legitimen untereinander bekämpften und wie ihrer wiederum einer weniger wurde. Licinius erwies ihm jetzt überdies den Dienst, mit den Familien des Galerius, des Severus und des Maximinus Daza (darunter unschuldige Kinder) aufzuräumen; selbst Prisca und Valeria, die Witwe und Tochter Diocletians, wurden später bei Thessalonich aufgegriffen und enthauptet. Greuel dieser Art würde das diocletianische System nutzlos, ja unmöglich gemacht haben. Seitdem es aber in den Köpfen der Menschen wieder eine Art von Erbrecht gab, konnten solche Prinzen und Prinzessinnen gefährlich werden; der neue Herr des Orients fand die natürlichste Ausgleichung in dem gemeinen Sultanismus, der so lange mordet, bis kein möglicher Prätendent mehr da ist[85]. Licinius soll als Regent Verdienste gehabt haben um den Bauernstand, dem er selber entstammte, sowie auch um das Gedeihen der Städte; wenn er von der literarischen Bildung als von einem Gift und einer Pest des Staates redete, so könnte er in der damaligen Not des Reiches wenigstens mit Recht gewünscht haben, daß es wenigere Redner (namentlich Sachwalter) und mehr fleißige und wehrhafte Hände gäbe; die größte von ihm[86] gemeldete Grausamkeit (er soll wegen der Spottreden der Antiochener ihrer 2000 im Zirkus haben zusammenschießen lassen) ist von der neuern Kritik als Märchen erkannt worden; – aber nützliche Bluttaten hat er wohl nie verschmäht, und zu diesen möchten auch jene Hinrichtungen reicher Leute gehört haben, von welchen erzählt wird[87]. Außer der Habe sollen auch die Frauen dem gealterten Wüstling anheimgefallen sein.

[84] *Morte simplici*, sagt Aurel. Vict., Epit. 40. – *Fortuita morte*, bei Eutrop. X, 4.
[85] Über das unglückliche Schicksal dieser Familien vgl. Lactantius 39. 40. 41. 50. 51, der es neben hie und da geäußertem Mitleid doch in der Ordnung findet, daß Gott auch die Familien der Verfolger seines Namens zernichtet habe.
[86] Bei Malalas, L. XII, ed. Bonn., p. 314.
[87] Im *Anonymus Valesii*, dessen Aussage ich aufrecht halten möchte, während ich im übrigen Fr. Görres (Kritische Untersuchungen über die licinianische Christenverfolgung, Jena 1875) S. 92 ff. folge.

Inzwischen erinnert man sich aus der diocletianischen Zeit, daß zu einiger Sicherheit des Thrones doch designierte Nachfolger oder Cäsaren gehören. Constantin wagt zuerst vorzuschlagen und zwar einen gewissen Bassianus, der eine seiner Schwestern, Anastasia, zur Gemahlin hatte. Allein der Bruder desselben, Senecio, ein Verwandter des Licinius, wiegelt den Bassianus gegen Constantin selber auf, und der letztere sieht sich genötigt, den eigenen Schwager aus der Welt zu schaffen und von Licinius, seinem andern Schwager, die Auslieferung des Senecio zu verlangen, welche ihm keck verweigert wird; ja in einer der westlichen Grenzstädte des licinischen Gebietes, zu Ämona (Laibach), werden bereits die Statuen Constantins zu Boden geworfen[88]. Auf diese Ereignisse hin, welche irgend eine heillose Familienintrige voraussetzen, entbrennt ein gewaltiger Krieg, in welchem Constantin der angreifende Teil gewesen sein muß; wenigstens rückt er in das Reich seines Schwagers, schlägt ihn (8. Oktober 314) bei Cibalis an der Save (dem jetzigen Sevilei oder Svilaja) und verfolgt ihn bis nach Thracien, wo eine zweite, wahrscheinlich weniger entscheidende Schlacht in der mardischen Ebene vorfiel. Licinius hatte bereits von sich aus einen Grenzkommandanten Valens zum Cäsar ernannt; die erste Bedingung des jetzt unterhandelten[89] Friedens war dessen Zurücktritt in den Privatstand, damit keine dritte Dynastie aufkomme, außerdem mußte Licinius alle seine europäischen Besitzungen, also die Lande südlich von der Donau nebst ganz Griechenland abtreten mit Ausnahme Thraciens und der Pontusküste[90].

Dahin hatte es der Legitime gebracht durch sein früheres Bündnis mit dem ihm geistig so weit überlegenen Usurpator, gegen welchen sich schon nach dem Tode des Galerius alle übrigen hätten vereinigen müssen, wenn sie sich behaupten wollten. Je weniger eine Gewalt ihres rechtmäßigen Ursprunges sicher ist, desto unvermeidlicher drängt es sie, allem Legitimen rings um sich herum den Garaus zu machen. Den Licinius schon jetzt völlig zu vernichten, erschien noch zu schwer, aber die Überlegenheit war seither entschieden auf der Seite des Constantin. Scheinbar bleibt wohl völlige Gleichberechtigung zwischen beiden Herrschern; nach einiger Zeit (317) ernennen sie beiderseits ihre Söhne zu Cäsaren, Constantin

---

[88] So rätselhaft alles dieses beim *Anonymus Vales.* 14, 5. lautet, so enthält es doch eher, wenn auch in entstellter Form, die wahre Ursache des folgenden Krieges, als die allgemeinen Angaben des Zosimus und der übrigen. Euseb und Lactanz, welcher laut c. 51 frühestens gegen Ende d. J. 314 sein Buch schrieb, haben ihre Gründe, von dem Kriege zu schweigen.

[89] Petrus Patricius, *Legat. fragm.* 15 bei Müller, a. a. O., Bd. IV, p. 189. − Constantins Ingrimm gegen den »elenden Sklaven« Valens ist nicht ohne Bedeutung.

[90] Das Genauere bei Görres, S. 29 ff.

den Crispus und den jüngern Constantin, Licinius den Licinianus. Aber ein Blick auf das Alter dieser Cäsaren verrät die ungleiche Stellung der Imperatoren; Crispus war ein kräftiger, bald des Heerbefehls fähiger Jüngling, Licinianus dagegen ein zwanzigmonatliches Kind und dabei der einzige Sohn des schon betagten Vaters, also bei dessen Tode voraussichtlich hilflos und leicht zu beseitigen. Deshalb hätte der Legitime so gerne gemäß dem diocletianischen System Waffengenossen zu Cäsaren adoptiert, wie den Valens und später den Martinian, allein Constantin ließ es nicht mehr geschehen. Er selber erlaubt sich noch eine zweite Ernennung; neben seinem ältern Sohn erster Ehe, Crispus, stellt er bereits seinen noch sehr jungen gleichnamigen Sohn von der Fausta in Reserve auf.

Darauf geduldet sich Constantin bis zum Jahre 323, ehe er das Reich des Licinius seiner Herrschaft einverleibt. Er ließ die Frucht reifen, bis sie ihm fast von selber in die Hände fiel.

Es waren die entscheidenden Jahre, in welchen er dem Christentum aufmerksam zusah, was es leisten, was es einem klugen Regenten nützen könne. Als er durch die bedeutende Zunahme der Gemeinde, durch die deutlicher entwickelte Natur ihrer Hierarchie, durch die eigentümliche Gestalt des Synodenwesens und den ganzen damaligen Charakter des Christentums überzeugt worden war, daß man aus dieser gewaltigen Macht eine Stütze des Thrones schaffen könne, jedenfalls aber sich ihrer rechtzeitig versichern müsse, weil diese Macht schon anfing, sich seiner zu versichern, – da war auch der untrüglichste Hebel gegen Licinius gefunden. Dieser hatte inzwischen die Torheit gehabt, seinen gerechten Groll gegen Constantin die Christen entgelten zu lassen[91], als ob diese an der ruchlosen Herrschbegier seines Gegners Schuld wären (seit 319). Hätte er noch die Mittel zu einer Erneuerung der Verfolgung besessen oder anwenden wollen, so wäre wenigstens der Schrecken sein Verbündeter gewesen, und der Prinzipienkampf hätte dann im größten Maßstab müssen ausgefochten werden. Allein er beschränkte sich auf die Verweisung der Christen von seinem Hofe und auf kleinliche Quälereien, welche dann gleichwohl durch die Widerspenstigkeit der stark angewachsenen Christenmenge notwendig sich bis zu einer Art von Halbverfolgung steigerten[92]. Was nur Christ hieß, vom Bischof bis zum Geringsten herab, bildete nun eine natürliche Propaganda gegen ihn zugunsten Constantins, der es an Aufreizung offenbar auch nicht fehlen ließ; schon die ungleich größere Begünstigung, welche er von jeher den Christen erwiesen, hatte die Christen des licinischen Reiches erbittern müssen.

---

[91] Das Datum des Beginns der Verfolgung sowie deren ganzer Verlauf ist genau festgestellt bei Fr. Görres, a. a. O.

[92] Sulpic. Sever. *Sacra hist.* l. II. *Sed id inter persecutiones non computatur etc.*

Jede Synode, jede Zusammenkunft von Bischöfen war jetzt in der Tat gefährlich – Licinius verbot sie; jeder Gottesdienst war als Zusammenrottung verdächtig – er ließ Männer und Weiber sich getrennt versammeln und verbannte dann den ganzen Kultus aus der Stadt auf das freie Feld, weil draußen bessere Luft sei als in den Bethäusern; die Geistlichen suchten durch die Weiber auf die Männer zu wirken – er befahl, die Weiber sollten ihre religiöse Belehrung fortan durch Lehrerinnen erhalten[93]. Er degradierte die christlichen Offiziere; einzelne wahrscheinlich besonders verdächtige Bischöfe wurden getötet, einzelne Kirchen geschleift oder doch geschlossen. »Er wußte nicht (seufzt Euseb), daß man in diesen Kirchen für ihn zu beten pflegte; er glaubte, wir beteten nur für Constantin!« – Licinius gab zwar keinen allgemeinen Befehl, welcher den Toleranzedikten seiner frühern Zeit widersprochen hätte, auch konnten Arianer wie Bischof Eusebius von Nikomedien noch bis zuletzt in seiner Gunst und auf seiner Seite bleiben, allein es kam doch zu Konfiskationen, Verbannungen auf wüste Inseln, Verurteilungen zum Bergwerk, Atimie verschiedener Art, Verkauf in den Sklavenstand, und dies alles auch gegen sehr angesehene und hochgebildete Leute. Ja, der einst tolerante Fürst, der sogar bisher seinen Vorteil dabei gefunden, die Untertanen in einigem Zweifel über sein persönliches Bekenntnis zu lassen[94], kehrt endlich vollständig den alten Heiden heraus und umgibt sich mit ägyptischen Zauberern, Gauklern und Opferern; er befragt Traumdeuter und Orakel, unter andern den milesischen Apoll, der in zwei drohenden Hexametern antwortet; endlich läßt ihn Euseb seine vertrautesten Freunde und Leibwächter in einem heiligen Hain mit Götterstatuen versammeln; nach feierlichem Opfer hält er ihnen eine Rede, deren kurzer Sinn dahin geht, der bevorstehende Kampf sei eine Entscheidung zwischen den alten Göttern und dem neuen fremden Gott.

[93] So meldet Euseb, *Vita Const.*, wo I, 49-59; II, 1-20 von Licinius die Rede ist. – Die Bischöfe in Licins Reiche heißen I, 56 sehr deutlich »Freunde des gottgeliebten und großen Kaisers«, d. h. Constantins. – Den Gesamtumfang der licinischen Verfolgung gibt das Edikt bei Euseb. II, 24-42. Dagegen sind die eigentlichen Märtyrer fast sämtlich streitig, vgl. die Untersuchungen bei Görres, a. a. O. Von den Soldatenmartyrien wird als völlig feststehend nur dasjenige der 40 Krieger von Sebaste zugegeben, ebenda S. 104 ff.

[94] So daß Euseb wie Lactantius sich getäuscht stellen konnten. In der früher verfaßten *Hist. eccl.* IX, 9 ist Licinius noch ein frommer und gottgeliebter Kaiser, in der *Vita Const.* I, 49; II, 1 und 46; III, 3 dagegen heißt er das schreckliche Tier, der böse Dämon, die falsche Schlange, und wird sogar als Drache unter Constantins Füßen abgemalt. Schon in den spätern Ergänzungen und Interpolationen der *Hist. ecclesiastica* selbst wird in ähnlichem Tone von Licinius geredet, was mit den stehengelassenen frühern Lobe in argem Widerspruch steht. Vgl. *Hist. eccles.* X, 8 und 9.

Was war es denn, das den Licinius zu diesen verzweifelt unklugen Schritten bewog? Die einfachste Überlegung hätte ihn viel eher dahin weisen müssen, in Begünstigung der Christen mit Constantin zu wetteifern. – Wahrscheinlich ging ihm die Geduld und die Besonnenheit aus, als er die furchtbare Tücke seines Gegners inne wurde, und er verwünschte seine frühere Nachgiebigkeit gegen die Christen, die durch solch einen erbarmungslosen Anführer repräsentiert waren. Von einem Angriff auf Constantins Lande war aber so wenig als im Jahr 314 die Rede; Euseb (II, 3) glaubt auch diesmal seinem Helden die größte Ehre damit anzutun, daß er diesen sich rüsten läßt rein aus Mitleid für die unglücklichen Untertanen des Licinius, also ohne daß dieser ihm den geringsten politischen Anlaß[95] gab.

Auf einmal fallen die Goten über die Donau in das Gebiet des Licinius ein. Constantin rückt ungefragt gegen sie, drängt sie zurück und nötigt sie zur Herausgabe der mitgeschleppten Gefangenen; Licinius aber beklagt sich über diese Intervention auf seinem eigenen Boden[96]. So weit die Notiz eines einsilbigen, späten, aber sehr wichtigen Exzerptors, des sogenannten Anonymus Valesianus. Daneben halte man, was der bekannte Geschichtschreiber der Goten, Jornandes (Kap. 21) erzählt: »Es kommt oft vor, daß die Goten (von den römischen Kaisern) eingeladen worden sind, wie sie denn auch von Constantin zum Zuzug *aufgefordert* wurden und gegen seinen Schwager Licinius die Waffen trugen, und diesen – besiegt, in Thessalonich eingeschlossen und des Reiches beraubt – mit dem Schwert des Siegers ermordeten.« – Wer Constantin aufmerksam beobachtet, weiß oder ahnt, wie er dies zusammenreimen soll[97]. Jedenfalls gehörte jener vorgebliche Goteneinfall unter die nächsten Vorboten des Krieges.

Wir übergehen die einzelnen Ereignisse dieses letzten Kampfes um die Weltherrschaft, dieses zweiten Krieges von Actium. Constantin besaß mit Thessalonich und den übrigen Häfen Griechenlands seit 314 einen

---

[95] Noch in den vielleicht bald nach dem Kriege abgefaßten Nachträgen zur *Hist. eccles.* (X, 8. 9) hatte Euseb für nötig gefunden, von beabsichtigten Angriffen und Nachstellungen Licins zu sprechen, in der *Vita Const.* (II, 3) hat sein Held schon von vornherein recht bei allem, was er tut; es bedarf jener Motive gar nicht mehr, und Constantin fängt den Krieg aus dem Stegreif an. So urteilte man um das J. 340.

[96] Was Zosimus II, 21 statt dessen hier einschiebt, die Geschichte von Constantins Krieg gegen die Sarmaten unter Rausimod, ist hiemit nicht zu verwechseln und gehört wahrscheinlich in das J. 319.

[97] Das Gesetz vom 27. April 323, *Cod. Theodos.* VII, 1, welches denjenigen zum Flammentode verurteilt, der den Barbaren Gelegenheit zur Plünderung gegen die Römer geben würde, darf hier nicht irre machen.

bedeutenden Zuwachs zu seiner frühern Seemacht und stellte 200 Kriegsschiffe auf, Licinius, der die Küsten des Orients aufbot, 350. In diesem Maßstab ging es weiter, bis Constantin im ganzen 130000 Mann, Licinius 165000 beisammen hatte. Seit Septimius Severus waren wohl für keinen Bürgerkrieg so enorme Kräfte ins Feld geführt worden. Constantin aber wird schon einen großen Vorsprung gehabt haben, indem die Mannschaft der illyrischen Provinzen unter seinen Feldzeichen stand. Bei Adrianopel, wo Constantin zuerst siegte, fielen 34000 Mann; darauf schlug seine Flotte unter Crispus die des Licinius unter Abantus (Amandus) unweit vom Eingang des Hellespontes, und ein Sturm richtete die letztere vollends zugrunde; Licinius aber, der sich in Europa nicht mehr halten konnte, ging von Byzanz nach Chalcedon hinüber und ernannte hier einen seiner Horbeamten, Martinianus, zum Cäsar. Diese Maßregel hätte zu Anfang des Feldzuges von entscheidendem Werte sein können. Der Legitime hätte durch rechtzeitige Adoptionen im diocletianischen Sinne, unbekümmert um den Einspruch des Usurpators, die drei oder vier zuverlässigsten Feldherrn seines Reiches für seine Sache interessieren müssen. Jetzt, mitten in Mutlosigkeit und Verrat, war es zu spät damit.

Nach einer Pause erneuerte sich der Kampf; Martinian, bei Lampsacus stationiert, um eine Landung der Feinde am Hellespont zu verhindern, wurde eilends wieder von Licinius zum Hauptheere an den Bosporus gerufen, wo dem Constantin die Überfahrt bereits gelungen war. Endlich entschied die große Landschlacht von Chrysopolis bei Chalcedon, aus welcher von den 130000 Soldaten des Licinius (worunter ebenfalls Goten waren) kaum 30000 entkommen sein sollen[98]. Der unglückliche Kaiser selbst flüchtete nach Nicomedien, wo er sofort eingeschlossen wurde, während Byzanz und Chalcedon dem Sieger ihre Tore öffnete. Constantia, die Gemahlin des Licinius und Schwester des Constantin, welche zur Unterhandlung ins Lager kam, erhielt die eidliche Zusicherung, daß ihres Gatten Leben geschont werden solle, und darauf hin schritt der alte Kampfgenosse eines Probus und Diocletian aus der Stadt hervor, beugte das Knie vor dem Überwinder und legte den Purpur ab. Er wurde nach Thessalonich geschickt, Martinian nach Cappadocien. Allein schon im folgenden Jahre (324) fand Constantin es zweckmäßiger, sie zu töten; »er war belehrt durch das Beispiel seines Schwiegervaters Maximianus Herculius und fürchtete, Licinius möchte zum Verderben des Reiches den

---

[98] Der *Anonym. Vales.* 27 läßt wenigstens von Licins Heere 27000 Mann umkommen und die übrigen fliehen. – Ob in dem ebenda genannten Gotenhäuptling *Aliquaca* etwa ein *aliqua causa* verborgen ist, lassen wir dahingestellt. – Euseb macht dem Licinius seine Barbarenwerbung (*Vita Const.* II, 15) zum Vorwurf, ohne zu bedenken, daß sein Held dasselbe tat.

Purpur noch einmal annehmen⁹⁹«. Mit diesem Motiv unleugbarer Zweckmäßigkeit hätte sich die Nachwelt bei einem Charakter wie Constantin begnügen sollen; statt dessen wurde später von einer in Thessalonich angezettelten Soldatenverschwörung zugunsten des Abgesetzten gefabelt¹⁰⁰, wovon Euseb ganz gewiß etwas sagen würde, wenn sie wirklich stattgehabt hätte. Er geht aber nach seiner meisterlichen Art über Constantins Eidbruch und alle andern Umstände hinweg mit der kahlen Bemerkung: der Gottesfeind und seine bösen Ratgeber seien nach Kriegsrecht verurteilt und bestraft worden. Soviel ist gewiß, daß der alte Kaiser erdrosselt, der Cäsar von Leibwachen niedergemacht wurde. Von dem ebenso traurigen Schicksal des Licinianus wird bald die Rede sein.

Euseb idealisiert diesen ganzen Krieg zum reinsten Prinzipienkampf; Licinius ist der Gottesfeind und streitet wider Gott; Constantin dagegen kämpft unter dem unmittelbarsten göttlichen Schutze, der eine sichtbare Gestalt gewinnt in dem Semeion, dem bekannten Prachtfetisch, welcher mit in die Schlacht getragen wird; an himmlischen Erscheinungen, an Geisterheeren, welche durch Licins Städte ziehen u. dgl., ist vollends kein Mangel. Euseb ist nicht etwa ein Fanatiker; er kannte die profane Seele Constantins und seine kalte, schreckliche Herrschbegier recht gut und wußte die wahren Ursachen des Krieges ohne Zweifel genau; er ist aber der erste durch und durch unredliche Geschichtschreiber des Altertums. Seine Taktik, welche für jene Zeit und für das ganze Mittelalter einen glänzenden Erfolg hatte, bestand darin, den ersten großen Beschützer der Kirche um jeden Preis zu einem Ideal der Menschheit in seinem Sinne, vor allem zu einem Ideal für künftige Fürsten zu machen. Darob ist uns das Bild eines großen, genialen Menschen verloren gegangen, der in der Politik von moralischen Bedenken nichts wußte und die religiöse Frage durchaus nur von der Seite der politischen Brauchbarkeit ansah. Wir werden finden, daß er sich seit diesem Kriege allerdings den Christen enger anzuschließen für gut fand und daß damit die Erhebung des Christentums zur Staatsreligion vollendet war. Allein Constantin war ehrlicher als Euseb; er hat mehr geschehen lassen als gehandelt, und in betreff seiner persönlichen Überzeugung die Untertanen so wenig zu einer bestimmten Ansicht gezwungen als Napoleon, da er das Konkordat schloß.

Es wäre auch von seiner Seite eine starke Zumutung gewesen, für einen Christen gelten zu wollen. Nicht gar lange nach dem Konzil von Nicäa läßt er auf einmal (326) seinen trefflichen Sohn aus erster Ehe, Crispus,

---

⁹⁹ *Anonym. Vales.* 29. – Euseb., *Vita Const.* II, 18. Zosim. II, 28. Sokrates I, 4. Sozom. I, 7. U. A. m.
¹⁰⁰ Bei Zonaras verlangen gerade die Soldaten seinen Tod. Darauf will der milde Constantin noch den Senat fragen! –

den Zögling des Lactantius, zu Pola in Istrien umbringen und bald darauf seine eigene Gemahlin, Maximians Tochter Fausta, im Bade ersticken; auch der kaum elfjährige Licinian wurde, wahrscheinlich zugleich mit Crispus, ermordet. Ob Fausta gegen den Stiefsohn eine Phädra war, oder wodurch sie ihn beim Vater verleumdete, ob es ihr nur um die Erhebung ihrer eigenen Söhne zu tun war, ob wirklich die Vorstellungen der alten Helena, welche um den Enkel jammerte, den Kaiser vermochten, sie ebenfalls zu töten, – dies alles lassen wir dahingestellt. Daß aber diese Greuel keine bloße Familiensache, sondern auch politischer Art waren, ließe sich etwa aus der Mitermordung des Licinian schließen[101]. Man spricht bei diesem Anlaß wohl von Philipp II. und von Peter dem Großen, allein die wahre Parallele bietet Soliman der Prächtige und sein edler Sohn Mustapha, der durch die Ränke Roxolanens untergeht[102]. Mit dem Erbrecht kehrte unabwendbar als dessen Ergänzung der Sultanismus ein, das heißt die Herrscher würden sich in der Mitte ihrer eventuell thronberechtigten Brüder, Söhne, Oheime, Neffen und Vettern keinen Augenblick sicher fühlen, wenn sie nicht jederzeit durch zweckmäßige Erdrosselungen usw. nachhelfen dürften. Constantin ging hier voran; wir werden sehen, wie die Söhne nachfolgten.

Diese Söhne, Constantin II., Constantius II. und Constans, sind inzwischen in die Cäsarswürde nachgerückt[103]; das Geschlecht der Herculier wächst in der Tat dem Throne entgegen, nachdem der Vater die Mutter, den mütterlichen Großvater, den Oheim Maxentius und den Stiefbruder aus der Welt geschafft hat. Die Saat so vielen Fluches sollte später üppig aufschießen.

Wir übergehen einstweilen die Erhebung von Byzanz zur Stadt Constantins, zur Hauptstadt der Welt. Er brauchte konsequentermaßen eine voraussetzungslose Residenz und Einwohnerschaft, die ihm alles verdankte, sich nur auf ihn bezog und für so vieles Neue in Staat und Gesellschaft den Mittelpunkt und das Gefäß abgeben konnte. Denn ohne

[101] Gibbon (im dritten Bande) gibt ein hypothetisches Bild des ganzen Herganges. – Vogel (Der Kaiser Diokletian, S. 71) hat vermutet, Crispus möchte sich den Untergang dadurch zugezogen haben, daß er etwa den Vater an die Nähe seiner Vicennalien erinnerte, da er nach dem (von uns vorausgesetzten) diokletianischen System den Thron zu räumen hatte. – Sehr wohl denkbar!
[102] Vgl. Ranke, Fürsten und Völker von Südeuropa I, S. 34. – Daß die Meinung der Hofleute den Constantin nicht freisprach, würde aus dem Epigramm hervorgehen, welches der Gardepräfekt Ablavius an die Tür des Palastes heften ließ, wenn diese Anekdote (bei Sidon. Apollinar., Ep. V, 8) besser bezeugt wäre.
[103] Sie waren geboren 316, 317 und 323 und wurden Cäsaren 317, 323 und 333. S. die Ausleger zu Euseb., *Vita Const.* IV, 40.

eine solche ganz ausdrückliche Tendenz hätte er ruhig in Nicomedien bleiben können. Es ist der bewußteste und absichtlichste Akt seiner ganzen Regierung.

Ungleich schwieriger ist die letzte große politische Entscheidung Constantins zu erklären, nämlich seine Teilung des Reiches.

Von den Brüdern Constantins hatte Dalmatius zwei Söhne, Dalmatius und Hannibalian, und Julius Constantius ebenfalls zwei, damals noch im Kindesalter, Gallus und Julian, derselbe, den die Nachwelt den Abtrünnigen genannt hat. Von diesen vier Neffen erhob Constantin den Dalmatius, der bereits (333) ein Konsulat bekleidet hatte, zwei Jahre vor seinem Tode zum Cäsar (335). Er hatte schon dessen Vater, den ältern Dalmatius[104], besonders ausgezeichnet und ihn unter dem an sich nichtssagenden Titel eines Censors nach dem wichtigen und vielleicht gefährlichen Antiochien versetzt (332), ganz wie eine Generation später Constantius daselbst den Gallus stationieren ließ, um die alte, zurückgesetzte Hauptstadt des Orients sowohl zu bewachen als zu begütigen; ja der ältere Dalmatius war sogar in der Folge (335) mit einer Art von Königtum über Cappadocien betraut worden. Daß sein gleichnamiger Sohn im gleichen Jahre Cäsar wurde[105], hatte vielleicht noch seinen besondern Anlaß in der glücklichen Bändigung eines Aufstandes auf Cypern, wo ein Aufseher der kaiserlichen Dromedare, Calocerus, als Usurpator aufgetreten war[106]; Dalmatius der Jüngere bekam ihn in seine Hände und ließ ihn zu Tarsus lebendig verbrennen »wie einen Sklaven und Räuber«.

Bald darauf aber, noch im Jahre 335, also zwei Jahre vor dem Tode Constantins, erfolgt eine eigentliche Reichsteilung, bei welcher Constantin II. die Länder seines Großvaters Chlorus, Britannien und Gallien, nebst Spanien, erhielt, Constantius II. Asien, Syrien und Ägypten, Constans Italien und Afrika; dagegen sollte die ganze Ländermasse zwischen dem Schwarzen, Ägäischen und Adriatischen Meer, also Thracien, Macedonien, Illyricum und Achaja (mit Griechenland), an den Neffen Dalmatius fallen, ja selbst dessen Bruder Hannibalian, welcher sonst für keinerlei Taten oder Verdienste bekannt ist, bekam das Königtum über römisch Armenien, Pontus und die Umgegend, man weiß nicht, ob unbeschränkt oder unter der Oberherrschaft des Constantius II., und ver-

---

[104] Über diesen s. besonders Sokrates I, 27 und die Anm. der Herausgeber. Es ist nicht durchaus sicher, wie die Nachrichten auf Vater und Sohn zu verteilen sind.

[105] *Adsistentibus valide militaribus*, wie Aurel Vict., *Caess.* 41 etwas rätselhaft beifügt.

[106] Aurel. Vict., *Caess.* 41 nennt zwar dies Unternehmen ein sinnloses; es ist aber die Frage, ob Calocerus nicht Anklang und Zustimmung hoffen konnte.

mählte sich damals oder schon früher mit einer Tochter Constantins und Schwester seiner Miterben, Constantia. – Dieses Reichstestament war ohne Zweifel ein öffentliches, allbekanntes. Sein Inhalt ist aber nur beim zweiten Aurelius Victor richtig angegeben, während die übrigen Schriftsteller denselben verstümmeln oder aus guten Gründen beschweigen, wie Euseb.

Die erste Frage, welche sich aufdrängt, ist die: warum teilte Constantin überhaupt, nachdem um der Einheit des Reiches willen Hunderttausende hatten bluten müssen? Sodann erstaunt man billig darüber, daß er das Zentralland mit der neuen Hauptstadt dem Neffen und nicht den Söhnen gönnte? – Die Antwort liegt wahrscheinlich in dem Charakter dieser letztern. Es ist bei Euseb[107] ein rührendes Kapitel über ihre Erziehung zur Gottesfurcht und allen Herrschertugenden nachzulesen, wovon unten noch einmal die Rede sein wird; in der Tat aber waren sie ein verworfenes Geschlecht ohne Treu und Glauben. Ernannte der Vater einen von ihnen zum Alleinerben, so war das Nächste, sobald er die Augen zudrückte, die Ermordung der übrigen Brüder und Verwandten; was sollte aber aus dem Reiche werden, wenn es einmal plötzlich gar keine Herculier und Constantier mehr gab? Constantin *mußte* teilen, schon um die Dynastie zu schonen. Zwar sah er ohne allen Zweifel die Reichskriege seiner Söhne voraus, allein er konnte doch hoffen, daß aus drei bis fünf Fürstenhäusern seines Geschlechtes immer irgend ein Erbe am Leben bleiben würde, wenn sie nur erst die Zeit gehabt hatten, sich durch Zeugung von Prinzen zu vermehren. Nicht umsonst sandte er noch bei Lebzeiten die Söhne weit auseinander in die ihnen bestimmten Provinzen.

Daß er aber die ganze illyrisch-griechische Halbinsel mitsamt Constantinopel dem Neffen gab, geschah vielleicht nur deshalb, weil diese Perle des Reiches in den Händen eines der drei Söhne sofort der Gegenstand der grimmigsten Eifersucht werden mußte, wie denn später auch geschah. Man könnte einwenden, daß dem Dalmatius damit eine sehr schlimme, bedrohte Stelle aufgenötigt wurde. Allein die Schutzmittel standen im Verhältnis zur Gefahr; wer die illyrischen Lande, ihre Feldherrn und Soldaten besaß, konnte damals dem ganzen übrigen Reiche Trotz bieten.

Die Ausstattung Hannibalians endlich erscheint als einfache Konsequenz von derjenigen seines Bruders. Seine besondere Aufgabe an der nordöstlichen Grenze Kleinasiens können wir nicht näher beurteilen.

Man wird sich diesem Versuch einer Erklärung und Motivierung des dunkelsten Punktes in Constantins Geschichte nicht gerne anschließen

---

[107] *Vita Const.* IV, 51 *s.* – Ähnliches in *Juliani encomium*, p. 14.

wollen, weil dabei so unnatürliche Feindschaften im kaiserlichen Hause vorausgesetzt werden. Ich glaube aber nicht einmal das Wahrscheinliche überschritten zu haben.

Vielleicht das einzige bessere Verhältnis in der Umgebung dieses großen Constantin, »welcher verfolgte, was ihm nahe stand, und erst den Sohn und Neffen, darauf die Gattin, dann eine Menge Freunde tötete«[108], war das zu seiner Mutter Helena. Welches auch ihre Stellung bei Chlorus gewesen sein mochte, für die orientalische Anschauung war sie hinlänglich legitimiert, weil sie den Herrscher geboren hatte. Er soll ihrem Rate beständig zugänglich gewesen sein[109]; umgeben von sehr absichtlichen offiziellen Ehren[110], brachte sie ihre letzte Zeit mit Werken der Wohltätigkeit, frommen Reisen und Kirchenstiftungen zu. Sie starb, über achtzig Jahre alt, wahrscheinlich nicht sehr lange vor ihrem Sohne. Nach ihr erhielt Drepanum in Bithynien den Namen Helenopolis.

Constantin selber wurde über den Rüstungen zu einem Verteidigungskriege gegen Sapor II. von Persien von tödlicher Krankheit befallen. Jetzt erst ließ er sich in der Märtyrerkirche des besagten Helenopolis unter die Katechumenen aufnehmen und dann nach der Villa Achyrona bei Nicomedien bringen, wo er auch noch die Taufe empfing und am letzten Tage des Pfingstfestes 337 verschied.

Um seinen Leichnam herum, den die Soldaten nach Constantinopel brachten und unter großer Feierlichkeit in einer Halle des Palastes ausstellten, gingen alsbald die wunderlichsten Dinge vor, deren weiterer Verlauf sich noch bis in das folgende Jahr hinein erstreckt.

Die Erzählung beginnt mit der heftigsten Totenklage der Soldaten; die Gemeinen zerrissen ihre Kleider und jammerten, die Offiziere klagten, sie seien verwaist[111]. Dieser Schmerz war gewiß ein tiefer und auf-

---

[108] Eutrop. X, 6.

[109] Sie haßte aus guten Gründen die Söhne des Dalmatius und Julius Constantius, welche bei ihren Lebzeiten vom Hofe entfernt gehalten wurden. Waren es doch die Enkel Theodoras, um derentwillen sie von Chlorus verstoßen worden war! – Vgl. Manso, S. 208 samt den Zitaten aus Libanius.

[110] Euseb., *Vita Const.* III, 46, 47. – Die zahlreichen Ehreninschriften gesammelt bei Ang. Mai, *Vett. Scriptt. collectio, Tom.* V. – Über die Zeit ihres Todes s. Manso, a. a. O., S. 292 ff. – Ihre Statue als Gegenstück derjenigen Constantins auf dem Forum zu Constantinopel, s. Suidas *s. v.* Ἑλένη, *et s. v.* Μίλιον.

[111] Euseb., *Vita Const.* IV, 63 seq. Die Auffassung und der Kausalzusammenhang, welchen Beugnot, a. a. O., I, p. 133 ff. in diese Ereignisse hineinträgt, scheint mir verfehlt und willkürlich. »Eine langvorbereitete Reaktion von heidnischer Seite« vermag ich unmöglich in dieser so von selbst redenden Mordgeschichte zu entdecken.

richtiger, namentlich bei den Germanen der Leibwache, die ihr Verhältnis zu den Kaisern als das einer persönlichen Treue auffaßten. Der Verstorbene war ein großer Feldherr gewesen und hatte für die Soldaten väterlich gesorgt[112]; – was ging sie das übrige an? Diese trauernden Soldaten sind aber zugleich in Abwesenheit der Erben diejenige Behörde, welche die nächsten Verfügungen trifft und zum Beispiel mit der Beerdigung des Kaisers zu warten beschließt bis zur Ankunft eines der Söhne. »Inzwischen senden die Offiziere (und zwar speziell die Taxiarchen oder Tribunen) bewährte, ergebene Leute aus ihrer Mitte an die Cäsaren mit der Trauernachricht. Und wie aus höherer Eingebung waren alle Heere eines Sinnes, nämlich niemanden zum Erben anzuerkennen als die Söhne. Darauf erachteten sie für gut, daß dieselben nicht mehr Cäsaren heißen sollten, sondern Augusti. Die Heere sandten einander diese ihre Meinung schriftlich zu, und überall wurde zu gleicher Zeit die Eintracht der Heere bekannt.« Mehr zu sagen, findet Euseb nicht nötig.

Aber wo blieb Dalmatius? In seinem Reichsanteil, in seiner Hauptstadt lag die Leiche und herrschten die Soldaten; warum wird er nicht einmal genannt, während sie ihm das Reich absprechen? Statt seiner eilt Constantius herbei und führt dann den kriegerisch feierlichen Leichenzug vom Palast nach der Apostelkirche. Hatte Constantin dem Neffen eine größere Entschlossenheit zugetraut, als er wirklich besaß? oder war die gegen ihn aufgeführte Intrige zu mächtig? Wir wissen es nicht. Vielleicht wurde er sogleich verhaftet, vielleicht auch einige Zeit mit einem Schatten von Mitherrschaft hingehalten[113]. Es dauerte aber wenige Monate, so brach (338) der große Staatsstreich aus, von welchem einige Autoren vergebens den Constantius lossprechen möchten, indem er denselben mehr zugelassen als befohlen habe[114]. Die Soldaten oder andere Mörder räumen zuerst den Julius Constantius, Bruder des großen Constantin, aus der Welt; seine Kinder Gallus und Julian wurden nur verschont, ersterer weil er gefährlich krank lag, letzterer wegen seiner zarten Jugend. Dann wurde Dalmatius und der Patricius Optatus ermordet, darauf[115] der früher allmächtige Gardepräfekt Ablavius[116], endlich auch

---

[112] Noch spät unter Constantius erwähnten alte Soldaten mit Ehrerbietung die großen Donative Constantins. Vgl. Julian., *Encom.*, p. 10.

[113] Letzteres, wenn man Sokrates II, 25 mit *Anonym. Vales.* 35 kombinieren will.

[114] Die Autorität des Zosimus II, 40 wird hier von der höchsten Wahrscheinlichkeit unterstützt.

[115] Die Aufzählung anders in *Hieronymi chron. ad. a.* 341.

[116] Näheres über dessen Tod bei Eunapius *(sub Aedesio)*. Die Boten des Constantius suchten ihn noch durch Überbringung des Purpurs zu kompromittieren, um einen Vorwand zu erhalten.

Hannibalian. Es ist eine bloße Ausrede, wenn behauptet wird, die Soldaten hätten durchaus nur die Söhne anerkennen wollen; allerdings mochte ihnen, zumal den Germanen, das direkte Erbrecht am verständlichsten vorkommen, allein ohne beträchtliche Aufhetzung wären sie nicht zum Äußersten geschritten. Für diejenigen, welche alles glauben, erfand man eine Geschichte[117], wasmaßen der große Constantin eigentlich von seiten seiner Brüder vergiftet worden sei, die Missetat aber noch bemerkt und in einem letzten Willen denjenigen seiner Söhne zur Rache aufgefordert habe, welcher zuerst zur Stelle sein würde. Einfacheres ließ sich nicht erdenken.

Es liegt nicht mehr in unserer Aufgabe, die weitern Schicksale und Teilungen der höchsten Reichsgewalt näher zu erörtern. Constantin hatte dieselbe durch seinen neuen Staats- und Kirchenorganismus außerordentlich gekräftigt, und so konnten seine Söhne sich vieles erlauben, bis das ererbte Kapital gänzlich aufgezehrt war, so wie die Söhne Ludwigs des Frommen, an deren Geschichte hier so manches erinnert, mehr als ein Menschenalter hindurch ihre Bruderkriege führen konnten, bis der Schatten Karls des Großen seinen Zauber ganz verlor. – Der erste Hader ergab sich natürlich bei Anlaß der Erbschaft des Dalmatius, und zwar insbesondere über den Besitz von Thracien und Constantinopel; die weitern Ausgleichungen, die sich daran knüpfen sollten, namentlich die von Constans geforderte Mitherrschaft über Afrika und Italien führten dann (340) den Krieg herbei, in welchem Constantin II. unterging, ohne eine Dynastie zu hinterlassen. Der Sieger Constans hätte nun mit Constantius teilen müssen, wäre dieser nicht durch seinen Perserkrieg im Osten festgehalten worden. Dies merkte sich aber auch die Umgebung des Constans, meist geworbene Germanen, unter welchen er sich bei seinen Missetaten sicherer fühlte als unter den Romanen. In der Voraussetzung, daß der Imperator des Orientes, was auch geschehen möge, kein Schwert rühren könne zur Intervention im Abendlande und in Afrika, wagte es der damalige Befehlshaber der Jovier und Herculier, der Franke Magnentius, sich bei einem Bankett in Autun plötzlich im Kaiserpurpur zu produzieren (350). Constans, der auf der Jagd aufgefangen werden sollte, erhielt zwar Nachricht, fand sich aber so plötzlich von den Soldaten und der Bevölkerung verlassen, daß ihm nur die Flucht übrig blieb. In den Pyrenäen ereilten ihn jedoch die Mörder, an deren Spitze der Franke Gaiso. Während nun der ganze Okzident dem Magnentius zufiel, meinten die Garnisonen an der Donau dasselbe Recht zur Usurpation zu haben und erhoben einen alten General Vetranio. Ja damit auch das Lächerliche nicht fehle, ließ sich in Rom nachträglich ein

---

[117] Philostorgius II, 16.

Neffe des großen Constantin von seiner Schwester Eutropia, Nepotianus, zum Kaiser ausrufen; allein dieser unglückliche Seitenprinz, der die Rolle des Maxentius noch einmal durchspielen wollte, hatte nicht mehr wie dieser ein prätorianisches Lager für sich, sondern nur die Gladiatorenkasernen Roms, und so wurde das von Magnentius abgesandte Heer rasch mit ihm fertig. In Constantius dagegen hatte man sich geirrt; er unterbrach den persischen Krieg und suchte mit allen Mitteln die Gegner im Reiche zu beseitigen. Es findet sich eine merkwürdige Nachricht bei Zosimus, wonach Constantius seine Soldaten für die Dynastie als solche zu begeistern gewußt hätte, so daß sie ausriefen, die unechten Kaiser müßten von der Erde vertilgt werden[118]. Jedenfalls zeigte er in diesen Zeiten Talent und Entschlossenheit. Nachdem er den Vetranio eine Zeitlang hingehalten, verdrängte er ihn mit großer Geistesgegenwart vor der Fronte seines eigenen Heeres; dann überwand er den Magnentius in einem Kriege, der zu den schrecklichsten dieser innern Kämpfe um das Reich gehört, worauf eine abscheuliche Horde von Spähern und Denunzianten über das ganze Abendland losgelassen wurde, um die Anhänger des Usurpators zu verfolgen. Aber die trostlosesten Gedanken über die Zukunft des Reiches müssen trotz aller Erfolge den Sieger innerlich gepeinigt haben. Während die Armee keine unechten Herrscher mehr haben wollte, waren ihm zugleich seine echten Verwandten, so viele er noch nicht aus der Welt geschafft, verdächtig oder auf den Tod verhaßt[119]; seine Ehe mit der Eusebia war unfruchtbar, und so konnte am Ende der Sohn Constantins des Großen infolge des maßlosen Sultanismus zweier Generationen auf dem Punkt anlangen, von welchem Diocletian ausgegangen war – er konnte zu Adoptionen genötigt werden. Er hatte eine Schwester, die seiner würdig war, Constantia (oder Constantina), die Witwe des ermordeten Hannibalian, die sich nachher hatte brauchen lassen, um den Vetranio zutraulich zu machen, indem sie ihm ihre Hand gab. Seitdem es sich darum handelte, den letzten noch am Leben befindlichen Zweig der Familie, die Söhne des im Jahr 338 ermordeten Julius Constantius, zu verderben, heiratete sie den ältern derselben, Gallus, und obgleich sie vor der Ermordung desselben starb, dürfen wir doch nicht zweifeln, daß sie an seinem bald darauf erfolgten Untergang nicht ohne Schuld war. Als nur noch sein jüngerer Bruder, Julian, übrig blieb und das Reich auf ihn als den Retter Galliens, den Bezwinger der Germanen mit Achtung hinblickte, ließ der schändliche Vetter auch ihm nur die Wahl zwischen dem Tode und der Usurpation des Kaiserthrons, starb jedoch, als der Reichskrieg eben ausbrechen

[118] Zosim. II, 44.
[119] Zosim. III, 1.

sollte, worauf Julian allgemein anerkannt wurde. Mit seiner denkwürdigen zweijährigen Regierung endigt die Familie Constantins, da seine Ehe kinderlos war.

Die nächsten Thronfolgen, die des Jovian und Valentinian, waren die Sache der Armeen, wie die meisten im dritten Jahrhundert. Allein die Erblichkeit des Kaiserthrons hatte sich den Gemütern der Menschen so stark eingeprägt, daß man fortan um jeden Preis darauf zurückkam und dabei zu bleiben suchte[120]. Es folgt die valentinianische und die durch Heirat daran geknüpfte theodosische Dynastie, beide wenigstens vom sultanischen Familienmorde unberührt. Von der Mitte des vierten bis in die Mitte des fünften Jahrhunderts war der Besitz des Thrones oder der beiden Throne zwar mannigfach durch Usurpation und Not aller Arten angefochten, die Sukzession aber keinen Augenblick rechtlich zweifelhaft. Die Überzeugung der meist germanischen Heerführer und die aus dem Alten Testament gerechtfertigte Ansicht der Christen wirkten zusammen, um dem Erbrecht diesen späten Triumph zu verschaffen. Dasselbe behält seinen Wert in der ganzen byzantinischen Zeit und bringt trotz aller Unterbrechung durch Sultanismus und Prätorianismus immer wieder neue und zum Teil lange dauernde Dynastien hervor.

[120] Usurpatoren meinten sogar durch bloße Heirat mit Kaiserwitwen sich zu legitimieren, Ammian. Marc. XVIII, 3. Ein Seitenverwandter Julians, Procopius, der im Jahr 365 gegen Valens aufstand, bemächtigte sich der einzigen, noch sehr jungen Tochter des Constantius aus seiner letzten Ehe mit Faustina und erhielt Hilfe von den Goten, weil sie ihn nun mit dem Hause des Constantius verwandt glaubten. Ammian. Marc. XXVI, 10. – Wie das Heer von Valentinian ausdrücklich eine Dynastie verlangte, meldet Zosimus IV, 1 & 12. Vgl. Ammian. XXVI, 4.

Neunter Abschnitt

CONSTANTIN UND DIE KIRCHE

Man hat öfter versucht, in das religiöse Bewußtsein Constantins einzudringen, von den vermutlichen Übergängen in seinen religiösen Ansichten ein Bild zu entwerfen. Dies ist eine ganz überflüssige Mühe. In einem genialen Menschen, dem der Ehrgeiz und die Herrschsucht keine ruhige Stunde gönnen, kann von Christentum und Heidentum, bewußter Religiosität und Irreligiosität gar nicht die Rede sein; ein solcher ist ganz wesentlich *unreligiös*, selbst wenn er sich einbilden sollte, mitten in einer kirchlichen Gemeinschaft zu stehen. Das Heilige kennt er nur als Reminiszenz oder als abergläubige Anwandlung. Die Momente der innern Sammlung, die bei dem religiösen Menschen der Andacht gehören, werden bei ihm von einer ganz andern Glut aufgezehrt; weltumfassende Pläne, gewaltige Träume führen ihn glatt auf den Blutströmen geschlachteter Armeen dahin; er gedenkt wohl, sich zur Ruhe zu setzen, wenn er dieses und jenes erreicht haben wird, was ihm noch fehlt, um alles zu besitzen; einstweilen aber gehen alle seine geistigen und leiblichen Kräfte den großen Zielen der Herrschaft nach, und wenn er sich einen Augenblick auf sein wahres Glaubensbekenntnis besinnt, so ist es der Fatalismus. Man will sich nur im vorliegenden Fall nicht gerne davon überzeugen, daß ein Theologe von Bedeutung, ein Forscher zwar von geringer Kritik, aber von großem Fleiße, ein Zeitgenosse, der den Ereignissen so nahe stand, daß Euseb von Cäsarea durch vier Bücher hindurch eine und dieselbe Unwahrheit hundertmal sollte wiederholt haben; man beruft sich eifrig auf christliche Edikte, ja auf eine Rede des Kaisers »an die Versammlung der Heiligen«, welche im Munde eines Nichtchristen ganz undenkbar wäre. Allein die Rede wurde, vorläufig bemerkt, weder von Constantin verfaßt noch jemals abgehalten[1], und in den Edikten ließ er teilweise den christlichen Priestern freie Hand; Eusebius aber, obschon ihm alle Geschichtschreiber gefolgt sind, hat

---

[1] Wäre dies geschehen, etwa auf einer Synode, so würde es an einer Notiz darüber gewiß nicht mangeln.

Neunter Abschnitt. Constantin und die Kirche

nach so zahllosen Entstellungen, Verheimlichungen und Erdichtungen, die ihm nachgewiesen worden, gar kein Recht mehr darauf, als entscheidende Quelle zu figurieren. Es ist eine traurige, aber sehr begreifliche Tatsache, daß auch die übrigen Stimmführer der Kirche, soviel wir wissen, die wahre Stellung Constantins nicht verrieten, daß sie kein Wort des Unwillens hatten gegen den mörderischen Egoisten, der das große Verdienst besaß, das Christentum als Weltmacht begriffen und danach behandelt zu haben. Wir können uns lebhaft vorstellen, wie glücklich man sich fühlte, endlich eine feste Garantie gegen die Verfolgungen gewonnen zu haben, allein wir sind nicht verpflichtet, nach anderthalb Jahrtausenden die damaligen Stimmungen zu teilen.

Als die Reminiszenz, welche Constantin aus dem Hause des Chlorus mitbrachte, erscheint der tolerante Monotheismus[2], welchem dieser ergeben war. Das erste selbständige religiöse Lebenszeichen gewährt dann[3] der Besuch Constantins in dem Apollstempel zu Autun (308) vor seinem erneuten Angriff gegen die Franken; er scheint das dortige Orakel befragt und reiche Geschenke dargebracht zu haben. Dieser Apollsdienst steht vielleicht mit jenem Monotheismus des elterlichen Hauses nicht im Gegensatze, insofern etwa schon Chlorus sein höchstes Wesen als Sonnengott auffaßte. Auch der Neffe Julian[4] wußte von einem besondern Helioskultus des Constantin zu melden. Daß hiebei an die Personifikation der Sonne als Mithras[5] zu denken ist, schließen wir aus dem bekannten constantinischen Münzreverse, welcher den Sonnengott mit der Inschrift SOLI. INVICTO. COMITI darstellt. Wer mit antiken Münzen zu tun gehabt hat, weiß, daß unter fünf constantinischen Stücken wohl vier keine andere Rückseite haben als diese, woraus mit überwiegender Wahrscheinlichkeit hervorgeht, daß dieser Stempel bis zum Tode des Kaisers beibehalten wurde[6]. Außerdem kommen Victorien, der Genius populi Ro-

---

[2] Wogegen die Inschrift bei Orelli 1061 zu Ehren Merkurs bei der damaligen Götteransicht nichts beweisen würde. – Vgl. oben S. 181 f. und S. 235 nebst Anmerk.

[3] Panegyr. VII, 21.

[4] Siehe das Zitat aus *Orat.* VII, *Fol.* 228, bei Neander, K. Gesch., Bd. III, S. 13. – In den *Caesares*, p. 144 höhnt Julian über das andächtige Verhältnis Constantins zur Mondgöttin (Selene).

[5] [Nachtrag:] »Der erste Kaiser, welcher verurteilte Christen in Masse begnadigt hat, Commodus, ist ein eifriger Mithrasverehrer gewesen.« (Zahn, Constantin und die Kirche, S. 10.)

[6] [Nachtrag:] In dem mannigfach belehrenden Aufsatz von *Brieger:* »Constantin d. Gr. als Religionspolitiker« (Briegers Zeitschrift für Kirchengeschichte IV, Heft II, Gotha 1880) findet sich S. 176 und S. 180 eine Zusammenstellung in betreff der Münzen mit heidnischen Reversen und derjenigen

mani, Mars und Jupiter mit verschiedenen Beinamen, sowie eine Anzahl weiblicher Personifikationen am häufigsten vor. Dagegen müssen die Münzen mit unzweideutigen christlichen Emblemen, die er geprägt haben soll, überhaupt noch gefunden werden[7]. In der Zeit, da er neben Licinius herrschte, erscheint die Figur des Sonnengottes mit der Inschrift: COMITI. AVGG. NN., das heißt »dem Begleiter unserer beiden Kaiser«, und auch viele Münzen des Crispus und des Licinius selbst haben noch den gleichen Revers. Fortwährend nennt sich Constantin auf Inschriften und auf Münzen *Pontifex maximus*[8] und läßt sich als solcher mit verschleiertem Haupt abbilden; in den Gesetzen der Jahre 319 und 321[9] erkennt er den heidnischen Kultus noch als zu Rechte bestehend an und verwahrt sich nur gegen den geheimen, gefährlichen Gebrauch der Magie und der Haruspicin, während er das Beschwören des Regens und des Hagels gestattet und bei Blitzschlägen auf öffentliche Gebäude das Gutachten der Haruspices ausdrücklich verlangt. Zosimus, wenn wir dem Heiden des fünften Jahrhunderts glauben dürfen, bestätigt diese Befragung heidnischer Priester und Opferer in noch weiterem Umfange und läßt sie bis zur Tötung des Crispus dauern (326), welche nach seiner Ansicht der wahre Termin für Constantins sogenannte Bekehrung wäre.

Diesem allem steht aber entgegen, daß Constantin seit dem Kriege mit Maxentius (312) nicht bloß die Duldung des Christentums als einer erlaubten Religion eintreten ließ, sondern in der Armee ein Sinnbild verbreitete, wobei sich zwar jeder seine eigenen Gedanken machen konnte, das aber die Christen auf sich beziehen mußten. Die verschlungenen Buchstaben *X* und *P*, welche den Anfang des Wortes Christus *(XPIΣ-TOΣ)* ausmachen, wurden, wie es heißt, noch vor dem Kriege an den Schilden der Soldaten angebracht[10]. Zugleich oder erst später wird an einem großen Feldzeichen, an einer Heerfahne dasselbe Monogramm, von Gold und Juwelen umgeben, befestigt, worauf dieses Feldzeichen (erst aus den letzten Jahren), welche etwa das christliche Monogramm tragen. Die übergroße Häufigkeit der Münzen mit dem von mir im Text erwähnten Revers macht es indes doch wahrscheinlich, daß auch dieser bis gegen den Tod des Kaisers hin in Anwendung blieb.

[7] Namentlich die von Euseb. l. c. IV, 15 erwähnten, wo er betend dargestellt sein soll.
[8] So auch die folgenden Kaiser bis auf Gratian, Zosim. IV, 36.
[9] *Cod. Theodos.* IX, 16. XVI, 10.
[10] *De mort. persec.* 44. – Daß eine sehr ähnliche Chiffre wie diese Kreuzung von X und P schon in der vorchristlichen Zeit auf orientalischen Feldzeichen vorkam, und zwar als eine Abbreviatur der Sonne, vgl. Zahn, Constantin d. Gr. und die Kirche, S. 14. – [Nachtrag:] Über das Monogramm, dessen beide Formen, unleugbar christlich gemeinte Bedeutung und vermutliches Vorkommen schon vor Constantin, vgl. den Exkurs bei Brieger, a. a. O., S. 194 ff.

einen besondern, wunderlichen Kultus erhält und den Kriegern die größte Siegeszuversicht einflößt. Bald werden für alle Heere dergleichen Feldzeichen *(labarum semeion)* angefertigt; einer eigenen Garde wird die Bewahrung des Idols in der Schlacht anvertraut; man widmet ihm sogar ein eigenes Zelt, in welches sich der Kaiser vor jeder wichtigen Affäre geheimnisvoll zurückzieht. Sollte dies alles nicht die Bedeutung eines öffentlichen Bekenntnisses haben?

Zunächst beachte man, daß Constantin sich mit diesem Abzeichen nicht an die Bevölkerungen, sondern an das Heer wendet. Dasselbe kannte ihn bereits aus den Frankenkriegen als einen glücklichen und bedeutenden Feldherrn, es gehörte ihm teilweise schon* vom Vater her an und hätte sich alle beliebigen Symbole und Embleme von seiner Seite gefallen lassen. Unter den Galliern und Britten, welche dabei waren, gab es sicher viele Christen und indifferente Heiden, und den Germanen war die Religion des Führers vollends ganz gleichgültig. Von seiner Seite aber war es ein Versuch, der ihn vorderhand zu gar nichts verpflichtete als zu der *Toleranz*, die in seinen bisherigen Gebieten tatsächlich schon herrschte und die er dann auch über die eroberten ausdehnte. Christus konnte ihm als Gott neben andern Göttern gelten, die Bekenner desselben als Untertanen neben den Dienern der Heidengötter. Wir wollen die Möglichkeit nicht leugnen, daß Constantin eine gewisse Superstition zugunsten Christi in sich habe aufkommen lassen, ja daß er diesen Namen vielleicht mit seinem Sonnengott in eine konfuse Verbindung brachte; es kam ihm aber gewiß ausschließlich auf den Erfolg an; hätte er in Italien sogleich einen übermächtigen Widerwillen gegen das *XP* angetroffen, so wäre es wohl bald wieder von den Schilden und Feldzeichen verschwunden. Statt dessen konnte er sich wahrscheinlich mit Sicherheit überzeugen, daß die große Masse der Heiden der Verfolgung abhold war und daß er keine Gefahr dabei lief, seine Statue mit dem Labarum in der Hand mitten in Rom aufstellen und darunter schreiben zu lassen, dieses rettende Zeichen sei der wahre Beweis aller Tapferkeit[11]. Wenn er ein eigentliches Bekenntnis des Christentums hätte ablegen wollen, so wäre doch eine ganz andere Erklärung vonnöten gewesen! – Ein Blick auf das Jahr 312 würde alles klar machen, wenn wir über die allgemeinen Zustände besser berichtet wären. Nichts ist schwerer zu be-

---

* »Schon« in der 2. Auflage ausgelassen. Von F. Stähelin in der Krit. Ausgabe von 1929 aus der 1. Auflage berichtigt.

[11] Euseb., *Vita Const.* I, 40. *Hist. eccl.* IX, 9. Offenbar unrichtig aus dem Latein übersetzt. [Nachtrag:] Die Statue Constantins würde nicht, wie im Text gesagt ist, das Labarum, sondern nach Eusebs Worten ein Kreuz gehalten haben, und dies muß ich mit Brieger (a. a. O., S. 200) in jenem Augenblick für nahezu undenkbar halten.

legen und doch nichts wahrscheinlicher, als daß in jenem kritischen Moment am Ende der Verfolgungen die Gemüter der Heiden milder und nachgiebiger gestimmt waren als je zuvor und nachher; sie wußten nicht oder sie vergaßen auf einen Augenblick, *daß das Christentum, einmal geduldet, rasch zur herrschenden Religion werden mußte.*

Auch Constantin wußte es vielleicht nicht, aber er ließ geschehen und behielt die Augen offen. So wie ihm sein heller empirischer Verstand sagte, daß die Christen gute Untertanen seien, daß ihrer viele seien, und daß die Verfolgung für eine vernünftige Staatsgewalt gar keinen Sinn mehr haben könne, war sein Entschluß gefaßt. Und die praktische Ausführung darf man wohl vom politischen Standpunkte aus in hohem Grade bewundern. Das Labarum in seinen siegreichen Händen versinnlicht die Herrschaft, die Kriegsgewalt und die neue Religion zugleich. Der Corpsgeist eines Heeres, welches über eine der größten Armeen der alten Geschichte gesiegt hat, gibt dem neuen Symbol die Weihe der Unwiderstehlichkeit.

Das bekannte Wunder aber, welches Euseb und seine Nachschreiber auf dem Zuge gegen Maxentius geschehen lassen, dürfte wohl endlich aus den geschichtlichen Darstellungen wegbleiben, weil es nicht einmal den Wert einer Sage, überhaupt keinen populären Ursprung hat, sondern erst lange hernach von Constantin dem Euseb erzählt und von diesem in absichtlich unklarem Bombast aufgezeichnet worden ist[12]. Der Kaiser hatte dem Bischof zwar einen hohen Eid darauf geleistet, es sei nicht ersonnen, er habe wirklich jenes Kreuz am Himmel gesehen mit der Inschrift: »Durch dieses siege!« und Christus sei ihm wirklich darauf im Traum[13] erschienen usw.; allein die Geschichte weiß mit einem Eid Constantins des Großen nicht viel anzufangen, weil er unter anderm seinen Schwager trotz eidlicher Versicherung hat ermorden lassen. Und dann ist auch Euseb nicht zu gut dazu, zwei Dritteile der Erzählung selber erfunden zu haben.

Nun bleibt offenbar in Constantins äußerem Verhalten eine große Ungleichheit; er nimmt das Monogramm Christi zum Abzeichen seines Heeres und läßt den Namen Jupiters auf dem Triumphbogen (S. 253), auslöschen, während er auf den Münzen die alten Götter, besonders den Sonnengott als unbesiegten Begleiter beibehält und sich bei wichtigen Anlässen ganz heidnisch äußert. Dieser Zwiespalt nimmt in seinen letzten Lebensjahren eher zu als ab. Allein er wollte vorderhand beiden Religionen Garantien geben und war einstweilen mächtig genug, eine solche Doppelstellung auszuhalten.

[12] *Vita Const.* I, 27 s.
[13] *En animam et mentem, cum qua Dii nocte loquantur:* würde Juvenal gesagt haben.

Seine Toleranzedikte, von welchen das zweite, zu Mailand (313) in Gemeinschaft mit Licinius erlassene erhalten ist, gestatteten vorderhand nichts als die Gewissens- und Religionsfreiheit, allein das letztere gab diese unbeschränkt und unbedingt. Damit war der Begriff einer Staatsreligion vorderhand aufgehoben, bis das Christentum diese dem Heidentum abgenommene Hülle anzog. Bald riß eine Maßregel die andere nach sich, besonders als Maximinus Daza dem Licinius gegenüber und später Licinius selbst dem Constantin gegenüber das Christentum anfeindeten. Die während der Verfolgung konfiszierten Versammlungsplätze und andere Grundstücke der christlichen Gemeinden wurden zurückgegeben, die Christen offenbar begünstigt und ihr Proselytismus tätig unterstützt. Ein Moment der Besorgnis vor dem Unwillen der Heiden verrät sich noch in den oben angeführten Gesetzen vom Jahre 319, in welchen der Privatgebrauch der Haruspicin und die Hausopfer strenge verboten werden, wahrscheinlich weil die geheime Befragung der Haruspices und die Opferfeste bei verschlossenen Türen politisch gemißbraucht wurden. Endlich folgt mit dem Edikt an die Provinzialen von Palästina und mit demjenigen an die Völker des Orientes nach dem letzten Siege über Licinius[14] (324) eine scheinbar ganz rückhaltlose persönliche Hingabe des Kaisers an das Christentum, dessen Bekenner mit aller möglichen Gunst von den Konsequenzen der Verfolgung befreit und in ihre frühere Stellung und Habe wieder eingesetzt werden. Gegen den Polytheismus wird in diesen Aktenstücken schon nachdrücklich polemisiert; es ist die Rede von Weihestätten der Lüge, von Finsternis, von elendem Irrtum, den man eben nur noch dulden müsse usw. Allein Constantin hat hier nicht selber die Feder geführt, obgleich Euseb das Autographum gesehen zu haben behauptet; der Konzipient verrät sich wenigstens im zweiten Schreiben, in dem er den Kaiser sagen läßt, er sei zu Anfang der Verfolgung »gerade ein Knabe« gewesen, während Constantin doch im Jahr 303 fast ein Dreißiger war[15]. Der ganze wesentliche Inhalt aber ist wohl unmittelbar des Kaisers Werk, der sich, wie man bei näherer Prüfung bemerkt, nicht einmal als Christ hinstellt; was sich persönlich laut macht, ist der öde Deismus eines Eroberers, welcher einen Gott braucht, um sich bei allen Gewaltstreichen auf etwas außer ihm berufen zu kön-

[14] Euseb., *Vita Const.* II, 24–42 und 48–60.
[15] Weshalb man in der Überschrift des Kap. παῖς in νέος korrigiert hat. Der Schreiber wußte nicht, wann die Verfolgung begonnen hatte. Er bezeichnet ganz wie Lactantius den Diokletian als feig, δείλαιος, worauf man sich das Wort gegeben hatte. – Es wird mir doch fast zu schwer, mit Hunziker (a. a. O., S. 156) anzunehmen, Constantin habe durch die falsche Altersangabe nur die gedankenlosen Leser verhindern wollen, zu fragen, warum er nicht damals für die Christen eingestanden sei.

nen. »*Ich*, ausgehend vom britannischen Meer und von den Gegenden, wo der Sonne vorgeschrieben ist unterzusinken, vertreibend und zerstörend durch eine höhere Gewalt die alles beherrschenden Übel, damit das Menschengeschlecht durch meine Hilfe erzogen, zurückgerufen werde zum Kultus des erhabensten Gesetzes usw. – ich also bin bis in die Gegenden des Orients gekommen, welche, in je tieferm Unglück sie sich befanden, zu um so größerer Hilfe mich herbeiriefen usw. – Ihr sehet alle, welche Macht und Gnade das ist, die der gottlosesten und beschwerlichsten Menschen ganzes Geschlecht hat verschwinden und untergehen lassen« usw. usw. Dinge, die auch ein erobernder Khalif unterschreiben könnte. Und auf ganz ähnliche Wendungen ist Napoleon in seinen arabischen Proklamationen in Ägypten verfallen [15a].

Es ist nicht unmöglich, daß Constantin in seinem ursprünglich an die Sonne und an Mithras angelehnten Deismus eine allgemeinere und deshalb vermeintlich höhere Grundgestalt aller Religionen zu besitzen glaubte. Zeitweise hat er wirklich neutrale Lebensformen für religiöse Dinge aufgesucht, welchen sich Christen und Heiden fügen sollten. Dieser Art ist der gemeinsame Sonntag und das gemeinsame Vaterunser[16].

[15a] [Nachtrag:] In der Inhaltsangabe des Ediktes vom J. 324 hätte (wie ich aus Brieger ersche) hervorgehoben werden sollen, daß neben allen Ausdrücken der Verachtung doch die Weiterduldung des Heidentums nachdrücklich befohlen wird. Constantin will eine Art von Parität, welche freilich in der Tat zugunsten des Christentums ausschlagen mußte. Er will aber nicht genau ausgerechnet sein, und es hat seine Schwierigkeit, ihn genau bei einem Prinzip zu behaften. – Bei diesem Anlaß noch ein Wort über Constantins geschichtliche Tat im Ganzen. Er wagte eine der kühnsten Sachen, die sich denken lassen, vor welcher vielleicht schon mehr als Ein Imperator zurückgeschaudert war: die Ablösung des Reiches von der alten Religion, welche in ihrer damaligen Zerrüttung trotz dem obligaten Kaiserkultus keine Hilfe mehr für die Staatsgewalt sein konnte. Dies setzt voraus, daß er schon in seiner Jugend, schon vor der Verfolgung auch über die christliche Kirche ins Klare gekommen sein muß; eine so kleine Minorität dieselbe gegenüber der ganzen Heidenwelt umfaßte, so war sie doch – das Heer abgerechnet – die einzige organisierte Kraft im Reiche während alles übrige Staub war. In dieser Kraft eine künftige Stütze des Imperiums geahnt und sie danach behandelt zu haben, ist nun der ewige Ruhmestitel Constantins. Neben einer hohen und eiskalten Intelligenz, neben einer völligen Unabhängigkeit von allem christlichen Empfinden gehörte hiezu eine ebenso außerordentliche Entschlossenheit wie Tagesklugkeit; Constantin wußte, wie Heinrich der VIII. von England, seine einzelnen Maßregeln jedesmal den vorherrschenden Stimmungen anzupassen und war bis gegen sein Ende hin furchtlos genug, um dem Heidentum zu gleicher Zeit Trotz und etwas Gunst zu bieten.

[16] Euseb., *Vita Const.* IV, 18–20. Laut dem Anfang von Kap. 19 sollte man glauben, das Gebet habe nur den Heiden gegolten; nachher ist aber doch wie-

»Er lehrte alle Armeen, den Tag des Herrn, welcher gerade auch als der des Lichtes und der Sonne benannt wird, mit Eifer ehren . . . Auch die Heiden mußten am Sonntag hinaus auf das freie Feld und miteinander die Hände aufheben und ein auswendig gelerntes Gebet hersagen zu Gott als Urheber alles Sieges: ‚Dich allein erkennen wir als Gott und König, Dich rufen wir als unsern Helfer. Von Dir haben wir die Siege erlangt, durch Dich die Feinde überwunden. Dir danken wir das bisherige Gute, von Dir hoffen wir das künftige. Zu Dir flehen wir alle und bitten Dich, daß Du unsern Kaiser Constantin und seine gottliebenden Söhne uns lange unversehrt und siegreich bewahrest'«. Diese Formel konnten sich auch die Christen gefallen lassen; die Heiden aber, welche an einem so ausgesprochenen Monotheismus hätten Anstoß nehmen können, waren vor allem Soldaten. Daß auch an die Mithrasgläubigen sehr speziell gedacht war, deutet Euseb mit seinem »Tag des Lichtes und der Sonne« ziemlich klar an. Wie bezeichnend lautet übrigens dieses sogenannte Gebet! Kaiser, Heer und Sieg – weiter nichts; kein Wort an den sittlichen Menschen, keine Silbe an den Römer.

Ehe wir weiter gehen, mag noch dasjenige kurz abgetan werden, was Euseb sonst über das vorgebliche Christentum seines Helden berichtet. Christliche Priester begleiten ihn seit dem Kriege mit Maxentius selbst auf Reisen als »Beisitzer« und »Tischgenossen[17]«; bei den Synoden setzt er sich mitten unter sie. Dies sind leicht erklärliche Tatsachen; es handelt sich für ihn ganz wesentlich darum, der damaligen Kirche ihre Anschauungsweise abzulauschen, wie er sich denn eigene Berichterstatter hielt, die ihm über alle einzelnen Sekten Vortrag halten mußten. Einem derselben, Strategius, gab er aus Freude an seiner beredten Darstellungsweise den Beinamen Musonianus[18]. Das Präsidium der Synoden konnte ein kluger und kraftvoller Herrscher vollends nicht aus den Händen geben, weil es eine neue Macht im öffentlichen Leben war, die er sich unmöglich durfte entgehen lassen. Man kann diesen Egoismus beklagen und verabscheuen, aber eine intelligente Gewalt zweideutigen Ursprungs wird jederzeit so handeln. Wenn dann weiter berichtet wird[19], wie oft der Kaiser göttlicher

---

der von »allen Soldaten« die Rede. Das Gebet ist offenbar darauf berechnet, beiden Religionen zu genügen. – Das Verbot der Handarbeit und der Gerichtssitzungen am Sonntag stammt wahrscheinlich schon aus dem Jahr 321; vgl. Manso, a. a. O., S. 95 N. Die Heiden kehrten sich wenig daran. Vgl. Euseb. l. c. IV, 23. – Heiden feierten früher etwa den *Dies Saturni*, vgl. Tertullian., Apolog. 16.

[17] Euseb., *Vita Const.* I, 36. 42. 44. Ja als »Hüter seiner Seele«, und als »Fürbitter«, *ibid.* II, 4. IV, 14 usw.

[18] Ammian. Marc. XV, 13.

[19] Euseb. l. c. I, 47. II, 12. 14. IV, 22. 29. Eine der schönsten Vieldeutig-

Erscheinungen gewürdigt worden, wie er in dem Zelte des Labarums insgeheim gefastet und gebetet, wie er täglich sich einsam eingeschlossen, um knieend mit Gott zu verkehren, wie er seine Nachtwachen mit Gedanken über göttliche Dinge ausgefüllt usw., so sind dies im Munde eines Euseb, der die Wahrheit wußte, nichts als verächtliche Erfindungen. –

In der spätern Zeit hat sich Constantin offenbar den Bischöfen noch mehr hingegeben und ihnen bei Hofe das erste Wort eingeräumt, wahrscheinlich weil er einsah, daß sie vorderhand das größte Interesse dabei hatten, den Thron auf jede Weise zu stützen, und weil er am Ende gar nicht mehr anders konnte. Sie werden in den Kreisschreiben »geliebter Bruder« angeredet[20], wie er sich selber als »gemeinschaftlicher Bischof«, als einer der Ihrigen zu gebärden pflegte[21]. Er gab ihnen die Erziehung seiner Söhne[22] wenigstens zum Teil preis und leitete es überhaupt so ein, daß dieselben unbedingt als Christen galten; ihre ganze persönliche Umgebung, ihr Hofstaat bestand aus lauter Christen, während der Vater sich nach Eusebs indirektem Geständnis nicht scheute, bis in die letzte Zeiten neben den Geistlichen auch Heiden in hohen Stellungen um seine Person und als Präsides in den Provinzen zu haben[23]. Auch das Verbot der Gladiatorspiele war ohne Zweifel eine Konzession an die geistliche Umgebung, obwohl das betreffende Gesetz[24] nur von »Landfrieden und häuslicher Stille« spricht, wozu blutige Schauspiele nicht paßten. Übrigens war dies eines von denjenigen Gesetzen, welche nur gegeben wurden, um sofort in Vergessenheit zu geraten, wie denn Constantin selbst es später nicht mehr berücksichtigt hat.

Ganz rätselhaft scheinen die Predigten, welche Constantin zu Zeiten in Gegenwart des Hofes und »vieler tausend Zuhörer« hielt[25]. Er wollte nämlich auch »durch Ansprachen mit Erziehungszweck« seine Untertanen beherrschen und »die Regierung ganz zu einer redenden *(λογικὴν)* machen«. Es wurden Versammlungen zu diesem Behuf angesagt; da trat der Herr der Welt ganz unbefangen auf und redete; kam er auf die Religion, so nahmen Züge und Stimme den Ausdruck tiefer Demut an; den Zuruf verbat er sich durch einen Wink gen Himmel. Sein Thema war in der

keiten dieses Autors sind IX, 22 die Worte: *θείας ἱεροφαντίας ἐτελεῖτο*, in einer Zeit, da Constantin noch nicht einmal Katechumen, geschweige denn Christ sein konnte.

[20] Euseb. l. c. II, 46.
[21] Euseb. l. c. I, 44. IV, 22. 24.
[22] Euseb. l. c. IV, 51. 52.
[23] Euseb. l. c. II, 44. IV, 52. Von den höchsten Dienern des Reiches seien mehrere, *τινες* Christen; von den Präsides die Mehrzahl, *τοὺς πλείους*.
[24] *Cod. Theodos.* XV, 12. Vom J. 325. – Vgl. Euseb., *Vita Const.* IV, 25.
[25] Euseb. l. c. IV, 29–33.

Regel die Widerlegung der Vielgötterei, der Monotheismus, die Vorsehung, die Erlösung und das göttliche Gericht. Bei diesem Abschnitt (fährt der Hofbischof fort) pflegte er seine Zuhörer am unmittelbarsten zu treffen, indem er die Räuber und Gewalttätigen und Geldsüchtigen durchnahm; da trafen die Geißelhiebe seiner Worte auch einige der umstehenden Vertrauten, daß sie zur Erde blickten ... Er meinte es aufrichtig, sie aber blieben taub und verhärtet; sie riefen und klatschten Beifall, während doch ihre Unersättlichkeit keine Rührung in ihnen aufkommen ließ. Constantin schrieb diese Reden lateinisch, worauf die Dolmetscher sie ins Griechische übersetzten[26]. – Was soll man zu dieser Erzählung denken? Constantin, der die diocletianische Repräsentationsweise so eifrig fortsetzte und auf seine persönliche Majestät so große Dinge hielt, bequemt sich zum Auftreten vor den Massen der Hauptstadt! Die Kritik, welcher er sich aussetzte, war noch das wenigste, und die Zuhörer verzichteten vielleicht aus guten Gründen darauf; allein wozu die Reden, wenn man die Macht, d. h. das große Privilegium zu *handeln* besitzt? Ein Grund läßt sich vielleicht erraten. In dieser Zeit der religiösen Krisis muß das öffentlich gesprochene Wort, bisher auf rhetorische Exerzitien und Lobreden beschränkt, auf einmal vom Predigtstuhl herab einen so ungeheuern Einfluß gewonnen haben, daß Constantin es schon als Mittel der Macht nicht ganz entbehren mochte, ungefähr wie heute auch die mächtigsten Regierungen sich in der Zeitungspresse müssen vertreten lassen. Wenn es ihm, dem Ungetauften, dem Nicht-Katechumenen, einfallen durfte, sich als »gemeinsamen Bischof« auszugeben[27], so konnte er ganz eben so gut einen christlichen Prediger vorstellen. Wie er die christlichen Dogmen dabei behandelt hat, wissen wir nicht; daß er sich unbedingt als Christ gestellt habe, ist nicht einmal wahrscheinlich. Sodann deutet Euseb sehr klar auf einen Nebenzweck dieser Reden hin; sie waren ein willkommener Anlaß, Gnade und Ungnade zu äußern, die Umgebung in Schrecken zu setzen[28] und eine Menge Dinge in künstlich zweideutiger Form unter die Leute zu bringen, die sich selbst im weitschweifigsten Edikt nicht wohl sagen

---

[26] Daß die Rede *ad sanctorum coetum* ein Muster dieser Art sei, wie Euseb. l. c. IV, 32 behauptet, ist eine reine Unmöglichkeit; vielleicht hat man über ein kaiserliches Canevas eine weitläufige theologische Abhandlung gestickt. – Eine genügende Analyse davon bei Gfrörer, Kirchengesch. II, S. 14.

[27] Spätere, wie z. B. Glycas, die nicht begreifen konnten, wie ein Ungetaufter zu Nicäa hätte präsidieren dürfen, schlossen sich desto eifriger der bekannten Sage an, daß er zu Rom durch den heil. Sylvester schon früher sei getauft worden.

[28] Noch in der letzten erbaulichen Rede kurz vor seinem Tode wandte er sich auf einmal sehr nachdrücklich zum »Ende der Gottlosen« und schien damit auf »die Umstehenden« deuten zu wollen. Euseb. l. c. IV, 55.

ließen. Es sind die Senatsreden des Tiberius in anderer Gestalt! Man darf nicht vergessen, daß Constantin unter anderm auch »eine Menge seiner Freunde tötete«, wie der ganz unverdächtige Eutropius sagt, der mehr als verdächtige Eusebius dagegen zu beschweigen für gut findet[29]. (S. d. folg. Abschn.).

Es haftet auf Constantin noch stets ein letzter Schimmer von Erbaulichkeit, weil ihn so viele sonst verehrungswürdige Christen aller Jahrhunderte als den ihrigen in Anspruch genommen haben. Auch dieser letzte Schimmer muß schwinden. Die christliche Kirche hat an diesem furchtbaren, aber politisch großartigen Menschen nichts zu verlieren, so wie das Heidentum nichts an ihm zu gewinnen hätte. Übrigens verfielen die Heiden in denselben Irrtum, bei ihm einen wirklichen, nicht bloß äußerlich gemeinten Übertritt vorauszusetzen. Zosimus erzählt (II, 29) die bekannte feindselige Version[30] der Bekehrungsgeschichte: ob der Hinrichtung des Crispus und der Fausta und ob dem Eidbruch (gegen Licinius) seien dem Kaiser Gewissensbisse aufgestiegen, und er habe sich an die heidnischen Priester (laut Sozomenus an den berühmten Neuplatoniker Sopater) um Entsündigung gewandt; als ihm erwidert wurde, für solche Missetaten gebe es keine Art von Sühne, habe sich ein aus Spanien nach Rom gekommener Ägypter (wahrscheinlich Hosius) durch die Frauen bei Hofe in seine Nähe zu drängen gewußt und ihm die Überzeugung beigebracht, daß das Christentum jede Missetat abzuwaschen imstande sei; darauf habe er seinen Übertritt zuerst zu erkennen gegeben durch seine Maßregeln gegen die heidnische Erforschung der Zukunft, und weiter durch den Bau einer neuen Hauptstadt. Es ist möglich, daß diese Erzählung einen wahren Kern enthält, aber die vorliegende Fassung ist sicher nicht die richtige. Ereignisse von so gräßlicher Art im eigenen Hause müssen allerdings in Constantins Seele wach gerufen haben, was noch etwa von römischem Glauben in ihm steckte, und er war vielleicht bei aller sonstigen Bildung roh genug, von kräftigen heidnischen Bannsprüchen einige Erleichterung, ein Wegspülen des häßlichen Eindruckes zu erwarten, aber der weitere Kausalzusammenhang ist erweislich falsch.

Gerade in dem letzten Jahrzehnt seines Lebens gibt Constantin noch einige sehr deutliche Zeichen unchristlicher, ja unmittelbar heidnischer Sympathien. Während er und seine Mutter Palästina und die großen

---

[29] Constantin soll auch eitel gewesen sein, was dahingestellt bleiben mag. Er besaß außer dem Reden auch die Geduld des Zuhörens, Euseb. l. c. IV, 33. 46. Panegyr. IX, 1, vielleicht weil man ihn dabei stark ins Gesicht zu rühmen pflegte. Er konnte den Redner verachten und das Lob doch in dieser redenden Zeit zweckmäßig finden.
[30] Welche dann Sozomenus I, 5 mit schwachen Gründen zu widerlegen sucht.

Städte des Reiches mit den prachtvollsten Kirchen schmücken, läßt er in dem neuen Constantinopel doch auch heidnische Tempel bauen; zwei davon, die der Göttermutter und der Dioskuren, können bloße Ziergebäude für die als Kunstwerke darin aufgestellten Bilder gewesen sein, der Tempel und das Bild der *Tyche* dagegen, der vergöttlichten Personifikation der Stadt, sollten einen eigentlichen Kultus genießen. Bei der Einweihung der Stadt wurden erweislich heidnische Geheimgebräuche gefeiert, wie denn diese ganze wichtige Angelegenheit von allerlei Superstitionen bedingt war, die bei den spätern Schriftstellern vergebens mit christlicher Andacht zugedeckt werden. (S. d. folg. Abschn.).

Auch andern gestattete Constantin noch die Erbauung heidnischer Tempel. Eine Inschrift[31] des umbrischen Städtchens Spello (zwischen Foligno und Assisi), welche ihres befremdlichen Inhalts wegen lange für unecht gegolten hat und durch die nachlässige und barbarische Schreibung dieses Vorurteil zu rechtfertigen schien, ist höchst wahrscheinlich ein durchaus echtes Denkmal dieser Gunst gegen die Heiden, und zwar aus den letzten zwei Lebensjahren des Kaisers. Er erlaubt den Hispellaten, seinem Geschlecht, das er bekanntlich *gens Flavia* nannte, einen prächtigen Tempel zu bauen[32] und bedingt sich nur aus, daß derselbe nicht »durch den Trug ansteckenden Aberglaubens« befleckt werde, worunter sich jeder denken konnte, was er wollte. Auch über das heidnische Priestertum des Ortes und über die Verlegung der Festspiele von Bolsena nach Spello gibt er einläßlichen Bescheid, mit ausdrücklicher Nennung der Gladiatoren. In denselben Jahren spricht er auch gewisse heidnische Priesterkollegien, die Sacerdotes und lebenslänglichen Flamines, von den lästigen Lokalämtern frei, zu welchen man sie, insonderheit in Afrika, christlicherseits nötigen wollte.[33] Ohne Zweifel mit seinem Vorwissen darf der Senat noch im Jahr 331 den zerfallenen Concordientempel[34] wieder herstellen, einzelner Götteraltäre aus den nächst vorhergehenden Jahren zu geschweigen.

Ja das Heidentum tritt dem Herrscher in dieser letzten Zeit auch persönlich sehr nahe. Der Neuplatoniker Sopater, ein Schüler des Jamblichus, erscheint in seiner Nähe mit allen Ansprüchen eines hochmütigen griechischen Sophisten; »die andern Menschen sind ihm zu gering; er eilt an den kaiserlichen Hof, um ohne weitere Umstände über Constantins gan-

---

[31] Bei Muratori, *Inscr.* III, p. 1791 unter den Unechten abgedruckt.

[32] In Afrika hatte Constantin schon nach dem Siege über Maxentius die Errichtung von Priestertümern zu Ehren seines Geschlechtes gestattet. Aurel. Vict., *Caess.* 40.

[33] *Cod. Theodos.* XII, 1 & 5.

[34] Gruter, *Thes. inscr.*, p. 100.

zes Tun und Denken einen herrschenden Einfluß zu üben[35]. Der Kaiser ist auch bald von ihm gänzlich eingenommen und läßt ihn zu seiner Rechten sitzen, zum allgemeinen Neid und Ärgernis der Höflinge«. So weit Eunapius, dem freilich so wenig als dem Philostratus unbedingt zu glauben ist, wenn er mit vornehmen Konnexionen der Philosophen prahlt. Hier liegt aber etwas Wahres zugrunde; Sopater hat jedenfalls ein bedeutendes Verhältnis zu Constantin gehabt[36]. Daß er es war, der die Sühnung wegen der Hinrichtung des Crispus verweigerte, lassen wir ganz beiseite; unleugbar aber wurde er bei den Einweihungszeremonien von Constantinopel gebraucht. Später, jedenfalls nach 330, stürzte ihn der Gardepräfekt Ablavius, welcher bei der Hungersnot in der neuen Hauptstadt dem Kaiser die Meinung beigebracht haben soll, Sopater halte durch seine große Wissenschaft die Winde gefesselt, die den ägyptischen Korntransport über das Meer befördern sollten. Jedenfalls ließ Constantin den Sophisten hinrichten. Ob aber der bloße Hofneid des Ablavius dies bewirkte[37], darf nach einer Notiz bei Suidas wohl bezweifelt werden: »Constantin«, heißt es, »tötete den Sopater, *um zu beweisen, daß er in der Religion nicht mehr heidnisch gesinnt sei*. Denn früher war er mit jenem sehr vertraut gewesen«. – Wir werden bei einem andern Anlaß (zur Geschichte des Athanasius) die Vermutung wiederholen müssen, daß die christlichen Priester dem alternden Kaiser einigermaßen furchtbar geworden waren und daß er seine so lange bewahrte persönliche Freiheit in den letzten Jahren nicht mehr durchgängig behaupten konnte.

Manche glauben sogar annehmen zu dürfen, daß Constantin die heidnischen Opfer zuletzt irgendwann ganz verbot[38]; und wenn Euseb (IV, 25) Rücksicht verdiente, so wären außer den Opfern auch die Befragung von Orakeln, die Aufrichtung von Götterbildern und die Feier der Mysterien durchaus abgeschafft worden. Daß irgend einmal seit dem Jahr 326 ein Gesetz gegen die Befragung der Orakel gegeben wurde, bestätigt auch Zosimus (II, 29). Allein es muß bei all diesem[39] merkwürdig durch

[35] Wie sehr die Bischöfe den Einfluß heidnischer Sophistik auf den Kaiser fürchteten, erhellt unter anderm aus einer Anekdote vom Bischof Alexander, bei Sozom. I, 18.
[36] Wir erinnern hier wieder an jenen Nikagoras von Athen (S. 171), der als Neuplatoniker und Fackelträger bei den eleusinischen Mysterien doch von Constantin ein Reisestipendium zum Besuch Ägyptens erhielt. Er dankt in jener Inschrift (Böckh 4470) den Göttern und Constantin, »der mir dieses gewährt hat«.
[37] Wie auch Zosimus II, 40 annimmt. – Vgl. Suidas *s. v. Sopater.*
[38] Ein Gesetz des Constantius vom J. 341, *Cod. Theodos.* XVI, 10 beruft sich sehr unbestimmt auf ein allgemeines Opferverbot seines Vaters.
[39] Wie bei dem frühern sehr vagen Verbot, welches Euseb. l. c. II, 45 erwähnt wird.

die Finger gesehen worden sein. Auch wenn das Dekret für Spello unecht wäre, so blieben noch Indizien genug übrig. Gerade die Haupturkunde für den massenhaften Fortbestand der Opfer und Mysterien, die Schrift des christlichen Firmicus, stammt aus den nächsten Jahren nach Constantins Tode, dessen Söhne mit den heftigsten Worten erst zu dem aufgefordert werden, was der Vater schon getan haben soll: »Haut sie zusammen, mit dem Beil zusammen, diese Tempelzierden! Zur Schmelze, zur Münze mit diesen Göttern! Alle Weihgeschenke sind euer, nehmt und braucht sie«![40]

Es sind indes allerdings schon unter Constantin Tempel aufgehoben und zerstört und Götterbilder eingeschmolzen worden[41]. Ein Heiligtum wie das der himmlischen Göttin zu Aphaca im Libanon (S. 125f.) verdiente nichts Besseres, als daß Soldaten hingeschickt wurden, die alles dem Boden eben machten (um 330); der Ort war in der Tat »nicht wert, daß ihn die Sonne beschien«. Schon bedenklicher war die Schleifung des berühmten Asklepiostempels zu Aegae in Cilicien, wo bis damals eine Menge Menschen sich um der Kurträume willen einfanden. Wahrscheinlich hatte der Gott (der »Seelenirrer«, wie ihn Euseb nennt) sich auch auf politische Fragen eingelassen[42]. In Heliopolis, wo ein kaum minder unzüchtiger Kultus vorkam als in Aphaca, blieb es beim bloßen Verbot und bei der gewaltsamen Stiftung eines Bistums, dem dann erst durch Geld eine Gemeinde geworben wurde[43]. Anderwärts kam es vor, daß bekehrte Bevölkerungen aus eigenem Antriebe die Heidentempel des Ortes niederrissen und dafür die offizielle kaiserliche Billigung ernteten; Majuma, die Hafenstadt von Gaza, erhielt den Namen Constantia, ein anderer phönicischer Ort den Namen Constantina, wahrscheinlich um eines solchen Verdienstes willen[44].

Außerdem hat Constantin aus Raubsucht oder Geldnot, wie es scheint, viele Tempel plündern lassen. Zwar verhehlt Euseb hier wieder den Grund und die wahre Ausdehnung dieser Spoliationen, allein er verrät sich wider Willen. Es ist nämlich bei ihm zunächst gar nicht von Marmorstatuen die Rede, sondern von lauter solchen Bildern, deren Inneres aus einem besondern Stoffe bestand, – Euseb meint: aus Schädeln, Totenbeinen, alten Lumpen, Heu, Stroh u. dgl., – es handelt sich aber offenbar nur um den hölzernen etc. Kern oder das hohle innere Gestell von sogenannten Chryselephantinstatuen, das heißt Bildern von Gold und Elfenbein, dergleichen der olympische Zeus eines war. In der Lob-

---

[40] Firmicus, *De errore etc.*, p. 39. – Seine Aufforderung, dem Heidentum überhaupt ein gewaltsames Ende zu machen, *pag.* 28.
[41] Euseb., *Vita Const.* III, 54–58. *De laudibus Const.* 8.
[42] Und etwa beim Aufstand des Calocerus (S. 264) eine Rolle gespielt?
[43] Über die vorgebliche Ausrottung der Nilpriester vgl. S. 135.
[44] Sozomenus II, 5. Euseb., *Vita Const.* IV, 37–39.

rede auf Constantin (Kap. 8) wird dies dann in vollem Umfang zugestanden: »die kostbaren Teile wurden eingeschmolzen und der formlose Rest den Heiden gelassen, zum ewigen Angedenken ihrer Schmach[45]«. Welche und wie viele Werke (vielleicht der besten griechischen Kunst!) dieses von der Kostbarkeit des Stoffes unzertrennliche Schicksal traf, erfährt man nicht näher. Übrigens nahm Constantin für die Ausschmückung seiner neuen Hauptstadt allerdings auch mit Götterbildern ohne höhern Materialwert vorlieb, wie wir sehen werden; von den ehernen zum Beispiel heißt es a. a. O.: »man führte sie wie Gefangene fort, diese Götter abgelebter Fabeln, an Stricken wurden sie fortgeschleppt!« Die Wegnahme war vertrauten Kommissaren übertragen, welche unmittelbar vom Hofe kamen; Widerstand fanden sie nirgends; die Priester mußten ihnen die geheimsten Gewölbe öffnen. Es ist aber auch denkbar und wahrscheinlich, daß Constantin dergleichen nur in durchaus zuverlässigen, überwiegend christlichen Städten der nähern Umgebung seiner Residenz wagte. Er hätte wohl die Gold- und Silberstatuen gerne unangegriffen gelassen, allein sie lagen ihm zu bequem und die Versuchung war zu stark gegenüber dem dringenden Geldbedürfnis, das bei den Herrschern dieser Art jeder andern Rücksicht vorangeht. In dieselbe Kategorie gehört ohne Zweifel das Ausheben von Türen und von Gebälken[46], das bei mehrern Tempeln vorgekommen sein soll; diese Teile waren nämlich oft von massivem Erz und lohnten wohl die Mühe des Einschmelzens. Wenn damit der Anfang der Zerstörung gemacht und das Innere durch teilweisen Einsturz und Unbill der Witterung geschändet war, so konnte man es schwerlich mehr verhindern, daß die Anwohner sich auch an Säulen und andere Bauteile wagten, wäre es auch nur zum Behuf des Kalkbrennens gewesen. Daß dies seit dem Jahr 333 wenigstens an heidnischen Grabmonumenten geschah, ist offiziell[47] bestätigt. Schon früher war die Reparatur verfallener oder unvollendeter Tempel durch ein Gesetz[48] stille gestellt worden. Wie es mit den Tempelgütern ging, ist nicht näher bekannt, in einzelnen Fällen wurden sie sicher eingezogen, doch erst unter Constantins Nachfolgern in Masse und planmäßig. Von einem Gesetz, welches die allgemeine Zerstörung der Tempel verfügt hätte, wie die Chronik des Hieronymus zum Jahr 335 erzählt, kann bei Constantin selber keine Rede sein. Was er tat und geschehen ließ, geschah *gelegentlich*, aus frivoler Raubsucht und unter schwankender geistlicher Einwirkung, deshalb auch

---

[45] Wie Arnobius die Götterbilder durch Analyse ihres Innern lächerlich zu machen sucht, *Adv. gentes* VI, p. 201.
[46] Euseb., *Vita Const.* III, 54.
[47] Durch ein Gesetz des Constans *Cod. Theodos.* IX, 17.
[48] Vom J. 326. *Cod. Theodos.* XV, 1.

so ungleich. Ein konsequentes System wird man bei einem hierin mit Willen inkonsequenten Menschen vergebens nachweisen wollen.

Das Urteil über sein christliches Bekenntnis und seine Taufe auf dem Sterbebette wird vollends jeder nach eigenem Maßstab beurteilen müssen[49].

Die großen äußern Veränderungen, welche die Stellung und daher auch die Verfassung der christlichen Kirche durch Constantin erfuhr, sind bekannt genug und können hier nur in Kürze wiederholt werden. Die Geistlichen (*clerici*) wurden gleich zur Zeit der ersten Toleranzedikte tatsächlich als Stand, als Korporation anerkannt, was von unermeßlicher Wichtigkeit für die ganze Entwickelung der Kirche sein mußte. Sie hatten sich selber wohl schon längst zu dieser Bestimmung vorbereitet, indem sie einerseits sich von den Laien isolierten, andererseits durch Gemeinsamkeit vieler Amtsgeschäfte, namentlich durch das Synodenwesen, den Charakter einer Körperschaft erwarben. Doch der einstweilen bloß tolerant gewordene Staat hätte darauf nicht so vollständig einzugehen nötig gehabt? Er konnte, so scheint es, den Klerus als Stand ignorieren und sich direkt an die Gemeinden wenden? – Allein Constantin fand den Klerus schon so eigentümlich zur Macht organisiert und durch die Verfolgung so sehr gehoben vor, daß er entweder *durch* diese Korporation und ihren hohen Kredit herrschen oder sie über kurz oder lang zum Feinde haben mußte. Er gab ihr daher alle möglichen Garantien der Gunst bis zu einer Art Mitherrschaft, und dafür waren die Geistlichen die ergebensten Verbreiter seiner Macht und ignorierten es völlig, daß er noch mit einem Fuße im Heidentum stand, ja daß seine Hände über und über mit Blut befleckt waren.

Er übernahm mit diesem Verhältnis auch dessen bedenkliche Schattenseiten. Aus der Verfolgung war neben den edlern sittlichen Folgen auch ein böser Geist des Haders aufgestiegen; die Partei der schwärmerischen Hingebung wurde zur fanatischen Opposition nicht bloß gegen diejenigen, welche in der Verfolgung verleugnet oder die heiligen Schriften ausgeliefert hatten, sondern auch gegen die durch erlaubte Mittel christlicher Klugheit Geretteten; darob entstand in Nordafrika die donatistische, in Ägypten die meletianische Spaltung fast noch während der Verfolgung selbst. Es waren die ersten Anlässe für den bloß toleranten Kaiser, in positiv kirchlichen Streitigkeiten zu intervenieren, denn von Neutralität konnte, nachdem er sich einmal mit der Kirche eingelassen, natürlich

[49] Über die weitern Schicksale des Heidentums, seiner Einrichtungen und Tempelgüter, von den Söhnen Constantins bis auf Justinian, vgl. Lasaulx, Der Untergang des Hellenismus usw., München 1854.

keine Rede mehr sein. Constantin zeigte hier wie später, bei der viel umfassendern arianischen Spaltung, in der Regel großen Takt (s. unten); er erklärte sich zwar für die eine Partei, gestattete derselben aber keinerlei strafende Machtübung gegen die andere. Die Einheit der Kirche wäre ihm ohne Zweifel wünschbar gewesen, weil sie als Parallele zur Einheit der Macht erschien; allein er wußte sich auch auf eine hadernde und getrennte Kirche gar wohl einzurichten und war weit entfernt, die Kaisermacht selber zu kompromittieren durch Hartnäckigkeit und Strenge für oder wider Dinge und Menschen, die ihm keinen Fanatismus einzuflößen imstande waren. Das Verhalten der Christen gegen Verfolgungen jeder Art hatte er gründlich beobachtet; gerade die beiden eben genannten Spaltungen wären durch nichts so unfehlbar gesteigert worden als durch neues Martyrtum. Freilich mußte er ahnen, daß nicht alle seine Nachfolger sich hierin so unabhängig halten würden; hießen sie einmal Christen, so war vorauszusehen, daß sie auch persönlich dem Eifer für oder gegen streitige Lebensformen der Kirche anheimfallen mußten. Doch zeigte die Folge, daß die Kaisermacht anderweitig stark genug gegründet war, um hier selbst durch die extremsten Versuche (wie zum Beispiel der Bilderstreit des achten Jahrhunderts) sich nicht aus den Fugen heben zu lassen.

Die Geistlichen als Korporation oder Stand erhielten zunächst von Constantin die Befreiung von allen öffentlichen Verpflichtungen *(munera)*[50] (313 und 319), welche teils in lästigen Ämtern, teils in Abgaben bestanden oder in dem verrufenen Dekurionat beides vereinigten. (Dem sofortigen Zudrang der befreiungslustigen Reichen zum geistlichen Stande mußte schon im nächsten Jahr [320] durch ein ganz rohes allgemeines Verbot begegnet werden, welches dann wahrscheinlich nicht selten umgangen wurde). Das zweite bedeutende Zeichen korporativer Anerkennung erhielt die Kirche durch die Erlaubnis Erbschaften anzunehmen (321),[51] welche ihr denn auch nicht fehlten. Später, wahrscheinlich nach dem Siege über Licinius[52] wurde der Kirche geradezu eine bedeutende Staatsbesoldung, vorzüglich in Landstücken und Kornrenten, ausgeworfen. War ihr auf diese Weise eine reichliche Existenz und die Gründung eines großen Besitzes gesichert, so gab der Staat auch noch ein Stück seiner Macht in den Kauf; die Christen hatten bisher ihre Streitigkeiten, ehe sie vor den weltlichen, heidnischen Richter gingen, gerne durch die Bischöfe, als eine Art Friedensrichter, schlichten lassen, von deren Spruch sie noch immer appellieren durften; dieses Appellations-

---

[50] *Cod. Theodos.* XVI, 2.
[51] *Cod. Theodos.* XVI, 2.
[52] Wie man aus Sozom. I, 8 schließen möchte. Vgl. Euseb., *Vita Const.* IV, 28. – *Hist. eccl.* X, 6 gibt die provisorische Dotation afrikanischer Kirchen.

recht hob Constantin auf und machte die Entscheide der Bischöfe, wenn man sich einmal an diese gewandt, obligatorisch. Dadurch war jede Konkurrenz des weltlichen Richters mit dem geistlichen abgeschnitten und einschließlich auch die Gelegenheit zu einem Streit zwischen beiden, welcher jetzt gleich gefährlich gewesen wäre, mochte der weltliche Richter noch Heide oder schon Christ sein. Diese Erwägung allein erklärt das so außerordentliche, jedem kräftigen Staatswesen scheinbar so gefährliche Zugeständnis. Constantin hat hier, wie in der Behandlung des Kirchlichen überhaupt, nicht etwas Neues aus eigener Wahl eingeführt, sondern das auch ohne ihn Vorhandene konstatiert und geregelt. Es ist leicht, vom Standpunkt moderner Theorien aus ihn zu tadeln, daß er die Kirche und den Staat nicht schärfer getrennt hielt[53], allein was sollte er machen, wenn durch einen allgemeinen Drang der Zeit die Kirche ihm unter den Händen zum Staat und der Staat zur Kirche wurde? wenn jeder christliche Beamte in seinem Geschäftskreise, jeder Richter auf seinem Tribunal durch Vermischung religiöser und bürgerlicher Gesichtspunkte an seiner Pflicht irre werden konnte? wenn die Interzession eines Bischofs oder eines für heilig geachteten Einsiedlers[54] für oder gegen irgend einen Menschen, irgend ein Verhältnis alles in Konfusion zu bringen vermochte? Die Theokratie, welche sich hier entwickelte, war nicht das Werk des einzelnen kirchenschützenden Kaisers und eben so wenig die bewußte Gründung einzelner besonders schlauer Bischöfe, sondern das große, notwendige Resultat eines weltgeschichtlichen Prozesses. Von einem höhern Gesichtspunkt aus darf man es ja wohl beklagen, daß das Evangelium zu einem Gesetz gemacht wurde für die, welche nicht daran glaubten, und gerade durch einen Herrscher, welcher innerlich nicht berührt war von dem Wesen der Religion, die er andern aufdrängte. »Das Christentum wird seinem Wesen entfremdet, wenn es zum Gesetz für die Geborenen, statt für die Wiedergeborenen gemacht wird[55]«. Constantin wollte eine Reichskirche und zwar aus politischen Gründen, es ist aber schwer zu entscheiden, ob nicht ein anderer an seiner Stelle, der ein reiner Charakter und überzeugter Christ gewesen wäre, auf dieselbe Bahn hätte geraten müssen.

Merkwürdig ist die rasche theoretische Steigerung der Ansprüche, welche der einmal über die Gesellschaft emporgehobene Klerus an sich und andere stellte. Bereits war vom Cölibat die Rede; der Staat mußte die früher auf den ehelosen Stand gesetzten Bußen aufheben[56]; und wenn

---

[53] Neander braucht die treffenden Ausdrücke: Christianisierung des Staates und Politisierung der Kirche.
[54] Ein Beispiel der letztern Art bei Sokrates I, 13.
[55] Zahn, Constantin d. Gr. und die Kirche, S. 32.
[56] Gesetz vom J. 320, *Cod. Theodos.* VIII, 16. Vgl. Euseb., *Vita Const.* IV, 26.

nicht auf dem Konzil von Nicäa gerade ein Asket, Bekenner und Dämonenbanner ohnegleichen, der alte blinde Paphnutius[57], sich dagegen erhoben hätte, so wäre vielleicht schon damals ein für alle Geistlichen bindender Beschluß durchgegangen. Die Ordination oder Weihe erhielt immer mehr einen mystischen Wert und wurde im Verhältnis zu Menschen und Dingen sogar magisch, als Mitteilung übernatürlicher Kräfte aufgefaßt. Im Innern der Priesterkaste selber wurden die alten Unterschiede geschärft und neue geschaffen; der Presbyter schied sich vom Diakon, der Bischof vom Presbyter; unter den Bischöfen selbst gab es je nach dem Rang ihrer Städte auch sehr verschiedene Stufen des Einflusses, der sich dann hauptsächlich in den fünf (spätern) Patriarchensitzen Rom, Alexandrien, Antiochien, Constantinopel und Jerusalem konzentrierte. Um das bischöfliche Amt als solches in einem höhern Werte zu erhalten, schaffte man nicht lange nach Constantin den untersten Grad, die sogenannten Landbischöfe ($\chi\omega\rho\epsilon\pi\iota\sigma\kappa\sigma\pi\sigma\iota$), das heißt die Bischöfe der Flecken ohne Stadtrang, völlig ab. Je nach der Wichtigkeit eines Ortes, dem Ehrgeiz der Betreffenden und der etwa schon vorhandenen Parteiung war die Bischofswahl bisweilen eine Sache des heftigsten Kampfes, der in einzelnen Fällen die ganze Kirche erschütterte. Was sich vordrängte und durchsetzte, war selten das Beste; rhetorische und politische, namentlich finanzielle Talente, ja der persönlichste Einfluß trugen fortan gar zu oft über den wahrhaft Berufenen den Sieg davon. – Nach unten hin erweiterte sich die Hierarchie nicht bloß wie bisher durch die Klassen der Türhüter und Akoluthen, sondern durch eine große handfeste Dienerschar, die sogenannten Parabolanen oder Fossores, das heißt Krankenwärter und Totengräber, deren in Constantinopel allein bei tausend, in Alexandrien etwa die Hälfte waren.

Dieser mächtigen und reichen Kirche fehlte es bald auch nicht mehr an der glänzendsten äußern Repräsentation; der Kultus wurde verherrlicht durch die prächtigsten Kirchenbauten und durch ein imposantes Ritual; das Leben der höhern Geistlichen wurde (wenigstens in den großen Städten) ein fürstliches. Doch traten diese sehr natürlichen Konsequenzen erst unter den Söhnen Constantins und später deutlich zu tage. Vorzüglich in einer Hinsicht konnte man inne werden, welcher Mittel der Macht der Staat sich entäußert hatte; die ganze, unermeßliche Beneficenz mit ihrem Einfluß auf die Massen lag, zum Teil durch seine Schenkung, in den Händen der Geistlichen, welche an vielen Orten Armenhäuser, Gasthäuser, Pfrundhäuser, Waisenhäuser, Spitäler und andere gemeinnützige Anstalten gründeten, während der Staat mit dem Einzelnen nur noch durch Soldaten und gewalttätige Steuereinnehmer in Berührung kam.

---

[57] Sokrates, *Hist. eccl.* I, 11. Sozom. 1, 10. Athanas., *Vita Anton. col.* 468.

Wer wollte es diesem Klerus auf die Länge wehren, wenn er sich nach Bekehrung der heidnischen Majorität als Staats-Regierung konstituierte? Welche Mittel behielt der Herrscher überhaupt noch übrig, um der Herr, wenigstens nicht der Diener oder gar der Pensionierte seiner Priester zu bleiben? Bereits hatten in der Apostelkirche zu Constantinopel der Kaiser und die dortigen Bischöfe zugleich ihr Begräbnis, »sintemal das Priestertum an Ehren der Herrschaft gleich ist und ihr an heiliger Stätte sogar vorangeht[58]«.

Bei näherer Betrachtung findet man, daß doch für den Kaiser und seine Macht auf alle Weise gesorgt war. Zum ersten erscheint es als ein Glück für den Imperator, daß das Alte Testament, so oft es auch die Könige und die Hohenpriester von Israel im Zwiespalt schildert, doch keine theokratische Revolution gegen das Königtum als solches meldet, sondern die Abschaffung des letztern Gott und dem König von Babylon anheimstellt. An das alttestamentliche Staatswesen nämlich wurde jeden Augenblick appelliert als an das einzige nicht heidnische Präcedens; man übersah ganz wie zur Zeit der englischen Puritaner, daß dasselbe einem vergangenen, besondern Volkstum entsprochen hatte; das Neue Testament aber, an welches man sich gewiß lieber gewandt hätte, läßt sich bekanntlich weder auf Staatsformen noch auf Nationalitäten ein, weil seine Bestimmung eine universelle ist.

Solange nun der Kaiser sich als rechtgläubig geben konnte, war ihm nichts anzuhaben; was er sonst als Mensch und Regent war, kam weiter nicht in Betracht. Auf die Stellung Constantins selber, dem unmäßig geschmeichelt wurde, darf sich die Geschichte weiter nicht berufen, es blieb aber auch zugunsten späterer Kaiser eine Theorie des göttlichen Rechtes übrig, welche der Vergötterung heidnischer Imperatoren nichts nachgab und sie an Aufrichtigkeit bei weitem übertraf. »Wenn der Kaiser den Namen Augustus empfangen hat (heißt es gegen das Ende des vierten Jahrhunderts),[59] so ist man ihm wie einem gegenwärtigen und leibhaftigen Gott Treue und Gehorsam und rastlosen Dienst schuldig. Denn im Frieden und Krieg ist es ein Dienst Gottes, wenn man dem treu anhängt, der auf Gottes Anordnung herrscht«.

Aber auch materiell war das Kaisertum mit seiner barbarisierten und in religiösen Dingen neutralen Kriegsmacht und seinem Verwaltungssystem gar zu stark etabliert, als daß es der reinen Priesterregierung zu weichen gebraucht hätte.

Und endlich war Constantin besonnen oder glücklich genug gewesen, sich selber zum Haupt und Zentrum der Kirche zu machen und seinen

---

[58] Sozomenus II, 34. Vgl. Sokrates I, 40.
[59] Veget., *De re milit.* II, 5 bei Anlaß des Kriegseides.

Nachfolgern außer dem übrigen Erbe der Macht auch diese Position wohlbefestigt zu hinterlassen.

Wir kennen bereits seinen Anspruch, sich als »gemeinsamer Bischof« zu gebärden. Dies war keine bloße Redensart; die Kirche hatte wirklich *keinen andern Mittelpunkt*. Zunächst zeigte sich dies bei den Bischofswahlen, auf welche in allen wichtigern Fällen der Hof einen maßgebenden Einfluß ausüben konnte, indem die Bischöfe der betreffenden Provinz, welche sich versammelten und der verwaisten Gemeinde einen neuen Hirten vorschlugen, auf kaiserliche Wünsche Rücksicht nahmen, weil sie selber durch kaiserliche Gunst noch höher zu steigen hoffen konnten. Um ihre Stellung ganz auszunützen, hätte diese Kirche vor allem einer höhern Denkweise bedurft. Ferner war bei den großen Reichssynoden der Kaiser schon im Vorteil, insofern er Zeit und Ort festsetzte, noch mehr aber, insofern gar manche nur seinen Willen zu erraten suchten, um demgemäß zu stimmen. War er nicht selbst anwesend, so schickte er seine Kommissäre mit großen Vollmachten hin, und schließlich behielt er sich seine Genehmigung vor, ohne welche kein Konzilsbeschluß gültig war, mit welcher er dagegen zum Reichsgesetz erhoben wurde. Und am Ende waren die Synoden mit ihrer Gleichheit des Stimmrechtes ein treffliches Mittel, der Übermacht der vornehmern Bischofsstühle entgegenzuarbeiten, sobald dieselbe dem Hofe irgend bedenklich erschien.

Die Idee eines Konzils, wie sie sich schon in den ersten Jahrhunderten des Christentums ausgebildet hatte, war eine erhabene: daß auf einer Versammlung der Vorsteher christlicher Gemeinden, wenn sie sich zu wichtigen gemeinschaftlichen Beratungen andächtig vorbereitet, der Geist Gottes ruhe. Ein Gefühl dieser Art wird über jede Versammlung kommen, deren Beschäftigung die höchsten Dinge betrifft und deren Mitglieder vielleicht jedes einzeln das Leben an die Sache gewagt hat oder wagen wird. Allein die Zeit der triumphierenden und verweltlichten Kirche, deren Konzilien immer häufiger und glänzender wurden, zeigt im Wesentlichen sehr rasch das Bild der traurigsten Ausartung.

Der erste große Anlaß war das Konzil von Nicäa (325), dessen Hauptziel die Beseitigung der arianischen Streitigkeiten sein sollte. Es ist eines der unleidlichsten Schauspiele in der ganzen Geschichte, die kaum aus den Verfolgungen gerettete Kirche, vorzugsweise der östlichen Reichslande, vom heftigsten Kampf über das Verhältnis der Personen in der Dreieinigkeit ganz in Beschlag genommen zu sehen. Orientalischer Starrsinn und griechische Sophistik, die sich in die Bischofsstühle geteilt, martern sich und den Buchstaben der Schrift, um irgend ein Symbol hervorzubringen, welches das Unbegreifliche begreiflich und irgend eine Auffassung desselben allgemeingültig machen soll; der Streit geht vom Homousios und Homoiusios (»gleich und ähnlich«) aus durch hundert

Metamorphosen und mehrere hundert Jahre weiter und zersprengt die orientalische Kirche in Sekten, deren eine als orthodox-griechische Kirche dem byzantinischen Kaisertum zur Seite bleibt. Eine Menge anderer, zum Teil sehr weltlicher Interessen hängen sich an den Kampf und verstecken sich unter ihm, so daß er das Ansehen eines bloßen heuchlerischen Vorwandes gewinnt. Die Kirche höhlt sich innerlich aus um dieses Haders willen; sie läßt den innern Menschen darben vor lauter Rechtgläubigkeit und büßt, selber entsittlicht, die höhere sittliche Wirkung auf den Einzelnen völlig ein. Und dennoch, welche hohe weltgeschichtliche Bedeutung hat dieses an sich so widrige Treiben! Diese Kirche mit ihren Nebensekten, erstarrt und von aller Entwicklung abgeschnitten, sollte noch anderthalb Jahrtausende hindurch unter dem Druck fremder Barbaren die Nationalitäten zusammenhalten, ja sogar deren Stelle vertreten, denn sie war stärker als Staat und Kultur und deshalb überlebte sie beides; in ihr allein existiert die Quintessenz des nicht zukunftlosen Byzantinismus fort; die Orthodoxie ist die Seele desselben.

Somit muß zugestanden werden, daß jene Kämpfe um die zweite Person der Trinität ihre weitreichende historische Berechtigung hatten. Wir wollen uns gleichwohl hüten, das Dogmatische daran weiter zu verfolgen, vielmehr uns auf einige Andeutungen beschränken in betreff des Verhältnisses von Regierung und Klerus, wie es beim Konzil von Nicäa und in den nächstfolgenden Ereignissen zutage kam[60].

Als der alexandrinische Presbyter Arius mit seinen Lehren von der Unterordnung des Sohnes unter den Vater auftrat, erhob sich gegen ihn der alexandrinische Diakon Athanasius und der Bischof selbst, namens Alexander. Dieser berief schon im Jahre 321 eine Synode der Bischöfe von Ägypten und Libyen, welche den Arius entsetzten und bannten. Damit war seiner Lehre und Stellung eine Wichtigkeit zugestanden, die sie an sich nicht gehabt hätte; das Aufsehen und die Parteinahme wuchs auf beiden Seiten unermeßlich durch Predigt, Werbung und Korrespondenzen. Da auch der Bischof Eusebius von Nicomedien für den wunderlichen und eiteln, aber nicht unpraktischen Arius[61] Partei ergriff, so gewann der Streit sehr bald das Ansehen eines Kampfes zwischen den Stühlen von Alexandrien und Nicomedien; auch hier (oder in der Nähe) wurde nun eine Synode gehalten, und diese erklärte sich zugunsten des Arius. Damals neigte sich auf diese Seite auch Euseb von Cäsarea, welcher später im »Leben Constantins« eine Darstellung des Streites gibt, die an Unredlichkeit und absichtlicher Dürftigkeit einzig in ihrer Art ist.

[60] Eine genügende Übersicht z. B. bei Gfrörer, Allg. Kirchengesch., Bd. II, S. 199 ff.

[61] Um dem Volk seine Lehre beizubringen, dichtete Arius Schiffer-, Müller- und Marschlieder zu sangbaren Weisen. Philostorg. II, 2.

So standen die Dinge (323), als Constantin infolge des letzten Krieges gegen Licinius sich des Orients bemächtigte. Er erbte den Zwiespalt in seiner vollen Blüte. Sein Interesse und seine Neigung mußten unbedingt dahin gehen, die Sache beizulegen, sei es durch Vermittlung oder durch Zutritt zur stärkern oder intelligentern Partei, oder durch ein kluges Balancieren beider Parteien.

Einer der vornehmsten Bischöfe des licinischen Reiches, eben jener Euseb von Nikomedien, der schon früher bei Constantia, der Schwester des Kaisers und Gemahlin des Licinius, viel vermocht hatte, zog ihn zunächst halb und halb auf die arianische Seite. Aber ein Hoftheologe des Westreiches, Bischof Hosius von Corduba, der seinen ältern Einfluß bei Constantin selber gefährdet sah, verständigte sich mit dem Bischof von Alexandrien und wirrte die Dinge so durcheinander, daß der Kaiser nur in der Berufung eines allgemeinen Konzils das Heil erkannte; ohne dies mußte ihm der Anlaß willkommen sein, *die Geistlichkeit seines neuen Reiches persönlich kennen zu lernen* und ihr persönlich zu imponieren, dem gefährlichen Unwesen selbständiger Provinzialsynoden aber ein zweckmäßiges Ende zu machen. Von den 318 Bischöfen, die sich zu Nicäa einfanden (Juni 325)[62], waren kaum ein halbes Dutzend Okzidentalen; der Bischof Sylvester von Rom erschien nicht einmal in Person, sondern sandte zwei Presbyter, gemäß dem richtigen Takte, welcher auch seine Nachfolger von dem Besuche der orientalischen Synoden abhielt. Übrigens waren auch aus den vielleicht tausend orientalischen Bischöfen nur diejenigen durch kaiserliche Kabinettschreiben[63] eingeladen worden, welche man zu bestimmen oder zu überstimmen hoffen durfte.

Als nun der »aus bunten Blumen gewundene große Priesterkranz«, das »Abbild des Apostelreigens«, die »Wiederholung des ersten Pfingstfestes« beisammen war, als sich außer den Bischöfen auch ein zahlreiches priesterliches Geleit und eine Menge »der Dialektik erfahrene Laien« in Nicäa eingefunden, eröffnete Constantin in Person die Synode. Er starrte von Purpur, Gold und Edelsteinen, und Euseb vergleicht ihn in diesem Aufzug mit einem Engel des Herrn vom Himmel. Aber es blieb nicht bei diesem persönlich imposanten Auftreten. Im Verlauf der Verhandlungen zeigte es sich, daß Hosius den Kaiser gegen die Arianer gestimmt hatte und daß er und seine Partei die große Masse der Unentschiedenen auf alle Weise, namentlich durch Hinweisung auf kaiserliche Gunst in diesem Sinne mit Erfolg bearbeitete. Weder die Reden des Arius, noch die Gegenreden des Athanasius zu Ehren der Ewigkeit des Sohnes waren es also, was den Ausgang entschied. Die Debatte wurde zuletzt durch

---

[62] Offenbar nach der Zahl der 318 Beschnittenen des Abraham, Genes. XIV, 14. XVII, 26.

[63] Euseb., *Vita Const.* III, 6 s.

ein kaiserliches Machtgebot beendigt, indem Constantin auf dem fraglichen Ausdruck Homousios gegen den Willen der Majorität bestand, worauf diese Majorität sich geduldig fügte. Nur zwei Bischöfe verweigerten ihre Unterschrift und verdienen deshalb genannt zu werden, selbst wenn sie aus unreligiösem Starrsinn so gehandelt haben sollten: Theonas von Marmarica und Secundus von Ptolemais. Ihr Lohn war Absetzung und Verbannung. Euseb von Nikomedien unterschrieb, da ihm aber der Sturz geschworen war, verlangte man von ihm und den andern noch die Unterschrift eines Zusatzartikels, wodurch er seine eigene frühere Ansicht verfluchen sollte; auf seine Weigerung hin wurde auch er nach Gallien verbannt, ebenso Theognis, Bischof von Nicäa. Arius selber wurde nach Illyrien verwiesen.

Constantin aber hatte seinen orientalischen Klerus nun kennen und großenteils verachten gelernt. Wie hatten sich diese Männer, welche das Reich aus den Angeln heben konnten, vor ihm gebeugt! Viele[64] hatten einander durch geheime Anklageschriften bei ihm verzeigt; er ließ diese Libelle verbrennen und vermahnte sie zur Eintracht! – Vor der Abreise war noch großes Festmahl bei Hofe: »ein Kreis von Leibwachen hütete mit blanken Schwertern die Pforte des Palastes; aber die Männer Gottes schritten furchtlos mitten hindurch und gelangten bis in die innern Gemächer«[65]. Der Kaiser gab ihnen noch Geschenke und Friedensermahnungen mit auf den Weg. An die Gemeinde von Alexandrien ließ er schreiben: »Was dreihundert Bischöfen gefallen hat, ist nichts anderes als der Wille Gottes«.

Allein nun fing der Streit erst recht an. Constantin, der zu der theologischen Seite der Frage gar kein innerliches Verhältnis hatte, fand drei Jahre später (328), vorgeblich auf Anregung eines von der sterbenden Constantia empfohlenen arianischen Presbyters, eine neue Wendung für passend, vielleicht sogar für gerecht. Arius und alle übrigen Abgesetzten wurden aus der Verbannung zurückgerufen; Hosius wurde gestürzt oder verschwand wenigstens für sehr lange Zeit aus den Geschäften; das Bistum Antiochien wurde sozusagen im Sturm genommen und mit einem Arianer besetzt, wobei sich die abscheulichsten Händel ereigneten, und die ohnedies gefährliche Bevölkerung der Stadt tief aufgerührt wurde. Euseb von Nicomedien, der bei diesen Vorkommnissen die erste Rolle spielte, versuchte sich nun auch an dem verhaßten Stuhl von Alexandrien. Allein er fand denselben nunmehr von einem gewaltigen Gegner, von Athanasius, besetzt. Dieses ist der erste ganz konsequent durchgebildete von jenen Hierarchencharakteren der mittelalterlichen Kirche; von Kind-

---

[64] Sokrates I, 8.
[65] Euseb. l. c. III, 15.

heit⁶⁶ auf durchdrungen von der Würde des priesterlichen Amtes, voll
von großen Ideen und Zwecken, wie zum Beispiel die Bekehrung von
Abessinien, ohne Menschenfurcht oder irgend eine Rücksicht auf Verhältnisse, die dem Prinzip in den Weg treten könnten, bereit zu jedem
Opfer, sobald es die Sache gilt, zugleich aber hart gegen andere wie gegen
sich, ohne Fähigkeit, ihren Standpunkt anzuerkennen, und in den Mitteln nicht immer bedenklich. Es ist gar nicht zu verkennen, daß das
Schicksal der Orthodoxie die nächstfolgende Zeit über – so weit wir
urteilen können – an seiner Person hing. Constantin verlangt von ihm
die Rehabilitation des Arius; er weigert sich, und man läßt ihn gewähren.
Darauf bringen die Gegner alberne politische Verleumdungen vor, weil
Constantin nicht religiös zu erbittern war; Athanasius eilt an den Hof
und gewinnt den Kaiser persönlich für sich. Endlich glauben die Gegner das rechte Mittel gefunden zu haben; sie verklagen den Bischof bei
Constantin als intolerant, als Verfolger der meletianischen Sekte, welche
zu Nicäa sich den Kirchenfrieden erworben hatte. Athanasius war hier
wirklich nicht ganz schuldlos, allein man hatte die Meletianer absichtlich gegen ihn aufgehetzt. Der Kaiser bestimmt zur Untersuchung eine
Synode, welche zu Cäsarea in Palästina sich versammeln sollte; Athanasius aber erklärt (334): vor einer Behörde, die nur aus seinen Todfeinden bestehe, werde er sich nicht stellen. Und noch einmal gibt Constantin nach! Doch überwogen zuletzt die unaufhörlichen Anklagen, und
so kam es im folgenden Jahre (335) wirklich zu einer Synode, und zwar
in Tyrus, von wo die versammelten Väter dann sofort nach Jerusalem
ziehen sollten, um der Einweihung der Kirche des heiligen Grabes beizuwohnen. Das Präsidium führte ein vornehmer Hofbeamter Dionysius.
Die schwersten Anklagen (S. 190f.) machte Athanasius hier glänzend zunichte, wegen der geringern ging eine parteiische Untersuchungskommission nach Alexandrien, auf deren Aussagen hin endlich eine Verurteilung erfolgte; die Arianer triumphierten hier, wie in Nicäa die Orthodoxen. Aber fast im gleichen Augenblicke war Athanasius schon wieder am Hofe; »als ich gerade (schrieb der Kaiser) in Constantinopel einritt, begegnete er mir plötzlich mit den Seinigen; Gott ist mein Zeuge,
daß ich ihn nicht einmal sogleich erkannte, anfangs auch gar nichts von
ihm wissen wollte« etc. Die Folge dieses Zusammentreffens war, daß
Constantin die Väter von Tyrus zu schleuniger Rechtfertigung ihres Betragens und ihrer Beschlüsse nach der Hauptstadt zitierte. Da wagten sie
den ersten Ungehorsam; statt aller erschienen nur die sechs Häupter der Partei, und nun gab Constantin, obwohl nicht unbedingt, nach und verbannte den Athanasius nach Trier, verfügte aber, daß der Stuhl von Alex-

---

⁶⁶ Wie er als Knabe mit seinen Genossen das Priesterwesen nachmacht und
den Bischof vorstellt, erzählen Sokrates I, 15. Sozom. II, 17.

andrien nicht besetzt werden dürfe, offenbar in der Absicht, den Athanasius zu gelegener Zeit wieder einzusetzen[67]. Es ist nicht leicht zu entscheiden, ob Constantin etwa vor dem Trotz der Bischöfe erschrak, oder was sonst seinen Entschluß leitete; die Kläger sagten ihm, Athanasius habe gedroht, die Abfahrt der ägyptischen Kornflotte hindern zu wollen, allein dies glaubte ihnen der Kaiser wahrscheinlich nicht, selbst wenn er sich gläubig stellte. Darauf beschied er den Arius nach Constantinopel, wie es schien in der huldreichsten Absicht. Aber nach einem Besuch im kaiserlichen Palaste (336) wurde Arius auf der Straße plötzlich unwohl und verschied gleich darauf in einer nahen öffentlichen Latrine, welche noch nach hundert Jahren als Merkwürdigkeit gezeigt wurde. Ob er Gift bekommen hatte und von wem, bleibt zweifelhaft; Constantin hatte kein Interesse dabei[68].

Er hätte ohne Zweifel gerne eine stetige, einträchtige Reichskirche gehabt, aber die stärksten Schwankungen waren eingetreten. Bei seiner innern Neutralität wurde es ihm nun nicht schwer, die kirchlichen Parteien in der Schwebe zu halten und keiner sich bleibend hinzugeben. Er ließ sie daher abwechselnd siegen und sorgte nur immer durch kräftige Eingriffe dafür, daß man Ihn und seine Macht nicht vergaß. Er sah wahrscheinlich von Anfang an, daß der Streit großenteils um des Streites willen geführt wurde und daß alles Versöhnen am unrechten Orte angebracht wäre. Hierin versahen es seine Nachfolger, weil sie selber ernstlich in den theologischen Fragen befangen waren und der von ihnen unterstützten Partei die Hände frei ließen zu Gewalttat und Rache.

Ein lebendiges Zeugnis hievon besitzen wir noch in dem bekannten Ketzeredikt[69], aus den letzten Jahren vor seinem Tode. Der geistliche Conzipient fährt die Ketzer auf das härteste an, so viele ihrer sind, Novatianer, Valentiner, Marcioniten, Kataphryger u. a.; allein es bleibt nach allen Schimpfworten dabei, daß man ihnen die Versammlungslokale wegnimmt. Euseb jubelt: »sie wurden vertrieben, ausgetrieben wurden sie wie die Tiere!« – allein man bemerkt wohl, daß ihm dieses lange nicht genügte. Von den Novatianern wird ausdrücklich be-

---

[67] Daß er ihn vor der Wut der Gegner in Sicherheit bringen wollte, wie in einem Briefe Constantins II. behauptet wird, ist gar nicht durchaus unwahrscheinlich. Sokrates II, 3.

[68] Sokrates I, 38 läßt den Arius durch den orthodoxen Bischof Alexander von Constantinopel tot beten und sucht in seiner Beschreibung des Todesfalles indirekt dem Verdacht der Vergiftung zu begegnen. Sozom. II, 30.

[69] Euseb. l. c. III, 63–66. Sozom. II, 32. – Ein Gesetz vom J. 326, *Cod. Theodos.* XVI, 5, nimmt zwar die Ketzer von allen Befreiungen aus, welche den Rechtgläubigen gelten, und droht jenen mit bürgerlichen Lasten aller Art, aber ganz ins Unbestimmte hinein.

merkt, Constantin habe sie nur etwas erschrecken wollen; eigentliche Verfolgungen trafen, wie es scheint, bloß die Montanisten oder Kataphryger, welche als Fanatiker gefährlich werden konnten, und auch diese blieben wenigstens in Phrygien, dem Heimatland der Sekte, unangefochten. Es kommen allerdings in Constantins Maßregeln einzelne wunderliche Inkonsequenzen vor; nach der Verdammung des Arius ergeht zum Beispiel ein Befehl[70] an alle Kirchen, dessen Schriften zu verbrennen, mit den Schlußworten: »Wer ein Buch verhehlt, wird getötet. Gott erhalte euch« – allein den Arius selber ließ man ruhig in der Verbannung leben und zog ihn nachher wieder zu Ehren.

Nach Constantins Tode verfallen gleich seine Söhne ganz persönlich den kirchlichen Parteien; sie waren dazu erzogen, und die Schändlichkeit ihres Charakters hinderte sie nicht daran. Sokrates (II, 2) erzählt zum Beispiel, wie Constantius für den Arianismus gewonnen wurde; ein ungenannt gebliebener Presbyter, welcher ihm das Testament seines Vaters überbracht haben soll und sich bei diesem Anlaß am Hofe festsetzte, brachte zuerst den Großkammerherrn Eusebius, einen Eunuchen, auf die arianische Seite, dann auch die übrigen Eunuchen; diese und der Presbyter gewannen dann auch die Kaiserin; endlich entschied sich Constantius selbst. Darauf parteite sich die ganze Hofdienerschaft, die militärische Suite und die Stadt Constantinopel. Im Palast disputierten Eunuchen und Weiber, während in der Stadt jedes Haus der Schauplatz eines »dialektischen Krieges« wurde, und dieses Wesen verbreitete sich über den ganzen Orient, während Constantin II. und nachher Constans im Westen athanasianisch gesinnt waren. Im Verlauf der Dinge kommt es bald zu den scheußlichsten Verfolgungen, Verbannungen, Ermordungen; alle Martern und Henkerskünste der maximinischen Zeit kehren stellenweise wieder[71]; Abendmahl und Taufe sogar werden Gegenstand polizeilichen Zwanges, und die Besetzung der Bistümer fällt dem heftigsten Faktionswesen anheim.

Diese weitern Krisen gehören nicht mehr zu unserer Aufgabe. Neben dieser von heillosem Starrsinn und Ehrgeiz, von der absurdesten Dialektik zerrissenen Kirche erwuchs damals der Knabe Julian, kaum gerettet aus dem allgemeinen Mord, den Constantius über die eigene Familie verhängt hatte. Ihn und seinen Bruder Gallus erzog man auf der Villa Macellum im entlegenen Cappadozien zu Geistlichen; ihre Erholung bestand darin, dem heiligen Märtyrer Mamas eine Kapelle zu bauen. Unter diesen Eindrücken bildete sich der künftige heidnische Reaktionär aus.

---

[70] Sokrates I, 8.
[71] Vgl. z. B. Sokrates II, 26. 27. 28. 38. IV, 16. Sozom. VI, 14.

Man darf aber nicht vergessen, daß es neben dieser im Siege so rasch ausgearteten Kirche noch eine Religion gab. Die schönen sittlichen Folgen der Einführung des Christentums entziehen sich nur allzusehr dem Blicke, während der dogmatische und hierarchische Hader ganz unverhältnismäßig sich vordrängt. Die großen Männer dieser und der nächstfolgenden Jahrzehnte, Athanasius, Basilius, Gregor von Nazianz, Hieronymus, Chrysostomus, tragen wohl neben ihrer Religiosität ein mehr oder weniger starkes Gepräge äußerlicher Kirchlichkeit und erscheinen deshalb einseitiger, unangenehmer als die großen, ganzen, harmonischen Menschen des Altertums, allein ihr Lebensprinzip ist ein höheres, inkommensurables.

Vor allem darf man die sittlichen Folgen des Christentums bei den tiefern Naturen nicht etwa nach der Anschauung eines Euseb bemessen, welcher ohne weiteres für den Übertritt zum Christentum das irdische Glück und die Herrschaft als Gotteslohn postuliert[72]. Es handelte sich vielmehr um ein ganz neues Verhältnis zu den irdischen Dingen, dessen man sich bald mehr, bald weniger bewußt wurde. Der große Haufe richtete sich im Christentum sein Leben ein so genußreich als es eben ging und als die Sittenpolizei des Staates zuließ; die ernstern Menschen dagegen entsagten manchen Genüssen ganz; schon gegen Ende des dritten Jahrhunderts muß es sogar ein christlicher Lehrer[73] mißbilligen, daß durch getrenntes Leben von Mann und Frau die Ehe geschädigt werde; in betreff ihrer weltlichen Güter aber fanden viele sich teils zur Mitteilung an die Armen und an die Kirchen verpflichtet, teils zu einer gänzlichen Entsagung für ihre Person. Die beiden großen praktischen Lebensäußerungen des damaligen Christentums sind die Beneficenz und die Askese, wenn wir eine dritte, nämlich die Mission bei heidnischen Völkern, als eine fast ausschließliche Angelegenheit des Klerus, hier übergehen dürfen.

Was die *Beneficenz* betrifft, so konnte der Christ sie nach dem bekannten Sprichwort zunächst im eigenen Hause ausüben, gegen seine Sklaven[74], teils durch milde Behandlung, teils durch Freilassung *(Manumissio)*. Die Sklaverei an und für sich galt nicht als unrecht; selbst Klöster durften noch viel später Sklaven besitzen; doch wurde es schon frühe als ein gutes Werk betrachtet, zu manumittieren, wie denn unter Diocletian der römische Stadtpräfekt Chromatius 1400 Sklaven frei ließ. Am Ende des vierten Jahrhunderts kommen in dem andächtigen Kreise des heiligen Hieronymus noch viel massenhaftere Freilassungen vor, allerdings bei solchen, welche der Welt überhaupt entsagten; doch verlangte

[72] Euseb. l. c. I, 3. 4. 18 u. a. a. O.
[73] Pseudo-Cyprian, vgl. Weingarten, Der Ursprung des Mönchtums, S. 6.
[74] Vgl. Möhler, Gesammelte Schriften und Aufsätze, Bd. 2.

bereits gleichzeitig Chrysostomus die unbedingte Abschaffung der Sklaverei. Martin von Tours, als er in seiner Jugend Soldat war, behielt zwar seinen einzigen Sklaven, übte sich aber in der Demut, indem er demselben oft die Schuhe auszog und ihn bei Tisch bediente[75]. Bereits Constantin hatte durch Gesetze[76] das Recht der Herrn über Leben und Tod der Sklaven aufzuheben gesucht, obwohl die rechtliche Distinktion zwischen dem Tod des Sklaven »nach« Mißhandlungen und »infolge« von Mißhandlungen dem Herrn immer eine leichte Ausflucht gewährte. Wird doch selbst der Fall gesetzt, daß ein Sklave unter den Schlägen eines natürlichen Todes »durch Schicksalsnotwendigkeit« sterben könne! – Die Heiden blieben theoretisch bei ihrer alten Anschauung des Sklavenwesens stehen. Themistius will den geborenen Sklaven keine Fähigkeit zu höhern menschlichen Gesinnungen zutrauen, und Macrobius verhandelt ganz ernstlich darüber, ob sie überhaupt Menschenrang hätten und ob die Götter sich auch um sie bekümmerten[77]. Faktisch war aber ihre Behandlung bei den meisten Heiden wohl keine schlimmere.

Die Wohltätigkeit im engern Sinne, welche teils auf der Ansicht von der Nichtigkeit der irdischen Güter, teils auf der Pflicht zur Linderung von Armut und Elend beruhte, hat wohl, so wie sie sich äußerte, große staatsökonomische Bedenken gegen sich. Bisher innerhalb der Kirche einem besondern Amte, den Diakonen, anvertraut, war sie seit jeher von vielen Unwürdigen gemißbraucht worden, allein in jenem Kriegszustande der *Ecclesia pressa* hat es etwas sehr Großartiges, daß man nicht näher zusah; es war das Ergebnis einer hohen, auf alles gefaßten Stimmung. Überdies konnten die Diakonen bei dem lokalen Charakter ihrer Aufgabe den Einzelnen eher prüfen und kennen lernen. Jetzt dagegen wurde ohne weitere Rücksicht das Almosen massenweise in allen Gestalten verteilt. Unsere Zeit mit ihrem Ruf nach Arbeit kann dies nicht verstehen noch billigen, es ist aber die Frage, ob (abgesehen von einem agrarischen Gesetz) ein anderer Ausweg offen stand in einem Reiche, welches fast ausschließlich Agrikulturstaat war und dabei die Verteilung des Grundbesitzes zu einer so großen Ungleichheit hatte gedeihen lassen, in einem Reiche, dessen Städte großenteils mit besitzlosem Proletariat angefüllt, dessen Landbevölkerungen dagegen so geschwunden waren, daß aller-

---

[75] Sulpic. Sever., *Vita S. Mart.* I.
[76] *Cod. Theodos.* IX, 12. – Verbot, daß kein Jude einen Christen zum Sklaven haben dürfe, bei Euseb., *Vita Const.* IV, 27. – Für das Nähere ist auf die wertvolle Schrift von Chawner: *The influence of christianity upon the legislation of Constantine the great, Cambridge and London* 1874, zu verweisen. – Von der constantinischen Gesetzgebung überhaupt sagt der Verf. S. 19: *the spirit was new, but the actual change in the laws was not great.*
[77] Themist. Βασανιστής. – Macrob., *Sat.* I, 11.

orten mit Barbarenkolonien nachgeholfen werden mußte? Ein kolossales Almosen an die Stadtbewohner, das aber nicht als solches betrachtet wurde, war schon seit Jahrhunderten im Gebrauch, nämlich die Lebensmittelverteilungen, zuerst beschränkt auf die Stadtrömer, welche die Herrn des Reiches zu sein vorgaben, dann in Gestalt kaiserlicher Gnade ausgedehnt auf eine Menge der wichtigern, endlich auch auf kleinere Städte. Das Reich, dessen Einnahmen großenteils in Naturalien eingeliefert wurden, speist die Städte mit dem Ertrag des platten Landes. Einzelne Bewilligungen dieser Art werden auch in der constantinischen Zeit neu erteilt.

Mit der Einführung des Christentums werden dann zunächst der Kirche neben ihrer Staatsdotation außerordentlich bedeutende Mittel durch Schenkungen zugewiesen; aus beiden Quellen ist sie fortan die Almosen zu bestreiten mehr oder weniger verpflichtet. Es wurden oben (S. 289) die verschiedenen Anstalten aufgezählt, welche nun von wohldenkenden Bischöfen und Gemeinden aus diesen Fonds gestiftet wurden, jene Xenodochien, Ptochotrophien, Gerokomien, Nosokomien und Orphanotrophien, als deren Ideal und Inbegriff die gegen Ende des vierten Jahrhunderts erbaute Basilias, die Gründung Basilius' des Großen betrachtet werden kann[78]. Es waren überwiegenden Teiles Anstalten für wirklich Hilflose, und als solche eine wahrhaft herrliche Neuerung gegenüber der alten, heidnischen Welt, wenn gleich auch diese längst angefangen hatte, von Staats wegen nach dieser Richtung hin einzulenken[79].

Der Staat selber ließ, wie oben bemerkt, die Kirche machen und gönnte ihr dieses Mittel des Einflusses; ja Constantin gab zum Beispiel der Kirche von Alexandrien eine besondere Annona (Kornrente)* zur Verteilung an die Armen[80], neben welcher die allgemeine Annona, die noch Diocletian der Stadt bestätigt hatte, ohne Zweifel fortdauerte. Jenes war

[78] Von staatsökonomischem Gesichtspunkt aus waren diese Anstalten schon im fünften Jahrhundert dem Heiden Zosimus (V, 23) ein bedenkliches Ärgernis: »Sie haben den besten Grundbesitz an sich gebracht unter dem Vorwand, von allem den Armen mitzuteilen; darob ist alle Welt arm geworden«.

[79] Es ist hier vorzüglich an die *pueri et puellae alimentariae* zu erinnern: Nerva, Trajan, Antoninus, Marc Aurel und Alexander Severus warfen nämlich für die Erziehung armer Kinder beider Geschlechter sehr große Summen aus, allein nicht in allgemein philanthropischem Sinne, sondern nur für Freigeborne und, wie es scheint, nur für Italier, mit der Absicht, die sehr dünn gewordene freie Bevölkerung des Zentrallandes zu heben. – Vgl. oben S. 200 f. Zur Privatwohltätigkeit vgl. bei Pausan. II, 27, 7 den Spitalbau des Senators Antonin in Epidauros.

* In der 2. Aufl. fehlerhaft Kornernte. Von F. Stähelin in der Krit. Ausgabe von 1929 aus der 1. Aufl. berichtigt.

[80] Sokrates II, 17.

offenbar ein nicht ganz reines Mittel des Proselytismus, wie denn Constantins Vergabungen überhaupt das Ansehen von Konvertitenkassen haben. Als er zum Beispiel zu Heliopolis ein Bistum gegründet hatte und die Stadt doch fast ganz heidnisch blieb, spendete er reichlich zum Unterhalt christlicher Armen, »damit desto mehrere sich zum Worte bekehrten«[81]. Auch seine persönlichen Almosen und Unterstützungen waren gewiß vorherrschend politischer Natur und nur scheinbar planlos; später ließ er sich wohl auch hier von den Priestern leiten. Als er sich nach dem Siege über Maxentius in Rom beliebt machen wollte, verteilte er mitgebrachtes oder vorgefundenes Geld in Masse an Reich und Arm; heruntergekommene Leute von Stand erhielten Geldsummen und Würden; Mädchen von gutem Hause bekamen Ehegatten aus seinem Gefolge nebst Heiratsgut; das zerlumpte Bettelvolk auf dem Forum wurde mit Almosen, Speise und anständiger Kleidung versehen, letzteres wahrscheinlich, weil die Blöße Ärgernis gab[82]. In den spätern Jahren war der Ostermorgen der große Schenkanlaß[83]. Wenn der Hofbischof bei solchen Gelegenheiten pathetisch wird, so muß man das schneidende Wort Ammians[84] daneben halten: »Wie klare Urkunden bewiesen haben, öffnete Constantin zuerst den Leuten seiner Umgebung den Rachen, dann fütterte sie Constantius vollends mit dem Mark der Provinzen.« Doch die Geschenke eines Herrschers liefern überhaupt keinen Maßstab, weil man selten genau belegen kann, warum er gibt und woher er nimmt. Selbst die Almosen der alten Helena[85] haben etwas Politisches und Zweideutiges. Als sie den Orient durchreiste, schenkte sie große Summen an die Einwohner der einzelnen Städte und gab dann noch persönlich jedem, der ihr nahe kam; große Summen teilte sie auch an die Soldaten aus; außerdem erhielten die Armen Geld und Kleider, andern half sie aus Schuldhaft, Verbannung und Vergewaltigung aller Art. Offenbar hatte Constantin eine solche Rundreise des einzigen ganz zuverlässigen Mitgliedes seiner Familie für passend und dem Geiste des Orients gemäß erachtet[86]. Von seinem Finanzsystem, auf welchem diese Freigebigkeit beruhte, wird noch weiter mit einigen Worten die Rede sein müssen.

Wenden wir uns ab von dem Egoisten im Purpurgewand, der alles, was er tut und geschehen läßt, auf die Erhöhung seiner eigenen Macht

---

[81] Euseb., *Vita Const.* III, 58. IV, 28.
[82] Euseb. l. c. I, 43. Andere Kleiderverteilungen, dergleichen schon bei frühern Kaisern, aber nur als Luxusgeschenk an die Stadtrömer, vorkommen, s. IV, 28. 77.
[83] Euseb. l. c. IV, 22.
[84] Ammian. Marc. XVI, 8.
[85] Euseb. l. c. III, 44.
[86] Ihr pomphaftes Auftreten Euseb. l. c. III, 45.

bezieht und berechnet. Mit dieser innerlich frivolen Staatsgewalt kontrastiert die große, rücksichtslose Hingebung so vieler, welche ihr ganzes Vermögen bei Lebzeiten wegschenkten, um sich »Gott zu widmen«; die Beneficenz vereinigt sich auf das innigste mit der *Askese*. Männer und Frauen, zum Teil aus den höchsten Ständen, gewöhnt an alle Genüsse des Lebens, fassen den Bescheid, welchen Christus dem reichen Jüngling gab, streng wörtlich auf; sie verkaufen ihre Habe und geben den Erlös den Armen, um mitten in der Welt, umgeben vom Geräusch der Weltstädte, in freiwilliger Armut rein der Betrachtung der höchsten Dinge zu leben. Andern genügt auch dieses nicht; sie fliehen aus der Welt und aus der Zivilisation hinaus als »Entwichene«, als Anachoreten.

Die Geschichte, welche sonst die Ursprünge großer Dinge gern verhüllt, überliefert ziemlich genau die Art und Weise, wie das Einsiedlerwesen und aus demselben das Mönchswesen entstand[87]. Kaum gibt es eine Richtung oder ein Ereignis, welches die spätere Zeit des dritten und das vierte Jahrhundert schärfer charakterisierte.

Es liegt ein Zug in der Natur des Menschen, daß er, verloren in der großen, bewegten äußern Welt, sich und sein eigenes Selbst in der Einsamkeit wiederzufinden sucht. Diese Einsamkeit wird um so viel ab-

[87] [Nachtrag:] Die ganze Anschauung über die tatsächliche und chronologische Entwicklung des Mönchswesens ist in neuester Zeit beträchtlich modifiziert worden durch die Schrift von *Weingarten* »Der Ursprung des Mönchtums im nachconstantinischen Zeitalter«, Jena 1877, wo die *Vita Pauli* als ein Roman des Hieronymus, die *Vita Antonii* als nicht von Athanasius herrührend bezeichnet werden, zahlreicher anderer kritischer Resultate nicht zu gedenken. Wenn ich gleichwohl meine bisherige Darstellung nicht wesentlich ändere, so mag dies damit gerechtfertigt werden, daß jene Fiktionen – wo sie dies sind – doch immer im Geist jener Zeiten und Gegenden fingiert sein würden und daher eine kulturgeschichtliche Wahrheit behaupten mögen. (In der Person des Antonius halte ich den Verein der äußersten Askese mit einer früher gewonnenen theologischen und philosophischen Bildung für wohl denkbar.) Sodann glaube ich ein viel stärkeres Gewicht auf das Anachoretentum als Vorstufe des Coenobitentums legen zu müssen, als der Verfasser tut. Ferner scheint mir der Beweis *ex silentio*, auf Euseb und andere Bischöfe angewandt (die das Mönchtum vielleicht nur wenig schätzten und Dinge zu besprechen hatten, die ihnen sehr viel wichtiger erscheinen mochten), einigermaßen bedenklich. Endlich halte ich die Askese überhaupt und bis in ihre furchtbaren Stufen hinein für eine mögliche Konsequenz der strengen christlichen Lehre und Anschauung. Daß die höchst merkwürdigen *reclusi* der Serapistempel in denjenigen der christlichen Zeit fortleben, leugne ich nicht, nur sind letztere doch seltene Fälle geblieben; ein *reclusus* aber und ein Eremit im Freien – und lebte er so strenge es auch wäre – bleiben sehr viel verschiedenere Dinge, als der Verfasser S. 44 annimmt.

geschlossener sein müssen, je tiefer er zuvor draußen sich innerlich entzweit und zerrissen gefühlt hat. Tritt dann noch von seiten der Religion das Gefühl der Sünde und das Bedürfnis einer dauernden, unstörbaren Vereinigung mit Gott hinzu, so wird jede irdische Rücksicht schwinden und der Einsiedler wird Asket, teils um zu büßen, teils um der Außenwelt gar nichts mehr als das dürftigste Fortleben zu verdanken, teils auch um die Seele zum beständigen Umgang mit den höchsten Dingen fähig zu erhalten. Ganz von selbst wird er sich durch Gelübde vor jeder Rückkehr in den frühern Zustand zu bewahren suchen; finden sich in der Einsamkeit mehrere vom gleichen Streben beseelt zusammen, so wird das Gelübde sowohl als ihr Leben überhaupt den Charakter des Gemeinsamen, der Regel annehmen.

Einen ganz gesunden Zustand der Gesellschaft und des Individuums setzt dies Einsiedlerleben nicht voraus; es gehört vielmehr in Zeiten der Krisis, da viele gebrochene Gemüter die Stille suchen, während zugleich viele starke Herzen irre werden an dem ganzen Erdenleben und ihren Kampf mit Gott fern von der Welt durchkämpfen müssen. Wer aber dem modernen geschäftigen Treiben und der allersubjektivsten Lebensauffassung anheimgefallen ist und von diesem Gesichtspunkt aus jene Einsiedler gerne in eine Zwangsarbeitsanstalt stecken möchte, der halte sich nur selber nicht für sonderlich gesund; dieser Ruhm käme ihm so wenig zu als manchen Leuten des vierten Jahrhunderts, welche zu schwach oder zu oberflächlich waren, um die geistigen Mächte auch nur zu ahnen, die jene Riesennaturen in die Wüste trieben. Sehen wir aber ab von dem persönlichen Gewinn oder Verlust, den der Asket in der Thebais oder auf den Gebirgen von Gaza davontragen mochte, so bleibt eine ungeheure historische Wirkung übrig, welche der Geschichtsforscher auf seine Weise zu würdigen hat. Jene Einsiedler sind es gewesen, die dem ganzen geistlichen Stande der folgenden Jahrhunderte die höhere, asketische Haltung des Lebens oder doch den Anspruch darauf mitteilten; ohne ihr Vorbild wäre die Kirche, das heißt der einzige Anhalt aller geistigen Interessen, völlig verweltlicht und hätte dann der rohen materiellen Gewalt unterliegen müssen. Unsere Zeit aber, in der Annehmlichkeit der freien geistigen Arbeit und Bewegung, vergißt es gar zu gerne, daß sie dabei noch von dem Schimmer des Überweltlichen zehrt, welchen die Kirche im Mittelalter der Wissenschaft mitgeteilt hat.

Die ersten christlichen Einsiedler sind Ägypter und Palästinenser, welche in der Nähe ihrer Heimat selbst ein einsames, wenigstens zurückgezogenes Leben führten und jüngere Leute zu sich wie in eine Lehre nahmen[88]. Allein den Gemütern eines Paulus (geb. 235, gest. 341), eines

---

[88] Eine solche Anstalt muß das ἀσκητήριον gewesen sein, in welchem schon im dritten Jahrhundert laut Sokrates I, 11 der berühmte Paphnutius erzogen

Antonius (geb. 252, gest. 357), eines Hilarion (geb. 292, gest. 372) genügte dieses halbe Eremitentum nicht; um vor den Verlockungen der Erde völlig sicher zu sein und sich Gott ganz zum Opfer zu bringen, verschwinden sie aus der Welt und leben sechzig, achtzig Jahre in der eigentlichen Wüste. Einzelne geraten auf der Flucht vor den christenverfolgenden Römern in die Einsamkeit hinein[89], die meisten aber suchen dieselbe um ihrer selbst willen und mögen sie dann gar nicht mehr verlassen, weil sie ihnen zur Heimat geworden ist und weil sie ohne Schauder gar nicht mehr an das Leben draußen im Saeculum, in der verdorbenen Gesellschaft denken können. Und auch »als die Welt christlichen Anstrich erhielt, trieb es wahrlich nicht die unwürdigsten Glieder der christlichen Gesellschaft zeitweise oder für immer in die Wüste hinaus, um dort die Freiheit zu finden, die aus der siegreichen Kirche verschwunden zu sein schien. Im ersten Jahrhundert seines Bestehens ist dieses Mönchtum ein ehrwürdiges Zeugnis gegen die Lüge der constantinischen Schöpfung«[90].

Paulus der Eremit lebte in einem unentdeckbaren Felsversteck, wo einst zur Zeit der Cleopatra Falschmünzer ihr Wesen getrieben; an den Wänden ringsum hatten sie sich Höhlen zurecht gemacht, in welchen er noch rostige Ambosse, Hämmer und Prägezeug vorfand; eine uralte Palme überschattete, ein Quellchen bewässerte den sichern Raum. – Antonius, der sich zuerst unweit seiner Heimat (bei Herakleopolis in Mittelägypten) auf dem Lande zum Anachoreten vorbereitet, dann sogar lange in einem Grabmal, später in einem verlassenen Kastell voller Schlangen gewohnt hatte, wich endlich vor dem Zudrang der Frommen in jene von Felsen geschützte Oase, von welcher unten die Rede sein wird. – Hilarion von Tabatha bei Gaza sucht sich das verrufenste Raubrevier seiner Gegend, zwischen Meer und Sümpfen, absichtlich aus, um dort zuerst ohne Obdach, dann in einer kleinen Rohrhütte, nachher in einer steinernen Zelle von fünf Fuß Höhe Gott zu dienen. – Die Entbehrungen,

---

worden war. Vgl. auch des Athanasius *Vita S. Antonii.* (Nur lateinisch vorhanden, *ed. Commelin.*) – Col. 445 wird es als Brauch um das Jahr 270 bezeichnet, daß, wer Gott leben wollte, *non longe a sua villula separatus instituebatur.* Für das Übrige vgl. Hieronymus, *Vita S. Pauli* und *Vita S. Hilarionis; Regula S. Pachomii,* und dessen *Praecepta,* alles in der venezianischen Ausgabe des Hieron. *vol.* II, *pars* I. – Von den Briefen des Hieronymus bes. Ep. 22, *ad Eustochium,* Kap. 33-36. – Sozomenus, *Hist. eccles.* I, 13. III, 14. VI, 20 und 28. – Sokrates I, 11 s. IV, 23 s. VI, 7 u. a. a. O. – Sulpic. Severus, *Dial.* I. – Rufinus, besonders der Anfang des zweiten Buches. – Evagrius I, 21. – Vgl. Anm. 87.

[89] Wie auch Verbannungen Anlaß zum Anachoretentum geben konnten, ist aus Euseb., *Hist. eccl.* VI, 11 zu schließen.

[90] Zahn, Constantin d. Gr. und die Kirche, S. 30.

welchen diese im Überfluß erzogenen Menschen sich unterzogen, sind so furchtbar, daß nur ein außerordentlicher Organismus ihnen die Spitze bieten konnte[91]; die Geringfügigkeit und Schlechtigkeit der Nahrung wird – für unser Gefühl – noch überboten durch den abscheulichen Schmutz und das Ungeziefer, zu dessen Duldung diese Männer sich verpflichtet glaubten wie im vierzehnten Jahrhundert ein Bruder Amandus (Suso) und andere. Eine Reaktion dieser Art war übrigens ganz natürlich, nachdem die vorhergehenden Geschlechter in den prachtvollsten Thermen aller Üppigkeit gedient hatten. Die größte Entbehrung, diejenige des menschlichen Umganges, mag ganz außer Berechnung bleiben; das einzige geistige Mittel der Erhebung war, daß die Eremiten die Bibel auswendig wußten. Dies schützte sie jedoch nicht gegen die heftigsten innern Kämpfe, welche sich zum Teil durch scheinbar äußere, dämonische Anfechtungen kund gaben. Man könnte hier an die Personifizierung alles Geistigen denken, welche dem Altertum eigen ist, allein es bedarf einer solchen Hinweisung nicht einmal. Bald ist es die eigene Sinnlichkeit, bald die Erinnerung aus dem frühern Leben, bald der Reflex der Wüste und ihrer Naturschrecken, was die Einsiedler mit angstvollen Visionen heimsucht. Weltberühmt, jedoch durch Jacques Callot auf immer in das Reich des Burlesken gewiesen, ist die Erscheinung des großen höllischen Heeres in dem Grabmal, das dem Antonius zur Wohnung diente: »Da öffneten sich die Wände, und die Dämonen erschienen als Schlangen, Löwen, Stiere, Wölfe, Skorpionen, Pardel und Bären, alle brüllend und drohend;« – andere Male treten sie in menschlicher Gestalt auf, lärmend, pfeifend und tanzend, und schlagen den Heiligen halb tot. Noch bunter sind die Visionen des Hilarion; jede Nacht erhebt sich um ihn herum spukhafter Lärm aller Arten, Kindergeschrei, Blöken von Schafherden, Gebrüll von Stieren, Schritte eines Kriegsheeres; bei hellem Mondschein stürzt ein Wagen mit wilden Rossen auf ihn zu, wird aber bei dem Angstruf: Jesus! von der Erde verschlungen; nackte Weiber, reichbesetzte Tische erscheinen, oder es springen Wölfe und Füchse vorbei, während der Heilige betet; einmal entsteht vor seinen Augen ein Gefecht von Gladiatoren, deren einer sterbend ihm zu Füßen stürzt und mit brechendem Blick ihn um ein Begräbnis bittet. Ja der böse Geist nimmt auch jene schauerliche Art an, die das Gespenst in Sindbads Reisen so unvergeßlich macht; er springt dem zum Gebet knieenden, aber etwas zerstreuten Hilarion rittlings auf den Rücken, stemmt ihm höhnend die Fersen in die Seiten und will sich gar nicht mehr abschütteln lassen. – Am leichtesten werden diese Eremiten noch mit gewissen Dämonen fertig, welche ganz ehrlich in ihrer wahren Gestalt, als Satyrn und

---

[91] Die Diät des h. Hilarion genau verzeichnet in dessen Leben, Kap. 11.

Centauren, erscheinen und bisweilen sogar Bekehrung und Fürbitte wünschen. Der große Hieronymus, der [92] in betreff der Centauren nicht entscheiden will, ob sie eine bloße Verkappung des Teufels seien oder ob die Wüste wirklich solche Geschöpfe hervorbringe, beharrt dagegen auf der Echtheit des Satyrs, welcher dem heiligen Antonius auf der Reise zum heiligen Paulus den Weg wies und ihn um Fürbitte flehte; unter Constantius sei ja eine solche Kreatur in der Wüste gefunden, lebendig nach Alexandrien gebracht und nach bald eingetretenem Tode eingesalzen nach Antiochien gesandt worden, damit der alldort residierende Kaiser einen Augenschein nehmen konnte. Der Satyr des heiligen Antonius war übrigens den Bocksfüßen und Hörnern zufolge ein Panisk, der außerdem die krumme, gebogene Nase aus der mutwilligen alten Zeit beibehalten hatte[93].

Nach der Zeit dieser Beängstigungen folgt in dem Leben des Asketen eine andere, die er nur mit geteiltem Gefühl betrachten kann. Die hilfsbedürftige Welt entdeckt ihn, erkennt in ihm das Hohe und Ungewöhnliche und zieht ihm nach in die Wildnis. Er wird Wundertäter, nicht durch Mysterien und Phantasmagorien, sondern durch das bloße Gebet. Hat seine Seele Gewinn davon? Muß nicht der geistliche Hochmut in ihm erwachen? Es sammeln sich Bewunderer um ihn, die ihre Zellen in die Nähe der seinigen bauen und die er allmählich als Schüler anerkennen muß und als Gehilfen bei dem massenhaften Zudrang nicht mehr entbehren kann; halb wider Willen wird er ein »Vater«, ein Gebieter. Antonius, der diese neue Existenz mehrere Jahrzehnte hindurch ausgehalten, flieht um das Jahr 310 nach der innern Wüste und entdeckt (seitwärts von Aphroditopolis) ein Felsgebirge, dessen rieselnde Wasserbäche einen Palmenhain nähren; aber auch hier finden ihn die Brüder auf, und zweien derselben, dem Pelusian und dem Dolmetscher Isaac, muß er erlauben, bei ihm zu wohnen. Von neuem stellt sich eine große, ununterbrochene Wallfahrt bei ihm ein; Ketzer und Rechtgläubige, hohe römische Beamte und heidnische Priester, Gesunde und Kranke ziehen in solcher Masse herbei, daß es sich der Mühe lohnt, einen eigenen Postkurs mit Kamelen von Aphroditopolis durch die Wüste bis zu seinem Wohnsitz einzurichten[94]. Er hat keine andere Wahl, als in der Höhe des Berges weit über steilen Treppen sich eine ganz unzugängliche Zelle anzulegen, in welche er sich wenigstens zeitweise zurückziehen kann. Die letzte Angelegenheit seines Lebens war, daß sein Grab verheimlicht werden

---

[92] *Vita S. Pauli*, c. 7 s.

[93] Die Christen mußten solche Geschöpfe, von deren Dasein sie überzeugt waren, wie alle andern Götter und Dämonen für abgefallene Engel oder deren Abkömmlinge von den Menschentöchtern halten.

[94] Hieron., *Vita S. Hilarionis*, c. 30.

möchte; denn schon lauerte ein reicher Grundbesitzer der Nachbarschaft auf die Leiche, um in seinem Landhaus – vielleicht aus Spekulation – ein Martyrium, das heißt eine Kirche mit dem Grabe des Heiligen, einzurichten. Die beiden Schüler haben in der Tat reinen Mund gehalten, wahrscheinlich selbst gegen Hilarion. – Dieser hatte nämlich eine Reise nach Ägypten unternommen, welche ebenfalls nichts anderes war als eine Flucht vor dem ungeheuern Zulauf und vor der stets wachsenden Sorge für die Tausende von Miteinsiedlern, die sich bei ihm, in der Wüste von Gaza, eingefunden. Seine Biographie, eine der interessantesten Schriften des Hieronymus, schildert das Entstehen und die Art dieses Zulaufs ganz anschaulich. Man wußte allmählich in Gaza und dessen Hafenstadt Maioma, daß ein heiliger Einsiedler in der Wüste wohne; eine vornehme reisende Römerin, deren drei Kinder das Fieber bekamen, pilgert mit ihren Dienerinnen und Eunuchen zu ihm hinauf und bewegt ihn durch vieles Flehen und Jammern, nach Gaza zu kommen, wo er die Kinder heilt. Seitdem[95] dauerte die Wallfahrt zu ihm aus Syrien und Ägypten ohne Unterbrechung, nur daß gerade in der Nähe das Heidentum sich mit der äußersten Anstrengung verteidigte. Der große Gott Marnas in seinem Tempel zu Gaza trat mit Sanct Hilarion in die unmittelbarste Konkurrenz, und es ergab sich in der vergnügungssüchtigen Handelsstadt eine Spaltung, von welcher man sich nur mit Mühe ein Bild machen kann[96]. Sie drückt sich ganz wesentlich aus in jener Menge von Besessenen, welche man unaufhörlich zu dem Heiligen in die Wüste schleppte, und welche gewiß großenteils nichts anderes waren als krankhaft zwischen zwei ohnehin dämonische Religionen geteilte und gebrochene Menschen. Theoretisch war man sich dessen allerdings nicht bewußt; es kann der Dämon, nach der ältern verallgemeinernden Ansicht, aus eigenem Belieben seine Menschen, sogar seine Tiere aussuchen, oder sich durch Bosheit von Zauberern in dieselben bannen lassen, wie denn Hilarion einmal ein besessenes Kamel heilt. Der Dämon wird durchgängig als zweite, von dem Besessenen verschiedene Person aufgefaßt und kann zum Beispiel syrisch und griechisch reden, wenn dieser nur lateinisch und fränkisch versteht. Er ist eine Personifikation der bösen Heidengötter und hier gewiß vorzugsweise des Marnas. Allerdings ist der Heilige in seinem Kampf mit dem Götzen auch einmal vom Prinzip abgewichen und hat der heidnischen Magie eine christliche entgegengesetzt. Von den Zirkusunternehmern zu Gaza war der eine, ein heidnischer Stadtbeam-

---

[95] Laut *Vita S. Hil.* 12 und 29 muß das folgende in die Jahre 310 bis 356 fallen. Am Ende kam es dahin, *ut omni genere hominum solitudo per circumitum repleretur.*

[96] Vgl. die treffliche Schrift von Stark: Gaza und die philistäische Küste, 1852.

ter, dem Marnas ergeben und hielt sich einen Zauberer, der die Pferde des Patrons zum Siege antrieb, die des Gegners hemmte. Der letztere, ein Christ Namens Italicus, ging zu Hilarion, der ihn zunächst auslachte und fragte, warum er nicht die Pferde verkaufe und den Erlös den Armen schenke? Doch ließ er sich erweichen durch die Gewissenhaftigkeit des Mannes, der lieber von einem Knecht Gottes als von Zauberern Hilfe holen wollte, und durch die Erwägung, daß es sich um einen Triumph des gazensischen Christentums überhaupt handle. Er gab ihm einen Napf voll Wasser, mit welchem Italicus Pferde, Wagen, Stall, Führer und Zirkusschranken besprengte. Als das Rennen unter allgemeiner gespannter Aufmerksamkeit begann, siegten die Pferde des Christen bei weitem, und auch die Heiden riefen: »Marnas ist von Christus besiegt!«, so daß dieser Tag vielen zur Bekehrung gereichte. Und doch hatte Hilarion einst einen todkranken Zirkusführer nur unter der Bedingung geheilt, daß er seiner bisherigen Beschäftigung gänzlich entsage[97].

Wie der Einsiedler Wundertäter wird, halb wider Willen, so wird er auch Mönch[98]; die Zellen derer, die ihm in die Wüste gefolgt sind, bilden allmählich ein *monasterium*, das sich mit dem größten Eifer seiner Leitung unterzieht.

In Ägypten gab es hiefür ein Präcedens nicht bloß an den jüdischen Therapeuten, welche ein Dasein dieser Art am mareotischen See geführt hatten, sondern auch an jenen in Zellen Eingemauerten bei den Serapistempeln (S. 132); die allerhärteste Form der Askese, welche aber doch in der ganzen christlichen Welt eine wenn auch vereinzelte Nachfolge finden sollte. Außerdem macht das Klima die größte Mäßigkeit nicht bloß möglich sondern auch notwendig, und selbst der industrielle Charakter des Landes erleichterte einem ehelosen Proletariat mit geringem oder gar keinem Grundbesitz die Existenz, wie wir sehen werden. Schon um die verschiedenen Aufenthaltsorte des Antonius herum hatten sich unzählige Miteinsiedler gesammelt, denen er durch Gebet, Beispiel und Ermahnung voranleuchtete; doch erkannte er seinen Lebenszweck keinesweges darin, ihnen eine feste Konstitution zu geben und sie nach einem bestimmten Plan zu leiten. Dies ist vielmehr das Verdienst des Pachomius, dessen Lebenszeit ungefähr die erste Hälfte des vierten Jahrhunderts umfaßt. Als Jüngling hatte er in einem kurzen Soldatenleben den Wert einer geschlossenen Disziplin kennen gelernt und verwirklichte dieselbe dann

---

[97] Hilarion in Konkurrenz mit dem Zauberpriester des Aesculap, d. h. Serapis in Memphis, s. d. *Vita*, Kap. 21.

[98] Das Wort *monachus* bezeichnet bekanntlich genau genommen den Einsiedler als solchen und wird erst später gleichbedeutend mit Cönobit.

in dem berühmten Mönchsdistrikt Tabenna[99] in Oberägypten, zwischen Tentyris und Theben. Hier waren schon bei seinen Lebzeiten mehrere Tausende von Mönchen beisammen, und die Regel, die er diesen erteilte, bekam dann auch Geltung in andern Mönchskolonien, welche teils damals, teils später entstanden. Die wichtigsten sind: diejenige bei Arsinoë in der Gegend des Sees Möris (zur Zeit des Valens 10000 Köpfe stark); die große Niederlassung in der nitrischen oder scetischen Wüste[100] westlich vom Delta; die sogenannten Eremika unweit Alexandrien; endlich die zerstreuten Monasterien und einzelnen Zellen am ganzen Strande des Mittelländischen Meeres[101] und des Mareotischen Sees nebst einigen am Roten Meer und am Sinai. Alles aber übertraf das besagte Tabenna, wo zur Zeit des Hieronymus nicht weniger als fünfzigtausend Mönche das Osterfest zu feiern pflegten, die allerdings nicht alle im Zentralkloster (Baum oder *monasterium maius*) wohnten, sondern aus allen Klöstern der zu Tabenna gehörenden Kongregation herbeikamen. Wie man sieht, lagen nicht alle diese Kolonien in der Wüste; noch vor dem Schluß des vierten Jahrhunderts gibt es Stadtklöster, schon zum Zweck des Kampfes gegen heidnische Reste und Erinnerungen, wie denn zum Beispiel der Tempel des Canopus in der gleichnamigen Stadt zum Kloster Metanoia (Reue) umgebaut wurde. Der Einrichtung nach sind die ägyptischen Klöster teils *Coenobien* oder *Monasterien*, das heißt größere Gebäude für viele Mönche, teils *Lauren*, das heißt sie bestehen aus vielen Zellen, welche in bestimmter Entfernung auseinander liegen und also noch gewissermaßen Einsiedeleien vorstellen. Um die obengenannte Zeit waren mindestens hunderttausend Menschen in Ägypten dieser Lebensweise geweiht; auch melden sich neben den Mönchsvereinen bereits die ersten Nonnenklöster, deren eines, unter der Schwester des Pachomius, um das Jahr 320 schon vierhundert Nonnen zählte.

Eine historische Erscheinung von solchem Umfange hat ihren tiefen nationalgeschichtlichen Grund, und wenn ein Volk darob unterginge, so wäre dies eben nur die notwendige Form seines Unterganges. In Ägypten mußte sich die ganze religiöse Frage in lauter Extremen bewegen; nach schwerem Kampfe herausgetreten aus dem Fanatismus des Heidentums, kannte der Ägypter in der Reaktion keine Grenzen und glaubte der neuen Religion sein Leben in einem Sinne widmen zu müssen, welcher der Symbolknechtschaft seiner Vorfahren analog war. So

---

[99] Die Fragen, ob damit eine Nilinsel Tabenna oder eher eine Ortschaft Tabennesus gemeint sei, erörtert Valesius zu Sozom. III, 14 im letztern Sinne.

[100] Nitria heißt wegen der Nitrumgruben die ganze Gebirgsgegend um die Stadt Scetis oder Scyathis. Vgl. besonders Sozom. VI, 31.

[101] Sozom. VI, 29 und 31. Sie trafen in Rhinocorura mit den palästinensischen Mönchen zusammen.

entstand dieses merkwürdige Fakirtum, das letzte weltgeschichtliche Produkt des altägyptischen Geistes, für welchen von da an die Jahrhunderte der Passivität beginnen [102].

Die Regel, welche Pachomius dieser Heerschar gab, war eine Sache der dringendsten Notwendigkeit, zugleich aber der erste Schritt zur Veräußerlichung und Unwahrheit; die Askese ist fortan nicht mehr das Resultat der freien individuellen Begeisterung, sondern eines gemeinsamen Gesetzes, welches die vielen Tausende ungleichartiger Menschen dauernd an eine gleichartige Übung fesseln soll. Und wer der Wahrheit die Ehre geben will, muß zugestehen, Pachomius hat einen niedrigen Durchschnitt angenommen, und seine Konstitution setzt eine überwiegende Masse Unberufener voraus, welche vor allem in Schranken gehalten sein wollen. – Dies geschah zunächst sehr zweckmäßig durch die Arbeit, von der die Klöster lebten [103]. Es muß mit dem Aufkommen des Mönchswesens eine große Veränderung in der ägyptischen Industrie vorgegangen sein. Seitdem die Klöster bei weitem nicht bloß Körbe aus Nilschilf und Matten produzierten, sondern sich auch der wichtigen Linnenweberei und Gerberei bemächtigten (mancher andern Produkte zu geschweigen), fanden sich viele der bisherigen Fabriken des Landes notwendig im Nachteil, da jene unstreitig auf dem allgemeinen Markt zu Alexandrien niedrigere Preise stellen konnten. Der Ökonom eines großen Klosters, der die Arbeit zu verteilen und die Produkte zu versenden hatte, stand einem bedeutenden Fabrikherrn gleich. Die einzeln lebenden Mönche konnten ihre Arbeit auch aus der Hand verkaufen und erwarben sich bisweilen, der Regel zuwider, ein Privatvermögen. Sonst war es herrschendes Prinzip, daß die Mönchsarbeit weniger um der Lebensnotdurft als um des Seelenheils willen angeordnet sei [104] und daß der Überschuß an die Armen verteilt werden müsse. Vom Feldbau ist wenig die Rede; dagegen hielten die am Fluß gelegenen Klöster große Nilfähren, wahrscheinlich ebenfalls um des Erwerbes willen.

Neben der Arbeit ist das Gebet und der Gottesdienst, nebst fortlaufenden Kasteiungen aller Art, das wesentlichste Element dieses künstlich einseitigen Lebens. Literarische Beschäftigungen darf man im Hinblick auf den Ursprung und die Tendenz desselben nicht erwarten; und überdies, wohin war denn zum Beispiel das weise Alexandrien samt all seiner griechischen und orientalischen Gelehrsamkeit gelangt? Der Mönch folgte Zwecken und Idealen, welche gegen die heidnische Überbildung und Immoralität die stärkste Reaktion ausmachten, und wenn sonst zwi-

---

[102] Wenn man nicht in der religiösen Stellung der fatimidischen Khalifen ein letztes Aufleuchten desselben erkennen will.

[103] Ἐξ οἰκείων ἰδρώτων wie der heil. Serapion wollte. Sozom. VI, 28.

[104] *Hieronymi ep. 125 ad Rusticum.*

schen den zwei sittlichen Welten, die man Heidentum und Christentum nennt, Punkte der Verständigung, ja der Annäherung vorhanden waren, so handelte es sich wenigstens hier um dauernde, prinzipielle Feindschaft. Jede Zeile aus der frühern Zeit, von der Hieroglyphe bis zur griechischen Kurrentschrift, war mit Heidentum, Götzentum oder Zauberlehre getränkt, und so blieb zum Lesen (soweit dasselbe gestattet wurde) nur die christliche Andachtsliteratur übrig, die zum Teil erst von diesen Mönchen geschaffen oder aus andern Sprachen ins Ägyptische übersetzt werden mußte. Mit der antiken Kunst standen sie nicht besser als mit der Literatur; von dem Besuch des Ammonius in Rom wird zum Beispiel ausdrücklich gerühmt, daß er mit Ausnahme der Basiliken S. Peters und S. Pauls gar nichts angesehen habe [105].

Die Disziplin im engern Sinne endlich [106] geht zunächst darauf aus, den Mönch von allen frühern Verbindungen, namentlich von der Familie, systematisch zu isolieren, sodann, ihn mit aller Strenge zu hüten und zur Arbeit anzuhalten. Die Regula macht durch diesen überwiegend negativen Inhalt einen öden, polizeilichen Eindruck und darf sich deshalb mit der Regel des heiligen Benedikt nicht von ferne vergleichen. Die Paragraphen gegen den Spott und die losen Reden von Kloster zu Kloster, gegen Zornmut und Aufhetzung erinnern recht deutlich an das Land, in welchem man sich befindet. Auch darauf ist keine abendländische Ordensregel gekommen, die Mönche einzeln in verschlossenen hölzernen Sitzen wie in einem Futteral schlafen zu lassen. Echt ägyptisch ist vollends das Geheimtun mit einer vorgeblich mystischen Sprache, die ein Engel dem Pachomius und seinen Schülern Cornelius und Syrus beigebracht haben sollte, und welche (nach den noch vorhandenen Beispielen zu schließen) in nichts anderm bestand als in einer gemeinsam abgeredeten Bezeichnung einzelner Dinge und Personen durch die Buchstaben des Alphabets. Mit diesen letztern soll Pachomius noch eine andere Spielerei getrieben haben, indem er seine Mönche nach Begabung und Charakter in vierundzwanzig Klassen einteilte und diese nach Alpha, Beta, Gamma usw. benannte. Es ist aber schwer zu glauben, daß ein sonst so praktischer Mann so unpsychologisch gehandelt haben sollte [107].

Ganz gewiß hat man in diesen ägyptischen Mönchskolonien kein Ideal christlichen Lebens zu suchen. Allein daneben dauerte das echte Anachoretentum fort, und diesem müssen wir, der damaligen Welt gegenüber, eine hohe Berechtigung zugestehen. Die meisten berühmten Einsiedler des vierten Jahrhunderts bringen ein Teil ihres Lebens in den

---

[105] Sokrates, *Hist. eccl.* IV, 23.
[106] Die *Regula Pachomii* und seine *Praecepta, Monita etc.* sind zu ergänzen aus Sozomenus III, 14.
[107] Die kindische Symbolik der Ordenstracht s. bei Sozom. III, 14.

Monasterien, wenigstens in den Lauren zu, ziehen sich aber vorher oder nachher in die tiefere Einsamkeit, wohin ihnen das Kloster nur Brot und Salz zusendet. Auch hier sind sie nicht immer geschützt vor geistlichem Hochmut, schrecklichen Versuchungen und phantastischer Schwärmerei; ihre Büßungen sind zum Teil wahrhaft mörderisch; allein nicht nur halten sie sich in der Regel für glücklich und ihre Existenz für würdig ausgefüllt, sondern sie hinterlassen auch manches tiefe und schöne Wort[108], welches beweist, daß ihr Glück kein bloßer Wahn, sondern aus einer beständigen Beschäftigung mit den höchsten Dingen entsprungen war. Die Namen eines Ammon, Arsenius, Elias, der beiden Macarius und mehrerer anderer gehören auf immer zu den bedeutenden Erinnerungen der Kirche.

Eine dritte Gestalt des ägyptischen Mönchstums waren die etwas verrufenen Remoboth, die zu zweien oder dreien in Städten und Kastellen wohnten und ohne Regel »nach Gutdünken« lebten, daher auch oft bittern Streit hatten. Sie erhielten sich vom Handwerk, das ihnen auf ihre scheinbare Heiligkeit hin besser bezahlt wurde als andern Leuten. Ihr Fasten wird als ruhmsüchtig getadelt, auch sollen sie sich an Festtagen bis zur Völlerei schadlos gehalten haben.

Die spätern Entwickelungen des ägyptischen Mönchstums, seine Sekten und seine Einmischung in die allgemeinen kirchlichen Zerwürfnisse gehören nicht mehr hieher.

In Palästina nahm das Mönchswesen unter Sankt Hilarion schon in ökonomischer Beziehung eine andere Stellung ein und erhielt daher überhaupt eine von der ägyptischen verschiedene Physiognomie. Der Ackerbau und Weinbau überwiegt; viele Mönche haben sogar ihr persönliches Eigentum beibehalten und sind kaum etwas anderes als unverheiratete Landwirte mit bezahlten Knechten. Der Stifter selbst wohnte noch immer in der unbebauten Einöde, und es war ihm leid genug, daß sich dieselbe um seinetwillen bevölkerte. Die »Villen« mancher seiner Genossen dagegen, wo Reben und Feldfrüchte gediehen, müssen eine bessere Lage gehabt haben. Um seine Zelle herum scheint zwar mit der Zeit ein eigentliches Monasterium entstanden zu sein, sonst aber bilden die palästinensischen Mönche eine große weitzerstreute, wenig zusammenhängende Laure. In Ägypten konnte Pachomius zum Osterfest alle Mönche seiner Kongregation, und zum Verzeihungsfest im Monat Mesore (August) alle Vorsteher und Beamten nach Tabenna entbieten, während in Palästina Hilarion große periodische Rundreisen machen mußte, um seine Leute zu beaufsichtigen. Es begleitete ihn dabei ein Heer von zweitausend Mönchen, welche anfänglich ihren Proviant mit sich trugen, nachher aber von

---

[108] Aufbehalten in den verschiedenen Redaktionen der *Vitae Sanctorum patrum*, auch im Leimonarion des Johannes Moschus.

den unterwegs wohnenden Landbesitzern gespeist wurden. Da der Heilige auch die entlegenste, einsamste Zelle nicht übergehen wollte, so führte ihn die Straße öfter in sarazenische Dörfer, wo er bei diesem Anlaß als Bekehrer auftrat.

Weiterhin durch das ganze römische Asien und bis in das Sassanidenreich hinein gab es erweislich seit dem Anfang des vierten Jahrhunderts einzelne Anachoreten[109] und nicht lange darauf auch Monasterien sowohl als zerstreute Anlagen, die den ägyptischen Lauren entsprachen. Von dieser letztern Art war der Mönchsverein am Berge Sigoron bis Nisibis; man nannte diese Mönche die Weidenden, weil sie zur Essenszeit mit Sicheln ausgingen, um Kräuter zu mähen, die ihre einzige Nahrung ausmachten[110]. Sonst waren unter den syrischen Mönchen diejenigen von Edessa frühe berühmt, namentlich durch den großen Dämonenbeschwörer Julian. Für Armenien, Paphlagonien und Pontus war der strenge Eustathius, Bischof von Sebastia, ein Haupturheber des Mönchstums, für Cappadocien und Galatien später Basilius der Große, der dem orientalischen Asketenleben überhaupt seine bleibende Gestalt zu geben bestimmt war. In diesen kältern Gegenden, wo das Leben in zerstreuten Zellen nicht so leicht durchzuführen war, bildeten die Mönche Monasterien, und zwar meist in Städten oder Dörfern.

In dem besonnenern Abendlande fand dieses unermeßliche Beispiel nur langsame Nachahmung. Erst in der zweiten Hälfte des vierten Jahrhunderts entstehen Klöster in oder bei den Städten, und die kleinen Felseninseln des Mittelmeeres, die sonst nur als Verbannungsorte gegolten, füllen sich mit Eremiten. Begeisterte Okzidentalen reisen nach dem Orient, um dort das Asketenleben kennen zu lernen oder auch ihr Leben zu beschließen. Mitten im Treiben der Städte selbst weihen sich Männer, Jungfrauen und Witwen fortwährend einem so strengen und andächtigen Wandel, wie er nur in einem Kloster geführt werden mochte. Es ist die Epoche des heiligen Martin von Tours, des heiligen Ambrosius, auch des heiligen Hieronymus, der dieses ganze Wesen nach seinen Licht- und Schattenseiten kannte und schilderte; bei Anlaß Roms und Palästinas werden wir noch in Kürze darauf zurückkommen müssen. Gallien hatte bald das siegreiche Gefühl, den Orient erreicht, wenn nicht übertroffen zu haben[111].

Ein allgemeineres Raisonnement über den sittlich-religiösen Wert und die historische Notwendigkeit des Mönchstums und der ganzen Askese wäre hier völlig überflüssig. Die betreffenden Ansichten werden sich

---

[109] So z. B. am bithynischen Olymp Eutychian und Auxanon. Vgl. Sokrates I, 13.
[110] Dies verallgemeinert Evagrius I, 21.
[111] Vgl. hiezu Sulpic. Sever., *Dial.* II, 5. III, 1, 21.

ewig unvermittelt gegenüberstehen. Bei einer gewissen Sinnesweise wird man diese Dinge im Leben wie in der Geschichte hassen und anfeinden, bei einer andern sie lieben und loben. Wer aber vom christlichen Standpunkt aus mit jenen alten Helden der Wüste rechten will, der sehe wohl zu, daß er nicht als der inkonsequentere Teil erfunden werde. Die Lehre von der stellvertretenden Buße ist noch nicht vorhanden, und der Asket steht also ganz in seinem eigenen Namen da; die Buße gibt ihm damals noch so wenig als ein anderes gutes Werk Anspruch auf die Seligkeit; und dennoch strebt er nach einer absoluten Verleugnung der Sinnlichkeit und aller weltlichen Beziehungen. Woher diese Strenge? Daher, daß es überhaupt kein Verhältnis zur äußern Welt mehr gibt, sobald man gewisse Worte des Neuen Testamentes ernstlich nimmt und sich nicht mit Akkommodationen durchhilft. Es wird aber, so lange es ein Christentum gibt, auch Gemeinschaften, Sekten und einzelne Menschen geben, die sich dieser ernstlichen Auslegung gar nicht entziehen können.

Zehnter Abschnitt

HOF, VERWALTUNG UND HEER. CONSTANTINOPEL, ROM, ATHEN UND JERUSALEM

Constantin pflegte zu sagen: »Kaiser zu werden, ist eine Sache des Schicksals; wen aber die Gewalt des Fatums in die Notwendigkeit des Herrschens versetzt hat, der bemühe sich, des Imperiums würdig zu erscheinen«[1].

Alles wohl erwogen, war er in der Tat vor all seinen Zeitgenossen und Mitregenten der Herrschaft würdig, so schrecklich er sie bisweilen mißbraucht hat. Der Name des »Großen«, der trotz allen Schmeichlern nur an so wenigen Menschen haften will, ist ihm unbestritten geblieben[2]. Das übermäßige Lob der christlichen Schriftsteller hat hier nicht entschieden; sondern vielmehr der gewaltige Eindruck, den die römische Welt von Constantin erhalten hatte. Sie war von ihm zuerst erobert, dann mit einer neuen Religion versöhnt und in den wichtigsten Beziehungen neu eingerichtet worden. Auf solche Beweise von Tatkraft hin durfte sie ihn »den Großen« heißen, selbst wenn alles, was er getan, zum Schaden ausgeschlagen wäre. In einer weniger ungewöhnlichen Zeit hätte Constantin bei der gleichen Begabung eine solche geschichtliche Stellung schwerlich erreicht; er hätte mit dem Ruhm eines Probus oder Aurelian sich begnügen müssen. Da ihn aber »die Gewalt des Fatums«, wie er sich ausdrückt, auf die Grenzscheide zweier Weltalter stellte und ihm dazu eine lange Herrschaft verlieh, so konnte sich seine Herrschernatur ungleich vielseitiger offenbaren.

Es ist aber nicht unsere Aufgabe, seine Lebensgeschichte zu schildern; wir übergehen auch das ganze mittelalterliche Phantasiebild des Helden,

[1] Hist. Aug. Heliogab. 33.
[2] Bereits absichtlich betont bei dem Zeitgenossen Praxagoras, s. Müller, *Fragm. hist. graec.* IV, p. 2: τὸν μέγαν Κωνσταντῖνον, τῆς μεγάλης ἀρχῆς τὸν ἄξιον ἐπιζητούσης, κ. τ. λ. wenn es nicht Zutat des Exzerptors Photius ist. – Dann jedenfalls schon bei Eutrop. [X so von Stähelin in der Krit. Ausgabe von 1929 nach Hs. berichtigt]: *Vir ingens etc.*

seine angebliche Taufe durch Papst Sylvester in Rom, die Schenkung Italiens an denselben usw.[3]. Wie im Bisherigen von seinem Verhältnis zum Thron und zur Kirche nur die notwendigen Umrisse gegeben wurden, so darf auch von seiner sonstigen Regierung nur in Kürze die Rede sein. Über die meisten der betreffenden Fragen steht übrigens das historische Urteil nicht durchaus fest, und selbst die Tatsachen sind nicht selten streitig.

So zunächst in betreff der Vervollständigung des Hofzeremoniells und der Hofwürden. Die sogenannte Notitia Dignitatum, ein Hof- und Staatskalender vom Anfange des fünften Jahrhunderts, zählt eine reich abgestufte Hierarchie der Hof- und Staatsämter auf, welche wohl im allgemeinen durch Constantin ihre Gestalt erhalten haben mag, wenn sich dieses auch nicht direkt beweisen läßt[4]. Allein von den einzelnen Hofwürden hatten gewiß schon viele unter Diocletian und noch weit früher, etwa seit Hadrian, bestanden[5]. Das Verzeichnis hat allerdings, da man diese Vorgänge nicht näher kennt, etwas Überraschendes, so feierlich spricht sich darin der Prunk des Despotismus aus. Überall ertönt das Adjektiv »*Sacer*, geweiht«, wo man schlechtweg »kaiserlich« sagen würde; mehrere Würden sind zum Beispiel nach dem *Sacrum cubiculum*, dem kaiserlichen Gemach, usw. benannt. Um aber zu einem festen Schluß zu gelangen, um genau zu ermitteln, wie es bei Hofe zuging, müßte man wissen, welche von den vielen Ämtern mit einer wirklichen Aufwartung verbunden und welche bloße Titel waren. Gibt es doch noch jetzt Höfe, welche bei einer tatsächlich sehr mäßigen, ökonomischen Einrichtung eine außerordentliche Menge von Ehrenchargen austeilen. – Wie sehr sich aber die damalige römische Welt an das Titelwesen als Symbol der Rangordnung gewöhnen mußte, lehren die üblichen Ehrenprädikate *illuster, spectabilis, honoratus, clarissimus, perfectissimus, egregius*, und die Anreden *amplitudo, celsitudo, magnitudo, magnificentia, prudentia tua* usw., welche zum Teil auch die obligate Begleitung gewisser Ämter waren. Schon bei Anlaß Diocletians ist von der Bedeutung dieser Neuerungen kurz die Rede gewesen; wir dürfen auch hier vermuten, daß die betreffenden Fürsten nicht sowohl willkürlich Neues schufen, als vielmehr dasjenige konstatierten und in Form und Regel brachten, was ohnedies in der Zeit lag. Constantin freilich verfuhr dabei mit vollem Bewußtsein; »er er-

---

[3] Der kleine Roman eines Ungenannten (dreizehntes Jahrhundert?) *De Constantino magno eiusque matre Helena* enthält nicht einmal eine Sage, sondern – mit Ausnahme des Schlußsatzes – bloß willkürliche Erdichtungen.

[4] Die zugänglichsten Auszüge aus der Notitia u. a. bei Kortüm, Römische Geschichte, S. 418 ff. Fiedler, Römische Geschichte, in den Beilagen, u. a. a. O.

[5] S. die bekannte Stelle bei Aurel. Vict., Epit. 14. – Vgl. Preuß, Kaiser Diokletian, S. 95 ff.

fand (sagt Euseb IV, 1) verschiedene Ehrentitel, um möglichst Vielen Ehre anzutun«. – Übrigens mußten die Vorrechte der Hofleute, konsequent gehandhabt und erweitert, allmählich einen neuen Erbadel hervorbringen[6]; sie sind nicht nur aus dem ganzen drückenden Steuerwesen, aus dem Munizipalelend herausgehoben in eine höhere, verklärte Sphäre, sondern auch gegen das Schicksal der gemeinen Sterblichen, die »*calumnias*«, geschützt; die Privilegien gelten nicht nur ihnen, sondern auch ihren Kindern und Enkeln und dauern auch im Fall der Pensionierung fort. Schon besaß man eine Aristokratie, welche auf erblich werdender Steuerfreiheit beruhte, nämlich die der senatorischen Familien; hier ließ sich nun alles dazu an, eine zweite aus Hofleuten (Palatini) und höhern Beamten zu schaffen.

Allein Constantin wußte wenigstens für seine Person die Dinge im Gleichgewicht zu halten. Sein Hof war ein überaus schlüpfriger Boden, und wer da stand, der mußte wohl zusehen, daß er nicht falle. In seiner nächsten Umgebung hatte der Kaiser eine Menge »Freunde«, »Getreue«, »Vertraute« und wie sie sonst heißen; er war keiner von den verschlossenen Tyrannen; neben seinem beständigen »Lesen, Schreiben und Nachdenken«[7] empfand er die Bedürfnisse eines expansiven Gemütes. Dies schließt jedoch eine große Ungleichheit und Duplizität nicht aus; es gibt Charaktere, welche in dieser Beziehung ganz sonderbar gemischt sind, aus Hingebung und Falschheit, aus Bedürfnis nach Umgang und tückischer Selbstsucht, welch letztere sich bei einem Gewaltherrscher jener Art in das Gewand der Staatsraison zu hüllen pflegt. So sehen wir, wie Constantin seine »Freunde« zunächst erhebt und reich macht[8], ja ihnen in der kaiserlichen Kasse zu wühlen gestattet; Mißbräuche, die selbst einem Euseb die schwersten Seufzer auspressen[9] und bei Ammian (XVI, 8) als ein Krebsschaden des Reiches anerkannt werden. Plötzlich erfolgen dann Katastrophen, welche gewiß oft den ganzen Hof zittern machten; die »Freunde« werden hingerichtet und – wir wagen es unbedenklich zu behaupten – ihr Vermögen wird eingezogen. Vielleicht waren jene Predigten des Kaisers, wovon oben (S. 279 f.) die Rede gewesen ist, die warnenden Vorboten, vielleicht auch die unmittelbare Ankündigung des Sturzes. Wer aufmerken wollte, konnte sich warnen lassen; Constantin redete schon im Gespräch lieber höhnisch als verbindlich, *irrisor potius*

---

[6] Vgl. *Cod. Theodos.* VI, 35. Gesetze v. d. J. 314, 319, 321, 328.

[7] Aurel. Vict., Epit. 41. – Constantin hatte wenigstens eine gesunde Abneigung gegen die Verschnittenen (Euseb., *Vita Const.* IV, 25. Hist. Aug. Alex. Sev. 66), die an seinem Hofe nie zur Geltung kamen.

[8] Eutrop. X, 7. – Vgl. Julian, Cäsares, gegen Ende.

[9] Euseb., *Vita Const.* IV, 29. 31. 54. 55, nachdem er IV, 1 Constantins Freigebigkeit auf ganz kindische Weise gerühmt hat.

quam blandus[10]. In einer ganz besonders drohenden Stimmung ist wohl das Gesetz[11] vom Jahre 325 erlassen: »Wer, woher, wes Standes und Ranges einer sei, der gegen einen meiner Richter, Großbeamten, Freunde oder Hofleute etwas Ungerades oder Ungerechtes mit Wahrheit zu beweisen sich getraut, der komme furchtlos und wende sich an mich; ich will in Person alles anhören und erkunden, und wenn es erwiesen ist, werde ich mich selber rächen ...; rächen will ich mich an dem, der bis jetzt mit erheuchelter Unschuld mich betrogen. Denjenigen aber, welcher Anzeige und Beweis leistet, will ich durch Würden und Gut belohnen. Und dies, so wahr mir die höchste Gottheit immer gnädig sei und mich erhalten möge zum Glück und zur Blüte des Staates.« Ob jemand dieser heftigen Aufforderung Folge leistete, ist nicht bekannt, wie denn die ganze innere Hofgeschichte im Dunkel liegt. Eine Besserung erfolgte keinenfalls; gerade im letzten Jahrzehnt seines Lebens wird Constantin[12] als *pupillus*, das heißt eines Vormunds bedürftig, verspottet, wegen der unmäßigen Verschleuderung. Der ganze Zustand hat etwas sehr Rätselhaftes; ein rastlos tätiger Selbstherrscher, der so weit entfernt ist, eine erklärte Günstlingsregierung neben sich aufkommen zu lassen und dabei doch ein solches Treiben duldet und provoziert, um dann auf einmal mit schrecklicher Strafgerechtigkeit dagegen einzuschreiten – worauf er dann bisweilen eine Übereilung zu bereuen hat und den Hingerichteten Statuen setzt[13] wie dem gemordeten Crispus! Man kann in diesen Dingen einen berechneten Plan oder eine ungleiche, fahrige Gemütsart erkennen – wir wissen zu wenig um Constantin, um uns unbedingt für das eine oder das andere entscheiden zu dürfen und möchten am ehesten eine gemischte Handlungsweise annehmen, wie bereits angedeutet wurde[14]. Mit einigem Pragmatismus und einiger Phantasie gelangt man leicht dazu, aus den zerstreuten Nachrichten über Crispus, die Helena, den Präfekten Ablavius, den Usurpator Calocerus und den Thronfolger Dalmatius einen Hofroman aufzubauen, der zugleich sehr interessant und doch von Anfang bis Ende unwahr sein könnte. Jedenfalls galt es als eine allgemeine Wahrnehmung, daß Constantin in seinem letzten Dezennium bei weitem nicht mehr derjenige Regent war, wie in der Blütezeit seines

---

[10] Aurel. Vict., Epitome. – Sein Beiname *Tracala* bedeutet wohl: steifnackig, hochmütig.

[11] *Cod. Theodos.* IX, 1.

[12] Bei Aurel. Vict., Epit. 41.

[13] *Anonym. Bandurii*, p. 61, und in derselben Sammlung p. 83.

[14] Noch eine Hypothese möge gestattet sein. Constantin übernahm 324 den Hof und die Generale des Licinius; mußte er sich etwa dieser Leute durch Bestechung versichern? Die Verhältnisse zu dem Klerus des licinischen Reiches waren, wie wir sahen, auch nicht ganz rein.

Lebens[15]. Von der völligen Ausartung des Hofes unter seinen Söhnen gibt dann Ammian (u. a. XXII, 4) das vollgültigste Zeugnis.

Das Finanzwesen, welches mit diesen Hofbegebenheiten in engem Zusammenhang stehen mochte, übergehen wir hier ganz, weil die wesentlichen Resultate fehlen, so daß man zum Beispiel nicht weiß, ob die von Constantin neu eingeführten Steuern im ganzen eine Wohltat oder eine Erschwerung waren. Die wahre Bilanz des römischen Reiches bleibt auch für diese Zeit ein Rätsel. In dem ererbten System war, wie bemerkt, vieles unbedingt fehlerhaft; von dem, was wahrscheinlich unter Constantin hinzukam oder größere Ausdehnung erhielt, ist das Monopol zahlreicher Industriezweige, welche der Staat sich vorbehielt und durch seine Leibeigenen betreiben ließ, ohne weiteres verwerflich. Man darf nur nicht vergessen, daß unsere heutige staatsökonomische Erkenntnis diese und ähnliche Hüllen erst nicht vor langer Zeit abgestreift hat[16]. Die Art der Eintreibung, vor allem die Haftbarkeit der Dekurionen (S. 60f.) für die Steuern ihres Bezirkes war vielleicht schlimmer als die Geldsucht des Staates an sich. Eine Reihe von Gesetzen[17] Constantins belehrt uns, durch welche zum Teil verzweifelte Mittel man sich dem Dekurionat zu entwinden suchte: durch Vermählung mit Sklavinnen, durch Flucht in die Armee, durch Beförderung in den Senat, durch Übersiedelung in weniger gedrückte Städte, durch Versteck und Inkognito, später selbst durch Flucht zu den Barbaren. Einen Augenblick hindurch galt auch der Eintritt in den geistlichen Stand als Rettung; aber auf plötzlichen Zudrang folgte ein ebenso plötzliches Verbot (S. 287). Der Staat hat vollauf damit zu tun, das Entwischen aus diesem Steuerverband unmöglich zu machen. Der lokale Jammer war um so größer, wenn die christlichen Kirchen des Ortes aus dem Stadtgut dotiert wurden, was wenigstens stellenweise geschehen sein muß[18].

Auch die neue Reichseinteilung darf hier nur mit einem Wort berührt werden. Jetzt erst wurden nämlich die 12 Diözesen und über 100 Provinzen Diocletians (vgl. S. 47) in vier große Präfekturen zusammengruppiert, was von außen angesehen allerlei Gründe für sich und wider sich haben mag; ob man aber mit deren Erörterung die wahren Motive Con-

---

[15] Eutrop. X, 7 und derber Aurel. Vict., Epit. 41: er hieß in den zehn ersten Jahren trefflich, in den zwölf folgenden ein Räuber, in den zehn letzten ein *pupillus*, unmäßiger Verschleuderung halber.

[16] Über Constantins Finanzwesen vgl. Manso, a. a. O., S. 181 ff.

[17] *Cod. Theodos.* XII, 1. Aus den Jahren 313 bis 331. [In der 2. Auflage fehlerhaft 317 bis 331. Von F. Stähelin in der Krit. Ausgabe von 1929 aus der 1. Auflage berichtigt.]

[18] Nach einer vielleicht zu allgemeinen Aussage bei Sozomenus V, 5. Vgl. Manso, a. a. O., S. 228 ff.

stantins in den einzelnen Fällen richtig treffen würde, ist eine andere Frage[19], aus bloßer müßiger Neuerungssucht aber hat er diese große Veränderung nicht durchgeführt. Daß die Zahl der Beamten auch bei diesem Anlaß sehr stark vermehrt wurde, wird vorausgesetzt; wie weit dies aber auf nutzlose und drückende Weise geschah, ist nicht leichthin auszumachen. Das Urteil hat keinen genügenden Stützpunkt, solange man den Geschäftskreis, die Tätigkeit und die Besoldung dieser Beamtenwelt nur unvollständig und großenteils gar nicht kennt und von dem Verhältnis ihrer Masse zur Zahl der Untertanen vollends keinen Begriff hat. Viele und mächtige darunter waren böse und korrumpiert zur Zeit Constantins wahrscheinlich wie zur Zeit seiner Vorgänger und Nachfolger.

Hochwichtig und vollkommen deutlich ist nur die Trennung der Zivil- und Militärgewalt[20]. Die frühern *Praefecti Praetorio*, welche einst zugleich die ersten Minister und oft die Beherrscher des Kaisers gewesen, behalten wohl ihren Titel bei, sind aber fortan nur die obersten Verwaltungsbeamten der vier großen Präfekturen Oriens, Illyricum, Italia und Gallia; der Name hat seine Bedeutung völlig verändert. Für das Kriegswesen treten jetzt zwei Großfeldherrn, der *Magister equitum* und der *Magister peditum* auf; schon daß ihrer zwei waren und daß ihre Geschäfte sich nicht nach Örtlichkeiten, sondern nach Reiterei und Fußvolk einteilten, zeigt den tiefern Zweck, welcher dieser Veränderung zugrunde lag; jeder Gedanke an Usurpation wurde erschwert oder vereitelt, solange einer ohne den andern nichts anfangen konnte. Die allgemeine Trennung der Zivil- und Militärverwaltung ging aber auch durch alle Verhältnisse hindurch; jene gefährlichen großen Provinzialbeamten, welche als Prokonsuln, Proprätoren, Rektoren usw. auch den Heerbefehl ihrer Gegend inne gehabt und nur mit den ihnen untergeordneten Legaten geteilt hatten, sollten fortan den Thron nicht mehr in Besorgnis versetzen dürfen. Die Folgen dieser Trennung für das Schicksal des Reiches müßten noch mehr in die Augen fallen, wenn nicht das Haus Constantins durch Familiengreuel den Mangel der Feldherrnusurpation[21] ersetzt hätte.

Im Kriegswesen an sich betrachtet glaubt man für die Regierung des sonst so kriegstüchtigen Constantin eher Rückschritte als Fortschritte annehmen zu dürfen. Die bereits unter Diocletian begonnene, nach dem Sieg über Maxentius vollendete Auflösung der Prätorianer (S. 250 f.) gehört nicht hieher; sie war eine Sache der politischen Notwendigkeit, und das Reich verlor an jener persönlich tapfern, aber bösartigen Schar nicht

---

[19] Bei seiner letzten Verfügung über die Teilung des Reiches (vgl. S. 264) scheint sich der Kaiser genau nach den Präfekturen gerichtet zu haben.
[20] Wie weit schon Diokletian dieselbe angebahnt hatte, vgl. Preuß, a. a. O., S. 120.
[21] Die dann mit Magnentius unter gewissen Bedingungen doch eintrat.

viel. Natürlich bildete sich eine neue Leibwache, die Palatinen[22]. Das übrige Heer, unter den alten Namen der Legionen, Auxilien usw., zerfiel je nach der Garnisonierung (wie es scheint) in Comitatensen, welche in den Städten des Binnenreiches lagen, und in Pseudocomitatensen, wozu hauptsächlich die Truppen an den Grenzen und in den Kastellen derselben gehörten. In dem großen Sündenregister Constantins, womit der Heide Zosimus dessen Lebensgeschichte beschließt, wird jene Einquartierung der Comitatensen in die großen Städte scharf getadelt (II, 34); dadurch seien die Grenzen halb entblößt und den Barbaren geöffnet, die Städte aber ohne Not in den jammervollsten Druck gebracht worden, während die Soldaten selbst den Theatern und dem Wohlleben nachgehen lernten[23]. Ganz anders sei das Reich gehütet gewesen unter Diocletian, als alle Truppen an den Grenzen lagen, so daß jeder Barbarenangriff gleich zurückgewiesen wurde. – Die Rechtmäßigkeit dieses Vorwurfes wird man weder ungeteilt annehmen noch verwerfen können. Die großen Städte mochten wohl auch der Hütung bedürftig scheinen. Ob Constantin wirklich gegen Ende seines Lebens so indolent wurde, daß er samt seinem Heer vor ein paar hunder Taifalen die Flucht ergriff, wie derselbe Autor (II, 31) meldet, bleibt sehr zweifelhaft[24]; zu einem Krieg gegen die Perser[25] machte er wenigstens noch kurz vor seinem Tode sehr bedeutende Anstalten. – Die zunehmende Barbarisierung des römischen Heeres selbst war das notwendige Ergebnis der Entvölkerung im Innern und der Barbarenansiedelung[26], wodurch man derselben begegnen wollte; auch entzog man den freien Völkern jenseits der Grenze durch Werbung am sichersten die angriffslustige junge Mannschaft. Vorzüglich müssen die Franken eine große Stelle im Heer eingenommen haben[27], wenigstens konnten später unter der Dynastie des Constantin fränkische Offiziere bei Hofe das große Wort führen. Die Erhaltung des Staates ging derjenigen der römischen Nationalität voran; und auch von

[22] Lange, *Hist. mutationum rei milit. Romanor*, p. 100 *seq.* Anders Manso l. c., p. 140 *seq.*

[23] Joh. Lydus, *De magg.* II, 10. III, 31. 40 klagt namentlich über Entblößung der Donaugrenzen, deren Truppen durch Asien verteilt worden seien.

[24] Julian in den Cäsares findet ganz im allgemeinen, Constantin habe gegen die Barbaren lächerlich wenig ausgerichtet und sie mit Tribut abgekauft.

[25] Dessen mit Fabeln durchflochtene Motive wir absichtlich übergehen. Vgl. Joh. Lydus l. c. III, 33. Die Stellen u. a. bei Pauly, Realencycl. VI, p. 794.

[26] Eusebs erbauliche Auslegung hievon, *Vita Const.* IV, 6. – S. oben S. 69 und Anmerkung.

[27] Über die Herkunft der vielen andern barbarischen Heeresabteilungen, welche im Verlauf des vierten Jahrhunderts zum Vorschein kommen, vgl. Böckings Kommentar zur *Notitia dignitatum in part. Orient.* Kap. 4–8. 25–39; *in part. Occid.*, Kap. 5–7. 24 *seqq.*

dieser letztern mochte man vielleicht noch hoffen, daß sie die einverleibten barbarischen Elemente allgemach bemeistern, sich assimilieren würde, wie sie dies bei den frühern Eroberungen zur Zeit der Republik und in den ersten Jahrhunderten des Kaisertums vermocht hatte.

Ob Constantin wirklich eine Vorliebe für die Barbaren hatte, und in welchem Sinne, bleibt unentschieden. Er wurde angeklagt, zuerst von allen Kaisern Barbaren zu Konsuln gemacht zu haben[28], allein dies läßt sich nicht näher belegen. In den Verzeichnissen der Konsuln aus seiner Zeit findet man – mit Ausnahme der öfter eintretenden kaiserlichen Personen – fast lauter Stadtrömer vornehmen Standes. Andere Staatswürden gab er allerdings auch Barbaren, und es mögen dieses kaum seine schlechtesten Ernennungen gewesen sein. Gefangene barbarische Soldaten seiner Gegner hat er auf dem Schlachtfelde zu Tausenden seinen eigenen siegreichen Leuten mit Geld abgekauft[29]. Es ist denkbar, daß er der großen Möglichkeit, das menschenleere römische Reich mit Barbaren zu füllen, ja sie zur herrschenden Kaste zu machen und dennoch das Imperium oben zu halten, mutig ins Angesicht geblickt habe, nur sind deutliche Aussagen hierüber nicht zu verlangen. – Die stärkste Negation des eigentlich römischen Wesens lag aber nicht in diesem Verhalten gegen die Unrömischen, sondern in der Gründung der* »neuen Roma« am Bosporus. Von dieser muß nunmehr die Rede sein.

Welchen Sinn konnte die Gründung einer neuen Hauptstadt unter jenen Umständen haben?

Der bloße Residenzwechsel des Fürsten kam hier nicht sehr in Betracht. Es ließ sich voraussehen, daß der Aufenthaltsort der Kaiser sich noch oft und auf lange Zeit nach dem Kriegszustande an den verschiedenen Grenzen werde richten müssen. Wenn auch unter Constantin selber im ganzen eine merkwürdige Waffenruhe herrschte, so haben doch die folgenden Kaiser des vierten Jahrhunderts die neue Hauptstadt und ihre Herrlichkeiten in der Tat nur wenig genießen können. Ein bloßer Residenzwechsel hätte auch einen ganz andern Charakter gehabt; Constantin hätte etwa in Byzanz, wie Diocletian in Nicomedien[30], einen neuen Palast gebaut, die Stadt verschönert, auch je nach Umständen stark befestigt und es seinen

---

[28] Ammian. Marc. XXI, 10. – Daß mancher Barbar, mit römischen Ehren bekleidet, der Heimkehr vergessen habe, sagt ganz im allgemeinen Euseb., *Vita Const.* IV, 7.

[29] Euseb., *Vita Const.* II, 13.

* In der 2. Auflage fehlerhaft des. Durch F. Stähelin in der Krit. Ausgabe von 1929 aus der 1. Auflage berichtigt.

[30] Über den traurigen Verfall dieser Stadt seit Constantin vgl. Ammian. Marc. XXII, 9.

Nachfolgern überlassen, anderwärts etwas Ähnliches zu versuchen. Der größte Gewinn bestand für diesen Fall in der militärischen Sicherheit der Zentralregierung durch die unvergleichliche Lage der Stadt.

Die ganze Frage über die Wahl des Ortes wird aber außerordentlich erschwert durch unsere Ungewißheit über Constantins letzte politische Pläne. Er vergießt Ströme von Blut für Herstellung der Reichseinheit und macht dann doch eine ganz rätselhafte Teilung. War sein Beschluß hierüber schon gefaßt, als er die neue Hauptstadt gründete? man wird es nie ermitteln können. Der Herr der Welt war nicht imstande, das Schicksal seiner Dynastie zu leiten und zu sichern, schon weil sie ein entsetzliches Geschlecht war. Er mußte es darauf ankommen lassen, welchem Erben einst das Reich und die Constantinopolis schließlich anheimfallen würden.

Die geographischen Gründe, welche man sonst geltend macht, dürfen wenigstens nicht überschätzt werden. Byzanz lag allerdings den am meisten bedrohten Grenzen viel näher als Rom; die Donau- und Pontusgoten und die Perser konnte man von hier aus weit besser beobachten. Allein mit den Franken und Alamannen war es trotz aller Siege noch nicht so zu Ende, daß die so weit entlegene Rheingrenze als unbedingt gesichert hätte gelten können. Außerdem ist es noch eine Frage, ob die Hauptstadt vorzugsweise in eine der am meisten gefährdeten Gegenden des Reiches gehörte, wo noch vor wenigen Jahrzehnten gotische Raubflotten ihr Wesen getrieben hatten. Diesmal erhielt sie freilich eine solche Befestigung, daß neun Jahrhunderte hindurch alle Völkerstürme vergebens an ihre Mauern prallten.

Byzanz hatte aber noch eine ganz andere geographische Bedeutung als bloß die eines uneinnehmbar festen Waffenplatzes. Erinnern wir uns, welche Rolle das sogennante illyrische Dreieck, das heißt die Ländermasse zwischen dem Schwarzen, Ägäischen und Adriatischen Meer im dritten Jahrhundert gespielt hatte; seine Feldherrn und Soldaten, darunter die constantinische Familie selber, hatten das Reich gerettet und beherrscht; es durfte nun die Residenz für sich verlangen, und so ist die Constantinopolis zunächst der Ausdruck und die Ehrenkrone von Illyricum. Eine Aussage des Zonaras berechtigt zu dieser Vermutung; Constantin soll nämlich anfangs sogar an eine Stadt des tiefen Binnenlandes, Sardica (das jetzige Sofia in Bulgarien) gedacht haben[31], wobei ihn offenbar nur die Rücksicht auf das bevorzugte Volk im Reiche leiten konnte.

Die Constantinopolis sollte aber – wohin sie auch zu liegen kam – überhaupt keine bloße Residenz, sondern der Ausdruck der neuen Zustände

---

[31] Vgl. auch den Anonymus bei Müller, *Fragm. hist. graec.* IV, p. 199. Constantin pflegte damals oft zu sagen: »Mein Rom ist Sardica«. Es ist nicht die Gegend von Sardes in Kleinasien gemeint.

in Staat, Religion und Leben werden[32]. Der Gründer hatte hievon ohne Zweifel ein klares Bewußtsein; er mußte sich einen neutralen Ort ohne Prämissen schaffen, weil er keinen vorfand. Die Geschichte hat dieser Tat, verdienter- oder unverdientermaßen, den Stempel des Großen, Welthistorischen aufgedrückt; sie hat in der Stadt Constantins einen ganz eigentümlichen kirchlich-politischen Geist, eine ganz eigene Gattung von Kultur entwickelt, den Byzantinismus, welchen man lieben oder hassen mag, jedenfalls aber als Weltmacht anerkennen muß. Oben der Despotismus, unendlich verstärkt durch die Vereinigung der kirchlichen mit der weltlichen Herrschaft; an der Stelle der Sittlichkeit die Rechtgläubigkeit, statt des schrankenlos entarteten Naturlebens die Heuchelei und der Schein; dem Despotismus gegenüber eine sich arm stellende Habsucht und die tiefste Verschlagenheit; in der religiösen Kunst und Literatur eine unglaubliche Hartnäckigkeit zu beständiger Wiederholung des Abgestorbenen – im ganzen ein Charakter, welcher viel an den ägyptischen erinnert und mit demselben eine der höchsten Eigenschaften: die Zähigkeit gemein hat. Doch wir haben es nicht mit den spätern geschichtlichen Perspektiven, sondern mit den Anfängen zu tun.

Man nimmt wohl an, daß Constantin einen ausgesprochenen Widerwillen gegen Rom empfunden habe, und daß die Römer denselben hervorgerufen oder erwidert hätten durch ihren Abscheu an seiner Vernachlässigung heidnischer Zeremonien. Allein es bedurfte dessen nicht mehr. Seit Diocletian war mit der Notwendigkeit der Reichsteilungen auch die Untauglichkeit Roms zur Residenz eine klar erkannte Sache. Die Zwischenherrschaft eines Maxentius hatte zwar zu Roms großem Schaden gezeigt, wie gefährlich der hohe alte Name der Weltherrin gemißbraucht werden könne, wenn die Kaiser ferne im Orient und im Norden saßen, allein Constantin wußte, daß nach Aufhebung der Prätorianer nichts Ernstliches mehr zu befürchten war[33]. Daß er in Rom residieren sollte, erwartete wohl im Ernste niemand mehr von ihm. Das Zentrum der höchsten Reichsgeschäfte war lange Zeit in Diocletians Kabinett, also vorzugsweise in Nicodemien zu finden gewesen; später hatte Constantin als Herr des Westens, neben Licinius, Rom nur von Zeit zu Zeit besucht, sonst aber sich meist in Gallien und in den Feldlagern aufgehalten. Dem Osten aber durfte er vielleicht (abgesehen von den besondern Ansprüchen Illyricums) nach dem Siege über Licinius die Hauptstadt nicht wohl verweigern, so wie er auch in andern bedenklichen Beziehungen den Sachen

---

[32] Wie untergeordnet die Idee der Residenz erschien, geht schon daraus hervor, daß die neue Stadt »gleichen Rang mit Rom« (Sozom. II, 3) erhalten sollte, während Rom gerade keine Residenz mehr war.

[33] Die Zusammensetzung der spätern Garnison von Rom s. bei Preller, Die Regionen der Stadt Rom, S. 30. 31. 93 ff.

ihren Lauf scheint gelassen zu haben. Die geheimen persönlichen Nebenereignisse, welche den Sturz des Licinius begleiteten, würden vielleicht auch hier einiges aufklären können.

Endlich war in Constantin die Leidenschaft des Bauens – eine der stärksten, die es im Gemüte mächtiger Fürsten geben kann – offenbar gewaltig entwickelt. Es läßt sich kein solideres äußeres Symbol der Herrschergewalt denken als Gebäude von bedeutendem Charakter; außerdem ist das Bauen selbst, mit massenhaften Kräften rasch gefördert, schon an sich ein Gleichnis des schaffenden Herrschens und für ruhige Zeiten ein Ersatz desselben. Vollends gilt eine neue Stadt für den Gründer als das Sinnbild einer neuen Welt.

Es gingen der neuen Gründung wunderbare Entschlüsse und Versuche voraus. Außer Sardica hatte der Kaiser auch Thessalonich, dann Chalcedon, auf der asiatischen Seite des Bosporus, im Auge gehabt. Der erste feste Entschluß aber galt keiner andern Örtlichkeit als der Gegend des alten Troja, von wo einst durch Äneas die Auswanderung nach Latium und mittelbar die Gründung Roms ausgegangen. Von historischer Sentimentalität darf hier nicht die Rede sein, bei Constantin so wenig als einst bei Cäsar und bei Augustus, welche denselben Plan gehegt hatten[34]. Es kamen gewiß sehr bestimmte Gründe heidnischer Superstition in Betracht, über welche der Kaiser, wie oben bemerkt, keineswegs hinaus war. Ilion ist die heilige alte Heimat der Römer; durch irgend einen Schicksalsspruch, den wir nicht mehr kennen[35], waren sie angewiesen, den Sitz der Herrschaft einst wieder dahin zu verlegen, von wo ihre Anfänge entstammten. Constantin begab sich[36] in Person nach dem berühmten Gefilde, wo an den Grabhügeln der Helden Homers schon seit tausend Jahren geopfert wurde; beim Grab des Aiax, an der Stelle des griechischen Lagers, begann er selbst die Umrisse der künftigen Stadt zu zeichnen. Bereits waren die Tore gebaut, als ihm eines Nachts Gott erschien und ihn ermahnte, eine andere Stätte zu wählen; darauf entschloß er sich für Byzanz. Noch hundert Jahre später sahen die bei Troja Vorüberfahrenden vom Meer aus den Bau, den er unvollendet gelassen. – Wer in dieser Erzählung einen Kampf der heidnischen und der christlichen Umgebung des Kaisers erkennen will, dem kann man wenigstens nicht widersprechen. Es ist wohl denkbar, daß die Hofgeistlichen alle Mittel des Widerstandes in Bewegung setzten, als sich Constantin mit wesentlich heidnischen Zeremonien und Orakeln beschäftigte.

[34] Sueton., Caes. 79 und die Ausleger zu Horat. Od. III, 3.
[35] Wenn nicht das *Chron. paschale, ed. Bonn.*, p. 517 genügt: Constantin habe ein Orakel erhalten, wonach die Herrschaft Roms dem *Untergang nahe sein* sollte.
[36] Sozomenus II, 3. Kürzer Zosim. II, 30.

Aber auch bei der Gründung von Constantinopel ging es ohne dergleichen nicht ab. Für die Adler, welche beim vorgeblichen Neubau von Chalcedon Meßschnüre oder Steinchen rauben und über den Bosporus nach Byzanz tragen, mögen sich Zonaras und Cedrenus verantworten; ähnlicher Art sind mehrere andere Züge, die nur das Bedürfnis der Zeitgenossen nach übermenschlichen Beziehungen großer Ereignisse ausdrücken. Allein Constantin hätte schon der heidnischen Bevölkerung des Reiches wegen sich auf die Superstition einlassen müssen, und wahrscheinlich war er auch in seinem Innern durchaus nicht frei davon. Er selber spricht sich unbestimmt monotheistisch und dabei sehr geheimnisvoll aus: »wir haben die Stadt auf Gottes Befehl mit einem ewigen Namen beschenkt[37]«. Welches ist dieser ewige Name? Wahrscheinlich nicht Constantinopolis, vielleicht nicht einmal Neurom *(νέα ʿΡώμη)*, sondern Flora oder Anthusa, die Blühende, welches auch der priesterliche Geheimname Roms war[38]. Der Gott aber, welcher diese Benennung befahl, war schwerlich der Christengott. Auch das Traumgesicht, womit spätere Chronisten den Kaiser beehren[39] – ein zerlumptes Weib bittet ihn um Kleidung – hat durchaus keinen christlichen Charakter.

Die feierliche Grundlegung der westlichen Ringmauer fand statt[40] den 4. November des ersten Jahres der 276. Olympiade, das heißt des Jahres 326, als die Sonne im Zeichen des Schützen stand, der Krebs aber die Stunde beherrschte. Kurz vorher war der Thronerbe, vielleicht auch schon die Kaiserin hingerichtet worden. Es war die Zeit, da Constantin sich mit dem Neuplatoniker Sopater (S. 282 f.) enge befreundet hatte, und diesen finden wir auch bei der Gründung als Telesten tätig[41], das heißt er vollzog gewisse symbolische Handlungen, welche das Schicksal der neuen Stadt magisch sichern sollten. Außer ihm wird auch ein Hierophant Prätextatus, wahrscheinlich ein römischer Pontifex namhaft gemacht. Es ging später eine Sage[42], unter der Porphyrsäule auf dem Forum von Constantinopel, welche das Standbild des neuen Gründers trug, liege das Palladium, welches er insgeheim aus Rom weggenommen. Dies wäre ein wahres

---

[37] *Cod. Theodos.* XIII, 5.
[38] Joh. Lydus, *De menss.* IV, 51; *Chron. paschale*, ed. Bonn., p. 528.
[39] Die Stellen bei Ducange, *Constantinopolis christiana l.* I, p. 24.
[40] Der Anonymus bei Banduri, *Imperium orientale*, Tom. I, p. 3. – Anders Codinus, *ed. Bonn.*, p. 17. – Laut Glycas, *pars* IV, war ein berühmter Astronom Valens herberufen worden, um der Stadt das Horoskop zu stellen; er weissagte ihr ein Bestehen von 696 Jahren.
[41] Joh. Lydus, *De menss.* IV, 2.
[42] *Chron. paschale*, ed. Bonn., p. 528. – Beim *Anon. Banduri*, p. 14 wird dem Palladium beigegeben: καὶ ἕτερα πολλὰ σημειοφορικά. – Auch die zehn vergrabenen Körbe, ebendaselbst, haben den Wert eines Telesma.

Telesma gewesen, dergleichen zur Abwendung von Plagen und Bannung des Glückes im Altertum so manche waren vollzogen worden; nach Apollonius von Tyana zum Beispiel hatte man gerade in Byzanz[43] durch solche Mittel dem Austreten des Flusses Lycus, den lästigen Flöhen und Mücken, dem Scheuwerden der Pferde u. a. Übeln abgeholfen.

Diesmal handelte es sich aber für die Stadt des Byzas nicht mehr um solche Kleinigkeiten, sondern um das Weltschicksal, welches an diese Stätte gefesselt werden sollte. Die ältere Geschichte der Stadt, auf welche man jetzt mit gesteigertem Interesse hinblickte, die alten Mythen und Orakel, welche sich auf sie deuten ließen, alles schien voller Ahnungen einer großen, der Erfüllung sich nähernden Zukunft. Noch durch das kräftige Aufraffen aus dem schweren Unglück unter Septimius Severus und Gallienus, namentlich durch die heldenmütige Verteidigung gegen den erstern hatte Byzanz die Augen der Welt auf sich gezogen; jetzt war es zu ihrer Herrscherin bestimmt.

Wir wollen es nicht versuchen, die alte oder die neue Stadt zu beschreiben; nur was für Constantin selber bei diesem großen Unternehmen charakteristisch ist, darf hier in Kürze erwähnt werden.

Er selber bezeichnete, einen Speer in der Hand, den Lauf der Ringmauer. Eine Sage, die sich hier anschließt[44], ist vielleicht nicht ganz zu verwerfen; seine Begleiter fanden, er schreite zu weit aus, und einer wagte die Frage: »wie weit noch, Herr?« – worauf er antwortete: »bis der stehen bleibt, der vor mir her geht«, als sähe er ein überirdisches Wesen vor sich herwandeln. Es ist wohl möglich, daß er es für zweckmäßig fand, wenn die andern solches glaubten oder zu glauben vorgaben. Ob die übrigen Zeremonien wirklich nichts anderes waren als eine Wiederholung der bei Roms Gründung vorgekommenen, wie sie Plutarch im elften Kapitel des Romulus schildert[45], mag dahingestellt bleiben. Vierthalb Jahre später, den 11. Mai 330, erfolgte unter abermaligen großen Festlichkeiten[46] und prächtigen Zirkusspielen die Einweihung des Neubaues und die Namengebung: Constantinopolis. Daß Constantin die Stadt der Gottesmutter Maria geweiht habe, ist entschieden eine spätere Erdichtung. Beim Lichte betrachtet, weihte er sie vor allem sich selber und seinem Ruhm. Es genügte ihm nicht, daß schon der Name, daß jeder Stein an ihn erinnerte, daß mehrere Prachtdenkmäler ihm ausdrücklich gewidmet waren; alljährlich am Einweihungstage sollte eine große vergoldete Statue,

---

[43] Malalas. I. X, *ed. Bonn.*, p. 264. *Anon. Banduri*, p. 15, 36. 42. Apollonius genoß bei den spätern Byzantinern einen mythischen Ruf; sie versetzten ihn in die Zeit Constantins.
[44] Bei Philostorg. II, 9.
[45] Ansicht Gibbons, Kap. XVII, Anm. 28.
[46] Am genauesten in den Beilagen zum Anonymus des Banduri, p. 98.

welche ihn vorstellte mit der Tyche, das heißt dem Schutzgenius der Stadt, auf der ausgestreckten rechten Hand, in feierlichem Fackelzuge durch den Zirkus gefahren werden, wobei der jeweilige Kaiser von seinem Sitz aufstehen und vor dem Bild Constantins und der Tyche sich niederwerfen mußte[47]. Wer wollte es da den Leuten wehren, wenn auch die oben (S. 326) erwähnte Porphyrsäule mit dem Constantinskoloß allmählich einen gewissen Kultus erhielt, wenn man Lichter und Weihrauch davor anzündete und Notgelübde tat? Der Arianer Philostorgius gibt dies (II, 17) den Christen Schuld und kann damit gegen alle Widerrede recht haben, denn wo der Weltherrscher mit einem Beispiel wie jenes voranging, durften Christen und Heiden ungescheut seine Vergötterung selbst bei lebendigem Leibe aussprechen[48].

Dieser nämliche Geist drückt sich auch in der Art und Weise aus, wie die neue Stadt zwangsweise bevölkert und bevorzugt wurde. Ihre Gleichberechtigung mit Rom wurde ganz buchstäblich aufgefaßt, und demgemäß erhielt sie dieselben Einrichtungen, Behörden und Vorrechte[49]; hatte sie doch auch sieben Hügel wie das Rom an der Tiber! Vor allem einen Senat mußte sie haben, auch wenn man nicht wußte, wozu; höchstens brauchte etwa der Hof Figuranten bei Prozessionen. Eine kleine Anzahl römischer Senatoren ließ sich allerdings durch äußere Vorteile, durch Paläste und Landgüter zur Übersiedelung bewegen; und wenn eine spätere Sage[50] recht hätte, so wäre sogar dies nur durch die feinste Zuvorkommenheit möglich geworden, indem sie der Kaiser durch identische Wiederholung ihrer römischen Villen und Paläste am Ufer des Bosporus überraschte. Auch ein prächtiges Senatslokal[51] baute er ihnen; allein weder die Bilder der Musen, welche einst auf dem geweihten Helikon aufgestellt gewesen, noch die Statuen des Zeus von Dodona und der Pallas von Lindos, die jetzt an der Pforte des Gebäudes prangten, waren imstande, der Nichtigkeit der neuen Korporation abzuhelfen.

---

[47] *Chron. paschale*, ed. Bonn., p. 530.

[48] Man konnte sich vielleicht damit entschuldigen, daß Constantin in den Koloß hinein ein Stück des wahren Kreuzes (Sokrates I, 17) verborgen hatte. Unten das Palladium, oben – wie wir sehen werden – ein zum Constantin metamorphosierter Apoll, und darin die Reliquie! – Vgl. Lasaulx, Untergang des Hellenismus, S. 47 ff.

[49] Sozom. II, 3.

[50] Beim Anonymus des Banduri l. c., p. 4. – In spätern Zeiten meinten die Byzantiner, Constantin habe geradezu den ganzen Senat von Rom hergeholt und dort überhaupt nur den armen Pöbel zurückgelassen. *Liudprandi Legatio*, c. 51. – Wurde doch, der Sage nach, auch echte Puzzolanerde von Puteoli hergeführt und unter den Baukalk gemischt. Jovian. Pontan., *De magnificentia*.

[51] Zosim. V, 24.

Außer den Hofleuten, Offizieren, Beamten und Senatoren mußte die neue Stadt auch eine ihrer würdige Volkszahl bekommen. Der heilige Hieronymus bemerkt zum Weihejahr: »Constantinopel wird eingeweiht, während fast alle Städte entblößt werden«. Dies gilt zunächst in bezug auf die Bevölkerung. Sei es, daß Constantin die Erschütterung aller Verhältnisse in dem besiegten licinischen Orient zu Zwangsansiedelungen benützte, oder daß er durch schlechte Lockungen anderer Art sich ein Residenzvolk sammelte – jedenfalls erreichte er, was er wünschte. Dieser Wunsch, in der grellen und boshaften Fassung des Heiden Eunapius[52], lautet folgendermaßen: »aus den unterworfenen Städten führte er nach Byzanz ein Volk zusammen, damit recht viele Betrunkene im Theater abwechselnd ihm klatschen und den Wein von sich geben möchten; es gefiel ihm der Jubelruf von Leuten, die ihrer Sinne nicht mächtig waren, und er hörte sich gerne nennen von denen, welche überhaupt an keinen Namen denken, wenn er sich ihnen nicht durch tägliche Gewohnheit aufdrängt«. Es gehört dies zu der bedenklichen Frage über die Eitelkeit und Lobsucht großer Männer, welche so schwer zu entscheiden ist, wenn nicht ganz ausgezeichnete Quellenaussagen vorliegen. Bei Constantin könnte das auffallend eitle, pomphafte Auftreten, über welches mehrere Schriftsteller sich aussprechen, gar wohl eine bewußte politische Seite gehabt haben[53]. In seinem Innern verachtete er sicherlich die Constantinopolitaner.

Die Worte des Hieronymus haben aber noch einen andern Sinn. Das Reich mußte mehr oder weniger gedrückt werden, um die Kosten der neuen Anlage aufzubringen. Constantin soll sechzig Millionen Franken unseres Geldes aufgewandt haben[54], eine Annahme, welche gewiß eher zu niedrig als zu hoch erscheint, wenn man die Masse und Kostbarkeit der Neubauten erwägt. Eine fortlaufende schwere Ausgabe bildete dann die seit 332 geregelte Verteilung von Korn, Wein und Öl, ohne welche diese Menschenmenge gar nicht hätte existieren können. Eunapius (a.a. O.) klagt, daß alle Kornflotten Ägyptens, Kleinasiens und Syriens diesen Pöbel kaum zu sättigen imstande seien. Als er schrieb, im fünften Jahrhundert, war freilich die Stadt schon volkreicher als Rom[55].

Endlich wurden vielen Städten des Reiches ihre Kunstschätze geraubt, was für Menschen griechischer Bildung immer das schmerzlichste sein

---

[52] Eunap., *Vitae philoss.*, *sub Aedesio*.
[53] Von seinen Söhnen verstand es Constantius, bei feierlichen Anlässen sich wie eine geputzte Statue zu gebärden, *tanquam figmentum hominis*, Ammian. Marc. XVI, 10.
[54] Die Berechnung nach Codinus s. bei Manso, a. a. O., S. 75, Nota.
[55] Wie der nicht viel spätere Sozomenus II, 3 versichert. – Um die Baulust zu wecken, hatte schon Constantin jedem neuerrichteten Hause einen jährlichen Getreideanteil zugewiesen, vgl. Manso, a. a. O., S. 318.

mußte. Von dem Raub und dem Einschmelzen der Statuen aus kostbarem Stoffe ist schon die Rede gewesen; außerdem handelt es sich um den schändlichsten und massenhaftesten Kunstraub der ganzen Geschichte, zum Behuf der Ausschmückung einer neuen Hauptstadt. Hier ist Constantin weder Heide noch Christ, – denn er beleidigte beide Religionen[56] durch das Verschleppen der Götterbilder nach Byzanz – sondern ein selbstsüchtiger Plünderer zur Verherrlichung seines eigenen Namens. Es gibt für denjenigen, welcher die alte Kunst kennt, keine schmerzlichere Lektüre als jene Verzeichnisse der durch und seit Constantin in Byzanz aufgestellten Kunstwerke[57], zumal wenn man sich ihres Unterganges bei Anlaß des vierten Kreuzzuges erinnert. Zwar darf man nicht immer an die wirklichen Originalien der betreffenden Tempelbilder denken, wenn zum Beispiel bei Euseb von dem pythischen und dem sminthischen Apoll, anderswo von der samischen Hera, dem olympischen Zeus u. dgl. die Rede ist, aber der Verlust eines griechischen Kunstwerkes überhaupt ist unersetzlich, und dann sind auch jene Urbilder ohnedies nicht mehr vorhanden. Die Häufung des Ungleichartigen, zum Beispiel unter den 427 Statuen vor der Sophienkirche, muß von roher und abscheulicher Wirkung gewesen sein; in einzelnen Fällen wurde auch auf ganz barbarische Weise an den Statuen geändert[58], wie denn Constantin einem Apollskoloß seinen eigenen rundlichen Porträtkopf aufsetzte, damit er auf der schon früher (S. 210, 326, 328) genannten großen Porphyrsäule prange[59]. Von Rom holte man unter anderem eine Anzahl Kaiserstatuen herüber; es traf sich vielleicht zufällig, daß eine des Maxentius mit darunter war und alsbald von den Heiden der neuen Hauptstadt etwas tendenziös angebetet wurde, worauf Constantin das Bild weggenommen und die Andächtigen getötet haben soll[60]. Bei weitem das meiste aber kam aus Griechenland und dem vordern Kleinasien. Einst hatten römische Prokonsuln und Kaiser dieselben Gegenden geplündert, und man kann es ihnen nachsehen, weil Rom und seine Kultur auf eine Ergänzung und Verklärung durch die griechische Kunst welthistorisch angewiesen

---

[56] Euseb., *Vita Const.* III, 54 versüßt sich die Bevölkerung aller Plätze der Stadt mit Heidengöttern durch die Annahme, Constantin habe den verrückten Aberglauben auf jede Weise in seiner Nichtigkeit darstellen wollen.

[57] S. besonders den Anonymus des Banduri, l. c. pag. 4. 7. 14. 24. 28. 41 s. 66, und in derselben Sammlung pag. 135–174 die auf Constantinopels Kunstwerke bezüglichen Epigramme aus der Anthologie.

[58] Die Umgestaltung einer kolossalen Göttermutter zur Orantin, s. bei Zosimus II, 31.

[59] Mansos (S. 313) Mißtrauen gegen diese Aussage des *Anon. Band.*, p. 14 kann ich nicht teilen. Es gab zu viele Präcedentien dafür.

[60] *De spectaculis*, bei Banduri, l. c., p. 92.

war[61]; Byzanz dagegen will nur das Schönste verschlingen, damit die Provinzen es nicht mehr besitzen; es* weiß seinen Statuen keine andere Ehre mehr anzutun als durch abergläubische Erklärungen[62] und Anekdoten und durch lahme Nachahmungen antiker Epigramme.

Von den Gebäuden der Constantinopolis, welche ebenfalls zum Teil aus Raub, nämlich aus Säulen älterer Bauten der Nachbarschaft errichtet wurden, können wir uns trotz der reichlich vorhandenen Nachrichten keinen Begriff mehr machen. Die Baukunst lag in jenem Augenblick in einer Krisis; der Gewölbebau mit seinem verhältnismäßig neuen statischen Organismus war eben im entscheidenden Kampfe begriffen gegen die ohnmächtigen, abgestumpften Formen des einstigen griechischen Tempelbaues. Eine bunte, wunderliche Pracht muß der vorherrschende Charakter der constantinischen Anlagen gewesen sein; Kuppeln, Nischen, runde Hallen, kostbare Inkrustationen, Vergoldungen, Mosaik sind die wesentlichen Elemente dieses reichen und unruhigen Ganzen. Constantins eigene Ungeduld[63] sprach sich gar deutlich in der raschen, unsoliden Ausführung aus, welche sich durch baldigen Ruin mehrerer Gebäude rächte und große Reparaturen nach sich zog.

Unter seinen Bauten befinden sich neben vielen und prachtvollen Kirchen unleugbar auch zwei heidnische Tempel[64]. Der eine, zum Zirkus gehörig, war den Dioskuren Castor und Pollux geweiht, der andere war das Tycheion, das Heiligtum der Tyche oder Schutzgöttin der Stadt. Wir sind bereits der alljährlichen Weiheprozession im Zirkus begegnet, wobei die Statue Constantins mit einer kleinen Tyche auf der ausgestreckten Rechten einherfuhr. Außerdem werden noch mehrere andere Bilder die-

---

[61] Was hätten wir davon, wenn Rom die Kunst der unterworfenen Hellenen verschmäht hätte? Wer dieser Perspektive etwas nachgeht, wird finden, daß wir von Glück zu sagen haben.

* In der 2. Auflage fehlerhaft: es nicht besitze, er weiß ... Von F. Stähelin in der Krit. Ausgabe von 1929 aus der 1. Auflage berichtigt.

[62] Wie sich überhaupt die Wundersucht dem Kunstinteresse substituierte, zeigt unter anderm das achte Kapitel des *Liber memorialis* des Ampelius (wahrscheinlich aus dem theodosischen Zeitalter).

[63] Bezeichnend sind dafür auch die Gesetze vom Jahr 334 und 337, *Cod. Theodos.* XIII, 4, worin alle Künstler und Bauhandwerker steuerfrei erklärt werden, weil man ihrer viele braucht.

[64] Zosim. II, 31. – Einen dritten Tempel, den der Göttermutter, wollen wir nicht geltend machen, weil deren Statue durch Umgestaltung (Anm. 58) einen andern Sinn erhalten haben muß. Die heidnischen Tempel des alten Byzanz s. b. Ducange, l. c. I, p. 14 s. Die Thermen des Oeconomiums erhielten sieben Nischen und zwölf Portiken »zur Erinnerung« an die Zahl der Planeten und der Monate. *Anon. Banduri*, p. 3.

ser Göttin erwähnt[65], deren eines aus Rom hergebracht worden. Offenbar war dieser Götterraub mehr als ein bloßes Symbol, er sollte magisch die Übertragung der Weltherrschaft auf die neue Stätte besiegeln. Der Kaiser machte wohl die merkwürdigsten Versuche, der Tyche ihre rein heidnische Bedeutung zu benehmen; sie erhielt zum Beispiel ein Kreuz auf die Stirn; ja schon bei dem großen Weihefeste im Jahr 330 ging die Anbetung der Tyche und das *kyrie eleison* sonderbar durcheinander[66]; – aber das heidnische Grundgefühl war und blieb das vorherrschende. Sogar einem öffentlich aufgestellten Kreuz wurde ein Schicksalsamulett eingefügt. Über dem Prachtbau des Milliariums nämlich sah man die Statuen Constantins und Helenas, welche zusammen ein Kreuz trugen, in dessen Mitte eine Kette bemerklich war; an dieser sollte ein Zauber haften, welcher dem neuen Rom den Sieg über alle Völker und die Sicherheit vor allen feindlichen Angriffen zuwegebringen sollte; – und auch diese Kette nannte man die Tyche der Stadt[67]. Es ist möglich, daß dieser ganze Schmuck neuern Ursprungs war und daß die Bedeutung der Kette bloß in der Phantasie der Byzantiner existierte, aber Constantin hat gewiß durch magische Begehungen Anlaß zum Entstehen solcher Sagen gegeben.

Die Reaktionen hiegegen von Seite der christlichen Hofleute und Geistlichen haben wir bereits in dem Sturz und der Hinrichtung des Sopater (S. 283) zu erkennen geglaubt. Aus der Zeit unmittelbar vor der Einweihung wird noch der Untergang eines andern heidnischen Philosophen, Kanonaris, berichtet[68]. Dieser trat öffentlich auf und rief dem Kaiser zu: überhebe dich nicht über die Vorfahren, weil du die Vorfahren (das heißt ihre Sitte und Religion) zu nichte gemacht hast! – Constantin ließ ihn vor sich kommen und ermahnte ihn, von seinen heidnischen Predigten abzulassen; Kanonaris aber rief laut, er wolle für die Vorfahren sterben, und wurde darauf enthauptet.

Wenden wir unsere Blicke von der übermütigen neuen Weltstadt zurück auf die alte.

Rom hatte einen Vorzug behalten, der vielleicht in jenem Augenblick nicht besonders schwer zu wiegen schien: den *anerkannten* Vorrang[69] seines Bischofes vor allen Geistlichen des Reiches. Man konnte damals noch nicht ahnen, daß in angemessener Ferne vom byzantinischen Kaiserthron ein abendländischer Hohepriesterstuhl zu stehen kommen würde, daß

---

[65] *Anon. Banduri*, p. 9. 10. 13. 15.

[66] Die Beilagen zum *Anon. Banduri*, p. 98. – Daß es einen eigentlichen Tychetempel gab, beweist die echte Lesart τυχείῳ statt τειχίῳ bei Sozom. V, 4.

[67] *Anon. Banduri*, p. 10.

[68] S. die Beilagen zum *Anon. Banduri*, p. 98.

[69] Vgl. den dritten Kanon der Synode von Constantinopel im J. 381.

einst die Hierarchie, in Constantinopel selber durch die weltliche Herrschaft überstrahlt, in Antiochien, Jerusalem umd Alexandrien durch Ketzerei und durch das Schwert des Islam erschüttert, in Rom der Mittelpunkt einer neuen geistigen Welt werden müsse. Constantins persönliche Beziehungen zur römischen Gemeinde sind sehr zweifelhaft; seine vorgebliche Schenkung ist erdichtet; die ungeheure Pracht seiner Kirchenbauten und Weihgeschenke, wie sie Anastasius Bibliothecarius (Kap. 34) schildert, beschränkt sich in der Wirklichkeit auf ein verhältnismäßig Weniges[70], wobei man über den wahren Umfang der kaiserlichen Freigebigkeit überdies im Zweifel bleiben kann; endlich ist seine vorgebliche Taufe durch den Bischof Sylvester im Baptisterium des Laterans eine bloße Sage, welche aus dem Wunsche entstand, den arianischen Eusebius von Nicomedien durch einen rechtgläubigen Taufpriester zu ersetzen[71]. In den arianischen Streitigkeiten war dann das römische Bistum weit entfernt, alle Angriffe von sich abhalten, eine bloß beobachtende und entscheidende Stellung behaupten zu können[72]; auch später geriet es noch mehr als einmal tief in die kirchlich-politischen Stürme hinein und rang sich nur langsam empor zur Weltmacht.

Einstweilen gereichte ihm die große heidnische Majorität in Rom selber zu einem bedeutenden Hindernisse. Die Physiognomie der alten Weltstadt war noch das ganze vierte Jahrhundert hindurch vorherrschend eine heidnische.

Dies galt schon äußerlich, in architektonischer Beziehung. Es brauchte später eine lange Zerstörung und einen beharrlichen Umbau, bis aus dem Rom der Kaiserzeit das christliche Rom mit seinen Basiliken, Patriarchien und Klöstern emporstieg. Noch die Bauten des dritten Jahrhunderts hatten der Verherrlichung des Heidentumes, seiner Kultur und seiner Genüsse im größten Maßstabe gedient. Die Thermen des Caracalla, des Alexander Severus, des Decius und Philippus, später die des Diocletian und des Constantin, die Ausschmückung des Trajansforums, die herrliche Villa der Gordiane, der Sonnentempel Aurelians, die Basilika und der Zirkus des Maxentius, endlich jenes vom jüngern Gordian gehegte, von Gallienus vergrößerte, aber nicht ausgeführte Projekt einer reichen Säulenhalle mit Terrassen, welche das ganze Marsfeld durchziehen und dann die Via Flaminia bis zur milvischen Brücke einfassen sollte, – dies alles

---

[70] Niebuhr (Vorträge über alte Länder- und Völkerkunde, S. 399) läßt von den erhaltenen Gebäuden bloß die alte lateranensische Basilika gelten, und auch von dieser ist das Ursprüngliche nicht mehr kenntlich.
[71] Die weitern Sagen über diese Taufe bei den spätern Byzantinern gehören als Erzeugnisse des Mittelalters nicht hieher.
[72] Ammians einseitige Polemik gegen den äußern Glanz des damaligen römischen Bistums XXVII, 3. Die Bischöfe kannten Rom gründlich.

charakterisiert den Baugeist jener Epoche. Aus der zweiten Hälfte des vierten Jahrhunderts besitzen wir noch die Regionenbücher, die allerdings in ihrer echten Gestalt[73] dürftiger lauten als in der früher geltenden Interpolation[74], welche u. a. über anderthalbhundert Tempel mit Namen aufzählte. Allein durch einen wohlberechtigten Rückschluß gelangt man doch zu ungeheuren Resultaten. Die Regionenbücher (sowohl das sogenannte *Curiosum urbis* als die *Notitia*) schildern nämlich nicht den baulichen Inhalt der vierzehn Stadtquartiere, sondern bloß die Grenzen derselben und nennen doch schon bei diesem Anlaß eine außerordentliche Menge von Tempeln, Foren, Basiliken, Thermen, Gärten, Hallen, Gebäuden für Spiele, Statuen usw. – daneben freilich keine einzige Kirche. Dies letztere wohl absichtlich[75]; denn zur Zeit des Constantius und des Theodosius mußten schon viele sehr bedeutende Kirchen vorhanden sein, die nur der Heide ignorierte. Man mag sich aber dieselben gemäß dem Reichtum und der Macht der christlichen Gemeinde Roms so prächtig und ausgedehnt vorstellen als man will – sie konnten doch jedenfalls nicht aufkommen gegenüber der alten heidnischen Herrlichkeit. Die Zusammenstellung des Wichtigsten am Ende der beiden Bücher ist gerade in den Zahlenangaben unzuverlässig, doch wird man vielleicht noch unter der Wahrheit bleiben, wenn man zu den achtundzwanzig Bibliotheken, den elf Foren, den zehn großen Basiliken, den elf riesenhaften Thermenbauten nur zwei Amphitheater, drei Theater, zwei Zirken usw. hinzurechnet, denn diese letztern Annahmen sind schon den vorhandenen Resten nach zu niedrig. Zu diesen und andern kolossal und würdig ausgestatteten Bauten muß sich die Phantasie – die nur mit Mühe folgen kann – noch eine unendliche Fülle des herrlichsten plastischen Schmuckes hinzudenken, nämlich die vierunddreißig (oder 36) marmornen Triumphbogen und zahllose öffentlich aufgestellte Statuen und Gruppen. Und dies alles malerisch verteilt auf Tal und Hügel, belebt und unterbrochen durch Gärten und Baumgruppen *(luci)*, hell durchrauscht von springenden Wassern, welche auf neunzehn hochgewölbten Leitungen aus den Gebirgen herniederkamen, um Menschen und Tiere, Luft und Grün in der gewaltigen Stadt frisch zu halten[76]. Kolossal zu bauen haben viele alte und neue Völker verstanden; die Gestalt des damaligen Roms aber wird in der Geschichte einzig bleiben, weil nie mehr die durch griechische Kunst geweckte Lust an der Schönheit mit solchen Mitteln der äußern Ausführung und mit einem solchen Bedürfnis nach prachtvoller Umge-

---

[73] Bei Preller: Die Regionen der Stadt Rom, Jena 1846.
[74] Diese u. a. in *Graevii Thesaurus, Tom.* III unter den falschen Namen: Publius Victor und Sextus Rufus.
[75] So Becker bei Preller, a. a. O., S. 59.
[76] Geschildert in *Claud. Rutil. Iter* I, Vers 97 s.

bung des Lebens zusammentreffen wird. Wer in jener Zeit etwa mit den Eindrücken Constantinopels nach Rom kam, wie zum Beispiel Constantius, als er im Jahr 356 seinen Triumph über den besiegten Magnentius hielt, der konnte nur staunen und verstummen und meinte jedesmal, wenn er etwas Neues sah, das Allerschönste zu sehen; als der Gipfel des Wunderbaren aber galt, wie wir bei diesem Anlaß vernehmen[77], das Forum Trajans mit der Basilica Ulpia.

Und all diese Herrlichkeit war für eine Bevölkerung vorhanden, deren Zahl von mehrern unserer jetzigen Hauptstädte erreicht und übertroffen wird. Die Herrscherin des Weltreiches, welches unter Vespasian auf hundertzwanzig Millionen Seelen angeschlagen werden konnte, hatte wahrscheinlich kaum je über anderthalb Millionen Einwohner[78]. Die neuere Forschung ist von den frühern, zum Teil ganz töricht übertriebenen Annahmen zurückgekommen, seitdem die Bodenfläche Roms und seiner Vorstädte, die große Ausdehnung des unbewohnten, bloß dem Verkehr und der Pracht dienenden Raumes und die Dichtigkeit der Bevölkerung neuerer Hauptstädte im Verhältnis zum Flächenraum bei der Berechnung zugrunde gelegt werden[79]. Man kann sich in der Tat fragen, woher nur die Menschen kamen, welche all die Tempel, Theater, Zirken, Thermen und Haine benützen und genießen sollten. Das Kolosseum allein konnte vielleicht den fünfzehnten Teil der ganzen Einwohnerschaft fassen, der Circus maximus über ein Zehnteil[80]. Um solche Räume zu füllen, bedurfte es allerdings eines Volkes, welches seit Jahrhunderten von seinen Herrschern dazu erzogen war, welches von Spenden lebte und nichts als einen unaufhörlichen, stets gesteigerten Genuß kannte und verlangte. Die bedeutende Menge eheloser, wenig oder gar nicht beschäftigter Menschen, die Einwanderung reicher Provinzialen, die Konzentrierung des Luxus und des Verderbens, endlich das Zusammenlaufen der größten Regierungs- und Geldangelegenheiten müssen der Bewohnerschaft Roms einen Typus mitgeteilt haben, dem sich nichts Ähnliches an die Seite stellen ließ.

In dieser bunten Mischung, durch alle ihre Schichten hindurch, gab es zwei verschiedene Gesellschaften, eine heidnische und eine christliche. Wie die letztere sich in den ersten drei Jahrhunderten des Glaubens, zur Zeit der Verfolgungen, ausgebildet und benommen hatte, gehört nicht

---

[77] Ammian. Marc. XVI, 10.
[78] Nach *Dureau de la Malle, Économie polit. des Romains* I, p. 299 s. VI, p. 405, sogar nur eine halbe Million. Wir folgen hier Friedländer (Sittengeschichte Roms I, S. 23 ff., wo die Grundlagen der Berechnung mitgeteilt sind).
[79] Ein recht besonnenes Urteil zeigt schon der alte Keyßler, Neueste Reisen, Brief XLVII.
[80] Nämlich nach der geringern Annahme 150000 Menschen.

hieher; aus der kritischen Zeit Constantins, da sie gewiß zunahm und sich innerlich änderte, haben wir keine genügende Kunde; die Schilderungen aus der zweiten Hälfte des vierten Jahrhunderts aber, namentlich bei S. Hieronymus, zeigen sie bereits sehr ausgeartet. Die Welt mit ihren Lüsten hatte sich in die obern wie in die untern Klassen der Gemeinde von Rom eingedrängt; man konnte eifrig andächtig und dabei sehr sittenlos sein. Fürchterliche Krisen bewegten zu Zeiten die ganze Gemeinde; aus Ammianus wissen wir, daß beim Streit des Damasus und Ursinus um das Bistum (366) eines Tages hundertsiebenunddreißig Erschlagene in der sicinischen Basilika lagen. Hieronymus, welcher der Sekretär des siegreichen Bischofs Damasus wurde, lernte in dieser Stellung Groß und Klein kennen; er wußte, wie allgemein die Tötung der noch ungeborenen Kinder war[81]; er sah zwei Leute aus dem Pöbel sich heiraten, wovon der Mann schon zwanzig Weiber, das Weib schon zweiundzwanzig Männer begraben hatte[82]; nirgends macht er ein Hehl aus der allgemeinen Verderbnis. Aber am genausten schildert er die vornehmen Stände und gewisse Geistliche, und zwar in ihrer Wechselwirkung. Fürstlich zieht die große Dame, die reiche Witwe einher, mit vollen, rotgeschminkten Wangen[83]; ihre Sänfte ist umgeben von Verschnittenen. Mit dem nämlichen Gefolge erscheint sie fleißig in den Kirchen und schreitet, Almosen spendend, majestätisch durch ein Spalier von Bettlern. Zu Hause hat sie Bibeln auf Purpurpergament mit Gold geschrieben und mit Edelsteinen besetzt, kann aber dabei die Armen hungern lassen, wenn ihrer Eitelkeit nicht gedient wird. Ein Ausrufer geht in der Stadt herum, wenn die Dame zu einer Agape, einem Liebesmahl, einladen will. Auch sonst ist bei ihr offene Tafel; unter andern Schmeichlern treten Kleriker heran, küssen die Frau vom Hause und machen eine Handbewegung – zum Segnen, sollte man glauben? nein, um eine Gabe in Empfang zu nehmen; nichts aber macht die Damen so stolz als die Abhängigkeit der Priester. Diese Witwenfreiheit schmeckt viel süßer als die Mannsherrschaft und gibt überdies einen Schein von Enthaltsamkeit[84], wobei doch manche sich durch Wein und Leckerei entschädigen. Andere freilich, die in härenen Kutten gleich Nachteulen einhergehen, beständig seufzen und doch

---

[81] *Ep.* XXII *ad Eustochium*, c. 13.

[82] *Ep.* CXXIII *ad Ageruchium*, c. 10. Alle Welt war neugierig, wer zuerst sterben würde; es war das Weib, und der Witwer führte wie ein Sieger die Leiche durch den Zulauf von ganz Rom.

[83] *Ep.* XXII *ad Eustochium*, c. 16 *s.*, besonders c. 32.

[84] *Et post coenam dubiam apostolos somniant.* Hieronymus schreibt hier an ein vornehmes und frommes Mädchen. Die großartige Ungeniertheit, mit welcher er die Dinge beim Namen nennt, ist ein Reflex antiker Naivität, von welcher wir jetzt keinen Begriff mehr haben.

insgeheim dem gemeinsten Wohlleben frönen, sind um nichts besser. Die gesuchten Verhältnisse geistlicher Verwandtschaft, welche dem naturgemäßen Familienleben Eintrag taten, sind dem strengen Kirchenlehrer samt und sonders verdächtig[85]; da gab es Männer, die ihre Frauen verließen und unter frommem Vorwand andern anhingen; Frauen, welche Jünglinge zu geistlichen Söhnen annahmen und am Ende mit denselben in sinnlichen Umgang gerieten u. dgl. m., namentlich aber gewisse Frömmler, welche als eine Art von Beichtvätern sich bei Frauen einnisteten und mit denselben lebten. Die eigentlichen Kleriker kommen, wie bereits angedeutet wurde, nicht besser weg. Hieronymus verdammt die Sitte ihres Zusammenlebens mit geistlichen Schwestern, den sogenannten Agapeten (sonst Syneisakten) unbedingt[86], noch stärker aber ihr Auftreten in den vornehmen Häusern, zum Behuf der Erbschleicherei[87], der Herrschaft und der Üppigkeit. Einige spielen die Asketen, mit langem Haar, Bocksbart, schwarzem Mantel und bloßen Füßen; sie betrügen sündige Weiblein durch scheinbares Fasten, das sie durch nächtliches Essen wieder einbringen. Andere – den Abbés des letzten Jahrhunderts vergleichbar – lassen sich zu Presbytern und Diakonen weihen, nur um die Weiber mit größerer Freiheit zu sehen; diese Art geht zierlich gekleidet, reich toupiert, duftend von Wohlgerüchen, alle Finger von Steinen blitzend; ihrer netten Fußbekleidung zuliebe schweben sie auf den Zehen; ihr Ansehen ist eher das eines Bräutigams als eines Priesters. So etwa mag sich Jovinian ausgenommen haben »in seidenem Kleid, in feinem Zeug von Arras und Laodicea, rotwangig, mit glänzender Haut, die Haare teils nach hinten, teils über der Stirn gekräuselt«[88]. Einige geben sich bloß damit ab, Namen, Wohnung und Gemütsart der Damen zu erkunden. Hieronymus kannte einen solchen Geistlichen, der sich durch Herumtragen des bösartigsten Geschwätzes von einem Haus ins andere wahrhaft furchtbar zu machen gewußt hatte. Er fuhr mit schönen raschen Pferden von früh bis spät durch die Stadt, so daß man ihn nur den Stadtpostillon *(Veredarius urbis)* nannte; oft überraschte er die Leute noch im Schlafzimmer; was ihm von Zeug oder Gerätschaften gefiel, lobte er mit einem solchen Ton, daß, wer klug war, ihm damit ein Geschenk zu machen pflegte. Selbst das Bild eines geistlichen Wüstlings der interessanten Art fehlt nicht[89]; mit glühendem Unwillen erzählt Hieronymus, wie der Wolf in die Hürden brach, wir dürfen aber eine Episode, die uns bereits in die

---

[85] *Ep.* CXXV *ad Rusticum*, c. 6. Hieronymus bezieht sich nicht immer ausdrücklich auf Rom, schildert aber doch im ganzen die römische Gesellschaft.
[86] *Ep.* XXII, c. 14.
[87] *Ep.* LII *ad Nepotianum*, c. 6. – Das folgende *Ep.* XXII, c. 28 s.
[88] Hieron. adv. *Jovinianum* II, 21.
[89] Er hieß Sabinian und sündigte auch in Bethlehem. Vgl. *Ep.* CXLVII.

zweite Generation nach Constantin hinabgeführt hat, nicht durch eine geheime Liebesgeschichte noch weiter ausdehnen.

Offenbar war die Einrichtung von Klöstern mit Klausur, welche den Asketen ein für allemal von den Versuchungen des Stadtlebens abschied, damals ein wahres Bedürfnis. Denn die Askese lag unabwendbar in der Zeit, weil die Zahl derer gar zu groß war, welche durch das Zusammentreffen der alten und neuen Religion und Sitte an sich selber irre geworden waren und in einem extremen Entschluß ihr Heil suchten, ohne sich doch gegen Rückfälle schützen zu können. Hieronymus setzt alle Kräfte daran, wenigstens in dem andächtigen Kreise, der ihm gehorcht, die völlige Entsagung zum Lebensprinzip zu erheben. Möglich, daß Vorbild und Ermahnung des einseitigen, aber gewaltigen Mannes den Gesichtskreis und die Gedanken seiner Paula, Marcella, Eustochium lebenslang beherrscht und sie gegen alles Erdenglück unempfindlich gemacht haben. Die Ehelosigkeit (S. 288 f.) erscheint ihm als die unumgängliche Bedingung jedes höhern Lebens, um ihretwillen seien schon dem jungfräulichen Apostel, Johannes, höhere Geheimnisse offenbar geworden als den übrigen, welche verheiratet gewesen[90]. Der Einbruch der Völkerwanderung und das drohende Zusammenbrechen aller Verhältnisse – *orbis ruit!*[91] – schärften ohne Zweifel die Stimmung des Entsagens in ihm und andern außerordentlich. Es gab schon in Rom und im ganzen Westen (S. 313) viele Männer und Weiber, welchen es mit der Askese ein tiefer, bleibender Ernst war; bereits bevölkerten sich die Felsklippen des Mittelmeeres und die einsamern Uferstellen Italiens mit Anachoreten[92] und bald mit Klöstern; einzelne Inseln wurden auch als Todesstätten von Märtyrern besucht, wie zum Beispiel eine der Ponza-Inseln[93]. Mitten in Rom selber war es möglich, in wahrer Abgeschiedenheit zu existieren, wie zum Beispiel die reiche Asella, die ihr Geschmeide verkaufte, mit Brot, Salz und Wasser in einer engen Zelle lebte, keinen Mann mehr anredete und nur ausging, um die Apostelgräber zu besuchen[94]; von ihrer Familie war sie gänzlich getrennt und freute sich, daß überhaupt niemand mehr sie kannte. Hieronymus traute sich die seltene Fähigkeit zu, diese wahren Stadtnonnen ganz genau von den unechten unterscheiden zu können.

Was gewiß nicht in der Wirklichkeit fehlte, wohl aber in den Schilderungen des eifrigen Kirchenvaters, ist das Bild einfacher, wohldenken-

---

[90] *Adversus Jovinian.* I, 26. Er allein ist Apostel, Evangelist und Prophet zugleich. *Exposuit virginitas quod nuptiae scire non poterant.*

[91] *Ep.* LX *ad Heliodorum*, c. 16. Vgl. *Ep.* CXXIII *ad Ageruchium, passim.*

[92] *Ep.* III und CXXVII. Vgl. *Claud. Rutil. Iter* I, Vers 439 s. 515 s., wogegen das Mönchstum auf Capraja und Gorgona polemisiert wird.

[93] *Ep.* CVIII *ad Eustochium.*

[94] *Ep.* XXIV *ad Marcellam.*

der Christenfamilien ohne Askese und ohne Ausschweifung. Er gibt am liebsten das Außerordentliche und Extreme.

Zwischen diese christliche Gesellschaft und die gebildetern, edlern Heiden des vierten Jahrhunderts hinein setzen wir die Schilderung der großen Masse in Rom, wie sie uns, freilich auch nicht ohne künstliche Beleuchtung, Ammianus Marcellinus überliefert hat[95].

Er beginnt bei Anlaß eines Aufruhrs wegen Mangels an Wein und lehrt uns das römische Volk als sehr trinksüchtig kennen, wie denn auch noch heute in Rom wenigstens etwas mehr gezecht wird als in Florenz und Neapel. Die seit Constantin eingeführten Weinverteilungen genügten nicht; wer es irgend aufzuwenden hatte, lag ganze Nächte in den Tavernen. Als dem Stadtpräfekten Symmachus nachgesagt wurde, er wolle lieber mit dem Wein Kalk löschen, als den Preis herabsetzen, zündete man ihm das Haus an. Wenn irgendwo von Rom die Rede war, hörte man auch gleich von »Krawall und Weinhäusern« sprechen. Wie jetzt die Morra, so war das Würfelspiel in und außer der Wirtschaft der Zeitvertreib, der alle Lücken ausfüllte; dabei ertönte ein schnarrendes Geschrei, welches dem Hörer durch Mark und Bein ging. Wenn das Spiel mit den Tesserae für vornehmer galt als das mit den Aleae, so meint doch Ammian, der Unterschied sei nicht größer als der zwischen einem Dieb und einem Straßenräuber; leider seien die Spielfreundschaften die einzigen, welche noch die Leute fest zusammenhielten. – Die gemeinen Römer waren übrigens noch immer ein trotziges Volk, voller Selbstgefühl; es gab, ungeachtet des Zustroms aus allen Ländern seit einem halben Jahrtausend, noch viele uralte Bürgergeschlechter, die sich auf ihre Namen Cimessor, Statarius, Cicimbricus, Pordaca, Salsula usw. etwas zugute taten, auch wenn sie barfuß liefen. Bisweilen erging, wenigstens im Theater, der wilde und bedenkliche Ruf: »Hinaus mit den Fremden!« diese Fremden, sagt Ammian, die doch ihre einzige Stütze und Hilfe sind! – Der Hauptruf Roms aber war noch immer: *Panem et Circenses!* – Was das Brot betraf, so gab es keine angstvollern Augenblicke, als wenn die Kornflotten aus Afrika durch Krieg oder widrige Winde aufgehalten wurden; ein Stadtpräfekt Tertullus (359) stellte bei einem solchen Anlaß dem wütenden Pöbel seine Kinder als ein Pfand vor und besänftigte ihn damit so weit, daß man nach der immergrünen, rosenduftenden Tiberinsel mit dem Dioskurentempel bei Ostia ziehen konnte, wo sich sonst jährlich das römische Volk einen heitern Festtag zu machen pflegte; dort opferte Tertullus dem Castor und Pollux, und das Meer wurde ruhig und ein sanfter Südwind brachte die vollen Flotten herbei[96]. – Wer von

[95] Ammian. Marc. XIV, 6. XV, 7. XIX, 10. XXVII, 3. XXVIII, 4 u. a. a. O.
[96] Die Stimmung ähnlicher Schreckensmomente hat auch Symmachus (*Ep.*

dem müßigen Volk mit dem ausgeteilten Brot, Wein, Öl und Schweinefleisch nicht zufrieden war, stellte sich an die Luke einer Garküche und genoß wenigstens den Duft der Braten und anderer Speisen.

Ganz unersättlich war der Römer aber in all dem, was Schauspiel hieß. Im vierten Jahrhundert waren es bei weitem nicht mehr die von Staatswegen bewilligten Geldmittel[97], welche hier für den Hauptbedarf sorgten, sondern die Munifizenz der neuernannten höhern Beamten, auch der Senatoren. Es lastete damit eine sehr schwere Abgabe auf diesen nicht immer reichen Leuten, indem jeder nicht bloß aus Ehrgeiz, sondern noch mehr wegen der Ungenügsamkeit des Volkes seine Vorgänger mußte zu überbieten suchen. Ein großer Teil der Korrespondenz des Symmachus ist den Sorgen gewidmet, welche ihm die Aufführungen bei seiner und seiner Verwandten Beförderung und bei andern Gelegenheiten verursachen. Seit Diocletian war es mit derjenigen kaiserlichen Spielverschwendung vorbei, welche einst noch dem Carinus die Idee eingegeben hatte, ein halbes Quartier in der Gegend des Kapitols mit einem hölzernen Amphitheater zu überbauen und daran allen möglichen Schmuck von kostbaren Steinen, Gold und Elfenbein anzubringen[98], worauf dann unter andern seltenen Tieren auch Steinböcke und Nilpferde auftraten und Bären mit Seerobben kämpfen mußten. Die Kaiser sorgten noch für die Baulichkeiten, wie zum Beispiel Constantin den Circus maximus prächtig restauriert hatte (S. 205, Anm.); allein die Aufführungen selber waren überwiegend Sache der reichen Würdenträger geworden, welche auf diese Weise dem Staat ihre sonstige Steuerfreiheit bezahlen und ihre Einkünfte ausgeben mußten. Es half nichts, wenn man von Rom fortging; die Steuerregistratoren hielten in diesem Fall, wie es scheint, die Spiele im Namen der Abwesenden[99]. Man war froh, wenn nur für die fremden Tiere der Zoll erlassen wurde[100]. Das Wichtigste war immer die Auswahl der Pferde für die Zirkusspiele; hier war es, wo der vornehme wie der gemeine Römer seine abergläubische Leidenschaft des Wettens stillte, wo für einen Wagenlenker der größte persönliche Virtuosenruhm, ja eine Art von Unverletzlichkeit erblühen konnte. Nun hatte sich der römische Geschmack in dieser Beziehung dergestalt verfeinert, daß man beständig mit Pferderassen abwechseln mußte[101]; Kommissionäre durchstrichen die

---

II, 6. 7. III, 55. 82. X, 29) verewigt. Man suchte sich bei solchen Hungersnöten durch ganz rücksichtslose Ausweisung aller Fremden – mit Ausnahme des Theaterpersonals! – zu helfen. Ammian. XIV, 6, § 19.

[97] *Summa decreta populi voluptatibus. Symmachi Ep.* II, 46.
[98] *Calpurn. Siculus, Ecloga* VII (XI). – Hist. Aug. Carus, c. 19.
[99] *Symmachi Ep.* IV, 8.
[100] *Symmachi Ep.* V, 62.
[101] Der Römer unterschied zum Beispiel die einzelnen spanischen Rassen im

halbe Welt, um Neues und Außerordentliches zu finden und behutsam nach Rom zu transportieren; Symmachus schreibt an diese Lieferanten in so verbindlichem Tone als an irgend jemand. Für die Tierkämpfe in den Theatern und im Kolosseum, für die Jagden (Sylvae) im Circus maximus bedurfte man zunächst der Gladiatoren, »einer Fechterschar, schlimmer als die des Spartacus«; auch gefangene Barbaren, zum Beispiel Sachsen, traten bisweilen auf[102], doch mag bereits, dem Geiste der Zeit gemäß, der Kampf von Tieren gegen Tiere überwogen haben. Hier finden wir nun die Spielgeber in einer ewigen Verlegenheit, wie die nötigen Bestien beizuschaffen seien, diese Bären, die bisweilen ganz abgezehrt oder gar ausgetauscht ankamen, diese libyschen Löwen, diese Scharen von Leoparden, schottischen Hunden, Krokodilen und selbst solchen Tieren, die gegenwärtig nicht mehr mit Sicherheit zu erkennen sind, wie die Addaces und die Pygargi, u. dgl. Es kommt wohl vor, daß die Kaiser nach einem persischen Siege mit ein paar Elefanten aushalfen, allein dies war eine Ausnahme. – Zu diesem ganzen Treiben gehört noch eine szenische Ausschmückung des Zirkus oder der betreffenden Theater, wozu Symmachus einmal die Künstler aus Sizilien kommen ließ[103]. Wir können von ihm annehmen, daß er nur tat, was seines Amtes war, und innerlich über diesen Dingen stand; es gab aber damals so fanatische Bewunderer einzelner Gladiatoren wie nur irgend in der frühern Kaiserzeit. Aus dem vierten Jahrhundert mögen die sehr ausgedehnten, aber schon rohen Mosaiken mit Fechterspielen und Tierkämpfen in der Villa Borghese stammen, wo den einzelnen Personen sogar die Eigennamen beigeschrieben sind; mußte sich doch die Kunst oft genug zur Verewigung solcher Aufführungen bequemen und ganze Hallen und Fassaden damit verzieren![104] – Auch das eigentliche Theater hatte noch seine feurigen Liebhaber, darunter Leute von großem Namen, wie jener Junius Messala, welcher zur Zeit Constantins seine ganze Habe, auch die kostbaren Kleider seiner Eltern an die Mimen wegschenkte[105]. Überhaupt genoß in Rom wenigstens die »Komödie« noch ein gewisses Interesse, wenn auch mehr beim gemeinen Mann, dessen größter Genuß überdies das Auszischen gewesen sein soll, wogegen die Schauspieler sich durch Bestechung zu schützen suchten. Man darf ver-

---

Zirkus genau, s. *Symmachi Ep.* IV, 63. – Außerdem vgl. IV, 8. 58. 59. 60. 62. V, 56. 82. 83. VI, 42. VII, 100 s. IX, 20. 24.

[102] *Symmachi Ep.* II, 46. Das folgende aus II, 76. 77. IV, 12. VI, 43. VII, 59. 121. 122. IX, 125. X, 10. 13. 15. 19. 20. 26. 28. 29.

[103] *Symmachi Ep.* VI, 33. 42.

[104] Hist. Aug. Gordd., c. 3. Carus, c. 19.

[105] Hist. Aug. Carus, c. 20.

muten, daß es sich nur um die Posse (Mimus) handelte[106] (S. 214, Anm.). Wichtiger war jedenfalls die Pantomime, das heißt das Ballett, welches nach einer vielleicht hyperbolischen Angabe noch immer 3000 Tänzerinnen nebst einer Unzahl von Musikanten beschäftigte.

Wenn nun in Hinsicht auf Brot und Schauspiele unsere Geschichtsquellen den Tatbestand hinlänglich genau schildern, so werden wir dafür über tausend andere Umstände, welche das Bild des damaligen Roms vervollständigen müßten, vollkommen im Dunkel gelassen. Die Kapitalfrage zum Beispiel, welches das Zahlenverhältnis der Sklaven zu den Freien war, ist nicht einmal annähernd zu beantworten, und die versuchten Annahmen[107] gehen weit auseinander. Da und dort öffnet sich ein Abgrund vor den Augen des Forschers und gestattet einen Einblick in jenes Mittelding von Staatsfabrik und Galeere, wo für öffentliche Bedürfnisse gearbeitet wurde. So die großen Bäckereien für die allgemeinen Brotverteilungen[108]; die Vorsteher derselben *(mancipes)* hatten im Lauf der Zeit Wirtschaften und Bordelle darangebaut, aus welchen mancher Unvorsichtige plötzlich in die Fabrik geschleppt und dort auf Lebenszeit als Sklave eingestellt wurde; wem dies geschah, der war verschollen und die Seinigen hielten ihn für tot. Die Römer müssen um die Sache gewußt haben, wenigstens traf dies Los vorzugsweise Ausländer. Die Behörden vollends hatten so sicher Kunde davon als gewisse neuere Regierungen von Matrosenpressen, und wenn Theodosius bei einem bestimmten Anlaß dem Greuel ein Ende machte, so darf man deshalb nicht glauben, daß erst damals die Entdeckung gemacht worden sei.

Was endlich Ammian von dem Leben und Treiben der höhern Stände erzählt, erregt die unabweisbare Vermutung, daß der brave und tüchtige Mann hier einem Gefühl gekränkter Eitelkeit mehr als billig sich hingegeben habe. Als Antiochener hatte er jedenfalls kein besonderes Recht, die Römer herabzusetzen; als Hofangehöriger des Constantius und Julian aber mochte er vielleicht in den großen römischen Familien keine sehr zuvorkommende Begegnung gefunden haben. Vieles von seinen Klagen geht auf die Untugenden, welche man den Reichen und Vornehmen zu jeder Zeit und überall zugeschrieben hat; anderes bezieht sich auf jene Zeit überhaupt. Ammian klagt über die monumentale Sucht nach vergoldeten Ehrenstatuen, während dasselbe Geschlecht sich im vergänglichsten Modetand, in der tiefsten Verweichlichung gefällt; er brandmarkt jene fatale Art, die vorgestellten Fremden nach dem ersten Besuch nicht mehr kennen zu wollen, und solchen, die man nach län-

---

[106] *Theatralem vilitatem* nennt sie Ammian. XXVIII, 4 Ende.
[107] Vgl. die ingeniösen Berechnungen bei Dureau de la Malle l. c. I, 150 s., welche doch niemanden überzeugen werden.
[108] Vgl. Sokrates, *Hist. eccl.* V, 18.

gerer Abwesenheit wiedersieht, zu verraten, daß man sie nicht vermißt habe. Er schildert die Unsitte jener Gastmähler, die man nur gibt, um niemandem etwas schuldig zu bleiben, und wobei die Nomenclatoren (eine Art von Zeremonienmeistern aus dem Sklavenstande) bisweilen gegen ein Trinkgeld gemeine Leute unterschieben. Schon zu Juvenals Zeiten hatte die Eitelkeit mancher etwas darin gesucht, halsbrechend schnell zu fahren und sich für die eigenen wie für die Zirkuspferde zu fanatisieren; auch dies dauerte noch fort. Viele erschienen öffentlich nicht anders als mit einer ganzen Prozession von Dienern und Hausgenossen, »unter dem Kommando der Hausmeister mit Stäben zieht zunächst am Wagen einher die ganze Schar der Webesklaven, dann in schwarzer Tracht die Küchensklaven, ferner die übrige Dienerschaft des Hauses, untermischt mit müßigem Volk aus der Nachbarschaft; den ganzen Zug schließt ein Heer von Verschnittenen jedes Alters, vom Greise bis zum Knaben, alles sieche und entstellte Figuren«. – Zu Hause aber mußte selbst in den bessern Familien, wie jetzt bei uns, die Musik eine Menge gesellschaftlicher Lücken verdecken. Da ertönte unaufhörlich Gesang und Saitenspiel; »statt des Philosophen wird der Sänger berufen, statt des Redners der Lehrer vergnüglicher Künste; während die Bibliotheken wie Gräber geschlossen stehen, werden Wasserorgeln gebaut und Lyren so groß wie Stadtkutschen«. Der Eifer für das Theater war auch den Vornehmen in hohem Grade eigen, und die Koketterie mancher Dame bestand ausdrücklich darin, theatralische Attituden in leichter Abwechselung nachzuahmen. Auch die äußere Gebärde sollte noch immer ein Kunstwerk sein; Ammian kannte einen Stadtpräfekten Lampadius, welcher es übel aufnahm, wenn man das Stilgefühl nicht bemerkte, mit welchem er auszuspucken pflegte. – Das Klienten- und Parasitenwesen mochte seine Gestalt seit Juvenals Zeiten nicht viel verändert haben, ebenso die Erbschleicherei bei Kinderlosen und so manche andere Sünden der frühern Kaiserzeit; es muß aber mit großem Nachdruck hervorgehoben werden, daß Ammian trotz seiner übeln Stimmung von jenen kolossalen Lastern und Verbrechen, die Juvenal züchtigt, fast gänzlich schweigt. Das Christentum war hier kaum beteiligt; die große Veränderung in den Gemütern, welche den neuen Standpunkt der Moralität hervorrief, war schon im dritten Jahrhundert eingetreten (S. 200 ff.).

Diese vornehme Gesellschaft gibt sich noch als eine heidnische zu erkennen, zunächst durch ihren Aberglauben; sobald es sich zum Beispiel um Testamente und Erbschaften handelt, werden die Haruspices gerufen, um in den Eingeweiden der Tiere Bescheid zu suchen; ja ganz Ungläubige mögen doch weder über die Straße, noch zu Tische, noch ins Bad gehen, ohne sich in der Ephemeris, dem astrologischen Kalender, nach dem Stand der Gestirne umzusehen[109]. Wir wissen aus andern Quellen, daß namentlich die große Mehrzahl des Senates bis auf die Zeiten des Theodosius heidnisch war[110]. Man tat alles mögliche, um die Priestertümer und Zeremonien vollständig zu erhalten; wie viel Mühe und Kummer hat es sich zum Beispiel Symmachus kosten lassen[111]! Allein neben den öffentlichen Sacra wurden auch die Geheimdienste von den angesehensten Römern des vierten Jahrhunderts mit dem größten Eifer betrieben, und zwar, wie oben (S. 159 f.) bemerkt, in einer eigentümlichen Verschmelzung. Indem der einzelne womöglich alle üblichen Geheimweihen auf sich nahm, wollte er sich stärken und zusammennehmen gegen das überall vordringende Christentum[112].

Alles erwogen, möchte dieser heidnische Senat von Rom noch immer die achtungswerteste Versammlung und Gesellschaft des Reiches gewesen sein. Trotz den Übelreden Ammians müssen sich hier noch sehr viele Männer – Provinzialen wie Stadtrömer – von tüchtiger, altrömischer Gesinnung gefunden haben, in deren Familien gewisse Überlieferungen herrschend waren, welche man in Alexandrien und Antiochien oder gar in Constantinopel vergebens gesucht hätte. Vor allem achteten die Senatoren selber den Senat – *asylum mundi totius*[113]. Sie verlangten noch einen eigenen, einfach ernsten Redestil[114], der nichts Theatralisches haben durfte; überall sucht man wenigstens die Fiktion aufrecht zu halten, als ob Rom noch das alte und der Römer noch Bürger wäre[115]. Es sind wohl nur große Worte, wenn man will, aber Einige treten doch auf, deren Schuld es nicht ist, wenn keine großen Dinge mehr daraus entstehen[116]. Bei Symmachus selber erscheint der Mut der Fürsprache für Bedrängte[117] höchst achtungswert und wiegt, ähnlich wie der Patriotis-

---

[109] Über die Fortdauer des Zaubers und der Veneficien vgl. S. 200. Über die der einzelnen Götterkulte *Prudent. in Symm.* I, 102. 116. 127. 218. 226. 237. 271. 344. 356. 379. 610 *etc.*

[110] Vgl. Zosim. IV, 59 und a. a. O. Bes. Prudentius, *Peristephanon*, Hymn. II, Strophe 112, 5; die Bekehrung der Senatoren *Prudent. in Symm.* I, 507. 552. 567. 621.

[111] Für seinen religiösen Standpunkt sind besonders bezeichnend *Epp.* III, 52. IV, 33. VI, 40. VIII, 6. IX, 108. 128. 129. X, 61 *etc.*

[112] Die zahlreichen Inschriften mit Mysterientiteln aus dieser Zeit gesammelt bei Beugnot l. c., vol. I.

[113] Ammian. XVI, 10.

[114] *Symmachi Ep.* I, 89. – Sie nannten sich untereinander *Frater, ibid.* V, 62.

[115] Vgl. u. a. *Symmachi Epp.* VI, 55. VIII, 41, IX, 67. *civicus amor . . . Romanum nomen* usw.

[116] Ein paar Namen altgesinnter Römer aus der Zeit Constantins durch Epigramme verherrlicht *Symm. Ep.* I, 2.

[117] Bes. *Epp.* III, 33–36 und X, 34 mit einer gewagten Vorstellung an Valentinian I.

mus des Eumenius (S. 58 ff.), die unvermeidlichen Schmeichelformen wohl auf, denen er sich anderwärts unterzieht. Als großer, unabhängiger Herr war er persönlich über die Titulaturen hinaus[118], welche so manchen glücklich machten.

Die höhere Bildung, die in diesen Kreisen waltete, darf man so wenig als das Übrige buchstäblich nach den Aussagen Ammians beurteilen, der den Römern keine andere Lektüre zugesteht, als den Juvenal und die Kaisergeschichte des Marius Maximus, wovon bekanntlich die erste Hälfte der Historia Augusta eine dürftige Bearbeitung ist. Auf das literarische Stelldichein beim Friedenstempel (wo sich auch eine der achtundzwanzig öffentlichen Bibliotheken befand) ist nicht viel zu geben, indem dort sogar ein Trebellius Pollio mit seiner Ware auftreten durfte[119]. Wohl aber zeigt der Freundeskreis, den Macrobius um sich versammelt, die Umgebung, in der sich Symmachus bewegt, wie viel wahre Bildung in den höhern Ständen noch vorhanden war. Man darf sich durch die (für uns sehr nützliche) Pedanterie des Erstern, durch die gesuchte plinianische Schreibart des Letztern nicht irre machen lassen. Es handelt sich allerdings um eine sinkende, mehr zum Sammeln und Betrachten als zum Schaffen geeignete Literaturepoche; der Epigone verrät sich durch sein Schwanken zwischen plautinischen Archaismen und den allermodernsten abstrakten Substantiven[120]; schon glaubt man die Einseitigkeit der romanischen Völker zu erkennen, welche mit einem Wörterbuch eine Literatur aufrechthalten möchten; in den niedlich gedrechselten Briefen und Billets des Symmachus ist unleugbar lauter bewußte Kunst[121]. Allein die Verehrung der ältern Literatur, welcher allein wir vielleicht deren Erhaltung verdanken, war für das damalige geistige Leben so viel wert, als der Kultus Ariosts und Tassos für das jetzige Italien. Das höchste Geschenk, welches Symmachus einem Freunde machen kann, ist eine Abschrift des Livius[122]; eine wahre Anbetung genoß vollends Virgil, der unaufhörlich analysiert, erklärt, auswendig gelernt, zu Centonen verarbeitet und sogar als Schicksalsbuch (S. 185) aufgeschlagen wurde. In dieser Zeit schon mochte die Sage das Leben des großen Dichters in das Wunderbare und Zauberhafte zu verkehren begonnen haben.

[118] *Ep.* IV, 42.
[119] Hist. Aug. XXX. Tyr. c. 30 (31).
[120] Vgl. *Symmachi Epp.* III, 22. 44.
[121] Seine Reflexionen hierüber *Epp.* I, 45. IV, 28. V, 86. VII, 9 *etc.* Seine bittere Empfindung über die notwendige politische Bedeutungslosigkeit seiner Korrespondenz II, 35.
[122] *Ep.* IX, 13. — Für seine sonstige literarische Umgebung und Tätigkeit vgl. III, 11. 13. IV, 34 usw. Ob die Philosophen, die er beschützte und empfahl (I, 29. II, 39), Neuplatoniker waren?

Einen flüchtigen Blick verdient endlich auch das Landleben dieser vornehmen Römer. Derselbe Mann, der seiner Tochter vor allem das emsige Wollespinnen, wenigstens die Aufsicht über die spinnenden Mägde zum Ruhme anrechnet[123], besaß Dutzende von Villen, deren ungeheuer ausgedehnte Bewirtschaftung allein schon an Aufsehern, Notarien, Zinseintreibern, Bauleuten, Fuhrleuten und Boten eine ganze Schar erforderte, der Tausende von landbauenden Sklaven und Colonen zu geschweigen. Durch das Aussterben so vieler großer Familien müssen die Latifundien, welche schon längst »Italien zugrunde gerichtet«, sich in immer wenigern Händen konzentriert haben. Niemand leugnet, daß dies im ganzen ein Unheil war, und die Abhängigkeit Italiens von den afrikanischen Kornflotten beweist es zur Genüge. Auch die Besitzer selbst waren nicht immer glücklich; von der Regierung mit Verdacht angesehen, mit Ehrenpflichten überlastet, mit Einquartierungen heimgesucht[124], vielleicht auch oft durch eine verwickelte Geldwirtschaft gedrückt, erfreuten sie sich doch nur in beschränktem Maß ihrer beinahe fürstlichen Stellung. Wer aber noch genießen konnte, den mußte die nach Jahreszeiten abwechselnde Residenz auf diesen Landhäusern beglücken, von welchen wenigstens die ältern noch an die Schönheit plinianischer Villen erinnern mochten. Symmachus besaß, um in der Nähe von Rom zu beginnen, Landhäuser an der Via Appia und am Vatikan, bei Ostia, Präneste, Lavinium und dem kühlen Tibur, dann einen Landsitz bei Formiä, ein Haus in Capua, sowie Güter in Samnium, Apulien und selbst in Mauretanien. In einer solchen Reihe durften auch Besitzungen an der paradiesischen Küste von Neapel nicht fehlen. Die Römer gaben hier von jeher dem Golf von Bajä einen für uns nicht wohl begreiflichen Vorzug vor dem neapolitanischen; vom Avernischen See auf buntbemalter Barke hinauszufahren in das Meer nach Puteoli, galt noch immer als wonnevolle Lustpartie; über die ruhige Flut tönte von allen Schiffen Gesang, aus den ins Meer gebauten Villen das Geräusch froher Gelage, und weit draußen das Plätschern mutwilliger Schwimmer[125]. Wenn nun hier Lucull mit seiner Üppigkeit das höchste Vorbild war, und die Einsamkeit[126], die man zu suchen vorgab, in dieser mehrere Meilen langen Reihe von Villen und Palästen kaum gedeihen konnte, so wird das echte römische Landleben viel eher auf den zur eigentlichen Ökonomie bestimmten Gütern geblüht haben. Hier feierte

---

[123] *Symmachi Epp.* VI, 67. 79.
[124] Vgl. *Symmachi Epp.* I, 5. 10. II, 52. VII, 66. IX, 40. 48.
[125] Symmachus VIII, 23 macht für sich eine absichtliche Ausnahme.
[126] *Symmachi Ep.* I, 8. Campania ... *ubi alte turbis quiescitur*; ... *Lucrina tacita ... Bauli magnum silentes* ... Noch Statius (*Sylvae* III, V, 85) rühmt Neapel wegen seiner Stille.

der Römer vorzüglich gern seine Herbstfreude: »der neue Wein ist gekeltert und den Fässern anvertraut; Leitern führen bis in die Wipfel der Fruchtbäume; jetzt wird die Olive gepreßt; dazwischen zieht die Jagdlust den Wildstätten nach, und scharfriechende Hunde verfolgen die Spuren der Eber«[127]. Was die Jagd betrifft, welche nach aller Vermutung vortrefflich sein mußte, so meint zwar Ammian, die Weichlichkeit Vieler habe sich mit dem bloßen Zusehen begnügt[128], allein wer irgend kräftige Glieder hatte, für den war die Jagd im möglichst weiten Umfange des Wortes so gewiß eine Lebensfrage als für den jetzigen Italiener. Auch in diesem Fache verlangte man noch ein Gedicht statt eines Handbuches in Paragraphen; wie die Georgica das Landleben überhaupt künstlerisch darstellen sollten, so verherrlichten die Cynegetica und Halieutica, die zum Teil bis ins vierte Jahrhundert herabreichen mögen, das Weidwerk und den Fischfang. – Ein paar Verse des Rufus Festus Avienus[129], vom Ende des vierten Jahrhunderts, geben zum letztenmal die Stimmung wieder, welche das Landleben des römischen Heiden beseelte. »Bei Tagesanbruch bete ich zu den Göttern, dann gehe ich bei den Knechten auf dem Gut herum und weise jedem seine gemessene Arbeit zu. Darauf lese ich und rufe Phöbus und die Musen an, bis es Zeit ist, mich zu salben und auf der sandbestreuten Palästra mich zu üben. Heitern Mutes, den Geldgeschäften fern, esse, trinke, singe, spiele, bade ich und ruhe aus nach dem Abendessen. Während der kleine Leuchter sein bescheidenes Maß von Öl verzehrt, seien diese Zeilen den nächtlichen Camönen geweiht.«

Wohl mochten es allmählich wenige sein, die noch ganz ungebrochen zu genießen wußten, seitdem die Reichsnot, der Dämonenglaube und die Sorge um das Jenseits auch die Heiden so tief erschüttert hatten. Jene eigentümliche Weltanschauung, welche den edlern Epikureismus und den Stoizismus in sich vereinigt und das irdische Leben der Bessern zu einem so würdigen und liebenswürdigen Ganzen abgeschlossen hatte, – sie war am Aussterben begriffen. Einen späten Nachklang davon, aus dem Zeitalter Constantins, gewährt unter anderm das kleine Gedicht des Pentadius[130] »vom glücklichen Leben«. Es sind aber bloße Erinnerungen aus Horaz, die hier schon deshalb nicht wiederholt werden dürfen, weil man nicht weiß, ob der Verfasser im Ernst dazu hätte stehen können.

---

[127] *Symmachi Ep.* III, 33.
[128] *Alienis laboribus venaturi* gehen die römischen Großen auf das Land XXVIII, 4, § 18.
[129] Bei Wernsdorf, *Poetae lat. min.* V, II, *Ad amicos de agro.* –
[130] Bei Wernsdorf l. c. III.

348   Zehnter Abschnitt. Constantinopel, Rom, Athen und Jerusalem

Es gab noch eine Stadt in dem alten Weltreiche, die unter Constantin vielleicht nirgends genannt wird, nach deren Leben und Fortdauer wir aber doch mit voller Teilnahme fragen dürfen.

Athen, schon vom Peloponnesischen Kriege her in seinem Bestand erschüttert, war seit Sullas Eroberung mehr und mehr verödet[131] und ins Kleine zusammengezogen. Allein der Lichtglanz des Ruhmes, welcher die Stadt umgab, das leichte, angenehme Leben, die herrlichen Denkmäler, die Ehrfurcht vor den attischen Mysterien und das Bewußtsein der ganzen hellenischen Welt von dem, was sie Athen verdankte, – dies alles zog fortwährend eine Menge freier, gebildeter Menschen dorthin; Philosophen und Rhetoren traten auf und zahlreiche Schüler folgten nach. Seit Hadrian – dem neuen Gründer Athens, wie ihn die Dankbarkeit nannte – schwang sich das Studium zu einer Art von Universität empor, welche durch kaiserliche Dotation einigermaßen gesichert und später die wichtigste Lebensquelle der verarmten Stadt wurde[132].

Wer in diesen späten Zeiten noch antik gesinnt war, der mußte vor allem die Athener lieben. Schön und ergreifend läßt Lucian[133] seinen Nigrinus über dieses Volk reden, bei welchem Philosophie und Armut zusammengehören, und das sich der letztern nicht schämt, wohl aber sich reich und glücklich fühlt in seiner Freiheit, seinem mäßigen Leben und in der goldenen Muße. »Es herrsche dort ein ganz philosophisches Klima, das schönste für schön denkende Menschen; freilich, wer Luxus, Macht, Schmeichelei, Lüge, Knechtschaft wolle, der müsse in Rom leben.« Aber nicht bloß der Syrer von Samosate, der es sich sonst mit so wenigen Dingen Ernst sein läßt, auch ein Alciphron[134], ein Maximus von Tyrus, ein Libanius von Antiochien und andere noch Spätere geraten ins Feuer, sobald von den Athenern die Rede ist, wobei es unentschieden bleiben mag, ob im einzelnen Fall an das alte Athen der Blütezeit gedacht, oder die Tugenden desselben noch in der damaligen Bevölkerung gefunden oder vorausgesetzt werden. Libanius sagt zum Beispiel von der Verzeihung für Beleidigungen, die man rächen könnte, sie sei »der Griechen, der Athener, ja der gottähnlichen Menschen würdig«. Heliodor, der Emesener, läßt eine bei ägyptischen Räubern gefangene Athenerin schreiben: »Barbarische Liebe sei noch nicht einmal so viel wert als athenischer Haß«[135]. Diese spätern Heiden, welchen weder im

---

[131] *Vacuas Athenas*, sagt schon Horaz. *Epist.* II, 2, 81.

[132] Für das Nähere ist auf die bekannte Abhandlung Schlossers im ersten Bande des Schlosser-Bercht'schen Archives zu verweisen.

[133] *Luciani Nigrin.*, c. 12.

[134] Alciphron gilt jetzt als etwas jüngerer Zeitgenosse Lucians. Ausbrüche der Begeisterung *Ep.* II, 3. III, 51. Die fingierte Zeit ist die mazedonische.

[135] Heliodor. Aethiop. II, 10.

römischen Staatswesen noch in der christlichen Kirche wohl zumute sein konnte, schließen sich mit einer wahren Zärtlichkeit an die geweihteste Stätte altgriechischen Lebens an. Glücklich schätzt sich jeder, der sein Leben in dieser Umgebung zubringen darf.

Die Studien aber, um derentwillen Sophisten und Schüler in Athen sich sammelten, trugen das Gepräge der Zeit nur allzudeutlich. Wie Philostratus und Gellius für die athenische Schule in der frühern Kaiserzeit, so sind Libanius[136] und Eunapius[137] ergiebige Quellen für deren Zustand im vierten Jahrhundert, und man kann nicht sagen, daß sie sich in der Zwischenzeit gebessert hätte. Das einseitige Überwiegen der rhetorischen Bildung und daneben die Überschwenglichkeit und Mystik der einzelnen Neuplatoniker, – die Eitelkeit der Dozenten und das Faktionswesen ihrer Anhänger, – dies alles füllte das stille Athen mit einer Unruhe, einem Hader von ganz eigener Art an. Schon der Empfang des Studenten war eine lebensgefährliche Sache; im Piraeus, wenn nicht schon am Vorgebirge von Sunium, standen Leute bereit, welche ihm aufpaßten, um ihn für dieses oder jenes Auditorium (Didaskaleion) in Pflicht zu nehmen und ihn sogar durch Drohungen von dem schon zu Hause gefaßten Beschluß abwendig zu machen; einzelne Dozenten erschienen plötzlich im Hafen, um sich ihrer Beute zu versichern. War man dann, etwa unter dem Schutz des Schiffskapitäns, glücklich nach Athen gelangt, so fand man sich in den gewaltsamsten Zustand hineinversetzt; nicht selten gab es Mord und Totschlag nebst den dazu gehörenden Kriminaluntersuchungen, alles wegen der Lehrerkonkurrenz. Zunächst redete die Landsmannschaft ein großes Wort in diese Dinge; als Eunapius in Athen studierte, hielten die Orientalen vorzugsweise an Epiphanius, die Araber an Diophantus, die vom Pontus an ihren göttergleichen Landsmann Proäresius, welchem auch viele Kleinasiaten, Ägypter und Libyer anhingen. Allein man war daran nicht gebunden, und überdies hielt das unaufhörliche Überlaufen von Schule zu Schule die Feindschaften beständig in Flammen. Die Studentenschaft war in bewaffnete »Chöre« geteilt, mit »Prostaten« an der Spitze; ihre blutigen Händel schienen ihnen »ebensoviel wert als der Kampf fürs Vaterland«. Hatte man es endlich so weit gebracht, daß zwei Parteien, Dozenten und Auditoren, zur Verantwortung vor dem Prokonsul von Achaja nach Korinth reisen mußten, so wurde in dessen Gegenwart ein wahrhaft feierlicher rhetorischer Wettkampf aufgeführt, zumal wenn es sich der Mühe lohnte, wenn der Beamte »für einen bloßen Römer ziemlich gebildet« war[138]. Von irgend

---

[136] *Liban. opera*, ed. *Reiske*, vol. I. Περὶ τῆς ἑαυτοῦ τύχης.

[137] Besonders in den Biographien des Julianus von Kappadozien, des Proäresius und des Libanius.

[138] Die Sophisten bemerkten wohl nicht immer die Ironie, womit einzelne

einer Art von Kollegialität war nicht die Rede. Schon längst wagte man es nicht mehr, öffentlich in Theatern und Hallen aufzutreten, um nicht sofortigen, blutigen Tumult zu erregen; die wohlhabenden Sophisten bauten sich eigene kleine Haustheater. Eunapius schildert uns die dazu eingerichtete Wohnung des Julianus: »ein kleines, bescheidenes Haus, aber es atmete Hermes und die Musen, so sehr sah es einem Heiligtum ähnlich, mit den Bildnissen der Freunde des Besitzers; das Theater war von Quadern, eine Nachahmung der öffentlichen Theater im Kleinen.« Wer dagegen so arm war als Proäresius, der anfangs mit seinem Freunde Hephästion zusammen nur ein Kleid und einen Mantel nebst ein paar Teppichen besaß, mußte sich helfen, wie er konnte.

In den »Chören« der Studenten herrschten starke, eingewurzelte Mißbräuche. Schon bei der Ankunft wurden die Neulinge auf einen glänzenden Einstand und auf dauernde Verbindlichkeiten vereidigt, welche nicht selten zur Bekanntschaft mit Wucherern hinführten. Am Tage wurde viel Ball gespielt; bei Nacht zog man herum und gab »den süßsingenden Sirenen« Gehör; gemeine Subjekte machten auch wohl raubähnliche Angriffe auf schutzlose Häuser[139]. Als Libanius sich nicht ohne Mühe von diesen Verbindungen losgemacht hatte, vergnügte er sich mit friedlichen Ausflügen, namentlich nach Korinth. Wahrscheinlich zogen viele, wie einst zur Zeit des Philostratus, den noch immer in hohem Wert gehaltenen olympischen, isthmischen und andern Nationalfesten nach. Das Höchste aber, was ein eifriger Heide von Athen mitnehmen konnte, waren die eleusinischen Weihen.

Dieses ganze bunte Treiben bewegte sich zwischen den herrlichsten Denkmälern der Welt, in welchen die edelste Form und die größten geschichtlichen Erinnerungen sich zu einer unaussprechlichen Wirkung vereinigten. Wir wissen nicht mehr, was diese Werke dem Sophisten des vierten Jahrhunderts und seinen Schülern sein mochten. Es war die Zeit, da dem griechischen Geist ein Lebensinteresse nach dem andern abstarb, bis auf die begriffspaltende Dialektik und das tote Sammeln. In alter, vielleicht fast unberührter Herrlichkeit schaute das Parthenon der Pallas Athene, schauten die Propyläen auf die Stadt hernieder; vielleicht war trotz dem Gotenüberfall unter Decius, trotz den Räubereien unter Constantin noch weit das meiste von dem erhalten, was im zweiten Jahrhundert Pausanias gesehen und geschildert hatte. Aber die reine Har-

---

Prokonsuln verfuhren. Ein Beispiel vielleicht in der *Vita Proäresii vet. ed.*, p. 139 s.

[139] Vielleicht läßt sich damit das berüchtigte Universitätsleben von Padua im siebzehnten Jahrhundert vergleichen.

monie der Bauformen, die freie Größe der Götterbilder redete nicht mehr vernehmlich genug zu dem Geiste dieser Zeit[140].

Das Jahrhundert war ausgegangen, sich eine neue Heimat für seine Gedanken und Gefühle zu suchen. Für die eifrigen Christen war dieses irdisch-himmlische Vaterland gegeben: es hieß Palästina.

Wir wollen nicht wiederholen, was Euseb, Socrates, Sozomenus und andere über die offizielle Verherrlichung des Landes durch Constantin und Helena, über die prächtigen Kirchenbauten von Jerusalem[141], Bethlehem, Mamre, auf dem Ölberg u. a. a. O. berichten. Bei Constantin war es ein ganz äußerliches Motiv, das ihn zu solchem Aufwand bewog; das Höchste, wozu er es in der Verehrung heiliger Gegenstände brachte, war eine Art von Amulettglauben, wie er denn die Nägel vom wahren Kreuz zu Pferdezügeln und zu einem Helm verarbeiten ließ, deren er sich im Kriege bedienen wollte[142].

In zahllosen Gläubigen aber erwachte unwiderstehlich der natürliche Drang, Orte, die dem Gemüte heilig waren, in Person zu besuchen. Es ist wohl wahr, daß der geistdurchdrungene Mensch solche Wallfahrten entbehren kann, daß sie das Heilige schon halb veräußerlichen, es gleichsam »an die Scholle binden« lehren. Und doch wird, wer nicht ganz roh ist, einmal wenigstens den Stätten nachgehen, die für ihn durch Erinnerungen der Liebe oder der Andacht geweiht sind. Im Verlauf der Zeit, wenn aus der Herzenssache eine Sitte geworden, wird das Gefühl des Pilgers wohl leicht in eine Art von abergläubischer Werkheiligkeit ausarten, allein dies beweist nichts gegen den reinen und schönen Ursprung.

Schon seit der apostolischen Zeit kann es nicht an frommen Besuchen derjenigen Stellen Palästinas gefehlt haben, welche mit den Erinnerungen des alten Bundes zwischen Gott und den Menschen die des neuen auf so erschütternde Weise verbanden. Vielleicht die erste weite Wallfahrt[143], war die des cappadocischen Bischofs Alexander, welcher unter Caracalla Jerusalem – das damalige Aelia Capitolina – besuchte, »um des Gebetes und der Geschichte der Orte willen«. Auch Origenes kam, »um die Fußstapfen Christi, der Jünger und der Propheten aufzusuchen«. – Zur Zeit

---

[140] Über Athen um das Jahr 400 vgl. *Synesii Epistolae* 54 (p. 190) und 135 (p. 272). Es trat damals ein völliger Verfall der Schulen ein.

[141] Es genügt, auf die treffliche Monographie T. Toblers, »Golgatha«, zu verweisen, welche nebst dem »Bethlehem« desselben Verfassers eine Menge wichtiger antiquarischer Fragen erledigt.

[142] Sokrates I, 17. Sozom. II, 1. Die Diskussion über den Moment der Kreuzfindung (welche erst bei Eusebs Überarbeitern erwähnt wird) findet man u. a. bei Sybel und Gildemeister: Der heilige Rock von Trier, 2. Ausg., S. 15 ff.

[143] Euseb., *Hist. eccl.* VI, 11.

352 Zehnter Abschnitt. Constantinopel, Rom, Athen und Jerusalem

Constantins aber trifft die Sehnsucht nach Palästina schon sehr auffallend mit dem gesteigerten Kultus der Märtyrergräber und der Reliquien überhaupt zusammen[144]. Jerusalem ist gleichsam die größte und heiligste aller Reliquien, an welche sich dann noch eine Reihe anderer Weihestätten ersten Ranges, viele Tagereisen lang, anschließen. Aus dem Stationenbüchlein eines Pilgers von Bordeaux[145], welcher im Jahre 333 das heilige Land bereiste, ersieht man, wie schon damals die fromme Sage, vielleicht auch die Spekulation, das ganze Land mit klassischen Stellen angefüllt hatte, an deren Echtheit später auch das Mittelalter nicht zweifelte. Man zeigte das Gemach, in welchem Salomo das Buch der Weisheit geschrieben, die Blutflecken des Priesters Zacharias auf dem Boden des ehemaligen Tempels, das Haus des Kaiphas und das des Pilatus, den Sykomorenbaum des Zachäus, und so viele andere Dinge, welche den Spott der historischen Kritik herausfordern können. Einige Jahrzehnte später zählt Hieronymus in der Reisebeschreibung der Paula[146] noch weit gründlicher die Stätten der Andacht von Dan bis Berseba auf. Er selber, sonst so besonnen in seinen Ansichten über die Reliquien, hat sich in Bethlehem für den Rest seines Lebens angesiedelt und alles, was an ihm hing, nach sich gezogen. Gegen das Ende des vierten Jahrhunderts lebt in Jerusalem und der Umgegend eine ganze große Kolonie frommer Leute aus allen Gegenden des Reiches in tiefer Entsagung[147]; »fast so viele psallierende Chöre, als es verschiedene Völker gibt«. Es waren darunter Okzidentalen von hohem Rang und großem Reichtum, die alles zurückgelassen hatten, um hier in reinerer Stimmung auszuleben, als sie es sonst irgendwo vermocht hätten. Wem die Verhältnisse dies nicht gestatteten, der grämte sich; Hieronymus schrieb mehr als einen Brief, um solche zu beruhigen und ihnen zu sagen, daß die ewige Seligkeit nicht am Besuch Jerusalems hänge.

Und auch diese beneidete Existenz war keine ideale. Abgesehen von der äußern Gefahr durch räuberische Sarazenen, welche bis vor die Tore von Jerusalem streiften, hielt sich noch ganz in der Nähe, im peträischen Arabien, in Cölesyrien das Heidentum mit einer verzweifelten Hartnäckigkeit; sodann trat das Dämonenwesen, welches schon so lange her in Palästina heimisch war, in so heftiger Gestalt auf als jemals. Wir kennen

---

[144] Hieronym., *Contra Vigilantium* I, p. 390 ist hiefür belehrend. Unter Constantius glaubte man zum Beispiel die echten Reliquien des Andreas, Lucas und Timotheus zu besitzen; er ließ sie nach Constantinopel bringen. Unter Arcadius kommen die Gebeine Samuels aus Judäa nach Thrazien.
[145] *Itinerarium Hierosolymitanum.* u. a. in der Ausg. des *Itinerar. Antonini* von Parthey und Pinder.
[146] Hieron., *Ep.* CVIII, 8 s. *Ad Eustochium.*
[147] Vgl. *Epp.* XLVI. LVIII. LXXI. CVIII. CXXIX. CXLVII und a. a. O.

bereits Sankt Hilarion als Dämonenbanner (S. 307, 308); Hieronymus selber führt uns zu den Prophetengräbern unweit Samaria, wo eine ganze Anzahl Besessener auf Genesung warteten; weithin hörte man sie wie mit verschiedenen Tierstimmen heulen. Es sind gleichsam die irren Geister, welche über diesem Schlachtfeld aller Religionen, dem Land zwischen Jordan, Wüste und Meer herumschweben.

Eine merkwürdige Fügung hat es gewollt, daß Constantin auch in dem, was er für Palästina tat, weltgeschichtlich auf viele Jahrhunderte hinaus wirken sollte. Ohne den Glanz, welchen er über Jerusalem und die Umgegend verbreitete, hätte sich die Andacht der römischen Welt und folgerichtig die des Mittelalters nicht mit solcher Glut an diese Stätten geheftet und sie nicht nach einem halben Jahrtausend der Knechtschaft unter dem Islam wieder entrissen.

NACHWORT

von Karl Christ

In memoriam Werner Kaegi

Wie manche Gipfel einer Gebirgskette erst aus weiterer Distanz ihre markanten Konturen erkennen lassen, so gewann Jacob Burckhardts (1818–1897) Monographie »Die Zeit Constantins des Großen« im Flusse der Forschung erst allmählich ihr herausragendes Relief und ihre tiefe, beständige Wirkung. Zu Burckhardts Lebzeiten lediglich in zwei Auflagen verbreitet (Basel 1853[1]; Leipzig 1880[2])[1] und von der Kritik nicht selten unwirsch zur Seite gestellt[2], hinterließ dieses klassische Geschichtswerk deutscher Sprache dennoch einen tiefen Stachel im Geschichtsbild des deutschen Bürgertums und erst recht in der gelehrten Erforschung der Spätantike, an deren Anfängen es stand[3]. Allem Mäkeln der viri eruditissimi – wie Burckhardt seine akademischen Fachkollegen so häufig nannte – zum Trotz, behauptete das Buch nun schon länger als ein Jahrhundert seinen ungewöhnlichen Rang, fesselte es Generationen von Lesern und zwang die ihre Methoden ständig verfeinernde Forschung fort und fort zu Auseinandersetzung und Stellungnahme.

Burckhardt, der sich geraume Zeit als Journalist betätigt hatte, ging es in seiner historischen Arbeit in erster Linie um die »Ewigungen« und nicht um die »Zeitungen«[4]. Er verlor sich nicht im Tagesgeplänkel spezialistischer Kontroversen des »aktuellen« Forschungsstandes, sondern wagte es, eine historische Epoche in ihrer Totalität darzustellen; er wagte es, eine völlig neue Methode zu entfalten, das unabhängige, persönliche Urteil zur Geltung zu bringen und zugleich seine künstlerische Gestaltungskraft konsequent einzusetzen. Deshalb wird dieses Werk auch in Zukunft immer neue Leser in seinen Bann ziehen, lohnt es, sich heute wie eh und je eingehend mit ihm zu beschäftigen und seine oft überraschend modernen Wertungen und Einsichten zu überprüfen.

---

[1] Zu diesen Auflagen siehe unten Abschnitt II. – Für die im Folgenden verwendeten Abkürzungen und Sigel sei auf das Verzeichnis am Ende des Beitrags verwiesen. – Seitenverweise ohne weitere Angaben beziehen sich auf den Text dieser Ausgabe.
[2] Vergleiche unten, II. Abschnitt.
[3] Siehe den Überblick bei S. Mazzarino, ›Politologisches‹ bei Jacob Burckhardt, Saeculum 22, 1971, 25f.
[4] Siehe die Einleitung zu Griechische Kulturgeschichte. I. (J. Burckhardt, Gesammelte Werke V). Ed. Darmstadt 1956, 5 ff.

Es ist das Ziel dieses Nachworts, zunächst über die Voraussetzungen (I) sowie über die Entstehung und die Resonanz des Buches zu informieren (II). Im folgenden Abschnitt soll dann Burckhardts spezifische historiographische Methode besprochen und die Monographie in den Rahmen von Burckhardts Gesamtwerk eingeordnet werden (III). Stehen so zuerst Person, Methode und Geschichtskonzeption des Autors im Mittelpunkt der Betrachtung, so im anschließenden Teil die Entwicklung des Constantin-Bildes vor Burckhardt, die hier wenigstens knapp skizziert werden soll (IV). Eine kurze Schlußbetrachtung versucht dann, die Bedeutung des Buches aus heutiger Sicht zu bestimmen (V), während die folgenden »Bibliographischen Hinweise« den interessierten Leser sowohl an die wesentlichen neueren Gesamtdarstellungen als auch an die wichtigere Spezialliteratur zu den von Burckhardt behandelten Problemen heranführen möchten.

I

Burckhardts Beschäftigung mit der Zeit Constantins des Großen ist aus zahlreichen Wurzeln erwachsen, hinter dem Buch stehen sehr verschiedenartige Impulse. Da ist zunächst das sehr enge persönliche Verhältnis zu römischen Denkmälern und Altertümern im Umkreis der Vaterstadt Basel zu nennen[5], das Burckhardt von Kind auf besaß, jene heimatgeschichtlichen und »provinzialrömischen« Neigungen, die der Freiburger Historiker Heinrich Schreiber förderte, Burckhardts väterlicher Freund, dem die Monographie in ihrer ersten Auflage gewidmet war. Sodann profitierte das Werk von nicht wenigen Anregungen, die Burckhardt während seines Studiums der Theologie, der Geschichte und der Kunstwissenschaft in Basel, Berlin und Bonn in sich aufgenommen hatte, Einflüssen von De Wette, Ranke, Droysen und Kinkel, deren Vorlesungen er besuchte, Einflüssen, die jedoch auch nicht überschätzt werden sollten.

Ferner ist an die Lehrtätigkeit des jungen Basler Geschichtsdozenten zu erinnern, der den Themenkreis schon in seinen ersten Vorlesungen unter den verschiedensten Blickwinkeln berührte[6], und endlich an den

[5] Kaegi I, 223 ff.

[6] Einschlägig waren hier folgende Kollegs: WS 1854/5 Geschichte des Mittelalters, erste Hälfte; SS 1845 Älteste Geschichte der Schweiz; WS 1848/9 Geschichte der römischen Kaiserzeit; SS 1849 Geschichte des Mittelalters; WS 1849/50 Geschichte der antiken Kunst; SS 1850 Archäologie der christlichen Kunst; WS 1851/2 Römische Geschichte seit Caesar, Archaeologie der christlichen Kunst. – Aufgeführt nach dem Verzeichnis bei E. Ziegler, Jacob Burckhardts Vorlesung über die Geschichte des Revolutionszeitalters. Basel 1974, 563.

ehrgeizigen, am 19. 1. 1848 fixierten[7] Plan Burckhardts, eine ganze Reihe kulturgeschichtlicher Monographien sui generis zu verfassen, unter deren Themen bereits »die spätere römische Kaiserzeit« begegnet. Eine frühe, selbständige und sehr intensive Beschäftigung mit zentralen Quellen der Spätantike, vor allem mit Ammianus Marcellinus, Eugippius[8] und den Scriptores Historiae Augustae, kommt ebenso hinzu wie die Eindrücke der ersten römischen Aufenthalte von 1846 und 1847/8. Und doch ist mit all diesen Zusammenhängen das Wesentliche noch nicht erwähnt.

Denn hinter Burckhardts Monographie stehen in erster Linie existentielle Erfahrungen und Überzeugungen des Autors, und sie sind es gewesen, die die entscheidenden Wertungen bestimmten, den Grundton des Werkes festlegten und seine glänzendsten Seiten diktierten. Zuerst ist hier an jene tiefe Erschütterung Burckhardts in seinem protestantischen Glauben unter dem Eindruck von De Wettes Dogmenkritik zu erinnern, die 1838 zum Abbruch des Theologiestudiums und zu einem fortan sehr persönlichen, historisch-distanzierten Verhältnis zum Christentum geführt hatte. Da Burckhardt in dieser aufwühlenden Auseinandersetzung den Glauben an die Offenbarung verlor, wollte er nicht zu den »Desperationspietisten« gehören, sondern lieber »ehrliche(r) Ketzer bleiben«[9].

Die zweite existentielle Erschütterung erlebte Burckhardt sieben Jahre später, als er während seiner Tätigkeit als Redaktor an der ›Basler Zeitung‹ unmittelbar mit den politischen Erregungen der schweizerischen Freischarenzüge konfrontiert wurde. Damals schrieb er an Gottfried Kinkel die berühmten Sätze: »Das Wort Freiheit klingt schön und rund, aber nur der sollte darüber mitreden, der die Sklaverei unter der Brüllmasse, Volk genannt, mit Augen angesehen und in bürgerlichen Unruhen duldend und zuschauend mitgelebt hat. Es gibt nichts Kläglicheres unter der Sonne, experto crede Ruperto, als eine Regierung, welcher jeder Intrigantenclub die exekutive Gewalt unterm Hintern wegstehlen kann und die dann vor dem ›Liberalismus‹ der Schwünge, Knoten und Dorfmagnaten zittern muß«[10].

---

[7] Kaegi III, 169f. – Briefe III, Nr. 211, 94.
[8] Zu Burckhardts spezifischer Severin-Verehrung siehe K. Christ, J. Burckhardt und die Römische Geschichte, Saeculum 14, 1963, 94.
[9] Brief an Riggenbach vom 28. 8. 1838 – Briefe I, Nr. 22, 86 – Kaegi I, 472. Vergleiche zu dieser Problematik E. W. Zeeden, Die Auseinandersetzung des jungen Jacob Burckhardt mit Glaube und Christentum, HZ. 178, 1954, 493–514.
[10] Brief an G. Kinkel vom 19. 4. 1845. – Briefe II, Nr. 142, 158.

Auch hier war Burckhardt konsequent bis zum äußersten. Sein Entschluß, »aller politischen Wirksamkeit auf ewig«[11] zu entsagen, stand fest. Er zögerte nicht, sich selbst zu »expatriieren« und nach Italien auszubrechen: »Ihr Wetterkerle wettet euch immer tiefer in die heillose Zeit hinein – ich dagegen bin ganz im Stillen, aber komplett mit ihr überworfen und entweiche ihr deshalb in den schönen faulen Süden, der der Geschichte abgestorben ist und als stilles wunderbares Grabmonument mich Modernitätsmüden mit seinem altertümlichen Schauer erfrischen soll. Ja, ich will ihnen allen entweichen, den Radikalen, Kommunisten, Industriellen, Hochgebildeten, Anspruchsvollen, Reflektierenden, Abstrakten, Absoluten, Philosophen, Sophisten, Staatsfanatikern, Idealisten, anern und iten aller Art« – schrieb er am 28. 2. 1846 an Hermann Schauenburg[12], und wenig später rechtfertigte er seinen Entschluß gegenüber den deutschen Freunden so: »Ich glaube in Euern Augen einen stillen Vorwurf zu lesen, weil ich so leichtfertig der südländischen Schwelgerei ... nachgehe, während die Welt in Geburtswehen liegt, während es in Polen an allen Enden kracht und die Vorboten des sozialen jüngsten Tages vor der Tür sind. In Gottes Namen! Ändern kann ichs doch nicht, und ehe die allgemeine Barbarei (denn anderes sehe ich zunächst nicht vor) hereinbricht, will ich noch ein rechtes Auge voll aristokratischer Bildungsschwelgerei zu mir nehmen, um dereinst, wenn die soziale Revolution sich einen Augenblick ausgetobt hat, bei der unvermeidlichen Restauration tätig sein zu können ... Ich möchte diese Zeiten nicht mehr erleben, wenn ich nicht dazu verpflichtet wäre; denn ich will retten helfen, soviel meines schwachen Ortes ist ... Untergehen können wir alle; ich aber will mir wenigstens das Interesse aussuchen, für welches ich untergehen soll, nämlich die Bildung Alteuropas[13].«

Die Wendung gegen ein pietistisch-erbauliches wie gegen ein borniertes, dogmatisch erstarrtes Christentum und die bewußte »Apolitie«, der Rückzug in das »Asyl der Kulturgeschichte«[14], sowie das Bestreben, die Kontinuität der »Bildung Alteuropas« zu sichern, stehen so als entscheidende, existentielle Überzeugungen hinter der wissenschaftlichen Beschäftigung mit den Problemen der großen »Umbruchszeit« der constantinischen Epoche. Es ist evident, daß von ihnen aus der

---

[11] Brief an E. Schauenburg vom 24. 1. 1846 – Briefe II, Nr. 166, 198. – Zu den Zusammenhängen im einzelnen siehe Kaegi II, 450 ff.
[12] Briefe II, Nr. 174, 208.
[13] An die Brüder Schauenburg 5. 3. 1846 – Briefe II, Nr. 174, 210.
[14] H. und H. Schlaffer, Studien zum ästhetischen Historismus. Frankfurt 1975, 72 ff.

Weg ebenso zur Beseitigung jeder Spur von christlicher »Erbaulichkeit« an der Gestalt Constantins führte wie zu Burckhardts Faszination durch die Einsiedler und Asketen, die »Helden der Wüste«[15], aber auch zu seinem lebenslangen Bemühen, mit den spezifischen Mitteln seiner Kulturgeschichte in der Symbiose von Antike, Christentum und Germanentum das kulturelle Fundament Alteuropas verstehen zu lehren.

II

Schon in einem Brief an G. Kinkel vom 17. 4. 1847 hatte der dreißigjährige Burckhardt seine Überzeugung bekräftigt, »daß wahre Geschichtsschreibung ein Leben in jenem feinen geistigen Fluidum verlangt, welches aus Monumenten aller andern Art, aus Kunst und Poesie ebensogut dem Forscher entgegenweht, wie aus den eigentlichen Scriptoren[16]«. Ungeachtet dieser für Burckhardt bezeichnenden Ausweitung des Begriffs der historischen »Quelle«[17], auf die unten noch einmal zurückzukommen ist, bildete die kritische Lektüre, Interpretation und Reflexion der »eigentlichen Scriptoren« in weitem Umfange die wichtigste Grundlage seines Buches. Wann sie genau begann und in welcher Reihenfolge sie durchgeführt wurde, ist trotz den sorgfältigen Analysen von F. Stähelin[18] und vor allem von W. Kaegi[19] nicht mehr sicher auszumachen. Es mag sein, daß Burckhardt manchen Autor zunächst unter ganz anderem Blickwinkel studiert und exzerpiert hatte. Einzelnes geht jedenfalls bis in seine Berliner Studienzeit, bis in das Jahr 1839, zurück[20].

Von den zahlreichen spätantiken Schriftstellern des 3. bis 5. Jahrhunderts n. Chr., die Burckhardt systematisch heranzog, sind einige für seine Urteilsbildung in besonderer Weise konstitutiv geworden. Lactanz' Schilderungen der Christenverfolgungen in De mortibus persecutorum – einem »Tractat von ganz unheimlichem Fanatismus«[21] – forderten ihn nicht weniger heraus als die Constantinsvita des Euseb, des »widerlichsten aller Lobredner«, der nach Burckhardt Constantins Bild

---

[15] S. 314 – Vergleiche dazu unten 397.
[16] Briefe III, Nr. 197, 68.
[17] Dazu K. Christ, Von Gibbon zu Rostovtzeff. Darmstadt 1979^2, 130ff.; Ders., J. Burckhardt und die Römische Geschichte, Saeculum 14, 1963, 95ff.
[18] F. Stähelin, Einleitung des Herausgebers, in: J. Burckhardt, Gesamtausgabe 2. Stuttgart 1929, X ff.
[19] Kaegi III, 383 ff.
[20] So die Sammlung JBA. 207, 97 »Ex variis auctoribus, Berolini 1839, 1840, 1843«.
[21] Zitiert nach H. Gelzer, Ausgewählte Kleine Schriften. Leipzig 1907, 354.

durch und durch verfälscht hatte[22]. In beiden Fällen waren die Folgen für Burckhardts Konzeption sehr weitreichend. Die Aversion gegen Lactanz verführte ihn zu einer äußerst gewagten Hypothese über die diokletianische Christenverfolgung[23], die Euseb-Antipathie aber mündete in sein rigoroses Bild des unreligiösen Real- und Machtpolitikers Constantin, der die christliche Kirche lediglich nach politischen Zweckmäßigkeitserwägungen behandelte[24].

In anderen Fällen waren die Auswirkungen der engagierten Lektüre weniger dramatisch. Den Scriptores Historiae Augustae, »Eselsköpfe, aber interessant«[25], hat er – faute de mieux – vielleicht zu viele anekdotische Materialien für die Kaisergeschichte des 3. Jahrhunderts entnommen, während er Ammianus Marcellinus als Quelle der spätrömisch-germanischen Auseinandersetzung mit guten Gründen folgen konnte. Von christlichen Autoren wurde vor allem Hieronymus ausgeschöpft, im übrigen die Chroniken des Euseb und Sozomenos ebenso berücksichtigt wie die Burckhardt tief beeindruckende Antoniusvita des Athanasius. Insgesamt gesehen gibt es kaum eine Sparte der spätantiken Literatur, die Burckhardt vernachlässigt hätte, die poetae latini minores wurden ebensowenig übergangen wie die Militärschriftsteller, die neuplatonischen Philosophen, die Panegyriker oder die Kirchenväter.

Kulturgeschichte im Sinne J. Burckhardts geht, wie er es später formuliert hat, »auf das Innere der vergangenen Menschheit und verkündet, wie diese war, wollte, dachte, schaute und vermochte«.[26] Um dies zu erfassen, »trödelte« er »Klassiker zusammen«[27], und er tröstete sich auch allgemein mit der »Gewißheit, daß ich allgemach eine schöne Portion unabhängiger Wahrnehmungen über das Altertum rein aus den Quellen gewonnen habe und daß ich weit das meiste, was ich zu geben habe, als mein Eigenes werde geben können«[28]. Dabei begnügte sich

---

[22] S. 239. – B. Wyss teilte in seiner Ausgabe der Zeit Constantins des Großen. Bern 1950, 11 einen Brief Burckhardts an Amedeo Crivelucci vom 17. Februar 1889 mit, in dem es heißt: »Non niego di aver seguito forse troppo un'idea preconcetta scegliendo fra i fatti della Vita di Costantino quelli che fossero da ritenersi o da rigrettarsi e sono grato a V. S. di tante rettificazioni importanti, ma quello che non posso capire é che il Ranke vuole salvare in genere l'onore di Eusebio ...«. Der Brief nun in: Briefe IX, Nr. 1250, 178f.
[23] S. 229ff.
[24] S. 271ff.
[25] Brief an E. Schauenburg vom 25. 3. 1847 – Briefe III, Nr. 195, 63.
[26] Griechische Kulturgeschichte. I, 5.
[27] Brief an E. Schauenburg, 25. 3. 1847. Briefe III, Nr. 195, 63.
[28] Brief an Fr. von Preen, 23. 12. 1871 – Briefe V, Nr. 581, 150.

Burckhardt nicht mit der Interpretation der klassischen Hauptwerke der spätantiken Literatur. Als Quellen für seine Gestaltung der constantinischen Zeit hat Burckhardt vielmehr auch Münzen und Inschriften herangezogen[29], den Codex Theodosianus wenigstens zu einem bescheidenen Teil ausgewertet, vor allem jedoch – wie in anderen Fällen – den Geist der Epoche insbesondere in ihren künstlerischen Ausdrucksformen zu erfassen gesucht. Denn er konstatierte: »Der Charakter einer vergangenen Zeit spricht sich zwar in den Nachrichten und den Denkmälern von dem politischen Dasein, von den Sitten und Gebräuchen in der Literatur, in der Religionsauffassung schon sehr deutlich aus; die geheimsten Ahnungen und Ideale jedoch werden der Nachwelt vielleicht nur im Gewand der Kunst anvertraut; um so wahrer, je unabsichtlicher.«[30]

So hat Burckhardt lange vor der modernen Erfassung der Eigenart der spätantiken Kunst durch Riegl, Wickhoff, Rodenwaldt und andere im Gestaltungswillen und im Stil der Bildhauer wie in den Physiognomien ihrer Objekte die geistige Veränderung der Epoche plastisch vor Augen geführt und in eindrucksvollen Sätzen beschrieben[31]. Er behandelte Architektur und Kunst im Zusammenhang mit der Schilderung der Repräsentation des spätantiken Kaisertums, konstatierte den Verfall der »klassischen« Formen ebenso wie den Einfluß des Christentums auch in diesem Bereich[32]. Charakteristisch für ihn aber war der umfassende Versuch, den »Baugeist jener Epoche« zu ermitteln, ein Versuch, der in der emphatischen Feststellung gipfelte, die Gestalt des damaligen Rom werde in der Geschichte »einzig« bleiben[33].

Verhältnismäßig schmal ist dagegen der Komplex der von Burckhardt berücksichtigten modernen Darstellungen und der Spezialliteratur. In einer ganz ähnlichen Weise wie Theodor Mommsen, der annähernd gleichzeitig für seine ›Römische Geschichte‹ ebenfalls nur wenige moderne Autoren heranzog[34], begnügte sich auch Burckhardt mit der Erwähnung der wichtigsten Namen. Für die erste Auflage wurden dabei

---

[29] Vergleiche die Angaben in den »Bibliographischen Hinweisen«.
[30] Vorträge über die Blütezeit des Mittelalters, JBA. 207, 171 p. 36a – Zitiert nach Kaegi III, 347.
[31] S. 198 ff. – Vergleiche demgegenüber die emphatische Würdigung der römischen Porträts der klassischen Zeit im ›Cicerone‹.
[32] S. 205 ff.
[33] S. 334.
[34] Siehe K. Christ, Th. Mommsen und die Römische Geschichte, in: Th. Mommsen, Römische Geschichte. 8. München 1976, 7 ff.

lediglich Gibbon[35], Manso[36], Schlosser[37], Tzschirner[38] und Clinton[39] besonders hervorgehoben, für die zweite Vogel[40], Hunziker[41], Görres[42] und Preuß[43]. Einige andere Autoren kamen für spezielle Bereiche und für Einzelfragen hinzu[44], ferner wurden die gebräuchlichen Handbücher, aber auch Boeckhs Inschriftensammlung genannt[45]. So eindeutig deshalb auch manche Verbindungen sind, die von Burckhardt zu Tendenzen der Aufklärung, zu Ansätzen Gibbons oder zu Thesen und Wertungen älterer oder zeitgenössischer Werke zurückführen[46], in allen entscheidenden Perspektiven und Wertungen und vor allem in Methode und Gesamtschau ist Burckhardts Werk doch weithin unabhängig konzipiert. Er selbst betonte gerade gegenüber seinen Vorgängern, daß er sich immer wieder »auf durchgängiges eigenes Quellenstudium verwiesen« sah[47].

Nach den Jahren der Materialsammlung und nach den Vorlesungen, die den Gegenstand gestreift hatten, begann Burckhardt 1851 mit der endgültigen Abfassung des Manuskripts. Am 4. 12. 1851 hielt er in der Basler Historischen Gesellschaft einen Vortrag über die ›Geschichte der Staatsgewalt im spätern römischen Reich‹[48], der im wesentlichen dem ersten Abschnitt des ›Constantin‹ entsprochen haben dürfte, am 21. 4. 1852 schloß er dann mit der Schweighauserschen Buchhandlung den Verlagsvertrag ab, und schon im Dezember desselben Jahres war das

---

[35] E. Gibbon, History of the Decline and Fall of the Roman Empire. 6 Bde. London 1776–1788.
[36] J. K. Manso, Das Leben Constantins. Breslau 1817.
[37] F. Ch. Schlosser, Universalhistorische Übersicht. III, 2. Frankfurt 1831.
[38] H. G. Tzschirner, Der Fall des Heidentums. Leipzig 1829.
[39] H. F. Clinton, Fasti Romani. 2 Bde. Oxford 1845–1850.
[40] K. A. Vogel, Der Kaiser Diokletian. Leipzig 1857.
[41] O. Hunziker, Zur Regierung und Christenverfolgung Diokletians, in: Büdingers Untersuchungen zur römischen Kaisergeschichte. 2. Leipzig 1868.
[42] Fr. Görres, Kritische Untersuchungen über die licinianische Christenverfolgung. Jena 1875.
[43] Th. Preuß, Kaiser Diokletian und seine Zeit. Leipzig 1869.
[44] Dabei ist bemerkenswert, daß sich Burckhardt auch mit A. J. C. A. Dureau de la Malle, Economie politique des Romains. 2 Bde. Paris 1840 auseinandersetzte. – Vgl. auch S. 215 die begeisterte Zustimmung zu E. Rohde, Der griechische Roman und seine Vorläufer. Leipzig 1876.
[45] So S. 89, 95, 131, 171.
[46] Vgl. Anm. 3.
[47] S. X.
[48] F. Stähelin, a. O., XII.

Buch ausgedruckt, das freilich auf der Titelseite das Erscheinungsjahr 1853 nannte[49].

Die unmittelbare Resonanz des Werkes war ziemlich zwiespältig. Zwar fehlte es nicht an freundlichen Achtungsbezeugungen, doch die kritisch-reservierten Stimmen, wie diejenige von J. F. Ch. Kortüm[50], überwogen. Selbst eine gehässige Unterstellung von »Perfidie« in einer theologischen Zeitschrift[51] fehlte nicht. Die wohl ausgeglichenste, aber eben doch auch kritische Besprechung ließ dem Buch J. K. L. Gieseler[52] zuteil werden. Die Stellungnahmen konzentrierten sich dabei fast durchweg auf Burckhardts neues und provozierendes Constantinbild sowie auf seine Quellenkritik im Falle des Lactanz und des Euseb. Sie konnten der Monographie damit indessen schon a limine nicht gerecht werden. Burckhardt selbst war zunächst vom anfangs wohl befriedigenden Absatz der ersten Auflage durchaus angetan und ziemlich zuversichtlich über die weitere Verbreitung seiner ersten größeren Darstellung[53]. Als diese jedoch stagnierte, sprach er später scheinbar distanziert vom »alten, vergessenen Constantin«[54]. Er schien sich mit den außerordentlichen Erfolgen der folgenden Werke zu trösten[55].

Es sollte dann 28 Jahre dauern, bis 1880 eine zweite, von Burckhardt selbst durchgesehene und ergänzte Auflage, nun in einem neuen Verlage, erscheinen konnte, die Auflage letzter Hand, deren Veränderungen sich freilich in verhältnismäßig engen Grenzen hielten[56]. Die dritte Auflage von 1898 erschien dann bereits nach Burckhardts Tod, die vierte erst 1924, eine fünfte jedoch bereits 1927, die von F. Stähelin im Rahmen der Gesamtausgabe dann neu gestaltete schon 1929. Sie hat seither zahlreiche Nachdrucke erfahren und liegt auch der vorliegenden Edition zugrunde. Von den vielen neueren Separatausgaben der Zeit nach dem zweiten Weltkriege ist insbesondere jene, 1950 in Bern erschienene, von B. Wyss betreute Edition hervorzuheben, die einige neue Lesarten aufwies[57]. Für den späten Ruhm des Werkes sprechen endlich auch die

---

[49] Kaegi III, 416ff. (auch zum Folgenden).
[50] Heidelberger Jahrbücher 1853, 594–597.
[51] Zeitschrift für lutherische Theologie 1856, 749–755.
[52] Göttingische Gelehrte Anzeigen 1853, 800–813.
[53] Brief an W. Henzen vom 8. 11. 1853. Briefe III, Nr. 264, S. 181f.
[54] Brief an Fr. von Preen, 31. 5. 1874. – Briefe V, Nr. 629, 225. – Vergleiche auch H. Gelzer, a. O., 353: »Mein guter Constantin! wie war ich doch noch grün, als ich den schrieb! Was wollen Sie? Das Buch ist ja längst vergessen!«
[55] Siehe unten.
[56] Vergleiche dazu den textkritischen Anhang bei Fr. Stähelin, a. O., 373ff.
[57] Diese verdienstvolle Separatausgabe ist außerhalb der Schweiz leider nur wenig bekannt geworden.

Übersetzungen, die das Buch gerade in den letzten Jahrzehnten weiteren Leserkreisen zugänglich machten[58].

Der Überblick über die Textgeschichte könnte den Eindruck erwecken, als habe sich Burckhardt mit der constantinischen Epoche, sieht man von der Vorbereitung der zweiten Auflage ab, nicht mehr befaßt. Gewiß, die späteren Hauptwerke (Der Cicerone. 1855. 1893[6]; Die Kultur der Renaissance in Italien. 1860. 1922[13]; Die Baukunst der Renaissance in Italien. 1867; Griechische Kulturgeschichte. 1898–1902; Weltgeschichtliche Betrachtungen. 1905) behandelten andere historische Epochen und Gegenstände, doch Priorität besaß für Burckhardt stets die akademische Lehre. In dieser aber streifte er noch oft genug Kaiserzeit, Spätantike und Völkerwanderung und vertiefte das Bild, das er erstmals als junger Dozent gestaltet hatte[59]. Dies gilt insbesondere für die noch in den Jahren 1882, 1884 und 1886 gehaltene Vorlesung ›Kultur des Mittelalters‹[60], die einerseits bis in die frühe römische Kaiserzeit zurückgriff, andererseits um das Jahr 1000 n. Chr. abbrach. Dort hat Burckhardt zur constantinischen Epoche manches noch differenzierter und nachdrücklicher formuliert als selbst in der zweiten Auflage des ›Constantin‹, Constantins Religionspolitik zum Beispiel systematisch als eine Politik der »Parität« gegenüber Heiden und Christen aufgefaßt[61]. Das Constantin-Thema wurde so nie »abgelegt«. Es war ebenso präsent, als Burckhardt die kulturgeschichtlichen Kollegs ausfeilte, wie als er die ›Weltgeschichtlichen Betrachtungen‹ (= Über das Studium der Geschichte) und das große Spätwerk, die ›Griechische Kulturgeschichte‹, konzipierte[62].

III

Wie Burckhardt in den Vorworten zur ›Zeit Constantins des Großen‹ schrieb, verstand er sein Werk als »eine kulturhistorische Gesamt-

---

[58] Von den fremdsprachigen Ausgaben der letzten Jahre seien erwähnt: J. Burckhardt, The Age of Constantine the Great. New York 1949; J. Burckhadt, L'età di Costantino il Grande. Florenz 1957.

[59] K. Christ, J. Burckhardt und die Römische Geschichte, Saeculum 14, 1963, 84 ff.

[60] Der reiche Inhalt dieser Vorlesung wurde erst durch Kaegi VI, 1, 147 ff. erschlossen.

[61] Siehe dazu demnächst K. Christ, Burckhardt-Fragmente, in: Festschrift für Eberhard Kessel. 1982.

[62] Vergleiche dazu W. Kaegi, Einführung in die ›Griechische Kulturgeschichte‹, in: J. Burckhardt, Griechische Kulturgeschichte. I. München 1977, VII–LV.

schilderung der wichtigen Übergangsepoche«. Er setzte diese von einer »Lebens- und Regierungsgeschichte Constantins« ebenso ab wie von einer »Enzyklopädie alles Wissenswürdigen, was sich etwa auf jene Zeit bezieht«. Statt dessen betonte er, daß ihm in erster Linie daran gelegen war, »die bezeichnenden, wesentlich charakteristischen Umrisse der damaligen Welt zu einem anschaulichen Bilde« zu vereinigen. Auf »entschiedene, abgerundete Bilder« aber drängte er nicht zuletzt deshalb, weil er »nicht vorzugsweise für Gelehrte . . ., sondern für denkende Leser aller Stände« schreiben wollte und sich daher auch an Stil- und Gestaltungsmustern französischer Historiker, wie Guizot und Thierry, orientierte[63]. Bei all dem war ihm die Subjektivität seiner Methode völlig bewußt.

In der kulturgeschichtlichen Gesamtschilderung der Epoche und in deren einzelnen Bildern liegen deshalb auch das Neue und zugleich das Persönliche, Charakteristische und Bleibende von Burckhardts Werk. Nicht die Bewertungen einzelner Personen, Ereignisse und Fakten sind das Entscheidende, sondern das Verständnis des Soldatenkaisertums insgesamt und des diokletianischen Systems, die Erfassung der Krise des 3. Jahrhunderts n. Chr. in all ihren Symptomen und Ursachen, das packende Bild der geistigen und religiösen Gesamtentwicklung auf altgläubiger wie auf christlicher Seite, die mitreißende Interpretation von Theokrasie und Dämonisierung des Heidentums wie die tief beeindruckende Vergegenwärtigung der »Alterung des antiken Lebens und seiner Kultur« auf der einen und die weitausholende und dabei doch so stark differenzierende Darstellung der Ausdrucksformen, Tendenzen und Entwicklungen des spätantiken Christentums auf der anderen Seite.

Obwohl sich Burckhardt wiederholt und mit großer geistiger Energie um die methodischen Grundlagen der historischen Disziplin bemühte und dabei einen sehr eigenwilligen Standpunkt bezog[64], war er nicht primär Geschichtstheoretiker. Sein ›Constantin‹ steht vielmehr am Beginn einer ganzen Reihe kulturgeschichtlicher Darstellungen und damit auch am Beginn der immer konsequenteren Ausbildung jener

[63] Brief an J. J. Hottinger vom 2. 12. 1852 – Briefe III, Nr. 258, S. 170f.
[64] Über das Studium der Geschichte (Weltgeschichtliche Betrachtungen). Hrsg. von P. Ganz. München 1981, 227: »Übrigens ist jede Methode bestreitbar, und keine allgültig. Jedes betrachtende Individuum kömmt auf seinen Wegen, die zugleich sein geistiger Lebensweg sein mögen, auf das riesige Thema zu, und mag dann diesem Wege gemäß seine Methode bilden.« – Zur Eigenart von Burckhardts Historiographie zuletzt W. Hardtwig, Geschichtsschreibung zwischen Alteuropa und moderner Welt. J. Burckhardt in seiner Zeit. Göttingen 1973.

kulturgeschichtlichen Methode, die er dann am ausführlichsten in der Einleitung zur ›Griechischen Kulturgeschichte‹ entwickelt hat. Andererseits führen von den Perspektiven und Wertungen des ›Constantin‹ nicht wenige Verbindungslinien zu den ›Weltgeschichtlichen Betrachtungen‹. Dies gilt sowohl für die erst dort in voller Schärfe und Prägnanz entwickelte Lehre von den drei »Potenzen« Staat, Religion und Kultur, um die Burckhardts geschichtliches Denken bereits im ›Constantin‹ kreiste, als auch für seine Reflexionen über die »geschichtlichen Krisen« und »die historische Größe«, Problemkreise, die er gleichfalls schon dort in exemplarischer Weise behandelt hatte.

Ganz eindeutig aber besaß für Burckhardt jener geistesgeschichtliche Ansatz Priorität, den er in den ›Weltgeschichtlichen Betrachtungen‹ dann folgendermaßen definierte:

»⟨Unumgänglich hier eine Erörterung über die große Gesammtaufgabe der Geschichte im Allgemeinen:⟩ᵃ Die Wandelbarkeit des Geistigen wie des Materiellen; der Wechsel der Zeiten rafft die Formen, welche das Gewand des äußern und geistigen Lebens bilden, unaufhörlich mit sich.

⟨*Die zwei in sich identischen Grundrichtungen:*⟩

⟨Die Geschichte hat⟩ zu zeigen ⟨und davon auszugehen⟩: wie alles Geistige, auf welchem Gebiet es auch wahrgenommen werde, eine geschichtliche Seite hatᵇ, an welcher es als Wandelung, ⟨als Bedingtes,⟩ als Vorübergehendes und in ein großes, für uns unermeßliches Ganzes aufgenommenes Moment erscheint.

Denn der Geist hat Wandelbarkeit, aber nicht Vergänglichkeit.«[65]

Dieser konsequente geistesgeschichtliche Ansatz der Kulturgeschichte war so von Anfang an mit einer universalhistorischen Konzeption verbunden. Er rückte damit auch in die Nähe der Geschichtsphilosophie. Und tatsächlich sind Spuren einer Teleologie der Geschichte bei Burckhardt immer wieder zu fassen. Im ›Constantin‹ stehen beispielsweise sowohl das Christentum als auch Constantin selbst im Banne der »Notwendigkeit«[66]. Dennoch ging Burckhardt zu geschichtsphilosophischen Konstruktionen im Sinne Hegels ganz eindeutig auf Distanz: »Dieses kecke Anticipiren eines Weltplanes führt ⟨wieder⟩ zu Irrthümern, weil es von einem irrigen Princip ausgeht.«[67]

ᵃ *Dus Thema der Geschichte überhaupt:* Was wir eigentlich sollten:
ᵇ und wie alles Geschehene eine geistige Seite hat, von welcher aus es an der Unvergänglichkeit Theil nimmt.

[65] Über das Studium der Geschichte (Weltgeschichtliche Betrachtungen), a. O., 228.
[66] Siehe besonders S. 105, 241.
[67] Über das Studium der Geschichte (Weltgeschichtliche Betrachtungen), a. O., 226.

Andererseits ist für Burckhardts kulturgeschichtliche Methode das Abrücken von der antiquarischen Forschung ebenso bezeichnend wie dasjenige von der »Ereignisgeschichte«. Es läßt sich schon in der ›Zeit Constantins des Großen‹ feststellen, wurde darnach immer entschiedener durchgeführt, bis es schließlich in einem berühmten Brief an Fr. von Preen vom 31. 12. 1870 hieß: »Mir als Geschichtsdozenten ist ein ganz merkwürdiges Phänomen klar geworden: die plötzliche Entwertung aller bloßen ›Ereignisse‹ der Vergangenheit. Meine Kurse heben fortan nur noch das Kulturgeschichtliche hervor und behalten von dem äußeren Gerüste nur das Unentbehrlichste bei. Denken Sie nur an all die krepierten Bataillen in den Heften so vieler virorum eruditorum auf deutschen Kathedern!«[68]

Während Burckhardt die relative Bedeutung der Ereignisse keineswegs leugnete[69], sie indessen einzig als Symptome des Temporären bewertete, war die Kulturgeschichte seiner Prägung gerade auf das Dauernde ausgerichtet. Ihre Aufgabe sollte es sein, in den geistigen Entwicklungen das »Dauernde« einer Epoche zu ermitteln. Sie sollte dazu beitragen, die spirituellen und künstlerischen Werte der Vergangenheit sich anzueignen, zu behaupten und auf diese Weise die Kontinuität der Kultur gewährleisten. Mit all dem wurde Burckhardt selbstverständlich zu einem Antipoden jeder Art von materialistischer Geschichtsauffassung.

Burckhardts persönliche politische Erfahrungen hatten ihn ebenso wie seine historischen Analysen und Reflexionen zu einer illusionslosen Diagnose der menschlichen Natur, des Menschen als des Trägers der Macht, des »Bösen« und des »Unglücks« in der Geschichte geführt. Man kann seine Geschichtsbetrachtung deshalb tatsächlich als »pathologisch« bezeichnen; jedenfalls rückte bei Burckhardt immer stärker der »duldende« und der »leidende« Mensch in das Zentrum seiner Vorstellungen. Hinter dem gelegentlichen Pathos seiner Diktion und hinter den mitreißenden, of suggestiven Kombinationen stand bei Burckhardt stets eine illusionslose Nüchternheit, eine »Modernität«, für die es weder einen Kompromiß mit »erbaulichen« Auffassungen Constantins und des Christentums noch mit den idealistischen der Neuhumanisten geben konnte[70]. Für beide Bereiche bildete Burckhardts Werk deshalb

---

[68] Briefe V, Nr. 560, 120.
[69] Vergleiche die Einleitung zur Griechischen Kulturgeschichte.
[70] Der zuerst von A. Boeckh angeschlagene Grundton der Griechischen Kulturgeschichte: »Die Hellenen waren unglücklicher, als die Meisten glauben.« klingt, wie schon W. Kaegi beobachtet hat, bereits in der ›Zeit Constantins des Großen‹ an: S. 143 f.

auch eine einzige Provokation. Die Tragweite und die innere Wahrheit der von ihm ausgesprochenen Wertungen wurden indessen erst in den Jahren nach dem ersten Weltkrieg auch in weiteren Kreisen bemerkt.

Inzwischen ist längst anerkannt, daß Burckhardt seine eigene Zeit früher und schärfer als die meisten seiner Zeitgenossen als die tiefgreifende Krise der bürgerlichen Gesellschaft und aller etablierten Mächte verstand, als eine Umbruchszeit, die der Spätantike verwandt erscheinen konnte. Und doch hat Burckhardt dann später in der »Krisenlehre« seiner ›Weltgeschichtlichen Betrachtungen‹ die Bedeutung der Krise des 3. Jahrhunderts n. Chr. entschieden relativiert. Zunächst stand für ihn fest: »In Rom ist bei allen sogenannten Revolutionen doch die eigentliche, große, gründliche Crisis, d. h. der Durchgang der Geschichte durch Massenherrschaft, immer vermieden worden.«[71] Im Rahmen seines historischen Gesamtüberblicks erschien ihm die »Usurpation des III. Jahrhunderts« deshalb auch »wesentlich eine rettende«[72] gewesen zu sein. Apodiktisch konstatierte er: »Organische Änderungen und andere fromme Wünsche welche die neuere Wissenschaft bisweilen den damaligen Imperatoren hat anrathen wollen, kommen schon ohnehin zu spät. Und wenn man Rom gewesen ist, so ändert man sich nicht mehr freiwillig und jedenfalls nicht mit Nutzen, sondern man lebt so aus wie man ist.«[73]

Die constantinische Lösung aber war für Burckhardt an jener Stelle gleichbedeutend mit der »Substitution einer christlich-orthodoxen Gesellschaft und Kirche, welche sich dem krachenden Imperium unterbaut«. Die »wahre Krise« für Rom führte nach Burckhardt dagegen erst die Völkerwanderung herbei: »Sie hat im höchsten Grade den Character einer solchen: Verschmelzung einer neuen materiellen Kraft mit einer alten, welche aber in einer geistigen Metamorphose, aus einem Staat zu einer Kirche geworden, weiterlebt. Und diese Crisis gleicht keiner andern uns näher bekannten, und ist einzig in ihrer Art.«[74]

Innerhalb dieses Entwicklungsrahmens sind die eigenartigen Konturen und Schwerpunkte von Burckhardts ›Zeit Constantins des Großen‹ zu verstehen. Die Monographie wird durch eine vielfältige Dialektik konturiert, die Dialektik zwischen Staat und Gesellschaft, Heidentum und Christentum, Diokletian und Konstantin, Weltkirche und Anachoretentum, dem »unreligiösen« Kaiser und den ganz ihrer

---

[71] Über das Studium der Geschichte (Weltgeschichtliche Betrachtungen), a. O., 346.
[72] a. O., 347.
[73] a. O., 347.
[74] a. O., 348.

Religion lebenden Einsiedlern und Mönchen, aber auch durch die Dialektik von Gegenwart und Vergangenheit. Doch diesem Gestaltungsprinzip steht ein anderes zur Seite, das gerade die Kontakte, Verbindungen und Interdependenzen betont, sei es in der glänzenden Schilderung der »Theokrasie«, des Synkretismus, des späten Heidentums, das nun wie das Christentum immer stärker jenseitsorientiert war, sei es bei der Betonung der Aufnahme »heidnischer« und antiker Formen im Christentum des constantinischen Zeitalters, sei es endlich in der Zuweisung der Kontinuitätsfunktion an das Christentum selbst, die für Burckhardts Geschichtsbild fundamental war[75].

IV

Schon für seine Zeitgenossen wie für die unmittelbar auf ihn folgenden Generationen mußte Constantin zu einer äußerst umstrittenen Gestalt werden[76]. In den Stimmen des Julian Apostata und des Zosimos vor allem[77], aber auch bei anderen Autoren sind jene Dissonanzen wenigstens noch zu einem kleinen Teil zu vernehmen, die einst sein Wirken begleiteten oder sein Handeln aus dem Rückblick schon früh disqualifizierten. Allein nicht diese, eindeutig negative Sicht, die für ihr Urteil genügend moralische, politische und religiöse Argumente finden

---

[75] Vergleiche S. 105 und Über das Studium der Geschichte (Weltgeschichtliche Betrachtungen), a. O., 128.

[76] Eine systematische Gesamtdarstellung des Constantinbildes ist noch immer ein Desiderat. Vorläufig ist auszugehen von: Ch. B. Coleman, Constantine the Great and Christianity. New York 1914 (materialreich, doch in den Einzelheiten nicht immer zuverlässig); E. Gerland, Konstantin d. Gr. in Geschichte und Sage. 1937 (Texte und Forsch. zur byzantin.-neugriech. Philologie, 23); E. Ewig, Das Bild Constantins des Großen in den ersten Jahrhunderten des abendländischen Mittelalters, Historisches Jahrbuch 75, 1956, 1–46 (auch für den byzantinischen Bereich grundlegend); W. Kaegi, Vom Nachleben Constantins, Schweizerische Zeitschrift für Geschichte N. F. 8, 1958, 289–326 (souveräner Überblick bis Gibbon); F. Stähelin, Constantin der Große und das Christentum, Zeitschrift für Schweizerische Geschichte 17, 1937, 385–417 (zur modernen Forschung); Ders., Nachlese zu Constantin, a. O., 19, 1939, 396–403; A. Piganiol, L'état actuel de la question constantinienne 1930/49, Historia 1, 1950, 82–96; J. Vogt-W. Seston, Die Constantinische Frage, in: Relazioni VI, X Congresso Internaz. di Scienze Storiche. Florenz 1955, 731–799. – In der hier folgenden Skizze stützt sich der Verfasser insbesondere auf die von E. Ewig und W. Kaegi gesammelten Materialien.

[77] J. Vogt, Kaiser Julian über seinen Oheim Constantin den Großen, in: Ders., Orbis. Freiburg 1960, 289–304.

konnte, triumphierte, sondern die zuerst bei Lactanz und Euseb zu fassende, idealisierte Auffassung des ersten »christlichen« Kaisers. Dazuhin wirkte sich die Tatsache aus, daß Constantin selbst – ganz ähnlich wie Augustus – durch die zielbewußte Stilisierung seiner Person und seines Regiments, zuletzt vor allem durch zahlreiche Kirchengründungen und durch die Regelung seiner Beisetzung[78] alles Erdenkliche tat, um das zukünftige Geschichtsbild zu beeinflussen und um die beständige Verehrung seiner Person über den Tod hinaus durch die christliche Kirche zu sichern.

Der Herrscher, der seine eigene Bestattung in der Apostelkirche in der Mitte von 12 Apostelkenotaphien als »Apostelgleicher« (ἰσαπόστολος) vorbereiten ließ, hatte noch mit dieser letzten Überhöhung seiner Person insbesondere im Osten des Imperiums denkbar großen Erfolg: Zusammen mit seiner Mutter Helena ist Constantin von den Kirchen des Ostens alljährlich am 21. Mai als Heiliger verehrt worden. Noch am Eingangstor zur Hagia Sophia Justinians leuchtete sein prachtvolles, mit dem Nimbus umgebenes Mosaikbildnis auf, und noch bis in unser Jahrhundert waren Constantin- und Helenadarstellungen in Griechenland auf zahlreichen Altärchen und Ikonen zu finden[79]. Vor allem im griechischen Osten ist Constantin so lange Zeit als große, symbolische Herrschergestalt, als das enthistorisierte, zum Typus erstarrte Idealbild eines christlichen Kaisers in die Heilsgeschichte eingeordnet worden, verbunden nicht nur mit Paulus, sondern auch mit den alttestamentarischen Königen Israels, insbesondere mit David. Als Kaiser Marcian im Jahre 451 n. Chr. auf dem Konzil von Chalkedon eintraf, wurde er selbst bezeichnenderweise als »Neuer Constantin, Neuer Paulus, Neuer David« gefeiert, die Kaiserin Pulcheria aber als »Neue Helena«, und von da an klang die Akklamation »Neuer Constantin« als hohe Auszeichnung eines byzantinischen Kaisers jahrhundertelang auf[80]. Die Gestalt Constantins blieb so untrennbar mit der byzantinischen Herrscherideologie verbunden.

Auch im Westen des Imperiums hielt Constantins Verehrung an, obwohl dort Hieronymus in seiner Chronik zumindest Eidbruch und Grausamkeit des Kaisers festgehalten hatte[81]. Doch so wie ihn Augustin feierte, weil er den wahren Gott selbst verehrte und deswegen auch mit

---

[78] A. Kaniuth, Die Beisetzung Konstantins des Großen. Breslau 1941.
[79] Dafür hat W. Kaegi (a. O., Anm. 76) wichtige Hinweise gegeben.
[80] Die Belege im einzelnen bei Ewig, a. O., 6.
[81] R. Helm (Hrsg.), Die Chronik des Hieronymus. Berlin 1913, 231 ad 323 et 325. – A. Linder, The myth of Constantine the Great in the West; sources and hagiographic commemoration, Studi medievali 16, 1975, 43–95.

irdischen Gaben belohnt worden war[82], so rühmte ihn Gregor d. Gr. als piissimus imperator[83]. Freilich wurde das Constantinbild im Westen dann bald auch durch andere Traditionselemente bestimmt: Die Silvesterlegende von der angeblichen römischen Taufe Constantins, die sogenannte Constantinische Schenkung[84], und nicht zuletzt der mit Constantin und Helena verbundene Kreuzeskult der christlichen Kirche haben sich tief in das Bewußtsein der Menschen des Mittelalters eingeprägt. Aller historischen Realität zum Trotz wurde ein mit durch diese Elemente bestimmtes Constantinbild zentraler Bestandteil der kirchlichen wie der politischen und der historischen Tradition. An den Fassaden und Türmen romanischer Kathedralen und Kirchen waren Constantinstatuen zu finden[85], im berühmten Reiterstandbild Mark Aurels auf dem römischen Kapitol glaubte man Constantin dargestellt, in der Staats- und Herrschersymbolik des europäischen Mittelalters behauptete der idealisierte Constantin ebenfalls seinen Rang. Im Westen wurde zum Beispiel Karl d. Gr. als »neuer Constantin« gefeiert, die constantinische Tradition im europäischen Rahmen aber auch von Otto III. ganz bewußt aufgenommen[86].

Die Kritik an dieser so einseitig idealisierten Gesamtauffassung setzte freilich schon früh ein. Schon Otto von Freising drückte unverhohlen seine Skepsis darüber aus, ob Constantins Schenkungen an die Kirche dieser zum Heil gereichten[87], und auch bei Walther von der Vogelweide – wie später bei Sebastian Franck – beklagte eine Stimme in den Lüften unüberhörbar die großzügigen, aber eben auch korrumpierenden Schenkungen des Kaisers[88]. Doch mochte Dante in De monarchia seine

---

[82] De civitate Dei V, 25.

[83] P. Ewald und L. M. Hartmann (Hrsg.), Gregorii I papae registrum epistolarum. Berlin 1957², I, 318; II, 304. – Kaegi, a. O. 306.

[84] W. Levison, Konstantinische Schenkung und Silvester-Legende, in: Miscellanea Francesco Ehrle. Rom 1924. II, 159–247 (= Ders., Aus rheinischer und fränkischer Frühzeit. Düsseldorf 1948, 390–465); G. Laehr, Die konstantinische Schenkung in der abendländische Literatur des Mittelalters bis zur Mitte des 14. Jahrhunderts. Berlin 1926; H. Fuhrmann, Konstantinische Schenkung und abendländisches Kaisertum, Deutsches Archiv für Erforschung des Mittelalters 22, 1966, 67–178.

[85] Die Belege bei Kaegi, a. O., 295 f.

[86] Kaegi, a. O., 298.

[87] Chronica, sive Historia de duabus civitatibus. Ed. Hofmeister, Hannover 1912², 182 f.

[88] Künc Constantîn, der gap sô vil,
als ich es iu bescheiden wil,
dem stuol z Rôme, sper, kriuz unde krône.

Distanz zu Constantin zeigen[89], Petrarca den Kaiser gar in der Hölle ansiedeln[90], mochten Nikolaus von Kues, Lorenzo Valla, Enea Silvio Piccolomini und Reginald Pecock die »Constantinische Schenkung« als Fälschung erweisen[91], das Bild des idealen Herrschers, des Förderers und Beschützers der christlichen Kirche hielt sich. Noch Cola di Rienzo wollte durch sein demonstratives »Constantinsbad« von 1347 wiederum ein »neuer Constantin« werden[92], und selbst Luther hat im Grunde die »constantinische Lösung« in den Beziehungen zwischen Staat und Kirche, insgesamt gesehen, prinzipiell doch wohl nur neu gefaßt.

Das idealisierte und »erbauliche« Bild Constantins, das diesen völlig von dem als »Tyrannen« und Christenverfolger diskreditierten Diokletian trennte, war in der europäischen Geschichtsschreibung noch von Bossuet festgehalten worden. Dann kritisierte Montesquieu in erster Linie einzelne politische und militärische Maßnahmen Constantins – wie die Anlage von Constantinopel, die Schwächung Roms und die Verzettelung der Legionen[93]. Doch erst mit Voltaire begann der systematische Angriff gegen den »christlichen« Kaiser. Dieser Angriff wurde nicht nur in den so oft nachgesprochenen pathetischen Sätzen des ›Dictionnaire philosophique‹ vorgetragen[94], sondern ebenso im ruhigeren, aber nicht weniger wirksamen Ton des ›Essai sur les mœurs‹. Voltaire spielte dort zumindest mit dem Gedanken, ob nicht Constantin

>   Zehant der engel lûte schrê
>   'owê, owê, zem dritten wê!
>   ê stuont diu kristenheit mit zühten schône:
>   Der ist nû ein gift gevallen
>   ir honec ist worden zeiner gallen.
>   Daz wirt der werlt her nâch vil leit‹.

C. von Kraus (Hrsg.), Die Gedichte Walthers von der Vogelweide. Berlin 1936[10], 32; G. Laehr, a. O., 72, 172ff.; W. Kaegi, a. O., 310.

[89] Dante, Inferno XIV, 115ff.: Paradiso XX, 56f. – Zur Interpretation des pathetischen Endes des II. Buches von De Monarchia siehe Kaegi, a. O., 311.

[90] Petrarca, Bucolicum Carmen, ecl. 6. – Kaegi, a. O., 311. Anm. 29.

[91] Vergleiche oben Anm. 84.

[92] Zu den Zusammenhängen siehe Kaegi, a. O., 312f.

[93] Montesquieu, Betrachtungen über die Ursachen von Größe und Niedergang der Römer. Ed. L. Schuckert. Bremen o. J., 150ff.

[94] »Il avait un beau-père, il l'obligea de se pendre; il avait un beau-frère, il le fit étrangler; il avait un neveu de douze à treize ans, il le fit égorger; il avait un fils aîné, il lui fit couper la tête; il avait une femme, il la fit étouffer dans un bain. Un vieil auteur gaulois dit qu'il aimait à faire maison nette.« Œuvres complètes. XXXIX, 107. (Du siècle de Constantin). – Vergleiche zu dieser Stelle Kaegi III, 381, wo auch der Zusammenhang zwischen dem Dioclétien-Artikel des Dictionnaire philosophique und dem Candide hergestellt ist.

für den Untergang des Imperiums verantwortlich sei. Zur Gründung von Constantinopel stellte er, weit über Montesquieu hinausgehend, fest: »Il semble qu'il ait immolé l'Occident à l'Orient.«[95]

Edward Gibbons Constantinbild war demgegenüber wesentlich differenzierter. Die gleichsam universalhistorischen Akzente, »a new capital, a new policy, a new religion«[96], dominieren zwar auch hier, doch Constantin versuchte eben nach Gibbon nicht nur die moralische Potenz des Christentums für seine Zwecke auszunutzen und den primär passiven Gehorsam der Christen als ideale Basis und Sicherung der Herrschaft zu gebrauchen, sondern Gibbon ließ zumindest die Möglichkeit einer echten subjektiven religiösen Überzeugung Constantins offen[97]. Selbst der Kontinuitätsgedanke, der später bei Ranke und Burckhardt eine so große Rolle spielen sollte, ist bei Gibbon im Ansatz vorhanden[98]. Indirekt freilich und im Rahmen der Gesamtkonzeption von ›Decline and Fall of the Roman Empire‹ war Constantins historische Rolle ausgesprochen negativ eingeschätzt. Von den nach Gibbon für den Untergang des Imperiums entscheidenden Faktoren ging die Gründung Constantinopels ebenso auf Constantin zurück wie die Stärkung und Ausbreitung der christlichen Kirche und schließlich auch die Auflösung der militärischen Disziplin[99].

Im Unterschied zu Gibbon, der in der geistigen Tradition Europas präsent blieb, ist die große Darstellung ›Das Leben Constantins‹ von Johann Kaspar Manso[100] heute nicht nur »halb«, sondern völlig vergessen. Und doch hat gerade sie, wie jüngst zu Recht betont wurde[101], auf Burckhardt einen kaum zu überschätzenden Einfluß ausgeübt. Dies gilt für jene Wertungen, die Burckhardt teilte – wie die Wendung gegen Eusebs Einseitigkeit – ebenso wie für jene, die Burckhardt modifizierte

---

[95] Essai sur les mœurs. Ed. R. Pomeau. Paris 1963. I, 299.
[96] E. Gibbon, History of the Decline and Fall of the Roman Empire. Ch. 18. – J. Straub, Gibbons Konstantin-Bild, in: P. Ducrey (Hrsg.), Gibbon et Rome a la lumière de l'historiographie moderne. Genf 1977, 159–185 analysiert insbesondere das Verhältnis zu Christentum und christlicher Kirche in Gibbons Sicht.
[97] a. O., Ch. 20. – Überzeugend Straub, a. O., 177.
[98] Insbesondere gilt dies für die »General Observations ...« – Übersetzung nun bei K. Christ (Hrsg.), Der Untergang des römischen Reiches. Darmstadt 1970, 32 ff.
[99] Darauf hat E. Badian in der Diskussion über Straubs Beitrag (siehe Anm. 96, 186 f.) zu Recht hingewiesen.
[100] Breslau 1817.
[101] S. Mazzarino, ›Politologisches‹ bei Jacob Burckhardt, Saeculum 22, 1971, 28.

und konsequenter auszog – wie für Mansos Überzeugung, Constantin wäre bis zum Jahre 326 n. Chr. im Grunde »parteylos« gewesen. In literarischer Hinsicht nahm Manso für Burckhardt jedenfalls eine ausgesprochene Schlüsselfunktion ein, und doch können, wie oben gezeigt wurde, literarische Zusammenhänge allein Burckhardts Constantinbild nicht erklären.

V

Noch zu Burckhardts Lebzeiten und erst recht nach seinem Tode entfaltete sich in den Bereichen der Geschichts- und Altertumswissenschaft wie in denen der Theologie eine kaum mehr überschaubare Spezialforschung, die sich im Rahmen unserer Thematik vor allem auf die Probleme von Constantins religiöser Überzeugung, seine Stellung zum Christentum und sein Verhältnis zur christlichen Kirche, auf die Fragen seines Glaubens und seiner Religionspolitik also, konzentrierte, damit freilich nur auf einen kleinen Ausschnitt jenes großen Bildes, das Burckhardt einst entworfen hatte. Aus der wahren Flut dieses Schrifttums mit der Vielfalt und Widersprüchlichkeit seiner Positionen seien hier zunächst lediglich die Namen von Ed. Schwartz[102], N. H. Baynes[103], H. Grégoire[104], A. Piganiol[105], A. Alföldi[106], J. Vogt[107], H. Dör-

---

[102] Es ist erfreulich, daß der an entlegener Stelle publizierte Beitrag Der Aufstieg Konstantins zur Alleinherrschaft (Nachrichten Ges. der Wiss. zu Göttingen, Phil.-Hist. Kl. 1904, 518–547) nun bei H. Kraft, Konstantin der Große. Darmstadt 1974, 109–144 bequem zugänglich ist. Die Entwicklung von Schwartz' Constantinsbild (vergleiche insbesondere Ders., Kaiser Constantin und die christliche Kirche. Leipzig 1913 mit Dass. 2. Aufl. 1936. NDr. 1969) kann hier nicht im einzelnen verfolgt werden.

[103] N. H. Baynes, Constantine the Great and the Christian Church, Proceedings of the British Academy 15, 1929, 341–368. Separatausgabe mit Vorwort von H. Chadwick. Oxford 1972². Deutsche Übersetzung bei H. Kraft, a. O., 145–174. Baynes kommt das Verdienst zu, erstmals die Briefe und Edikte Constantins systematisch für das Problem ausgewertet zu haben.

[104] H. Grégoire, La »conversion« de Constantin, Revue de l'Université de Bruxelles 36, 1930–31, 231–272 (Deutsch nun in: H. Kraft, a. O., 175–223). Für Grégoire war Galerius die dominierende Figur der Tetrarchie und Licinius der »champion du christianisme«. In einzelnen Punkten seiner prinzipiellen Einschätzung der politischen Auseinandersetzung der constantinischen Epoche kam er Burckhardt nahe.

[105] A. Piganiol, L'empereur Constantin. Paris 1932.

[106] A. Alföldi, The Conversion of Constantine and Pagan Rome. Oxford 1969².

[107] J. Vogt, Constantin der Große und sein Jahrhundert. München 1960².

ries[108] und H. Kraft[109] hervorgehoben, Autoren, die sich sämtlich, explicit oder implicit mit den Positionen Burckhardts auseinandergesetzt haben. Doch kein einziger dieser Philologen, Historiker und Theologen hat die Weite von Burckhardts Perspektiven und die Intensität seiner historischen Reflexion erreicht.

Burckhardts klassische Darstellung der Zeit Constantins des Großen wurde lange vor der Entstehung der modernen Text-, Inschriften- und Münzeditionen geschrieben, lange vor dem Beginn der systematischen Ausgrabungen in allen Provinzen des Imperiums und vor den subtilen Bemühungen um das Verständnis spätantiker Kunst. Sie entstand lange vor der weitausgreifenden und doch auch wieder so stark konzentrierten Erforschung der Mysterienreligionen, des Hermetismus und der Gnosis, lange vor der klaren historischen Profilierung des Reiches der Sassaniden und lange vor den energischen Bemühungen der modernen Patristik und Kirchengeschichte um ein angemessenes Verständnis der altchristlichen Überlieferung und Kirche. Das Werk liegt somit vor der bedenklichen und doch wohl auch unvermeidlichen Auffächerung und Spezialisierung der modernen Wissenschaft, vor wissenschaftlichem Großbetrieb und kollektiver Arbeitsorganisation. Burckhardts Buch ist jedoch, trotz einzelner Irrtümer, schiefer Hypothesen und provozierender Einseitigkeiten, in seinen wesentlichen Teilen das imponierende Werk eines Gelehrten geblieben, der sich, angetrieben von existentiellen Erfahrungen und Überzeugungen, passioniert über die Grenzen wissenschaftlicher Disziplinen hinwegsetzte, der die große Synthese ebenso wagte wie das entschiedene persönliche Urteil. Dadurch, wie durch die Kraft seiner Sprache und den Glanz der literarischen Gestaltung ist – wie es der Gelehrte, dessen Andenken diese Zeilen gewidmet sind, einst formulierte – »ein Werk unvergänglicher Einsicht und Kunst« entstanden, »ein überragendes Denkmal«[110] unserer Historiographie.

[108] H. Dörries, Das Selbstzeugnis Kaiser Konstantins. Abh. AdW. Göttingen 34. 1954; Ders., Konstantin der Große. Stuttgart 1958; Ders., Constantine and Religious Liberty. Yale 1960.
[109] H. Kraft, Kaiser Konstantins religiöse Entwicklung. Tübingen 1955.
[110] Kaegi III, 421.

BIBLIOGRAPHISCHE HINWEISE

Von einer Neuausgabe der ›Zeit Constantins‹ darf erwartet werden, daß sie eine Brücke zwischen Burckhardts Werk und dem modernen Forschungsstand schlägt und den Leser darüber informiert, in welchen Punkten und für welche Zusammenhänge die Resultate der modernen Quellenkritik wie der archäologischen Ausgrabungen, aber auch die Veränderungen der Forschungsperspektiven und der historischen Kategorien Burckhardts Bild der Epoche bestätigten, differenzierten oder veränderten. Es dürfte einleuchten, daß es dabei an dieser Stelle nicht möglich ist, für den Zeitraum von rund eineinhalb Jahrhunderten, den Burckhardt in seiner Monographie behandelte, zu jeder von ihm berührten Spezialfrage eine systematische Folge von Forschungsberichten über die Resultate ganzer Generationen von Gelehrten vorzulegen. Darauf kann auch deshalb verzichtet werden, weil dafür in wohl ausreichendem Maße moderne Hilfsmittel und Bibliographien zur Verfügung stehen[1].

Der folgende Überblick wird daher zunächst lediglich jene größeren Werke und Gesamtdarstellungen aufführen, die nach dem Erscheinen der zweiten Auflage der ›Zeit Constantins des Großen‹ (1880) veröffentlicht wurden und das moderne Verständnis der Epoche als Ganzes maßgebend beeinflußt haben. Im anschließenden Teil ist dann, analog zum Inhalt der einzelnen Abschnitte von Burckhardts Buch, die wichtigste moderne Literatur zu den Hauptproblemen zusammengestellt, wobei freilich nur die größeren und weiterführenden Werke berücksichtigt werden konnten.

Für den Zeitraum von Commodus bis zu Constantin dem Großen und seiner Dynastie, den Burckhardt schilderte, liegen verhältnismäßig wenige moderne Gesamtdarstellungen vor. Dabei ist es symptomatisch, daß noch der Titel und die Perspektive des ersten größeren Werkes, das mit Burckhardt rivalisierte, die ›Geschichte des Untergangs der antiken Welt‹ des Mommsenschülers O. Seeck[2], die »den Gebildeten an einem charakteristischen Beispiel in die Gesetze des historischen Werdens und

---

[1] K. Christ, Römische Geschichte. Einführung, Quellenkunde, Bibliographie. Darmstadt 1980[3]; Ders., Römische Geschichte. Eine Bibliographie. Darmstadt 1976; H. Temporini-W. Haase (Hrsg.), Aufstieg und Niedergang der Römischen Welt. Geschichte und Kultur Roms im Spiegel der Neueren Forschung. Berlin 1972 ff. (Bisher über zwanzig Bände).
[2] 6 Bde. Berlin 1895 ff. 1920–23[4]. NDr. 1966.

Vergehens«[3] einführen wollte, im Grunde stark von jener Konzeption beeinflußt waren, die einst E. Gibbon in seiner ›History of the Decline and Fall of the Roman Empire‹[4] entwickelt hatte. Noch immer wurden frühe, hohe und spätere Kaiserzeit als organische Einheit verstanden und der historische Gesamtprozeß, vereinfacht gesagt, so akzentuiert, daß auf eine klassizistisch bewertete »Blütezeit« im 1. und 2. Jahrhundert n. Chr. dann in den späteren Jahrhunderten der römischen Geschichte Krise, Verfall und »Untergang« folgten[5].

Auch in anderer Hinsicht war Seeck äußerst konservativ. Sein auf gründlichem Quellenstudium und langer wissenschaftlicher Beschäftigung mit der Thematik beruhendes Bild erhielt durch das Phänomen des »Aberglaubens« einen entscheidenden Akzent. Gegenüber Burckhardts großartiger Zeichnung der Superstition wirkten Seecks Feststellungen zu den religiösen und geistigen Entwicklungen freilich nicht selten geradezu banal. Constantin selbst wurde im Grunde idealistisch verharmlost[6], so daß F. Stähelin fand, daß Seeck »zum eigentlichen Antipoden Burckhardts geworden ist.«[7]

[3] I³. Berlin 1910, VII.
[4] 6 Bde. London 1776–1788. Ed. J. Bury in 7 Bdn. London 1900. – Zur Bedeutung seines Werkes siehe: L. White, Jr. (Hrsg.), The Transformation of the Roman World. Gibbon's Problem after two Centuries. Berkely 1966; G. Giarrizzo, Edward Gibbon e la Cultura Europea del Settecento. Neapel 1954; D. P. Jordan, Gibbon and his Roman Empire. Urbana 1971; P. Ducrey (Hrsg.), Gibbon et Rome à la lumière de l'historiographie moderne. Genf 1977; G. R. Bowersock u. a., E. Gibbon and the Decline and Fall of the Roman Empire. Cambridge/Mass. 1977; K. Christ, Von Gibbon zu Rostovtzeff. Darmstadt 1979², 8 ff. – Gibbons Constantinbild hat J. Straub, Gibbons Konstantin-Bild in dem o. g., von P. Ducrey herausgegebenen Sammelband, 159–185, umfassend gewürdigt und dabei auch einen Vergleich mit der Position Burckhardts durchgeführt.

[5] Wie viele seiner Zeitgenossen, so hat auch Seeck immer wieder nach den tieferen Ursachen des »Untergangs« des Römischen Reiches gefragt. Seine These von der »Ausrottung der Besten« ist für seine sozialdarwinistische Sicht bezeichnend. Vergleiche insbesondere I³, 293 und 307.

[6] An heute nur selten zugänglicher Stelle, in dem Aufsatz Neue und alte Daten zur Geschichte Diocletians und Constantins, Rheinisches Museum für Philologie, N. F. 62, 1907, 514, hat O. Seeck seine Auffassung rückblickend so verteidigt und zusammengefaßt: »Man hat meine Darstellung Constantins parteiisch genannt, weil für mich bei genauerem Studium der Quellen aus dem hinterlistigen, aber genialen Politiker Burckhardts ein braver Mann und tüchtiger Soldat geworden ist, der sich in seinem politischen Wirken nur als hitzköpfiger Idealist erwies; ich selbst aber zweifle sehr, ob mein Held dabei mehr gewonnen als verloren hat. Denn ein Mensch mit echt menschlicher

Für die Gesamtentwicklung wichtiger wurden indessen seit dem Beginn unseres Jahrhunderts andere Erscheinungen. Gegenüber den Vorstellungen von Niedergang, Dekadenz, Entartung, Barbarisierung und Untergang[8], die so lange Zeit ein angemessenes Verständnis der Tendenzen, Formen, Werte und Zielsetzungen, auch des Selbstverständnisses der Menschen des 3. bis 5. Jahrhunderts n. Chr. verhindert hatten, setzten sich in den verschiedensten Spezialbereichen neue Erkenntnisse durch. Sowohl in den Disziplinen der Kunstgeschichte (A. Riegl, Fr. Wickhoff) und Archäologie (G. Rodenwaldt, R. Delbrueck, H. P. L'Orange, A. Alföldi) als auch in denen der Verfassungs- und Verwaltungsgeschichte, des Heerwesens und auf vielen anderen Gebieten gewann immer klarer die Auffassung an Boden, daß es sich bei der »Spätantike« um eine eigenständige historische Formation handelte, die nicht primär am Kanon der klassischen Antike oder an den Kategorien und Strukturen des römischen Principats, sondern nur mit ihren eigenen Maßstäben zu beurteilen und aus ihren eigenen Voraussetzungen, Aufgaben, Möglichkeiten, Zielsetzungen und Normen zu verstehen sei[9].

Die geistesgeschichtliche Tradition J. Burckhardts führte dabei in der deutschen Althistorie vor allem Fr. Taeger weiter, der nach seinen intensiven Analysen des antiken Herrscherkultes[10] generell konstatierte, daß in der Spätantike die kanonische Diesseitsorientierung des antiken Menschen, seine Bejahung der Daseinsfülle, sein Streben nach Lebensharmonie und nach dem rechten Maß in allen Dingen hinter seiner Jen-

Güte und Schwäche ist allerdings liebenswerter, aber auch viel weniger groß als ein genialer Teufel. Anders freilich, wenn dieser Teufel sich in seinen Mitteln so vergreift, wie er das nach den Anschauungen Burckhardts und seines Nachfolgers (sc. E. Schwartz) gethan haben müßte; denn so fällt auch die Genialität weg, und an ihre Stelle tritt eine spitzfindige, aber darum nicht weniger thörichte Speculation. Der Wahn, daß der Altar eine Stütze des Thrones sei, ist vom frühesten Mittelalter bis auf unsere Tage immer aufs Neue durch die Tatsachen widerlegt worden; wenn die praktische Politik leider noch immer an ihm festhält, so sollte doch die Wissenschaft sie nicht mehr in dieser groben Täuschung unterstützen.«

[7] Einleitung, a. a. O., XVI.

[8] Zu den sprachlichen und geistigen Zusammenhängen siehe A. Demandt, Metaphern für Geschichte. München 1978; R. Koselleck-P. Widmer (Hrsg.), Niedergang. Studien zu einem geschichtlichen Thema. Stuttgart 1980.

[9] Vergleiche dazu K. Christ, Römische Geschichte. Darmstadt 1980³, 247ff.; Ders., Die Römer. München 1979, 178ff.

[10] Fr. Taeger, Charisma. Studien zur Geschichte des antiken Herrscherkultes. 2 Bde. Stuttgart 1957–1960.

seitsbezogenheit zurücktraten. Er wies darauf hin, daß in der spätantiken Kunst der menschliche Körper nicht mehr als Widerschein des Göttlichen, sondern rein materiell, daß Staat und Gesellschaft nicht mehr als autonomer Selbstzweck, sondern als Werkzeug Gottes verstanden werden. Der Sinn des Lebens aber wird nach Taeger in der Spätantike nicht mehr im Diesseits gesucht, der Mensch versteht sich vielmehr als Glied einer transzendenten Ordnung, die sich erst im Jenseits erfüllt[11].

Während so bei Taeger im Rahmen der geistesgeschichtlichen Perspektiven die Kontinuität von Burckhardts Wertungen überwiegt, hat J. Vogt teilweise ganz andere Positionen bezogen. In seiner eigenen Constantinsmonographie[12] wie in der späteren, weiter ausgreifenden, kulturgeschichtlichen Darstellung der Epoche zwischen rund 200 und 500 n. Chr.[13] wurden ebenfalls in erstaunlichem Umfange alle geistigen, religiösen und künstlerischen Artikulationen der Zeit als Zeugnisse des großen geistigen Umbruchs interpretiert, wurde die »Metamorphose der antiken Kultur« allseitig beschrieben und nicht zuletzt die Rolle des Christentums im Zusammenhang mit der Kontinuität antiker Formen und Werte eindrucksvoll gewürdigt. Im Hinblick auf Constantin betonte auch Vogt, ganz ähnlich wie Burckhardt, daß er »die Notwendigkeit des Jahrhunderts« vollstreckt habe. Ja, er ging noch einen Schritt weiter, ließ Constantin Römisches Reich, Christentum und Germanentum zusammenführen und ihn so zum »großen Brückenbauer der Weltgeschichte«[14] werden.

Allein in anderer Hinsicht unterschied sich Vogt diametral von dem großen Vorgänger. An der echten, tiefgegründeten religiösen Entscheidung für das Christentum, einer Entscheidung, die Constantin mit »Maß, Geduld und Weitblick«[15] getroffen habe, ließ Vogt keinen Zweifel aufkommen. Diesem Constantinbild entsprach es, daß Euseb von Caesarea, der nach Burckhardt ja Constantins Bild völlig verfälscht hatte, bei Vogt zum gelehrten Hofbischof wurde, der von Constantins Werk und Leistung ganz benommen war und den Herrscher deshalb auch verklärt schilderte, im aufrichtigen Glauben an den Mann der Vorsehung[16].

---

[11] Vergleiche K. Christ, Fritz Taegers Bild der Spätantike, in: Ders., Gedenkblatt für Fritz Taeger. Stuttgart 1963, 5 ff.
[12] Constantin der Große und sein Jahrhundert. München 1949. 1960^2.
[13] Der Niedergang Roms. Zürich 1965.
[14] Constantin der Große und sein Jahrhundert. München 1960^2, 262, 271.
[15] a. O., 242.
[16] a. O., 138.

Trotz dieser wichtigen geistesgeschichtlichen Beiträge ist zu konstatieren, daß die wesentlichen Fortschritte der größeren neueren Darstellungen in anderen Perspektiven erfolgten. Die ›Geschichte des spätrömischen Reiches‹ von E. Stein, die nach dessen Emigration und Flucht vor der deutschen Besetzung Belgiens und Frankreichs in ihrer endgültigen, von J.-R. Palanque vorbildlich betreuten Fassung schließlich zur ›Histoire du Bas-Empire‹[17] geworden ist, war zwar umfassend angelegt, hatte ihren offenkundigen Schwerpunkt jedoch in den Bereichen der politischen, der Verfassungs- und Verwaltungsgeschichte, der eigentlichen Domäne ihres Verfassers, der dafür in zahlreichen Spezialuntersuchungen[18] die Rekonstruktion der einstigen Verhältnisse und Strukturen erarbeitet hatte.

Noch weiter von Burckhardts Bahnen entfernte sich das wohl bedeutendste Werk, das in den letzten Jahrzehnten zu dieser Epoche publiziert wurde, jener große, dreibändige »social, economic and administrative survey«, den A. H. M. Jones 1964 unter dem Titel ›The Later Roman Empire, 284–602‹ veröffentlichte, ein geradezu monumentales Werk, das die antike Überlieferung in erstaunlichem Umfange ausschöpfte und als wichtigste moderne Ergänzung für jenen Bereich zu gelten hat, den Burckhardt nur streifen konnte. Es zeigt zugleich die für unsere Generation charakteristische Verlagerung der Forschungsinteressen und -schwerpunkte an, die erst neuerdings wieder zu einer stärkeren Berücksichtigung der lange für obsolet erklärten Kulturgeschichte zurückgeführt hat.

Neben diesen Marksteinen der Forschung und Darstellung sind noch eine ganze Reihe weiterer, größerer oder kleinerer Gesamtdarstellungen dieses Zeitraums erschienen[19], Bände zum Teil beachtlichen wissen-

---

[17] Brügge II. 1949; I². 1959.
[18] E. Stein, Opera Minora Selecta. Hrsg. von J.-R. Palanque. Amsterdam 1968.
[19] Die Darstellung von A. Solari, La crisi dell'Impero Romano. 5 Bde. Mailand 1933–35 setzt erst mit dem Untergang Julians ein. Eigenwillig, doch lesenswert ist das zweibändige Werk von H. Dannenbauer, Die Entstehung Europas. Stuttgart 1959–60; E. Kornemann, Geschichte der Spätantike. Hrsg. von H. Bengtson. München 1978 stellt einen Wiederabdruck einiger Kapitel aus Kornemanns Weltgeschichte des Mittelmeerraumes von 1949 dar. Siehe ferner: G. Downey, The Late Roman Empire. New York 1969; R. Folz u. a., De l'Antiquité au monde médiéval. Paris 1972; W. Seyfarth, Römische Geschichte. Kaiserzeit, 2. Berlin 1974; M. Grant, Das Römische Reich am Wendepunkt. München 1972; P. Brown, Welten im Aufbruch. Bergisch Gladbach 1980.

schaftlichen Niveaus oder beträchtlicher literarischer Qualitäten, Veröffentlichungen auch hohen Informationswertes, die indessen sämtlich an das Format der hier bewußt hervorgehobenen Darstellungen nicht heranreichen. Die spezielleren Arbeiten aber werden, wie gesagt, in den nächsten Abschnitten zu besprechen sein.

1. Im ersten Abschnitt von Burckhardts Werk, der Darstellung der »*Reichsgewalt im dritten Jahrhundert*« (S. 1–25) ging es dem Autor primär darum, jene »Formen und Grade, welche die Gewaltherrschaft erreichen kann« (1), aufzuzeigen. Sein Bild beruht im wesentlichen auf den Kaiserbiographien der Scriptores Historiae Augustae und wurde lange vor der intensiven Problematisierung jener umstrittenen literarischen Quelle konzipiert[20]. Das moderne Verständnis der Epoche fußt dagegen in erster Linie auf den Interpretationen der archäologischen, epigraphischen und nicht zuletzt der numismatischen Quellen, die insbesondere A. Alföldi umfassend ausgewertet hat[21]. Ein zuverlässiges Fundament für jede Beschäftigung mit dieser Epoche bietet noch immer der ausgezeichnete XII. Band der Cambridge Ancient History[22]. Die neueren Spezialstudien erschließen, neben den oben genannten Hilfsmitteln, insbesondere die Forschungsberichte von G. Walser-Th. Pekáry[23] sowie die einschlägigen Übersichten in ANRW[24].

Unter besonderer Berücksichtigung der außenpolitischen Zusammenhänge und der Veränderungen in der Heeresstruktur hat die Probleme der Soldatenkaiser vor allem Fr. Altheim in mehreren größeren Werken erörtert[25]. Die wesentlichen Fortschritte der neueren Forschung wurden in diesem Bereich jedoch in der Gestalt von speziellen

---

[20] Die beste Einführung in die Problematik dieser Biographien bietet A. Momigliano, An unsolved problem of historical forgery: The Scriptores Historiae Augustae, in: Ders., Secondo contributo alla storia degli studi classici. Rom 1960, 105–143. Die von J. Straub und A. Alföldi herausgegebenen Beiträge zur Historia-Augusta-Forschung. Bonn 1963 ff. (Antiquitas, Reihe 4) vereinigen in sich wesentliche Spezialstudien und Forschungsberichte.

[21] Besonders wichtig ist sein Sammelband Studien zur Geschichte der Weltkrise des 3. Jahrhunderts n. Chr. Darmstadt 1967.

[22] The Imperial Crisis and Recovery. A. D. 193–324. Cambridge 1939. Seither zahlreiche Nachdrucke.

[23] Die Krise des römischen Reiches. (Bericht über die Forschungen zur Geschichte des 3. Jahrhunderts. 1939–1959). Berlin 1962.

[24] II, 2. Berlin 1975, 551 ff.

[25] Die Soldatenkaiser. Frankfurt 1939. Zuletzt: Der Niedergang der alten Welt. 2 Bde. Frankfurt 1952.

Monographien und Einzeluntersuchungen erzielt[26]. Besonders groß waren diese bei der Rekonstruktion der sog. Sonderreiche um Palmyra[27] und in Gallien[28]. Für die Fragen des Selbstverständnisses, der Ausdrucksformen und Funktionen des Kaisertums legten vor allem A. Alföldi[29] und F. Millar[30] grundlegende Untersuchungen vor.

Im Unterschied zur Burckhardts Perspektiven hat die neuere Forschung bei ihren Analysen der Krise des 3. Jahrhunderts n. Chr. vornehmlich die sozialen und wirtschaftlichen Aspekte des Prozesses herausgestellt[31]. Diese Sicht dominierte naturgemäß auch in den marxistischen Arbeiten, die daneben die Veränderungen in den Bereichen der Eigentumsformen und der Ideologie stark betonten[32].

2. Im zweiten Abschnitt ›*Diocletian. Das System seiner Adoptionen. Seine Regierung*« (S. 26–52) konnte sich Burckhardt neben seinen Quellenstudien für die zweite Auflage seines Werkes vor allem auf die »treffliche Monographie« von Th. Preuß, Kaiser Diocletian und seine Zeit. Leipzig 1869 stützen. In der Gegenwart sind für die Erfassung der Tetrarchie Diokletians neben den oben genannten Werken von E. Stein

---

[26] Hervorgehoben seien: A. Birley, Septimius Severus. London 1971; E. Kettenhofen, Die syrischen Augustae in der historischen Überlieferung. Bonn 1979; T. Optendrenk, Die Religionspolitik des Kaisers Elagabal im Spiegel der Historia Augusta. Bonn 1969; R. Soraci, L'opera legislativa e amministrativa dell'imperatore Severo Alessandro. Catania 1974; K. Dietz, Senatus contra principem. München 1980; L. De Blois, The Policy of the Emperor Gallienus. Leiden 1976; P. Damerau, Kaiser Claudius II. Goticus. Leipzig 1934. NDr. 1963.

[27] J. Gagé, La montée des Sassanides et l'heure du Palmyre. Paris 1964; Palmyre: bilan et perspectives. Straßburg 1977; K. Michalowski (Hrsg.), Études Palmyriennes. VI. und VII. Warschau 1975.

[28] R. Andreotti, L'usurpatore Postumo nel regno di Gallieno. I. Bologna 1939; I. König, Die gallischen Usurpatoren von Postumus bis Tetricus. München 1981.

[29] Die monarchische Repräsentation im römischen Kaiserreiche. Darmstadt 1980³.

[30] The Emperor in the Roman World (31 B. C.–A. D. 337). London 1977.

[31] Bahnbrechend hierfür war schon M. Rostovtzeff, Gesellschaft und Wirtschaft im römischen Kaiserreich. 2 Bde. Leipzig 1929. Siehe neuerdings auch R. MacMullen, Roman Government's response to crisis, A. D. 235–337. New Haven 1976.

[32] E. M. Schtajerman, Die Krise der Sklavenhalterordnung im Westen des römischen Reiches. Berlin 1964; M. Mazza, Lotte sociali e restaurazione autoritaria nel 3° secolo d. C. Catania 1970; W. Held, Die Vertiefung der allgemeinen Krise im Westen des Römischen Reiches. Berlin 1974.

und A. H. M. Jones insbesondere die Untersuchungen von W. Seston[33] und die einschlägigen Artikel in der Realencyclopädie der classischen Altertumswissenschaft von W. Enßlin[34] grundlegend. Außerdem wurden zu den Problemen des Kaiserideals[35], der Heeresreform[36], des Höchstpreisediktes[37] und der Steuerverfassung[38] wertvolle Spezialuntersuchungen vorgelegt. Eine diese Resultate zusammenfassende moderne Gesamtdarstellung steht indessen noch aus.

3. Mit dem dritten Abschnitt des Buches »*Einzelne Provinzen und Nachbarlande. Der Westen*« (S. 53–73) begann Burckhardt einen Überblick über die Provinzen des Imperiums, wobei er sich auf die »offenen Wunden« des Reichskörpers konzentrierte. Er schlug den Bogen dabei von Gallien, den Rheinlanden und Britannien über den nur kurz gestreiften Donau- und Balkanraum bis zum Schwarzen Meer. Für die Bereiche der um die Mitte des 19. Jahrhunderts noch in ihren Anfängen steckenden modernen Provinzialgeschichte und -archäologie sowie speziell für den Sektor der Germanenforschung war ihm die Dürftigkeit seiner Kenntnisse durchaus bewußt, seine Zurückhaltung verständlich. Der moderne Forschungsstand wird hier zwar durch einen allgemeinen embarras de richesse charakterisiert, indessen liegen die Schwerpunkte

[33] Dioclétien et la tétrarchie. I. Guerres et réformes. Paris 1946 (mehr nicht erschienen).
[34] RE. VIIA, 2419–2495 (1948) s. v. Valerius Diocletianus; RE. XIV, 2486–2516 (1930) s. v. Maximianus Herculius; RE. XIV, 2516–2528 (1930) s. v. Galerius Maximianus.
[35] Erwähnt seien lediglich J. Straub, Vom Herrscherideal in der Spätantike. Stuttgart 1939. NDr. 1964; Ders., Regeneratio Imperii. Darmstadt 1972; W. Enßlin, Gottkaiser und Kaiser von Gottes Gnaden. SB. Bayer. AdW. 1943, 6; Fr. Taeger, Charisma. II. Stuttgart 1960.
[36] D. van Berchem, L'armée de Dioclétien et la réforme constantinienne. Paris 1952. Die Einzelheiten und die Chronologie der Reformen sind nach wie vor umstritten.
[37] Nach der alten Edition von Th. Mommsen und H. Blümner, Der Maximaltarif des Diocletian. Berlin 1893. NDr. 1958 ist nun von den beiden neuen Ausgaben von S. Lauffer, Diokletians Preisedikt. Berlin 1971 und M. Giacchero, Edictum Diocletiani et collegarum de pretiis rerum venalium. 2 Bde. Genua 1974 auszugehen. Dazu traten in den letzten Jahren Neufunde weiterer Fragmente (vgl. K. T. Erim-J. Reynolds, Journal of Roman Studies 63, 1973, 99ff.; M. H. Crawford-J. M. Reynolds, Zeitschrift für Papyrologie und Epigraphik 34, 1979, 163ff.).
[38] H. Bott, Die Grundzüge der diokletianischen Steuerverfassung. Darmstadt 1928; E. Faure, Étude de la capitation de Dioclétien d'après le Panégyrique VIII. Paris 1961; A. Cerati, Caractère annonaire et assiette de l'impôt foncier au Bas-Empire. 2 Bde. Aix-en-Provence 1968.

der großen Gesamtüberblicke aus den auf Burckhardt folgenden Jahrzehnten eindeutig in der frühen und hohen Kaiserzeit, nicht im 3. und 4. Jahrhundert n. Chr.[39]. Hier können für die einzelnen Regionen und Schwerpunkte – Gallien samt den germanischen Provinzen[40], Germaneneinfälle[41], Britannien[42], Alpenraum[43], Donauprovinzen[44] und Schwarz-

[39] Am wichtigsten: Th. Mommsen, Römische Geschichte. V. Berlin 1885; M. Rostovtzeff, Gesellschaft und Wirtschaft im römischen Kaiserreich. 2 Bde. Leipzig 1929; T. Frank (Hrsg.), An Economic Survey of Ancient Rome. 6 Bde. Baltimore 1933–1940. NDr. 1959; – Eine konzentrierte Skizze der Lage der einzelnen Provinzen im Jahre 325 n. Chr. gab A. Piganiol, L'Empire chrétien (325–395). Ed. A. Chastagnol. Paris 1972², 1 ff. – Siehe zum Folgenden auch die speziellen regionalen Forschungsberichte in ANRW. II, 3 ff. Berlin 1975 ff.

[40] P. M. Duval, La Gaule jusqu'au milieu du Ve siècle. 2 Bde. Paris 1971; Ders., Gallien. Stuttgart 1979; A. Wankenne, La Belgique à l'époque romaine. Brüssel 1972; W. A. van Es, De Romeinen in Nederland. Bussum 1972; Gallien in der Spätantike. Katalog Römisch-Germanisches Zentralmuseum Mainz 1980. – Besonders eingehend hat Burckhardt die Unruhen der Bagauden besprochen, die neuerdings auch auf das spezielle Interesse der marxistischen Forschung stießen: W. Seyfarth, Neue sowjetische Beiträge zu einigen Problemen der alten Geschichte. Berlin 1960; B. Czúth, Die Quellen der Geschichte der Bagauden. Szeged 1965. – H. von Petrikovits, Die Rheinlande in römischer Zeit. 2 Bde. Düsseldorf 1980; Ph. Filtzinger u. a. (Hrsg.), Die Römer in Baden-Württemberg. Stuttgart 1976; R. Günther-H. Köpstein (Hrsg.), Die Römer an Rhein und Donau. Berlin 1975.

[41] Zur Rekonstruktion der germanischen Einfälle empfiehlt es sich, von folgenden modernen Werken auszugehen: L. Schmidt, Geschichte der deutschen Stämme bis zum Ausgang der Völkerwanderung. I. Die Ostgermanen. München 1934²; II. Die Westgermanen. 1938–40³. NDr. 1970; E. Zöllner, Geschichte der Franken bis zur Mitte des 6. Jahrhunderts. München 1970; H. Wolfram, Geschichte der Goten. München 1979; H.-J. Diesner, Die Völkerwanderung. Gütersloh 1980².

[42] S. Frere, Britannia, London 1967; S. Johnson, Late Roman Britain. London 1980; N. Shiel, The Episode of Carausius and Allectus: the literary and numismatic evidence. Oxford 1977.

[43] F. Stähelin, Die Schweiz in römischer Zeit. Basel 1948³; Handbuch der Schweizer Geschichte. I. Zürich 1972; H.-J. Kellner, Die Römer in Bayern. München 1976³; G. Alföldy, Noricum. London 1974.

[44] I. Weiler, Pannonien in diokletianischer Zeit. Diss. Graz 1962; P. Oliva, Pannonia and the Onset of Crisis in the Roman Empire. Prag 1962; A. Mócsy, Gesellschaft und Romanisation in der römischen Provinz Moesia superior. Amsterdam 1970; Ders., Pannonia and Upper Moesia. London 1974; J. Fitz, La Pannonie sous Gallien. Brüssel 1976; J. J. Wilkes, Dalmatia. London 1969; V. Velkov, Cities in Thrace and Dacia in Late Antiquity (Studies and

meergebiet[45] lediglich die wichtigeren neueren Zusammenfassungen und Monographien zusammengestellt werden.

4. Der folgende Abschnitt von Burckhardts Darstellung behandelt die Lage im *Osten* (S. 74–105). Hier liegen inzwischen für den arabischen Raum[46] und die römischen Ostprovinzen[47], besonders jedoch für das Reich der Sassaniden[48] lange Reihen von Spezialuntersuchungen aus den verschiedensten Bereichen vor. Bescheidener war der Ertrag dagegen für Kilikien und Isaurien, Räume, in die ein ausgezeichneter Bericht von T. B. Mitford[49] einführt. Das Bild der Entwicklung Ägyptens, das Burckhardt zeichnete, wurde vor der umfassenden modernen Auswertung der Papyri entworfen und ist nun in vielen Einzelheiten durch die Resultate neuerer Arbeiten zu ergänzen[50]. Auch zu Diokletians

Materials). Amsterdam 1977; C. Daicoviciu, Istoria Romaniei. I. Bukarest 1960; Römer in Rumänien. Ausstellungskatalog Köln 1969; Romania Romana. Rom 1974 (Accad. Naz. dei Lincei, Quaderni, 207).

[45] V. F. Gaidukevic, Das Bosporanische Reich. Berlin 1971²; E. Belin de Ballu, Olbia. Leiden 1972; D. M. Pippidi, Les villes de la côte ouest de la mer Noire d'Auguste à Dioclétien, in: Akten des VI. Int. Kongr. für Griech. und Lat. Epigraphik. München 1973, 99ff.

[46] Fr. Altheim-R. Stiehl (Hrsg.), Die Araber in der Alten Welt. 5 Bde. Berlin 1964–1969; Ph. C. Hammond, The Nabataeans. Göteborg 1973.

[47] G. Downey, A History of Antioch in Syria. Princeton 1961; A. H. M. Jones, The Cities of the Eastern Roman Provinces. Oxford 1971².

[48] W. Enßlin, Zu den Kriegen des Sassaniden Schapur I. SB. Bayer. AdW. 1947, 5; M. Sprengling, Third Century Iran. Chicago 1953; E. Honigmann-A. Maricq, Recherches sur les Res Gestae divi Saporis. Brüssel 1953; F. Altheim-R. Stiehl, Ein asiatischer Staat. I. Wiesbaden 1954; R. Ghirsman, Iran. Parther und Sassaniden. München 1962; M.-L. Chaumont, Recherches sur l'histoire d'Arménie de l'avènement des Sassanides à la conversion du royaume. Paris 1969; K. Erdmann, Die Kunst Irans zur Zeit der Sassaniden. Berlin 1969²; Ph. Tyler, The Persian Wars of the 3rd Century A. D. and Roman Imperial Monetary Policy, A. D. 253–268. Wiesbaden 1975; M. Back, Die Sassanidischen Staatsinschriften. Leiden 1978.

[49] Roman Rough Cilicia, in: ANRW. II, 7, 2. Berlin 1980, 1230ff.

[50] A. Stein, Untersuchungen zur Geschichte und Verwaltung Ägyptens unter römischer Herrschaft. Stuttgart 1915. NDr. 1974; J. Vogt, Die alexandrinischen Münzen. Grundlegung einer alexandrinischen Kaisergeschichte. 2 Bde. Stuttgart 1924; Ders., Römische Politik in Ägypten. Leipzig 1924; S. L. R. Wallace, Taxation in Egypt from Augustus to Diocletian. Princeton 1938; L. C. West-A. C. Johnson, Currency in Roman and Byzantine Egypt. Princeton 1944; A. Ch. Johnson, Egypt and the Roman Empire. Ann Arbor 1951; M. Hombert-C. Préaux, Recherches sur le recensement dans l'Égypte romaine. Leiden 1952; R. Taubenschlag, The Law of Greco-roman Egypt in the Light of the Papyri, 332 B. C.–640 A. D. Warschau 1955²; F. Zucker,

Politik, Kriegführung und Neuordnung der Ostgrenze des Imperiums, deren Bedeutung Burckhardt durchaus angemessen gewürdigt hatte, sind eindringliche historische und archäologische Untersuchungen veröffentlicht worden, nicht zuletzt Resultate von Limesforschung und Luftbildarchäologie[51]. Mit am größten sind indessen die Fortschritte der neueren Forschung in Nordafrika[52], dessen Probleme Burckhardt nur streifen konnte.

5. Mit dem 5. Abschnitt »*Das Heidentum und seine Göttermischung*« (S. 105–142) eröffnete Burckhardt den religions-, kultur- und geistesgeschichtlichen Hauptteil seines Werkes. Er skizzierte zunächst die Entwicklung des Christentums in den ersten drei Jahrhunderten. Wenn er dabei auf die »große, verbreitete« Literatur zu diesem Gegenstand hinwies und auf die Vielfalt ihrer Standpunkte, so sind diese seither fast unüberschaubar geworden[53]. Ein Schwerpunkt des Kapitels liegt

Ägypten im römischen Reich. Leipzig 1958 (Ber. Sächs. AdW. 104, 7); H. Braunert, Die Binnenwanderung. Studien zur Sozialgeschichte Ägyptens in der Ptolemäer- und Kaiserzeit. Bonn 1964; H. Möbius, Alexandria und Rom. München 1964 (Abh. Bayer. AdW., 59); H. Volkmann, Ägypten unter römischer Herrschaft. Leiden 1971 (Handbuch der Orientalistik I, 2, 4); E. Seidl, Rechtsgeschichte Ägyptens als römische Provinz. Sankt Augustin 1973.

[51] W. Enßlin, Zur Ostpolitik des Kaisers Diokletian. SB. Bayer. AdW. 1942, 1; R. Mouterde, La strata Diocletiana. Beyrouth 1930–31; A. Poidebard, La trace de Rome dans le désert de Syrie. Paris 1934; R. Mouterde-A. Poidebard, Le Limes de Chalcis. Paris 1945.

[52] P. Romanelli, Storia delle province romane dell'Africa. Rom 1959; G. Charles-Picard, Nordafrika und die Römer. Stuttgart 1962; M. Rachet, Rome et les Berbères. Brüssel 1970; M. Bénabou, La résistance africaine à la romanisation. Paris 1976; C. Lepelley, Les cités de l'Afrique romaine au bas-empire. 2 Bde. Paris 1979/80; Die Numider. Ausstellungskatalog. Bonn 1979.

[53] Hervorzuheben sind hier folgende moderne Werke: A. von Harnack, Mission und Ausbreitung des Christentums in den ersten drei Jahrhunderten. 2 Bde. Leipzig 1924[4]. NDr. 1980; H. Lietzmann, Geschichte der alten Kirche. Berlin 1975[4-5]; Ed. Meyer, Ursprung und Anfänge des Christentums. 3 Bde. Stuttgart 1921–3; C. Schneider, Geistesgeschichte des antiken Christentums. 2 Bde. München 1954; K. D. Schmidt-E. Wolf (Hrsg.), Die Kirche in ihrer Geschichte. Göttingen 1961 ff.; J. Daniélou-H. I. Marrou (Hrsg.), Geschichte der Kirche. I. Zürich 1963; R. Bultmann, Das Urchristentum im Rahmen der antiken Religionen. Zürich 1963[3]; H. Jedin (Hrsg.), Handbuch der Kirchengeschichte. I. Freiburg 1965[3]; H. Chadwick, Die Kirche in der antiken Welt. Berlin 1972. – Wichtige Forschungsübersichten in: ANRW. II, 23, 1 und 2. Berlin 1979–80.

Zur Vorstellung des Martyriums: H. von Campenhausen, Die Idee des Martyriums in der alten Kirche. Göttingen 1964[2]; N. Brox, Zeuge und Märin Burckhardts glänzendem und besonders eindrucksvollem Bild des »Untergangs des Heidentums«, einer Darstellung, die von Sentimentalität ebenso frei ist wie von romantischer Verklärung. Inzwischen liegen für diesen Bereich wertvolle neuere Handbücher und zahlreiche anregende Monographien vor, von denen jede moderne Beschäftigung mit diesem Komplex auszugehen hat[54]. Der Niedergang des alten Glaubens wurde von der späteren Forschung freilich insbesondere mit dem Akzent auf den Entwicklungen des 4. Jahrhunderts behandelt[55], die von Burckhardt so plastisch dargestellte »Theokrasie« sowohl im Hinblick auf die Übernahme der fremden Kulte in Rom als auch unter den Gesichtspunkten der interpretatio Romana und des religionsgeschichtlichen Synkretismus generell untersucht[56].

tyrer. München 1961; H. Delehaye, Les origins du culte des martyrs. Brüssel 1935[2]; A. Grabar, Martyrium. Recherches sur le culte des reliques et l'art chrétien antique. 3 Bde. Paris 1946.
Zur Rolle der Bischöfe in der frühen Kirche: L. I. Scipioni, Vescovo e popolo. L'esercizio dell'autorità nella Chiesa primitiva (III secolo). Mailand 1977.

[54] Religionsgeschichte: G. Wissowa, Religion und Kultus der Römer. München 1912[2]. NDr. 1971; K. Latte, Römische Religionsgeschichte. München 1960; M. P. Nilsson, Geschichte der griechischen Religion. 2. Die hellenistische und römische Zeit. München 1961[2]; R. Schilling, The Roman Religion. Leiden 1969; J. Bayet, Histoire politique et psychologique de la religion romaine. Paris 1969[2]; Fr. Altheim, Römische Religionsgeschichte. 2 Bde. Baden-Baden 1951; K. Prümm, Religionsgeschichtliches Handbuch für den Raum der altchristlichen Umwelt. Rom 1954; J. Toutain, Les cultes paiens dans l'empire romain. 3 Bde. Paris 1907–17; A. D. Nock, Conversion. Oxford 1952[2].

Forschungsübersichten: ANRW. I, 2. Berlin 1972. II, 16. 1978. Mythologie: W. H. Roscher, Ausführliches Lexikon der griechischen und römischen Mythologie. 6 Bde. Leipzig 1884–1937. NDr. 1965; H. Hunger, Lexikon der griechischen und römischen Mythologie. Wien 1969[6]; L. Preller, Römische Mythologie. Hrsg. von H. Jordan. 2 Bde. Berlin 1881–3[3].

[55] G. Boissier, La fin du paganisme. Paris 1898[3]; J. Geffcken, Der Ausgang des griechisch-römischen Heidentums. Heidelberg 1929[2]; E. Mâle, La fin du paganisme en Gaule. Paris 1950; A. Momigliano (Hrsg.), The Conflict between Paganism and Christianity in the Fourth Century. Oxford 1963.

[56] Fr. Altheim, Griechische Götter im alten Rom. Gießen 1930; A. Bruhl, Liber Pater. Origins et expansion du culte dionysiaque à Rome et dans le monde romain. Paris 1953; M. P. Nilsson, The Dionysiac Mysteries of the Hellenistic and Roman Age. Lund 1957.

Für das Verständnis der interpretatio Romana ist immer noch grundlegend: G. Wissowa, Interpretatio Romana, Archiv für Religionswissenschaft 19, 1918/9, 1 ff.

6. Im folgenden Abschnitt »*Die Unsterblichkeit und ihre Mysterien. Die Dämonisierung des Heidentums*« (S. 143–193) hat Burckhardt weitere Grundzüge der religions- und geistesgeschichtlichen Entwicklung des 3. Jahrhunderts plastisch dargestellt. Unsterblichkeitsglaube und Mysterienreligionen wurden nach ihm von dem großen belgischen Religionshistoriker und Archäologen Franz Cumont (1868–1947)[57], aber auch in einer großen Zahl von speziellen Untersuchungen anderer Gelehrter[58] erforscht. Vielfältig, doch auch besonders zersplittert sind

Das Phänomen des Synkretismus wird heute in umfassender Weise analysiert, wie am eindrucksvollsten die Kongreßakten zeigen: Les Syncrétismes dans les religions grecque et romaine. Paris 1973. Während Burckhardt, wie später Fr. Cumont, immer wieder die große Zusammenschau anstrebte, stehen in der Gegenwart Spezialuntersuchungen im Vordergrund. Die wertvolle, von M. J. Vermaseren herausgegebene Reihe Études préliminaires aux religions orientales dans l'Empire romain. Leiden 1961 ff. umfaßt inzwischen bereits über 90 Titel.

Zu den einzelnen, von Burckhardt besprochenen Übernahmen und Verwandlungen: R. Du Mesnil du Buisson, Études sur les dieux phéniciens hérités par l'empire romain. Leiden 1970; P. L. Van Berg, Corpus Cultus Deae Syriae. 2 Bde. Leiden 1972; M. J. Vermaseren, Cybele and Attis. Their Myth and their Cult. London 1977; L. Vidman, Isis und Sarapis bei den Griechen und Römern. Berlin 1970; R. Merkelbach, Isisfeste in griechisch-römischer Zeit. Maisenheim 1963; M. Malaise, Les conditions de pénétration et de diffusion des cultes égyptiens en Italie. Leiden 1972; J. Gwyn Griffiths, The Isis book of Apuleius (Metamorphoses, XI). Leiden 1974; W. Hornbostel, Sarapis. Leiden 1973.

Die zum Monotheismus führenden Tendenzen versuchten W. Weber, Die Vereinheitlichung der religiösen Welt, in: Probleme der Spätantike. Stuttgart 1930, 67 ff. und besonders eindringlich E. Peterson, Der Monotheismus als politisches Problem. Leipzig 1935 aufzuzeigen.

Zur heidnischen Reaktion auf das Christentum ist unübertroffen: P. de Labriolle, La réaction païenne. Étude sur la polémique antichrétienne du Ier au VIe siècle. Paris 1950².

[57] Einschlägige Hauptwerke: Die orientalischen Religionen im römischen Heidentum. Stuttgart 1972⁷; Astrology and Religions among the Greeks and the Romans. New York 1912; Afterlife in Roman paganism. New Haven 1922; Recherches sur le symbolisme funéraire des Romains. Paris 1942; Lux Perpetua. Paris 1949.

[58] R. Reitzenstein, Die hellenistischen Mysterienreligionen nach ihren Grundgedanken und ihren Wirkungen. Leipzig 1927³. NDr. 1977; G. Pfannmüller, Tod, Jenseits und Unsterblichkeit in der Religion der Römer. Basel 1953; A. J. Festugière, La révélation d'Hermes Trismegiste. 4 Bde. Paris 1943–1954. Zu den einzelnen Kultformen und Gottheiten: R. Duthoy, The

schließlich auch die neueren Bearbeitungen der übrigen Spezialthemen dieses Bereiches[59].

7. Im letzten Teil der zentralen Partie des Werkes hat Burckhardt »*Die Alterung des antiken Lebens und seiner Kultur*« besprochen (S. 194-222). Selbstverständnis des spätantiken Menschen, Niedergangsbewußtsein und andererseits der Glaube an die Roma aeterna wurden seither in zahlreichen neueren Arbeiten behandelt[60], Burckhardts Vorstellungen zwar ergänzt und präzisiert, keineswegs jedoch »überholt«. Ausdrucks-

Taurobolium. Leiden 1969; G. H. Halsberghe, The Cult of Sol Invictus. Leiden 1972; Fr. Altheim, Der unbesiegte Gott. Reinbek 1958.
Mithras: F. Cumont, Die Mysterien des Mithra. Darmstadt 1975[4]; M. J. Vermaseren, Corpus inscriptionum et monumentorum religionis Mithriacae. 2 Bde. Den Haag 1956-60; Ders., Der Kult des Mithras im römischen Germanien. Stuttgart 1974; Études Mithriaques. Leiden 1978; J. Hinnels (Hrsg.); Mithraic Studies. 2 Bde. Manchester 1975; L. A. Campbell, Mithraic iconography and ideology. Leiden 1968.

[59] Manichäismus: G. Widengren, Mani und der Manichäismus. Stuttgart 1961; H. C. Puech, Le manichéisme, son fondatuer, sa doctrine. Paris 1949.
Astrologie, Zauberei: F. Boll-C. Bezold-W. Gundel, Sternglaube und Sterndeutung. Darmstadt 1966[5]; W. Gundel-H. G. Gundel, Astrologumena. Die astrologische Literatur in der Antike und ihre Geschichte. Wiesbaden 1966; E. E. Burriss, Taboo, magic, spirits. A study of primitive elements in Roman religion. New York 1931.

Neuplatonismus: C. Zintzen (Hrsg.), Die Philosophie des Neuplatonismus. Darmstadt 1977; Les sources de Plotin. Vandœuvres 1960; Fr. Altheim-R. Stiehl, Porphyrios und Empedokles. Tübingen 1954; W. Theiler, Die Vorbereitung des Neuplatonismus. Berlin 1930; L. Bréhier, La philosophie de Plotin. Paris 1928.

Apollonios von Tyana: F. Grosso, La ›Vita di Apollonio di Tiana‹ come fonte storica, Acme 7, 1954, 335-532.

[60] J. Vogt, Der Niedergang Roms. Zürich 1965; Ders., Kulturwelt und Barbaren. Zum Menschheitsbild der spätantiken Gesellschaft. Abh. AdW. Mainz 1967, 1; F. Paschoud, Roma aeterna. Études sur le patriotisme romain dans l'Occident latin à l'époque des grandes invasions. Rom 1967; M. Fuhrmann, Die Romidee der Spätantike, Historische Zeitschrift 207, 1968, 529-561; F. Vittinghoff, Zum geschichtlichen Selbstverständnis der Spätantike, Historische Zeitschrift 198, 1964, 529-574; J. Straub, Regeneratio Imperii. Darmstadt 1972.

Zur Auseinandersetzung des Christentums mit der antiken Kultur: Ch. N. Cochrane, Christianity and Classical Culture. Oxford 1944; M. L. W. Laistner, Christianity and Pagan Culture in the later Roman Empire. New York 1951; H. Hagendahl, Latin Fathers and the Classics. Göteborg 1958; H. Chadwick, Early christian Thought and the classical Tradition. Oxford 1966; Christianisme et formes littéraires de l'Antiquité tardive en Occident. Vandœuvres 1977.

formen und Gestaltungen der spätantiken Kunst maß auch Burckhardt in diesem Zusammenhang noch am Kanon der klassischen griechischen Kunst. Unter dem Eindruck der oben bereits genannten Tendenzen versuchten die neueren Arbeiten dagegen vor allem die Eigenständigkeit und die Neuorientierung dieser Kunst herauszuarbeiten[61]. Die Flut der Spezialuntersuchungen schwoll auch hier an. Dabei dominierte die systematische Erforschung einzelner Kunstgattungen[62] und im Bereich

[61] R. Bianchi Bandinelli, Rom. Das Ende der Antike. München 1971; F. Gerke, Spätantike und frühes Christentum. Baden-Baden 1967; H. P. L'Orange, Art forms and civil life in the late Roman Empire. Princeton 1966; W. F. Volbach, Frühchristliche Kunst. München 1958; M. E. Frazer, Age of Spirituality. Late Antique and Early Christian Art. New York 1977.

[62] Architektur: L. Crema, L'architettura romana. Turin 1959; H. Drerup, Zum Ausstattungsluxus in der römischen Architektur. Münster 1957; B. E. Smith, Architectural Symbolism of Imperial Rome and the Middle-Ages. Princeton 1956.

R. Brilliant, The Arch of Septimius Severus in the Roman Forum. Rom 1967; Sh. McNally-J. and T. Marasović, Diocletian's Palace. 2 Bde. Split 1976; E. Gose, Die Porta Nigra in Trier. Berlin 1968; H. Kähler, Piazza Armerina. Die Villa des Maxentius bei Piazza Armerina. Berlin 1973; F. W. Deichmann, Frühchristliche Kirchen in Rom. Basel 1948.

Malerei, Mosaiken: J. Wilpert, Die römischen Mosaiken und Malereien vom IV. bis XIII. Jahrhundert. 4 Bde. Freiburg 1916–24³. NDr. 1977; F. Wirth, Römische Wandmalerei vom Untergange Pompejis bis ans Ende des 3. Jahrhundert. Berlin 1934; A. Maiuri, La peinture romaine. Genf 1953; A. Grabar, La Peinture byzantine. Genf 1953; M. Borda, La pittura romana. Mailand 1958; H. Schrade, Vor- und frühromanische Malerei. Köln 1958; H. P. L'Orange-P. J. Nordhagen, Mosaik. München 1960; W. Oakesholt, The Mosaics of Rome from the third to the fourteenth centuries. London 1967.

Für die Erforschung der Sarkophage wurde die monumentale, von Fr. Matz begonnene, heute von B. Andreae geleitete, Edition grundlegend: Die antiken Sarkophagreliefs. Berlin 1890ff. Bedeutsame neuere Spezialstudien: F. Gerke, Die christlichen Sarkophage der vorkonstantinischen Zeit. Berlin 1940; R. Redlich, Die Amazonensarkophage des 2. und 3. Jahrhunderts. Berlin 1942; Fr. Matz, Ein römisches Meisterwerk. Berlin 1958.

Porträts: A. H. McCann, The portraits of Septimius Severus. Rom 1968; H. B. Wiggers-M. Wegner, Caracalla bis Balbinus. Berlin 1971; R. Delbrueck, Die Münzbildnisse von Maximinus bis Carinus. Berlin 1940; B. M. Felleti Maj, Iconografia romana imperiale da Severo Alessandro a M. Aurelio Carino (222–285 d. C.). Rom 1958; M. Wegner-J. Bracker-W. Real, Gordian III. bis Carinus. Berlin 1978; M. Bergmann, Studien zum römischen Porträt des 3. Jahrhunderts n. Chr. Diss. Marburg 1977; R. Calza, Iconografia romana imperiale da Carausio a Giuliano (287–363 d. C.). Rom 1972; R. Delbrueck, Spätantike Kaiserporträts von Constantinus Magnus bis zum Ende des West-

der Literatur, für den mutatis mutandis dasselbe gilt, jene der verschiedenen Literaturformen und Autoren[63].

8. Mit dem 8. Abschnitt »*Die Christenverfolgung – Constantin und das Thronrecht*« (S. 223–270) beginnt der letzte Hauptteil des Werks, der nun mehr und mehr von der Persönlichkeit Constantins beherrscht wird. Burckhardt nimmt hier somit die Fäden des zweiten Abschnittes wieder auf und versucht zunächst die Ursachen der großen diokletianischen Christenverfolgung zu klären. Seine sehr persönliche, scharfe Kritik an Lactanz, de mortibus persecutorum wird von der neueren Forschung ebensowenig geteilt[64] wie seine Hypothese von dem christlichen Staatsstreich, der die Verfolgung ausgelöst hätte. Die von Burck-

reichs. Berlin 1933; W. von Sydow, Zur Kunstgeschichte des spätantiken Porträts im 4. Jahrhundert n. Chr. Bonn 1969.
Elfenbeinschnitzerei: W. F. Volbach, Elfenbeinarbeiten der Spätantike und des frühen Mittelalters. München 1976[3].

[63] Für die Literaturgeschichte der Spätantike empfiehlt es sich auszugehen von E. Norden, Die Römische Literatur. Leipzig 1961[6]; P. Courcelle, Histoire littéraire des grandes invasions germaniques. Paris 1964[3]; Fr. Klingner, Vom Geistesleben im Rom des ausgehenden Altertums, in: Ders., Römische Geisteswelt. München 1956[3], 475–525; M. Fuhrmann, Die lateinische Literatur der Spätantike, Antike und Abendland 13, 1967, 56–79; J. W. Binns (Hrsg.), Latin literature of the fourth century. London 1974.
Fundamental für die Geschichte der christlichen Literatur sind: B. Altaner-A. Stuiber, Patrologie. Freiburg 1966[7]; O. Bardenhewer, Geschichte der altkirchlichen Literatur. 5 Bde. Freiburg 1913–32[2]. NDr. 1962; P. Meinhold, Geschichte der kirchlichen Historiographie. 2 Bde. Freiburg 1967.
Dichtung: R. Beck, Die Tres Galliae und das Imperium im 4. Jahrhundert. Studien zum Ordo urbium nobilium des Decimus Magnus Ausonius. Zürich 1969; A. Cameron, Claudian. Oxford 1969; S. Döpp, Zeitgeschichte in Dichtungen Claudians. Wiesbaden 1980; I. Lana, Rutilio Namaziano. Turin 1961; N. K. Chadwick, Poetry and Letters in Early Christian Gaul. London 1955.
Rhetorik und Bildung: W. Eisenhut, Einführung in die antike Rhetorik und ihre Geschichte. Darmstadt 1977; M. L. Clarke, Die Rhetorik bei den Römern. Göttingen 1968; G. Kennedy, The Art of Rhetoric in the Roman World. Princeton 1972; T. Haarhof, Schools of Gaule. A study of pagan and christian education in the last century of the Western Empire. Oxford 1920; W. Jaeger, Das frühe Christentum und die griechische Bildung. Berlin 1963; H.-Th. Johann (Hrsg.), Erziehung und Bildung in der heidnischen und christlichen Antike. Darmstadt 1976; R. Klein, Symmachus. Eine tragische Gestalt des ausgehenden Heidentums. Darmstadt 1971.

[64] K. Roller, Die Kaisergeschichte in Laktanz »de mortibus persecutorum«. Diss. Gießen 1927; Lactance et son temps. Ed. J. Fontaine-M. Perrin. Paris 1978; S. Søby Christensen, Lactantius the Historian. An Analysis of De mortibus persecutorum. Kopenhagen 1980.

hardt dazu herangezogenen Quellen haben sich entweder als Fälschung erwiesen, oder sie können Burckhardts weitreichende Folgerungen nicht tragen[65]. Auch in der Beurteilung des Euseb von Caesarea ist die neuere Forschung Burckhardt nicht gefolgt. Sie hat vielmehr versucht, Euseb durch eine stärkere Berücksichtigung von Gattungsgesetzen und theologischen Überzeugungen, echter persönlicher Ergriffenheit und traditionellen Ausdrucksformen gerecht zu werden[66]. In der zweiten Hälfte des Abschnittes geht Burckhardt ausführlich auf Constantins Weg von der Usurpation zur Alleinherrschaft sowie auf die Fragen von Thronrecht, Dynastie und Erbrecht ein. Abgesehen von den schon genannten Gesamtdarstellungen und den Studien zur Geschichte der Tetrarchie wie den unten genannten Constantin-Monographien wurden die hier berührten Probleme vor allem in der Form von Einzeluntersuchungen behandelt[67].

[65] Zur diokletianischen Christenverfolgung: J. Moreau, Die Christenverfolgung im römischen Reich. Berlin 1971²; K. Stade, Der Politiker Diocletian und die letzte große Christenverfolgung. Wiesbaden 1926; M. H. Fritzen, Methoden der diokletianischen Christenverfolgung. Diss. Mainz 1961. – Eigenwillige und sehr umstrittene Konzeptionen bei H. Grégoire u. a., Les persécutions dans l'Empire romain. Brüssel 1964². Vergleiche auch J. Vogt, Von der Religiosität der Christenverfolger im römischen Reich. SB. AdW. Heidelberg 1962, 1.

[66] H. Berkhof, Die Theologie des Eusebios von Caesarea. Amsterdam 1939; D. S. Wallace-Hadrill, Eusebius of Caesarea. London 1960; A. Dempf, Eusebios als Historiker. SB. Bayer. AdW. 1964, 11; R. Farino, L'Impero e l'Imperatore cristiano in Eusebio di Cesarea. Zürich 1966; R. M. Grant, Eusebius as Church Historian. Oxford 1980.

[67] A. Pasqualini, Massimiano Herculius. Rom 1979; D. de Decker, La politique religieuse de Maxence, Byzantion 38, 1968, 472–562; H. Castritius, Studien zu Maximinus Daia. Kallmünz 1969; H. Nesselhauf, Das Toleranzgesetz des Licinius, Historisches Jahrbuch 74, 1955, 44–61; H. Feld, Der Kaiser Licinius. Diss. Saarbrücken 1960.

Zu Constantins Kriegen mit Licinius: Ch. Habicht, Zur Geschichte des Kaisers Konstantin, Hermes 86, 1958, 360–378; M. R. Alföldi, Die Niederemmeler ›Kaiserfibel‹: zum Datum des ersten Krieges zwischen Konstantin und Licinius, Bonner Jahrbücher 176, 1976, 183–200.

Zu den Constantinssöhnen: J. Moreau, Constans, Constantinus II., Constantius II., Jahrbuch für Antike und Christentum 2, 1959, 160–184; W. Tietze, Lucifer von Calaris und die Religionspolitik des Constantius II. Diss. Tübingen 1976; R. Klein, Constantius II. und die christliche Kirche. Darmstadt 1977; Ch. Vogler, Constance II et l'administration impériale. Straßburg 1979.

Zum Usurpator Magnentius: P. Bastien, Le monnayage de Magnence (350–353). Wetteren 1964; J. Ziegler, Zur religiösen Haltung der Gegenkaiser im 4. Jahrhundert n. Chr. Kallmünz 1970.

9. Der 9. Abschnitt von Burckhardts Buch, »*Constantin und die Kirche*« (S. 271–314), stellt ohne Zweifel den folgenschwersten Teil seiner Monographie dar, geht es dabei doch um die Fragen von Constantins religiösem Bewußtsein, um seine »Bekehrung«, sein Verhältnis zu Christentum und christlicher Kirche, aber auch um den großartigen Gegensatz zu den verweltlichten Elementen der christlichen Kirche, um Benefizenz und Askese, Einsiedler und Mönche. Es sind diese Seiten des Werkes gewesen, die den stärksten Widerhall fanden und die Fragen aufwarfen, die seither nicht mehr zur Ruhe kamen. Wenn Burckhardt dabei einleitend apodiktisch konstatierte, daß es »eine ganz überflüssige Mühe« wäre, »von den vermutlichen Übergängen in ... (den) religiösen Ansichten (Constantins) ein Bild zu entwerfen« (S. 271), so ließ sich die neuere Forschung davon nicht zurückhalten, gerade dies zu tun. Vor allem die Bemühungen der Kirchenhistoriker um das »Selbstzeugnis« Constantins, das heißt um die Interpretation seiner Briefe und Erlasse[68] und andererseits die intensiven Studien der Spezialisten der antiken Numismatik[69] haben hier eindeutige Fortschritte erzielt. Zu Burckhardts heute überwiegend nicht mehr haltbaren Auswertungen der Münzbilder und -legenden (S. 272f.) ist zu bedenken, daß er lange vor dem Erscheinen der grundlegenden modernen Handbücher dieses Sektors schrieb[70].

Burckhardts Auffassung, daß es sich bei Constantins Entscheidung für das Christentum nicht um einen radikalen Glaubenswechsel wie bei Paulus handelte, wurde durch diese neueren Arbeiten bestätigt, es wurde aber auch die Konsequenz der persönlichen religiösen Entwicklung betont, einer Entwicklung, die von monotheistischen Präferenzen, wohl im Geiste des Constantius Chlorus, zur Hinwendung zum Sonnengott und zu allgemeinen Abstraktionen, schließlich aber doch schrittweise und immer eindeutiger zur Hinwendung zum Christentum führte.

Andererseits haben die neueren Untersuchungen jedoch auch das verifiziert, was Burckhardt später als Politik der »Parität« bezeichnete,

[68] H. Dörries, Das Selbstzeugnis Kaiser Konstantins. Göttingen 1954 (Abh. AdW. Göttingen, 34); H. Kraft, Kaiser Konstantins religiöse Entwicklung. Tübingen 1955.
[69] H. von Schoenebeck, Beiträge zur Religionspolitik des Maxentius und Constantin. Leipzig 1939. NDr. 1962; K. Kraft, Das Silbermedaillon Constantins d. Gr. mit dem Christusmonogramm auf dem Helm, Jahrbuch für Numismatik und Geldgeschichte 5/6, 1954-5, 151–178; P. Bruun, The Christian Signs on the Coins of Constantine, Arctos 3, 1962, 5–35.
[70] J. Maurice, Numismatique Constantinienne. 3 Bde. Paris 1906–13; P. Bruun, The Roman Imperial Coinage. VII. London 1966; M. R. Alföldi, Die constantinische Goldprägung. Mainz 1963.

die Tolerierung altgläubiger Religionsformen, vor allem, soweit sie
geläutert, aufgeklärt und unanstößig waren, die Kontinuität »heidnischer« Münzbilder und -legenden oder selbst die Anwesenheit einflußreicher Heiden in der nächsten Umgebung Constantins[71].
Die beste Einführung in alle Probleme der Beziehungen zwischen
Constantin und dem Christentum bieten zur Zeit ein großer Artikel von
J. Vogt[72] sowie ein von H. Kraft herausgegebener Sammelband[73]. Die
Problematik stand dann naturgemäß auch im Mittelpunkt der neueren
Constantin-Monographien, von denen gerade die jüngste von P. Keresztes[74] eine erstaunlich konservative Position bezog, sowie zahlreicher
Spezialuntersuchungen zur religiösen Haltung Constantins[75] und zu
seinem Verhältnis zur christlichen Kirche[76], das wiederum die generelle

[71] Zu diesem Komplex siehe: P. Brezzi, La politica religiosa di Costantino.
Neapel 1965; H. Dörries, Konstantinische Wende und Glaubensfreiheit, in:
Ders., Wort und Stunde. I. 1965, 1–117; J. Vogt, Toleranz und Intoleranz
im constantinischen Zeitalter: der Weg der lateinischen Apologetik, Saeculum
19, 1968, 344–361; L. De Giovanni, Costantino e il mondo pagano. Neapel
1977.
[72] J. Vogt, Constantinus der Große, in: Reallexikon für Antike und Christentum III. 1957, 306–379 (Abdruck in Ders., Orbis. Freiburg 1960, 221–288).
[73] H. Kraft (Hrsg.), Konstantin der Große. Darmstadt 1974 (Wege der
Forschung, 131).
[74] P. Keresztes, Constantine. A great Christian Monarch and Apostle.
Uithoorn 1981. – Von neueren Arbeiten seien daneben genannt: D. Bowder,
The Age of Constantine and Julian. London 1978; J. N. Barkhuizen van den
Brink, Constantijn de Grote, Meded. Nederl. Akad. van Wetensch., Afd.
Letterk. N. R. 38, 1975, 6, 227–275; R. MacMullen, Constantine. London
1970; H. Dörries, Konstantin der Große. Stuttgart 1958; L. Voelkl, Der
Kaiser Konstantin. München 1957; A. H. M. Jones, Constantine the Great
and the Conversion of Europe. London 1948; J.-R. Palanque, Constantin le
Grand. Paris 1936; A. Piganiol, L'empereur Constantin. Paris 1932.
[75] Einen vorzüglichen Forschungsbericht über die ältere Literatur gab
J. Vogt, Die Constantinische Frage. Die Bekehrung Constantins, in: Relazioni
del X Congresso internaz. di Scienze storiche. 6. Rom 1955, 733–779. – Neuere
Beiträge: K. Aland, Die religiöse Haltung Kaiser Konstantins, in: Ders.,
Kirchengeschichtliche Entwürfe. Gütersloh 1960, 202–239; A. Alföldi, The
Conversion of Constantine and Pagan Rome. Oxford 1969²; S. Calderone,
Costantino e il Cattolicesimo Florenz 1962; K. Girardet, Das christliche
Priestertum Konstantins d. Gr., Chiron 10, 1980, 569–592.
[76] Neben den wichtigen Monographien von E. Schwartz, Kaiser Constantin
und die christliche Kirche. Leipzig 1936² und N. H. Baynes, Constantine the
Great and the Christian Church. Oxford 1972² ist hier der von G. Ruhbach
herausgegebene Sammelband Die Kirche angesichts der konstantinischen

Frage der Beziehungen zwischen Staat und Kirche[77] tangierte. Im Rahmen dieses vielfältig verflochtenen Gesamtkomplexes sind insbesondere die Beziehungen zwischen Kaiser, Klerus und speziell den Bischöfen[78], aber auch die Fragen der neuen kirchlichen Organisation[79] und des Kirchenbaus[80] intensiv erörtert worden. Noch vielfältiger waren die Studien zu den Problemen des Donatismus[81], des Arianischen Streites[82] und jenen um die Gestalt des Athanasius[83], die Burckhardt so sehr beeindruckt hatte.

Wende. Darmstadt 1976 (Wege der Forschung, 306) für eine vertiefte Beschäftigung mit dem Problem grundlegend.

[77] Erwähnt seien lediglich W. Schneemelcher, Kirche und Staat im 4. Jahrhundert. Bonn 1970; H. Nesselhauf, Der Ursprung des Problems »Staat und Kirche«. Konstanz 1975.

[78] Mehrere wertvolle Spezialstudien in J. Straub, Regeneratio Imperii. Darmstadt 1972, ferner: H. Kraft, Kaiser Konstantin und das Bischofsamt, Saeculum 8, 1957, 32–42; E. Chrysos, Die angebliche »Nobilitierung« des Klerus durch Kaiser Konstantin den Großen, Historia 18, 1969, 119–128; J. Martin, Die Genese des Amtspriestertums in der frühen Kirche. Freiburg 1972; W. Eck, Der Einfluß der konstantinischen Wende auf die Auswahl der Bischöfe im 4. und 5. Jahrhundert, Chiron 8, 1978, 561–585.

[79] C. Pietri, Roma Christiana. Recherches sur l'Église de Rome, son organisation, sa politique, son idéologie, de Miltiade à Sixte III. (311–340). 2 Bde. Paris 1976; E. Herrmann, Ecclesia in Re Publica. Die Entwicklung der Kirche von pseudostaatlicher zu staatlich inkorporierter Existenz. Frankfurt 1980.

[80] R. Krautheimer, Corpus Basilicarum Christianarum Romae. Rom 1937ff.; L. Voelkl, Die Kirchenstiftungen des Kaisers Konstantin im Lichte des römischen Sakralrechts. Köln 1964 (AG. für Forschung des Landes Nordrhein-Westfalen, Geisteswiss., 117); U. Süßenbach, Christuskult und kaiserliche Baupolitik bei Konstantin. Bonn 1977.

[81] W. H. C. Frend, The Donatist Church. Oxford 1952; E. Tengström, Donatisten und Katholiken. Soziale, wirtschaftliche und politische Aspekte einer nordafrikanischen Kirchenspaltung. Göteborg 1964; E. L. Grasmück, Coercitio. Staat und Kirche im Donatistenstreit. Bonn 1964; K. Girardet, Kaisergericht und Bischofsgericht. Bonn 1975.

[82] M. Meslin, Les Ariens d'Occident 335–430. Paris 1967; E. Boularand, L'hérésie d'Arius et la foi de Nicée. 2 Bde. Paris 1972; M. Simonetti, La crisi ariana nel IV secolo. Rom 1975; F. Dinsen, Homoousios. Die Geschichte des Begriffs bis zum Konzil von Konstantinopel (381). Theol. Diss. Kiel 1976; G. C. Stead, Divine Substance. Oxford 1977.

[83] E. Schwartz, Zur Geschichte des Athanasius. Berlin 1959 (Ders., Ges. Schriften, 3); H. Nordberg, Athanasius and the Emperor. Helsinki 1963; Ch. Kannengiesser (Hrsg.), Politique et Théologie chez Athanase d'Alexandrie. Paris 1974.

Das geschärfte Bewußtsein für die soziale Frage, die Haltung der »Apolitie«, die Abwendung von der jeweiligen Gesellschaft, und für die Suche nach entschiedenen und konsequenten neuen Lebensformen hat schließlich sowohl im historischen als auch im theologischen und im gesellschaftswissenschaftlichen Bereich zu einer noch immer weiter anschwellenden Literatur über »Benefizenz«[84], Askese[85] und Mönchtum[86] geführt, so daß gerade für diese Aspekte Burckhardts nur die besonders wichtigen neueren Titel genannt werden können.

10. Im letzten Abschnitt der Monographie, »*Hof, Verwaltung und Heer. Constantinopel, Rom, Athen und Jerusalem*« (S. 315–353), gab Burckhardt einen durchaus selbständigen Überblick über Struktur, Administration und Heerwesen des constantinischen Reiches. Mit der Person des bewußt als »Großen« bezeichneten Herrschers, seinen Entscheidungen und Maßnahmen wurden dabei die vier so verschiedenartigen kulturellen und geistigen Zentren konfrontiert, die nicht nur das constantinische Imperium, sondern auch die gesamte Tradition Alteuropas in Mittelalter und Neuzeit prägen sollten. Wenn Burckhardt hier zur Regierung Constantins konstatierte, daß »über die meisten der betreffenden Fragen ... übrigens das historische Urteil nicht durchaus

---

[84] H. Bolkestein, Wohltätigkeit und Armenpflege im vorchristlichen Altertum. Utrecht 1939; E. F. Bruck, Kirchenväter und soziales Erbrecht. Berlin 1956; A. R. Hands, Charities and Social Aid in Greece and Rome. Ithaca, N. Y. 1968; B. Laum, Stiftungen der griechischen und römischen Antike. Berlin 1914.
I. Seipel, Die wirtschaftsethischen Lehren der Kirchenväter. Wien 1907; O. Schilling, Reichtum und Eigentum in der altchristlichen Literatur. Freiburg 1908; F. Hauck, Die Stellung des Urchristentums zu Arbeit und Geld. Gütersloh 1921; H. Gülzow, Christentum und Sklaverei in den ersten drei Jahrhunderten. Bonn 1969; D. Baker (Hrsg.), Church, Society and Politics. Oxford 1975; M. Hengel, Eigentum und Reichtum in der frühen Kirche. Stuttgart 1973; R. M. Grant, Christen als Bürger im Römischen Reich. Göttingen 1981.

[85] B. Lohse, Askese und Mönchtum in der Antike und in der alten Kirche. München 1969; K. S. Frank (Hrsg.), Askese und Mönchtum in der Alten Kirche. Darmstadt 1975 (Wege der Forschung, 409); Fr. Prinz, Askese und Kultur. München 1980.

[86] K. Heussi, Der Ursprung des Mönchtums. Tübingen 1936; G. Ferrari, Early Roman Monasteries. Rom 1957; A. J. Festugière, Les moines d'Orient. 7 Bde. Paris 1961–1965; U. Ranke-Heinemann, Das frühe Mönchtum. Seine Motive nach den Selbstzeugnissen. Essen 1964; D. J. Chitty, The desert a city. An introduction to the study of Egyptian and Palestinian monasticism under the Christian empire. Oxford 1966; K. S. Frank, Grundzüge der Geschichte des christlichen Mönchtums. Darmstadt 1979³.

fest(stehe), und selbst die Tatsachen ... nicht selten strittig« (S. 316) seien, so gilt diese Feststellung noch immer, obwohl die neuere Forschung in diesem Bereich nicht geringe Fortschritte erzielt hat[87].

Sowohl Selbstverständnis und Ideologie des constantinischen Kaisertums[88], Rechtsprechung[89] und Administration[90], Heeres-[91] und Gesell-

[87] Gute, die Einzelergebnisse der neueren Forschung zusammenfassende Übersichten bei J. Vogt, Constantin der Große und sein Jahrhundert. München 1960², 218 ff.; Ders., Das römische Weltreich im Zeitalter Konstantins des Großen – Wirklichkeit und Idee, Saeculum 9, 1958, 308–321 (Ders., Orbis. Freiburg 1960, 305 ff.); A. Piganiol, L'Empire chrétien (325–395). Ed. A. Chastagnol. Paris 1972², 325 ff.

[88] Neben den oben bereits wiederholt genannten Arbeiten von Alföldi, Straub, Taeger und Vogt sind hervorzuheben: F. Dvornik, Early Christian and Byzantine Political Philosophy. 2 Bde. Washington 1966; H. Hunger (Hrsg.), Das byzantinische Herrscherbild. Darmstadt 1974 (Wege der Forschung, 341).

[89] B. Biondi, Il diritto romano cristiano. 2 Bde. Mailand 1952–1954; A. Ehrhardt, Constantin d. Gr. Religionspolitik und Gesetzgebung, Zeitschrift der Savignystiftung für Rechtsgeschichte, Rom. Abt. 72, 1955, 127–190; C. Dupont, Les constitutions de Constantin et le droit privé au début du IVe siècle. Lille 1937; J. Gaudemet, La formation du droit séculier et du droit de l'église aux IVe et Ve siècles. Paris 1957; G. Stühff, Vulgarrecht im Kaiserrecht. Unter besonderer Berücksichtigung der Gesetzgebung Konstantins d. Gr. Weimar 1966; D. von Simon, Konstantinisches Kaiserrecht. Studien anhand der Reskriptenpraxis und des Schenkungsrechts. Frankfurt 1977; F. Amarelli, Vestustas-innovatio: un'antitesi apparente nella legislazione di Costantino. Neapel 1978.

[90] Die großen Zusammenfassungen von E. Stein und A. H. M. Jones wurden bereits oben erwähnt. In die Probleme der von Burckhardt ausgewerteten Notitia Dignitatum führen ein: R. Goodburn-Ph. Bartholomew (Hrsg.), Aspects of the Notitia Dignitatum. Oxford 1976. – Vorherrschend waren in diesem Sektor spezielle Einzeluntersuchungen: A. Giardina, Aspetti della burocrazia nel basso impero. Rom 1977; A. Chastagnol, La Préfecture urbaine à Rome au Bas-Empire. Paris 1960; R. I. Frank, Scholae Palatinae. Rom 1969; P. Weiss, Consistorium und Comites Consistoriani. Diss. Würzburg 1975; D. Nellen, Viri Litterati. Gebildetes Beamtentum und spätrömisches Reich im Westen zwischen 284 und 395 nach Christus. Diss. Bochum 1977; R. von Haehling, Die Religionszugehörigkeit der hohen Amtsträger des Römischen Reiches seit Constantins I. Alleinherrschaft bis zum Ende der Theodosianischen Dynastie. Bonn 1978; M. Clauss, Der magister officiorum in der Spätantike (4.–6. Jahrhundert). München 1981.

[91] R. Grosse, Römische Militärgeschichte von Gallienus bis zum Beginn der byzantinischen Themenverfassung. München 1920 (als Ganzes noch immer nicht ersetzt); D. Hoffmann, Das spätrömische Bewegungsheer und die Notitia Dignitatum. 2 Bde. Bonn 1969; R. MacMullen, Soldier and Civilian in

schaftsstruktur[92] als auch die Entwicklungen in Constantinopel[93] wie im spätantiken Rom[94] waren Gegenstand vielfältiger Bemühungen, wobei insbesondere die Auswertung systematischer personengeschichtlicher Analysen[95] neben den traditionellen Methoden hervorzuheben ist. Wesentlich bescheidener waren dagegen die Möglichkeiten in den Fällen von Athen[96] und Jerusalem[97] während dieser Epoche.

the later Roman Empire. Cambridge/Mass. 1963; A. Demandt, Der spätrömische Militäradel, Chiron 10, 1980, 609–636.

[92] S. Dill, Roman Society in the Last Century of the Western Empire. London 1898. NDr. 1960; S. Mazzarino, Aspetti sociali del quarto secolo. Rom 1951; W. Seyfarth, Soziale Fragen der spätrömischen Kaiserzeit im Spiegel des Theodosianus. Berlin 1963; J. Gagé, Les classes sociales dans l'empire romain. Paris 1964; P. Garnsey, Social Status and Legal Privilege in the Roman Empire. Oxford 1970; G. Alföldy, Römische Sozialgeschichte. Wiesbaden 1979², 165 ff.

[93] Zur Einführung in die komplexe Problematik eignen sich besonders: H. G. Beck, Das byzantinische Jahrtausend. München 1978; St. Runciman, Kunst und Kultur in Byzanz. München 1978; F. Tinnefeld, Die frühbyzantinische Gesellschaft. Struktur, Gegensätze, Spannungen. München 1977; F. G. Maier (Hrsg.), Die Verwandlung der Mittelmeerwelt. Frankfurt 1968.

Zur Geschichte, der Entwicklung und den Denkmälern der Stadt: G. Dagron, Naissance d'une capitale: Constantinople et ses institutions de 330 à 451. Paris 1974; E. Patlagean, Pauvreté économique et pauvreté sociale à Byzance. 4ᵉ–7ᵉ siècles. Den Haag 1977; W. Müller-Wiener, Bildlexikon zur Topographie Istanbuls. Tübingen 1977.

[94] R. Krautheimer, Rome. Profile of a city, 312–1308. Princeton 1979; A. Kneppe, Untersuchungen zur städtischen Plebs des 4. Jahrhunderts n. Chr. Diss. Münster 1979; D. M. Novak, Constantine and the Senate: An Early Phase of the Christianization of the Roman Aristocracy, Ancient Society 10, 1979, 271–310; G. Ville, Religion et politique: comment ont pris fin les combats de gladiateurs, Annales 34, 1979, 651–671; F. Saaby Pedersen, Late Roman Public Professionalism. Odense 1976; E. Tengström, Bread for the people. Studies of the cornsupply of Rome during the late Empire. Stockholm 1974; H. P. Kohns, Versorgungskrisen und Hungerrevolten im spätantiken Rom. Bonn 1961.

[95] Die moderne Grundlage dafür bildet nun: A. H. M. Jones-J. R. Martindale-J. Morris, The prosopography of the Later Roman Empire. I. 260–395. Cambridge 1970.

[96] Vergleiche den Überblick bei H. Bengtson, Griechische Geschichte von den Anfängen bis in die römische Kaiserzeit. München 1977⁵, 556 ff.; Istoria tou Ellenikou Ethnous. 6. 7. Athen 1976 f.

[97] H. H. Ben-Sasson (Hrsg.), Geschichte des jüdischen Volkes. I. München 1978; K. M. Kenyon, Jerusalem. Die heilige Stadt von David bis zu den Kreuzzügen. Bergisch Gladbach 1968; M. Simon, Verus Israel. Paris 1948; J. Vogt, Kaiser Julian und das Judentum. Leipzig 1939.

VERZEICHNIS DER SIGEL UND ABKÜRZUNGEN

Abh.	Abhandlung
AdW.	Akademie der Wissenschaften
ANRW.	H. Temporini-W. Haase (Hrsg.), Aufstieg und Niedergang der Römischen Welt. Berlin 1972 ff.
Briefe	J. Burckhardt, Briefe. Hrsg. von Max Burckhardt. Basel 1949 ff.
HZ.	Historische Zeitschrift
JBA.	Jacob-Burckhardt-Archiv (Basler Privatarchive im Staatsarchiv des Kantons Basel-Stadt, Nr. 207, 208)
Kaegi	W. Kaegi, Jacob Burckhardt. Eine Biographie. Basel 1947 ff.
NDr.	Nachdruck
SB.	Sitzungsberichte

Buchanzeigen

Von Jacob Burckhardt liegt vor:

Über das Studium der Geschichte

Der Text der ‹Weltgeschichtlichen Betrachtungen›
Auf Grund der Vorarbeiten von Ernst Ziegler nach den
Handschriften herausgegeben von Peter Ganz
1981. 582 Seiten mit 4 Faksimiles nach Handschriften
des Autors. Leinen

«Ich höre bei ihm ein wöchentlich einstündiges Kolleg über das Studium der Geschichte ... Zum ersten Male habe ich ein Vergnügen an einer Vorlesung: dafür ist sie auch derart, daß *ich* sie, wenn ich älter wäre, halten könnte.» Diese briefliche Äußerung Nietzsches aus dem Jahre 1870 zeigt, welche Bedeutung er den Gedanken seines älteren Kollegen an der Universität Basel zuerkannte. Unter dem Titel ‹Weltgeschichtliche Betrachtungen› – den Jacob Burckhardt selber nie gebraucht hat – sind die Vorlesungen über das Studium der Geschichte im Jahre 1905 zuerst veröffentlicht und dann in immer neuen Ausgaben verbreitet worden. Diese Neuausgabe enthält indessen zum ersten Mal den authentischen Text des Werks.

Wer die Neuausgabe liest, stellt rasch fest: Die Vorlesungen Burckhardts waren keineswegs als das kontemplative Trostbuch konzipiert, das sie dann später unter dem Titel ‹Weltgeschichtliche Betrachtungen› für viele Leser wurden. In seinem akademischen Kurs setzt Burckhardt sich mit der Geschichtswissenschaft seiner Zeit auseinander. Dabei versucht er, die inneren Widersprüche des Historismus zu überwinden. Der Mann, der von sich behauptete, er habe keine Methode, erweist sich hier als einer der unabhängigen und als einer der originellsten methodologischen Denker unter den Historikern des 19. Jahrhunderts.

Der Vorlesungstext, den Burckhardt selber nicht veröffentlichen wollte, wurde von seinem Neffen Jacob Oeri im Jahre 1905 posthum – jedoch mit Eingriffen in den Text – herausgegeben. Die hier vorgelegte Neuausgabe bietet zum ersten Mal den Text der Handschriften und teilt ferner alle Vorstufen mit.

Die Einleitung des Herausgebers legt dar, wie das Werk entstand, und versucht, dem Leser die Interpretation des Burckhardt'schen Textes zu erleichtern. Ein umfangreicher Anmerkungsteil erschließt durch Quellenangaben und Textabdrucke die Zitate und Verweise des Textes.

Verlag C. H. Beck München

Meisterwerke der Geschichtsschreibung

Ferdinand Gregorovius
Geschichte der Stadt Rom im Mittelalter
Vom V. bis zum XVI. Jahrhundert. Vollständige Ausgabe in vier Bänden
Herausgegeben von Waldemar Kampf
1978. 2748 Seiten mit 234 Abbildungen nach alten Vorlagen.
Leinen in Kassette

Ferdinand Gregorovius
Geschichte der Stadt Athen im Mittelalter
Von der Zeit Justinians bis zur türkischen Eroberung.
Mit einem Nachwort von Hans-Georg Beck
Aufgrund der Erstausgabe von 1889 mit allen Anmerkungen von Gregorovius neu herausgegeben
1980. 739 Seiten. Mit 59 Abbildungen nach alten Vorlagen.
Leinen
(Beck'sche Sonderausgaben)

Georg Ostrogorsky
Geschichte des byzantinischen Staates
Nachdruck 1980. XI, 569 Seiten mit 8 Karten. Leinen
(Beck'sche Sonderausgaben)

Hans-Georg Beck
Das byzantinische Jahrtausend
1978. 382 Seiten mit 8 Abbildungen auf Tafeln

Steven Runciman
Die Eroberung von Konstantinopel 1453
Aus dem Englischen von Peter de Mendelssohn. 3. Auflage.
1977. XIV, 266 Seiten mit 10 Abbildungen auf Tafeln und 4 Textabbildungen.
Leinen
(Beck'sche Sonderausgaben)

Steven Runciman
Geschichte der Kreuzzüge
Aus dem Englischen von Peter de Mendelssohn. 17. Tausend.
1978. XX, 1338 Seiten und 16 Karten. Leinen
(Beck'sche Sonderausgaben)

Steven Runciman
Der Erste Kreuzzug
Illustrierte Ausgabe
Aus dem Englischen von Karl Heinz Siber.
1981. 240 Seiten mit 119 Abbildungen, davon 18 in Farbe.
Leinen

Verlag C. H. Beck München